New Trends in Communication Studies

传播学新趋势（下）

洪浚浩　主编

清华大学出版社
北京

传播学术史（下）

洪浚浩 主编

目　录

第一部分

关于传播学研究的新思考 …………………………………………… 李金铨　003

发展与社会变革传播学 ………………… 扬·塞万斯　帕特恰尼·马立高　020

传播与公共领域研究 ………………………… 托马斯·杰格伯森　潘岭岭　046

传播与软实力研究 ………………………………………… 王　琰　洪浚浩　066

传播与公共外交研究 ……………………………………… 李红梅　汤　潞　085

对外媒体研究的理论发展 ………………………………… 王绍蓉　洪浚浩　105

全球传媒产品流通研究 ………………………………………… 达亚·屠苏　123

国际商务传播研究 ………………………………………… 迈克尔·亨勒　147

国际传播研究的新重点 …………………………………………… 洪浚浩　163

第二部分

媒介批评研究 ………………………………………………… 亚瑟·伯格　177

新闻伦理研究 …………………………………… 罗文辉　李　森　安晓静　200

危机传播研究 ……………………………………………………… 吴国华　216

传播心理研究 ……………………………………………………… 林淑芳　245

健康传播研究的框架与走向 ……………………………………… 张鲽元　265

传播与企业社会责任研究 ………………………………… 汤　潞　李红梅　291

修辞传播学 ………………………………………………………… 肖小穗　308

媒介社会学向传播社会学的转变 ………………………………… 黄成炬　331

媒体人类学 ………………………………………………………… 章戈浩　355

电信传播政策研究 ………………………………………………… 刘幼琍　373

媒体法规比较研究 ………………………………………… 洪浚浩　苏拓宇　396

女性主义对传播研究的影响 ……………………… 李沛然　周舒燕　朱顺慈　409

新媒体与青少年研究 ………………………………… 梁永炽　梁靖雯　赵蒙旸　433
老人传播研究 ………………………………………………………… 臧国仁　蔡　琰　459

第三部分

政治传播研究的新发展 ……………………………………………… 赵心树　冯继峰　485
组织传播的发展与研究新方向 ……………………………………… 陈　凌　杜　娟　508
新闻学研究的挑战与转型 …………………………………………………… 苏钥机　534
西方主流媒体研究评析 ……………………………………………… 齐爱军　洪浚浩　554
跨文化传播学的现状与未来发展 …………………………………………… 陈国明　582
人际传播理论与研究的发展 ………………………………………… 贾文山　田德新　606
流行文化研究前沿评析 ……………………………………………… 冯应谦　杨　露　628
媒介素养研究的发展动向 …………………………………………………… 李月莲　640

第四部分

CMC 研究的现状与发展趋向 ……………………………………… 洪浚浩　芮　铧　663
互联网研究的演变与展望 …………………………………………… 郝晓鸣　池见星　686
社会化媒体研究 …………………………… 迈克尔·斯坦凡罗　许未艾　艾茉莉·多岚　710
新科技对政治传播的影响 …………………………………………………… 张玮玉　732
新媒体时代的网络新闻研究 ………………………………………………… 钟　布　747
网络传媒经济研究 …………………………………………………………… 德万·维塞克　775
网络公关研究 ………………………………………………………………… 黄懿慧　806
网络广告研究 ………………………………………………………………… 吴国华　825

第五部分

社会网络分析法在传播学中的应用 ………………………………… 乔治·巴内特　江　珂　861
心理生理学在传播学中的应用 ……………………………………… 周树华　闫　岩　888
伽利略定量研究系统的理论发展与应用 …………………………… 陈　昊　洪浚浩　908
媒体框架分析法的变化趋向 ………………………………………………… 陈怀林　929
传播学定量研究的新议题 …………………………………………… 赵心树　张小佳　953

第三部分

第三部分

政治传播研究的新发展

赵心树[①]　冯继峰[②]

政治传播（Political Communication）吸纳了心理学、社会学、政治学、修辞学、传播学和批判及文化研究等领域的成果，是一门重要的多元学科。政治传播研究的对象包括竞选活动、选举广告、公众舆论、公众政治参与、信息处理、国际关系和政治娱乐节日（Graber & Smith, 2005），其研究主旨是了解政治信息在精英（elites）、媒介和群众之间生成、交流和接收的过程及其影响（Chaffee, 1980; Graber & Smith, 2005）。

政治传播在促进民主及改善政府管治中扮演重要角色（Jarvis & Han, 2009）。首先，只有当公众掌握足够信息，才能有效参与政治，民主才成其为民主。选民必须掌握充足的信息，才能投出明智的一票，有效监察官员，提升施政素质。其次，领导人、政治家和候选人通过传媒向公众解释其政策主张和管治理念，争取其支持，回应其诉求。最后，政治传播推动社会参与，培养公民意识，促进公民社会。公众通过政治传播了解国家事务，参与民主实践，提高政治效能（political efficacy）(Hart, 2000)。社会参与促成社会网络（social network），生成社会资本（social capital）(Putnam, 2000)。如 Putnam 所说，社会资本有助于解决个人与社会问题，促进社会的持续发展。

中国大陆、中国香港、中国台湾近数十年间经历了重大的政治和社会变化：中国台湾实行了总统选举并经历了两次政党执政更替；中国香港的公民社会发展日趋成熟并正处于民主化的进程；中国内地网络的兴起增强了民众政治参与的热情，网络公众舆论影响深远。政治传播学也逐渐成为两岸三地传播学者关注的课题。本文旨在回顾政治传播学的发展，阐述该学科的前沿理论和展望其未来的发展方向。为此，本文将分四小节。第一小节回顾政治传播学理论范式的转变；第二小节概述当今政治传播学中的三个前沿理论：议程设置、铺垫作用和框架理论；第三小节阐释近年兴起的商议民主和商议式民主调查。最后两节介绍两个我们正在关注的新课题。

[①] 赵心树，现任中国香港浸会大学传理学院讲座教授，复旦大学新闻学院长江学者讲座教授，美国北卡罗来纳大学（University of North Carolina at Chapel Hill）荣休教授，1989 年获美国威斯康星大学麦迪逊分校（University of Wisconsin-Madison）新闻与传播学院博士学位，教学和研究领域包括政治传播、选举制度和量化研究方法。

[②] 冯继峰，现任中国香港浸会大学传播系助理教授、传媒管理硕士课程主任，2010 年获美国威斯康星大学麦迪逊分校（University of Wisconsin-Madison）新闻与传播学院博士学位，主要教学与研究领域包括风险传播、健康传播与政治传播。

一、政治传播学的范式演变（paradigm shift）

由于社会、政治、经济或科技的变迁，现代政治传播学自 20 世纪初兴起后，经历了四个阶段（McQuail，2010）。第一阶段是 1920—1930 年。第一次世界大战中政治宣传（propaganda）显示出空前效力。美国民众忧虑德国纳粹的宣传对美国社会的威胁，社会中上层弥漫着对传媒威力的恐惧（Lasswell，1927），认为传媒中的政治信息会即时、直接和强力地影响民众，就好比魔术枪弹击倒受害人，是为流行一时的"魔弹理论"（magic-bullet theory）（DeFleur & Ball-Rokeach，1982）。

然而，1940—1960 年间，一系列有关政治选举的实证研究被解读为没有发现强大效果，于是魔弹理论被有限效果范式（limited effect paradigm）所取代（Klapper，1960）。哥伦比亚大学拉扎斯菲尔德（Lazarsfeld）的团队研究了总统选举中的投票行为，发现传媒的影响十分有限（Katz，1957），相反，人际沟通的影响却十分明显（Lazarsfeld, Berelson & Gaudet，1948）。后续的研究（Katz，1957）发现意见领袖（opinion leader）较一般人更多接触传媒，他们转而影响身边的人或追随者，形成两级传播（two-step flow of communication）。心理学家霍夫兰及同事（Hovland、Janis & Kelley，1953）的实验显示，大众传媒未必能明显改变受众的态度（attitude-change）。拉扎斯菲尔德的研究也发现大众传媒只是强化固有政治取态和投票选择，而很少改变它们。

这种"传媒效果有限"的观念在 20 世纪五六十年代主导了政治传播领域，直至 1973 年，诺力-纽曼（Noelle-Neumann）发表《回归强大的媒体效果概念》，开始了第三次范式转变（Noelle-Neumann，1973）。诺力-纽曼（Noelle-Neumann，1974）的"沉默的螺旋理论"主要阐释公众舆论的形成过程：人们通过大众传媒观察意见气候（climate of opinion），了解自己所持意见在社会中属于多数或是少数。若自己所持的意见处于少数，人们便倾向于保持缄默，以免受孤立，有时甚至改变有关想法以迎合主流意见。久而久之，主流的意见越来越强，少数的意见越来越弱，从而形成螺旋效应。

左治·格伯纳及其团队则发展出"教养理论（cultivation theory）"（Gerbner & Gross，1976），这个理论同样认为，大众传媒能够直接、长远及强力地影响受众的认知。诺力-纽曼认为，媒介的内容既单一又广泛地渗透到人们的日常生活中，经过长期积累而潜移默化地影响受众对社会的认知（Noelle-Neumann，1974）。议程设置理论（agenda-setting）亦于 20 世纪 70 年代萌芽。议程设置研究隐含着对当时流行的有限效果研究范式的一种质疑，也就是说，有限效果研究范式将媒介效果定义为"态度改变"是否过于狭隘。适逢认知心理学兴起，鼓励了政治传播学者关注媒介如何影响受众的认知。

近 20 年间（即介乎 20 世纪 80 年代及 21 世纪头 10 年），有关铺垫作用（priming）及框架理论（framing theory）的研究呈现上升的趋势（Bryant & Miron, 2004），形成了最近一次的范式改变："协议范式"。政治传播学者认为大众传媒一方面在社会现象的意义建构上具有强大的效能；另一方面，受众在理解某一社会现象的时候，除了依赖大众传媒所提供的信息对该社会现象的解读外，还会参考他们的个人经验和社会文化环境（McQuail, 2010）。换句话说，受众对于某一社会现象的最终解读是分别由受众的特质（例如价值取向）和大众传媒所提供的信息两者经过协议后的产物。协议范式肯定了受众在对社会现象的意义建构过程中的主动角色，强调大众传媒与受众在现实建构过程中的互动性。协议范式的优胜之处在于审视大众传媒的影响力时，能从大众传媒及受众两个角度考虑，并且肯定两者均会对最终效果产生影响。

二、政治传播学的前沿理论：议程设置理论、铺垫作用和框架理论

议程设置是当前政治传播研究中最备受关注和广泛应用的理论，是少数得到世界各地学者关注的政治传播理论，并且在不同的国家加以验证（参阅 Weaver、McCombs & Shaw, 2004）。

议程设置概念可追溯至 1922 年李普曼（Walter Lippmann）出版的《公众舆论》一书（McCombs & Reynolds, 2009）。李普曼（1922）认为我们往往无法亲身体验外界的事物，新闻媒体便成为我们认识世界的窗口。我们脑海中所认知的世界是新闻媒介建构出来的。因此，公众舆论的形成是基于我们对传媒所建构世界的认知，而非真实的世界。后来，一些学者对议程设置的概念有较具体描述，其中一个经常被引用的表述是科恩（Bernard Cohen）对于报纸的观察："在多数时间，报纸在告诉人们该怎样想可能并不成功；但它在告诉它的读者该想些什么时，却是惊人的成功（Cohen, 1963：13）。"1969 年总统大选期间，麦库姆斯（Maxwell McCombs）和肖（Donald L. Shaw）在美国北卡罗来纳州的查普尔希尔（Chapel Hill）随机抽样选出一百名还未作出投票决定的选民，并对他们进行问卷调查（McCombs & Shaw, 1972）。研究员在问卷中要求这批被抽中的选民列举当前社会面对的主要问题，然后按照选民列出的每一项社会议题次数多寡排序，从而制定出公众议程。同时，研究员搜集了选民经常使用的新闻媒体进行内容分析，同样也按照媒体报道的每一项议题的数量排序，制定出媒介的议程，结果显示，两者议题排序几乎完全一致。在麦库姆斯和肖的议程设置理论基础之上，罗杰斯和迪尔文（Rogers & Dearing, 1988）提出了一个比较完整的议程设置过程理论架构（agenda setting process），帮助我们理解媒介议题、公众议题以及其他因素如何影响政府的政策议题（policy agenda）。

研究者比较新闻内容与民意调查的结果，以检验媒介议程与公众议程的关联性。肖和麦库姆斯

于 1972 年在北卡罗来纳州的夏洛特（Charlotte）进行后续研究，进一步确立媒体议程与公众议程的因果关系。虽然民意调查与内容分析方法的研究为议程理论提供了实证支持，具备相当高的外延确度（external validity），但是这并不是理想的检测因果关系的方法。一些学者运用实验作为检验方法。例如，延加和金德（1987）将受访者分为实验组和对照组。两组受访者分别观看电视新闻节目。在实验组，受访者所看的新闻节目中包含国防议题，但在对照组的电视新闻节目中并不包含这个议题。比较两组受访者评价国防议题的重要性，结果显示：实验组的受访者对国防议题的评价明显比对照组的评价高。

议程设置研究不断扩展，学者们发现，议程设置效应受到一些特定条件的限制，例如议题的强制性（obtrusiveness）（Weaver、Graber、McCombs & Eyal, 1981）或个人的导向需求（need for orientation）（Weaver, 1977；Matthes, 2006），而且不同议题间有相互竞争的关系（Zhu, 1992）。在互联网上的实验（Althaus & Tewksbury, 2002）研究发现，网上报章也显示出议程设置的效应。

虽然，议程设置理论对了解传媒如何影响受众的政治认知有重要贡献，但是目前的议程设置研究仍存有不少缺陷。首先，议程设置研究缺乏对真实世界指标、媒介议程和公众议程之间关系的探讨（蔡美瑛，1995）。所谓真实世界指标（real world indicator）是指某一议题在真实世界中实际的重要性（例如实际的罪案数字）。学者芬克豪泽（Funkhouser, 1973）曾经尝试探讨媒介议题与议题在真实世界中的相关性，结果发现两者并不吻合。另一缺陷是测量公众议题的误差（翁伟阳和赵心树，2009）。现在大多数研究都采用"你认为目前最重要的社会议题是什么"的提问方式，实际上是测验受众的新闻时事记忆（翁伟阳和赵心树，2009），这种方式容易产生误差，所以，如何更有效地测量议题显著性需要学者们加以厘清。

议程设置理论启发了新的理论研究取向，其中之一便是铺垫作用（priming effect）。铺垫作用指大众传播媒介通过对某些议题的关注或对某些议题的忽视，从而改变民众的政治评价准则（Iyengar & Kinder, 1987；Pan & Kosicki, 1997）。以一项研究美国里根总统（Roland Regan）的表现评价为例（Krosnick & Kinder, 1990），1986 年 11 月里根政府向伊朗出售武器的秘密被揭发，俗称"伊朗门事件"。研究员比较伊朗门事件发生之前之后的民意调查数据，结果显示，在事件发生以前，美国的国内议题（例如，国家经济等）比外交议题更显著地预测了里根总统的整体表现；事件发生后，外交议题比国内议题更显著地预测了总统的表现。

铺垫作用的产生是基于复杂多变的社会环境和人们受大脑处理信息数量的能力所限，人们无法在短时间内将考核政府和领导人表现的因素一一纳入考量范围，也不能对政府和领导人的整体和长期表现做出综合考量。而大众传媒对特定议题的关注恰恰为民众提供了即时的参考准则。新闻媒体对特定事件的报道令这些事件在受众做决策时更容易联想起来，因此影响受众的判断。

虽然铺垫作用有实证支持，但是铺垫作用的理论架构欠缺深入探讨。延加和他的同事（Iyengar &

Simon，1993）提出可利用性法则（Availability heuristic）解释铺垫作用的原理。可是，可利用性法则的解释并未得到验证。另外，有学者（Domke et al.，1998）借用认知心理学的网络记忆模式（network models of memory）去解释铺垫作用。不过，这个模式未能完整地解释铺垫作用对受众影响的持续性（Roskos-Ewoldsen et al.，2009）。因此，有学者（Roskos-Ewoldsen et al.，2009）建议以心智模型（mental models）作为理论架构去解释铺垫作用。由此看来，铺垫作用的理论架构需要更进一步的研究确立。

近年来，另一个在政治传播领域受到广泛关注的理论是框架理论（framing、Pan & Kosicki，1993）。框架理论的起源来自于过去 20 年间社会学和心理学的研究（Tewksbury & Scheufele，2009）。在社会学的范畴当中，哥夫曼（Goffman）在他发表的《框架分析》一书中提出：人们很难完整地理解他们身处的世界，常常需要利用一些工具去组织和演绎他们的社会经历。哥夫曼将这些工具称为"框架"。吉特林（Gitlin，1980）将"框架"定义为一些选择的、强调的和表述方式的原则，隐藏着一些对于事情的性质、发生经过和重要性的见解。盖姆森和莫迪利安尼（Gamson & Modigliani，1987）对"框架"的定义加以补充，认为框架是一些组织性的想法或故事情节。综合以上学者的看法，"框架"可定义为一些组织性的原则，将一些看似毫无关联的资料组织起来，为社会事件赋予意义。这些组织性原则亦同时指导大众传媒如何选取、忽略、强调和排除社会事件中的某些元素去重现社会事件。从传播学的角度，传媒在制作信息内容的时候，会选取和排除社会事件中的某些资料。这个选取过程对理解社会事件是非常重要的，原因是这个过程奠定了如何思考、讨论和解决社会事件的参考基准（frame of reference）。社会学取向的框架研究为新闻的制作和社会现实再现提供了深层解析。

心理学家关于框架效应的研究始于前景理论（prospect theory）（Kahneman & Tversky，1979）。前景理论的一个核心概念也是"参考基准"（frame of reference）（Kahneman，2003）。卡尼曼（Kahneman）和特沃斯基（Tversky）要求实验参加者从两组方案中选择一种来解救病人。每种方案能够解救的人数完全一样，但在表述第一组方案时强调拯救的人数，表述另一组方案时强调因病致死的人数，强调侧面的不同会影响参加者的选择。可见，不同基模（schema）的运用影响决策（Kahneman，2003）。这些发现说明，简单地改变信息的表述，会使事件的某一方面更加突出和显著，并促使人们运用相应的基模去诠释有关信息，判断相关的人或事。

最近在政治传播学中出现了对框架效应日趋一致的构思，这个构思不但将社会学及心理学对框架研究的传统联系起来，亦将新闻制作和新闻消费（news consumption）的过程连接起来（Scheufele & Tewksbury，2007）。"框架"被定义为在信息处理过程中所产生的适用性效果（applicability effect）。也就是说，框架效应是通过以资料选择和主题性组织的方法凸显媒体信息内容中的某些特征，促使相关的基模在受众的脑海中得以启动，并运用于对社会事件的理解，以实现人们对事件的理解与媒体的表述一致。谢菲利（Scheufele，1999）整合了框架研究并提出一个综合的过程模式将框架概念在新闻制作和新闻信息接收中的角色完整地勾画出来。

框架是十分有用的传播工具。记者和编辑每天需要处理大量资料，框架能够让他们在短时间内将一些零碎和无关的资料组织成有意义的新闻。同样地，受众每天接触大量信息，他们能够利用框架有效地理解社会问题。政治精英和政策倡议者能够利用框架对社会问题和政策进行构造，达到有利于自己一方的立场和见解，从而争取公众的支持。另一方面因为框架的应用能够左右社会政策的公众舆论（例如，Shah et al., 2004; Van Gorp, 2005）。在新闻中，框架通过选择和强调现实的某一部分，来定义社会问题、判断问题起因、做出道德评价和提供解决办法（Entman, 1993）。例如，恩特曼（1991）运用框架分析美国传媒如何报道1983年大韩航空客机被苏联战机击落，以及1988年伊朗客机被美国巡航舰击落。大韩客机事件被定性为刻意的军事攻击，报道格调倾向感性和人性故事，而伊朗客机事件被定性为意外惨剧，报道格调倾向中立和技术细节。不过，越来越多的研究显示框架效应的产生需要与受众的价值观（Shah et al., 1996; Shen & Edwards, 2005）、世界观（Fung, Brossard & Ng, 2011）或政治知识（Hwang et al., 2007）或文化背景（Fung & Scheufele, 2014）吻合。

虽然议程设置理论、铺垫作用和框架理论是当前政治传播学的前沿理论，但是这三个理论之间的关系在政治传播学者之间存在争议（Scheufele & Tewksbury, 2007）。麦库姆斯等认为，框架概念属于"第二层次的议程设置"（McCombs, 2004）。可是，越来越多的学者认为不能将框架理论归纳在议程设置理论架构之下，因为议程设置理论和框架理论源于不同的心理机制。议程设置和铺垫作用均建基于信息处理的记忆模式（memory-based model of information processing）中的可及性（accessibility）心理机制之上（Scheufele & Tewksbury, 2007）。即是说，两者都是指传媒反复报道特定议题，增加其曝光度，当人们评价某领导人时，会更容易联想起曝光率高的议题，并以此作为评价依据。所以，铺垫作用可视作议程设置理论的延伸（Iyengar & Kinder, 1987）。

可是，框架效应的理论基础是源于适用性（applicability）的心理机制（Scheufele, 2000; Scheufele & Tewksbury, 2007）。由于受众往往会将自己已有的知识、价值观和世界观用于处理新闻信息，因此，新闻媒体通过选择（或排除）和强调（或轻描淡写）突出社会事件的某一方面，促使受众激活记忆中的相应基模（schema）以作为判断依据，促使受众对事件的理解趋同于新闻报道对该事件的诠释（Price & Tewksbury, 1997）。换言之，新闻中隐藏的框架与受众记忆中的基模越吻合，两者间的相适就越高，框架效应就越大。

虽然议程设置、铺垫作用和框架效应之间存在理论上的差异，但这三个理论共同关注政治传播如何影响个人认知，背后的可及性和适用性心理机制是息息相关的。就理论建设层面而言，如何将这三个理论完整地综合在一个政治传播的模式当中，将会是理论建设最具意义和最重要的课题。

三、新兴政治传播学课题：商议民主与商议式民意调查

西方政治学界自 20 世纪 80 年代起关注"商议民主"（deliberative democracy，又译"协商民主"或"审议民主"）（Dryzek，2000）。这是对流行的以"投票"为核心的聚合民主的反省。聚合民主（aggregative democracy，又译"综合民主"或"加总民主"）通过点算选票计算多数人的偏好（preference），将之作为决策和政策正当性的基础（Chambers，2003，关于"正当性"即 legitimacy 的汉译，见赵心树 2003，2004，2008）。以堕胎政策为例，支持者多出自个人选择权的价值观，反对者多出自尊重生命的价值观。由于两种偏好互不相容，聚合式民主提倡以多数决议作为公平解决办法。可是，这种以竞逐多数选票的民主模式产生了种种的弊端（陈朝政和杨三东，2012）。例如：群体极化（group polarization）、对异见包容度低（intolerance）、多数暴政、依赖认知捷径（heuristic cues）做出偏好选择、公民只有在选举时才有政治参与的机会，等等。基于以上诸多弊端，一些学者提出商议民主的概念以弥补不足（Fishkin，1991）。

受到古雅典公民共同商议公共事务的启发，商议民主主张，多数或少数派公民都有权平等地提出自己的观点和理据。商议民主以对话为核心，理性和信息为基础，促进各方的理解和包容（Bohman，1996）。在商议的过程中，公民凭着对各方的理解，逐渐从一己的角度转移至共善（common good）的角度商讨政策。商议让公众参与政策拟定，商议提高了政策的正当性（即 legitimacy，见赵心树，2003；2004；2008）。

古特曼和汤普森（Gutmann & Thompson，1996）认为商议民主有三个特点。

（1）公开（publicity）：在公开的地点和时间，就公开的内容，以公开的形式商议，参加者抱着开放的态度，聆听各种观点和理据，检视自己的立场和理由，然后根据共善原则而做决定或改变自己的立场。

（2）互惠（reciprocity）：以平等的态度，尊重他人的立场，设身处地聆听和理解，以互惠为目标沟通和思考。

（3）责任（accountability）：政府或领导人必须回应和落实商议形成的意愿。

商议民主的实践有公民会议（citizen conference）、市镇会议（town meeting）、公民决认团（citizen juries，关于 jury 的翻译，见胡兆云 2009，2010a，b；赵心树 2003，2008）、国家议题论坛（national issue forum）、共识会议（consensus meeting）许多种形式（Parkinson，2006；廖锦桂和王兴中，2007）。其中商议式民意调查最引人注目（deliberative polling，又译审议式民调，Fishkin，1991）。

商议式民意调查有五个步骤。

(1) 通过随机抽样进行民意调查，用作对照的基线；从样本中随机抽取和邀请部分公民参加商议日活动。

(2) 同意出席的公民，会收到一份简报，供其在商议日前详细阅读。简报由不同利益的代表撰写，以求涵盖各种不同观点。简报以数据、客观事实和各个观点的论据为主，目的是让参加者充分了解各方理据。

(3) 在商议日当天，为了让小组内有持不同观点的人士，主办单位用随机方式将参加者分成小组进行商议。小组讨论会由一名接受过训练的中立的主持人负责。主持人的职责是让小组内各成员有充足的机会提出自己的见解和理据，聆听别人的论点，并营造小组内和平、理性及友善的讨论气氛。小组讨论结束之前，各小组确认与议题有关的疑问，以便向专家和政治领袖提问。

(4) 小组讨论结束后，各小组集合与专家及政治领袖进行对谈。其间参加者可提出小组内确认的问题或其他的疑虑。同时，大众传媒会全程转播，让公众收看商议过程。

(5) 最后，主办单位会对所有参加者进行问卷调查，收集他们对有关议题经过充分思辨后的意见，并与最初的民意调查相比较，从而反映经过商议后的民意变化。

商议式民调侧重反映民意在商议后的改变（Fishkin, Luskin & Jowell, 2000）这种改变反映了审慎思辨和公共审议后的影响和效果。与此对照，传统民调单纯反映公众对议题的偏好。商议式民调的另一重点在于审视意见背后的原因和理据。参加者在发表自己的观点时，必须同时提供理由和证据加以佐证。而传统民调反映的意见可能只是条件反射式浅表回应（non-attitude）（Converse, 1970）。另外，商议式民意调查以平等原则让各方得到陈述理据的公平机会。即使是小众的观点也能获得平等待遇。商议过程中让参加者有机会与那些持不同意见的人士在和平理性的气氛中对话，聆听各方不同观点和证据。最后，传统民意调查的作用在于描述和预测公众的偏好。但是，商议式民意调查的作用在于影响政治过程，并为相关社会议题寻找解决办法（Fishkin, 1995）。总而言之，商议式民意调查包含学习、思考和商讨的特征，而这些正是商议式民意调查有别于传统民意调查的重要特征。

在欧美多国，研究者通过商议民调实践自己的理想，并对参加者产生显著影响（例如：Fishkin & Luskin, 1999；CDD, 2013）。近年来，商议式民意调查亦扩展至中国大陆（廖俊松, 2008）、中国台湾（沈惠平, 2011；审议民主数据库, 2010）、中国澳门（e-Research & Solutions, 2012）和中国香港（But, 2013）。如中国浙江省泽国镇就城镇建设资金的运用举行民主商议会（Fishkin, 2009），在12万的镇民中随机抽样选出275人，并且在商议会前10天向被选中的民众提供有关30项城镇建设建议的资料简介。参加者将30项议案按其重要性排序。商议会当天，参加者进行分组讨论，并在大会期间向专家提问。最后，参加者再次给议案排序。镇政府比较两次排序，制定建设项目的优先次序。这是中国大陆的首次商议民主实践，学者们有以下的观察（Fishkin, 2009；Fishkin, He,

Luskin & Siu 2010）。第一，通过随机抽样方式选出镇内的居民参与商议，以确保平等的参与及结果的代表性。第二，问卷调查显示，参加者商讨后的相关知识有长足增长。第三，通过慎思明辨的商讨，参加者达成了共识。这是在获取全面信息，经过深思熟虑的意见转向，如此形成的意见更具合理性。第四，在商讨过程中，较有优势者（例如，拥有较高学历、财富）并没有主导讨论气氛，没有出现意见两极化的现象。第五，令学者们备受鼓舞之处是参加者在商讨的过程中更能着眼考虑镇内整体利益，而且镇干部在落实公众商讨的意愿时更具责任感。镇政府干部将商议民意调查的结果交由镇人大决议。鉴于效果理想，泽国镇其后在 2006 年及 2008 年又对不同议题进行了商议式民意调查。

但是，也有研究发现商议民主在理论和实践方面仍存在问题。从内在因素看，虽然随机抽样邀请公民参与商议，但出席率普遍偏低，出席者比缺席者有更多政治的兴趣和知识，更愿发表意见（Scheufele，2010）。在小组内的互动中，少数参加者占据了大部分时间，部分观点未能充分表达（Merkle，1996）。商议期间的意见不同和表达方式会引起负面情绪（Hibbing & Theiss-Morse，2002）。

从外在因素看，商议过程和结果难以与现实一致。例如组织者细心编撰交付给参加者的信息，并在小组讨论中力求减低社会经济背景、个性等因素造成不均衡参与和发言。这种高度受控和设计的商议环境与实际政治中的商讨环境大相径庭（Hovland，1959）。另外，商议的结论被采纳为公共政策的相当有限，落实的更少（Dudo、Dunwoody & Scheufele，2011）。最后，出席者有较多政治兴趣、知识、人脉和发表意见的能力，在商议过程中能更有效掌握信息，结果，商议扩大了出席者和缺席者之间已经存在的兴趣、知识和影响的鸿沟（Corley & Scheufele，2010）。

有学者质疑商议民调的费用。商议民调需要大量人力物力，如 1996 年在美国德州举行的商议民调，花费 400 万美元（黄东益，2000）。还有研究显示商议民调未能减低不同观点的冲突、增加不同观点间的公平对话，促进理解和包容，或令决策过程依赖理据（Mendelberg & Oleske，2000）。

商议民主理论的研究者哈贝马斯认为，这些负面发现说明，只有在特定条件下，商议民主才能取得预期的成果（Habermas，2006），但这些特定条件的具体内容还需更深入研究。令人欣慰的是，不少学者开始更深入地研究商议民主的理论和实践，并据此而提出了一些建设性意见（Ryfe，2005；Mutz，2008；Thompson，2008；Levine，Fung & Gastil，2005）。

四、新兴政治传播学课题：失衡螺旋（spiral of imbalance）

以上谈到，经典的沉默螺旋理论（spiral of silence）指出，当某人认为多数人不同意自己的观点时，此人会选择沉默，以免遭反感、轻蔑、唾弃、斥责或惩罚。当许多人持同样观点但没有人表达这一观点时，其中的每个人都会认为自己是少数或唯一，因而保持沉默，并使所有其他人继续认为自己是少数或唯一，形成螺旋（Noelle-Neumann，1974；Noelle-Neumann，1993；Zhao & Shen，1990，1993；赵心树、沈佩璐，1990）。

安徒生发表在1837年的《皇帝的新装》提供了一个童话例子：两个骗子自称能织最美的布、做最美的衣，但是，凡蠢人都看不见这种布料和衣服。国王聘用骗子织布做衣，随后派大臣视察。看不见任何东西的大臣害怕暴露自己的愚蠢，纷纷说看到了美丽的布料。当骗子向国王献上虚无的"衣服"时，不敢"献蠢"的国王也赞美"衣服"美丽，并"穿上""衣服"出巡，引得许多拍马屁的人赞美。最后，天真的小孩脱口打破了螺旋（Zhao & Shen，1990；1993；赵心树、沈佩璐，1990）。

仔细分析可以看到，"螺旋"的不仅是**被动的谎言**，即国王、大臣和马屁家通过"沉默"拒绝承认"看不见衣服"，而且还有**主动的谎言**，即他们都说"看见了美丽的衣服"。可见，"沉默螺旋"理论隐含甚至明含着"谎言螺旋"。换言之，"沉默螺旋"的一个重点是"谎言"。

与此对照，虽然"失衡螺旋"吸收了"螺旋"概念，但不强调"谎言"。"失衡螺旋"假设，民主制度需要平衡的信息。民主就是人民做主。今日做主的人民和昔日做主的君主一样，必须拥有充分和真实的信息，才能真正做主。但人的时间精力有限，千千万万忙于生计的人民不可能像皇帝或政治家那样把主要精力用于搜集、了解和分析有关政治和社会的种种信息。于是，现代社会的传媒就有责任精挑细选，为人民提供简短的、真实的、高质量的、易于理解的、平衡的信息（赵心树，2009；2012）。

在现代西方各国尤其是美国，平衡的理念由一套设计精密的制度来实现和保障。这个"制度"就是由成套的法律规章和道德规范构成的行为规范，又称游戏规则（赵心树、阴卫芝，2006）。在这套规则中，一个关键的法律规定就是言论自由，以美国宪法第一修正案为最著名的代表。道德规范中有新闻人须恪守的真实、客观、公正、平衡、超脱的原则以及公关人、广告人须遵循的不造假、不欺骗、不误导、全力为客户服务的原则（赵心树，2003，2008，2010；赵心树、阴卫芝，2006）。

图1展示一个理想状况，即在上述行为规范指导下的平衡传播（本图较早的形式见赵心树、杜英，2005；58页图一）。图中的箭头始于影响者或信息发送者，指向被影响者或信息接受者。加号表示正面的信息，负号表示负面的信息。由虚线构成的椭圆代表着所有力图或宣称"客观公正"的"传者"，即信息提供者和传播者，如记者、编辑、部分博主，等等。这个例子中还有其他角色，包括传播者的服务对象，即在民主制度中"做主"的公众（P），也就是人民；还有被报道对象"甲"，它可以是公众人物，如总统、总理、官员、明星演员，也可以政府、政党、公司或其他团体；更有不需要甚至不应该客观公正，而应"各为其主"的公关（r）、广告（a）人员。

当所有这些不同角色在恰当的民主道德和传播伦理的指导之下各司其职、各谋其事，且总体效

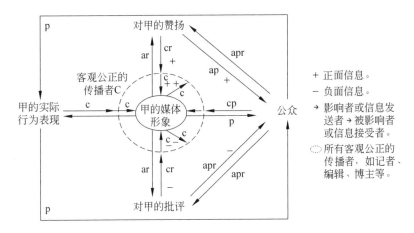

图1 平衡传播中传者（c）广告（a）公关（r）与公众（p）的分工

注：本图较早的形式见赵心树、杜英（2005）58页图一

力大致平衡的时候，公众也就是人民就可以得到不同侧面甚至方向相反但真实且大致平衡的信息，以此为基础做出自己独立的判断和决策，以完成"做主"的任务（赵心树，2002，2003，2009，2012；赵心树、阴卫芝，2006）。

但这种理想状况并非常态。有许多种原因可以造成结构性失衡。例如：

（1）有些国家占统治地位的意识形态认为媒体和传播的唯一或主要功能是宣传，是维护专政的工具，并从制度和行政措施上掌控传媒和传播渠道，通过制度性、强制性的失衡来指导和掌控媒体和民意（赵心树、沈佩璐，1990；Zhao & Shen，1990；1993）。

（2）即便是在崇尚自由民主的国家，也往往有精英人士认为传媒是宣传工具，例如在美国的党派报纸时期，报纸普遍为某党某派服务，而读者选择性读报，造成群体内信息流的失衡。

（3）弱势群体影响传媒的能力和意愿大大弱于精英群体，他们对传媒的影响力就会失衡，造成传播内容不平衡。

（4）记者编辑对有些群体，特别是弱势群体、边缘群体不了解、有偏见，造成传播内容失衡。

失衡的内容可以多种多样。一是关于议题的选择，也就是什么议题重要，什么不重要。二是报道对象，也就是谁更值得报道。三是事实的选择，也就是哪些事实值得报道，哪些事实值得突出报道、重复报道、连续报道，等等。四是评论、评判、评价的选择，即，对同一事件，正面、负面及接近中性的评论的比例如何。

图1表明，传播系统不是一个静态的、一次性运作的简单系统，而是一个动态的、周而复始的复杂系统，某个时间点上的某个单元的失衡，可以造成另一个单元下一时间点的失衡，这个失衡又会造成另一单元的失衡，如此往复，造成"失衡螺旋"，如图2所示。

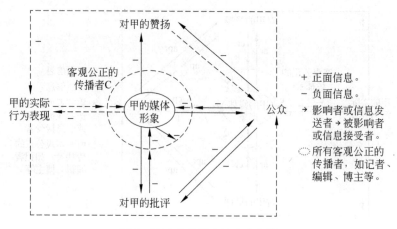

图 2　社区内传播中的失衡螺旋

"失衡螺旋"可视为"沉默螺旋"的一个极大扩展,反过来说,"沉默螺旋"可算是"失衡螺旋"的一个极小特例。

在同一个国家、城市、社区内的传播中,无论失衡多么严重,人民对本国本地的实际情况多少总有了解。例如"文革"中,不管报纸广播、大会小会如何宣传"莺歌燕舞"、"形势大好",人民还是因通过直接经验和人际传播而部分了解到物资匮乏、经济濒临崩溃,也就是图 2 中从"甲的实际行为表现"到"公众"的虚线表述的信息渠道。这是对失衡螺旋的重要反制。

如图 3 所示,在跨国界、跨地区、跨社区的传播中,直接经验和人际传播的渠道极度削弱或完全不存在,失衡螺旋可以变得更为严重(赵心树,2002,2009,2012)。

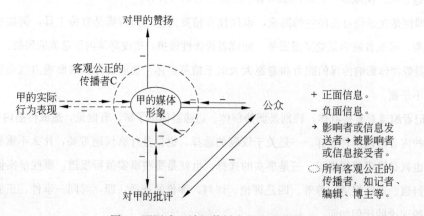

图 3　国际或区域间传播中的失衡螺旋

网上传播中,网民选择信息和信息渠道的能力及意愿大大强于传统媒体的受众,"自选接触"(selective exposure)(Kelly,2009;Jang,2013)的效应加强,因"自选接触"而造成失衡螺旋也加强。

总之，失衡螺旋是一个普遍现象，它关乎言论自由理论的哲学基础和人性假设，因而也是一个重要现象。"失衡螺旋"目前还只是一个萌芽中的理论，还有待理论的深化、细化和实证的检验修正。

五、新兴政治传播学课题：投票制度的信息分析（information analysis of voting system）

投票和选举制度一直是政治学的一个核心研究对象，也是经济学、决策学和管理学研究的一个重要对象（Cox，1997；Keane，2009；Lewis-Beck & Paldam，2000；Leech，2002；Lijphart，1995；Norris，1995，1997，2004；Poundstone，2008；Reynolds & Reilly，1997）。与此对照，传统上，政治传播学者在给定的选举制度之下研究政治传播的行为、内容和影响（Aarts & Semetko，2003，Chaffee et al，1994；Pan et al.，2006；Pan & Kosicki，Zhao & Bleske，1995；Semetko & Valkenburg，2000；Zhao & Chaffee，1995，1998；Zhao et al，1994；Zhu，1992；Zhu，Milavsky & Biswas，1994），从而把选举制度看作是一个给定的环境，而非作为研究对象的变量。

但自本世纪初以来，有几位传播学者认为，投票选举制度是传播学的题中应有之义，传播学者研究选举投票制度，可能有独特的视角，有可能发现其他领域学者忽略或轻视的信息缺失和由此造成的制度缺陷（赵心树，2008，2010）。这一结论基于以下几点理由。

（1）投票选举的核心功能是信息传播，是选民以选票为媒介表达各自意愿的过程，也是选举组织者通过点票计票解读和重构集体意愿的过程（赵心树，2003；赵心树、翁玮阳、赖俊卿，2004）。

（2）民主的核心内容是通过投票决定国家或社区的重要事务，古希腊的直接民主通过投票直接决定各类事务，现代代议民主由投票选举产生的领导代表人民来订定法律和管理行政。因此，投票制度是否测量人民的意愿，反映着民主的真假；投票制度能否精确、全面地测量人民意愿，反映着民主程度的高低；换言之，投票所传递关于选民意愿的信息是否精准全面，直接影响民主的真假或高低（赵心树，2008，2010）。

（3）政治传播研究的传统议题，如本文已提到媒体的议程设置效应、铺垫效应、框架效应、沉默螺旋效应、失衡螺旋效应以及商议民主的功效，其所以重要，都是因为民主制度假定人民在投票决策之前得到了准确、充分、平衡的信息，而上述效应极大地影响着这些信息的准确、充分和平衡，从而间接（但极大）地影响民主的质量。与此对照，投票过程能否精确、全面地反映人民意愿，更直接（且同样极大地）决定民主的真假和高低（赵心树，2008，2010）。

例如，一选制（plurality）与二选制（two-round runoff）孰优孰劣，一直是政治理论和各国实践中争论不休的问题，而信息分析（information analysis）可以为这个争论提供一个有用的新视角，得出有实践意义的新结论。所谓一选制，就是选民每人打钩选择一个候选人，相对得票最多的候选人当选的制度。这是最古老、最直观、同时也是最常用的选举制度，例如美国和韩国的总统选举，英国的下议院议员选举，美国的议员选举，英、澳、加、德、日等各国议员选首相或总理，都采用这种制度。而二选制是指选民每人打钩选择一个候选人，得票过半的候选人当选，若无人得票过半，则以得票领先的两人作为候选人进行第二轮投票，得票领先者当选。新近实施普选的国家，如俄罗斯、蒙古、东欧和中亚各国以及埃及总统选举，都采用二选制，老牌的民主制度如法国总统选举也采取这一制度。

利用信息分析，可以看到，一选制只测量极有限的选择信息，而完全不测量距离信息；也就是说，只允许选民表明自己的首选候选人与其他候选人之间的区别（张三优于所有其他候选人），而不允许选民指明其他候选人相互之间的区别（李四与王五、王五与赵六之间谁优谁劣），更不允许选民表达区别的程度（张三比李四好多少，李四比王五好或差多少）。所以，一选制所允许的信息量极其有限，是一种极为粗糙，很不够民主的制度。导致了许多令人瞠目的不民主结果。

例如 2000 年美国大选，民主党候选人、副总统戈尔的全国选民票超过共和党候选人、德州州长小布什 50 多万票，当选总统的却是小布什。同在 2000 年，中国台湾领导人选举，急于台独的绿方候选人陈水扁得票刚过 39％，而反对台独的蓝方候选人宋楚瑜、连战得票近 61％，最后当选的却是陈水扁。一般政治家和媒体评论只看到戈尔与绿党候选人耐德分票，以及宋楚瑜与连战分票所造成的鹬蚌困局，而没有看到背后的制度原因，那就是一选制的信息缺失使得分票和鹬蚌困局成为可能（赵心树，2003，2008，2013f，赵心树、翁玮阳、赖俊卿，2004）。

与此相对，二选制下，选民不仅能表述首选候选人与其他人之间的区别，还能表示二选候选人与其他人之间的区别，有关选民意愿的信息量翻了倍，因而比一选制民主了许多，产生不民主结果的概率大为降低。如果实行了二选制，2000 年在美国当选的很可能是戈尔，而在中国台湾就更可能是宋楚瑜或连战（赵心树 2003，2008，2013f；赵心树、翁玮阳、赖俊卿，2004）。

但是，二选制仍然不允许选民表述二选以外候选人间的区别或表述区别程度，信息量仍然严重不足，因而仍然是"很不够民主"的制度，在许多情况下仍然有可能造成分票和鹬蚌困局，例如 2002 年的法国，总统希拉克政绩不佳，民怨沸腾，民心左转。当年总统大选，受到民心鼓舞的"左派"候选人纷纷参选，十六位候选人中"左派"居多，但人多分票，反而使得希拉克和极右派候选人勒庞第一轮得票分别第一第二，从而进入第二轮，迫使总体向左转的选民在一个当任的右派和一个更右的右派之间选择总统（赵心树，2003，2008，2013e；赵心树、翁玮阳、赖俊卿，2004）。

又如 2012 年的埃及，刚刚推翻了穆巴拉克军政府并占埃及人口多数的埃及中产民众既不喜欢代表旧军政的前总理沙菲克,又不喜欢代表宗教极权的穆兄会穆尔西,而盼望一个代表世俗、清廉、民主的领导人。这种民心鼓励了多为中间温和的候选人参选,其中有影响力的有三人,结果三人分票,三人都首轮出局,"帮助"穆尔西与沙菲克进入第二轮(赵心树,2013e),穆尔西当选总统后,罔顾民生经济,急于推行穆兄会的极端主张,在中产阶级、青年学生、知识分子、世俗自由派、非穆斯林人士、军警、公务员和富人中造成惊恐和愤懑,最后导致一年后的政变和动乱(赵心树,2013e)。

信息分析还表明,记分制,也就是让选民记分,总分最高者当选的制度,是唯一既测量选择信息,又测量(而非估量)距离信息的制度,因而比一选制、二选制和其他多种曾被学者或政治家推崇的制度更为精准地测量选民意愿,于是民主得多。而最多信息制(maximum information,简称多信制)则更进一步。这种制度鼓励选民记分,若选民不能打分则允许排序,若不能排序则允许打钩,可以为任意多候选人打分、排序或打钩,将所有分数、排序或勾选信息转换成0~1计分,总分最高者当选。多信制关于选民意愿的信息最精准,因而也最民主。因为它最精准地反映天性温良的选民的整体意愿,因而它最能选出既能干又温良的领导人,这种领导人拒绝族群分裂和多数暴政,照顾所有主要群体的核心利益,因而也是最和谐的领导人,最能够促成和谐社会(赵心树,2013a,b,c,d,e,f,g,h,i)。

利用这个理论框架和分析方法,可以估算各种投票制度的信息量,并据此估量其精准度和民主程度。表1列出了10种制度。若某制度实测所有选择信息,给50分;若实测所有距离信息,再加50分;满分100。设有10个候选人,则有(10^2-10)/2=45个"二挑一"的选择,也就是45个信息。一选制下,选民只能打钩选一个候选人,表达此人优于其他9人,也就是表述9个"二挑一"的信息。于是,一选制获得50分选择信息分中的9/45,也就是10分,并由于完全罔顾距离信息而获得50分距离信息分中的0分;于是一选制获得总分10分。这意味着,实施一选制,其民主程度至多只有10%。根据类似的分析和计算,表1给批准制19分,也就是19%的民主程度,二选制20分,多信制95分,等等。

表1 选举制度的信息分析(假设有10个候选人)

制度名称	其他中文名	英文名称	制度核心内容	信息量/民主度(满分100)
1 多信	最多讯息,最多信息,多讯	maximum information	鼓励选民给每个候选人打分,不能给分则鼓励排序,不能排序则允许打钩。选民自定给几位候选人打分、排序或打钩。每个选民0~1计分,总分最高者当选。	95

续表

制度名称		其他中文名	英文名称	制度核心内容	信息量/民主度（满分100）
2	记分	计分	range, points	选民在一定范围（如0～10）内给候选人打分，转换成0～1计分，总分最高者当选。	85
3	博达	博尔达，波达，勃劳德，波德	Borda count	选民给候选人排序，排第一的候选人得满分，排第二的减一分，以后依次递减，总分最高者当选。	65
4	多赛	孔多赛，孔多塞	Condorcet	选民给候选人排序，点票模拟候选人捉对比赛，例如将张三列在李四之前的选民多于将李四列于张三之前的选民，张三胜李四，战胜所有对手的候选人当选。	50
5	上行	上行复选，上复，孔博斯	Coombs method	选民给候选人排序，点票先剔除末选票最多者；将选票中上一候选人替补为末选，再点末选票；如此往复至剔剩一人当选。	35
6	即复	即刻复选，排序复选，下行复选	instant runoff	选民给候选人排序，首选票过半者当选；若无人过半，剔除首选票最少者，其所得票转移给选票中下一人，再点下轮票；如此往复，直到有人得票过半当选。	35
7	多选	多轮复选	runoff	选民只能选勾一人，首轮过半者当选；若首轮无人过半，剔除得票最少者，再行复选；重复该程序直到有人过半当选。	35
8	二选	二轮复选，二轮决选	two-round runoff	选民只能选勾一人，首轮过半者当选；但若首轮无人过半，以首轮前二名为候选人进行复选，复选领先者当选。	20
9	批准	多票	approval voting	选民可以勾任意多候选人，相对票最多者当选。	19
10	一选	被误称为"一人一票"	plurality	选民只能勾一个候选人，相对票最多者当选。	10

这些理论的讨论有重要的实践价值。近几十年各国民主化的经验，使许多人认为民主化带来社会动荡，尤其是从专制走向民主的转型期间，动荡尤为激烈，社会失序尤为严重。于是，在福山

(Fukuyama，1989，1992)宣布"历史终结"，即"民主已经战胜专制"之后，竟还有"要民主还是要稳定"的两难。

与此对照，多信制（maximum information）鼓励选民给候选人打分，若不能给分则鼓励排序，若不能排序则允许打钩；升级版的多信制甚至允许选民打负分、负排序或通过打叉给任意多候选人投反对票。换言之，多信制能够实现"自由的民主"。给予最充分的自由，换来了最充足的信息，于是有最精准的测量，于是能最全面、最精确地反映整体天性温良的选民意愿，于是，在不需要政治筛选、允许公民提名的前提下，多信制也能稳定地挑选、鼓励和制造最能干、最温良的候选人，促进民主的和谐，实现民主与稳定的两全其美（赵心树，2013a，b，c，d，e，f，g，h，i）。

如果这个思路能够实现，那么所谓"历史终结，民主战胜专制"中所说的"民主"，以当代北美、西欧、澳洲、印度和东亚部分国家的"代议民主"为模板，几乎无一例外地以一选制或二选制选举制度作为选取"代议代表"也就是国家领导人的根本制度。而表1显示，即便假定100%的人民100%地参与了传播（communication）、商议（deliberation）、监督（monitor）、政党活动（party activities）等所有民主活动（Keane，2009），以一选或二选为基础的政治架构最多只能实现20%的民主。换言之，即便是在世界上号称最民主的角落，还很不够民主，还有极大的进步空间。历史，不管是东方还是西方的民主史，还远没有终结，也不可能终结。而以记分制为核心的多信制，很可能是民主进程中的又一步。

当然，此为一介书生的一家之言，不会像政客、政党、政府运作或群众运动那般引来轰动。但若这一家之言中有一星半点的道理，日后或可为中国香港、中国大陆乃至世界的民主，为社会的改善和人民的幸福有所贡献。

六、结语

自20世纪以来，政治传播学的基本理论经历了强大效果、有限效果、重返强大效果以及协议效果四个阶段，研究的主要因变量也从单纯的态度改变转变为态度与认知并重。

议程设置、铺垫作用和框架效应广受关注。议程设置理论认为新闻媒介的内容影响受众对事件的重要性的认知，铺垫作用则指出新闻内容进一步影响人们对对象（如政府或政治家）的表现的认知，而框架效应理论强调其内容更进一步影响人们对事件性质的认知。虽然三个理论都关注媒介内容如何影响社会认知，但议程设置和铺垫作用都是基于可及性心理机制，而框架理论则基于适用性心理机制。如何在厘清区别的基础上整合这三个理论，可能是政治传播学面临的一个机遇和挑战。

一些新兴的话题值得关注。商议民主的理念起源于对现行民主的不满，这种以一选制投票为主体的民主有诸多弊端，偏离民主理念，实际上是不够民主，甚至是很不民主。这种很不充分的民主忽略不同利益相关者和公众之间的商讨，不是以知理（关于知理和盲情的概念，见赵心树，2002）和公平对话为原则，不是以凝聚共识、实现共善为目标。作为商议民主思潮的一部分的商议式民调曾在欧美及中国大陆、中国香港、中国台湾等地进行实验，出现了一些成功的案例，但也发现了理论与实践之间的落差，说明商议民主在理论和实践两方面都有待改善。

失衡螺旋与投票制度的信息分析是两个萌芽中的课题。失衡螺旋指出，由于种种原因传媒未能向全体公众提供充分、高质量和平衡的信息，导致信息失衡，民众亦因而无法有效实践民主。投票制度的信息分析指出，政治传播学一直以来将投票制度视作研究的给定环境，而忽略了将投票制度作为研究对象。通过分析不同投票制度中信息的精确和充分程度，能够显示不同投票制度的优劣，反映民主的真假和高低。这两个课题在理论和实证两方面都有待深化、细化和改善。

◇ 参考文献 ◇

- Althaus, S. & Tewksbury, D. (2002). Agenda setting and the "new" news: Patterns of issue importance among readers of the paper and online versions of the New York Times. *Communication Research*, 29(2): 180-207.
- Aarts, K. & Semetko, H. A. (2003). The divided electorate: Media use and political involvement. *Journal of Politics*, 65(3): 759-784.
- But, J. (2013, August 9). Occupy central organizers set democracy "D-Day". *South China Morning Post*. http://www.scmp.com/news/hong-kong/article/1244408/democracy-d-day-fall-june-9.
- Bohman, J. (1996). *Public deliberation*. Cambridge, Mass: MIT Press.
- Bryant, J. & Miron, D. (2004). Theory and research in mass communication. *Journal of Communication*, 54: 662-704.
- Chambers, S. (2003). Deliberative democracy theory. *Annual Review of Political Science*, 6: 307-326.
- Chang, C. C. (2009). Political communication. In Taiwan. In L. Willnat & A. Aw (eds.), *Political communication in Asia*. New York and London: Routledge Taylor & Francis Group.
- Center for Deliberative Democracy (2013). Research papers. http://cdd.stanford.edu/research/
- Chaffee, S., Zhao, X. S. & Leshner, G. (1994). Political knowledge and the campaign media of 1992. *Communication Research*, 21(30): 305-324.
- Cohen, B. C. (1963). *The press and foreign policy*. Princeton, NJ: Princeton University Press.
- Converse, P. E. (1970). Attitudes and non-attitudes: Continuation of a dialogue. In E. R. Tufte (ed.), *The quantitative analysis of social problems*. Reading. MA: Addison-Wesley.
- Cox, G. W. (1997). *Making votes count: strategic coordination in the world's electoral systems* (*Vol.* 7). Cambridge: Cambridge University Press.
- DeFleur, M. L. & Ball-Rokeach, S. (1982). *Theories of Mass Communication*, 4th edition. New

York: McKay.
- Domke, D., Shah, D., & Wackman, D. (1998). Media priming effects: Accessibility, association, and activation. *International Public Opinion Research*, 10(1): 51-74.
- Dryzek J. K. (2000). *Deliberative democracy and beyond: Liberals, critics, contestation*. Oxford, UK: Oxford University Press.
- Dudo, A. D., Dunwoody, and D. A. Scheufele forthcoming. (2011). The emergence of nano news: Tracking thematic trends and changes in U. S. newspaper. *Journalism and Mass Communication Quarterly*, 88(1): 55-75.
- e-Research & Solutions (2012). Macao deliberative polling on the "Amendment of the Press Law and the Audio-Visual Broadcasting Act". http://www.dpmacao.org/en/sites/default/files/DP%20Report_E_Full.pdf
- Entman, R. M. (1993). Framing: Toward clarification of a fractured paradigm. *Journal of Communication*, 43(4): 51-58.
- Fishkin, J. S. (2009). *When the people speak: deliberative democracy and public consultation*. New York: Oxford University Press.
- Fishkin J. (1995). *The voice of the people: Public opinion and democracy*. New Haven, CT: Yale University Press.
- Fishkin, J. S. (1991). *Democracy and deliberation: New directions for democratic reforms*. New Haven, CT: Yale University Press.
- Fishkin, J., & Luskin, R. (1999). Bringing deliberation to the democratic dialogue: The NIC and beyond. In M. McCombs, & A. Reynolds (eds.), *A poll with a human face: The national issues convention experiment in political communication*, 30-38. New York: Erlbaum.
- Fishkin, J., He, B., Luskin, R., & Siu, A. (2010). Deliberative democracy in an unlikely place: Deliberative polling in China. *British Journal of Political Science*, 40(2): 435-448.
- Fukuyama, F. (1992). *The end of history and the last man*. New York: Avon.
- Fukuyama, F. & Bloom, A. (1989). The end of history? *The National Interests*, 16: 3-18.
- Fung, T. K. F., Brossard, D. & Ng, I. (2011). There is water everywhere: How news framing amplifies the effect of ecological worldviews on preference for flooding protection policy. *Mass Communication and Society*, 14(5): 553-577.
- Fung, T. K. F. & Scheafele, D. A. (2014). Social norms, spiral of silence and framing theory: An argument for considering cross-cultural differences in media effect research. In W. Donsbach, C. Salon, & Y. Tsfati (eds), The spiral of silence: New perspectives on communication and public opinion, 131-144. New York: Routledge.
- Funkhouser, G. R. (1973). The issues of the sixties: An exploratory study in the dynamics of public opinion. *Public Opinion Quarterly*, 37: 62-75.
- Gamson, W. & Modigliani, A. (1987). The changing culture of affirmative action. In R. G. Braungart & M. M. Braungart (eds.), *Research in political sociology*, Vol. 3: 137-177. Greenwich, CT: JAI Press.
- Garrett, R. K. (2009). Echo chambers online? Politically motivated selective exposure among Internet news users. *Journal of Computer - Mediated Communication*, 14(2): 265-285.
- Gerbner, G. & L. P. Gross (1976). Living with television: The violence profile. *Journal of Communication*, 26(2): 172-199.
- Gitlin, T. (1980). *The whole world is watching: Mass media in the making and unmaking of the new left*. Berkeley: University of California Press.
- Goffman, E. (1974). *Frame analysis: An essay on the organization of experience*. Cambridge, MA: Harvard University Press.
- Graber, D. A., & Smith, J. M. (2005). Political communication faces the 21st century. *Journal

of Communication, 55(3): 479-507.
- Gutmann, A, & Thompson, D. (1996). *Democracy and disagreement: Why moral conflict cannot be avoided in politics and what should be done about it.* Cambridge, MA: Harvard University Press.
- Habermas, J. (2006). Does democracy still enjoy an epistemic dimension? *Communication Theory* 16: 411-426.
- Hart, R. P. (2000). *Campaign talk: Why elections are good for us.* Princeton, NJ: Princeton University Press.
- Hibbing, J. R. & Theiss-Morse, E. (2002). *Stealth democracy: Americans' beliefs about how government should work.* Cambridge, UK: Cambridge University Press.
- Hovland, C. L. (1959). Reconciling conflicting results derived from experimental and survey studies of attitude change. *American Psychologist.* 14: 8-17.
- Hovland, C. I., I. L. Janis, & H. H. Kelley (1953). *Communication and Persuasion.* New Haven, Conn. : Yale University Press.
- Hwang et al. (2007). Applying a cognitive-processing model to presidential debate effects: Postdebate news analysis and primed reflection. *Journal of Communication*, 57(1): 40-59.
- Iyengar, S. & Kinder, D. R. (1987). *News that matters: Television and American opinion.* Chicago: The University of Chicago Press.
- Iyengar, S. & Simon, A. (1993). News coverage of the Gulf Crisis and public opinion: A study of agenda-setting, priming, and framing. *Communication Research*, 20: 365-383.
- Jang, S. M. (2013). Seeking congruency or incongruency Online? Examining selective exposure to four controversial science issues. *Science Communication*, Doi: 10.1177/1075547013502733.
- Jarvis, S. E., & Han, S. H. (2009). Political communication. In W. Eadie (ed.), *21st Century Communication A reference handbook.* Los Angeles: SAGE.
- Kahneman, D. (2003). Maps of bounded rationality: A perspective on intuitive judgment and choice. In T. Frangsmyr (ed.), *Les Pric Nobel: The Nobel Prizes* 2002, 449-489. Stockholm, Sweden: Nobel Foundation.
- Kahneman, D. & Tversky, A. (1979). Prospect theory—analysis of decision under risk. *Econometrica*, 47(2): 263-291.
- Katz, E. (1957). The two-step flow of communication: An up-to-date report of a hypothesis. *Public Opinion Quarterly*, 21: 61-78.
- Keane, J. (2009). *The life and death of democracy.* WW Norton & Company.
- Klapper, J. T. (1960). *The Effects of Mass Communication.* New York: Free Press.
- Krosnick, J. A., & Kinder, D. R. (1990). Altering the foundations of support for the president through priming. *American Political Science Review*, 84: 497-512.
- Lasswell, H. D. (1927). *Propaganda Technique in the World War.* New York: Peter Smith.
- Lazarsfeld, P. F., B. R. Berelson & H. Gaudet (1948). *The People's Choice.* New York: Columbia University Press.
- Leech, D. (2002). Designing the voting system for the council of the European Union. *Public Choice*, 113(3-4): 437-464.
- Levine, P., Fung, A., & Gastil, J. (2005). Future directions for public deliberation. *Journal of Public Deliberation*, 1(1): 1-13.
- Lijphart, A. (1995). *Electoral Syatems and Party Systems.* Oxford University Press, USA.
- Lewis-Beck, M. & Paldam, M. (2000). Economic voting: An introduction. *Electoral Studies*, 19: 113-121.
- Lippmann, W. (1922). *Public Opinion.* New York: Free Press.
- Matthes, J. (2006). The need for orientation towards news media: Revising and validating a classic

- concept. *International Journal of Public Opinion Research*, 18: 422-444.
- McCombs, M. E. (2004). *Setting the agenda: The mass media and public opinion*. Cambridge, England: Blackwell Polity Press.
- McCombs, M. E., & D. L. Shaw (1972). The agenda-setting function of mass media. *Public Opinion Quarterly*, 36: 176-187.
- McCombs, M. & Reynolds, A. (2009). How the news shapes our civic agenda. In J. Bryant & M. Oliver (eds.), *Media effects*. New York and London: Routledge Taylor & Francis Group.
- Mendelberg T. and Oleske J. (2000). Race and public deliberation. *Political Communication*. 17: 169-191.
- Merkle D. (1996). The national issues convention deliberative poll. *Public Opinion Quarterly*, 60: 588-619.
- Moy, P., Xenos, M. A., & Hess, V. K. (2005). Priming effects of late-night comedy. *International Journal of Public Opinion*, 18: 198-210.
- Mutz, D. C. (2008). Is deliberative democracy a falsifiable theory? *Annual Review of Political Science*, 11: 521-538.
- Noelle-Neumann, E. (1973). Return to the concept of powerful mass media. In H. Eguchi and K. Sata (eds.), *Studies of broadcasting: An international annual of broadcasting science*, 67-112. Tokyo: Nippon HosoKyokai.
- Noelle-Neumann, E. (1974). The spiral of silence: A theory of public opinion. *Journal of Communication*, 24: 24-51.
- Noelle-Neumann, E. (1993). *The Spiral of Silence: Public Opinion—Our Social Skin*, 2nd ed. Chicago: University of Chicago Press.
- Norris, P. (1995). Introduction: the politics of electoral reform. *International Political Science Review*, 16(1): 3-8.
- Norris, P. (1997). Choosing electoral systems: proportional, majoritarian and mixed systems. *International Political Science Review*, 18(3): 297-312.
- Norris, P. (2004). Electoral engineering: voting rules and political behavior. Cambridge University Press.
- Pan, Z. & Kosicki, G. M. (1993). Framing analysis: An approach to news discourse. *Political communication*, 10(1): 55-75.
- Pan, Z. & Kosicki, G. M. (1997). Priming and media impact on the evaluations of the president's performance. *Communication Research*, 24(1): 3-30.
- Pan, Z., Shen, L., Paek, H. J. & Sun, Y. (2006). Mobilizing political talk in a presidential campaign: An examination of campaign effects in a deliberative framework. *Communication Research*, 33(5): 315-345.
- Parkinson, J. (2006). *Deliberating in the real world*. New York: Oxford University Press.
- Poundstone, W. (2008). Gaming the vote: Why elections aren't fair (and what we can do about it). Macmillan.
- Price, V. & Tewksbury, D. (1997). News values and public opinion: A theoretical account of media priming and framing. In G. A. Barett & F. J. Boster (eds.), *Progress in communication sciences: Advances in persuasion*, 13: 173-212. Greenwich, CT: Ablex.
- Putnam, R. D. (2000). *Bowling alone: The collapse and revival of American community*. New York: Simon & Schuster.
- Reynolds, A. & Reilly, B. (1997). *The international IDEA handbook of electoral system design* (Vol. 1). International IDEA.
- Rogers, E. M. & Dearing, J. W. (1988). Agenda setting research: Where has it been? Where is it going? In J. A. Anderson (ed.), *Communication yearbook* 11: 555-594. Newbury Park, CA: Sage.

- Roskos-Ewoldsen, D. R. et al. , (2009). Media priming: An updated synthesis. In J. Bryant & M. Oliver (eds.), *Media effects advances in theory and research*. New York and London: Routledge Taylor and Fracis Group.
- Ryfe, D. M. (2005). Dose deliberative democracy work? *Annual Review of Political Science*, 8: 49-71.
- Scheufele D. A. (2010). Modern citizenship or policy dead end? Evaluating the need for public participation in science policy making, and why public meetings may not be the answer. Paper #R-34, Joan Shorenstein Center on the Press, Politics and Public Policy Research Paper Series.
- Scheufele, D. A. & Tewksbury D. (2007). Framing, agenda setting, and priming: The evolution of three media effects models. *Journal of Communication*, 57(1): 9-20.
- Scheufele, D. A. (2000). Agenda-setting, priming, and framing revisited: Another look at cognitive effects of political communication. *Mass Communication & Society*, 3(2&3): 297-316.
- Scheufele, D. A. (1999). Framing as a theory of media effects. *Journal of Communication*, 49(1): 103-122.
- Semetko, H. A. & Valkenburg, P. M. (2000). Framing European politics: A content analysis of press and television news. *Journal of communication*, 50(2): 93-109.
- Shah, D. V., Domke, D. & Wackman, D. B. (1996). To thine own self be true: Values, framing, and voter decision-making strategies. *Communication Research*, 23: 509-560.
- Shen, F. & Edwards, H. H. (2005). Economic individualism, humanitarianism, and welfare reform: A value-based account of framing effects. *Journal of Communication*, 55: 795-809.
- Tewksbury, D. & Scheufele, D. (2009). News framing theory and research. In J. Bryant & M. B. Oliver (eds.), *Media effects: Advances in theory and research*, 17-33. New York: Routledge.
- Thompson, D. F. (2008). Deliberative democratic theory and empirical political science. *Annu. Rev. Polit. Sci.*, 11: 497-520.
- Weaver, D., McCombs, M, & Shaw D. (2004). Agenda-setting research: Issues, attributes, and influences. In Lynda Lee Kaid (ed.), *Handbook of Political Communication Research*, Chapter 10, 257-282. Mahwah, NJ: Lawrence Erlbaum Associates.
- Weaver, D., Graber, D. A., McCombs, M. E., & Eyal, C. H. (1981). *Media agenda-setting in a presidential election: Issues, images, and interest*. New York: Praeger.
- Weaver, D. H. (1977). Political issues and voter need for orientation. In D. L. Shaw and M. E. McCombs (eds.), *The Emergence of American Political Issues: The Agenda-Setting Function of the Press*, 107-119. St. Paul, Minn. : West.
- Zhao, X. S. & Shen, P. L. (1993). Some reasons why Party propaganda failed this time. In Roger, V. Des Forges. , Luo, Ning and Wu, Yanbo (eds.), *China's Crisis of 1989: Chinese and American Reflections*, 313-332, Buffalo, NY: State University of New York Press.
- Zhao, X. S. & Shen, P. L. (1990). The mentality of Chinese urban residents after June 4th. In Hao Jia (ed.), *The Democracy Movement of 1989 and China's Future*, 147-159. Washington D. C. : Center for China Study.
- Zhao, X. & Bleske, G. L. (1998). Horse-race polls and audience issue learning. *The Harvard International Journal of Press/Politics*, 3(4): 13-34.
- Zhao, X. & Chaffee, S. H. (1995). Campaign advertisements versus television news as sources of political issue information. *Public Opinion Quarterly*, 59(1): 41-65.
- Zhao, X., Zhu, J. H., Li, H., & Bleske, G. L. (1994). Media effects under a monopoly: The case of Beijing in economic reform. *International Journal of Public Opinion Research*, 6(2): 95-117.
- Zhu, J. H., Milavsky, J. R. & Biswas, R. (1994). Do televised debates affect image perception more than issue knowledge? A study of the first 1992 presidential debate. *Human Communication Research*, 20(3): 302-333.

- Zhu, J. H. (1992). Issue competition and attention distraction: A zero-sum theory of agenda-setting. *Journalism & Mass Communication Quarterly*, 69(4): 825-836.
- 蔡美瑛.1995.议题设置理论之发展：从领域迁徙、理论延展到理论整合.新闻学研究,50：97-124.
- 陈朝政、杨三东(2012).审议式民主在民主教育的实践.高雄师大学报,32,页47～70.
- 沈惠平(2011).中国台湾地区审议式民主的实践分析.厦门大学学报,5,页66～73.
- 翁玮阳、赵心树(2009).政治传播学.载于鲁曙明、洪浚浩(主编),传播学(页450～481).北京：中国人民大学出版社.
- 廖俊松(2008).审议民主的实践：中国台湾与大陆经验分析.21世纪的公共管理：机遇与挑战：第三届国际学术研讨会文集.
- 廖锦桂、王兴中(2007).口中之光：审议民主的理论与实践.台北：中国台湾智库.
- 胡兆云(2009).晚清以来Jury、Juror汉译考察与辨误.外语与外语教学,2009第1期.
- 赵心树(2002).知理的民主,还是盲情的媒主？——美国媒体是怎样报道中美撞机事件的.载于李希光、赵心树,媒体的力量.广州：南方日报出版社,2002年6月.网上版载于http://www.1a3.cn/cnnews/mjpp/200910/10965.html
- 赵心树(2003).选举的困境——民选制度及宪政改革批判.成都：四川人民出版社,ISBN 7-220-06171-4/K.862.
- 赵心树(2004)."合法"与"合法"的困惑及其他.载于中国人民大学国际关系学院政治学系、中国选举与治理网(编),政治文明与中国政治现代化国际研讨会论文汇编.(2).制度理论与改革实践,2004年6月,页263～301.
- 赵心树(2009).失衡螺旋与国际形象.载于苏力、陈春声(主编),中国人文社会科学三十年(页407～412).北京：生活·读书·新知 三联书店 2009年8月,ISBN：978-7-108-03226-3.
- 赵心树(2010a).泰国和吉尔吉斯动乱乃因不够民主.2010年4月10日,载于中国选举与治理网,http://www.chinaelections.org/index.html
- 赵心树(2010b).澳洲大选僵局乃因不够民主.2010年9月8日,载于中国选举与治理网,http://www.chinaelections.org/index.html
- 赵心树(2010c).怎样算够民主并回复方绍伟——并谈"草人谬误"与"断言论证".2010年8月3日,载于中国选举与治理网,http://www.chinaelections.org/index.html
- 赵心树(2012).中国奥运传播中的"失衡螺旋"与中华民族"成长的烦恼".载于史安斌、郭云强、李宏刚(主编),清华新闻传播学前沿讲座录(续编)(页200～210).北京：清华大学出版社,2012年10月.
- 赵心树(2013a,5月20日).拉布的制度成因和技术解救.信报,A19页.
- 赵心树(2013b,6月12日).普选一词两意与中港一国两制.信报,A10页.
- 赵心树(2013c,6月18日)."筛选特首"未必服从北京.信报,A19页.
- 赵心树(2013d,7月17日).为何"筛选特首"不稳定？怎么办？信报,A20页.
- 赵心树(2013e,7月23日).香港普选勿堕"埃及陷阱".信报,A15页.
- 赵心树(2013f,8月5日).中港双赢普选制度——"一选"不如"二选".信报,A15页.
- 赵心树(2013g,8月21日).博达制可达中港多赢.信报,A19页.
- 赵心树(2013h,9月5日).以最温良的方式选特首,信报,A17页.
- 赵心树(2013i,9月25日).多讯制普选阻社会撕裂,信报,A18页.
- 赵心树、杜英(2005):《论美国大学广告教育发展的学科背景》,载于中国广告协会主办《现代广告》2005年学刊,总第115期,页56～58.
- 赵心树、翁玮阳、赖俊卿(2004).走出选举的困境——说历史故事,谈民主未来.台北：亚太出版公司,ISBN 986-7809-13-0.
- 赵心树、阴卫芝(2006)."心中之规"最具道德权威——新闻职业伦理规范问题答问.载于新闻记者,8月号(页7～12).作为卷首篇转载于新闻与传播,中国人民大学书报资料中心,2006年12期,页4～8.

组织传播的发展与研究新方向

陈凌[①] 杜娟[②]

组织传播是传播学学科的一个分支,在 20 世纪后半期得到了快速发展而成为一门独立的学科领域,组织结构的研习历史则号称超过一个世纪。鉴于其跨学科跨领域的特性,理论和概念探讨在组织传播的研究中是重点,界定学科领域边界和厘清主要理论视角的不懈努力则始终伴随着领域的发展历程。

组织传播领域界定

要界定组织传播必须要先明确了解组织及其特点。组织和社会系统形成的根由来自人们为达到某些个人或集体共同目的而参与活动并相互协作,日久重复逐渐产生出模式。组织的特点在于其具有的结构性和正式性,一般订有明确的规章制度,通过明文规定或默契认可对组织构成和运作进行调节和限制。任何种类的组织,不论是政府部门、工商企业,还是宗教组织以及民间团体包括社区组织、非政府组织和其他非营利组织,都具有这些特征。组织一方面是人们协调各自活动的结果;另一方面也为人们进一步协调活动提供更大可行性。为达到目标和取得成就效果,活动必须有条理地进行,必须分工分担职责,必须规范活动行为。组织内人人都应清楚知道何时应该做何事;如何做;何事不应该做;何事应该由何人做;而且事事有定规,人人须守规矩,就形成正式性和规范性。不同的事由不同的人负责做,不同的责任由不同的人承担,就形成结构定规。结构和规章条例因此也是一个组织的基础,既协调同时也制约组织中人们的活动方式和范围。组织和协调活动涉及的工作分配、指示发布、人员联络以及计划制订、物资调配等,都是通过某种形式的传播沟通来实现。

[①] 陈凌,现任中国香港浸会大学传播系教授,《管理传播沟通季刊》(Management Communication Quarterly)主编,《传播理论》(Communication Theory)副主编,1991 年获美国俄亥俄州立大学(Ohio State University)传播学博士学位,曾任教于美国俄克拉何马大学(University of Oklahoma),研究兴趣包括跨文化传播、组织及管理传播、言语沟通和社会互动心理等。

[②] 杜娟,现任加拿大皇家大学(Royal Roads University)传播和文化学院助理教授和跨文化国际传播文学课程主任,2012 年获中国香港浸会大学传播学博士学位,2012—2013 年为美国纽约大学(New York University)博士后,研究兴趣包括跨文化传播、组织文化和知识管理等。

从传播学的角度来看，传播沟通是社会系统和组织的本质和要素——生产或服务的活动安排、运作协调、组织工作以及组织机构本身在相当大程度上都是由传播沟通活动构成的（McPhee & Zaug, 2000; Taylor & Van Every, 2000; Weick, 1995）。组织机构的传播沟通遵循组织结构和组织规则所制定的方向和方式，为组织顺畅运作服务。组织传播同其他传播形式一样，具有信息、来源、接收者、传输渠道，组织传播的成效与传播者的沟通能力、经验背景、传播场景也息息相关。此外，组织传播本身还是一种动态的过程，是传播沟通活动进行组织创建和事件塑造的过程。作为一个学科领域，组织传播研究、分析和批评传播沟通在组织场景中的作用和功能，及其与内外环境包括社会的互动。

组织传播在机构组织中的功能作用是多样的，包括生产、维持、革新、人性等四个方面（Ferrace, Monger, & Russell, 1977; Goldhaber, 1990）。前面提到的涉及组织活动协调等的传播沟通多与组织机构的生产运作相关，即一个组织在社会里存在的主要目的，或生产产品或提供服务。具体的任务指派、工作程序、进度报告、质量控制、产品服务检查、差错纠正等，都体现出传播活动的生产功能作用。组织传播沟通的维持作用，在组织政策、规章制度和相关的辅助性活动中实现。这些活动为组织机构的日常运作提供了必须的条件和环境，保证了生产过程正常稳定进行。传播沟通活动对组织机构顺应不同社会环境而作出的相应变化和改革进步亦是必不可少。传播沟通的革新功能作用发挥在一切与变化相关的组织活动中，从组织宗旨、组织架构、组织运作方式变革，到产品开放、工作流程、运作程序革新变更，到适应变化措施的建议、具体改变的实施、长期战略的构思、对组织环境和组织现状调研，等等。最后，组织传播沟通还涉及对员工的感情、需求的关注，即人性功能。发挥人性功能的传播沟通活动包括员工与组织机构的互动和关系质素、对组织的认同、对组织的承担、作为组织成员的自我形象、作为个人和社会人的福利、需求等，一切可能影响员工工作表现、影响组织生产的各个方面。在更高的层面，组织传播沟通还有一个极其重要的功能作用，即不确定性（uncertainty），涉及处理应付人类生活关系以及信息和控制需要的一个重要方面。传播沟通对不确定性的减少作用是公认的，然而，传播沟通也可以制造或增加不确定性。以上所述组织传播沟通的作用和功能均属组织传播领域的研究范畴。

领域历史简要回顾

组织传播领域始建自美国。第二次世界大战后不久的 1955 年，Charles Redding 应邀到美国普渡大学和 Paul E. Lull 一起开发组织传播的专门课程，组织传播研究领域就此正式诞生，第一篇专门研究组织传播的博士论文则早在 1950 年完成。Charles Redding 对领域发展贡献重大，被公认为组织传播之父,然而组织传播学科的发展源头却可追溯至 20 世纪初。自始兴起,组织传播学即根植于三个主要学科领域之中,包括修辞传统、早期管理与组织理论,以及后来的人际关系学说,同时亦得益于工业组织学、社会心理学、组织行为学、行政管理学、人类学与政治学等学科的相关理论,渐而初步成型(Daniels et al, 1997;Allen, Tompkins, & Busemeyer, 1996)。组织传播的发展历程可划分为三大时期(Redding & Tompkins, 1988):

从 1900 年到 1940 年是领域准备期。此时期与组织传播有关的主要学术方向是进行涉及工商企业的人际传播过程与演讲技巧的研究,其发展主要体现在对商务演讲发言和工业传播两研究领域进行整合的努力。

从 1940 年到 1970 年是领域的确立与整合期。此时期"组织传播"一词逐渐取代了较早的"商业传播"或"工业传播",更多的学者投入到理论与概念架构的工作中,主要研究方向扩展到传播网络与结构上,同时相关大学课程也陆续出现。美国西北大学、俄亥俄州州立大学和普渡大学等大学的言语传播学系 20 世纪 50 年代相继培养出了相关传播学为题的博士论文(Daniels, et al., 1997),1962 年在俄亥俄州州立大学建立了第一个"组织传播"大学主修课程(Boase & Carlson, 1989)。20 世纪 60 年代中期涌现出一系列探讨组织传播理论框架及重要概念的学术文章(比如,Guetzkow, 1965;Tompkins, 1967)。这其中,第一篇关于组织传播实证研究的系统性综述是对 100 篇学术论文进行述评的研究(Tompkins, 1967)。基于文献,Tompkins 指出当时大多数组织传播研究的主导视角为从上至下的管理学,这其中包括关于上司下属传播的研究;除此之外的论题及视角则不被重视而极少涉及。

自 1970 年后的 20 年为成熟创新期,此时期组织传播理论发展渐臻完成。从早期深受传统组织研究与管理学的影响,只重视实证-功能主义与传播效果的视角,逐渐发展到包括文化阐释门径、批判门径与后现代主义等理论视角门径(Putman, 1982;Redding & Tompkins, 1988)。研究重点也从 70 年代注重上司与下属的人际沟通与领导行为(如 Jablin, 1979, 1980, 1982),扩展到 80 年代的对组织文化与组织变革的关注。

此发展期延续至今又是 20 多年,衔接了 90 年代兴起的与国际化全球化相关的组织问题,以及新禧年后重提更新的组织传播组成性(communicative constitution)等议题。

领域确立早期具有代表性的是 Redding(1972)所发表对组织传播领域的研究综述,提出通过基础的理论概念框架来审视研究对象,从而得以超越传统的研究类型,这将会有助于进一步理解组织传播研究。与此同时,Redding 首次尝试将传播理论的观念与对组织的研究相结合,从而超越了先前组织研究对于组织的传播过程的忽略和浅尝辄止。20 世纪 70 年代后期至 80 年代初期一系列关于组织传播的研究综述代表当时主导研究方向,其中包括 组织/工业心理学(Porter & Roberts, 1976)、传播网络系统(Monge, Edwards, & Kirste, 1978)、上司—下属传播(Jablin, 1979)、组织内小组传播（Jablin & Sussman，1983）、反馈与系统表现（Downs，Johnson，& Barge，1984）。其中一些研究课题自 20 世纪 40 年代至 70 年代来学者们就持之以恒地追寻答案，比如：上司—下属之间传播的特征、传播网络系统及通道、传播氛围（climate）的相关要素（Jablin，1978）。这些传播议题直到 20 世纪 80 年代和 90 年代仍然是组织传播研究的核心议题。90 年代初学者对 1979—1989 年间在 15 个传播学期刊上发表的文章进行总结，发现有 65% 的研究涵盖于 5 个主题，分别是氛围和文化、上司—下属传播、权力，冲突和政治、信息流动以及公共组织传播，代表了当时研究的大方向（Wert-Gray，Center，Brashers，& Meyers，1991）。

从阐释视角研究组织传播的第一个学术研讨会议于 1981 年在美国犹他州召开。论文集《传播和组织———一个阐释的视角》（Putnam & Pacanowsky，1983）收编了这次会议论文。文集倡导阐释性的研究视角，标志着领域的一次突破性进展，是对先前主导的客观性量化研究的重要补充和进一步发展。稍后 Tompkins（1984）通过回顾性综观对于当时组织传播研究领域流行的被管理学主导的研究问题及研究范式进行挑战，并进一步提出了四个新的议题：行动（action）、权力（power）、层次（levels）和过程（process）。相比当时普遍接受的"组织是传播行为发生的场所"的论点，Tompkins 提出"传播构建了组织"的论点，认为组织是一个由互动的个体组成的系统，通过传播而积极创建和再建其独特的组织秩序。Tompkins 的另一贡献在于指出当时的研究范式忽略了对组织传播的根本隐喻（root metaphor）的研究。他倡导了从"机械组织"到"有机组织"的概念性质转变。"有机组织"的隐喻有助于从具体的视角对组织进行研究，从而突破了先前基于"机械组织"的隐喻的视角，将组织简单地看作是如同机器般运作。Putnam 和 Cheney（1985）从审视学科根基的角度出发总结出先前研究包括了四个基本课题类别：渠道、氛围、传播网络和上司—下属传播。在此基础上，他们提出未来研究的发展趋向应该包括信息处理、从政治性视角对组织传播进行研究、组织修辞、组织传播和文化、意义的设定（enactment of meaning）、组织传播研究的多方视角。

80 年代后期两本组织传播学科研究和理论的学科手册的出版，代表这一领域发展的一个里程碑（Goldhaber & Barnett，1988；Jablin，Putnam，Roberts & Porter，1987）。1987 年版的学科领域手册清晰地勾画出了组织传播领域当时的研究现状：1）对于传播现象的多层次分析，包括人际、小组、组织和组织之间；2）多元的跨学科研究，这一点从编辑文献其自身的多元化背景中也得到了充分体现。然而这两本学科手册的章节结构和对组织传播学研究的重点的界定显著不同，亦缺乏统一性，再次反映出当时学者们对组织传播学科的核心研究议题尚未形成共识。时隔几年到 90 年代中期，有研究者从组织传播研究常用的不同隐喻归纳和引申出不同的研究视角，即采取与以往回顾性研究截然不同的视角对组织传播研究进行了回顾和总结，亦呼应届时整个人文社会科学界的语言大转向（the linguistic turn）趋势（Putnam，Phillips，N.，& Chapman，1996）。这些隐喻包括渠道（conduit）、视镜（lens）、联系（linkage）、表现（performance）、符号（symbol）、声音（voice）和话语（discourse）。每个隐喻都适用于任何组织传播课题的研究，同时表现出相应的对组织的概念界定以及对组织和传播关系的理解。

大约同时，全球性和全球化的概念逐渐出现于组织传播研究文献中。Stohl 率先发表论文探讨全球化的组织过程（Stohl, 1993）。学者们也将研究的重点部分转向了组织研究中的宏观文化问题（Calas, 1994；Early & Singh, 1995；Tichy, 1990）。全球化理论为组织传播学者研究当今世界中组织变革和传播现象提供了新的视角和理论工具。它有助于进一步理解组织传播实践中存在的张力和矛盾，以及其对人类社群、国家和世界所产生的影响意义（Stohl, 2005）。全球化改变了商业合作和竞争背后的动力系统，使各类组织得以突破国家和地域的疆界。全球性组织由此获取新的社会资本，导致了组织的变革，并通过传播技术生成了社会网络。Stohl 提出全球化要求组织形式更加灵活，具有更强的适应性，从而更适合跨越国家和地区的界限运作。

近期学者们应邀总结回顾了组织传播领域的理论和研究发展合集成书（May & Mumby, 2005）。在最后的总结篇中指出，组织传播领域已涌现出非常多元化的视角，不仅推动了组织传播理论研究的快速发展，同时也促进了组织传播实践的发展。他们同时提醒大家，这些理论都产生于特定的情境下，具有自身的视角，互相之间是一种角逐的关系。组织传播理论提供给人们思索和重建人类组织的诸多可能性，与此同时，人们不仅需要认识到组织传播理论和研究中显现和热门的议题，也要理解和认识研究中隐现和缺乏的议题。

综上所述，组织传播研究发展至今，研究对象包括微观、中观和宏观层次的传播过程与问题，涉及个人、部门、组织层面的传播行为和活动以及由组织成员互动、各层面互动或与环境互动而搭建的组织现实，还有组织之间、组织惯例机构化（institutions），及社会、文化与组织发展、变革之间的关系；其理论范围兼容传播理论、组织/管理理论与组织传播理论等，形成或各有倾向或不拘一格的不同理论。组织传播的研究方法涵盖了量化研究（如试验、内容分析、问卷调查）与质化研究方法（如文本分析、话语分析、修辞分析、实地参与观察、组织民族志等）。

领域主要理论概念梳理和相关研究

学术研究理论取向

顺应整个传播学科研究范式的转移（paradigm shift），组织传播领域的理论架构与研究取向亦经由早期主导的传统视点（the traditional perspective）、之后阐释视点（the interpretive perspective）和批判视点（the critical perspective）介入形成至今三个学术取向（Putnam, 1982；Tompkins & Redding, 1988）。学者一般都从组织的本质、传播的本质、研究的侧重点等方面讨论这三个取向及各自涵盖的一些具体理论（Daniels et al., 1997；Mumby, 1987；Putnam, 1982；Tompkins & Redding, 1988）。

持传统观点的学者立足唯物论，认为任何人类组织都具物质性、是物体（objects），因而组织现实是客观的。笼统地来讲任何组织都可以类比机器，正如组织机器运作遵循科学规律，古典管理的基石是组织管理科学化。传统视点的传播本质在于其工具性，管理阶层通过正确使用工具可达到有效沟通。而有效传播沟通的实质就是运用各种技巧，发布传达指令达到管理掌控的目标。因此传统实证学派的主要研究重点，在于从功能论与行为论出发，从传播的功能、结构和层次三个主要方面来研究传播过程与组织效能（organizational effectiveness）之间的关系（Daniels et al., 1997），另言之，就是研究如何有效地经由传播的策略、结构、行为与技巧达成管理掌握组织的目的。传统实证派主要以量化实证研究为主，通过各类实际事例测试、修正、完善理论。

对文化阐释学者而言，任何组织之所以为"某个组织"，是一种主观而非客观的现实。研究组织应该如同研究文化般，应深入探讨阐释成员外在行为背后的价值、信念、意识形态、世界观与假设等。唯有在具体组织情境中的人们透过传播行为与社会互动，才能构建出属于这一群人的组织现实（organizational reality）。传播由此超越了工具性的使用，而回归到对人类共有经验与意义建构的本质的探寻。这一本质的显现不仅存在于不同形式的组织行为与组织符号中，更存在于集体话语（collective discourses）与全方位互动交往（transactions）的组织产物中。于是，透过探讨传播的本质，组织现实的建构与组织文化的独特性，研究者们得以更深入、全面地了解人类组织生活的不同层面。人类传播的本质与形式，是组织在形成、结构、运作与管理等过程中不可或缺的基本要素。文化阐释研究者们旨在探讨组织成员对于组织符号的使用、意义的共享与共识的达成。研究主要以质化研究方法为主，通过探讨不同组织成员的多重视点，寻找了解不同组织的独特性质。

至于持批判观点的组织传播学者，则视组织为统治阶层的压迫工具（instruments of oppression），其研究的重点在于组织中被统治的阶层，如劳工、女性、弱势族群和群体（Daniels et al., 1997）。换言之，此类研究强调探讨组织中的深层结构，以及如何经由各种符号表征的使用，呈现出权力机制的产生、运作和支配。传播的本质与行为呈现出组织的深层结构，符号与语言的使用表露出组织的权力机构与运作机制。此派的多数学者认为传播被管理阶层有系统地扭曲（systematic distortion of communication）（Deetz, 1982；Mumby, 1987），以此来塑造对管理阶层有利的意识形态。研究主要以质化研究方法为主，特别通过检视各类文本话语表征，来分析组织传播所反映的社会控制系统和关系。值得一提的是，随着传播理论的发展，持批判观点的女性主义论点亦逐渐受到重视。女性主义的思维指出传统的管理是以男性视点出发，强调个人主义、竞争以及个体与自主性的组织传播研究，同时对此提出了的挑战，倡导以女性视点取而代之。这一观点强调组织管理也应体现合作性和群体性的互动关系，同时研究组织传播的整合性思考模式以及个体之间的相关联结性，关注员工特别是女性员工的工作—生活冲突（work-life conflict），认为皆因组织男性化以及传统性别界定所致（Ashcraft，2005；Buzzanell，1994）。

从上可见组织传播学科领域发展至今，已逐渐跳出早期为满足管理需要试图改善组织传播（模式、风格、策略或技巧）以提高组织绩效的实务取向，同时注意和揭示组织传播对人们的影响、对固有社会关系的反映以及再生产。越来越多的学者与实践者从多元化的视角向着理论建构与知识积累的目标，孜孜不倦的努力着（Spiker & Lesser，1995）。

普遍课题、关键概念之相互关系

对组织传播学者们来说理论和研究角度虽不同，有些组织传播课题是大家都要共同研究解决的，包括组织传播领域的六组关键概念以及概念之间的相互关系（Conrad & Haynes，2001）。这六组概念的核心可归结为行动（action）和结构（structure）之间的二元互动关系，综合起来勾画出此研究领域的主要课题群亦包含了主要理论建树。其中，三组概念倾向于认为行动和结构是互相对立的两极，这三组概念包括：信息交换（information exchange），上司—下属关系（supervisor-subordinate relationship），以及意义创建（meaning creation）；前两者较侧重结构而后者更侧重活动。另外三组概念倾向于认为行动和结构呈整合统一的趋势，这三组概念包括：结构主义（structuration），协和控制和认同（unobtrusive control/identification），以及批判理论（critical theory）。组织传播领域对此有共识，认为这些概念并不是相互独立的，概念间的互动关系随着时代的演变而不断发展。本节会逐一简要探讨，然后介绍近期研究和理论动向。

结构和行动的二元互动

现代西方社会理论和组织理论的一重要特征是认识到行动—结构的二元互动关系是社会和组织的本质（Clegg，1989，1990；Dawe，1970，1978；Giddens，1979，1984；Reed，1985）。社会学家们对人类行为和社会研究长久以来表现出两种倾向，其中一派关注于社会真实的建构和维系过程，另一派则旨在研究人类行为的影响和决定性因素。

两个关注结构胜于行动的概念群采用传统视点，从文化阐释角度，通过功能、结构和层次对组织传播和效率进行探讨。信息交换的概念群（An information exchange cluster）围绕信息这一中心概念延伸出以下的关键概念：信息、传播网络、不确定性、信息、信息量和技术（Monge & Miller，1988；O'Connell，1988；Wigand，1988；Fulk & Mani，1986；Krone et al.，1987）。持这一观念的学者们认为，信息在组织中从一点传递到另外一点有特定路径方式，信息的流量质量可随之改变。

信息可能是不明确或者模糊的，信息可能影响组织中员工面临的不确定性，员工可以有意识地改变信息，这些都与组织中的信息传递有无效率息息相关。比如对分散的网络组织员工（不同部门在地理位置上散布，例如，IBM、UPS、美国银行），有关组织的政策和个人信息适当充足（information adequacy），是预测前线人员的工作满意度和办公室人员的薪酬与同事关系满意度最重要的变量，而不是组织业绩或组织目标，而前线工作人员对信息适当充足的需要比办公室人员来得更复杂（Rosenfeld, Richman & May, 2004）。随着科技的一步步发展，电子技术以及网络作为结构的一部分对于信息传播的影响巨大亦带动了相关学术研究。

上司—下属关系概念群（A supervisor-Subordinate relationship cluster）源自19世纪70年代中期开始关于组织中上司—下属关系及传播现象的研究，为组织传播的中心议题之一（Jablin, 1979）。这一研究流派继续遵循社会系统研究理论，并不断尝试整合行为主义的相关概念。其研究的核心概念包括关于管理监督性（supervisory）的传播，包括激励、表现、情境、组织社会化等（Cusella, 1987; Downs, Clampitt & Pfeiffer, 1988; Waldeck & Myers, 2008）。核心观念认为传播是管理者用来达到某些督导目的的方式，这些目的为领导、激励、影响和控制，大多集中于用什么方式以及如何对员工进行有效激励和督促。比如奖励和惩罚可以作为激发手段是常识，然而如何具体奖励和惩罚可以产生期望的激发员工效果则涉及说服传播或下行遵从获取（compliance gaining）。有关调研结果显示经理人员进行下行说服传播几个最常使用的方法，包括建立他人支持、发展友谊和信任、施加威胁以及对下属质问、检审、或者评判，还有以名利相许、使用操纵手段、以权力或规章条款为由、援引先例（Kerr, 1995; Keys & Case, 1990）。下行说服传播手法的使用与经理自身的权力、传播说服目标、对获得遵从的期望程度，以及遵从要求与工作职责相关程度等因子相关联（Hirokawa & Miyahara, 1986; Kipnis, Schimdt, Swaffin-Smith & Wilkinson, 1984）。

在上司—下属的传播关系中组织社会化是另一焦点课题。早期研究定义曾一度假设下属为"被动信息接收者"（Cusella, 1987），组织社会化的研究赋予了下属更积极的意义，即初入行的员工亦可以影响他人行为，协调组织角色要求和自身理解并且影响上司。然而，上司仍然被看作是主要的传播者，因为他们掌握信息，而下属则需要这些信息来进行和完成组织社会化的过程（Falcione & Wilson, 1988）。随着上司—下属传播现象研究的进一步发展，一些研究陆续提出了"接收者中心"的观点，把下属定义为独立个体因此可以主动寻找不同信息和信息源，还可以同时处理多种不同信息为己所用（Cusella 1987; Falcione & Willson, 1988）。"接收者中心"的观点进一步促进了对上司—下属传播的互动关系以及传播过程的研究。同时组织员工对工作和企业有关事务的知觉（employees' perception）也开始在研究中移入中心位置，调研报告揭示员工对公平、参与、授权或客流量等因素的知觉对上司—下属、组织—员工和顾客的传播关系结果颇为举足轻重（Chiles & Zorn, 1995; Eaves & Leathers 1991; Husband, 1985; Marshall & Stohl, 1993; Sias & Jablin,

1995)。

第三个概念群则关注行动胜于结构，与自 20 世纪 80 年代中期以来组织传播领域对厘清阐释学派潜在理论假设的持续的关注有关。尽管阐释学派的学者们早已注意到，但事实上在 1985 年之前鲜有从阐释学派的角度进行以信息为对象、以意义生成为中心的研究（Deetz, 1992; Stohl & Redding, 1987; Tompkins, 1987）。到 80 年代末期，以行为主义为导向的研究快速增长。这一研究分支的关键词是文化、意义/信息、符号和模糊性。研究着眼于组织传播实践和文化象征如何反映出社会集体的共享意义和价值（Cheney & Vibbert, 1987; Triandis & Albert, 1987）；意义共享的过程和组织文化亚文化如何通过符号话语（如对话、语言、行为）形成、延续和变革（Eisenberg & Riley, 1988; Krone et al., 1987; Tompkins, 1987）。比如组织民族志学者 Van Maanen (1991) 的迪斯尼过山车操作员调研，揭示"微笑工厂"企业文化的体现，可见管理规章制度细致全面样样齐全，并且得到紧密遵循。例如迪斯尼形象的男不留长发女不过分化妆、面容乐观亦尊严隐现，避免多余的顾客沟通等。企业对工作角色有极其清晰的界定亦得到雇员全盘接受。一切通过从迪斯尼大学开始的社会化，教导员工对工作事实知识程序精通谙熟，从工作娱乐融合的企业文化价值（雇员工余联欢亦不忘加入服务训练项目），到对顾客友善过人的为人技巧（微笑为唯一表情，好言为唯一用语来表现风度），以及训练有素的自我情绪管理（永远表现乐观助人，冷静应对过分或粗鲁）。

学者们也开始研究关于组织潜在隐喻的不同的符号形式：故事、神话、习俗和隐喻，与其相关联的行为隐准则、情感引导和组织控制策略。比如策略性含糊的概念对通行的传播清晰和开放重要性的反思引起很大反响。在组织传播中的策略性含糊具有实际组织控制和变革功效，能促进多样性的统一，帮助特权地位的保留，助长某些可否认性，并促成组织的变革（Eisenberg, 1984）。而意义共享的同时文化也会出现些许似乎复杂的意义含糊之处甚至悖论，直至新的行为适应特定环境而使含糊的意义上升，达到形成一个新的价值体系和一套核心假设而再开始获得共享（Trice & Beyer, 1993）。

社会建构主义学派（social constructionist）则认为生活中的意义源自于人们所维系其中的关系网络（Gergen & Gergen, 2000），即意义的来源是社会系统而不是社会中的个体；人类是通过大规模，在关系网络中共建的社会话语来生产知识。这些社会话语可穿越时间和空间的限制，再现并加强主流的价值系统。社会建构主义的学者们关注语言的重要性，而不同流派的社会建构主义学者对"现实"所持的观点不尽相同。尽管他们大多否认客观现实的存在，但对其本体则有不同的解释。社会建构主义学派间的差异可概括为三大分支：社会学、后现代和新现实（Hruby, 2001），总的来说分别侧重社会学和实证性、心理和后现代角度，以及发展观点，这里就不逐一解析了。值得提及的是一些学者着力于理解过程和社会建构，即人类如何还原客观真实性的过程。他们认为"置身于对话活动情境中的人们即是真实的人们；人们是置身于情境中的而不仅是认知主体，人们的活动是真实的"（Pearce，1995）。与关注于客观现实建构过程的观点不同，另有些学者则着眼于人类建构的客观现实是什么样的，他们关注于社会建构的产品——符号性的形式、符号以及意义。此外，还有一些学者关注于涵盖了产品和过程的现实（Lannamann，1995）。这一物质主义的理论视角提倡致力于研究互动过程的产品和细节，因为这些物质性的细节影响社会历史情境，并且被社会历史情境所影响。比如人际传播互动也同样会受到自身一些所料不及结果的影响，对传播的理解必须基于与他者的对话。

从另一角度，琢磨领悟（sense making）基于系统理论（systems theory）通过对组织层面的意义理解，来洞察在组织处理不确定或模糊的情况时浮现的因素（Weick，1979，1995）。琢磨领悟观点认为"现实是一种持续不断出现的成就，是努力建立秩序的过程及对已发生事件的追溯琢磨领悟"（Weick，1993，p. 635）；因而寻求通过意义琢磨来解释组织系统置身于高度复杂变幻无常环境中，成员观察、经历和琢磨领悟。组织的问题如策略、变化、目标、计划、任务、团队等并非世界上或者组织中固有的，不能通过结构或系统方面来解释，而是来自人们的思维和通过沟通互动琢磨领悟。琢磨领悟一方面得到结果而保留（retention）作为后来之鉴；另一方面此过程本身同时是制定（enactment），即通过行动及关注之模式创造组织环境，来反映所感受理解到的不确定程度。琢磨领悟与保留、制定并列的第三要素是选择（selection），在众多意义理解中择取一个最好的解释，选择就是集体通过传播进行琢磨领悟。

行动和结构的整合趋向

行动和结构的二元对立凸现这两者之间的张力，这使得向着行动和结构整合的研究努力面临许多挑战，首先是如何平衡这两者之间的关系，可见于三种不同的整合框架：结构化（structuration），协和控制（identification/ unobtrusive control）和批判理论（critical theory）。

对结构化的兴趣由对"社会系统导向"组织传播研究的广泛批评引发。结构化理论是一种社会制度的创造和再生产的理论，提倡对社会结构进行共同分析，而不给任何一项首要地位。结构包括规则和资源，前者分管制性和构成性规则，后者分权威性和配置性资源。权威性资源是一种人对人的支配，体现能动性；配置性资源是人对物的支配，体现约制性。也就是说，社会结构具有客观制约性和主观创造性两种融汇并存的属性（Giddens，1979，1984）。传播学者认识到其与组织高度相关，而关于结构化的组织传播随之兴起；或倡导将 Giddens 的结构化理论视为传播学研究的元理论（McPhee & Poole，1980），或称结构化研究为对功能主义的拒绝和对组织文化的阐释研究的认同（Riley，1983）。Poole 和 McPhee（1983）首次应用结构化理论说明组织氛围，相对传统理论所界定其为组织（拥有或缺少）的一个属性，可被视为组织规则和资源的结构，体现深层次的组织互动。这样一个组织氛围界不单具是支持性与否，而是情景化的组织知识；不同的员工感受到不同程度和不同方面的支持性。Eisenberg & Riley (1988) 认为结构化是一个有价值的视角，可以用来进一步研究组织符号。符号对于组织现实的建构必不可少，是新成员社会化、组织行为合法化、建立及维持权力关系和管理组织变革的动力。对于这些研究者来说，结构化提供了一个以传播为中心、以过程为导向的视角，来分析机制和机制化情境中的社会行为。

结构化理论研究快速兴起，特别是应用于研究和阐释组织变革和其稳定性，这与当时组织传播研究的阐释视角和文化视角的推广密不可分。尽管如此，一些学者批评结构化理论没能将社会和组织变革概念化（Archer, 1982, 1995; Taylor & Van Every, 2000）。另一些学者则批评结构化理论缺乏批判性力量，没能充分认识到当今社会中的权力失衡以及主导性。

协和控制理论由 Tompkins 和 Cheney (1983) 及他们的同事所提出，为行动和结构整合的研究提供了另一个视角。这一理论视角的核心研究概念包括权力及控制、内在化（internalization）、意义系统和符号互动。组织传播协和控制理论朝两个方向深化研究，其一，协和控制的概念将个体认同形成和转变的过程和组织控制联系起来；其二，将协和控制的概念放在资本民主的西方社会、经济、文化的语境中进行探讨。员工对组织产生同一性的知觉，内在化组织价值观，认同组织而视自我为组织一员。控制从管理层转到员工，管理层提供建于企业价值的愿景，由员工基于组织认同来制定规则和规范，供团队成员使用，引导他们的日常工作和行动决定。工作组开发一些手段来奖励或惩罚顺应或偏离认定价值的行为，以此协和组织管理努力而达到组织目标。这一理论视角的独特贡献主要体现在以下两方面：第一是对社会行为研究的教条提出了批评，并把结构控制的概念引入到以过程导向为视角的权力和控制研究中来；第二是多重认同间的张力凸现认同的动态，避免社会系统研究的单一决定论，从而保持行动和结构之间平衡的二元关系，是对于整合行动和结构的一个有效的尝试。

第三个整合行动和结构的理论框架则是对批判理论的多元化应用和延伸（如 Alvesson, 1993; Clair, 1993; Mumby, 1987, 1993; Taylor, 1992, 1993; Taylor & Conard, 1992; Wood, 1992）。批判理论的要旨在于正统马克思主义（orthodox Marxism）的决定论（Held, 1980）。而正统马克思主义的潜在根本性冲突在于结构和斗争（行动）之间的内在张力：如果物质条件是先决的，斗争（行动）存在且成功实现是否可能。和其他学派一样，批判理论学者们面临整合行动和结构二元对立的挑战。他们否认了正统马克思主义的结构决定论，而提出了行动/传播的新理论。批判学派的研究涵盖了宏观领域（不同社会之间的关系）和微观领域（某个组织和社会情境中的行为）组织传播理论批判学派有两个分支，其一是以"意识形态"为核心，认为社会/经济/文化体的成员使用意识形态的传播来主导其他群体的利益；另一理论分支则关注于"传播行动"其核心概念，包括参与/民主（Cheney, 1995; Harrison, 1994）、话语公开（Deetz, 1992）、权力（Conrad & Ryan, 1985; Deetz & Mumby, 1990）、意义（Mumby, 1989）、实践（Howard & Geist, 1995）以及符号主义和利益。

对行动和结构二元对立的否认

组织传播学理论的不同流派和分支对于结构和行动这一核心议题，持之不懈进行理论探索与努力。亦有学者另辟蹊径，比如后现代理论，否认行动和结构深层的二元对立，从而提出了更深一步的理论挑战。后现代主义作为一个广泛意义上的概念，不同的学者对其有多元的理解。后现代主义关注于权力和知识之间的复杂关系，以及不同社会群体之间角逐而产生的话语。这一理论流派包括女性主义（Mumby，1996）、新马克思主义、后结构主义（Parker，1995）以及后殖民主义。后现代主义并没有否认意义的可能性，它关注意义的不断产生。后现代主义理论认为意义从来就不是统一的、中立的或永久的。它关注于特定的意义如何产生于能指成分（signifier）之间随意化、情境化的关系之中。Taylor（2005）提出后现代主义不仅是一种理论视角，它同时也是政治工具和文化的教条。随着这一概念日益广泛和普遍的出现，它的意义也变得更为复杂和难以厘清。然而，后现代主义提出了一系列值得人们进一步探讨的问题，比如，在后殖民社会中组织的本质和范围是什么？全球媒体和信息系统如何影响了人们对于事物的文化理解？当今的组织如何被进行叙述，并影响了人们的认识？如今日益不明显不稳定的界线如何影响了传统意义上分界分明的组织的生产和消费过程？权力、知识和话语如何在特定的组织语境中产生和使用，等等。

常见具体研究题材和近期理论发展研究动向

组织传播具体研究题材

前面谈理论概念和研究时提到组织传播各研究视点所共同注意的主要课题群，这里再浅谈不同视点学派各有侧重的常见具体研究题材、切入方向、兴趣所在，包括理论性较强的组织角色建树、组织认同、权力运用、企业社会责任、组织变革，以及应用性为主的员工激励敦促、领导—随众交流、小组沟通、职场不文明（workplace incivility）。

组织角色建树

在组织中每个成员都担任有多种正式或非正式角色。组织角色的形成和恰当作用是组织社会化的主要目标之一，为传播互动的产物，早在个人成长期间已开始，而进入组织后与组织行为、运作密切相关（Kramer，2011）。有明文规定的职位行为规则，通过文件、指令布传与角色有关的信息及组织对角色的要求和期望。每个成员根据对自己角色、工作职责的体会理解来行事，使角色具体化。人人以自己的沟通和其他行为来相互表达对自己和他人角色的理解、期望，来影响和说服他人接受或者改变相关的特定角色,同时也不断受到组织里其他人所表达的对自己角色行为期待的影响,继而调整自身的期待和理解。后者即是社会期待,通过对个人背景、职位、行为模式的了解而对个人施加影响。组织、他人和个人的期待是否吻合,角色规定清晰或模糊,成员多角色是否一致或有冲突,以及所有相应组织结果都是研究对象。比如结构化理论学者检视组织社会化过程中,角色期望、组织规范、正式结构、外部和间接社会化来源、认同感、权力关系和成员互动如何成为成员资格谈判的媒介,而新老成员的积极参与和沟通在不同程度即依赖亦维持或改变相应的组织结构、组织实践和组织成员的含义(Scott & Myers, 2010)。

组织认同

认同的感觉通过传播过程,将自我与群体或其他实体相关联而形成隶属关系,如部门、组织、职业、政治和民族等。组织认同即体会以及表达对组织产生的一体感,认同组织目标价值,并且怀有对组织承诺的责任感。显然,组织认同对组织是有益的,也是组织社会化的目标之一。个人不是简单地依附身份目标,而是与不同群体相互沟通从中获取身份的不同话语来源(Morgan et al., 2004),有重叠也有区分。组织认同分别包括对自己工作小组,所在组织和专业职业的认同,而员工琢磨理解活动可表露多种身份特色的体现所在(Lammers & Garcia, 2009; Vough, 2011),比如小组身份认同的突出标识是同事人际关系,组织价值系统和声誉在组织认同起到了作用,工作享受专业鉴定。对个人不断努力理解和解释自己身份定位过程的研究揭示,自我身份定位也会成为管理控制对象;通过组织身份可加深了解从微观到宏观层次一系列连贯的组织场景和现象(Alvesson, Ashcraft & Thomas, 2008)。值得一提的是组织认同与组织隶属并非完全等同。比如社区组织志愿者组织社会化的经历与公司员工在一些重要领域有着不同的经验,特别是退出的部分较为曲折多样化,退离的成员隔一段时间后又重返时有发生并不罕见(Kramer, 2011),部分因由可归结为个人的组织认同。

权力和运用

权力与传播的关系在组织运作和组织生活中与在其人际关系中一样是极其重要的。各式各样的组织和机构或多或少都有一个相当清楚的内部权力分配系统。因工作的分工而产生出的各类职位,即正式组织角色,都具有相关的工作职责任务及在一定范围内的权威,被称为"正当的权威"(Weber, 1947)。有正当权威的人士具有行使相应权力的权利。组织还另有一种权力来源,即"公认权威"(Littlejohn & Jabusch, 1987)。公认权威与正式组织角色无关,是产生于大部分成员的信赖,并与具体的个人是密不可分的。大多数成员形成共识,感到某人应该获得具有某种权力的权利,都愿意受其影响而对其言听计从。公认权威因此具有可信度,行使公认权威的权力发挥通常会产生真正影响从而获得传播说服的效果。正当权威与公认权威在概念上区别组织权力来源的不同,阐明了组织权力可起不同作用的过程。在实践中,两者的表面结果基本相同,都使得他人根据权力者的意愿行事，然而其最终效果并不一样。由正当权威压力而产生的遵从一旦权力易人而压力消失，遵从亦随之不再。从宏观批判角度对权力的理解从意识体系（ideology）着手，认为意识体系通过话语使部分人利益普世化、现实状况自然化、否认或嬗变矛盾性，以此对各方面实行无形控制，进而将组织霸权合理化（Mumby，1987）。

企业社会责任

这是近年备受关注的题材，组织传播研究聚焦于理解企业社会责任的含义及在组织中为达到企业目标的实施和使用。其基本认识前提是，企业社会责任超越一次性活动、激励/慈善行动，而相应传播也并非单是用于传达组织目标、意图、申明善行的机制，而是一个持续的过程。社会和组织通过此过程来探索、建设、洽谈和修改达成一个对社会负责的企业组织（Christensen & Cheney，2011）。企业社会责任的各项活动，体现一个公司的使命和它的企业社会责任倡议战略之间的契合。具体传播活动包括扫描和监督利益相关者（stakeholder）的需求和企业活动，以确定应实行的企业社会责任举措；企业社会责任计划的实际构思、创作；与利益相关者就此类计划的沟通；获取利益相关者评估和其他反馈，周而复始（Coombs & Holladay，2011）。较早的企业社会责任研究的默认假设是组织管理的理性决策植根于自身利益，以及以企业为中心与利益相关者关系的视点。较新的利益相关者观点则另有假设，认为在知识密集的网络社会，企业和利益相关者之间有着错综复杂具战略性的资源流，从而出现互相创造价值的过程，而不再是企业为利益相关者创造价值。利益相关者也是各种企业资源包括知识的业主，而价值是通过参与和相互相承（mutuality）的过程得以创造，企业社会责任亦不例外（Sachs & Rühli，2011）。

组织变更

这是近年备受关注的一个议题。组织变更指随着时间的推移一个组织相关实体在形式、质素特性或状态上出现变化和差异。这实体可以是一个工种、一个工作小组、组织部门、整个组织，或更大的组织类别，如行业（Poole & Van de Ven，2004）。组织变更可分为有计划或无准备的、逐步渐进或突发激进的、经常不断或前所未有的。研究发现敦促转变的组织信息中，因为当代流行的管理话语倡导变更，建立假设借以指导变革管理实践和解释管理行为（Zorn，Page & Cheney，2000）。管理高层视组织变更为发展进步之必需，特别是有计划的变革，更被认为是组织获取卓越杰出、达到与时并进、精于战略考量的要素。进行有计划变革需要充分认识阻碍变更的因素，判定必须进行变更的临界点。组织传播研究通过各层次员工日常互动的了解，来认定组织内部可能存在的阻碍因素，比如自满、组织沉默、信息亏空、风险认知等。寻找发现变更的临界点要复杂些，可以是判断性亦可以是创造性的问题（Gladwell，2000），不同具体方向涉及不同的信息需要、传播方针和范围，而不同具体步骤都为达到组织变更这共同终端目的。

员工激发敦促

员工激发是组织的首要工作，也是研究组织传播的主要课题之一，为上司—下属传播的一部分。如何进行奖励和惩罚以产生期望的激发员工效果（Kerr，1995）从传播说服的角度，即如何进行员工激励，也就是如何说服影响员工、敦促他们努力工作，是组织遵从获取（compliance gaining）之主要目标。主要变量是权力地位、传播目标、规范场景和文化传统，都可影响激发传播方式。比如，在工作规定必须遵从的情况下，保证上班准时、质量达标、上班时间不做私事之类，有多种传播说服手段可用。研究发现美国管理层相对以威胁、惩罚为多，日本经理则更常用理性说服手法。在非必须的遵从传播说服情况下，像提革新建议、同事工友相互照顾、为公司作义务宣传之类，美国管理多会以奖赏或理性传播手段说服，日本管理用利他精神为传播手法说服为多（Hirokawa & Miyahara，1986）。另一常用的激发员工的传播方法是目标设定，通过为每个员工设定所应该达到的工作目标，来让他们明确了解上司对他们的期望，员工参与同上司商讨共同设定目标，以此激励员工为争取目标而努力，并且使他们看到自己的潜在能力（Latham & Lee，1986）。

领导—随众交流

领导—随众交流（leader-member exchange/LMX）聚焦于领导过程中领导者和个体追随者们之间一对一的关系，为上司—下属传播的一部分。领袖风范（leadership）是一经久不衰、长期得到重视的题材，传统研究以个人性格风格为重，寻求能够满足众人需求的功能或因素组合。领袖风范需通过传播来建立和体现。当领头人采取行动争取大家协作以共同解决问题，即产生可满足需求的功能，也就是在发挥领导作用的一部分。争取合作必须通过传播沟通来进行，分别说服鼓动人们自愿共同出力配合，即领导—随众交流，其具体互动方式及关系因人而异。传播研究的重点多放在辨识可帮助建立良好LMX交流关系的传播技巧、策略、取向、频度等具体行为因素及其对相互关系和组织过程的影响（Fairhurst，1993）。高质量的LMX交流关系是相互信任、尊重和相互影响的关系，体现在相互间更多信息交流、互表对彼此的信心和关注。高质量领导—随众交流关系之中，员工更致力于与上司和组织的关系，更大程度的组织承诺和参与，更好的工作态度，表达更大工作和沟通满意度，同时员工离职减少而加快事业发展（Lee，2001，2005）。这意味着员工沟通能力，即对顶头上司采取开放态度、就相互关系质量和工作相关正面沟通，可影响到个人吻合度和工作班组运作（Abu Bakar, Mustaffa, & Mohamad，2009）。随众员工在这样的LMX条件下可达到超越自身利益，从而表现出对团队承诺感在班组层面与领头员工个别沟通的相关关系（Fairhurst，1993）。

班组沟通

班组或小组是一个小团体，活动和作决定过程也都是传播沟通的过程。小组传播两个重要的因素是团组凝聚力（Group cohesion）和批判性思维。凝聚力是向心力的体现和运作，包括程度不同的三个过程：遵从、认同、内化（Kelman, 1958）。遵从是置自己意愿为次而顺应团组大多人意愿；团组力量的无形影响，促使其成员遵从。认同则更进一步，不仅顺应大多人意愿行事，而且自觉自愿。即使是有时对实质内容有异议或疑惑，亦心甘情愿地抛开个人看法而顺应团组意愿。内化是最高程度的向心认同，不仅是顺应团组大流，不仅是自愿跟随，而且是已经与团组成为一体。个人的想法、情感、意愿都同团组的不分彼此、合二为一。三个过程中认同和内化是个人经过长时间在团组内活动和生活的心理结果。遵从则是每次在团组内与其他人互动的具体表现，使团组力量对个人行为施加影响的直接表现。遵从要求容易引向"组思"（Groupthink），一种小组思维模式。具有高度凝聚力小组的成员，在作决定时出于对小组步调一致的关切而相互附和，忽略了他们应该对所有行动方案进行符合实际的全面评估，全组思考问题如同只有一人。组思模式所做的决定容易质量低下，甚至可能由于组员的共同推动，而比个人决定更容易产生极端化，也更容易从负面的立足点出发考虑问题的基本起因（Whyte, 1989）。因此就更需要强化传播沟通，通过频繁交锋、观点意见交换和争论来进行批判性思考。每个人刻意从不同立场出发，参考不同资料，考虑不同方面和角度，提出不同决定建议；对各自的观点尽量有理有据地进行辩护，对他人的建议则刨根究底地进行质疑。促使每个人都充分发挥独特判断力，在思想交锋中认识到每个观点的强弱之处，对不同决定的各方面进行全面的比较，通过理性分析辩论而产生高质量的行动方案。还有研究指出促进和抑制班组效力和表现的影响因素包括充足的信息资源，积极主动的成员，主管领导力和组织援助；这些结果表明，管理层一定要全面注意各种个人、班组和组织因素，以促进小组工作的进展和成效（Hirokawa, &Keyton, 1995）。近期研究亦加入虚拟团队/班组（virtual team），检视散居不同地区的员工通过传播技术自行管理、进行合作、决策和解决问题。

职场不文明

近年来在欧美社会人们发现职场不文明呈逐年增长趋势的现象，得到业界人力资源部门重视以及学术界关注，成为与冲突管理有关的一个研究课题。职场不文明指在工作场合所见，带有模糊伤害同仁意图的低强度员工越轨行为，典型地表现为粗鲁无礼且毫不顾及他人（Andersson&Pearson, 1999）。这是一种具破坏性的组织沟通方式，通过传播内容、语调、形式等表达出对他人的不敬、不屑、视而不见。这类行为可通过各种传统和电子渠道表现，从而对所涉及员工的工作表现、效率以及工作满意度和组织承诺等带来负面影响，破坏同事之间关系，甚至会损害到客户/顾客关系。管理和职业心理学研究现象的起因、当事各方特质、对个人和工作组织的后果（Cortina, 2001）；传播学者则聚焦于不文明员工的具体无礼举动，承受对象的应对策略及有效程度，和这些与职场权力关系的互动等（Gill&Sypher, 2009）。由于此现象表现多细微模糊和对行为的解读因人而异，处理职场不文明问题的关键是对不文明征象的辨认及确定（Baker,

2013），以避免不文明进一步发展成更加激烈、通常重复发生的职场欺凌，以及做到对症下药进行员工培训和宣传推动文明礼貌。

近期理论发展研究动向

最后看看较近期组织传播的研究和理论发展，包括全球化组织传播、组织传播组成（communicative constitution of organization，CCO）和组织机构化（institutionalization）。

全球化组织传播为全球化加速的必然发展。自90年代中期组织传播学者开始探索对全球化以及全球性研究表现关注的内容。Stohl（2001）从此类研究取向归纳出差异性理论（theory of divergency）和趋同性理论（theory of convergency）。差异性理论关注于文化的差异性，以及这些差异性如何影响人们形成和理解组织中的行为（如，Hall，1981；Hofstede，1984；Triandis，1983）。这一理论流派背后的潜在依据是对于当代组织来说，传统的国家界线不断淡化，跨文化传播变得日益重要。与差异性理论相关的隐喻关注于活力、美、创造性以及能够使差异性在全球环境中不断发展的力量，比如，全球市场、万花筒、大花园（如 Contractor，2002；Gannon，2001）。趋同性理论关注于全球组织日益相似的原因和过程（如 Bartlett & Ghoshal，1989）。尽管意识到了文化的差异性，这一理论流派着眼于结构化适应的相似性，从而减小差异。策略管理和行政学的学者们关注全球行业重组和跨界组织联盟，进行了大量趋同化过程的实证研究（如 Astley，1985；Burger，2002），提出全球化要求知识生产和传播的快速、灵活和效率，从而呼应了日益改变的传播形式和结构，非层级性、组织之间以及组织内部的关系网络正体现了这种新的要求（Ghoshal & Bartlett，1990；Miles & Snow，1995；Monge & Fulk，1999；Nohria & Berkley，1994）。一个全球性的企业管制（corporate governance）框架目前虽不存在，但会有利于国际互动，最终将不可避免地出现（Aras & Crowther，2009）。而批判学者提倡就经济全球化和社会结构的不平等研究全球化和抗争的组织传播，将地方性抗议运动的组织作为变革性的典范情况从而了解"从下面进行的全球化"（Ganesh，Zoller，& Cheney，2005）。

组织的传播组成是把组织传播的作用与组织本体论挂钩的观点。从CCO的角度来看，组织并非先验现存的实体，而是一种持续和不稳定过程的成果；组织主要在传播过程中，通过文本共同取向进入意识，受到体验，得到确认来完成（Cooren et al.，2011；Putnam & Nicotera，2009）。人们在沟通互动时就共同的目标协调自己的行为，称为传播共同取向（coorientation），涉及两种不同的方式：交谈和文本。交谈方式指各类人际之间可见到的互动，是为体验和组成组织的现场；文本方式是表面象征，在此表面上进行对话。交谈和文本为辩证关系，因而形成一个自组织的循环：文本既是交谈的前因也是其后果。另一方面，文本不再是受场景地点所限的谈话，而作为一个时间性事物出现，可以有多种不同的理解。文本因此表现出影响其他文本的能力（intertextuality），也产生做事情的能力；组织成员采用文本而赋予其行动者属性（agency），比如企业事故调查报告（可对组织成员）"敲响警钟"（Coorenet et al., 2008）。文本共同取向传播的出现得益于交谈和文本之间的回旋反复关系，在组织成员的共同努力协调行动中，交谈和文本不停相互告知而继续传播。组织文本可以超越交谈情景扩大影响力，产生的不再是情景相关的交谈组合代表，而已经是一个抽象的组织模板代表，是不只代表一些，而代表所指的所有交谈（Taylor et al., 1996）。组织成员共同取向传播之文本相互影响，而且跨越情景影响交谈，两者都可促成具有采取行动能力的高层系统出现，例如，具集体行动者属性的实体。组织的传播组成理论提供重新考虑宏观微观概念关系的空间，由此产生新的组织研究理论方向全面了解组织现象，具有潜力促进加强组织传播研究和组织理论之间的关系（Kuhn, 2012）。

组织机构化着眼于行业或更高层次的跨越组织的程序和活动的规范化。社会机构（institution）的组成包含基于文化的认知、规范和调控元素，这些元素连同相关的各类活动和资源为人们提供稳定性和社会生活的意义（Scott, 2001）。机构化是社会及行业对恰当组织行为期望的表达，以特定方式影响组织结构和组织行为的过程。这些都是既定、持久的信念及实践模式，适用于组织内的微观层面和跨组织的宏观层面。机构体现在实践和信念中，即通过在许多场景见到同样的日常例行活动表现，通过个人做出决定和选择过程的认知和情感表现，而个人作为活动角色携带信念及各类信念的关联。机构经久而变化缓慢，往往是形式化，并反映一个理性的目的，即通过书面表达和归档文件，制定规则，并涉及权力运用；组织传播维持机构，使组织得以与机构同步，机构通过正规传播执行组织活动，机构的存在是跨越组织边界传播的基础，机构层次通过组织活动得到体现（Lammers & Barbour, 2006）。传播帮助利益相关各方理解和接受建立社会制度秩序和机构化的必要性，实施相应规范，也表明不遵从的代价，还帮助解释结构和实践机构化的社会过程，习惯性行为活动如何扩展，以及跨越实践领域（包括个人、社会团体或正式组织）成为社会场景中不可或缺的元素。

◇ 参考文献 ◇

- Abu Bakar, H., Mustaffa, C. S., & Mohamad, B. (2009). LMX quality, supervisory communication and team-oriented commitment: A multilevel analysis approach. *Corporate Communications*, 14(1): 11-33.
- Allen, B. J., Tompkins, P. K., & Busemeyer, S. (1996). Organizational communication. In M. B. Salwen, & D. W. Stacks, (eds.), *An integrated approach to communication theory*

andresearch. Mahwah, NJ: LEA.
- Alvesson, M. (1993). Cultural-ideological modes of management control. In S. A. Deetz (eds.) *Communication Yearbook* 16, 3-42. Newbury Park, CA: Sage.
- Alvesson, M., Ashcraft, K. L., & Thomas, R. (2008). Identity matters: Reflections on the construction of identity scholarship in organization studies. *Organization*, 15: 5-28.
- Anderssons, L. M. &Pearson, C. M. (1999). Tit for tat? The spiraling effect of incivility in the workplace. *The Academy of Management Review*, 24(3): 452-471.
- Aras, G. &Crowther, D. (2009)(eds.). Global perspectives on corporate governance and CSR. Farnham: Gower.
- Archer, M. (1982). *Morphogenesis versus structuration: On combining structure and action*. British Journal of Sociology, 33: 455-483.
- Archer, M. (1995). *Realist social theory: The morphogenetic approach*. Cambridge, UK: Cambridge University Press.
- Ashcraft, K. L. (2005). Feminist organizational communication studies: Engaging gender in public and private. In S. May & D. K. Mumby (eds.), Engaging Organizational Communication Theory & Research: Multiple Perspectives, 141-170. Thousand Oaks, CA: Sage.
- Astley, G. (1985). The two ecologies: Population and community perspectives on organizational evolution. *Administrative Science Quarterly*, 30: 224-241.
- Baker, D. M. (2013, March). The New Normal? Managing the rise of incivility in today's deployment -Examples of incivility in the workplace. Presentation at Preparedness, Emergency Response, and Recovery Consortium (PERRC) 2013. http://www.perrc.org/sites/default/files/PERRC%20Session%2027%20Handout%201.pdf.
- Bartlett, C. &Ghoshal, S. (1989). *Managing across boarders: The transnational solution*. Boston: Havard Business School Press.
- Boase, P. H., & Carlson, C. V. (1989). *The School of Interpersonal Communication: An Historical Perspective*. Unpublished manuscript, School of Interpersonal Communication, Ohio State University.
- Buzzanell, P. (1994). Gaining a voice: Feminist organizational communication theorizing. *Management Communication Quarterly*, 7: 339-383.
- Burger, R. (2002). Strategy as vector and the inertia of coevolutionary lock-in. *Administrative Science Quarterly*, 47: 325-357.
- Calas, M. (1994). Minerva's Owl? *Organization*, 1: 243-248.
- Cheney, G. (1995). Democracy in the workplace: Theory and practice from the perspective of communication. *Journal of Applied Communication Research*, 23: 167-200.
- Cheney, G., &Vibbert, S. L. (1987). Corporate discourse: Public relations and issue management. In F. M. Jablin, L. L. Putnam, K. H. Robert, &L. W. Porter (eds.) *Handbook of organizational communication: An interdisciplinary perspective*, 165-194. Newbury Park, CA: Sage.
- Chiles, A. M. & Zorn, T. (1995). Empowerment in organizations: Employee's perceptions of the influences on empowerment. *Journal of Applied Communication Research*, 23: 1-25.
- Christensen, L. T., & Cheney, G. (2011). Interrogating the communicative dimensions of corporate social responsibility. In O. Ihlen, J. Bartlett, & S. May (eds.), *The handbook of communication and corporate social responsibility*, 491-504. Boston: Wiley-Blackwell.
- Clair, R. P. (1993). The use of framing devices to sequester organizational narratives: Hegemony and harassment. *Communication Monographs*. 60. 113-136.
- Clegg, S. (1989). *Frameworks of power*. Newbury Park, CA: Sage.
- Clegg, S. (1990). *Modern organizations: Organizations in a postmodern world*. Newbury Park,

- CA: Sage.
- Coombs, W. T. & Holladay, S. J. (2011). *Managing corporate social responsibility: A communication approach*. Chichester: Wiley.
- Conrad, C. & Haynes, J. (2001). Development of key constructs. In F. M. Jablin, L. L. Putnam (eds.), *The new handbook of organizational communication: Advances in theory, research and methods*, 47-78. London: Sage.
- Conrad, C. & Ryan, M. (1985). Power, praxis, and self in organizational communication theory. In R. McPhee & P. Tompkins (eds.), *Organizational communication: traditional themes and new directions*, 235-258. Beverly Hills, CA: Sage.
- Contractor, N. (2002). Introduction. New media and organizing. In S. Livingstone & L. Lievrouw (eds.), *Handbook of new media*, 201-205. London: Sage.
- Cooren, F., Brummans, B. H. J. M., & Charrieras, D. (2008). The coproduction of organizational presence: A study of Médecins Sans Frontières in action. *Human Relations*, 61: 1339-1370.
- Cooren, F., Kuhn, T. R., Cornelissen, J. P., & Clark, T. (2011). Communication, organizing and organization: An overview and introduction to the special issue. *Organization Studies*, 32(9): 1-22.
- Cortina, L. M. (2001). Incivility in the workplace: Incidence and impact. *Journal of Occupational Health Psychology*, 6: 64-80.
- Cusella, L. P. (1987). Feedback, motivation, and performance. In F. M. Jablin, L. L. Putnam, K. H. Roberts & L. W. Porter (eds.) *Handbook of organizational communication: An interpretive perspective*, 624-678. Newbury Park, CA: Sage.
- Daniels, T. D., Spiker, B. K., & Papa, M. J. (1997). *Perspectives on Organizational Communication* (4th ed.). Madison, WI: Brown & Benchmark.
- Dawe, A. (1970). *The two sociologies*. British Journal of Sociology, 21: 207-218.
- Dawe, A. (1978). Theories of social action. In T. Bottomore & R. Nisbet (eds.), *A history of sociology analysis*, 362-417. New York: Basic Books.
- Deetz, S. A. (1982). Critical interpretive research in organizational communication. *Western Journal of Speech Communication*, 46: 131-149.
- Deetz, S. A. (1992). *Democracy in an age of corporate colonization*. Albany: State University of New York Press.
- Deetz, S. & Mumby, D. (1990). Power, discourse and the workplace: Reclaiming the critical tradition in communication studies in organizations. In J. A. Anderson (ed.) *Communication yearbook* 13: 18-47. Newbury Park. CA: Sage.
- Downs, C. W., Clampitt, P. & Pfeiffer, A. (1988). Communication and organizational outcomes. In G. Goldhaber & G. Barnett (eds.), *Handbook of organizational Communication*, 171-212. Norwood, NJ: Ablex.
- Downs, C. W., Johnson, K. M., & Barge, J. K. (1984). Communication feedback and task performance in organizations: A review of the literature. In H. H. Greenbaum, R. L. Falcione, S. A. Hellweg, & Associates (eds.), *Organizational communication: Abstracts, analysis, and overview*, Vol. 9: 13-48. Beverly Hills, CA: sage.
- Early, C., & Singh, H. (1995). International and intercultural management research: What's next? *Academy of Management Journal*, 38: 327-341.
- Eaves, M. & Leathers, D. (1991). Context as communication: McDonalds vs. Burger King. *Journal of Applied Communication Research*, 19: 263-289.
- Eisenberg, E. M. (1984). Ambiguity as strategy in organizational communication. *Communication Monographs*, 51: 227-242.

- Eisenberg, E. M. & Riley,P. (1988). Organizational symbols and sense-making. In G. Goldhaber& G. Barnett (eds.) *Handbook of Organizational Communication*, 131-150. Norwood, NJ: Ablex.
- Fairhurst, G. T. (1993). The leader-member exchange patterns of women leaders inindustry: A discourse analysis. *Communication Monographs*, 60: 321-351.
- Fairhurst, G. T. (2007). *Discursive leadership: In conversation with leadership psychology*. Thousand Oaks, CA: Sage.
- Ferrace, R. V., Monger, P. R., & Russell, H. M. (1977). Communicating and organizing. Reading, MA: Addison-Wesley.
- Falcione, R. L. & Wilson,C. E. (1988). Socialization processes in organizations. In Goldhaber& G. Barnett (eds.), *Handbook of organizational communication*, 151-170. Norwood,NJ:Ablex.
- Fulk, J. & Mani,S. (1986). Distortion of communication in hierarchical relationships. InM. McLaughlin (eds.), Communication Yearbook 9, 483-510. Beverly Hills, CA:Sage.
- Gannon, M. (2001). *Understanding global cultures: Metaphorical journeys through 23 nations*. Thousand Oaks, CA: Sage.
- Ganesh, S., Zoller, H. M., & Cheney, G. (2005). Transforming resistance, broadening our boundaries: Critical organizational communication studies meets globalization from below. *Communication Monographs*, 72(2): 169-191.
- Gergen, K. J. &Gergen, M. M. (2000). The new aging: self construction and social value, 281-306. In K. W. Schaie (eds.) *Social structures and aging*. New York: Springer.
- Ghoshal, S., & Bartlett, C. (1990). The multinational corporation as an inter-organizational network. *Academy of Management Review*, 15: 603-625.
- Giddens, A. (1979). *Control problems in social theory*. Berkeley: University of California Press.
- Giddens, A. (1984). *The constitution of society*. Berkeley: University of California Press.
- Gill, M. J. &Sypher, B. D. (2009). Workplace incivility and organizational trust. In P. Lutgen-Sandvik& B. D. Sypher (eds.). *Destructive organizational communication*. New York: Routledge.
- Gladwell,M. (2000). The tipping point: How little things can make a big difference. New York: Little Brown.
- Goldhaber, G. M. (1990). *Organizational communication*. Dubuque, IA: W. C. Brown.
- Goldhaber, G.M., & Barnet, A.B. (1988). *Handbook of Organizational Communication*. Norwood, NJ: Ablex.
- Guetzkow, H. (1965). Communication in organizations, In J. G. March (ed.), *Handbook of organizations*, 534-573. Chicago: Rand McNally.
- Hall, E. T. (1981). Beyond culture, Garden City, NY: Anchor.
- Harrison, T. (1994). Communication and interdependence in demographic organizations. In S. A. Deetz (ed.), *Communication Year book* 17, 247-274. Thousand Oaks. CA:Sage.
- Held, D. (1980). *Introduction to critical theory*. Berkeley: University of California Press.
- Hirokawa, R. Y., &Miyahara, A. (1986). A comparison of influence strategies utilized by managers in American and Japanese organizations. *Communication Quarterly*, 34: 250-265.
- Hirokawa, R. Y., &Keyton,J. (1995). Perceived facilitators and inhibitors of effectiveness in organizational work teams. *Management Communication Quarterly*, 8: 424-446.
- Hofstede, G. (1984). *Culture's consequences: International differences in work-related values*. Beverly Hills, CA: Sage.
- Howard, L., & Geist, P. (1995). Ideological positioning in organizational change: The dialectic of control in a merging organization. *Communication Monographs*, 62: 110-131.
- Hruby, G.G. (2001). Sociological, postmodern, and new realism perspectives in social constructionism: Implications for literacy research. *Reading Research Quarterly*, 36(1): 48-62.

- Husband, R. (1985). Toward a grounded typology of organizational leadership behavior. *Quarterly Journal of Speech*, 71: 103-118.
- Jablin, F. M. (1978). *Research priorities in organizational communication*, paper presented at the annual meeting of the Speech Communication Association. Minneapolis.
- Jablin, F. M. (1979). Superior-subordinate communication: The state of art. *Psychological Bulletin*, 86: 1201-1222.
- Jablin, F. M. (1980). Organizational communication theory and research: An overview of communication climate and network research. In D. Nimmo (ed.), *Communication Yearbook* 4, 327-347. New Brunswick, NJ: Transaction.
- Jablin, F. M. (1982). Organizational communication: An assimilation approach. In M. E. Roloff, & C. R. Berger (eds.), *Social Cognition and Communication*, 255-286. Newbury Park, CA: Sage.
- Jablin, F. M., Putnam, L. L., Roberts, K. H., & Porter, L. W. (1987). *Handbook of Organizational Communication*. Newbury Park, CA: Sage.
- Jablin, F. M. & Sussman, L. (1983). Organizational group communication: A review of the literature and a model of the press. In H. H. Greenbaum, R. L. Falcione, S. A. Hellweg, & Associates (ed.), *Organizational communication: Abstracts, analysis, and overview. Vol.* 8, 11-50. Beverly Hills, CA: Sage.
- Kelman, H. C. (1958). Compliance, identification, and internalization: Three processes of attitude change. *Conflict Resolution*, 2: 51-60.
- Kerr, S. (1995). An academy classic: On the folly of rewarding A while hoping for B. *Academy of Management Executive*, 9: 7-16.
- Keys, B., & Case, T. (1990). How to become an influential manager. Academy of Management Executive, 4: 38-51.
- Kipnis, D., & Schmidt, S. M., Swaffin-Smith, C., & Wilkinson, I. (1984). Patterns of managerial influence: Shotgun managers, tacticians, and bystanders. *Organizational Dynamics*, 12 (3): 58-67.
- Kramer, M. W. (2011). A study of voluntary organizational membership: The assimilation process in a community choir. *Western Journal of Communication*, 75: 52-74.
- Krone, K. J., Jablin, F. M., & Putnam, L. L. (1987). Communication theory and organizational communication: Multiple Perspectives. In F. M. Jablin, L. L. Putnam, K. H. Roberts, & L. W. Porter (eds.), *Handbook of Organizational Communication: An Interdisciplinary Perspectives*. Newbury Park, CA: Sage.
- Kuhn, T. (2012). Negotiating the Micro-Macro Divide: Thought leadership from organizational communication for theorizing organization. *Management Communication Quarterly November*, 26 (1): 543-584.
- Lammers, J. C., & Barbour, J. B. (2006). An institutional theory of organizational communication. *Communication Theory*, 16: 356-377.
- Lammers, J. C., & Garcia, M. A. (2009). Exploring the concept of "profession" for organizational communication research. *Management Communication Quarterly*, 22: 357-384.
- Lannamann, J. W. (1995). The politics of voice. In W. Leeds-Hurwitz (ed.), *Social approaches to communication*, 114-134. New York: Guilford.
- Latham, G. P., & Lee, T. W. (1986). Goal-setting. In E. A. Locke (ed.), *Generalizing from laboratory to field settings*, 101-117. Lexington, MA: Lexington Books.
- Lee, J. (2001). Leader-member exchange, perceived organizational justice and cooperative communication. *Management Communication Quarterly*, 14: 574-589.
- Lee, J. (2005). Communication as antecedents and consequences of LMX development globally. In

- G. B. Graen & J. A. Graen (eds.), *Global Organizing Designs*, 1-41. Greenwich, CT: Information Age Publishing.
- Littlejohn, S. W. & Jabusch, D. M. (1987). Persuasive transaction, Scott, Foresman (Glenview, Ill.)
- Marshall, A. & Stohl, C. (1993). Participating as participation. *Communication Monographs*, 60: 137-157.
- May, S. & Mumby, D. K. (2005). Conclusion: Engaging the future of organizational communication theory and research. In S. May & D. K. Mumby (eds.) *Engaging organizational communication theory and research: multiple perspectives*, 263-281. Thousand Oaks: CA: Sage.
- McPhee, R. D. & Poole, M. S. (1980). *A theory of structuration: The perspective of Anthony Giddens and its relevance for contemporary communication research*. Paper presented at the annual convention of the Speech Communication Association, New York.
- McPhee, R. D. & Zaug, P. (2000). The communicative constitution of organizations: A framework for explanation. *Electronic Journal of Communication/La Revue Electronique de Communication*, 10(1-2): 1-16.
- Miles, R., & Snow, C. (1995). *The new network firm: A spherical structure built on a human investment philosophy*. Organizational dynamics, 23: 5-18.
- Monge, P. R., Edwards, J. A. & Kirste, K. K. (1978). The determinants of communication and structure in large organizations: a review of research. In B. D. Ruben (ed.). *Communication yearbook* 2, 311-331. New Brunswick, NJ: Transaction.
- Monge, P., & Fulk, J. (1999). Communication technologies for global network organizations. In G. DeSanctis & J. Fulk (eds.), *Communication technologies and organizational forms*, 71-100. Thousand Oaks, CA: Sage.
- Monge, P. R. & Miller, K. I. (1988). Participative processes in organizations. In G. Goldhaber & G. Barnett (eds.) *Handbook of organizational communication*, 213-230. Norwood, NJ: Ablex.
- Morgan, J. M., Reynolds, C. M., Nelson, T. J., Johanningmeier, A. R., Griffin, M., & Andrade, P. (2004). Tales from the fields: Sources of employee identification in agribusiness. *Management Communication Quarterly*, 17: 360-395.
- Mumby, D. K. (1987). The political function of narrative in organizations. *Communication Monographs*, 54: 113-127.
- Mumby, D. K. (1989). Ideology and the social construction of meaning: A communication perspective. *Communication quarterly*, 37: 18-25.
- Mumby, D. K. (1993). Critical organizational communication studies. *Communication Monographs*. 60: 18-25.
- Mumby, D. K. (1996). Feminism, postmodernism, and organizational communication studies. *Management Communication Quarterly*, 9: 259-295.
- Nohria, N. & Berkley, J. D. (1994). The virtual organization: Bureaucracy, technology, and the impulsion of control. In C. Heckscher & A. Donnellon (eds.), *The post-bureaucratic organization: New perspectives on organizational change*, 108-128. ThousandOaks, CA: Sage.
- O'Connell, S. E. (1988). Human communication in the high-tech office. In G. Goldhaber & G. Barnett (eds.) *Handbook f organizational communication*, 473-482. Norwood. NJ: Ablex.
- Parker, M. (1995). Critique in the name of what? Postmodernism and critical approaches to organization. *Organization Studies*, 16: 553-564.
- Pearce, W. B. (1995). A sailing guide for social constructionists. In W. Leeds-Hurwitz (ed.), *Social approaches to communication*, 88-113. New York: Guilford.
- Poole, M. S. & McPhee, R. D. (1983). A structurational analysis of organizational climate. In L. L. Putnam & M. E. Pacanowsky (eds.) *Communication and organizations: An interpretive*

approach, 195-220. Beverly Hills. CA: Sage.
- Poole, M. S. & Van de Ven, A. H. (2004). *Handbook of organizational change and innovation*, Oxford University Press.
- Porter, L. W. & Roberts, K. H. (1976) Communication in organizations. In M. D. Dunnette (eds.) *Handbook of industrial and organizational psychology*, 1553-1589. Chicago: Rand McNally.
- Putnam, L. L. (1982). Paradigms for Organizational communication research: An overview and synthesis. *Western Journal of Speech Communication*, 46: 192-206.
- Putnam, L. L., & Nicotera, A. M. (2009). *Building theories of organization: The constitutive role of communication*. London: Routledge.
- Putnam, L., Phillips, N., & Chapman, P. (1996). Metaphors of communication and organization. In S. R. Clegg, C. Hardy, & W. J. Nord (eds.) *Handbook of organization studies*, 375-408. London: Sage.
- Putnam, L. L., & Pacanowsky, M. E. (1983) (eds.). *Communication and organizations: An interpretive approach*. Beverly Hills, CA: Sage.
- Redding, W. C. (1972). *Communication within the organization: An interpretive review of theory and research*. New York: Industrial Communication Council.
- Redding, W. C., & Tompkins, P. K. (1988). Organizational communication—past and present tense. In G. Goldhaber & G. Barnett (eds.), *Handbook of Organizational Communication*, 5-33. Norwood, NJ: Ablex.
- Reed, M. (1985). *New directions in organizational analysis*. London: Tavistock.
- Riley, P. (1983). A structionist account of political cultures. *Administrative Science Quarterly*, 28: 414-438.
- Rosenfeld, L. B., Richman, J. M., & May, S. K. (2004). Information adequacy, job satisfaction and organizational culture in a dispersed-network organization. *Journal of Applied Communication Research*, 32: 28-54.
- Sachs, S. & R hli, E. (2011). *Stakeholders matter: A new paradigm for strategy in society*. London: Cambridge University Press.
- Scott, C. & Myers, K. (2010). Toward an integrative theoretical perspective on organizational membership negotiations: Socialization, assimilation, and the duality of structure. *Communication Theory*, 20: 79-105.
- Scott, W. R. (2001). *Institutions and organizations* (2nd ed.). Thousand Oaks, CA: Sage.
- Seo, M-G, Putnam, L. L. & Bartunek, J. M. (2004). Dualities and tensions of planned organizational change. In M. S. Poole, & A. H. Van de Ven (eds.). *Handbook of organizational change and innovation*. Oxford: Oxford University Press.
- Sias, P. & Jablin, F. M. (1995). Differential supervisor-subordinate relations, perceptions of fairness, and coworker communication. *Human communication research*, 22: 5-38.
- Spiker, B. K., & Lesser, E. (1995). We have met the enemy. *Journal of business Strategy*, 16: 17-21.
- Stohl, C. (1993). International organizing and organizational communication. *Journal of Applied Communication Research*, 21: 377-384.
- Stohl, C. (2001). Globalizing organizational communication. In F. Jablin & L. Putnam (eds.), *The new handbook of organizational communication*, 323-375. Thousand Oaks, CA: Sage.
- Stohl, C. (2005). Globalization theory. In. S. May & D. K. Mumby (eds.) *Engaging organizational communication theory and research: multiple perspectives*. Thousand Oaks, CA: Sage.
- Stohl, C. & Redding, W. C. (1987). Messages and message exchange process. In F. M. Jablin, L.

- L. Putnam, K. H. Roberts & L. W. Porter (eds.), *Handbook of organizational communication: An interdisciplinary perspective*, 451-502. Newbury Park, CA: Sage.
- Taylor, B. (1992). The politics of the nuclear text. *Quarterly Journal of Speech*, 78: 429-449.
- Taylor, B. (1993). *Rethinking the theory of organizational communication: How to read an organization*. Norwood, NJ: Ablex.
- Taylor, B. & Conrad, C. (1992). Narratives of Sexual harassment: Organizational dimensions, *Journal of Applied Communication Research*, 20: 401-418.
- Taylor, J. R., Cooren, F., Giroux, N., &Robichaud, D. (1996). The communicational basis of organization: Between the conversation and the text. *Communication Theory*, 6: 1-39.
- Taylor, J. &Van Every, E. (2000). *The emergent organization: Communication as its site and surface*. Mahwah, NJ: Erlbaum.
- Taylor, B. (2005). Engaging organization through worldview. In. S. May &D. K. Mumby (eds.) *Engaging organizational communication theory and research: multiple perspectives*. Thousand Oaks: CA: Sage.
- Tichy, N. (1990). The global challenge for business schools. *Human Resource Management*, 2: 1-4.
- Tompkins, P. K. (1967). Organizational Communication: A state-of-the-art review. In G. Richetto (ed.), *Conference on organizational communication*, 4-26. Huntsville, AL: NationalAeronautics and Space Administration.
- Tompkins, P. K. (1984). The functions of communication inorganizations. In C. Arnold & J. Bowers (eds.) *Handbook of rhetorical and communication theory*, 659-719. New York: Allyn& Bacon.
- Tompkins, P. K. (1987). Translating organizational theory: Symbolism over substance. In F. M. Jablin, L. L. Putnam, K. H. Roberts, &L. W. Porter (eds.), *Handbook of Organizational Communication: An Interdisciplinary Perspectives*. Newbury Park, CA: Sage.
- Tompkins, P. K., & Cheney, G. (1983) Account analysis of organizations: Decision making and identification. In L. L. Putnam& M. E. Pacanowsky (eds.) *Communication and organizations: An interpretive approach*, 123-146. Beverly Hills, CA: Sage.
- Triandis, H. (1983). Dimensions of cultural variation as parameters of organizational theories. *International Studies of Management and Organization*, 12: 139-169.
- Triandis, H. C., & Albert, R. D. (1987). Cross-cultural perspectives. In F. M. Jablin, L. L. Putnam, K. H. Roberts, & L. W. Porter (eds.) *Handbook of organizational communication: aninterpretive perspective*, 264-296. Newbury Park, CA: Sage.
- Trice, H., & Beyer, J. (1993). *The cultures of organizations*. Englewood Cliffs, NJ: Prentice Hall.
- Van Maanen, J. (1991). The smile factory: Work at Disneyland. In P. J. Frost, L. F. Moore, M. R. Louis, C. C. Lundberg and J. Martin(eds.) *Reframing organizational culture*, 58-76. Newbury Park, CA: Sage.
- Vough, H. (2011). Not all identifications are created equal: Exploring employee accounts forworkgroup, organizational, and professional identification. *Organization Science*, 23: 778-800.
- Waldeck, J. H. & Myers, K. K. (2008). Organizational assimilation theory, research, and implications for multiple areas of the discipline: A state of the art review. In C. S. Beck(ed.), *Communication Yearbook* 31, 322-367. New York: Taylor and Francis Group.
- Wert-Gray, S., Center, C., Brashers, D., & Meyers, R. (1991). Research topics and methodological orientations in organizational communication: A decade in review. *Communication Studies*, 42: 141-154.
- Weick, K. E. (1979). The social psychology of organizing. Reading, MA: Addison-Wesley.

- Weick, K. E. (1993). Collapse of sensemaking in organizations: The Mann Gulch Disaster. *Administrative Science Quarterly*, 38: 628-652.
- Weick, K. E. (1995). *Sensemaking in organizations*. Thousand Oaks, CA: Sage.
- Weber, M. (1947). *The Theory of Social and Economic Organization*. New York, NY: Free Press.
- Whyte, G. (1989). Groupthink reconsidered. *Academy of Management Review*, 14: 40-56.
- Wigand, R. T. (1988). Communication network analysis: History and overview. In G. H. Goldhaber & G. A. Barnett (eds.), *Handbook of organizational communication*, 319-360. Norwood, NJ: Ablex.
- Wood, J. T. (1992). Telling our stories: Narratives as a basis for theorizing sexual harassment. *Journal of Applied Communication Research*, 20: 349-362.
- Zorn, T. E., Page, D. J., & Cheney, G. (2000). Nuts about change: Multiple perspectives on change-oriented communication in a public sector organization. Management Communication Quarterly, 13: 515-566.

新闻学研究的挑战与转型

苏钥机[①]

前言：新闻业面临困局

全球的新闻业出现危机，受众及收入都急剧下跌，而且仍未见谷底。特别是传统报业的问题更大，早于 2006 年美国《时代周刊》(*Time*) 有文章提出"报纸是否有将来？"(Kinsley, 2006)，同年《经济学人》(*The Economist*) 也有专题探讨报业的情况，其中一篇文章的标题是"谁杀死了报纸？"(Economist, 2006)。上述文章只是提出疑问，大家仍未有定案。之后 8 年的形势更令业界人士心寒，速度之快和冲击之猛前所未见，大家深信新闻业要面临重大变革，不转型便死亡。

让我们先看看美国的情况。根据 Pew Research Center (2013) 的报告，过去 10 年报业的印刷广告收入下跌了 58%，虽然网上广告收入上升了近两倍，但因网上广告只占总数广告的一成半，所以无太大帮助。整体而言，过去 10 年的广告收入下跌了约一半。读者人数也有明显下跌。与 1999 年相比，每天看报的比例由五成减为不到四成，年轻人的阅报比例更只有两成多一点。一些报纸要关门或减少出版日数，并且要裁员节流。

新闻杂志同样面对极大困难，美国《新闻周刊》(*Newsweek*) 印刷版于 2012 年年底停刊（后来在 2014 年 3 月复刊），《时代周刊》的发行量在 10 年间由 420 万份跌至 360 万份，各主要新闻杂志的广告页数由 10 年前约 10 000 页减至现时不足 6 000 页。美国电视台的日子也不好过，三大主要免费新闻台在 1980 年各有约 14 点的收视，到了现在大家均只有 5 点。

唯一的亮点是新闻的数码平台。愈来愈多人通过上网及移动器材看新闻，在 2012 年有五成美国人表示昨天用这些方式获得新闻信息，仅略低于电视，但多过印刷报纸（二成九）及电台（三成三）。但新闻机构却分不了多少网上广告的利益，因为这些收益主要被大型网络公司（如：Apple、Amazon、Google、Facebook 等）取去了。

日渐流行的移动平台广告也未能令传统新闻机构得到太多好处。有研究员指出："在过去 15 年

[①] 苏钥机现任中国香港中文大学新闻与传播学院教授，并担任香港新闻教育基金秘书长，1995 年获美国宾夕法尼亚大学 (University of Pennsylvania) 传播学博士学位，主要教学与研究领域包括香港报业、新闻社会学和引文分析等。

中，新闻机构被迫用印刷元（print dollars）去换取数码角（digital dimes），印刷及电视的收入蒸发得快过数码收入的增长。现在的情况可能变得更差：新闻业将进入流动仙（mobile pennies）的纪元"（Sasseen, Olmstead, & Mitchell, 2003）。美国新闻业的超级不景气，令业者及学界都看不到未来（Jost, 2009; Price & Marshall, 2011）。

数码科技发展迅速，已经超越桌上计算机范围，正在进军移动工具（如智能手机、平板计算机等个人化的轻便设施）。不论是传统的电台及报刊，还是纯网上的出版机构，优先发展的首先是移动平台。由于要搭建这个移动平台，传统的编采队伍增加科技人手，把内容数码影像化，加入更多影音片段，了解观众的口味习惯。例如美国公营电台（NPR）10多年前已有网上广播服务，4年前更发展移动网络，把握新媒体的契机。

在中国，新闻业的境况未必如美国般严峻，但也各有困难和挑战。近年中国台湾媒体的广告收入下滑，受众人数减少，并面对新媒体的竞争，不少报纸都要找寻新方向（王维菁、林丽云、罗世宏，2012；罗世宏，2010）。中国大陆新闻业的结构和运作不同，在新媒体的冲击下，大家的着眼点在于不同形式的融合，包括市场、媒体结构、内容和记者技能等（海峡两岸及港澳新闻研讨会，2013）。中国香港新闻业的情况稍佳，虽然很多新闻机构的读者及观众人数下跌，但因整体经济不俗，加上免费报纸十分成功，令整体广告收益及阅报人数有些增长（苏钥机，2013）。

随着新闻业面临巨变，业界要应付新科技环境的各种挑战，及市民习惯的改变，他们都在努力尝试各种方法适应求存，例如在机构内进行架构合并，把内容汇聚、开拓新平台和资源、改变记者采访模式、加强与受众互动等。这些做法不单改变了现在新闻界的面貌特质，也为未来提出了一些新方向。数码新科技带来传播本质的根本变化，包括互动（interactivity）、汇聚（convergence）、多样化（diversification/diversity）、真实化（actualization）、两极化（polarization）、肯定化（confirmation）和自然化（naturalization）（Burton, 2010：186-192）。

本书的目的在于介绍及探讨这些新方向，希望能为新闻业发展勾画轮廓。新闻业可分为7个主要的方面，当中都有一些明显的变化。第一是外在的社会及科技环境，特别涉及互联网、多媒体及流动媒体的出现。第二是有关新闻人员的变化，其中有记者角色的变化、市民新闻及策展模式的出现。第三是新闻机构内部的整合，及对外与其他机构的合作合并。第四是内容上的互换汇聚，较突出的例子是免费报纸的出现。第五是新闻平台的多样化，例如一些纯新闻网站的成功。第六是受众的参与，这涉及社交媒体的出现。第七是商业营运模式的改变，其中较受关注的是网上内容应否收费。

笔者曾经在近年数次随中国香港新闻教育基金的访问团，参观了一些美国及欧洲的主要新闻机构，包括美国的《纽约时报》、《华盛顿邮报》、《今日美国报》、*Huffington Post*、*Atlantic*、*Politico*、《新闻周刊》、Digital First Media、全国公营电台、CBS电台、Fox、NBC等。欧洲方面则有德国 Axel Springer 报业集团、《明镜周刊》(Der Spiegel)、法兰克福的一份报纸 (Frankfurter Allgemeine Zeitung)、英国的《金融时报》(Financial Times)、出版《华尔街日报》的道琼斯公司 (Dow Jones)、德国的 Deutsche Welle TV (DW-TV)、英国的天空新闻 (Sky News) 和 BBC。我们也走访了一些美国的科技媒体公司如 Google、Storify、Adobe、Omnicom 等。本书的资料来自这些行程的所见所闻，加上中国地区一些媒体的经验，以及相关研究文献中的回顾介绍。

市民新闻与记者角色转变

新闻报道一向由专业的机构负责，全职和受过训练的记者及编辑是市民的耳目，每天挑选重要的事件作出报道，大家认同新闻界的专业性和公信力。市民一般作为受众，不会、也不能参与新闻的流程，就算作为消息的提供者，也只是偶一为之，例如写信给报馆编辑表达意见，打电话到电台的时事清谈节目，或非常偶然地向新闻机构提供在新闻现场摄得的照片。

但随着科技的进步和互联网的兴起，市民很容易拍摄到新闻现场的情景，传送数据图片给新闻机构也很容易。为了加强时效性和消息来源的广度，传统新闻机构也鼓励市民提供素材，或对新闻报道作出响应（Allan & Thorsen, 2009）。网上报纸本身记者很少，于是更依赖读者的"报料"。Dan Gillmor (2004) 在其经典著作 We the Media 中指出这种市民新闻 (citizen journalism) 形式的草根性，并认为市民的参与其实有很悠久的历史。最近 20 年，各种个人网站在互联网纷纷成立，个人网页成为新闻消息来源，它们一方面向新闻界开放内容，新闻界也积极吸纳这些网民成为常规的博客。专业记者与读者受众的界线愈见模糊（Schudson & Tifft, 2005），记者在日常采访之余也会变身博客，撰写工作感想和分析，这些博客文章的性质有时难以归类。

此外，一些半专业和半业余的市民新闻网站开始出现，例如美国早期的 Indymedia (Platon & Deuze, 2003)、韩国的 OhmyNews (Young, 2009) 及中国台湾地区的 Peopo 公民新闻（孙曼苹，2009），它们都有市民在事发现场的目击报告，之后再经过较专业的编辑工序。在一些细小的社区，它们没有受到传统新闻机构的注意，社区的一些人于是便组织起来弄个本地新闻的网站，让大家将报告、照片和影像上载，并作不同程度的处理过滤。这些网站聚合了一群想法相近的人，联系了一个社区，它们很多都不计较盈利，主要是由一些人义务去做，某程度扮演了新闻机构的角色 (Glaser, 2010)。

这些不同形式的市民新闻做法，引起不少争议。究竟这些市民的报道算不算新闻？他们怎可以和曾受专业训练的记者相比？其报道可否称之为新闻？传统新闻机构一方面心理上抗拒市民新闻的出现；另一方面也明白后者所带来的好处，于是希望把市民新闻收归旗下，这样既可坐享其成，将业余消息提供者变作自己的线人,又可加强与市民互动,建立网上社群。市民提供的影音文字,属于"使用者生产的内容"(user-generated content),可以补充新闻机构生产的正规信息,但这些市民生产内容的可信度会被质疑,如果新闻机构采用后却被发现有错,责任谁属是个问题(Singer & Ashman, 2009)。

市民新闻的出现,结合网上电子报作为"数码市集",赋予读者前所未有的参与权和决定权(李月莲、苏钥机,2000)。市民的角色更主动,可以由受众变成信息提供者,他们和专业新闻工作者的权力关系也逐渐改变。以前新闻界掌握信息的发放和流向,决定新闻议题(Newhager & Levy, 1998)。现在新闻专业的形象下滑、社会地位降低,传统新闻工作者本来是社会议题的设定者和信息过程的守门人,但将来他们的角色更像信息导游甚至是信息经纪,只是处理新闻的一个中介者而非领导人。

多媒体记者

传统上记者分为文字及电子传播媒两大类,负责文字和摄影的又可再细分。但在新科技和网上新闻的年代,记者要"多专多能",成为多媒体记者(苏钥机,2000)。在传媒汇聚化过程中,新闻形式日渐模糊并且一体化,记者不可以自我定位为"报纸人"或"电子传媒人",他们要有不同技能,随时转换工种。

新闻的互动性令媒体机构要直接面对受众,记者除了要应付上司和同业外,还要和受众接触讨论。新闻有其联系性,新闻来源、记者及受众组成不同的网络群体,记者在有限时空要处理更多的信息和需求。实时新闻的出现令截稿时限成为永恒存在的压力,就算是报纸也要时刻更新,能用作思考及工作的时间更加紧迫(Fenton, 2010)。

现在的报纸记者不单要处理文字写作,还要懂得拍照甚至录像,并能利用电话、互联网上传各种资料回去公司。传统的电视记者要懂得电视语言,用影像说新闻故事,附以声音解说,在人手资源不足时兼任摄影师甚至司机。原本是一个数人的工作小队变成"一人小队",摆放脚架和在镜头前报道都属同一人。他们又要能作广泛有效的信息搜寻,透过各种网站和数据库获得及整理资料,做网上访问及民意调查。

新记者在入职前就要装备好自己,现任记者要接受再培训,在心理上及技能上都有充分适应准备,因情况用不同的工具、平台和方式报道新闻,成为真正的多媒体记者。但话说回来,这个要求也不能无限延伸,不可以成为机构裁员增加工作量的借口,因为其后果往往是报道素质下降和员工流失。而且个别记者的能力和取向不一,各有其喜好和优缺点,勉强要"多专多能"不切实际。同时进行多项工作（multi-tasking）也只能是理想，偶一为之可以但不会持久。所以说，虽然"科技记者"（techno journalist）之说早有人提出（Casey, 1996），对记者提出"一专多能"的要求还是较为现实可行才好。

从编辑到策展人

新闻工作者是一个统称，包括记者、编辑、摄影、翻译、工程等技术人员。近年有个新职位名为策展人，它与编辑有关但又不一样，是一个新的趋向，值得我们注意。策展（curation）并非全新的概念，它普遍存在于博物馆，例如博物馆馆长可称为首席策展人（chief curator）。策展的英文curation源于拉丁文的curare，意指"照顾"，在博物馆中表示照顾好文物（Kreps, 2003：49）。

Edson & Dean（1994：290）对策展人下了这样的定义："博物馆的职员或顾问，他在某个领域是专家，并提供信息、进行研究及监督收藏品的维护、使用及改进。"Kavanagh等（1994：127）认为，"策展人是博物馆的中心人物，他代表公众对收藏物品作出研究、增订、记载、解译以及扩充一个领域的知识，为有不同需要的公众提供服务。"Cash（2001：140）从另一角度下了定义，他认为策展"是一种社会实践，它建基于对象与人类环境的一种固定关系。"其意义在于，策展活动是存在于一个特定的文化脉络，并且是一种社会建构的经验。

在博物馆中，策展人的工作范围很广，包括制订政策监察展品的情况、响应查询、安排供出展品、登记新的收藏品、参与讨论收购等。此外，他也要顾及展出、灯光、保安等事宜，以及进行研究、出版工作及和其它同事合作（Glaser & Zenetou, 1996；Kavanagh, et al., 1994）。

策展人要决定展览内容及发放的信息，与设计师、教育人员、信息经理等同事合作，负责选择、组织、呈现展品（Hooper-Greenhill, 1994），他可以是传统上知识的沙皇，也可以做一个现代的多角度的知识发放者（Gurian, 2010）。策展人可分为两类，一类是某个知识领域的专家，其主要工作是推进知识，向公众提供教育。另一类是非专家，他们没有相关领域的专业资历，但曾受艺术行政训练，主要负责博物馆日常行政工作，包括公关推广、寻找赞助等。

博物馆策展人的角色，和新闻界编辑所做的事相似，但又有所不同。传统的新闻编辑每天处理报馆内记者所写的稿件，为这些新闻故事加工，如起标题、润饰文字、重组结构和作出删减。编辑是文字的专家，也是新闻的专家，对社会时事有判断力，知道何为新闻，什么值得报道。

以前新闻是稀有的信息，须经专人鉴定处理，大众只能接收和响应。但在数码化的网上世界，新闻信息泛滥而且免费，但其品质参差，令个人不知如何选择，所以仍需要有专职人员协助，挑选相关及有素质的新闻信息。在网上世界有太多的信息内容，大家都面临"信息超负荷"的境况。例如创立不到 10 年的 YouTube，每分钟上载 60 小时的影片，全球有 8 亿用户，每天有超过 20 亿次的观看记录。它是个完全开放的平台，没有什么限制，对内容种类没有偏好，纯粹由观众自选。受众因而需要专业人士帮他们筛选良好的内容，这个责任便落在新一代的新闻工作者身上。

对新闻机构而言，信息来源不限于自己记者的采访或通讯社的供稿，市民的"报料"及网上的各种信息都是有用的来源。传统编辑的工作仍然继续，但要顾及机构以外的消息来源，作出鉴定、选择、处理及刊登。一些新闻机构开始聘请专职人员处理网上的信息，兼顾社会媒体的运作，一方面吸收新信息；另一方面建立网上社群，和网民互动，以增加受众人数及归属感。新型的网上报如美国的 *Huffington Post* 及中国香港的"主场新闻"，它们的记者不多，消息来源只要依靠其它新闻媒体及网上信息，其编辑人员其实是策展人。

传统的新闻编辑和新兴的内容策展人有相似也有不同，他们的工作性质基本一样，但工作环境不同，稿件的来源也有颇大差异，角色和地位有些分别，与受众的关系也有异，详情可见下表。

新闻编辑和内容策展人的异同

	新闻编辑	内容策展人
工作性质	收集、组织、整理、呈现新闻	收集、组织、整理、呈现新闻
稿件主要来源	记者、通讯社	网上、博客
角色	受过专业训练的专家	信息经理、鉴赏者
地位	崇高	稍次
工作环境	传统报业及电子传媒	高科技环境、互联网
处理信息量	不算多	信息爆炸
主要工作	创作者	汇集者
与受众关系	比较疏离	有互动、较多从市民角度出发

随着数码世界的来临，Shelly Palmer 认为"策展是数码生活的未来"（罗森鲍姆，2012：14）。在现今的所谓 C 世代中，Jim Richardson 认为 C 代表了内容（content）、创意（creativity）、联系（connectivity）和策展（curation）（Rosenbaum，2011：19）。有人更认为大家都是自己生活的策展人，都在分享朋友和家人的生态系统（Rosenbaum，2011：259）。

有内容创作者 Mark Cuban 批评，策展人是"吸血鬼"，因为后者在掠夺别人的创作成果，自己却不事生产。新闻策展人引用其它新闻机构或博客的文章，当中或许涉及版权问题。但从事策展的人在收集、整理资料时，自然注意到版权及相关法例的限制，一定会注明出处及只作摘要刊登，并加上自己的意见或其他信息，以增加策展文章的价值。策展人更表示，其工作可以带引其它受众往原来的信息来源网站，增加了来源的流量。而且在网上世界，大家不缺信息，缺乏的是注意力，内容策展人带给大家注意，可说是缔造了双赢的局面（Rosenbaum，2011：222-223）。

社交媒体带动受众链接

传媒的营运生存之道，在取得利润之前，先要组织一群受众，因此"社群建立"是必需的步骤。例如出版《今日美国报》的 Gannett 集团，旗下有 US Community Publishing 公司，它主动询问市民的意见、提供新闻信息及图片、分享经验故事等，目的是提升网络流量，建立一个自己的网上社区。"区民"不单上网来阅览，还按钮（click）、投票、分享以及评论。

从印刷媒体到电子媒介，再到网上世界中的个人浏览及媒体平台汇聚，媒体的方式（format）经历了不同阶段的发展。现在是利用社交媒体（social media）作网络的全方位扩展，将尽量多的人连结在一起（Bryfonski，2012；Mandiberg，2012）。所以有人说整个互联网其实是一个巨型的社交媒体，也有人说社交媒体是互联网的延伸。20 世纪 90 年代上网是去浏览，21 世纪 00 年代是去搜寻，21 世纪 10 年代则是去发现。

新闻机构及其他公司希望透过使用社交媒体，可以和大量的受众分享内容、评鉴内容和讨论内容。这样做可以令市民的浏览时间增加，愿意推介自己机构的信息给其朋友，并就一些话题事件发表意见，成为忠实的读者，参与这个虚拟建构的社群。社交媒体又可以令新闻界获得受众的意见回输，从而改善内容，吸引更多人浏览参与，以及支持营销部门。社交媒体可让机构自我推广宣传，所花的人力、物力不算多，是近年的一股新趋势。在 2012 年年初，美国有 100 家新闻机构设有专职的社交媒体编辑，到了同年年底，这数字已升至 184 家（Pew Research Center，2013）。

传统媒体和社交媒体互相补充，各有职能。在消息发放的时序上，可以是传统媒体先行，透过社交媒体进行扩散。也可能是消息先由社交媒体传出来，再由传统媒体确认，令受众相信放心。两者合作并存，成为了现今的新趋势。

网上世界有三种空间，第一种是自己或媒体机构本身的网页空间；第二种是付费的广告空间；第三种是社交媒体空间。这个第三空间的内容是别人谈及你，不用付费去获取，但它更有感染力，涉及人数可以很多，成为越来越重要的网上平台。传媒生产了内容之后，透过社交媒体推动对话分享，以建立联系和归属感。广告公司如 Ketchum Digital 更务求把网上、网下及广告融为一体。

报刊、电台、电视都依靠互联网上的 Facebook、Twitter、Tumblr 等社交平台来收发信息，建立联系。Facebook 现有 10 亿活跃使用者，Twitter 也有近 1 亿用户。统计指出现在社交网络占去我们上网时间的 23%，比去年上升了 43%，它的出现令电邮使用率下降，特别是在 10 多岁的年轻人当中。重要的是这些平台不单提供了科技支持，社交媒体的真谛更是人际沟通，所以有人说社交媒体的重点是人际关系而不光是科技。

以一所小型网络公司 Storify 为例，它只得 6 名员工，如其名字所言，其业务是帮忙别人说故事，客户包括 BBC、《纽约时报》、白宫等著名机构。提供的服务是将社交媒体中找到的各种信息，结合到传统新闻故事之中，令原来的故事变得更精彩、全面和有吸引力。这个平台是双向和互动的，令世界上所有人都可能变身成为公民记者，集体地讲述及改良新闻故事。该公司的一位创办人说："Google 教我们如何理解网页，Storify 教我们如何理解所有的社交媒体。"因此 Storify 不仅提供了信息沟通的附加值，还创造了商机。

新闻界与公众的联系正在改变。Heikkila, Kunelius & Ahva（2011）认为，传统上两者有一种制度（institutional）上的联系，新闻界向公众提供真实相关的信息，后者得以知道社会发生何事，并采取适当的相应行动，新闻界的地位因而受到认可和肯定。第二种被称之为市场的联系，新闻机构应受众的品位和需要，提供各种商品信息，服务不同的"口味阶层"。第三种是公众（public）的联系，新闻界协助受众转化成不同的群体，各自关注某些特定议题。记者成为服务中介人，为各小众社群的组织和互动而努力。

英国 BBC 在 2007 年启播其 iPlayer 新媒体服务，它旨在反映用户的口味，加入社会层面，以及令收看更简易有趣。其目的在于将服务个人化、社会化（增加"朋友推介"、可边看节目边倾谈）、方便化（可预先下载）。节目可随 iPlayer 跟受众到家中、办公室、手机。观众可实时用"shout"按钮表达意见，又可透过链接转到其他广播商的频道。新科技拓展了媒体服务范围和素质，更方便和贴近个人的喜好。

伙伴关系和高科技企业

以前传媒行业强调竞争，大家在争夺市场受众，是个"零和游戏"格局。现在通过互联网的带动，不同公司互相配合，在新环境下发挥互利共赢，打破了很多界限。例如 YouTube 提供开放平台，与数千间提供内容的公司合作，共享广告收益。Adobe 成为了报刊电子版的主要发行商，和传统报业密切合作，大家有共同利益又互相依存，于是产生伙伴关系（Lee & So, 2009）。新闻机构内的记者编辑也要和科技同事通力合作，方能令公司畅顺运作。*Huffington Post* 强调传媒是"社区建立者"，甚至和同业竞争对手也可以合作互惠，打破零和游戏规律。《今日美国报》和希尔顿酒店集团（Hilton Hotel）合作，除向酒店客人提供报纸外，还有其他的信息和物流服务。美国一些大型传媒公司，甚至逐渐变身同时成为广告公司、物流公司、网上公司、软件公司，把新闻、信息、娱乐、服务集于一身。

另一种伙伴情况发生于合并收购，这包括机构内部的整合和外部的变动。未来一些传媒机构将倒闭，有些和人家合并，有些被其他大企业收购，成为超级大集团的一分子。这是个变革的年代，范式正在转移，是传媒战国争雄的局面。例如最近美国《华盛顿邮报》，被大型网站购物公司 Amazon 的老板以 25 000 万美元收购。一些大型科技网络公司要吞并传统新闻机构是很容易的事，关键只在于它们有没有这个意愿。在高新科技公司中，以 Google 和 *Huffington Post* 作为典型。这些公司的共同特征包括：创新、冒险、自发、开放、快速、共赢、年轻、非科层结构、高新技术等。它们是知识社会中心的前卫代表机构，以科技结合传媒及其他相关行业，形成了优势甚至霸权。

在大型新闻机构内部，也要经营伙伴关系。Axel Springer 是欧洲最大的报业集团之一，在 30 个国家出版超过 250 份报刊。在德国，它占报纸市场的最大份额（两成半），包括旗舰产品《世界报》(*Die Welt*)和欧洲最畅销的小报 *Bild*。《世界报》这个单位之下有 6 份报纸，面向不同的读者，有严肃也有煽情的内容。这 6 份报纸过去是 6 个不同的个体，各自独立运作，到近年则因财政及效率考虑一再合并。现在变成只有一个编辑队伍，营业部也是一个，同时服务 6 份报纸，形成了"矩阵组织"，具有灵活多功能的特点。它的负责人表示，该集团的发展方向是着眼于移动媒体，将报刊内容数码化，并且大力发展网上服务。

天空新闻是英国第一个提供高清广播的 24 小时卫星新闻电视台，同时又有电台和网上平台。在编辑部内，它们的本地新闻、外地新闻及网上的编辑坐在一起，方便沟通。每个记者都要有多种技能，可同时服务电视、电台及网上频道，成为跨媒体的工作者。它的"Sky News Active"频道中，结合了影像、文字、图片和现场报道，又依靠 Twitter、Facebook 及 MySpace 作现场新闻报道和移动电话报料，令社会媒体成为信息源。

免费报纸的意义

传统收费报纸是行之有效的模式，读者要付费买报纸，经营者同时向广告商收取费用，并以优质内容吸引读者。20 世纪 90 年代初，瑞典的《都市日报》(Metro Daily, 2013) 异军突起，它以免费报形式出现，在早晨通过地铁站等交通管道免费派发给乘客。这种方式受到市民欢迎，《都市日报》在不同国家都有出版，在 2013 年，它在 24 个国家地区超过 150 个城市共有 72 个版本，每天发行总量为 830 万份，读者人数为 1 830 万。

根据 Piet Bakker（2013）相关的网站，免费报纸在大部分欧洲国家都有出版，市场占有率超过两成，在 10 多个国家中更是流量最高的。在 2008 年，欧洲免费报纸共有 125 份，派发量合计有 2 800 万份。在加拿大，免费报纸也很盛行，市场占有率为 26%。美国也有约 40 份免费报纸，但派发量只有 300 多万份。在亚洲，有出版免费报纸的国家和地区包括中国大陆、中国香港、中国台湾、新加坡、韩国、以色列、阿联酋等 12 个地方。

免费报纸成为报业的一支异军，它和传统收费报纸有竞争，抢去部分收费报纸的读者，同时它又成功开拓了新读者群，令原先不看报的人也愿意拿来看（Bakker, 2002）。免费报纸的主要特色首先是免费提供；其次是容易取得；最后是它的内容精简易读（卢永雄，2013）。免费报纸在 10 多年前进入市场，当时仍是充满潜力和机会，于是发展迅速，后来新的经营者不断加入，市场开始饱和，由"蓝海市场"变成"红海市场"（Chan, Kim & Mauborgne, 2005）。

免费报纸，除了提供一个新的新闻平台，让受众有更多选择外，它也为传统报业打了一剂强心针。出版免费报可以有盈利，一些收费报业集团也同时加入，除了可分散投资风险，还可以有协同效应之利，令报业经营者看到一线曙光。中国香港的星岛报业集团提供了一个好的例子。以前该集团出版收费的《星岛日报》和英文《虎报》，各自发行量每天不到 10 万份，盈利情况只属一般。到了 2005 年，它出版免费的《头条日报》，每天派发 80 万份，成为流量最高的日报，因此广告收益大增，成本却不算高，令该集团录得丰厚盈利。于是它把原来收费的《虎报》在 2007 年也变成免费报，发行量迅速增加至每天 20 多万份。

免费报纸的成功，给我们提供了一些启示。首先，免费的威力惊人，只要内容不太差就有捧场客。其次，市民大众对新闻信息有相当需求，愿意花时间阅读和收看，关键是收费多少和是否容易获得。再次，联营收费报及免费报好处甚多，只要看准时机经营得法，是报业的一条新出路。又次，在互联网移动通信时代，也非凡事都要走高科技路线，传统的低技术纸媒也可以有作为。最后，对营运模式的启示。收费报强调内容，免费报则重视发行，大家走的路线不同（So & Lee, 2007）。收费和免费之间可以有个旋转门，互相渗透，同一新闻内容既可收费又可免费。以前报纸都要收费，现在早上派发的免费报纸多到拿不完。就如以前看电视是免费的，后来有了收费电视。在互联网的新闻信息可免费也有些要收费。所以说是否要收费并非固定，要看媒介性质、时势和经营方针而定。

商业模式的多元化

整个行业都在焦急地寻找出路，想过渡到一个有效的新商业模式。所谓商业模式，广义上包括公司的内部结构、各种内容发放平台、收费方式、多元化经营，及和其他公司合作（Briggs, 2012; Osterwalder & Pigneur, 2010）。

Nel（2011）研究了英国 66 个城市的报纸，如何在网上增加收入。他发现广告仍是最主要的收入来源，其次是向读者收取订阅费。其他方式包括向一些公司售卖读者资料、与其他公司合作销售货品服务、向买方及卖方提供中介联系并收取费用、向读者出售额外或不同形式的内容、进行社区联络而赚取交易费用等。Gade & Lowrey（2011）也指出，新的商业模式通常涉及下列一些元素：(1) 本地化：新闻机构专注服务一个被其他媒体忽略的社区；(2) 合作化：与之前的竞争对手合作取得双赢；(3) 多样化：新增一些产品，并将原有内容重新包装发行；(4) 专业化：专注自己有优势的业务范围以加强竞争力；(5) 移动媒体生产发行：能更弹性地满足受众的需求；(6) 混合模式：同时开拓公众捐款、公司赞助、广告等不同的收入来源。

一份名为 Politico 的政治报纸，在美国首都华盛顿发行，印刷版免费派发，网上版内容更多并且也是免费，但其广告收费惊人。由美国总统及高层官员，到普通政治发烧友都每日必看此报纸，其目标读者及内容范畴清晰、定位明确、内容分析深入并有主见，广告费超高，但有忠实的读者和捧场的广告客户。它只有7年历史，员工近百人，营运情况良好，可说是个行之有效的模式。它的母公司同时拥有免费电视台、收费电视台及网站公司，可以发挥某种程度的协同效应。

老牌时事杂志《新闻周刊》在2012年年底与新兴网站 The Daily Beast 合并。后者的名称源于一本有关假新闻的小说，此网站提供"松脆"和时髦的信息，每日发出10多个自己的报道。成熟读者再加上年轻网民，传统新闻配对社交媒体，是个有趣的实验。合并后公司大减编采人手，现在总共只有250名全职人员，依靠名家撰写专栏和兼职的"超级通讯员"，主攻 iPad 等数码平台。传统印刷新闻讲求全面、稳重、权威和由编辑作精选，有如参加跑马拉松；网上新闻则以快速、简短为主打，就好像专攻短跑一样。它能否闯出新天，值得大家留意。

Atlantic 传媒公司已有百多年历史，共有500名员工。它出版多份杂志，有印刷版也有网上版，认为"文字仍然是最重要的"。它志不在提供纯粹的信息，而是要生产和读者相关的重要信息。它不追求速度，却要有深度，并大力发展有创意的网上平台。它们有600间公司（而非个人）作为主要订户，又大力发展网上广告。他们表示，2012年的网上广告收益已超过印刷广告收入，后者又没有因前者而减少。重要的是印刷版和网上版由两个独立的队伍管理，重叠的内容只有两成。他们的一个经验是："没有投资便没有回报。"老板们不能光是要现在的员工多做一点，却不投入新的资源人手，结果只会两面不讨好，内容质素下降，又令员工怨声载道。

Digital First Media 是一家连锁公司，下面有近百份报纸及杂志，及600个网站。正如它的名字所言，其经营策略是以数码网络为先，首要照顾实时新闻，尽快利用网络把信息送给读者，和读者打成一片。印刷版是独立营运，内容和网上的很少重复。通过各报的内容互换和联系运作，可以减省成本，建立有利的经济规模，这也是一种新的商业营运模式。其负责人强调，新闻工作者也要懂得经商之道，他相信未来网上的世界仍是免费，重要的是能建立品牌，广告商就愿意付钱在这些有声誉的网站登广告。

德国《明镜周刊》在欧洲有100万份销量。它的路线近似美国的《时代周刊》和《新闻周刊》，其特色在于它的厚度和较学术性的写作风格。此周刊的拥有权十分独特，员工共占 50.5% 的股份，其余则属两间公司。员工加盟后按职级及年资获分配不同的股权，离职时就要回售给公司。高层员工以选举产生，这也是其他机构没有的制度。此杂志未曾有过财政赤字，也要尽量避免亏损，否则员工便要自掏腰包。这可能是员工须努力工作的一个动力。

Frankfurter Allgemeine Zeitung 是德国的全国性报纸，并发行到 100 多个国家。它有 280 名编采人员，每日销量 37 万份。这份报纸的特色是没有一个老板，而是由一个基金拥有。它在架构上也没有总编辑，具体工作由 5 个"出版人"集体领导，互相独立运作，有出版人空缺就由其他出版人任命。例如要闻版有其出版人及社评，财经版也有其出版人及社评，两个社评可以各有立场甚至争论。这种安排的好处是能够保持多元化，透过整体努力和内部竞争，以提升素质。

《纽约时报》的网上收费经验

业内最关注的一个议题是应否或如何向网上读者收费，现在主要有三种做法。第一是"免费模式"，读者可在网上看到印刷版的所有内容，这也是现今多数网上媒体采用的做法。第二是完全相反的"收费模式"，如《华尔街日报》、中国香港的《信报》和《经济日报》早期就是如此。它们是财经专业报纸，在市场上具有领导地位，直接竞争者较少，其客户多属精英专业人士，有业务需要及经济能力，自然较愿意成为网上订户。第三是折中的"额外收费模式"（premium model），即少看不收费以吸引读者到访网站，多看就要付钱，支付金额视乎内容多少而定。《纽约时报》曾于 1996 年及 2005 年实行网上收费，但都不成功，他们在 2010 年第三度尝试，发现成效不错（Folkenflik, 2011），成功保住印刷版市场，又能吸引网上版及移动版订户。"额外收费模式"也有变种，例如免费的话只能看某些内容，要看其他内容就要付费。

从 2010 年 9 月至 2012 年 3 月，星期日《纽约时报》网上版订户从 5 万多上升到 73 万多，大幅增长了 10 多倍。同时期的印刷版订户只是从 131 万微跌至 127 万，于是令总订户数目大增。可见如果处理得宜，网上版和印刷版的订户人数并非一定是此消彼长。订户增加，这方面的收入自然上升，该报在 2010 年年底的订户收入按年呈负增长，之后就节节上升，到了 2012 年首季录得颇佳的正增长（刘端裕，2012），而且该报从读者订户中收的钱和从广告得来的收益各占一半（Pew Research Center, 2013）。

以前的网上收入模式是内容免费，以扩大读者人数，借此吸引网上广告。但这个模式的效果并不理想。现在有些机构尝试走向读者收费的路线，尽管读者人数和网上广告会减少一些。可能现在网民都习惯了在 iTunes、Amazon 等地方付费购物，于是也不抗拒订阅网上新闻信息。《纽约时报》

负责人表示，他们的经验打破了网上不能收费的神话，也显示印刷及网上版并非零和游戏。但要在网上收费，必须令收费规则清楚，要从读者角度考虑，并管理读者的期望，方能有机会成功。

《纽约时报》是全球著名品牌，它有优质的信息内容，因此近年大力发展外国的杂志业务。它和外地出版商合作，在不同国家包括中国、印度、墨西哥、罗马尼亚、卡塔尔等，出版该报的科学、旅游、书籍、新闻、潮流等内容的刊物，风险低又能物尽其用。它用的不是合资模式，而是发牌模式，这样可以控制内容和风险。《纽约时报》能够成功，主要是它拥有全球品牌、优质内容和雄厚实力，其他传媒机构能否跟随它的正面经验，还有待观察。不过根据 Pew Research Center（2013）的统计，在 2012 年美国 1380 家日报中，450 家的网站开始向读者收取某种费用。

以上三种费用模式都是关于传统报纸的网上版，独立的新闻网站又如何？目前独立新闻网站都是免费，部分网站有些广告收益，但离自给自足的目标尚远。它们有何出路？目前有两条路线可走，一是如"香港独立媒体网"，它的宗旨在于推动香港民主运动和社会运动，以小型同人团体方式运作，希望可以打造"公众空间"，提供另类报道和声音。它不是商业机构，不用费神如何获利。

第二条路线是要"做大做强"，并要有个大靠山。例如 Huffington Post 给大型入门网站 American Online（AOL）收购了，背后有金主作靠山，它只要能为 AOL 带来流量，就算有所交代，不用担心自己的账目。这其实是"电视新闻台模式"，就如新闻部给整个电视台带来观众和口碑，它是集团内的一个"支出中心"（cost center）也可接受，因为电视台能在娱乐节目中赚得更多收入。相似的做法是希望以小搏大，采用省钱的策略和博客运作方式，来打造独立新闻网站，并加入社交媒体来增加吸引力，不必斥巨资建立自己的采访队。小本经营打响名堂后，有大集团愿意高价收购，就完成任务。美国的小型新闻网站 Storify 便是一例。

《联合报》如何转型

在中国台湾的新闻媒体中，很多机构都在努力转型变革，《联合报》是一个突出的例子。根据该报系总管理处总经理办公室副主任范凌嘉（2013）表示，《联合报》近年提出"多元营收"和"数字汇聚"两个发展主轴。

"多元营收"是指除了传统的报纸发行和广告以外，努力增加其他方面的收入，但这些收入要和媒体核心能力有关。"多元营收"的活动很多，包括活动展览、读者培训、民意市场调查、电子商务等项目。它曾经举办很多活动展览，如名画家作品展、太阳剧团和美容化妆品展，吸引很多人参加。电子商务方面有"udn 买东西"，自 2011 年 5 月成立以来，已成为中国台湾一个主要的电子商务平台。这个平台有分析系统以了解会员的喜好需要，以"一站购足"和"精准营销"为原则，向消费者主动推介相关产品。

《联合报》的"数字汇聚"是指"在任何时间、任何地点、任何载具、并且在同一载具上，同时提供文字、图片、影音、互动、搜寻等服务。"（范凌嘉，2013，页49）。简言之，其意思是"用最合适的方式来说故事"。该报系了提供文字和图片外，在"联合在线"可和读者互动，让他们搜寻联合知识库及全版报纸数据库，并在2010年设立影音部。该报系在2013年开设名为udn tv的电视台，旨在电视也提供新闻、专题、评论、知识等内容，而在形式上包括传统的联网电视、IPTV、Web TV、Smart TV、Social TV等制作传输模式。

他们也在积极作策略更新，定了6个研究主题，包括分众内容、视频发展、行动发展、组织结构、内容系统、报纸发行。例如在行动服务方面，他们开发了iPhone和iPad的Apps新闻应用程序，并且推出Android版本，扩展行动服务的规模。《联合报》把英文newspaper一字拆分为news + paper，认为"新闻"内容是其核心业务，"纸"只是一种载体，应继续发挥但不限于这种载体（李彦甫，2011）。

在迎接数字汇聚的时代，该报在数年前搬迁到新大楼时已作好规划，在办公室设计上整合了不同部门的作业模式，打破集团内各报编辑部的组织区分，把相同内容单位设置在同一区域，从而令相关人员可加强沟通合作。在职位编制上，在新成立的"新媒体中心"下面，设立"汇聚副总编辑"，以统领联系相关的各种业务。记者也要接受培训，让他们成为"多媒体记者"，更好地配合不同的报道形式和需求。

中国香港TVB新闻台善用科技

报纸面对挑战需要转型，电子传媒也不例外。以中国香港无线电视新闻台TVB为例，它在2008年开始策划变革（袁志伟，2013）。响应数码时代及观众生活方式的改变，TVB推出免费24小时新闻频道，直接和收费新闻台及网络电视竞争。除了推出移动应用程序tvb news app及tvb.com外，其互动新闻台在播放时同时在屏幕上提供财经、天气、新闻提要等信息。它强调新闻现场直播，又在有需要时把宽阔屏幕切割成数个画面，直播不同的新闻实况。

TVB加长了晚间新闻的时段，一方面与晚上6点半的新闻时段有分工；另一方面可提供更详尽的报道分析。所以6点半新闻时段虽有观众流失，但晚间11点可收复失地，整体而言人数更有增长。随着观众增加，其新闻时段广告收入也上升，并在2012年首次录得盈利，打破了电视新闻部通常是赔钱部门的常规。

TVB新闻及信息部总监袁志伟（2013）表示，tvb news app、tvb.com、新闻网页及互动新闻台互相配合直播，为观众随时都可通过手机、平板电脑来收看，加上新闻视频可容许 7 天重温，特定题材的重温时间可长至一年。

能够进行上述的改革，前提是要有数码化科技和系统，利用网络技术的发展方能成事。袁志伟强调新闻机构要共享资源，方可做到多媒体和多平台服务，并要集中统一把关，这样就能保证质量，配合形势的发展。

苹果动新闻的启示

新科技时代带来一些新的传媒形式，中国香港和中国台湾的苹果动新闻便是一例。壹传媒集团在 2009 年推出崭新的苹果动新闻网站，其内容结合了文字、照片、动画及旁白等元素。根据区家麟（Au, 2011）的研究，苹果动新闻每日在香港推出约 50 个影音新闻故事，最高点击率可达 20 万次，而它最受欢迎的动画新闻在 YouTube 上更有近 500 万人次收看。

苹果动新闻的选材和传统新闻的做法不同，它主要提供普通大众喜欢的煽情新闻，以争取更多点击为目标，内容是否客观、中立和公平并不重要。动新闻的平均长度约一分半钟，1/4 的消息来源是从互联网得来，其次是娱乐新闻（两成多一点），之后是突发新闻和一些独家或侦查报道。它会将网上或市民提供的材料加工，以增加原有信息的可观性。

经苹果动新闻拣选处理后，播出的内容以涉及艺人的感情生活及性方面的娱乐新闻为主，性犯罪案也是主要项目，而一般的政治、财经、体育新闻较少。这些较煽情的娱乐新闻及罪案报道很受网民欢迎，再配上一些消费者生活情报、趣闻和新科技产品，就完成了苹果动新闻的"菜单"。年轻人及网民特别喜欢苹果动新闻，成为他们认识社会时事和日常话题的主要消息来源。

这些苹果动新闻通常都有主观的口语旁白及立场明显的标题。编辑还会用小说技巧来叙事，务求引起观众的好奇，加插出人意表的情节，以及从用户的角度来看新闻。这明显有别于传统新闻强调真实、客观和不设立场的做法。网民提供或制作的内容，再经专业编辑包装重组，这个过程模糊了传统新闻和网上信息的差别以及记者和受众的界线。

苹果动新闻的成功，与它依靠高科技分不开。编辑从互联网得到灵感和素材，利用先进技术生产影音网上产品。香港的编辑将每个故事的意念和前期完成了的工序，用高速宽频传送到台湾加工制作动画，然后再回传香港播放。这种做法，在 10 多年前的科技水平环境，根本不可能发生。在进行过程中，强调编辑部、信息科技部和市场部的互相配合。传统新闻机构的编辑部和市场部则非常有张力，大家的工作原则和目标不一致（McManus, 1994）。

自数年前推出后，苹果动新闻迅速广受欢迎，令其母体《苹果日报》成为香港最多人观看和最有影响力的报纸（苏钥机，2012b）。读者可通过网上或手机看动新闻，而《苹果日报》在不同平台的读者分布非常特别，其印刷、网上及手机读者比例分别是 44%：23%：33%。比较而言，另一份香港畅销报纸《东方日报》的相应比例是 81%：9%：10%（苏钥机、叶菁华，2013）。可见苹果动新闻明显提高了该报网上和手机的读者比例及人数，成为在新科技环境下的一个成功案例。近年《苹果日报》的印制刷版读者下跌了不少，但它从网上及手机新增的读者完全可以补充回来，甚至有颇多净增长。现在其网上及手机读者占总阅览人数 63%，印刷版只占 54%（部分人两者皆看）。

　　苹果动新闻不单在读者人数上创出新高，在商业营运方面也做出成绩。除了网上广告外，它还成功吸引到一些著名品牌的赞助式植入广告，获得可观收入之余又可制作一些有深度及高档的独家新闻专题及着重正面新闻报道，借此提高自身形象和丰富内容种类。它又能打进国际市场，和 YouTube 等跨国超级媒体合作，以提供其内容来分享广告收益。最近苹果动新闻进军日本市场，在该国发展日语版的动画制作。

　　壹传媒集团敢于动用巨额资金尝试创新，其财力、意念及魄力令它成为独有的传媒现象，而且它早着先机，令其他模仿者很难进入市场分一杯羹。苹果动新闻以影音作为主打，强调自己是"新闻故事频道"而非"新闻频道"，并逐步走向电视台的运作模式。它的进一步发展将不限于新闻领域，打算利用新科技在这个动新闻的平台上，设法满足人们的其他生活需要。

　　尽管苹果动新闻获得成绩和口碑，其新闻路线却相当有争议。一项业界调查（So, 2012）显示，香港的新闻工作者多数认为动新闻太强调娱乐性，虽然这种新闻形式令读者易于吸收了解，但它没有太大的新闻价值。其他新闻机构应否采用动新闻的方式？四成记者认为不应该，另有四成表示没有意见，只有两成人赞成。

结束语：新闻传媒要变革求存

　　新闻传媒近年有一些主要变化。首先是它们正努力打破不同媒体形式之间的阻隔，以及公司内不同部门的区分，以加强协作。其中一个方法是在公司内设立高层次的管理职位，负责统筹及作出平衡。这些"管理新人类"要有拥抱变化的热情，学习驾驭各种新媒体的能力，并且有全局眼光，懂得为整体争取最大利益。

　　其次是要加强媒体融合，更好地共享各种资源，在不同的平台上运作，例如把新闻内容适当地发放于各个渠道，以满足不同的受众。汇聚模式是唯一选择，但具体操作可以不同。融合式的编辑室，负责统合报刊、电台电视、互联网，以至如 iPad、手机等移动平台。在矩阵式的运作架构下，传媒集团成员互补协作，加强效率和竞争力。

最后是要配合新闻业正在进行的科技革命。网上新闻带来多媒体、多平台，新闻业不再是提供标准化的产品，要让受众参与新闻过程和选择新闻产品，新闻媒介要成为社会的有机重要一环。

2008年全球金融危机时，新闻业情况比以前更差，新的新闻来源更多，但集中于少数传统名牌。微博及时事网络能吸引一些小众，但却由精英分子操控。主要问题包括：广告与新闻脱钩，网上新闻找不到广告客户。报纸失去广告（尤其是分类广告），电视失去观众，网站多人看但未能找到可行的收入方式。大家都在找寻新的商业模式，担心新闻业是"夕阳工业"。网上新闻的发展未有方向。

今天形势已变，网上收费模式和媒体融合都有了一些发展经验，经营方式也有些创新意念，大家重新肯定新闻信息的社会价值，较热门的关注焦点是如何通过社交媒体拓展生存空间。美国的一些大型传媒公司如Gannett集团，甚至渐渐变身同时成为广告公司、物流公司、网上公司、软件公司，它们把新闻、信息、娱乐、服务集于一身，以"大而全"为王牌，进军不同行业，挑战传统机构，同时又和别人合作互利，变得你中有我、我中有你。

基于新的社会环境和形势，新闻业内出现新理念和新做法，科技带来变天之际，传媒也正在灵活变身求存。有人指出从业者除了要考虑商业模式外，还要注意"科技模式"和用户的"经验模式"，并把三者作有机整合，才可以有健康的发展。

新闻业虽然面对很多困难，前景看来颇为悲观，但从一个更广阔的角度看，新闻业仍有其值得肯定之处。

首先是受众市场仍然存在。大家今天还是渴求信息，只是取得信息的方式和要求改变了。特别是互联网的流行，信息轻易到手，既免费量又多。

其次是媒体仍然重要。现在免费的信息多，但素质参差，可信度成疑。媒体机构的角色更为重要，专业的新闻工作者要为大众把关，选出优质和相关的信息。

再次是广告市场仍在。虽说近年收费报章的广告收入下降，但整体的媒体广告开支并无减少，只是分配给不同传媒或公司类别有变化。

最后是传统媒体不灭。我们从媒体发展史中，可看到一些正面的启示。当电台出现时，报纸和杂志的经营者都很恐慌，认为广播会令报刊消失。当电视出现后，期刊和电台又很害怕，不过之后大家仍有生存空间，只是角色要调整。互联网出现，加上流动媒体，又会否令旧有的媒体消失？相信传统传媒经过适应转型之后，仍会继续生存，只是"大众"不再，要化身成为"小众"媒体，占据不同的生态位置。

◇ 参考文献 ◇

- 王维菁,林丽云,罗世宏(2012).《新科技下的报业与未来》.媒改社,刘昌德主编,《丰盛中的匮乏:传播政策的反思与重构》(页148-183).高雄:巨流图书股份有限公司.
- 李月莲,苏钥机(2000).《电子报在信息时代的社会功能和影响》.《二十一世纪》,第57期,2月号,页126-134.
- 李彦甫(2011).《传统传媒在新形势下的定位与经营——以联合报系的数字汇流转型为例》.《第十二届海峡两岸暨港澳新闻研讨会论文集》,页61-63.
- 范凌嘉(2013).《传统媒体的战略转型与数字化发展——以联合报系为例》.《多媒体融合时代传播策略》(第十三届海峡两岸及港澳新闻研讨会论文集),页57-60.
- 海峡两岸及港澳新闻研讨会(2013).《大陆新闻媒体概况、台湾新闻媒体概况》.《多媒体融合时代传播策略》,第十三届海峡两岸及港澳新闻研讨会论文集,页29-34,40-43.
- 袁志伟(2013).《传统媒体的战略转型与数字化发展——TVB新闻个案》.《多媒体融合时代传播策略》(第十三届海峡两岸及港澳新闻研讨会论文集),页53-56.
- 孙曼苹(2009).《公民新闻实践之初探——以"PeoPo公民新闻平台"为例》.http://nccur.lib.nccu.edu.tw/handle/140.119/53654.
- 刘端裕(2012).《纽约时报收费模式可学吗?》.《信报》,2012年7月14日,页B12.
- 卢永雄(2011).《百倍速时代》.《第十二届海峡两岸暨港澳新闻研讨会论文集》,页55-57.
- 苏钥机(2000).《新科技对记者的七项挑战》.《记者之声》,2月号,第3期,页4-5.
- 苏钥机(2010).《欧洲报刊和电视的发展趋势》.《媒体时代》,3月号,页14-16.
- 苏钥机(2012a).《科技变天:美国报业新趋势》.《传媒透视》,6月号,页4-6.
- 苏钥机(2012b).《香港记者看哪家的新闻?》.《传媒透视》,10月号,页2-4.
- 苏钥机(2013).《香港传统新闻媒体的战略转型》.《多媒体融合时代传播策略》,第十三届海峡两岸及港澳新闻研讨会论文集,页57-60.
- 苏钥机,叶菁华(2013).《报纸手机平台逐渐兴起》.《传媒透视》,1月号,页7-9.
- 罗世宏(2010).《报业/新闻业前途与政府责任》.罗世宏,胡元辉主编,《新闻业的危机与重建:全球经验与台湾省思》(页44-84).台北:先驱媒体社会企业.
- 史蒂芬·罗森鲍姆(著),黄贝玲译(2012).《为什么搜寻将被淘汰》.台北:麦格罗·希尔国际股份有限公司台湾分公司.
- Allan, S., & Thorsen, E. (eds.) (2009). *Citizen journalism: Global perspectives*. New York: Peter Lang.
- Au, A. (2011). *Telling stories through motion pictures: Content analysis of "Apple action news"*. Unpublished paper, School of Journalism and Communication, The Chinese University of Hong Kong.
- Bakker, P. (2002). Free daily newspaper: Business models and strategies. *International Journal on Media Management*, 4: 180-187.
- Bakker, P. (2013). Newspaper innovation: Daily blogging on free daily newspapers. http://www.newspaperinnovation.com/.
- Briggs, M. (2012). *Entrepreneural journalism: How to build what's next for news*. Thousand Oaks, CA: CQ Press.
- Bryfonski, D. (ed.) (2012). *The global impact of social media*. Detroit, MI: Greenhaven Press.
- Burton, G. (2010). *Media and society* (2nd ed.). Maidenhead: Open University Press; New York: McGraw Hill.
- Casey, M. (1996). The technojournalist. In C. F. Cremer, P. O. Keirstead, & R. D. Yoakam, *ENG: Television news* (3rd ed.), 19-24. New York: McGraw-Hill.

- Cash, C. (2001). Medicine bundles: An indigenous approach. In T. Bray (ed.), *The future of the past: Archeologists, native Americans, and repatriation*, 139-145. New York & London: Garland Publishing.
- Chan Kim, W., & Mauborgne, R. (2005). *Blue ocean strategy: How to create uncontested market space and make competition irrelevant*. Boston, MA: Harvard Business School Press.
- Edson, G., & Dean, D. (1994). *The handbook for museums*. New York & London: Routledge.
- Fenton, N. (2010). News in the digital age. In S. Allan (ed.), *The Routledge companion to news and journalism*, 557-567. London & New York: Routledge.
- Folkenflik, D. (ed.). (2011). *Page one: Inside the New York Times and the future of journalism*. New York: PublicAffairs.
- Gade, P. J., & Lowrey, W. (2011). Reshaping the journalistic culture. In W. Lowrey & P. J. Gade (eds.), *Changing the news: The forces shaping journalism in uncertain times*, 22-42. New York & London: Routledge.
- Gillmor, D. (2004). *We the media: Grassroots journalism by the people, for the people*. Sebastopol, CA: O'Reilly.
- Glaser, J. R., & Zenetou, A. A. (1996). *Museums: A place to work, planning museum careers*. London & New York: Routledge.
- Glaser, M. (2010). Citizen journalism: Widening world views, extending democracy. In S. Allan (ed.), *The Routledge companion to news and journalism*, 578-590. London & New York: Routledge.
- Gurian, E. H. (2010). Curator: From soloist to impresario. In F. Cameron & L. Kelly (eds.), *Hot topics, public culture, museums*, 95-111. Newcastle upon Tyne: Cambridge Scholars Publishing.
- Heikklia, H., Kunelius, R., & Ahva, L. (2011). From credibility to relevance: Towards a sociology of journalism's "added value". In B. Franklin (ed.), *The future of journalism*, 190-200. London & New York: Routledge.
- Hooper-Greenhill, E. (1994). *Museums and their visitors*. London & New York: Routledge.
- Jost, K. (2009). Future of newspapers. In *Issues in media: Selections from CQ researcher*, 213-235. Washington, D. C. : CQ Press.
- Kavanagh, G., et al. (1994). Curatorial identity. In G. Kavanagh (ed.), *Museum provision and professionalism*, 127-141. London & New York: Routledge.
- Kinsley, M. (2006). Do newspapers have a future? *Time Magazine*, October 2, Vol. 168, No. 14, 45.
- Kreps, C. F. (2003). *Liberating culture: Cross-cultural perspectives on museums, curation, and heritage preservation*. London & New York: Routledge.
- Lee, A. Y. L., & So, C. Y. K. (2009). The development of e-commerce in online news media: Toward a core partnership strategy. In L. Leung, A. Y. H. Fung, & P. S. N. Lee (eds.), *Embedding into our lives: New opportunities and challenges of the Internet*, 323-346. Hong Kong: Chinese University Press.
- McManus, J. H. (1994). *Market-driven journalism: Let the citizen beware?* Thousand Oaks, CA: Sage.
- Mandiberg, M. (ed.). (2012). *The social media reader*. New York: New York University Press.
- Metro Daily (2013). The world's largest newspaper. http://www.metro.lu/lang/en/about/facts-figures/.
- Nel, F. (2011). Where else is the money? A study of innovation in online business models at newspapers in Britain's 66 cities. In B. Franklin (ed.), *The future of journalism*, 276-287. London & New York: Routledge.

- Newhagen, J. E., & Levy, M. R. (1998). The future of journalism in a distributed communication architecture. In D. L. Bordon & K. Harvey (eds.), *The electronic grapevine: Rumor, reputation, and reporting in the new on-line environment*, 9-21. Maywah, NJ: Lawrence Erlbaum Associates.
- Osterwalder, A., & Pigneur, Y. (2010). *Business model generation: A handbook for visionaries, game changers, and challengers*. Hoboken, NJ: Wiley.
- Pew Research Center (2013). *The state of the news media 2013: An annual report on American journalism*. http://stateofthemedia.org.
- Platon, S., & Deuze, M. (2003). Indymedia journalism: A radical way of making, selecting and sharing news? *Journalism*, 4(3): 336-355.
- Price, T., & Marshall, P. (2011). Future of journalism. In *Issues in media: Selections from CQ researcher* (2nd ed.), 1-29. Washington, D. C.: CQ Press.
- Rosenbaum, S. C. (2011). *Curation nation: How to win in a world where consumers are creators*. New York: McGraw-Hill.
- Sasseen, J., Olmstead, K., & Mitchell, A. (2013). Digital: As mobile grows rapidly, the pressures on news intensify. http://stateofthemedia.org/2013/digital-as-mobile-grows-rapidly-the-pressures-on-news-intensify/.
- Schudson, M., & Tifft, S. (2005). American journalism in historical perspective. In G. Overholser & K. H. Jamieson (eds.), *The press*, 17-47. New York: Oxford University Press.
- Singer, J. B., & Ashman, I. (2009). User-generated content and journalistic values. In S. Allan & E. Thorsen (eds.), *Citizen journalism: Global perspectives*, 233-242. New York: Peter Lang.
- So, C. Y. K. (2012). *Changing role of journalism in the new technological environment: Views from Hong Kong journalists*. Paper presented at the International Symposium on "Civil Society and Media Space", Keio University, Tokyo, Japan, February 7.
- So, C. Y. K., & Lee, A. Y. L. (2007). *Distribution-driven journalism: The business model of free newspapers*. Paper presented at the 57th Annual Conference of the International Communication Association, May 24-28.
- Who killed the newspaper? (2006). *Economist*, August 26, Vol. 380, No. 8492, 9-10.
- Young, C. W. (2009). OhmyNews: Citizen journalism in South Korea. In S. Allan & E. Thorsen (eds.), *Citizen journalism: Global perspectives*, 143-152. New York: Peter Lang.

西方主流媒体研究评析

齐爱军[①]　洪浚浩[②]

"主流媒体"作为一个学术研究领域,涵盖多个研究角度:新闻标准视角、媒介间议程设置理论视角、媒介文化视角、传播政治经济学视角和多元公共领域视角。在这五个视角中,主流媒体作为专业性媒体、垄断性商业媒体、精英媒体、建制媒体、议程设置媒体以及作为传播文化生产机制中的核心媒体被定义、被剖析、被批判、被反思、被重构。当前关于主流媒体的研究正转化为"新闻业的未来"和"新闻业的重构"这样更宏大的问题。如何让主流媒体存在的理由变得更为包容和民主,如何在坚守主流媒体的专业性的同时又力戒它的保守性,如何在迎接自媒体时代的种种变革与探寻可持续发展的各种商业模式之间取得平衡,这些正成为主流媒体研究的未来方向。

在西方语境下,"主流媒体"作为一个严肃的学术概念出现,是在 1997 年。这一年,美国麻省理工学院的教授 Chomsky(1997)在《Z Media Institute》杂志上发表一篇题为《主流媒体何以成为主流》(What Makes Mainstream Media Mainstream)的文章,提出"主流媒体"(mainstream media)是"精英媒体"或"议程设置媒体",其主要特点是,这类媒体有着丰富的资源,设置着新闻框架,并主导着社会舆论,其他二三流的媒体每天基本上是在主流媒体设定的这个框架内运作筛选新闻。主流媒体与美国社会中的大公司、私人财团、高等教育机构等具有相同的内部运作机制,生产并维护着社会的主流价值观。正是以乔姆斯基的这篇文章为标志,"主流媒体"开始成为一个涵盖多个研究角度、学术规模颇为壮大的研究领域。其背景则是 20 世纪 90 年代以来的西方媒介改革运动。

现代大众传媒自诞生以来,越来越多地被赋予了服务"公共利益"和承担"民主政治"的社会角色期待:"现代传播媒介的历史不仅是媒介逐渐融入资本主义经济体系中的经济史,亦指争取实践公民权的政治史"(Golding & Murdock, 1991),"大众媒体和其他任何事业、服务业不同,而是具

[①] 齐爱军现任烟台大学人文学院教授、副院长、媒介发展与战略传播研究中心主任,2003 年获复旦大学新闻学院传播学博士学位,2004—2006 年为中国人民大学新闻学院博士后,2009—2010 年为美国布法罗纽约州立大学(State University of New York at Buffalo)访问学者,主要教学与研究领域包括新闻理论、人类学原理和媒介文化等。

[②] 洪浚浩现任美国布法罗纽约州立大学(State University of New York at Buffalo)传播系教授,哈佛大学费正清研究中心研究员,1995 年获美国奥斯汀德克萨斯大学(The University of Texas at Austin)传播学博士学位,主要研究方向包括国际传播、媒介与社会对信息与传播新技术的影响等。

有增进社会利益的基本任务，特别是文化与政治生活方面"（McQuail，1991）。20 世纪 90 年代以前，媒介改革运动主要有反对商业广播、提倡公共广播的"广播运动"（20 世纪 30 年代），反对媒介暴力、倡言公共利益的广播电视改革运动（20 世纪六七十年代）以及维护新闻专业主义精神和广播的公共利益义务的媒介监督组织运动（20 世纪 80 年代）。换句话说，广播电视领域确立了双轨制理念；在报纸领域，则是媒体的私有化、商业化、专业化与民主政治之间关联性得到确认，"客观报道"原则受到推崇，新闻专业主义甚至上升为媒介意识形态。然而，20 世纪 90 年代以后，发生大规模的媒介并购。媒介改革者认为，媒介的垄断集中使媒介受到少数人的控制，从而严重破坏了媒介的民主政治功能。新一轮的媒介改革运动开始了。一些人和组织依然坚持在维护新闻专业主义精神和广播的公共利益义务的前提下，进行媒介批评和监督工作；另一些学者和公民组织则把注意力转向媒介所有权、媒介政策等结构性领域以及另类媒体和新媒体的发展，进行媒介批评和媒介重建工作。

也正是在上述背景里，"主流媒体"作为一个垄断性的商业媒体、精英媒体、建制媒体、议程设置媒体以及作为传播文化生产机制中的核心媒体被定义、被剖析、被批判、被反思，并形成了多个研究角度：媒介标准（media standards）的角度、议程设置（agenda setting）的角度、媒介文化生产（media culture production）的角度、传播政治经济学（the political economy of communication）分析的角度，随着研究的深入，这些不同的角度又都聚合在一个多元公共领域（multiple public sphere）和理想媒介体系再建构的角度下，实现了主流媒体研究从批判到重构的发展过程。

一、从媒介标准的视角

所谓媒介标准，就是对新闻报道的新闻价值选择标准和新闻媒体的社会功能的价值判断标准。在现代新闻传播的历史上，主要出现了两种媒介标准，一种是严肃媒体所代表的以"客观性"为核心的新闻专业主义的媒介标准，另一种是小报媒体所代表的娱乐倾向的媒介标准。Schudson（1978）称之为"信息模式"（the ideal of "information"）和"故事模式"（the ideal of "story"）。20 世纪 90 年代以前，这两种标准是泾渭分明的：主流新闻学被看作基于事实基础上的新闻标准（the so-called fact-based standards），而小报媒体则被看作从来不让事实成为好故事的障碍的新闻标准（the "never-let-facts-stand-in-the-way-of-a-good-story" standards）（Washington，1999）。而它们二者间区别的更具体的表述是：专业的和非专业的（Professional vs unprofessional），信息的和娱乐的（Information vs entertainment），高质量的和大众流行的（Quality vs popular）（Wasserman，2010）。贯彻小报新闻学标准的就是小报媒体，贯彻主流新闻学标准的就是主流媒体。20 世纪 90 年代之后，随着全球新闻娱乐化、小报化倾向的加剧，一些学者开始在主流媒体批判以及主流媒体与小报媒体作为连续体的基础上，重新思考小报新闻学的价值。

1. 关于"理想报纸"的争论

美国新闻史上关于"理想的报纸"的争论发生于 20 世纪初。其历史背景是人们对政党报纸（partisan press）的唾弃和对当时商业报纸（commercial press）煽情新闻的批评与反思。

美国 1776 年发表《独立宣言》，正式建国。其后，资产阶级内部分裂为相对保守的联邦党和比较开明的民主共和党，两党的争论使得美国报刊进入政党报刊时期。这种政党报刊以政治宣传为主要内容，以政治功能为主要诉求，读者对象主要是政界、商界、社会的中上层，呈现为政论多，新闻少；党派性强，可信性差；读者少，销量低；造谣诽谤，漫骂攻讦的特点。许多政党报刊完全背离了新闻规律，沦落为纯粹的政治斗争和党派倾轧的工具。美国新闻史权威 Mott 将 1783 年到 1833 年称为美国新闻史上的"黑色时期"。

1860 年，美国政府成立印刷局，声明政府不再赞助报纸。林肯总统最终决定停办华盛顿的政府机关报。他认为，在这样一个从松散的联邦向集中的联邦的过渡时期，必须团结一切力量，在新闻政策上要打破传统的政府对报纸的半官方控制，转向依靠政府的吸引力去管理报纸，要让政府面向新闻界，使以党派为基础的新闻组织向更广泛的新闻传播过渡。

1865—1893 年是美国社会的大发展、大动荡、大变化、大转折时代。工业化、城市化、公司化、垄断化加剧，经济发展成为时代主题，社会信息需求发生重大变化，重视政论的传统中断。城市人口急剧增加，教育也逐步普及，社会大众文化水平提高，报纸的读者群不断扩大。生产和资本迅速集中，现代化企业组织大量出现，广告逐渐成为推动独立报业发展的重要力量，对报纸的内容及形式产生直接或间接的影响，促使政党报纸不断发生蜕变。1872 年，《纽约论坛报》的创办者格里利发表了"独立报业宣言"，标志着美国政党报纸时期结束。南北战争以后，商业报纸更是全面取代政党报纸，确立了在报坛的主体地位。

商业报纸售价低廉，以普通社会大众为读者对象，政治上不依附于任何政党，依靠发行量与广告，自主经营、自负盈亏，奉行独立自主的办报方针。从 1870 年到 1900 年的 30 年间，美国的报纸数量增加了 3 倍，日销售量增长了近 6 倍。面向大众发行的英文日报从 1870 年的 489 份，增加到 1900 年的 1967 家。为了扩大发行量，商业报纸扛起煽情新闻的大旗，拿起人情味故事的法宝，大量刊载犯罪、暴力、灾祸和反映人类黑暗面的内容，后来《纽约新闻报》和《纽约世界报》围绕"黄孩子"漫画展开的煽情新闻竞争更加招致了批评家们的批评——认为黄色新闻会逐步侵蚀优良品位和高尚道德的教规，培养生活的坏习气，降低读者的道德水准，甚至帮助树立反社会的标准。

在此情况下，19 世纪末 20 世纪初，人们开始对"理想报纸"（the ideal newspaper）表现出高度热情，一些人提出了捐赠基金报纸（endowed newspaper）的概念、甚至设想一些具体的实施方案。据 DeLorme（2008）的研究，批评家们主要提出了大学捐赠的报纸（University-subsidized Newspapers）和慈善家捐赠的报纸（Philanthropist-Subsidized Newspapers）两种类型，但由于对公众偏好的错判（Misperceptions about Public Preferences）、高估了媒介权力（Overestimation of Press Power）、低估了创办媒介的成本（Underestimation of Newspaper Startup Costs）、对写作才华的假设（Assumptions about Writing Talent）、潜在的利益冲突（Potential Conflicts of Interest）等原因，这一"捐赠基金报纸的乌托邦设想"（the utopian scheme of endowed newspapers）最终未能付诸实施。

虽然捐赠基金报纸未能最终实施，但这一呼吁本身揭示了理想报纸的目标，那就是好的报纸应该是有道德的、公正的、真实的、有权威的、负责的、高尚的、独立的。

2. 新闻专业主义方法与理念的确立

由于捐赠基金报纸的路走不通，政府管理和法律制裁也与美国的民主理念相抵触，新闻专业主义作为一种"妥协和折中"出现了。相对而言，专业主义是一种更安全、更可靠的实现媒介义务的途径。它鼓励崇高理想和个人对规范的自愿义务，这样将提升全国新闻业的水准，而且，它可以挽回新闻业在黄色新闻时期跌落的声望，并且重新获得党派报纸时期曾经拥有的塑造舆论的力量。

在推进新闻专业主义的过程中，有两种力量，一是来自媒介自身的自我约束力量，一是来自学者的论证和思考。

早在 1896 年，美国人 Adolf Ochs 购买《纽约时报》之后，就提出"高尚的新闻政策"、"独立公正的评论"和"正确详尽的新闻资料"的三大目标，与刺激性的黄色新闻相对抗。从此新闻发生了很大的变化，进入 20 世纪以后，以《纽约时报》为代表的追求信息的新闻专业模式受到社会精英的欢迎。

1903 年，普利策向哥伦比亚大学捐助 250 万美元，建立新闻系并设置新闻奖金，以培养和鼓励专业人才。次年，普利策（1904）撰文指出，"只有最高的理想、兢兢业业的正当行为、对于所涉及的问题具备正确知识以及真诚的道德责任感，才能使报刊不屈从于商业利益，不寻求自私的目的，不反对公众的福利。"（178）1908 年，美国第一所新闻学院——密苏里大学新闻学院诞生。

1901 年创刊的《编辑与发行人》在推进新闻专业主义的过程也发挥了重要作用。它支持成立新闻院校和专业组织，积极定立伦理规则来促进统一的专业标准，如独立、准确、公正等，并对违背标准的行为进行猛烈抨击。

1923 年，美国报纸编辑人协会制定《报业信条》，该信条当年被 107 个成员单位所采纳——这标志着新闻专业主义作为一种解决方案，得到了大多数从业者的认可，并付诸实施。

然而，真正确立起新闻专业主义的核心理念——客观性原则的是李普曼（1995）。他从新闻业与民主社会的关系入手来分析新闻业，在看到了舆论形成的复杂性，看到了媒介制造的"拟态环境"的威力，看到了记者"刻板印象"的认识盲区，看到了民主假设前提的漏洞后，他第一次从方法论的层面提出了"客观"有助于新闻界实现自己在民主社会中的功能的观点。所谓客观性原则就是要求记者用自然科学的观察-实验的方法来报道社会事物。李普曼认为，当时的新闻业之所以不能和医学、工程学和法学一样成为一个专业，就是因为它没有精确的检验标准，没有权威的指导。必须把新闻业提到专业的程度，像其他社会科学一样，采用科学的方法，才能成为舆论的理想基础。另外，科学的方法不仅能使新闻业专业化，而且能使它更加自由，更富有英雄气息（Schudson，1978：94）。于是，李普曼提出要将新闻业从一个行业（a haphazard trade）转变为一个专业（a disciplined profession）。他总结了美国报业的三个发展阶段：完全为政府垄断的阶段；政党控制取代政府控制的阶段；商业独立阶段。预言从一战后报业开始了第四阶段，即"专业化"阶段。"报业过去10年来最引人注意的变化表明：客观、有序更适合理解的新闻在今天比过往的那种戏剧化、混乱、唐突的新闻更为成功……这种新闻的力量是积聚式的，因为它开启了报业启用训练有素的人员的先河。以往的报业所仰仗的大多是像贝内特、赫斯特、普利策等人的个人技艺。这种新闻的成功取决于管理层获得成功的实践，而它的失败则源于管理层才智的枯竭。而新的客观新闻的发展则不像这种取决于个人的模式，因为它处理的是事实……新闻业只有到客观新闻学成功地构建之后才能成为一个专业，而这要求献身于此（新闻业）的人们只服务于事实"（Streckfuss，1990：981-982）。显然，李普曼强调，除非客观新闻学成功地建立起来，否则新闻业不能成为一种专业。

李普曼有关客观性的论述表明了客观性的理想主义性质，但也表明了它的脆弱性。此后它不断遭遇挑战。但无论如何批评，客观性原则作为新闻专业的一种理想或意识形态，已经深深扎根在新闻从业人员的信念和实践中，成为一个"常识"。"客观性是一种体制，包括了理念、设想、实践及机制，已经成为了公共哲学与（新闻界）设想的自我管理的统一体。"（Hackett & Zhao, 1998：1）

美国学者Schudson（1978）在其《发掘新闻：美国报业的社会史》（Discovering the News: A Social History of American Newspaper）一书中将美国新闻业放到整个社会环境中进行历史性考察，描绘出了美国新闻业的历史，特别是专业意识形态的演变过程，重点关注了被美国新闻业界奉为圭臬的客观性原则是如何从无到有，又由盛转衰的。另一位美国学者West（2001）则在其著作《The Rise and Fall of the Media Establishment》一书中，把美国新闻媒介的发展分为5个时期，即政党媒介时期（Partisan media 1790s—1840s）、商业媒介时期（Commercial media 1850s—1920s）、客观媒介时期（Objective media 1930s—1960s）、解释媒介时期（Interpretative media 1970s—1980s）和碎片化媒介时期（Fragmented media 1990s—present）。其中作者认为客观媒介时期就是新闻媒介实现了专业化并达到了美国新闻业的顶峰年代的时期。

3. 主流媒体与小报媒体

20世纪90年代以后，伴随着全球媒介"小报化（tabloidization）"趋势的增长，开始出现小报媒体（tabloid media）和主流媒体（mainstream media）、小报新闻学（tabloid journalism）和主流新闻学（mainstream journalism）这样概念的对比性使用。

"Tabloid"最早是一个药物概念（a pharmaceutical term），在19世纪初用来表示英国药物公司生产的一种压缩的"小药片"（small tablet of medicine），后来在20世纪初被报业借来指称小幅报纸的形式，即版面通常比大报小一半的小报，其对应词大报（broadsheets），通常尺寸为23.5英寸×14.75英寸（597mm×375mm）。小报、大报之分不仅在形式，还主要在内容。世界上第一份小报是英国的《每日镜报》，创刊于1903年。《每日镜报》强调文章简短、煽情，且大量采用图片；内容以娱乐新闻、体育新闻、八卦绯闻、民生消费、丑闻为主。因此，小报不仅指版式较小的报纸，也指内容方面倾向腥膻八卦、通俗耸动的媒介。换句话说，小报经常关注的是地方和人类共同趣味的故事，如报道名人逸事、煽情的犯罪故事和发表清凉女人照等。小报的这种操作手法被称为小报新闻学。小报新闻学又被称为娱乐新闻学（entertainment journalism）（Ray, 2006, p. 2）。而大报所登载的多是较为严肃的政治、经济和外交等领域的新闻，其目标是深入而全面的报道，倾向于关注报道中的"问题"或实质性的后果，受众则假定是受过良好教育的中产阶级，在操作上更讲究新闻专业理念的贯彻。大报的这种价值观和操作理念，被奉为主流和标准，称为"主流新闻学"或"专业新闻学"（professional journalism）（McChesney & Nichols, 2005）。

20世纪90年代以前，主导性的观点认为，采用专业主义新闻标准的主流媒体对构建现代公共空间和发挥政治民主功能起着关键的作用，代表着积极、正向与理性的高品质新闻。而小报媒体的新闻则被认为是煽情的（sensationalism）、感官主义的（emotionalism）、简单化的（simplification）和黄色新闻的（yellow press），这样的新闻降低了新闻的品质，与公共领域背道而驰。从新闻史的角度看，小报新闻的诞生与其所遭遇的骂名，几乎是等长的（Örnebring & Jönsson, 2004）。量报与质报的二分，更是总结了百年以来各类西方报纸在新闻史中的位置。这样，就形成了古典新闻学的二元论（见下表）。

古典新闻学二元论简表

	好 新 闻	坏 新 闻
新闻类目	硬新闻、背景新闻、新近事物与补充资料、文件记录等	软新闻、私密新闻、八卦新闻
焦点领域	公共领域与政治	私领域与每日生活

续表

	好 新 闻	坏 新 闻
新闻角度	理性、意见	感性、经验
新闻再现	文本内容	文本冲击力
报道立场	客观、独立、自主认同、与报道者无关	亲近、涉入、相互认同、与报道者有关

资料来源：Meijer（2001），经过整理。

20世纪90年代以后，市场驱动的新闻业（market-driven journalism）导致新闻报道更多转向生活方式、明星、娱乐和犯罪/丑闻，"小报化"（tabloidization）浪潮席卷全球。学者们的实证研究证实了这一点。比如著名的Glasgow Media Group（2002）发布的1975年至2001年有关英国电视新闻的比较研究发现，在新闻类别方面：犯罪、灾难、名人与科学新知等信息的报道量剧增；由主播及记者直接说明的报道方式在下降；受访人物出现于新闻中的比例在增加。该研究的结论是，英国电视新闻小报化的趋势是明显的，且1/4世纪以来，形成小报化的现象是线性持续的过程。此外，Mclachlan和Golding（2000）对1952—1997年间英国报纸的变化的小报化状况的研究、Uribe和Gunter（2004）对1991—2001英国主要小报的研究、Jens Lucht和Linards Udris（2010）对1960—2008五个欧洲国家的小报化状况的研究等，也都是有代表性的实证研究。这些研究证实了世界范围内硬新闻的下降和人性故事的上升（当然也存在国别的情况的不同），但大多数研究并没有证明这种趋势的消极影响。

关于"小报化"现象的普遍接受的界定是Esser（1999）提供的：从微观层面上看，小报化被视作这样一种媒介现象，即被读者偏好和商业需求牵引所导致的传统报纸和其他媒介形式的改变；从宏观层面上看，小报化被视作一种社会现象，这种现象既促进也象征了社会结构的主要改变。

业界和学者们对"小报化"的利弊的态度使他们分成了两个阵营：大多数业界和学者认为小报化的出现使严肃媒体向小报的新闻价值观靠拢，促成了新闻界道德的滑坡，并对西方的民主制度造成了极大的危害。比如Franklin（1997）指出，"对目前新闻界和媒体出现的这种趋势（小报化）的批评，不仅仅限于对个案的报道和报纸本身。现在的新闻中越来越多地出现了普遍不良的趋势，在印刷媒体和广播媒体中都很明显，那就是不再关注调查性新闻和硬新闻，趋向于'更软'和'更轻松'的报道内容。媒体的编辑政策也发生了改变。娱乐占据了信息的空间；人情味代替了公众利益；理性的判断让位于煽情主义；琐碎小事压倒了重要的事情；来自肥皂剧里的名人隐私、体育报道、皇室家庭报道比国际上的重大问题和事件更有新闻价值。传统的新闻价值观已被新的价值观所取代；'信息娱乐'成为到处流行的东西。"

然而对小报媒体进行辩护的也大有人在。业界人士更多强调小报媒体的娱乐内容和市场价值，认为不应否认小报的商业成功，小报不仅给大众带来了娱乐和享受，而且满足了受教育程度不高和不富裕的人民的认知需要。比如 Waterhouse（1993）认为小报新闻学对新闻业的贡献"是巨大的……本着职业公正性的原则，可以在不接受小报工作原则的前提下承认小报在新闻技术上取得的巨大成就。"学界对小报的辩护则主要体现在对小报存在的历史的、现实的和文化的合理性甚至是解放意义的解读。比如 Schudson（1978）认为，小报新闻业是从 19 世纪的党派新闻业（partisan press）向 20 世纪的商业—职业新闻业（commercial、professional）转型的产物，是新闻业固有的一个种类，在新闻的范畴内不应该受到贬斥。Connell（1991）则指出，尽管小报媒体关注个性和私人问题，但这并不意味着它们不关注社会结构方面的问题："与通常被认为的那样正好相反，小报媒体通常都充满着像严肃新闻工作者或学院派社会学家所做的一样的对社会差别和紧张状况的报道，它们关注的个性和特权正是这些差别和紧张局势具体而现实的表现方式之一。"（118）还有些学者如 Fiske、Lange 等（1998）强调小报作为颠覆性文本（subversive text）动摇了由严肃媒体确立的主导的意识形态秩序。Hartley（2001）认为小报新闻是后现代新闻，它使新闻从现代主义的"权力话语"走向"身份认同话语"。

对小报新闻的辩护常常伴随着对主流媒体媒介标准的反思以及对更富想象力和创造力的新闻原则的呼唤。比如 Zelizer（2009）认为，主流新闻的所谓专业标准是一维的、一致的、脱离了一线实践的变化的，在新闻业的中心和边缘造成了紧张，拒绝了信息领域不断出现的新工具的合法性，拒绝了新的新闻制作方式，使其在急剧变化的世界里失去了理论的解释力。他提出放弃一元的新闻模式而坚持一种多样的多面向的新闻业的问题设想。Meijer（2003）则提出了"public quality"的概念，呼吁进一步扩大新闻工作者专业标准的内容，以消除那种流行和高质量新闻之间的二元对立，达成一种能广为接受的品质，从而使新闻学更富想象力和包容性。Sparks（2000）强调严肃新闻和小报新闻不是截然分开的，有其光谱。他确认了从新闻纪录报到完全小报之间的五种报刊类型：严肃报刊、半严肃报刊、严肃—大众报刊、报刊亭小报、超市小报，并指出小报化是主流媒体不断向通俗媒体接近的设想。他认为以前严肃报纸和小报的分野使得通俗新闻事业能在主流新闻事业之外保存下来，但目前这种均势正在被打破，而新的均势正在建立中。在这个重新均势化的过程中，"小报化"的一些关键要素需要经过正确消化利用才能被吸纳进来。

总之，在西方，主流媒体及其专业主义的媒介标准的确立既是"从党派主义到专业主义"的"美国式"转型的结果，也是人们孜孜追求理想报纸、探究报道质量的结果。它有着自己特定的产生语境，其中包括在市场经济中独立自主的传媒、自由民主的政治体制和服务行业的专业化等，它是商业媒体盈利和服务公众利益两个动因之间的矛盾和张力的产物。主流媒体（好新闻）与小报媒体（坏新闻）的二元对立则是"高低分野"的文化观在新闻业中的投射与反映。这是一种理想范型的新闻模式（ideal-typical form）。随着社会结构和文化转型的发生以及"小报化"成为全球化的发展趋势，传统新闻业的危机（the crisis of traditional journalism）发生了。人们开始通过对小报媒体的审视、对主流媒体的反思以及把主流媒体和小报媒体作为一个连续统一体来考察，试图发展出更具想象力和包容力的新的媒介标准和新闻范式。这个过程还在艰难地进行中。

二、从媒介间议程设置理论的视角

所谓媒介间议程设置，指的是大众媒介议题在媒介彼此间的相互影响。它是议程设置理论的重要组成部分。正是媒介间议程设置理论提出了"意见领袖媒介"和"精英媒介"的概念，并从实证研究的角度证实了在"意见领袖媒体"和"另类媒体"之间"共鸣效果"和"溢散效果"这样的跨媒体议程扩散效果的存在。

1. 议程设置与媒介间议程设置

早在 1922 年，美国政论家李普曼在《公众舆论》（Public Opinion）一书中说："新闻媒介影响我们头脑中的图像。"这是议程设置思想的最早的经验性猜想。1963 年，Cohen 在研究华府外交记者时，发现他们普遍视《纽约时报》（The New York Times）和《华盛顿邮报》（The Washington Post）为权威，并且指出"报纸或许不能经常很成功地告诉人们想什么（what to think），但很成功地告诉读者该想些什么（what to think about）"（13）。这句话成为议程设置理论的最直接来源。1968 年，美国传播学者 McCombs 和 Shaw 等人在一项对美国总统选举期间传媒报道对选民所产生影响的实证研究中发现，媒介加大对某些问题的报道量或突出报道某些问题，能影响受众对这些问题重要性的认知。1972 年，他们在《舆论季刊》（Public Opinion Quarterly）上发表研究报告《大众传播媒介的议程设置功能》（The Agenda-Setting Function of Mass Media），将媒介的这种传播效果命名为"议程设置"。"议程设置"遂成为传播学研究的一个经典性理论学说。目前的议程设置理论已经涵盖了不同的理论范畴，并跨越地域和政治的限制，成为一个被全世界的新闻传播学者关注的研究领域。

议题设置最早的概念认为，一个议题在媒介中的显著程度将决定它在公众心目中的重要程度，这是关于媒介议题和公众议题之间关系的研究。后来，随着研究的深入，议题设置理论不仅关注媒介影响了哪些议题（the media influence which issues），而且开始扩展到媒介议题、公众议题、政策议题和真实世界的关系问题（the connections between media agenda, public agenda, policy agenda, policy agenda and "real life"）。再后来，"谁设置了媒介议题"（"Who sets the media agenda"）这个问题成为关注的重心。研究者发现，除了一些引人注目的新闻事件外，政治团体、政党、政治家以及一些有势力的压力团体往往根据各自的利益寻求影响公共传播，设置"自己的"议题并撇开对手的议题。这样,议程设置的过程被看作了一个互动的建构过程(agenda-building),在这个过程中,不同的压力集团试图利用媒介达到各自的目的。但是,媒介也并不是无所作为的,守门人的定位使得媒介在议题建构的过程中是一个积极的参与者。也正是在这种情况下,从20世纪80年代开始,议程设置理论开始转向"媒介体系的内部机制"(the internal mechanisms in the media system)的考察,并把这种内部的过程称为"媒介间议程设置"(inter-media agenda-setting)。(Mathes & Pfetshtch,1991)

"媒介间议程设置"主要关注两个问题:媒介是如何彼此影响的;它们又是如何彼此设置议题的。通过"媒介间议程设置"理论,对媒介体系的整个结构的考察就被纳入了议程设置理论的研究视野中。

2. "意见领袖媒体"与"共鸣效果"、"溢散效果"

"意见领袖媒体"是学者在对媒体主题的同质化(hemogenization)、标准化(standardization)和统一化(uniformity)现象的研究中发现的。

1947年报刊自由委员会(Commission on Freedom of the Press)的哈钦斯报告(the Hutchins Report)最早指出了媒介报道主题的同质化问题。这些主题被认定为媒介议程(media agenda),而谁设置了这些媒介议题则被拉扎斯菲尔德和莫顿(1948)提出并研究。他们认为该现象是权势集团和大的商业组织影响的结果,是社会控制的巧妙形式。

1955年,拉扎斯菲尔德和莫顿的学生Breed发表《报纸的"意见领袖"和标准化过程》一文,发现大报在议题设置上影响小报,使得大多数报纸在内容和风格上很相似,尤其是在头版故事上。他用"the arteria effect"(动脉效果)来形容大报对小报的影响,并称这种大报为报纸中的"意见领袖",而造成标准化的原因则是由于新闻专业标准的缺乏。因此他认为拥有专业标准的好编辑、好记者是解决问题的希望所在。

1970年,Halloran、Elliott和Murdock以1968年伦敦的反越战游行及相关的新闻报道为研究对象,对比了事件本身(event as event)和新闻事件(event as news)之间的关系,发现二者之间的不相符是明显的:游行事件本身是以和平为主的,但媒介报道却集中呈现的是暴力冲突。之所以出现这种差异,是由于新闻生产的过程是被参考框架和新闻要素来控制的,而在这个过程中,媒介系统中的意见领袖又起了重要作用。《泰晤士报》和《卫报》作为颇有声望的媒体在这个媒介系统中充当了意见领袖的角色——它们为这个事件确立了参考框架的刻板印象以及适合于该参考框架的新闻要素的取舍过滤方面,从而造成了媒介内容的相似性(similarity of media content)。

德国学者Noelle-Neumann对上述问题极感兴趣,他在后来的研究中,把这种媒介内容的相似性定义为"共鸣"(consonance),即不同媒介在报道中所呈现的统一的或相似的倾向。1987年,

Noelle-Neumann 与 Mathes 又在与西德媒介的亲身访谈中，察觉到多数的记者会相互参考报道内容，他们称之为"reciprocal co-orientation"（"互向联合设置"）。他们把西德的报业依其内容取向区分为：意见领袖媒体（opinion-leading media），通常是指建制媒体（established media）或精英媒体（elite media）与另类媒体（alternative media）。意见领袖媒体具有趋势设定的功能，可为其他媒体信息与参考架构的来源；而另类媒体的内容则较具批判色彩，为建制媒体所忽略的议题提供了进入媒体的信道。由"媒体意见领袖"对其他媒体所进行的议题设定过程，他们称之为"共鸣效果"（consonance effect）。

Danielian 和 Reese（1989）以 1985 年至 1986 年美国传播媒介对可卡因（cocaine）问题所做的报道为研究对象，发现由于《纽约时报》大篇幅报道毒品的新闻，造成电视新闻网及其他报纸跟进，此为"一种明显是《纽约时报》影响其他媒体的跨媒体议题设定现象"，进而将此现象称为"媒介间议程设置"（intermedia agenda setting）。（中国台湾也常翻译为"跨媒体议程设定"）另外他们还注意到，这种"媒介间议程设置"的过程为印刷媒体影响电视新闻，而非电视新闻影响印刷媒体。

媒介议题也可能由另类媒体流动至建制媒体，Mathes 和 Pfetsch（1991）称这种现象为"溢散效果"（Spill-over effect）。他们发现，信息的流通并非只是由大媒体流向小媒体的单向活动。他们以 Noelle-Neumann 与 Mathes 的 1968 年伦敦的反越战示威研究为基础，进一步探讨西德报业如何相互影响及建构彼此议题，发现：反对性议题（counter-issue）（如抵制人口普查、反对新身份证的施行及假恐怖分子攻击事件）有由另类媒体流向建制媒体的趋势，并将此现象称作"溢散效果"。此外，他们还将反对性议题的生命周期分为潜伏期、上升期、高峰期和衰退期四个阶段。在潜伏时期，另类媒体率先报道，并呈日渐增强的趋势；建制媒体则于上升期加入报道的行列，媒体间议题设定就此成型；至高峰期时，不论是建制媒体还是另类媒体均加入大量报道的行列，至此，媒体议题形成政策议题；最后，在成为政策议题后，媒介注意力趋弱直至消失。

至此，媒体间议程设置理论基本成型。"媒体间议程设置"理论主要包含两个观点：(1) 媒体体系之中存在着"意见领袖"，即一些媒体会左右另一些媒体关注什么、认为哪些是重要的以及对重要性的排序；(2) 影响和被影响的媒体之间是一种"非对称性传播模式"，二者之间议题的流动是不平等的。

3. 媒介间议程设置的扩展研究

"媒介间议程设置"的理论提出后，不断有学者通过实证研究来验证和丰富这个理论。比如继 Danielian 和 Reese 证实了从精英媒体到非精英媒体（elite-to-less-elite traditional mass media）的媒介议程流动后，Lim（2006）把这个研究推广到网络环境下，对网络上的报纸和通讯社进行研究，发现"领袖网络报纸"（the leading online newspaper）对"次级的网络报纸"（the secondary online newspaper)和"网络通讯社"（the online wire service）具有议程设置上的影响。Lopez-Escobar（1998）等人的研究则证实了从报纸报道到电视新闻报道（newspaper coverage to television news broadcasts）的媒介议题的流动。Golan（2006）的研究进一步把研究的范围从国内新闻事件报道扩展到全球国际新闻报道中，指出在国际新闻选择过程中，媒介间的议程设置功能发挥着重要作用。其研究发现，在晨版的《纽约时报》国际新闻议程和美国的三大晚间电视节目的国际新闻议程之间有显著的相关性。而Vliegenthart和Walgrave（2008）致力于对影响媒介间议程设置效果的因素的研究。这些因素包括：①间隔的长度（lag length）；②媒介类型（medium type）；③语言/制度障碍（language/institutional barriers）；④议题类型（issue type）；⑤选举时间段或日常时间段的政治（election time or routine time politics）。通过对比利时9家媒体每日关注的25个议题的长达8年（1993—2000）的纵向分析，该研究发现：①媒介间议程设置主要是一个短时过程；②报纸对电视有强烈的影响而不是相反；③语言/制度障碍对媒介间议程设置的效果有阻碍作用；④效果的大小因议题类型的不同而不同；⑤在选举时间段媒介间议程设置效果很大程度上是缺席的。

2002年后，更多学者开始着手考察新媒体环境下的传统媒体（如报纸、电视）与网络媒体（online media）（如新闻门户网站和博客、论坛等社会媒体）之间的议程设置问题。

Yu和Aikat（2006）的研究选取了《纽约时报》的网络版（New York Times online）和《华盛顿邮报》的网络版（Washington Post online）作为"报纸网站"（newspaper sites）的代表，选取CNN online和Yahoo作为"电视网站"（television sites）的代表，选取MSNBC和Google作为"网络门户媒体网站"（online news sites on the Web）的代表。研究结果发现，网络门户媒体网站新闻和传统的精英媒体之间存在着相似的、趋同的、一贯的、稳定的议程设置关联，而且信源主要来源于传统媒体。

Wallesten（2007）通过考察主流媒体和政治博客之间的关系，发现在大多数的议题上，在媒介报道和博客讨论之间都存在着一种复杂的、双向的议程设置效果而不是单向的媒介议题设置效果或博客议题设置效果。同样他发现博客作者和记者在几天内对对方的报道做出反应。这表明主流媒体和政治博客之间的关系是一种高速、双向街道。Lee等人（2005）以韩国2000年的大选为研究对象，对报纸报道和论坛讨论之间的媒介间议程设置关系进行了考察，同样发现了相互议题设置效果的存在（a reciprocal intermedia agenda-setting effect）。Messner和Garrison（2011）的研究表明传统新闻媒体作为主要的信源对博客的议题有重大影响；另外，博客对传统媒体的议程影响力不断上升。但博客在形成传统新闻媒体的议程方面也并不是一家独大，而是在与许多其他信息源进行竞争，而且记者对博客的信度持一定程度的怀疑态度。

Meraz（2011）通过对美国18个政治博客、2个精英的传统新闻媒体和它们的11个政治新闻编辑室的博客在2007年的3个议题运用时间序列法进行考察，发现传统媒体不能为政治博客设置议题，意识形态不同的政治博客网络却能够为传统媒体的网络新闻设置议题，在较小的程度上也能对传统媒体的政治新闻编辑室的博客设置议题。研究指出，传统精英媒体作为单一的议程设置影响力正在削弱，传统媒体和政治博客之间正表现出更大的相互依存性。

综上研究可以看出，这些研究得出的结论并非完全一致，但是基本上都验证了在新的媒体环境下，在传统媒体与门户网站的新闻媒体之间、在传统媒体和社会媒体中始终存在着媒介间议程设置功能，它们的议程也通常相互影响。但在涉及议题的流向的研究中，研究结果仍旧证实议题是从意见领袖媒体流向非意见领袖媒体。

三、从媒介文化范式的视角

媒介文化范式是20世纪70年代初开始形成的一种认识媒体信息性质的理论范式。不同于媒体被看作不偏不倚地传送信息和思想的中性工具，媒体文化范式认为：（1）在当代社会，公众往往接受媒体所呈现的社会现实，因此，当代文化实际上就成了"媒介文化"。（2）媒体在传送现实的过程中阐释现实，媒体产生的影响被看作是媒体和观众之间相互作用的产物，从占主导地位的受众到处于边缘地位的受众，以极不同的方式阐释同样的信息。（3）传媒真正运作的机制是意识形态的霸权与斗争，它直接呈现为"意义的政治策略——话语的斗争"。所以，在媒介文化范式的研究中，媒体架构内容的方式、媒体操纵信息的技巧成为该范式研究的重中之重。同时，考察媒体表现与不同社会群体联系在一起的意识形态的方式以及个体对媒体中的意识形态信息反应和阐释的方式也成为重要的研究内容。

也正是在这种媒体文化范式的关照视野下，主流媒体被概念化成核心媒体，主流媒体的主导意识形态功能也被得到有效的讨论。这方面的主要代表人物是英国文化研究学者 Hall 和美国社会学教授 Crane。

Hall 对传媒研究有三大贡献：一是将传媒作为一种文化形式。认为它负载有政治功能和意识形态效果。他指出，"自1880年以来，媒介日益把自己安置为文化生产和分配的主要方式和渠道，而且把越来越多的公共传播领域吸纳进自己的轨道"，"在20世纪高级资本主义阶段，在数量和质量上，媒介都在文化领域建立起了一个决定性的和基础性的领导地位"，"它逐渐殖民了文化和意识形态领域"（1977：340）。二是对传媒的意识形态功能的运行机制进行了创造性的解析。他认为媒介主要是通过对"社会生活"（social life）的呈现（providing）、分类（classifying）和编码（encoding）这三种技术方式，来建构起"社会知识"（social knowledge）和"社会意象"（social imagery），从而完成其意识形态的再生产工作，即在主导意识形态话语（the discourses of dominant ideologies）内对世界进行分类阐释的工作，从而制造对社会结构中心位置的认同并提供其存在的合法性依据。三是对媒介文化循环生产机制的初步探讨。Stuart Hall 受马克思主义政治经济学价值循环论的影响，提出了信息交流的四阶段理论：生产—流通—分配/消费—再生产。这四个环节是信息传播的循环过程，各环节均有联系，但又保持着相对自治。同时，Stuart Hall 认为，信息在流通过程中是以符号为载体形式传播意义的过程。因此，信息流通的四阶段论又进一步被 Stuart Hall 转换成"编码—解码"的循环生产过程：主流媒体常常是使用主流意识形态话语，在主导符码内进行编码，但受众却可能持有主导-霸权式、协商式和抵抗式三种解码方式，这背后就是占中心地位的精英或主导文化与边缘文化之间的张力和对立。

Hall 的上述思想主要体现在《解构"大众"笔记》（Notes on Deconstructing the Popular）（1981）、《电视话语中的编码与解码》（Encoding and Decoding in the Television Discourse）（1973）、《文化、传媒与"意识形态"效果》（Culture, the Media and the "Ideology-Effect"）（1977）三篇经典文献中。在上述文献中，尽管他没有专门的文献展开讨论主流媒体、核心媒体问题，但是核心—边缘的媒介文化循环生产认知框架已经呼之欲出。Crane（1992）对 Hall 的观点的综述介绍，则使得这一点昭然若揭："首先，通过呈现不同社会群体的各种生活方式和行为，媒体提供了有关生活方式和意识形态的详细资料；其次，媒体根据这些材料与社会领域的中心与边缘的关系对它们进行分类和阐释，从而使公众相信中心位置的合法性；最后，为了完成这些任务，需要通过各种方式将事件进行编码，通过将事件置于赋予它们不同影响力和重要性的语境中，媒体赋予事件以不同的阐释。比如某些类型的事件和行为被认为属于主导符码，一些事件被认为属于职业或专业符码，一些事件则被处理成妥协方式，其余的被处理成对立角色等。Hall 认为，在这个分类和阐释的过程中，核心媒体在为全体社会成员在主导意识形态的框架内界定现实方面发挥了重要作用。由于世界观的分裂和多元性，核心媒体的这项功能在现代社会是必须的。当然，Hall 也承认，媒体并不能完全成功地获取全社会的共识，被迫允许主导意识形态和没有完全占据主导地位的意识形态之间存在一定程度的妥协，但 Hall 又强调指出，真正与主导观点相对立的可能性很有限。"

Crane 对 Hall 观点的解读，比之 Hall 的原文，特别凸显了核心—边缘的框架。之所以如此，是因为 Crane 进一步清晰建构起了核心—边缘的媒介文化循环生产的模型。

Crane（1992）在其《文化生产：媒体与都市艺术》（The production of culture: media and the urban arts）一书中，将文化组织划分为三种类型：全国性的核心媒体、边缘性的媒体和都市文化。全国性的媒体是由媒体联合大企业生产的，主要包括电影、电视和少数几家重要的报纸和杂志，它们向全国范围的受众广泛传播媒体文化，其中电视的影响最大。这些媒体的受众是异质的，属于社会各个阶层，是将个体与多样的趣味和社会背景统一起来的大众受众；边缘媒体指的是诸如无线电网络、唱片公司以及杂志和图书等出版物。它们也在全国范围内广泛传播，但与核心媒体不同的是，它们的受众主要是各种亚群体,是来自特定的人口和社会类别,如年龄、性别、种族和阶级,以及持有各种态度和世界观的特定群体。都市文化主要表现为音乐会、艺术展和戏剧等形式。它们产生于特定的都市背景之下,生产者主要是当地文化组织,内容往往玄奥、费解。这些文化形式常常遭到媒体联合大企业的忽略,它们以当地受众为目标,与前两者相比,它们的受众人数最少,但经常是新思想的源泉。Crane 着重指出,核心媒体吸引了不同社会阶级的受众,边缘媒体的受众主要是根据生活方式而非根据社会阶级来严格划分的,只有都市文化的受众可从社会阶级角度加以区分。

Crane 进一步建构出核心——边缘模型来阐释文化的变迁和流动。他指出,核心文化支配整个系统的趋势,边缘文化和地方文化领域中的新的文化组织稳步增多,二者之间一直很紧张。当核心领域内部的一些组织合并成为日渐庞大的联合企业时,霸权的威胁将一种精英的世界观强加给整个社会,似乎不可避免。然而,边缘和地方文化领域中的组织数量继续激增,这使得新思想和新形象也更多地产生于这个领域,其中少数会被核心领域吸收。在核心领域的边界,存在着高度的喧哗声,这是大量个体和组织争相进入核心领域的活动的集中体现。这个范围内的激烈竞争加快了文化变迁的速度,或者说加快了文化变迁的出现。这构成了一个无所不在的文化循环现象。

显然,Hall 的研究更多属于文化政治学范式,Crane 的研究更多偏向于文化社会学范式,但二者共同对媒介文化的核心——边缘循环生产机制的揭示做出了贡献,而在这种循环中,主流媒体是处于核心领域(core domain)的媒体,因此作为核心媒体受到关注,并认为在核心——边缘的媒介文化生产的循环中起着主导文化的生产和维护的责任。

四、从传播政治经济学研究的视角

传播政治经济学是这样一种理论范式:通过着重分析西方传播体制的经济结构和市场经济的运行过程,揭示文化工业的复杂性和通过资本实现的文化活动对社会过程的影响。具体说来,它通过对传播的所有权、生产、流通和受众消费等层面的分析,试图展现传播的社会权力关系。传播政治经济学以"民主"、"公民权利"、"社会公正"和"参与"等理念为理想价值目标,积极寻求通过国家的途径实现干预,主张参与传播政策的制定过程,从而使之民主化,使传播政治经济学提倡的规范性价值观成为政策议题并逐步得到实现。

在这种理论视野下,主流媒体作为一种偏见媒体(bias media)和失败的媒体实践(the failure of mainstream media)而得到观照。Schiller、Chomsky、McChesney 是这方面的杰出代表。

1. 对作为商业机构的主流媒体的批判

1969 年,Schiller 在其成名作《大众传播与美利坚帝国》(Mass Communications and American

Empire)一书中,指出大众媒介紧紧联系着政治和经济权力的中心,经济实力与信息控制、形象制造、舆论构建的融合是新权力的本质,并提出了著名的"文化帝国主义"的概念。从那时开始,他不断揭示美国传媒产品和价值观对发展中国家的输出,造成了全世界生活方式和消费模式的标准化以及公司文化的支配地位。具体说来,他认为,几十年来,美国凭借其市场优势,有意识地将它的传播政策强加给世界,这些原则和规则包括:(1)信息的自由流通;(2)信息机构的"客观性"和"中立性";(3)拒绝旨在使跨国传播集团承担社会责任的国际协议。而在这个过程中,以《纽约时报》为代表的主流媒体又发挥着关键的作用。

Schiller 曾经在纸老虎电视创建之初的连续 6 期节目中,结合《纽约时报》的报道,如华盛顿会话(Washington Talk)、消费者之都(Consumer Capitals)、都市里最贫穷者与最贪婪者等,提出对主流媒体报道角度和方式背后隐藏的意识形态的思考。他认为,《纽约时报》之类的大报在所谓"客观性的报道原则"下已成为统治阶级的操纵机构,并且鉴于《纽约时报》之类的报纸在世界信息传播过程中居于信息来源主导渠道的中心地位,其垄断性的传播资源与话语权无益于世界信息传播新秩序的建立。Herbert Schiller 对美国的"文化帝国主义"和美国传媒制度与主流媒体,尤其是对《纽约时报》的批评,使他在大学里十几年工资不得提升,《纽约时报》甚至有不采访他的不成文规定。

Chomsky（1988）认为,媒体在国家政治中的主要作用是控制国民的思想。美国对言论自由的限制之少虽然非比寻常,但美国在限制思想自由方面所采用的各种方法的范围和有效性同样不同寻常,在一个民众的声音可以被听到的社会里,精英集团必须确保这种声音表达的是正确的事情。在保护有效的主导这种声音的精英集团的利益方面,国家使用暴力的能力越小,它就越有必要创造一些技巧。这些技巧就是 Lippmann 所说的"制造共识",或者美国公共关系行业创始人 Edward Bernays 所偏爱的"策划共识"。在与经济学家、媒介分析家 Herman 合著的《制造共识:大众媒体的政治经济学》（Manufacturing Consent: The Political Economy of the Mass Media）一书中,Chomsky 通过重申市场力量如何导致英国激进报纸消亡的历史进而概括出美国政府和其政商集团精于通过操纵信息来制造共识。这种"制造共识"的技巧大致包括以下四种形式:(1)选择事实,故意忽视;(2)合谋政府,欺骗公众;(3)制造错觉,转移注意;(4)标签效应,制造恐惧。同时提出美国媒体实际上遵循着一种特殊的宣传模式（propaganda model）,即某一事件在被确定为值得报道之前,它必须通过五大新闻过滤器（filters）:(1)规模、传媒机构日益集中的所有权和财富以及大众传媒机构的唯利是图;(2)作为大众传媒主要收入来源的广告;(3)对政府、商业公司、信息源的依赖以及由权力机构和上述信息源资助和认可的专家的依赖;(4)把"炮轰"（flak）作为惩戒媒体的手段;(5)把反共作为国教和控制机制。这五个过滤器相互作用、相互加强,使大公司和政府的精英达成精英的共识,制造出民主认同的表象,并在普通民众心中制造了混淆、误解和冷漠,以便精英的规划得以前行。这样，通过深入分析市场、社会和意识形态力量对媒介内容的"过滤"影响揭示了公司与国家和主导性社会权力共同构建的新闻"宣传模式"，从而打破了美国作为一个民主社会所声称的新闻多元和自由的迷思。

在 Chomsky 看来，美国的媒体并不能算真正强大，因为真正有影响力的不过是几家大报和 CNN、ABC、CBS、NBC 四家全国性电视网这些主流媒体（那时还没有 FOX 电视网）。这些主流媒体长期被大财团所垄断，而财团又与华府政治集团关系密切。1997 年，Chomsky 专门撰文论述了主流媒体的特点和它在美国社会中的运行方式，指出主流媒体又叫"精英媒体"或"议程设定媒体"，其最主要特点是，这类媒体有着丰富的资源，设置着新闻框架（the Framework），并主导着社会舆论，其他二三流的媒体每天基本是在主流媒体设定的这个框架内运作筛选新闻。主流媒体与美国社会中的大公司、私人财团、高等教育机构等具有相同的内部运作机制，生产并维护着社会的主流价值观。

Chomsky（1989）对一向自我标榜"价值中立"的美国媒体和舆论界所进行的批判构成了他政治批评的一个重要基础。比如《纽约时报》在美国的精英媒介中具有神话般的声望，号称是"政治精英的内部刊物"。国务院、国会和各国大使馆都依赖它来建立普遍性的参考框架，社会运动团体也不敢掉以轻心。Chomsky 承认它的影响深远，但抨击《纽约时报》是一张"官报"，生产"必要的多元主义假象"，其实为美国政府和财团标识意识形态的边界："到此为止，不准出界"。

社会学家、传播学者 McChesney（2004a）受 Chomsky 和 Herman 的激发，也把主流媒体的失败归因于公司所有权（corporate ownership）、公共政策的代理公司（pro-corporate public policy）和"专业主义新闻学"的迷思（the myth of "professional journalism."）。他认为在商业主义占统治地位的情况下，主流媒体的所谓职业主义、客观性、平衡等概念有着内在的偏见，帮助政治经济精英设定了议程，回避重大事件，维护统治阶级的政治目标。此外，McChesney（1999）发现，商业媒体系统与民主之间存在着悖论，集团媒体巨头越富有，越强大，民众参与民主的前景就越渺茫。他的《富媒体、穷民主》一书，清晰地表达了这样的思想。而在《传播革命》（Communication revolution: critical junctures and the future of media）（2007）一书中，他倡议进行媒介政治经济学的研究、关注另类媒体（替代性媒体）的成长和全面的媒介政策改革。所谓全面的媒介政策改革，就是以广泛的政治运动（politically engaged movement）对媒介体系进行结构性改革（structural media reform），来遏制媒介体系的超级商业化（super-commercialized media），将新闻自由权利从少数人手里转移到多数人手里（2004b）。2002 年 McChesney 与 Nichols 合办了致力于媒介改革和民主化的组织——自由媒介组织（Free Press）；从 2002 年 5 月 7 日开始，他还在全国公共广播系统中的 WILL-AM 广播电台主持每周一次的"媒介是个问题"（Media Matters）节目，通过访谈推进媒介改革。

2. 把另类媒体当成对主流媒体的补充或抵抗

另类媒体（alternative media）"不是对一种媒介的统称，而是一个松散的、富有争议性且难以统一界定的概念"（Hamilton，2000）。它包括传统的媒体形式——如报纸、杂志、电视、广播，也包括非传统的形式——如论坛、博客和其他网络出版物，更具包容性的定义甚至把街头戏剧、涂鸦、行为艺术等也算在内。另外，相对于主流媒体而言，这类媒体通常处于非主流（non-mainstream）的边缘位置，在不同国家、不同历史时期被冠以不同的名称并具有不同的内涵指向，如地下媒体（underground media）（Glessing，1970；Lewis，1972）、公民媒体（citizen media）（Rodriguez，2001）、激进媒体（radical media）（Downing，1984；2001）、自治媒体（autonomous media）（Langlois & Dubois，2005）、独立媒体（independent media）（Kumar，2006）、草根媒体（grassroots media）（Gillmor，2004）、社区媒体（community media）（Halleck，2002）等。

关于另类媒体的研究始于20世纪80年代，并以1999年西雅图事件中诞生的独立媒介中心的举世闻名为契机迅速发展起来。Downing、Atton、Rodriguez、Albert是这方面研究的代表者。

Downing（1984）的著作《激进媒体：另类传播的政治体验》（Radical Media：The Political Experience of Alternative Communication）可被视为系统研究另类媒体的起点。该书通过研究激进的印刷和广播媒体，主要从社会运动的角度，在政治意义的层面上将另类媒体具体界定为激进媒体，认为激进媒体是由政治积极分子因特定的政治目的而创建的媒体，其意义在于其具备通过集体行动唤起人们的政治意识的潜能。在2001年修订出版的《激进媒体：反抗传播的社会运动》（Radical Media：Rebellious Communication and Social Movements）一书中，则进一步指出另类媒体属于小规模、集体运作的项目，表达的是"想象的政治"（prefigurative politics）。

Atton（2002）在《另类媒体》（Alternative Media）一书中则强调另类媒体与主流媒体的不同体现在内容（content）、美学标准（aesthetic）、生产模式（modes of production）、发行模式（modes of distribution）和受众关系（audience relations）等很多方面。另外，通过对一系列另类媒体的案例分析，他归纳出另类媒体的一些共性：大量普通的、非专业的人士作为管理者、编辑和设计者，负责组织与生产；鼓励自我管理并强调集体组织，以使更多的愿意贡献的人员参与进来；为达到让更多人参与的平等目标，另类媒体激进地重新定义生产一个出版物所必需的组织和写作技能；"业余"、非专业的作者（"本土报道者"）可以通过把自己预设为行动主义者并发展报道技巧，以颠覆媒介中的等级秩序等。"另类媒体能够给无声者以声音"，"使媒体能够接近那些在主流媒体中没有被代表的人"（Atton，2003）。

Rodriguez（2001）在《媒介平台中的裂缝：公民媒体的国际研究》（Fissures in the Mediascape：An International Study of Citizens' Media）提出了"公民媒体"的概念，指出另类媒体存在的意义不

仅体现为反霸权信息的角色，还体现为传播过程中引起的社会互动，即公民通过另类媒体开辟的空间和平台参与到社会生活和政治决策过程中，重新形成对自我、他人及周围环境的身份认同。他解释说："我能够看到另类媒体生产信息的方式说明了更多的东西，而不仅仅是挑战主流媒体那么简单……它表明人们有机会创造关于自我和环境的想象，表明人们能够通过自己选择的符号和代码重新形成对自我身份的认知，从而瓦解那些外在信源强加给我们的传统的接受的东西。"(p. 3)

Albert (2012) 在回答"什么使另类媒体成为另类"这个问题时，认为从根本上讲，是组织决定了媒体的另类。他指出："另类媒体机构……并不试图最大化利润，也不打算把受众卖给广告主来换取收入（因此它们寻求广大的、非精英的受众），它的组织构成是用来颠覆已被定义好的社会层级关系，并且尽量从组织结构上根本不同于和分离于其他主要的社会机构，特别是大公司。另类媒体机构把它自己看作一项事业的组成部分，即建立组织媒介和社会行动的新方式，并且承诺作为一个整体推进它们而不仅仅是自己的维持。"

很显然，学者们对另类媒体与主流媒体关系的认知各有侧重：激进媒体的说法特别强调"对主流霸权的反抗和批判"（a counter-hegemonic critique of the mainstream）；公民媒体或社区媒体的说法则更强调建设性的一面，强调它是"对主流媒体的补充"。（a supplement to mainstream media）(Bailey, Cammaerts & Carpentier, 2008) 但不管怎样，对另类媒体的定义和研究还是呈现出如下一些共同特征：

方面（domain）	内容（examples of the domain）
动机或目的（Motive or purpose）	• 拒绝商业目的 • 对人性的、文化的、教育的、伦理的终极目标的肯定 • 反对权力结构及其行为 • 构建支撑、团结和网络化
资金来源（Sources of funding）	• 拒绝国家或地方城市的基金 • 拒绝广告收益
监管的分配（Regulatory dispentasion）	• 被不同的机构监管 • 独立/自由 • 打破某人的规则，尽管不是所有的方面
组织结构（Organizational structure）	• 横向的组织 • 允许"完全的"参与 • 传播的民主化
批评专业主义的实践（criticizing professional practises）	• 鼓励志愿者从事 • 非专业人士的加入和接近 • 新闻选择的不同标准

续表

方面（domain）	内容（examples of the domain）
信息内容（message content）	• 对主流话语或表现的补充或反驳 • 对支配性的政策、优先顺序和观点表达另类的看法
与受众和/或消费者的关系（Relationship with audience and/or consumers）	• 使用者/消费者控制的程度 • 允许需求和目标被受众/消费者自己清晰地表达 • 传播的民主化
受众的组成（Composition of the audience）	• 年轻人、女性、乡村人口 • 差异性和多样性
扩散的范围（Range of diffusion）	• 本地的而不是区域的和全国的
研究方法的性质（Nature of research methodology）	• 定性的、民族志的和长时段研究

总之，传播政治经济学视角下的主流媒体研究，实际上是对主流商业媒体的批判性研究，同时也是关于重建媒介体系的建构性研究，其中尤其对另类媒体非常重视。另类媒体的组织和生产突出了主流媒体实践的局限性，传播政治经济学者主张以另类媒体的实践来抗衡不断扩张的主流商业媒体的影响，并最终实现媒介民主的理想。

五、从多元公共领域的视角

1989年，哈贝马斯在《公共领域的结构转型》（The Structural Transformation of the Public Sphere）一书中对他的"公共领域"（public sphere）思想作出了比较系统的阐述：所谓的公共领域，指的是一个国家和社会之间的公共空间，市民们假定可以在这个空间中自由言论，不受国家的干涉。公共领域的前提是：普遍的接近性、公共议题、体制化的空间和法律保障、展开公共辩论的空间、理性的非支配性的辩论。而传播媒介之于公共领域的重要性有双重含义：一是公共领域离不开媒介的信息传递功能，二是大众传媒本身就是公共领域或公共领域的组织者。

哈贝马斯（1967）描述了西方社会公共领域的两次转型：第一次是发生在18世纪的由封建贵族公共领域向资产阶级公共领域的转型，第二次是随着19世纪中期大众传媒的兴起而引发的由资产阶级公共领域向资本驱动、利润导向的商业化大众传媒为中介的公共领域的转型。哈贝马斯比较推崇资产阶级公共领域，认为它是一个理性批判的公共领域，代表了他所说的"公共领域"的理想态，而他对第二次转型持批判态度，称之为公共领域的"再封建化"，因为大众媒介消费与公共关系取代了理性的公众参与。哈贝马斯（1989）明确表示在当代福利国家，社会组织与国家权力相互侵入，公共领域必须被重构以拯救它的理性批判功能。

但也有不少学者对其理论的普遍性和代表性产生怀疑，认为哈贝马斯有关公共领域的设想不是对所有人开放，而只是特属于有教养的中产阶级白种男性的公共领域，而且批评哈贝马斯的理论太过理想化，忽略社会"异质"存在的事实。比如美国学者 Fraster（1992）在其《再思考公共领域》（Rethinking the public sphere）一文中，指出哈贝马斯理想化的公共领域是一元的、综合的、包罗万象的（single, comprehensive and overarching）公共领域，在这一公共领域中，排除了女性、平民与少数族裔的参与，即使从属性群体能够被纳入一元公共领域中，只要有社会不平等存在，商议总是有利于主导性群体的利益。因此从属性社会群体借助另类媒体（alternative media），通过发明与流通"反话语"（counter-discourse）来阐明他们对于自身身份、利益与需求的反向性解读。受这种从属性社会群体建构替代性公共领域的实践启发，Fraster 提出了"次反公众"（subaltern counterpublics）和"反公共领域"（counter-public spheres）的概念。John Downing（1996）则提出为了区分公共传播过程中两个竞争性领域之间的差别，应该将公共领域分解成两种类型：官方公共领域（official public sphere）和另类公共领域（alternative public sphere），另类公共领域往往拒绝官方公共领域所限定的话题内容及优先次序，甚至根本不接受其论争标准。

其实，为了应对理论家们的批评，哈贝马斯（1990）后来在为《公共领域的结构转型》这本书的 1990 年版所写的序言中，引述 Lottes 的研究结果，认为"平民公共领域的产生，标志着小市民和下层市民生活历史的一个特殊阶段。……在某种程度上，平民公共领域是一种不具备资产阶级公共领域社会前提的资产阶级公共领域"。哈贝马斯承认，"公共领域一开始就是多元的。在居统治地位的公共领域之外，还有一种平民公共领域，和它唇齿相依"。哈贝马斯对平民公共领域的承认，实际上正如 Doweny 和 Fenotn（2003）所言，"哈贝马斯不仅承认了另类公共领域的存在，也认可其挑战主流意识形态的能力和可能性。当他承认是从有利于资本及国家利益的角度来对媒介作为公共领域进行分析时，他还修正了他最初对公众的消极观念，与其将公众视为阿多诺和霍克海姆笔下易受文化工业愚弄的对象，他强调多元的公众有能力抵制社会干预并在创造自身政治干预行为的同时影响社会。"

尽管哈贝马斯（1990）早在其初版序言里就提醒过："'资产阶级公共领域'是一个具有划时代意义的范畴，不能把它和源自欧洲中世纪的'市民社会'的独特历史发展隔离开来，使之成为一种理想类型，随意应用到具有相似形态的历史语境当中。"但不可否认的是，哈贝马斯"公共领域"概念的提出，体现了资产阶级的政治理想：建立一个民主的、平等参与的、自由讨论的整合社会。所以，不管哈贝马斯本人如何谨慎，"公共领域"这个概念已经从一个特殊的经验分析，演化为一个拥有广泛解释力的理想类型。换句话说，哈贝马斯的"公共领域"概念具有很强的理想性维度，正是这个维度，对传媒的研究带来了极大的解放动能，人们试图在完善"公共领域"的包容性的前提下,来进一步发挥这个概念的统领性。而"另类公共领域"概念的理论化背后,体现的正是人们的努力——公共领域应该是一个"多元公共领域",尤其在世界媒介生态环境发生重大变化的今天。

进入21世纪,首先是新的媒介技术使新的传播成分进入了旧的媒介生态中,并且增加了多种新的政治形式和政治力量进入传播的可能性;其次是全球的行动主义潮流使人们更积极主动地寻找和利用新技术媒介来发声,来组织运动,而这也正是另类媒体崛起和另类公共领域出现的大背景。网络与公共领域的关系也成为一些西方学者的重要研究内容。如Bennett(2003)指出,"当网络不是被特别组织化的中心所控制时,它也就拥有了作为相对公开的公共领域的网络潜能,在这里,抗议的思想和计划能够相对容易、迅速和在全球范围内扩展,而不用依赖传统的大众传播的媒介渠道去传递信息和制造认同"(20)。另外,在新的媒介生态环境下,传统的主流媒体对抗议活动的报道也出现了某些变化,一反传播政治经济学者的悲观,Rojecki(2002)指出,主流媒体上"新闻和实况评述中的观点范围像抗议者自己所表达的一样广,形成了一个保守的精英、传统的改革者和新马克思主义者的不可思议的联合。"分析其原因,Rojecki认为有三:一是经济全球化时代国家霸权的衰落,二是苏联体系作为隐喻来源的消失,三是新信息技术对运动结构的改变。

至此,我们可以发现,多元公共领域理论的发展与本文前述各种理论视角之间有一种高度重叠的关系,它们互为共鸣启发,丰富完善,并最终走向整合——这就是"公共空间/媒介空间"(public sphere /media sphere)模型的提出。

英国媒介学者Cottle(2006)在《媒介化的冲突》这本书中,用图示的形式展示了一幅"公共空间/媒介空间"模型。如下:

Cottle指出,这个公共领域中,并存着主流媒体和少数媒体/另类媒体(Minority/Alternative Media)以及离散的媒体(Diasporic Media);存在着垂直的"自上而下"的传播流,同时也存在着平行的传播网络。其中垂直的"自上而下"的传播流代表的是主流商业媒体的传播机制,其特征是中心化控制(centrally controlled)、垂直化(vertical)、等级制(hierarchical)、单向度信息传递(one-way flow message)、专业人士制作新闻、促进被动消费;平行的传播网络指的是另类媒体和网络,其特征是去中心化、培养互动交流和积极制作新闻。很显然,在这个"公共空间/媒介空间"里,另类媒体存在的价值并不在于替代主流媒体成为数量和规模上的"主流",主流媒体存在的理由则是变得更为包容和民主,核心—边缘的媒介文化生产机制依然保持着活泼的生命力。Cottle进一步指出,在未来,这个"公共空间/媒介空间"里的不同的传播流向和传播网络间的杂糅和互相设置状况应该成为研究的重点所在。

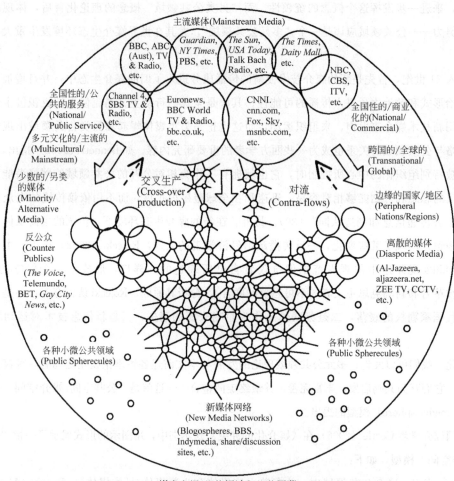

媒介空间（公共空间与公共荧幕）

六、结语

前面我们分析了西方有关主流媒体研究的五种理论视角。这五种理论视角各有其不同的理论面向，并形成了一个螺旋上升的发展过程。

媒介标准视角的主流媒体研究确立的是主流媒体的专业理想性维度——事实性和客观性作为主流媒体的核心要求建构起主流媒体的公信力和影响力，其对立面是小报媒体。在这种视角下，主流媒体的形成，既不是任命的，也不是自封的，而是在长期的发展和竞争中完成的，是自身努力与社会认可的结果。它主要取决于新闻媒体报道的质量和言论的质量、受众的范围、经济运作的规模以及随之产生的社会影响。而这一切又反过来促进了媒体成为主流媒体的地位。主流媒体代表了社会中主流的思想意识、文化价值观以及核心理念，这些不一定代表了政府、执政党的价值观，甚至可能是相反的。换句话说，对于西方主流媒体来说，客观、公正、平衡、独立、自由永远是新闻专业主义的要求，主流媒体正是由此获得主流媒体的地位和公信力。现在西方世界所认可的主流媒体如《纽约时报》、《华盛顿邮报》、《泰晤士报》、《华尔街日报》等正是由于新闻专业理念的贯彻和坚持，在长期的实践中被认可的。

媒介间议程设置理论视角下的主流媒体研究从新闻同质化、标准化的问题发现出发，从一个议题在媒介体系（大报—小报，全国—地方，主流—非主流）内的扩散方式切入，更多采用定量研究的方法，对主流媒体的"意见领袖"特质做了进一步的揭示。而媒介文化视角的主流媒体研究则从主流意识形态文化生产的角度，以编码/解码、核心—边缘这两对概念作为分析工具，对主流媒体的"建制性"特征做了深度解读，即主流媒体作为核心媒体处于核心—边缘媒介文化循环生产机制的中心发挥着重要的意识形态建构功能。这两个研究视角虽然所依据的理论资源和理论传统不同，但却殊途同归，共同论证了主流媒体的客观存在性和主流媒体在社会意识形态建构中的重要作用，共同揭示了核心—边缘的媒介文化生产机制。

传播政治经济学视角下的主流媒体研究完全是颠覆性、批判性研究，它对媒介标准视角下所确立的主流媒体的理想性维度——客观性和独立性进行政治经济学的剖析，指出在媒介日益垄断化和经济日益全球化的时代，主流商业媒体是一种偏见媒体，主流商业媒体的实践则是失败的媒体实践。同时呼吁进行传播革命，主张以另类媒体的实践来抗衡不断扩张的主流商业媒体的影响，重建媒介体系和媒介民主的理想。

多元公共领域视角下的主流媒体研究是在进一步完善了媒介的理想性维度的基础上所进行的综合性研究。这个理想性维度就是理想的"媒介空间"的建立，这个空间应该是一个开放、多样且容易接近的公共文化空间，运行着一个核心—边缘良性循环的媒介文化生产机制，并存在一个更为包容和民主的专业化的主流媒体。

西方有关主流媒体探讨的5个理论视角，实际上又整合为两个理论向度，一个是媒介自身的探讨，即媒介的质量和标准问题；另一个是媒介与社会关系的探讨，即在社会结构中，主流媒体应该是一种怎样的社会位置，承担怎样的社会使命。这实际上正是新闻学研究的两个主要方面，因此关于主流媒体的研究在当今实际上正转化为"新闻业的未来"和"新闻业的重构"这样更宏大的问题。如何让主流媒体存在的理由变得更为包容和民主，如何在坚守主流媒体的专业性的同时又力戒它的保守性，如何在迎接自媒体时代的种种变革与探寻可持续发展的各种商业模式之间取得平衡，这些正成为主流媒体研究的未来方向。

◇ 参考文献 ◇

- Albert, M. (2012). What Makes Alternative Media Alternative. *ZMagazine*. http://www.zcommunications.org/what-makes-alternative-media-alternative-by-michael-albert.html.
- Atton, C. (2002). Alternative Media. Thousand Oaks, CA: Sage Publications.
- Atton, C. (2003). Organisation and production in alternative media. In S. Cottle(2003). *Media Organization and Production*, 41-55. London: Sage.
- Bennett W. L. (2003). New Media Power: The Internet and Global Activism. In N. Couldry & J. Curran(eds.). *Contesting Media Power: Alternative Media in a Networked World*, 17-37. Lanhanm, MD: Rowman and Littlefield.
- Breed, W. (1955). Newspaper Opinion Leader' and Processes of Standardization, *Journalism & Communication Quarterly*, 32(3): 277-328.
- Bailey, O., Cammaerts, B., & Carpentier, N. (2008). Understanding Alternative Media. Maidenhead: Open University Press.
- Chomsky, N. (1989). Necessary illusions: Thought control in democratic societies. Boston: South End Press.
- Chomsky, N. (1997). What Makes Mainstream Media Mainstream, *Z Magazine*, October. http://www.chomsky.info/article/199710.htm.
- Cohen, Bernard C. (1963). The press and foreign policy. Princeton: Princeton University Press.
- Connell, I. (1991). Tales of Tellyland: The Popular Press and Television in the UK. In P. Sahlgrew & C. Sparks(eds.). *Communication and Citizenship: Journalism and the Public Sphere in the New Media Age*, 236-253. London: Routledge.
- Costera Meijer, I. (2003). What Is Quality Television News? A plea for extending the professional repertoire of newsmakers. *Journalism Studies*, 4(1): 15-29.
- Cottle, S. (2006). Mediatized Conflicts: Developments in Media and Conflict Studies. Maidenhead: Open University Press.
- Crane, D. (1992). The Production of Culture: Media and the Urban Arts. Newbury Park: Sage.
- Curran, J. (2010). The Future of Journalism. *Journalism Studies*, 11(4): 464-475.
- Danielian, L. H. & Reese, S. D. (1989). A Closer Look at Intermedia Influences on Agenda Setting: The Cocaine Issue of 1986. In P. J. Shormaker(ed.), *Communication Campaigns About Drugs: Government, Media and The Public*, 47-66. Hillsdale, NJ: Erlbaum.
- DeLorme, D. E. & Fedler, F. (2008). Endowed Newspapers: A Solution to the Industry's Problems? *Journal of Humanities & Social Sciences*, 2(1): 1-14.
- Downie, L., Jr., & Schudson, M. (2009). The Reconstruction of American Journalism. *Columbia Journalism Review* (*October* 19). http://www.cjr.org/reconstruction/the_reconstruction_of_american.php?page=all
- Downey, J., & Fenton, N. (2003). New Media, Counter Publicity and the Public Sphere. *New Media and Society*, 5(2): 185-202.
- Downing. J. D. H. (1984). Radical Media: The Political Experience of Alternative Communication.

Boston: South End Press.
- Downing. J. D. H. (1996). Internationalizing Media Theory: Transition, Power, Culture: Reflections on Media in Russia, Poland and Hungary(1980-1995). London: Sage.
- Downing. J. D. H. (2001). Radical Media: Rebellious Communication and Social Movements. Thousand Oaks, Calif. : Sage Publications.
- Esser, F. (1999). Tabloidization of News: A Comparative Analysis of Anglo-American and German Press Journalism. *European Journal of Communication*, 14(3): 291-324.
- Franklin, B. (1997). Newszak and News Media. London: Arnold.
- Fraser, N. (1992). Rethinking the public sphere. In C. Calhoun(ed.). *Habermas and the public sphere*. Cambridge, MA: MIT Press.
- Gillmor, D. (2004). We the Media: Grassroots Journalism: By the People for the People. Sebastopol, CA: O'Reilly.
- Glessing. R. J. (1970). The Underground Press in America. Bloomington: Indiana University Press.
- Golding, P. & Murdock, G. (1991). Culture, Communications, and Political Economy. In J. Curran & M. Gurevitch (eds.), *Mass Media and Society*, 15-32. London: Edward Arnold.
- Golan, G. (2006). Intermedia Agenda Setting and Global News Coverage. *Journalism Studies*, 7(2): 323-333.
- Habermas, J. (1967). The Structural Transformation of the Public Sphere: An Inquiry into a category of Bourgeois Society. Cambridge: Polity Press.
- Habermas, J. (1989). The Public Sphere: An Encyclopedia Article. In S. Bronne R & D. Kellner (eds.). *Critical Theory and Society: A reader*, 136-142. London: Routledge.
- Habermas, J. (1990). Strukturwandel der Offentlichkeit: Untersuchungen zuy einer Kategorie der burgerlichen Gesellschaft. Frankfurt am Main: Suhrkamp.
- Hackett, R. A. & Zhao, Y. (1998). Sustaining Democracy? Journalism and the Politics of Objectivity. Toronto: Garamond Press.
- Hall, S. (1973). Encoding and Decoding in the Television Discourse. Birmingham: Centre for Contemporary Cultural Studies. Centre for Cultural Studies, CCS Stencilled Paper No. 7.
- Hall, S. (1977). Culture, the media and the ideological effect. In J. Curran, M. Gurevitch, & LG J. Woollactott(eds.), *Mass communication and society*, 340-346. London: Edward Arnold.
- Hall, S. (1981). Notes on deconstructing "the popular". In R. Samuel (ed.), *People's History and Socialist Theory*, 227-240. London: Routledge and Kegan Paul.
- Halleck, D. D. (2002). Handheld Visions: The Impossible Possibilities of Community Media. NY: Fordham University Press.
- Halloran, J. D. , Elliott, P. & Murdock , G. (1970). Demonstrations and Communication: A Case Study. Harmondsworth: Penguin Books.
- Hamilton, J. (2000). Alternative Media: Conceptual Difficulties, Critical Possibilities. *Journal of Communication Inquiry*, 24(4): 357-378.
- Hartley, J. (2001). From Power to Identity: Popular Journalism and Postmodernity. In Ma Rong and Zhou Xing (eds.), 21st *Century*: *Cultural Consciousness and Cross-Cultural Communication*, 233-256. Beijing: Peking University Press.
- Herman, E. & Chomsky, N. (1988). Manufacturing Consent: The Political Economy of the Mass Media. New York: Pantheon.
- Joseph, P. (May 1904). The College of Journalism. *North American Review*, 178, 641-680.
- Kumar, K. (2006). Promoting Independent Media: Strategies for Democracy Assistance. Boulder, Colo: Lynne Rienner Publishers.
- Langer, J. (1998). Tabloid Television: Popular Journalism and the "Other News". London:

Routledge.
- Lazarsfeld, P. F. & Merton, R. K. (1948). Mass communication, popular taste, and organized social action. In L. Bryson(ed.), *The Communication of Ideas*, 95-118. New York: Harper.
- Langlois, A. & Dubois, F. (eds.) (2005). Autonomous Media: Activating Resistance and Dissent. Montreal: Cumulus Press.
- Lee, B., Lancendorfer, K. M., & Lee, K. J. (2005). Agenda setting and the internet: the intermedia influence of internet bulletin boards on newspaper coverage of the 2000 general election in South Korea. *Asian Journal of Communication*, 15(1): 57-71.
- Lewis, R. (1972). Outlaws of America: The Underground Press and its Context. Harmondsworth: Penguin Books.
- Lim, J. (2006). A Cross lagged analysis of agenda setting among online media. *Journalism & Mass Communication Quarterly*, 83(2), 298 - 312.
- Lippmann, W. (1995). Liberty and the News, Transaction Publisher: New Brunswick and London.
- Lippmann, W. (1990). Two Revolutions in the American Press. In Richard Streckfuss, *Objectivity in Journalism: A Search and a Reassessment*, *American Journalism Review*, 67(4): 981-982.
- Lopez-Escobar, E., Llamas, P. J., McCombs, M. & Lennon, F. R. (1998). Two Levels of Agenda Setting among Advertising and News in the 1995 Spanish General Elections. *Political Communication*, 15(2): 225-238.
- Lucht, J. & Udris, L. (2010). Transformation of media structures and media content: A diachronic analysis of five Western European countries. In NCCR Working Paper No. 49. Zurich: University of Zurich. http://www.nccr-democracy.uzh.ch/publications/workingpaper/pdf/WP_49.pdf.
- Mathes, R. & Pfetshtch, B. (1991). The Role of Alternative Press in the Agenda-builing Process: Spill-over Effects and Media Opinion Leadership. *European Journal of communication*, 6(1): 33-62.
- McChesney, R., & Nichols, J. (2005). The Rise of Professional Journalism: Reconsidering the Roots of Our Profession in An Age of Media Crisis. In these times, December 8. http://inthesetimes.com/article/2427/the_rise_of_professional_journalism/.
- McCombs, M., & Shaw, D. L. (1972). The agenda-setting function of the mass media. *Public Opinion Quarterly*, 36: 176-185.
- McLachlan, S., & Golding, P. (2000). Tabloidization in British Press: A Quantitative Investigation into Changes in British Newspapers, 1952-1997. In Colin Sparks & John Tulloch (eds.), 75-89. *Tabloid Tales: Global Debates over Media Standards*. Maryland: Rowman and Littlefield.
- McQuail, D. (1991). Mass Media in the Public Interest: Towards a Framework of Norms for Media Performance. In Curran & Gurevitch (eds.), 68-81, *Mass Media and Society*. London: Edward Arnold.
- Meijer, I. C. (2001). The public quality of popular journalism: Developing a normative framework. *Journalism Studies*, 2(2): 189-205.
- Meraz, S. (2011). Using Time Series Analysis to Measure Intermedia Agenda Setting Influence in Traditional Media and Political Blog Networks. *Journalism and Mass Communication Quarterly*, 88(1): 176-194.
- Messner, M. & Garrison, B. (2011). Study Shows Blogs Affect Traditional News Media Agenda. *Newspaper Research Journal*, 32(3): 112-126.
- McChesney, R. W. (1999). Rich Media, Poor Democracy: Communication Politics in Dubious Times. Urbana: University of Illinois Press.
- McChesney, R. W. (2004a). Waging the media battle. *The American Prospect*, June 17. http://

- prospect. org/article/waging-media-battle.
- McChesney, R. W. (2004b). The Problem of the Media: U. S. Communication Politics in the Twenty-First Century. New York: Monthly Review Press.
- McChesney, R. W. (2007). Communication Revolution: Critical Juncture and the Future of Media. New York: New Press.
- Noelle-Neumann, E. & Mathes, R. (1987). The "Event as Event" and the "Event as News": The Significance of "Consonance" for Media Effects Research. *European Journal of Communication*, 2(4): 391-414.
- Örnebring, H. & Jönsson, A. M. (2004). Tabloid Journalism and the Public Sphere: A Historical Perspective on Tabloid Journalism. *Journalism Studies*, 5(3): 283-295.
- Ray, G. N. Justice (2006). Tabloidization of the Media: The Page Three Syndrome. Public Relations Society of India and Mass Media Centre. http://presscouncil. nic. in/OldWebsite/Decisions/Oct-Rew-1-239. pdf.
- Rodriguez, C. (2001). Fissures in the Mediascape: An International Study of Citizens' Media. Cresskill, NJ: Hampton Press.
- Rojecki, A. (2002). Modernism, State Sovereignty and Dissent: Media and the New Post-Cold War Movement. *Critical Studies in Media and Communication*, 19(2): 152-171.
- Schiller, H. I. (1969). Mass Communications and American Empire. New York: Augustus M. Kelley.
- Schudson, M. (1978). Discovering the News. New York: Basic Books.
- Sparks, C. (2000). Introduction: The Panic over Tabloid News. In C. Sparks. & J. Tulloch (eds.), *Tabloid tales, global debates over media standards*. Lanham, MD: Rowman and Littlefield.
- Uribe, R., & Gunter, B. (2004). The Tabloidization of British Tabloids. *European Journal of Communication*, 19(3): 387-402.
- Vliegenthart, R., & Walgrave, S. (2008). The Contingency of Intermedia Agenda-setting: A longitudinal Study in Belgium. *Journalism and Mass Communication Quarterly*, 85(4): 860-877.
- Washington, Jr., Linn (November 1999). Facts, Fallacies, and Fears of Tabloidization. *USA Today Magazine*, Nov. 99, Vol. 128, Issue 2654, 67.
- Wallsten, K. (2007). Agenda Setting and the Blogosphere: An Analysis of the Relationship between Mainstream Media and Political Blogs. *Review of Policy Research*, 24(6): 567-587.
- Wasserman, H. (2010). Tabloid Journalism in South Africa: True Story! Bloomington: Indiana University Press.
- Waterhouse, K. (1993). Waterhouse on Newspaper Style. London: Pengguin.
- West, D. M. (2001). The Rise and Fall of the Media Establishment. New York: Palgrave Macmillan.
- Winston, B. (2002). Towards Tabloidization? Glasgow Revisited, 1975-2001. *Journalism Studies*, 3(1): 5-20.
- Yu. J. & Aikat, D. (2006). News on the Web: Agenda Setting of Online News in the Web Sites of Major Newspaper, Television, and Online News Services. Paper presented to the annual meeting of the International Communication Association, New York City: New York.
- Zelizer, B. (2009). Introduction: Why Journalism's Changing Faces Matter. In Barbie Zelizer (ed.), *The Changing Faces of Journalism: Tabloidization, Technology and Truthiness*. London: Routledge.

跨文化传播学的现状与未来发展

陈国明①

一、前言

若以树来比喻传播学这个学科，跨文化传播学正好是传播树最新的一个枝干。传播学这棵树的主干以传播理论与传播方法为基础，发展出6个主要枝干：（1）人际间传播学（Interpersonal Communication）；（2）小团体传播学（Small Group Communication）；（3）组织传播学（Organizational Communication）；（4）公共/修辞传播学（Public/Rhetorical Communication）；（5）大众传播学（Mass Communication）；以及（6）跨文化传播学（Intercultural Communication）（陈国明、陈雪华，2005）。跨文化传播学作为传播学科最新的一个研究领域，其生成的主因源自人类社会进入20世纪之后，已经发展到来自不同社会的人们不得不从事大量互动交流的阶段。这个人类社会交流频繁的现象，因为交通与传播科技的急速发展所形成的全球化潮流（globalization trend）的冲击，使得跨文化传播学在20世纪末叶开始成为学术研究的显学之一，众多与跨文化传播有关到学术性研究与实用性教材也应运而起。本章的目的乃针对这个学术潮流，对跨文化传播学发展的来龙去脉做一个梳理，以期达到对跨文化传播学这个领域有一个较完整与系统性的了解。以下就分四个部分来讨论。首先是追踪跨文化传播学发展的历史，其次是探讨与跨文化传播研究相关的理论和方法，然后讨论跨文化传播研究目前与未来所面临的问题，最后再做个简单的结论。

二、跨文化传播学的发展

传播或交流（communication）本是人类与生俱来之本能，每个人类社会为了生存与代代繁衍下去，也都发展出一个适合自己族群的有系统性的传播方式。例如，如果对关系、面子、人情、送礼、

---

① 陈国明现任美国罗德岛大学（University of Rhode Island）传播系教授、国际跨文化传播研究学会（IAICS）执行长、《中国传媒研究》（China Media Research）期刊编辑，1987年获美国肯特州立大学（Kent State University）传播学博士学位，主要教学和研究领域包括全球与跨文化传播和华人沟通行为等。

含蓄、客气等概念的意义与运作方式没有确切的了解，要有效与适当地与华人交流或在华人社会生存下去，是件很不容易的事。相对地，如果不了解美国人比较个人主义、做事不求回报、注重隐私以及讲话比较直接等文化特性，也很难彼此交流。不过，把传播作为一个教育与研究的对象，倒是西方社会在19世纪因为现代化的发展才慢慢形成的。Delia（1987）认为，西方社会在19世纪末对印刷术的发明与改良，都市化的产生，以及普及的教育是推动传播学教育与研究的三个主要因素。加上20世纪初到中叶的两次世界大战的推波助澜，传播学的研究与政治、心理、教育、商业、人类、社会等其他学科开始有了密切的关联，因而形成了一个庞杂的跨学术领域的学科。传播树的几个主要枝干，显示了传播学这个跨学科的本质。

跨文化传播的研究，在20世纪中叶开始加入了传播学发展的行列。Chen and Starosta（2005）把跨文化传播学的发展历史，大略分成了草创（1959年之前）、奠基（1960—1969）、巩固（1970—1979）和茂盛期（1980年之后）4个阶段。这个时间点的划分虽显粗略，但对了解跨文化传播学的生成过程仍有参考的价值。为了更利于理解，这个过程可重新划分为萌芽期（1950—1969）、成长期（1970—1989）、与转化期（1990至今）三个阶段。

首先，顾名思义，所谓跨文化传播研究，就是观察文化这个概念在传播树不同的枝干内所产生的影响，诸如在人际间、团体、组织行号、修辞、媒体、国际关系等脉络即是。但是跨文化传播学开始萌芽的发展时期，乃是起源于文化人类学的研究成果。尤其是在1960年之前，跨文化传播学的萌芽可说是得利于 Hall（1959）、Kluckhohn（1951）、Lysgaard（1955）、Oberg（1954）、Tylor（1958）等学者的研究。

Edward Hall 是学术界公认的第一个使用"intercultural communication"这个词语的学者。首先是在1959年的"The Silent Language"书中提出，然后在1963的一篇论文，正式以该词作为题目，论述如何以跨文化传播作为人类行为的指导方针（Hall & Whyte, 1963），并继续于1966年出版了"The Hidden Dimension"一书（1976年又出版了另一本重要著作"Beyond Culture"）。Hall 在美国政府 FSI（Foreign Service Institute）服务期间，研究侧重在文化的差异与行为之间的关系，他的研究逐渐奠定了往后跨文化传播学这个领域建立的基础。Hall 主要的贡献包括把个别文化的研究扩展到不同文化之间的研究，从微观角度观察文化这个概念以配合实务性的需求，结合了文化与传播/交流两个概念的研究并建立理论化的可能性，把文化延伸到对非语言交流（nonverbal communication）的研究，以及建立了训练跨文化传播能力的教材与方法（Leeds-Hurwitz, 1990）。

Clyde Kluckhohn 对跨文化传播学的影响，在于他对文化价值（cultural values）的研究（Kluckhohn, 1951；Kluckhohn & Strodbeck, 1961）。文化价值是一个极为抽象的概念，传统研究只能在观念层次从事论述，无法确切地加以观察掌握。为了解决这个问题，Kluckhohn 认为应该把文化价值推展到文化价值取向（cultural value orientation）的阶段，才有可能从人们的行为过程，做实证性的观察研究，然后推断出一个人或一个群体的价值观为何。文化价值观是研究跨文化传播的一个最基本与主要的概念，虽然更早 Ruth Benedict（1946）与同时 Talcott Parsons（1951）已经有了文化形态方面的著作（Kulich, 2012），但一直到 Kluckhohn 的更进一步的研究，文化价值观的科学研究才有可能落实下来。

Sverre Lysgaard 和 Kalervo Oberg 的贡献，在于开启了文化休克（culture shock）与跨文化适应（cross-cultural adaptation/adjustment）的研究。文化休克这个词语，是人类学家 Cora DuBois 于 1951 年首先用来解释人类学家进入其他文化从事研究时所碰到的精神与生活失序的经验，后来 Oberg（1954）把文化休克的概念引入了所有进入一个不同文化的人们所遭遇到的从蜜月—危机—恢复—适应这个跨文化适应过程的问题，并于 1960 年做了仔细的解说。Lysgaard（1955）则进一步把跨文化适应理论化，发展了 U-Curve 适应模式。紧接着 Lysgaard，Jeanne E. Gullahorn 和 John T. Gullahorn（1963）继续把 U-Curve 的适应模式扩展成 W-Curve 模式，用来形容客居其他文化一段时间之后，再回到自己文化所面对的文化休克问题。

至于 Edward Burnett Tylor 的影响，则是他对文化这个概念所界定的意义。Tylor（1968）把文化定义为所有人类社会传统的复杂整体，是身为一个社会成员所必需具有的条件。这个定义似乎无所不包，既空泛又庞杂，但却提供了跨文化传播学早期研究的重要资源与后来对文化这个概念重新定义的基础。

除了以上属于学术性著作之外，Eugene Burdick 和 William J. Lederer 在 1958 年出版的 "The Ugly American" 一书，以小说的形态，从实际生活的角度描述了美、俄两国援助缅甸时，其工作人员在缅甸的合作与对抗的折冲樽俎之过程。文化的差异在跨国互动情境下对个人行为与政治外交的影响，该书有深刻的观察与描述。一般认为，此书的出版激起了大众对跨文化交流的兴趣，相对地对跨文化传播的研究发展，也起了相当程度的鼓舞作用。

跨文化传播学萌芽期从 1950 年延伸到 1969 年。以上提到的学者不停的深化研究，持续滋养着跨文化传播学领域建立的养分。直到 1966 年，美国的 University of Pittsburgh 率先提供了跨文化传播的课程之后，跨文化研究与传播的结合与开始建制化的潮流，已经浮现出无法阻挡的趋势。这个时期，身居美国 Pennsylvania State University 演讲学系主任的 Robert T. Oliver 把语言与修辞研究引进了跨文化的脉络。Oliver 1962 年出版的 "Culture and Communication: The Problem of Penetrating National and Cultural Boundaries" 以及 1971 年的 "Communication and Culture in Ancient India and China" 两书，堪称是跨文化传播领域早期较有系统的代表作品。由于演讲系是传播学系的前身，Oliver 也可算是最早从事跨文化交流研究的传播学者之一。另外他从语言/修辞角度探讨跨文化交流，对日后跨文化语言/修辞研究的发展与影响，居功厥伟。

另外值得一提的传播学者是 Alfred Smith。他在 1966 年所编辑的 "Communication and Culture"

一书里，首先把跨文化传播归类为传播学科一个独立的次领域（陈国明，2009a）。虽然他在跨文化传播部分只包括了 4 篇论文，但明显地给跨文化传播研究在整个传播学门立下了不可磨灭的地位。之后跨文化传播相对的发展与定位，也就有了历史的依据。

传播学者的投入加上研究与教育的建制化，跨文化传播学在 1970—1989 这 20 年间的成长可说是一日千里。教科书与参考书的出版、研究范围的扩张与深化、理论的发展与方法的多元化以及学科身份认同的追求与建立是这个时期的特色。例如，最早的两本跨文书传播学教科书来自 Leroy S. Harms（1973）和 John C. Condon（1975）；最早的两本参考书合辑来自 Larry A. Samovar and Richard R. Porter（1972）和 Michael H. Prosser（1973）。研究范围的扩张与深化，除了在 "Journal of Cross-Cultural Psychology"（1970 年发行）与 "The International Journal of Intercultural Relations"（1977 年发行）两本在心理学门发行的主要的跨文化传播研究专业期刊所包含的论文内容可以看出端倪之外，传播学者从传播学角度来处理跨文化交流，以及引用其他学门新兴的研究成果（如 Geert Hotstede 在管理学方面的贡献），都大大扩展与深化了跨文化传播学的范畴。

范畴的扩张与研究的深化，同时意味着在跨文化传播理论与方法上的传承、梳理、重建，这部分在下一节会有较详尽的说明。至于学科身份认同的追求与建立，则表现在学者勤力于把跨文化传播研究建制化，而成为一个学界接受的独立研究领域的过程。虽然跨文化传播学至今仍然是一个跨学科（interdisciplinary）的研究领域，但不少传播学者在 1970—1989 这二十年之间，力图把跨文化传播学立基在传播学门之下。在这段期间，对跨文化传播学身份认同的追求与建立影响最大的是 1974 年发行的 International and Intercultural Communication Annual 这本年刊，同年成立的 SIETA（The Society of Intercultural Education, Training and Research），以及 NCA（National Communication Association）和 ICA（International Communication Association）这两个传播学门最主要的学会成立的跨文化传播组。年刊的论文发表与学者在研讨会的意见交换，无疑是促进跨文化传播学的发展与学术身份建立的主导力量。另外，Eileen Newmark，Cecil A. Blake，和 Molefi K. Asante（1979）的 "Handbook of Intercultural Communication" 和 Molefi K. Asante 和 William B. Gudykunst（1989）的 "Handbook of International and Intercultural Communication" 两本手册，也扮演了整合跨文化传播研究内容的重要角色。

跨文化传播学发展到 1990 年，因全球化潮流加速的影响与新媒体（new media）的冲击，开始进入了转化的阶段。到了 21 世纪之后，其变化的程度更是有增无减，直接反映了整个人类社会巨大变迁的面貌。新媒体对跨文化传播学所带来的影响，在本章最后一节会加以说明。全球化潮流对学术研究，包括跨文化传播学的直接影响就是对传统思想范式（paradigm）的挑战。全球化潮流使得人们在跨国之间的移动变得更加容易，来自不同族群的人们之间的互动变得更频繁，工作在一起的机会也大大地增加，各族裔之间互动平等与对不同文化思考方式的包容也成了普遍的追求；表现在学术研究方面，则是不同世界观（world view）（也就是思想范式）在理论的建立与方法的行使上，应该受到平等的对待。因此，多元竞争与兼容并蓄成了1990年之后跨文化传播学发展的特色。

对不同思想范式的讨论与批判，在跨文化传播研究方面，早在20世纪80年代就有学者开始从事。例如，Molefi K. Asante于1980年在"Communication Yearbook"这本年刊里的一篇论文，对欧洲中心主义（Eurocentrism）宰制学术研究就有了解说与批判，并提出从非洲中心（Afrocentric）与亚洲中心（Asiancentric）角度来研究传播的可能性。另外，D. Lawrence Kincaid于1987年出版的"Communication Theory: Eastern and Western Perspectives"合辑，更集中地从亚洲文化的角度，来讨论与建构传播理论。学术思想范式的改变，对跨文化传播研究不仅是增添了来自不同文化思想的色彩，它更直接挑战与改变了传统理论与方法的继续发展与使用。也就是说，1990年之后，跨文化传播的研究，除了发现范式（discovery paradigm）的实证研究继续发展之外，解释（interpretive）与批评（critical）范式的研究也跟着兴起，而且与发现范式有并驾齐驱之势。表1列出了范式的思想基础与一些相关到传播研究方法（取自陈国明等，2011a，24～25）。下一节就从这个角度，继续探讨跨文化传播学的理论与研究方法。

表1 范式的思想基础与相关的传播研究方法

	范式的基本假设		
	发现范式	解释范式	批判范式
实体的性质	实体是可知可发现的	实体是经由社交构建的多重存在	实体是经由社交构建的多重存在
知者的角色	任何知者都可以得知实体	实体是经由知者的诠释而存在的	实体是知者的社会、政治、经济、族群、性别与能力的互动所形成的
脉络的角色	得知的方法是主观与去脉络化的	得知的方法是主观而且局限于知者的脉络	得知的方法是主观而且局限于知者的脉络
知的过程特色	得知的方法是严谨、系统化与可以重复的。主观与去脉络化的	知者诠释的过程是创意性与价值相关性的	知者诠释的过程是启示性的
研究的目的	研究的目的在于准确地再现实体	研究的目的在于了解意义是任意制造的	研究的目的在于凸显隐藏的结构与鼓动社会的变迁
如何达到目的	经由对事件的分类普世性规则的确认来达到实体再现的准确性	经由从知者的时空脉络背景的描述来达到对意义的理解	经由特别是被压迫者的历史与文化的隐藏结构的确认来达到促进改变社会的目的

续表

范式的哲学思想联系		
发 现 范 式	解 释 范 式	批 判 范 式
理性主义	解释学	批判理论
实证主义	现象学	符号学
逻辑实证主义	符号互动	后现代主义
行为主义	建构主义	后结构主义
唯实主义	自然主义	解构主义
早期的现代主义	早期的结构主义	晚期的结构主义
	晚期的现代主义	

与范式相关的传播研究		
发 现 范 式	解 释 范 式	批 判 范 式
调查法的研究	话语（discourse）分析	批评民族志法研究
实验法定研究	民族志法研究	马克思批评法研究
传播网络分析	叙述与神话（narrative and mythic）修辞批评	女性主义批评研究
内容分析		文化研究
互动分析	隐喻（metaphoric）修辞批评	后现代批评研究
新亚里士多德修辞批评	戏剧性（dramatism）的修辞批评	后结构批评研究
历史个案研究		后殖民批评研究
修辞批评的传记性研究	幻想主题分析（fantasy theme analysis）式的修辞批评	类型（genre）改革批评研究
修辞批评的古典的类型（genre）研究		
会话（conversational）分析		

三、跨文化传播理论与研究方法

从表1来看，与跨文化传播相关的研究，除了萌芽期之前文化人类学家惯于使用解释范式之定性的（qualitative）自然/民族志研究方法（naturalistic/ethnographic methods）研究不同族群之文化与互动之外，20世纪中叶之后，整个发展已经走向发现范式为主的定量（quantitative）实证研究方法，直到20世纪90年代才开始又有了转变。为了便于分析，在此从跨文化传播4个主要的研究方向，来探讨其理论发展的始末以及使用的相关方法：（1）文化价值观；（2）跨文化适应；（3）跨文化关系；（4）跨文化交际能力。

文化价值观

首先，如前所述，Kluckhohn 于 1951 开始了对文化价值取向有系统地研究。他与 Strodbeck 于 1961 年提出了文化价值取向（cultural value orientation）的理论模式，作为从人类生活与行为的过程来观察与归纳该群体价值观系统的依据。由于文化价值观是一个群体赖以生存与延续世代传统的基础，因此是跨文化传播研究最基本与不可或缺的要素。Kluckhohn and Strodbeck 从人类 5 个共同面对的问题出发，对每个普世性的问题，提出三个解决的方法。所谓文化价值取向，就是人类社会用来解决普世性问题（universal problem）的方法。表 2 显示了他们的文化价值取向模式。

表 2　Kluckhohn and Strodbeck 文化价值取向模式

普世性问题 (Universal Problems)	文化价值取向 (Cultural Value Orientation)		
人性 (Human Nature)	本恶 (Evil)	善恶并存 (Good and Evil)	本善 (Good)
人与自然关系 (Human-Nature Relationship)	屈服与自然 (Subjugate to Nature)	彼此和谐 (Harmony with Nature)	控制自然 (Dominate Nature)
时间 (Time)	过去 (Past)	现在 (Present)	未来 (Future)
行动 (Activity)	本然 (Being)	本然-成为 (Being-in-Becoming)	行动 (Doing)
人与人关系 (Human Relation)	直系 (Lineality)	旁系 (Collaterality)	个人主义 (Individualism)

Kluckhohn and Strodbeck 的模式对往后跨文化传播研究的影响颇大。这个模式立下了文化价值观研究的基型，之后学者在这方面所建立的理论与模式，几乎都与 Kluckhohn and Strodbeck 的模式相关或从中延伸而出。其中对跨文化传播影响最大的是 Condon and Yousef（1975）、Hall（1976），以及 Hofstede（1984）文化价值模式（陈国明，2009a）。Condon and Yousef 把 Kluckhohn and Strodbeck 的模式发展成到目前仍是研究文化价值观最为完整的模式。他们把 Kluckhohn and Strodbeck 的模式扩展到涵盖了自我、家庭、社会、人性、自然和超自然 6 项人类社会主要结构的 25 个普世性的问题。和 Kluckhohn and Strodbeck 的模式一样，每个普世性的问题含有三个文化价值取向，作为不同文化解决普世性问题的方法。

Hall（1976）在"Beyond Culture"一书里把价值观的差异，简单地归纳为"高情境"（high-context）与"低情境"（low-context）两种不同的人类文化取向。高情境文化的价值观的沟通过程，主要显现在间接的表达方式、重视直觉性的非线性思考与强调以和谐解决问题；反之，低情境文化侧重直接表达、逻辑性线性思考方式与重视对抗性的问题解决方法。Geert Hofstede（1984）从管理学的角度，从六十几个国家收集大量的资料，分析后得出了人类社会共同具有的 5 个文化价值取向：个人主义/集体主义（individualism/collectivism）、权力距离（power distance）、不确定性的避免（uncertainty avoidance）、阳刚/阴柔（masculinity/femininity），与儒家动力（Confucian dynamism）。

这些文化价值理论模式的优点在于分类精简，对不同文化差异性的研究很有助益；缺点在于过度强调文化的差异性，造成往后研究文化时两分法（dichotomize）的缺陷（Chen, 2009a）。把文化价值的差异两极化，致使两个不同文化之间似乎存有一道不可逾越的鸿沟，给日后研究带来了来自不同文化的人们互动时无法达到相互理解的悲观看法。例如，表 3（取自陈国明等，2011，页 56）从范式思想的角度，列出了东西方的文化价值观。过度地强调差异性所形成的文化研究两分法，就是把东西方之间的那道直线，视为截然划分的边界。一提到东方文化，就认为东方人是全然信仰宇宙的整体性，是以和谐为人生的目的，以万物的依存关系作为认知的基础，以及处理问题是直觉性的，因此在互动的过程，表现出来的行为是集体主义、间接表达、彼此互惠、与主观的。西方人则是信仰宇宙的原子性，以对抗为人生的目的，以万物的独立关系作为认知的基础、表达方法是直接的、认知是在平等自由基础上的、处理问题是逻辑性的。

表 3 东西方文化的范式假设与价值观

本体论（Ontology）	
东方	西方
整体性（Holistic）	原子性（Atomistic）
个体隐没的（submerged） 集团主义的（Collectivistic）	个体分明的（Discrete） 个人主义的（Individualistic）

价值论（Axiology）		认识论（Epistemology）		方法论（Methodology）	
东方	西方	东方	西方	东方	西方
和谐的 （Harmonious）	对抗的 （Confrontational）	互连的 （Interconnected）	返约的 （Reductionistic）	直觉的 （Intuitive）	逻辑的 （Logical）
间接的 （indirect）	直接的 （direct）	互惠的 （reciprocity）	独立的 （independent）	主观的 （subjective）	客观的 （objective）
含蓄的 （subtle）	表达的 （expressive）	我们 （we）	我 （I）	非线性的 （nonlinear）	线性的 （linear）
适应的 （adaptative）	辩证的 （dialectical）	层级的 （hierarchical）	平等的 （equal）	模糊的 （ambiguous）	分析的 （analytical）
一致的 （consensual）	分裂的 （divisive）	连结的 （associative）	自由意志 （free will）	仪式的 （ritual）	印证的 （justificatory）
同意的 （agreeable）	训诫的 （sermonic）	与生的 （ascribed）	达成的 （achieved）	配合的 （accommodative）	操纵的 （manipulative）

Chen（2009a）批评这种文化价值观两分法的观点乃是学术知识之瘤。它不仅会妨碍学术研究的正常发展，也可能导致一个文化的没落甚至消失。因此，有时以两分法来探讨文化价值观，只能当成是表层了解对方的暂时性工具，而绝对不可以两分法作为排除对方的手段，因为跨文化传播最终的目的乃是达到一个多元共存的世界。当然，避免两分法造成的弊病最好的方法，就是必须认识除了具有差异之外，人类社会是存有普世性文化价值的。例如，Schwartz（1992）与 Schwartz and Bilsky（1990）的研究已一再发现对权力、成就、仁爱、合谋（conformity）和安全等价值的追求是不分文化，举世皆然的。另外，Condon and Yousef（1975）早就建议，文化价值观的体现，只是强弱程度的差别而已，例如，没有一个文化是百分之百个人主义或集体主义的；每个文化都同时具有个人与集体主义的成分。因此，对待文化价值观的正确方法是认为，例如，美国是比较信仰个人主义，而中国人是比较信仰集体主义；或英国人讲话比较直截了当，而日本人是比较间接含蓄的。因此，"同中有异，异中求同"的观点是连接两分法之鸿沟的桥梁与使跨文化理解与沟通成为可能的良方。

跨文化适应

Kalervo Oberg 的文化休克与 Sverre Lysgaard 的跨文化适应研究开启了跨文化适应的研究传统，并发展成为跨文化传播研究的主要方向之一。Oberg（1954，1960）认为文化休克是一个旅居在外的人（sojourner）因客居文化价值观的差异，所引起的心理上的压力与困扰，这是跨文化适应（intercultural adaptation）必经的过程。Oberg 发现文化休克的症状很多，包括心情紧绷、失落感、自我排斥或排斥他人、角色错乱、焦虑或惊慌失措等负面情绪、与失能（incompetence）等。他把文化休克视为工作表现的克星，经历文化休克的过程有蜜月期（honeymoon）、危机期（crisis）、恢复期（recovery）与适应期（adjustment）四个阶段。Lysgaard（1955）把这个跨文化适应的过程以 U-Curve 模式来表示，说明了跨文化适应的过程，通常须要经由开端期（initial stage）、孤独期（loneliness stage）与复原期（recovery stage）三个阶段。跨文化适应阶段理论，从此成为学者研究的对象，不少的研究与理论模式相继而出。值得一提的有 Gullahorn and Gullahorn（1963）、Adler（1975）、Kim（1979，2012）、Anderson（1994）、Taylor（1994）、Chen（2013a）等学者的研究。

Gullahorn and Gullahorn（1963）的研究发现，跨文化适应的过程不只发生在旅居其他文化的期间，而是延长到旅居人回到母国之时。他们因此把 Lysgaard 的 U-Curve 适应模式，延伸成 W-Curve 模式，W 为两个 U 的结合，前一个 U 代表在异国的适应过程，后一个 U 代表回到国内重新适应自己母文化的过程。这个理论开展出了文化再休克（re-entry or reverse cultural shock）的研究路线，对跨文化适应的深入理解提供了重大的贡献。

Adler（1975）把旅居人的身心变化带入了跨文化适应的过程。他把适应过程分成接触

(contact)、失衡（disintegration）、重整（reintegration）、自主（autonomy）、与独立（independence）5个阶段，同时包括了身心震荡与心情的正负面感受。Adler不仅把文化休克认为是一个旅居者内在成长的过程，而且强调把身份认同（identity）这个概念置入跨文化适应研究的重要性。Adler对跨文化适应的个人内在成长的看法虽然有点失之乐观，但把身份认同认为是跨文化适应过程一个不可忽略的变项，对往后的研究有着深刻的影响。

Kim（1979）是较早从事跨文化适应理论建构的传播学者。她承继了Adler的理论，把跨文化适应视为一个"压力-调整-成长（stress-adaptation-growth）"的动态过程（戴晓东，2011）。这个动态过程是一个开放的系统，除了关注到个人在适应过程所遇到的积极或消极的冲击之外，整个适应的社会环境因素也不可忽略。只有把个人与社会环境之间的互动整合起来，对跨文化适应过程的了解才有可能适当地掌握。Kim把她的跨文化适应系统理论以21种原理表达出来，对后来的研究提供了很大的方便与指导作用。

Anderson（1994）把跨文化适应看成一个辩证的过程。他的跨文化适应辩证模式（the dialectical model of intercultural adaptation）认为跨文化适应是建立在个人心理驱动的基础之上，所产生的一个循环不止的过程，而且适应一个新文化，通常会带来一种再生（rebirth）的感受。这种连续性的适应再生循环的动力是个人的趋力（drive）与动机（motivation），因为只有这种个人对目标追求的动力，才有可能平衡适应过程上下起伏的心理冲击。这个模式主要的思想原则包括跨文化适应：（1）是经由动机以追求达成目标的过程，（2）与学习（learning）不可分割，（3）显示了陌生人-主人（stranger-host）之间的关系，（4）是一个连续循环与互动的过程，以及（5）表现了个人成长的过程（陈国明、安然，2010）。和Kim的理论类似，Anderson的模式整合了先前跨文化适应在社会与心理方面的研究，很具有启发性，对跨文化适应纵深过程的研究更有启发作用（Chen & Starosta，2005）。

Taylor（1994）的转化学习模式（transformative learning model）把跨文化适应当作一个从尴尬笨拙的新手转变成交际高手（competent communicator）的学习过程。这个模式把跨文化适应分成改变前奏（precondition to change）、过程（the process）与结果（the outcome）三个面向。改变的前奏指适应的文化休克时段，它是引发转化的触媒；过程指逐渐克服文化休克的阶段；结果指交际能力的习得而融入新文化的生活。因此，成功的跨文化适应意味着旅居人经由学习，在认知、情感与行为三方面的正面改变。认知、情感与行为乃是跨文化传播能力（intercultural communication competence）的三个主要元素，Taylo的模式虽然有点过度地相信个人自主与自发学习的能力，但却成功地结合了跨文化适应与跨文化传播能力，启发了后来这两个概念结合的研究。

最后，Chen（2013a）从哲学的角度，赋予跨文化适应这个概念一个新的意义。他把跨文化适应认为是一个边际博弈（boundary game）的过程；也就是两个背负着不同文化价值观的文化灵魂

(cultural soul),经由平等互动达到和谐均衡(harmonious equilibrium)境界的过程。这个动态适应过程的目的在于增强彼此之间的理解(mutual understanding),激化彼此之间的尊重(mutual respect)以及扩张彼此接受(mutual acceptance)的空间。从彼此理解到彼此尊重,再到彼此接受代表了跨文化适应的发展路线;这条路线要求互动双方合一的整体性(totality),促使双方能够彼此渗透(interpenetration)与转化(transformation),文化边际线于是开始模糊而渐渐建立了一个相互依存(interdependent)的空间或新的文化中心(cultural center)。包含敏觉力(sensitivity)与创造力(creativity)两种能力的边际智能(boundary wisdom),则是到达合一整体性的主要元素。筑基在东方思想,尤其是中国传统的太极哲学观,是 Chen 的模式的特色。对跨文化适应这个概念的意义提供了一套新的理论,但如何依据这个理论来研究跨文化适应,则有待学者继续探索下去。

以上所讨论的只是几个较具代表性的著作,与跨文化适应相关的理论相当多。例如 Collier and Thomas(1988)的跨文化认同理论(cultural identity theory)、Ellingsworth,1983)的跨文化适应理论(intercultural adaptation theory)、Giles and Noels(1997)的交际顺应理论(communication accommodation theory)、Nishida(1999)适应要略理论(schema theory)、Bourhis 等人(1997)的互动儒化理论(interactive acculturation theory)以及 Mansell(1981)的跨文化适应感情阶段论等比比皆是,而且值得阅读与参考。由跨文化适应研究引发出来有关身份认同的理论也为数不少,例如来自 Adler(1977)、Collier and Thomas(1988)、Cupach and Imahari(1993)、Hecht(1993)、Ting-Toomey(1993)等跨文化传播学者的研究。身份认同的问题,不仅出现在跨文化适应的过程,它同时是研究不同文化族群在意识形态与权力争夺的过程中很重要的一个概念。

跨文化关系

跨文化关系(intercultural relationship)的研究,以人际关系(interpersonal relationship)与冲突管理(conflict management)两个概念为代表。人与人之间关系的发展,建立在如何处理归属感(inclusion)、支配力(control)与情感(affection)三种社会需求的基础之上(Schutz, 1966)。跨文化人际关系的发展也不例外。比起在同文化内,跨文化关系的发展因为文化价值观的差异,过程的动态性强,容易产生误解,而且焦虑感也比较高(陈国明,2003)。Homans(1958)的社会交换理论(social exchange theory)与 Altman and Taylor(1973)的社会关系渗入理论(social penetration theory)是开启与推动这个研究路线的早期两个主要的理论。应用在跨文化脉络的关系发展理论,值得讨论的有焦虑/确定管理理论(anxiety/uncertainty management theory)、第三文化建立理论(third-culture building theory)、共文化理论(co-cultural theory)与华人关系发展模式(Chinese model of human relationship development)。

Gudykunst(1995,2005)把 Berger and Calabrese(1975)的关系建立过程的不确定性减低理论

(uncertainty reduction theory）应用到跨文化交际，发展了焦虑/确定管理理论（anxiety/uncertainty management theory-AUM）。这个理论认为焦虑与不确定感会直接影响到关系的发展，因为人们在互动过程中有安全感的需求。AUM 理论以陌生人（stranger）、焦虑（anxiety）、不确定性（uncertainty）、有效沟通（effective communication）与专注（mindfulness）五个概念为主轴，阐释了它们之间的关系与在跨文化关系发展过程产生的影响。一连串的理论定理由此而生，形成一个庞杂的理论系统。虽然这个理论失之精简，不易做完整的测试，但围绕在心理焦虑与不确定感的论述不仅对跨文化情境下关系发展的了解很有帮助，对跨文化适应的研究也颇有影响。AUM 与 Burgoon（1978）的期待违背理论（expectancy violation theory）也有相互辉映之效。

Casmir（1993）的第三文化建立理论（third-culture building theory）以文化融合（cultural synergy）的原则为中心思想，认为跨文化关系的健全发展，来自互动双方经由认识彼此文化的异同而达成一个共同目标的协力合作。经由这个适应、协商、与融合双方不同的文化价值观过程，发展出了一个新的第三文化。第三文化关系的建立分为接触期（contact）、需求期（need）、依赖期（dependence）与相互依赖期（interdependence）四个阶段。相互依赖期显示了第三文化关系的成立，它接受了文化价值观经由对话协商的可变性，以及个人安全感的获取与持续。维持这个成就阶段的关系，除了有赖于适应与协商的继续，更要求双方不断地彼此学习。第三文化建立理论算是少数直接处理跨文化关系建立的模式，研究上广受应用。例如，Dai（2010，2012）把第三文化建立起的区域，以跨文化间性（interculturality）的概念进一步理论化。Dai 把跨文化间性视为跨文化关系建立过程所具有的跨文化认同的核心与跨文化对话（cultural dialogue）的基石。换言之，跨文化间性意味着不同文化的人们以协商来达致彼此意见合一的一个复杂联结（complex connection）。经由双方的联结，交流整体性与彼此互证（mutual identification）的意识逐渐浮现，打开了彼此可持续性适应之锁，缓和了文化紧张与冲突，文化的差异于是被转化成一个动态与创造性的因子。

Orbe（1998）以共文化理论（co-cultural theory）来解释少数与多数，或被支配与支配（underrepresentative and dominant）族群成员之间的互动关系。这个理论认为少数或被支配群体（co-cultural group）的成员，乃是被边缘化或受到压迫的一群，因此有必要以某种互动的方式来发声以成功地对抗来自支配者的压迫。同化（assimilation）、顺应（accommodation）与分离（separation）则是被支配与支配群体成员交流的目的。Orbe（1998）在共文化理论里，也列举了表现这三个目的的九种交际的方法。这个理论的特色是从批判学说的角度，揭示了权力不均衡的族群之间的互动与关系建立的内涵与可能方式，对当今多元文化主义挂帅的社会，有其参考的价值。

Chen（1998）的华人关系发展模式（Chinese model of human relationship development）意在突破西方理论主宰学术研究的现象，提出一个从中华文化为出发点的关系发展模式。这个模式以宇宙的运行是一个转化（transforming）、环形（cyclic）与永无止息（endless）的过程为思想依据，认为华人关系发展的主要目标是达到和谐联系（harmonious connection）的境地，并用易经八卦的交互运动来阐释人类关系发展的八个阶段之辩证法则，充分表现出东方人人际关系特别强调含蓄性与和谐性的特征。

另外，跨文化关系发展的过程，因为文化情境（cultural context）的不同，语言的差异（language differences），以及思想形态（thinking pattern）的区别，很容易发生冲突的现象（Chen & Starosta, 1997-1998）。如表3所示，中国人偏向于Hall所说的高情境文化，使用汉语，直觉思维形态；美国人则偏向于低情境文化，使用英语，逻辑思维形态。和跨文化关系与冲突相关的理论有客气理论（politeness theory）与面子协调理论（face-negotiation theory）值得一提。

Brown and Levinson（1978）以Goffman（1955）的面子（face）研究为基础，发展了客气理论（politeness theory）。他们认为面子问题与客气行为随时浮现在人们互动的过程中，因此如何使用适当的口语与肢体语言来建立个人的正面印象（positive image），是避免冲突与建立良好关系的必要条件。由于面子受迫行为（face threatening act-FTA）有损互动者的面子，因此有必要以客气的举止来避免逼迫性行为，以维护个人的面子。Brown and Levinson提出了5种使用客气的技巧：（1）直接避免行使面子受迫性的行为，（2）顾虑对方感受，间接表达己见，（3）不顾对方感受，直接表达己见，（4）表示正面性客气（positive politeness）以显示互动者的面子需求，以及（5）表示负面性客气（negative politeness）以显示互动者自主性的需求。客气理论后来在跨文化关系与冲突的研究，广为引用与测试。

最后，Ting-Toomey（1988，2005）的面子协调理论（face-negotiation theory）融合了文化价值取向与Brown and Levinson的客气理论，阐释跨文化交流过程产生的面子冲突问题。面子问题是一个普世性问题，但不同文化对待面子的方法有别，因此Ting-Toomey的理论经由几次的修正，主要是要分析不同文化对面子认知上的可能差异，与如何维护面子所使用的策略。为了分析方便，她以方阵把面子划分为5个区域：（1）面子取向或关怀（face orientation or concerns），（2）面子移动或移动形态（face movements or face move's pattern），（3）面子互动策略（facework interaction strategies），（4）冲突互动方式（conflict communication styles），以及（5）面子的领域（face content domains），接着把这五大类应用到个人、文化、与关系/情境三个层次，提出一连串的理论命题。面子协调理论有点庞杂，但几次修正之后，日趋精简，属跨文化传播领域的重要理论之一。但单纯把文化划分成集体主义与个人主义取向，忽略了文化内部的多元性，这方面有待新起学者加以改进（戴晓东，2011）。

跨文化交际能力

不论是文化价值观的理解，跨文化的适应，还是跨文化关系的发展，跨文化交际的最终理想，就是要培养跨文化交际的能力（intercultural communication competence），以期达到有效的交际目的。交际能力作为人类互动与学习的目标，从20世纪中叶，不同学术领域的学者已经开始有系统地研究这个概念（e. g., Foote & Cottrell, 1955; White, 1959）。20世纪70年代传播学者加入研究行列之后，不管是同文化内或跨文化之间交际能力的研究，很快就成了学术界的主流。跨文化交际能力模式也陆续出现。Ruben（1976, Ruben & Kealey, 1979）与Hammer, Gudykunst, and Wiseman（1978）两个较早的跨文化交际能力模式，引领着特别是从实证主义角度的研究潮流。之后Chen and Starosta（1996）整合了这个研究方向的研究，提出了跨文化交际能力三角模式（triangular model of intercultural communication competence）。这里就讨论这三个模式。

Ruben（1976）与Ruben and Kealey（1979）总结之前研究的文献后，把有关跨文化交际能力归纳为7个主要的面向：表示尊重（display of respect）、互动姿态（interaction posture）、知识取向（orientation to knowledge）、同情心（empathy）、自我导向角色行为（self-oriented role behavior）、互动经营（interaction management）、与不确性忍受度（tolerance of ambiguity）。他们以7个要素发展出一个测试跨文化交际能力的量表。这个早期的模式，内容丰富，但显得复杂，量表的测试也颇为烦琐，给后来的研究提供了研究的指针与改良的空间。

Hammer, Gudykunst, and Wiseman（1978）测试了一群旅居异国的美国学生，导出了包含三个面向的跨文化交际能力模式：（1）应付心理压力的能力，（2）有效交流的能力，以及（3）建立人际关系的能力。Abe and Wiseman（1983）后来以日本留学生为研究对象，把Hammer, Gudykunst, and Wiseman的模式修改为5个面向：（1）人际间交流的能力，（2）调适不同文化的能力，（3）应付不同社会系统的能力，（4）建立人际关系的能力，以及（5）了解别人的能力。由于每个面向代表一个较宽广的概念，因此必须提炼出一组特殊的思想或行为来表示面向所代表的意义。从此之后，学者持续探究着最足以代表跨文化交际能力的面向与特殊的举止行为。

Chen（1987, 1989）沿着这个路线继续研究，归纳出了跨文化交际能力的4个面向：（1）个人秉性（personal attributes），（2）交流技巧（communication skills），（3）心理适应（psychological adaptation），以及（4）文化认知（cultural awareness）。每个面向也包含了四项指针性的举止行为。一再测试后，Chen and Starosta（1996）提出了图1显示的跨文化交际能力的三角模式。由跨文化认知（intercultural awareness）、跨文化敏觉力（intercultural sensitivity）、与跨文化敏捷力（intercultural adroitness）三种能力分别代表了跨文化交际能力认知（cognitive）、情感（affective）与行为（behavioral）三个面向。

图1　跨文化交际能力三角模式

这个三角模式精简地整合了跨文化交际能力半世纪来实证研究路线的成果，但其他从不同范式研究这个概念的研究也同时陆续出现。例如，Carbaugh（1993，2012）的文化论述分析理论（cultural discourse analysis）从解释学的角度研究跨文化交际能力；Byram（1997，2009）从教学与学习第二语言的方向，建构了一个包括了语言（linguistic）、社会语义（sociolinguistic）与言说（discourse）三种能力的跨文化交际能力模式；Sorrells（2010，2013）从批判学说的角度，主张在全球化社会达到跨文化交际能力的方法必须建立在重新认定文化的意义、强调文化传统的多元化、连结本土与全球以及强化社会参与与公正4项新的行动之上；Martin and Nakayama（2009，2010）则以辩证学（dialectical approach）思想来建构跨文化交际能力模式，认为跨文化交际能力显现在文化/个人（cultural/individual）、个人/情境（personal/contextual）、异/同（differences/similarities）、静态/动态（static/dynamic）、现在-未来/历史-过去（present-future/history-past）、与特权/劣势（privilege/disadvantage）6对辩证势力互动之时。

跨文化交际能力理论的多元化，也意味着跨文化传播学整个领域在研究方法趋向多样化的走向。学术研究方法不外乎实验（experiment）、调查（survey）、文本分析（textual analysis）与自然（naturalistic）研究四大项目（陈国明等，2011b）。如前所述，理论与方法寄托在不同的范式思想形态，而且跨文化交际学这个领域建立之前，来自文化人类学方面研究，在早期乃是以民族志学（ethnography）为主的自然研究方法为主，崇尚主位（emic）论述，但20世纪中叶之后，却由发现范式的实证主义之定量研究主导了后半个世纪，转为对客位（etic）思想与方法的信仰。直到20世纪90年代，因全球化带来的社会变迁，解释与批判范式的意识形态与定性研究方法才开始兴起，如今与发现范式形成了三足鼎立之势。除了前面讨论的部分，在跨文化交际学这个领域还值得一提的是Asante从批判角度提出的非洲中心（Afrocentric）与亚洲中心（Asiancentric）的研究路线（陈国明，2009b）。

Asante几十年来，一直高声疾呼，严厉批评欧洲中心主义不仅主导人类的生活方式，更宰制整个人类的思潮与学术研究。欧洲中心主义因过度偏激的个人主义（aggressive individualism）、沙文的理性主义（chauvinistic rationalism）以及无情的文化主义（ruthless culturalism）所形成的西方至上的态度，导致了非西方世界的边缘化与受压迫，在世界的舞台无法发声而长期受到忽略（Asante，2006）。他呼吁主位研究的重要性，除了欧洲是中心，非洲和亚洲也都是文化中心。各自有各自的特色与贡献。因此非西方世界应该觉醒，发觉与重建自己的文化认同，与欧洲中心主义对抗、对话，以达到多元共存的人类新社会。Asante（1999，2003，2007）批评的同时，自己孜孜致力于非洲中心的推展，也鼓舞了为数不少的学者加入行列；另外也鼓舞了以亚洲为中心的学术研究。具有显著成就的有Miike（2004，2006，2010，2013）承继了Chu（1998）、Dissanayake（1988，2003）、Gunaratne，（1991）、Kincaid（1987）等前辈学者的成果，更进一步从事对欧洲中心主义的批判，并从范式思想的角度，旁征博引与深入地试着建立以亚洲哲学与文化为中心的交际理论。另外，Chen（2001，2006，2009b，2010，2011，2013b）多年来也顺应亚洲中心研究的潮流，特别从中华文化的角度，挑战欧洲中心主义，并且从传播学不同的面向试着建立中华传播理论。

跨文化传播学1990年开始风起云涌的迅猛发展，一进入21世纪之后，马上又得面对来势汹汹的全球化所带来的冲击与挑战。特别是全球化滚滚的潮流与新媒体（new media）的合流，对整个人类社会带来铺天盖地的影响，整个学术界的研究也不例外。下一节就专门来探讨这个潮流对跨文化传播学所带来的可能冲击。

四、跨文化传播学的未来发展

科技，尤其是新媒体突飞猛进的发展，是近20年来加速全球化潮流的主要动因。新媒体与全球化潮流的结合，把人类社会带到了一个前所未有的高度连结的复杂结构。新媒体的数字化（digitality）、融合（convergence）、互动性（interactivity）、超文本性（hypertextuality）、与虚拟性（virtuality）五大功能，表现在全球化潮流的辩证动态性（dialectically dynamic）、寰宇渗透性（universally pervasive）、整体连结性（holistically interconnected）、文化混合性（culturally hybridized）以及个体强化性（individually powerful）五大特色的基础之上（Chen，2012）。这两股相互依存的动力对人们的思想行为带来了革命性的变化，重新定义了人类社区（community）的内涵，同时重整了人类社会的结构。换句话说，人类世界变小了，时空压缩了，社会各角落紧密结合了，全球与本土之间的竞争与合作激化了（Chen & Starosta，2000）。人类社会的这种改变，无疑地已经影响着目前跨文化传播学的发展，也势必影响到这个领域未来发展的走向。其中两项明显的影响包括了新媒体对文化本身与对跨文化交流不同面向的直接冲击（Chen，2012；Chen & Zhang，2010）。

首先，Bagdasaryan（2011）指出，新媒体所孕育出来的新文化，造成了文化传统与创新之间断裂的现象。人类社会几千年来的发展，一直能在传统与创新两股势力之间取得均衡共存，并且顺利地从过去往现代进化。但是新媒体发展的惊人速度与巨大的冲击，已使得人类传统的文化价值信仰，无法跟上新兴的价值观。这种文化的断裂，已带来同文化里代间与人们彼此之间沟通与相互了解的困难度，传统文化的转化也开始出现了问题。至于不同文化或族群之间的互动，则更是困难重重。新媒体发展到目前的整合性正改写着传统文化的规则与逻辑性，对文化型态与世界观的重构，势必要求不同文化之间的人们重新寻找一组互动的思想形态与举止行为，才能达到相互理解的境地。这种文化之间互动的不稳定性与模糊性（uncertainty and ambiguity），不仅是在当今社会人们天天必须面对的问题，也是跨文化传播学者在研究上必须重新调整与解决的问题。

其次，新媒体与全球化合流对跨文化交流的冲击可由文化认同、跨文化关系、跨文化适应、与跨文化冲突四个面向看出。新媒体与全球化合流后，给人类带来了新文本的经验、世界在现的新方法、使用者与新媒体之间的新关系、使用者身体与新媒体的新认知、以及文本组织与生产的新形态（Lister, Dovery, Giddings, Grant, & Kelly, 2009）。这些前所未有的新生活经验，无疑地改变了文化认同传统的思维与定义。尤其明显的征兆是削弱了人们与社区之间关系的强度；另外是虚拟社区（virtual community）的产生，使传统以地域、历史与面对面互动来解释文化认同之意义的做法，失去了效力。这种时空意义的消失使文化认同的自主与稳定性受到强烈的挑战，文化认同变得更具动态与流动性。自我与文化归属感的改变，使得跨文化传播的研究变得更为复杂。

诸如脸谱网、博客、Twitter、YouTube 等新媒体出现后，人们已经开始使用一种特殊的方式来表达自己与试着和世界不同角落的人们发生联系。这种在线上或虚拟空间从事关系建立与发展的模式，已完全超出传统方式的思维与做法，对人类的影响是利是弊，目前实在无分辨。例如，虽然 McEwan and Sobre-Denton（2011）认为新媒体传播能扩张参与者的全球心态和有利于第三文化空间的建立，但 Qian and Scott（2007）却发现，在虚空间表露过多个人信息，有可能给同文化内与跨文化之间关系建立的过程带来负面的影响。

在跨文化适应方面，新媒体跨时空的连结与信息的传递，已成了旅居者或移民最有利的交流工具。研究发现，新媒体已经变成旅居异国者与同文化或异文化的朋友与亲戚互通信息最常使用的工具，而且在国外居住越久，使用新媒体的频率也相对地提高（Chen, Bennett, & Maton, 2008; Trebbe, 2007; Tsai, 2006; W. Chen, 2010; Ye, 2006）。这意味着新媒体的使用会影响到跨文化适应的过程。例如，Sawyer and Chen（2011）发现，新媒体的使用减低在美国求学的国际学生文化休克的冲击，并且强化了与美国人关系的建立。Croucher（2011）进一步建议，未来在这方面的研究，可以观察使用新媒体与移民群体在跨文化适应过程，与地主国人们互动的频率、熟悉地主语言与文化价值观的速度、濡化的动机以及对地主国政治参与程度等之间的关系。

最后，新媒体的产生，也正改变着跨文化冲突的面貌。新媒体同时赋予政府与个人一个崭新的构建与重建自我形象、诠释信息意义、框架信息以及设定媒体议题的有力工具。可是，文化的差异往往带来了不同的媒体再现的方法与过程。Chen and Dai（2012）指出，由于媒体的内在结构与操作乃是建立在一个文化的价值系统之上，其所产生的不同的媒体再现形式，很容易在跨文化互动的过程带来不和谐的情况，并导致人际间、团体间，与国家之间的歧义与冲突。例如，对 2008 年北京奥运会与 2010 年 Google 退出中国的新闻报道就是两个很好的案例。西方媒体对奥运会的报道从其传统自由与民主的角度，几乎一面倒地集中在对中国的集权政治与落后和非理性社会的报道，批判中国对人权的践踏、环境的污染、社会的不稳定以及政治的腐败；而中国媒体的议题设定却以环保的、人文的与科学的奥运作为主轴，力图建立一个正面的国家形象（Ni，2008；Shi，2009）。Kuang（2011）分析中国日报与华尔街日报的报道之后，也发现对 Google 退出中国事件的报道双方各持己见。中国日报认为此事件的发生，乃是 Google 与美国政府的狼狈为奸，而且 Google 是为了逃避新闻审查才出此下策。华尔街日报则批评中国政府违反人权与控制言论。这些反映文化价值观的议题设定所造成的差异，不免点燃了政府之间彼此的对抗与冲突。

当然，除了新媒体对跨文化传播学的未来具有不可忽略的影响之外，其他诸如本土化与全球化两股潮流之间的拉锯、人类社会新社区意识的建立与维持以及跨文化传播与商业发展与经营的合流等新的现象，对跨文化传播学的未来发展都会带来不同程度的影响。未来的研究可从这几个方面继续追踪。

五、结论

本章旨在探讨跨文化传播学发展的来龙去脉。首先是前言，点出跨文化传播学为整个传播学门的一个研究领域。第二部分以萌芽期（1950—1969）、成长期（1970—1989）与转化期（1990 年至目前）三个阶段，描述跨文化传播学这个领域的历史发展轨迹与现状。第三部分更深入地从文化价值观、跨文化适应、跨文化关系和跨文化交际能力四个面向，解说跨文化传播研究的主要内涵、理论与方法。最后则从全球化与新媒体合流的角度，讨论了跨文化传播学未来的发展与可能面对的问题。

跨文化传播学是整个传播学较为年轻的一个学科，它因人类社会急剧的发展与变迁而生，对人类社会能否走向一个美好的未来具有举足轻重的地位。希望经由本章对这个领域精简的介绍，读者能够对跨文化传播学有个基本的了解。

◇ **参考文献** ◇

- 陈国明（2003）.《文化间传播学》. 台北：五南.
- 陈国明（2009a）.《跨文化交际学》. 上海：华东师范大学出版社.
- 陈国明（2009b）.《跨文化沟通》. 鲁曙明编，《沟通交际学》. 北京：人民出版社. 页 195-218.
- 陈国明，安然（2010）.《跨文化传播学关键术语》. 北京：中国社会科学出版社.
- 陈国明，陈雪华（2005）.《传播学概论》. 台北：巨流.
- 陈国明，彭文正，叶银娇，安然（2011a）.《传播研究方法》. 上海：复旦大学出版社.
- 陈国明，肖小穗，韦路，李佩雯，刘双，李美华（2011b）.《传播理论》. 台北：五南.

- 戴晓东 (2011).《跨文化交际理论》.上海：上海外语教育出版社.
- Abe, H., & Wiseman, r. L. (1983). A cross-cultural confirmation of the dimensions of intercultural effectiveness. *International Journal of Intercultural Relations*, 7: 53-67.
- Adler, P. S. (1975). The transitional experience: an alternative view of culture shock. *Journal of Humanistic Psychology*, 15: 13-23.
- Adler, P. S. (1977). Beyond cultural identity: Reflection upon cultural and multicultural man. In R. Brislin (ed.), *Culture learning: Concepts, applications, and research*, 24-41. Honolulu: University Press of Hawaii.
- Altman, I., & Taylor, D. (1973). *Social penetration: The development of interpersonal relationship*. New York: Holt, Rinehart and Winston.
- Anderson, L. E. (1994). A new look at an old construct: Cross-cultural adaptation. *International Journal of Intercultural Relations*, 18(3): 293-328.
- Asante, M. K. (1980). Intercultural communication: An inquiry into research directions. In D. Nimmo (ed.), *Communication Yearbook* 4, 401-411. New Brunswick, NJ: Transaction.
- Asante, M. K. (1999). An Afrocentric communication theory. In J. L. Lucaites, C. M. Condit, & S. Caudill (eds.), *Contemporary rhetorical theory: A reader*, 552-562. New York: Guilford Press.
- Asante, M. K. (2003). *Afrocentricity: The theory of social change*. Chicago, IL: African American Images.
- Asante, M. (2006). The rhetoric of globalization: The Europeanisation of human ideas. *Journal of Multicultural Discourses*, 1(2): 152-158.
- Asante, M. K. (2007). Communicating Africa: Enabling Centricity for Intercultural Engagement. *China Media Research*, 3(3): 70-75.
- Asante, M. K., & Gudykunst, W. J. (eds.) (1989). *Handbook of international and intercultural communication*. Beverly Hills, CA: Sage.
- Bagdasaryan, N. G. (2011). *Intercultural communication in the context of new media*. Retrieved from http://www.itas.fzk.de/eng/e-society/preprints/mediaculture/Bagdasaryan.pdf.
- Benedict, R. (1946). *Patterns of culture*. New York: Penguin Books.
- Berger, C. R., & Calabrese, R. (1975). Some exploration in initial interactions and beyond. *Human Communication Research*, 1: 99-112.
- Bourhis, R., Moise, L., Perreault, S., & Senecal, S. (1997). Towards an interactive acculturation model. *International Journal of Psychology*, 32: 369-386.
- Brown, P., & Levinson, S. C. (1987). *Politeness*. Cambridge: Cambridge University Press.
- Burdick, W. J., & Lederer, E. (1958). *The ugly American*. New York: Norton.
- Burgoon, J. K. (1978). A communication model of personal space violations. *Human Communication Research*, 4: 129-142.
- Byram, M. (1997). *Teaching and assessing intercultural communication competence*. New York: Multilingual Matters.
- Byram, M. (2009). Intercultural competence in foreign languages: The intercultural speaker and the pedagogy of foreign language education. In D. K. Deardorff (ed.), *The SAGE Handbook of intercultural competence*, 321-332. Thousand Oaks, CA: Sage.
- Carbaugh, D. (1993). Competence as Cultural Pragmatics: Reflections on some Soviet and American encounters. *International and Intercultural Communication Annual*, 17: 168-183.
- Carbaugh, D. (2012). Living among cultures: Communication cues and codes. In A. Goodboy & K. Shultz (eds.), *Introduction to communication: Translating scholarship into meaningful practice*, 167-172. Dubuque, IA: Kendall-Hunt.
- Casmir, F. L. (1993). Third-culture building: A Paradigm shift for international and intercultural

- communication. *Communication Yearbook* 16, 407-428. Newbury Park, CA: Sage.
- Chen, G. M. (1987). *Dimensions of intercultural communication competence* (Unpublished doctoral dissertation). Kent State Unviersity, Kent, Ohio.
- Chen, G. M. (1989). Relationships of the dimensions of intercultural communication competence. *Communication Quarterly*, 37: 118-133.
- Chen, G. M. (1998). A Chinese model of human relationship development. In B. L. Hoffer & H. H. Koo (eds.), *Cross-cultural communication East and West in the 90's*, 45-53. San Antonio, TX: Institute for Cross-Cultural Research.
- Chen, G. M. (2001). Toward transcultural understanding: A harmony theory of Chinese communication. In V. H. Milhouse, M. K. Asante, and P. O. Nwosu (eds.), *Transcultural realities: Interdisciplinary perspectives on cross-cultural relations*, 55-70. Thousand Oaks, CA: Sage.
- Chen, G. M. (2006). Asian communication studies: What and where to now. *The Review of Communication*, 6(4): 295-311.
- Chen, G. M. (2009a). Beyond the dichotomy of communication studies. *Journal of Asian Communication*, 19(4): 398-411.
- Chen, G. M. (2009b). Toward an *I Ching* model of communication. *China Media Research*, 5(3): 72-81.
- Chen, G. M. (2010). *Study on Chinese communication behaviors*. Hong Kong: China Review Academic Publishers.
- Chen, G. M. (eds.). (2011). Key concepts in understanding the Chinese [Special issue]. *China Media Research*, 7(4): 1-106.
- Chen, G. M. (2012). The impact of new media on intercultural communication in global context. *China Media Research*, 8(2): 1-10.
- Chen, G. M. (2013a). Theorizing intercultural adaptation from the perspective of boundary game. *China Media Research*, 9(1): 1-10.
- Chen, G. M. (2013b). A Zhong Dao model of management in global context. *Intercultural Communication Studies*, 22(1): 1-8.
- Chen, G. M., & Dai, X-d. (2012). New media and asymmetry in cultural identity negotiation. In P. H. Cheong, J. N. Martin, & L. Macfadyen, L. (eds.), *New media and intercultural communication: Identity, community and politics*, 123-137. New York: Peter Lang.
- Chen, G. M., & Starosta, W. J. (1997-8). Chinese conflict management and resolution: Overview and implications. *Intercultural Communication Studies*, 7: 1-16.
- Chen, G. M., & Starosta, W. J. (1996). Intercultural communication competence: A synthesis. *Communication Yearbook* 19, 353-383. Newbury Park, CA: Sage.
- Chen, G. M., & Starosta, W. J. (2000). Communication and global society: An introduction. In G. M. Chen & W. J. Starosta (eds.), *Communication and global society*, 1-16. New York: Peter Lang.
- Chen, G. M., & Starosta, W. J. (2005). *Foundations of intercultural communication*. Lanham, MD: University Press of America.
- Chen, G. M., & Zhang, K. (2010). New media and cultural identity in the global society. In R. Taiwo (ed.), *Handbook of research on discourse behavior and digital communication: Language structures and social interaction*, 801-815. Hershey, PA: Information Science Reference.
- Chen, R. T., Bennett, S., & Maton, K. (2008). The adaptation of Chinese international students to online flexible learning: Two case studies. *Distance Education*, 29: 307-323.
- Chen, W. (2010). Internet-usage patterns of immigrants in the process of intercultural adaptation. *Cyberpsychology, behavior, and social networking*, 13(4): 387-399.

- Chu, G. C. (1998). In search of an Asian perspective of communication theory. In W. Dissanayake (ed.), *Communication theory: The Asian perspective*, 204-210. Singapore: Asian Mass Communication Research and Information Center.
- Collier, M. J., & Thomas, M. (1988). Identity in intercultural communication: An interpretive perspective. In Y. Y. Kim & W. B. Gudykunst (eds.), *Theories in intercultural communication*, 115-147. Newbury Park, CA: Sage.
- Condon, J. C., & Yousef, F. S. (1975). *An introduction to intercultural communication*. New York: Prentice Hall.
- Croucher, S. M. (2011). Social networking and cultural adaptation: A theoretical model. *Journal of International and Intercultural Communication*, 4(4): 259-264.
- Cupach, W. R., & Imahori, T. (1993). Identity management theory: Communication competence in intercultural episodes and relationships. In R. L. Wiseman & J. Koester (eds.), *Intercultural communication competence*, 112-131. Newbury Park: Sage.
- Dai, X-d. (2010). Intersubjectivity and interculturality: A conceptual link. *China Media Research*, 6(1): 12-19.
- Dai, X-d. (2012). Out of a dialogical dilemma: The construction of interculturality. In X-d. Dai & S. J. Kulich (eds.), *Intercultural adaptation (1): Theoretical explorations and empirical studies*, 97-114. Shanghai: Shanghai Foreign Language Education Press.
- Delia, J. G. (1987). Communication research: A history. In C. R. Berger & S. H. Chaffee (eds.), *Handbook of communication science*, 20-98. Beverly Hills, CA: Sage.
- Dissanayake, W. (ed.). (1988). *Communication theory: The Asian perspective*. Singapore: Asian Mass Communication Research and Information Center.
- Dissanayake, W. (2003). Asian approaches to human communication: Retrospect and prospect. *Intercultural Communication Studies*, 30(1): 27-30.
- Ellingsworth, H. W. (1983). Adaptive intercultural communication. In W. B. Gudykunst (ed.), *Intercultural communication theory*, 195-204. Newbury Park, CA: Sage.
- Foote, N. N., & Cottrell, L. S. (1955). *Identity and interpersonal competence*. Chicago: University of Chicago Press.
- Giles, H., & Noels, K. A. (1997). Communicaiton accommodation in intercultural encounters. In J. N. Martin, T. Nakayama, & L. Flores (eds.), *Readings in cultural context*, 139-149. Mountain View, CA: Mayfield.
- Goffman, E. (1955). On face-work: An analysis of ritual elements in social interaction. *Psychiatry: Journal of the Study of International Processes*, 18: 213-231.
- Gudykunst, W. B. (1995). Anxiety/uncertainty management (AUM) theory. In R. L. Wiseman (ed.), *Intercultural communication theory*, 8-58. Thousand Oaks, CA: Sage.
- Gudykunst, W. B. (2005). An anxiety/uncertainty management (AUM) theory of effective communication. In W. B. Gudykunst (ed.), *Theorizing about intercultural communication*, 281-322. Thousand Oaks, CA: Sage.
- Gullahorn, J. E., & J. T. Gullahorn (1963). An extension of the U-Curve Hypothesis. *Journal of Social Issues*, 19: 33-47.
- Gunaratne, S. A. (1991). Asian approaches to communication theory. *Media Development*, 38(1): 53-55.
- Hall, E. T. (1959). *The silent language*. Garden City, NY: Doubleday.
- Hall, E. T. (1966). *The hidden dimension*. Garden City, NY: Doubleday.
- Hall, E. T. (1976). *Beyond culture*. Garden City, NY: Anchor.
- Hall, E. T., & Whyte, W. F. (1963). Intercultural communication: A guide to men of action. *Practical Anthropology*, 9: 83-108.

- Hammer, M., Gudykunst, W., & Wiseman, R. (1978). Dimensions of intercultural effectiveness. *International Journal of Intercultural Relations*, 2: 382-393.
- Harms, L. S. (1973). *Intercultural communication*. New York: Harper & Row.
- Hecht, M. I. (1993). 2002-A research odyssey: Toward the development of a communication theory of identity. *Communication Monographs*, 60: 76-82.
- Hofstede, G. (1984). *Culture's consequences*. Beverly Hills, CA: Sage.
- Homans, G. C. (1958). Social behavior as exchange. *American Journal of Sociology*, 63(6): 597-606. doi: 10.1086/222355.
- Kim, Y. Y. (1979). Toward an interactive theory of communication acculturation. *Communication Yearbook* 3, 435-453. Newbury Park: Sage.
- Kim, Y. Y. (2012). From ascription to achievement: The case of identity adaptation and transformation in the globalizing world. In X-d. Dai & S. J. Kulich (eds.), *Intercultural adaptation (1): Theoretical explorations and empirical studies*, 31-49. Shanghai: Shanghai Foreign Language Education Press.
- Kincaid, D. L. (1987). *Communication theory: Eastern and Western perspectives*. New York: Academic.
- Kluckhohn, C. (1951). Values and value-orientation in the theory of action. In T. Parsons & E. Shils (eds.), *Toward a general theory of action*, 388-433. Cambridge, MA: Harvard University Press.
- Kluckhohn, C., & Strodbeck, F. (1961). *Variations in value orientations*. Evanston, IL: Row, Peterson.
- Kuang, K. (2011, November). *Google's withdrawal from China: A case study of news framing through an agenda setting approach*. Paper presented at the annual conference of National Communication. New Orleans, Louisiana.
- Kulich, S. J. (2012). Value studies: The origins and development of core cross-cultural comparisons. In S. J. Kulich & M. H. Prosser (eds.), *Value frameworks at the theoretical crossroads of culture*, 33-70. Shanghai: Shanghai Foreign Language Education Press.
- Leeds-Hurwitz, W. (1990). Notes in the history of intercultural communication: The foreign service institute and the mandate for intercultural training. *Quarterly Journal of Speech*, 76: 268-281.
- Lister, N., Dovery, J., Giddings, S., Grant, I., & Kelly, K. (2009). *New media: A critical introduction*. New York: Routledge.
- Lysgaard, S. (1955). Adjustment in a foreign society: Norwegian Fulbright grantees visiting the United States. *International Social Science Bulletin*, 7: 45-51.
- McEwan, B., & Sobre-Denton, M. (2011). Virtual cosmopolitanism: Constructing third cultures and transmitting social and cultural capital through social media. *Journal of International and Intercultural Communication*, 4(4): 252-258.
- Mansell, M. (1981). Transcultural experience and expressive response. *Communication Education*, 30: 93-108.
- Martin, J., & Nakayama, T. K. (2009). Thinking dialectically about culture and communication. *Communication Theory*, 9: 1-25.
- Martin, J., & Nakayama, T. K. (2010). Intercultural communication and dialectics revisted. In R. T. Halualani & T. K. Nakayama (eds.), *The handbook of critical intercultural communication*, 59-83. West Sussex, UK: Wiley-Blackwell.
- Miike, Y. (2004). *The Asiacentric idea: Theoretical legacies and visions of Eastern communication studies* (Unpublished doctoral dissertation). University of New Mexico, Albuquerque, NM.

- Miike, Y. (2006). Non-Western theory in Western research? An Asiacentric agenda for Asian communication studies. *Review of Communication*, 6(1/2): 4-31.
- Miike, Y. (2010). Culture as text and culture as theory: Asiacentricity and its *raison d'être* in intercultural communication research. In T. K. Nakayama & R. T. Halualani (eds.), *The handbook of critical intercultural communication*, 190-215. West Sussex, UK: Wiley-Blackwell.
- Miike, Y. (2013). The Asiacentric turn in Asian communication studies: Shifting paradigms and changing perspectives. In M. K. Asante, Y. Miike, & J. Yin (eds.), *The global intercultural communication reader*, 111-133. New York: Routledge.
- Newmark, E., Blake, C., & Asante, M. K. (1979). *Handbook of intercultural communication*. Beverly Hills, CA: Sage.
- Ni. J-p. (2008). *The Beijing Olympics and China's national image building*. http://www.cctr.ust.hk/materials/conference/workshop/14/nizp_olympics.pdf.
- Nishida, H. (1999). A cognitive approach to intercultural communication based on schema theory. *International Journal of Intercultural Relations*, 23: 753-777.
- Oberg, K. (1954). *Culture shock*. Panel discussion at the Midwest regional meeting of the Institute of International Education in Chicago, November 28, 1951. Retrieved from http://www.smcm.edu/Academics/internationaled/Pdf/cultureshockarticle.pdf.
- Oberg, K. (1960). Cultural shock: Adjustment to new cultural environments. *Practical Anthropology*, 7, 177-182.
- Oliver, R. T. (1962). *Culture and communication: The problem of penetrating national and cultural boundaries*. Springfield, IL: Charles C. Thomas.
- Oliver, R. T. (1971). *Communication and culture in ancient India and China*. Syracuse, NY: Syracuse University Press.
- Orbe, M. P. (1998). *Contructing co-cultural theory*. Thousand Oaks, CA: Sage.
- Parsons, T. (1951). *The social system*. Glencoe, IL: Free Press.
- Prosser, M. H. (ed.) (1973). *Intercommunication among nations and people*. New York: Harper & Row.
- Qian, H., & Scott, C. R. (2007). Anonymity and self-disclosure on weblogs. *Journal of Computer-Mediated Communication*, 12(4): 1428-1451.
- Ruben, B. D. (1976). Assessing communication competency for intercultural adaptation. *Group & Organization Studies*, 1: 334-354.
- Ruben, B. D., & Kealey, D. J. (1979). Behavioral assessment of communication competency and the prediction of cross-cultural adaptation. *International Journal of intercultural Relations*, 3: 15-47.
- Samovar, L. A., & Porter, R. E. (eds.) (1972). *Intercultural communication: A reader*. Belmont, CA: Wadsworth.
- Sawyer, R., & Chen, G. M. (2012, in print). The impact of new social media on intercultural adaptation. *Intercultural Communication Studies*. 21(2): 151-169.
- Schutz, W. (1966). *The interpersonal underworld*. Palo Alto, CA: Science and Behavior Books.
- Schwartz, S. (1992). Universals in the content and structure of values: Theoretical advances and empirical tests in 20 countries. In M. Zanna (ed.), *Advances in experimental social psychology*, 1-65. Orlando, FL: Academic.
- Schwartz, S., & Bilsky, W. (1990). Toward a theory of the universal content and structure of values: Extensions and cross-cultural replications. *Journal of Personality and Social Psychology*, 58: 878-891.
- Shi, W. (2009). Western media's report about Olympic Games and Chinese national image. *Dong Yue Tribune*, 30(8): 129-134.

- Smith, A. (ed.) (1966). *Communication and culture*. New York: Holt, Rinehart and Winston.
- Sorrells, K. (2010). Re-imagining intercultural communication in the context of globalization. In T. K. Nakayama & R. T. Halualani (eds.), *A companion to critical intercultural communication studies*, 171-189. Oxford, UK: Wiley-Blackwell.
- Sorrells, K. (2013). *Intercultural communication: Globalization and social justice*. Thousand Oaks, CA: Sage.
- Taylor, E. W. (1994). A learning model for becoming interculturally competent. *International Journal of Intercultural Relations*, 18: 389-408.
- Ting-Toomey, S. (1988). Intercultural conflict style: A face-negotiation theory. In Y. Y. Kim & W. B. Gudykunst (eds.), *Theories in intercultural communication*, 213-238. Newbury Park, CA: Sage.
- Ting-Toomey, S. (1993). Communicative resourcefulness: An identity negotiation perspective. In R. L. Wiseman & J. Koester (eds.), *Intercultural communication competence*, 72-111. Newbury Park, CA: Sage.
- Ting-Toomey, S. (2005). The matrix of face: An updated face-negotiation theory. In W. B. Gudykunst (ed.), *Theories about intercultural communication*, 71-92. Thousand Oaks, CA: Sage.
- Trebbe, J. (2007). Types of immigration, acculturation strategies and media use of young Turks in Germany. *Communications*, 3: 171-191.
- Tsai, H. (2006). Use of computer technology to enhance immigrant families' adaptation. *Journal of Nursing Scholarship*, 38: 87-93.
- Tylor, E. B. (1958). *The origin of culture*. New York: Harper & Row.
- White, R. W. (1959). Motivation reconsidered: The concept of competence. *Psychological Review*, 66: 297-333.
- Ye, J. (2006). An examination of acculturative stress, interpersonal social support, and use of online ethnic social groups among Chinese international students. *The Howard Journal of Communication*, 17: 1-20.

人际传播理论与研究的发展

贾文山[①]　田德新[②]

自人类诞生以后,人际传播便随即产生。无论是最初两人之间的肢体语言运用,还是后来几人当中的口头交谈,还是再往后他们彼此之间的书面交流,一直到今天流行的各种电子社交或电脑媒介沟通,都标志着人类在不同的历史阶段在人际传播方面所取得的捷足发展与辉煌成就。起初,学者们对人类的传播活动,仅集中在公开演讲、修辞风格及信息传达等方面。只是到了 20 世纪初叶,传播学才作为一门学科进入萌芽孕育阶段,在接下来的整个 20 世纪,一直到 21 世纪初的今天,传播学如浴春风,集腋成裘,在第二次世界大战后美国这片得天独厚的环境里,稳健地走完了初步开创、基本成型、迅猛发展和确立显学地位的历程。在这一章里,我们首先对人际传播作一个严格而详细的界定。其次,我们对人际传播学的历史、主要发展过程和阶段以及各个阶段的特点与目前现状进行详尽的描述。再次,我们对人际传播学的具体研究内容、主要理论、研究方法,以及代表学者及其代表作、学术观点和关注议题,包括一些具体的案例展开分析和评述。最后,我们对人际传播学领域还存在的问题、争议和不足,及其发展动向和趋势加以评说。

一、人际传播之界定

自从人际传播学问世以来,由于关注的角度和重点不同,学术界关于传播的界定众说纷纭,各种定义不胜枚举。有将其界定为两人之间面对面的交谈,也有将其理解为,除面谈外的传统式书信与电话交流,以及当今流行的数据广播、交互电视与互联网多媒体多渠道沟通,还有将日常发生在各种人际关系之间的信息传播活动统统纳入人际传播的范畴之内。根据 Burleson 即将付梓出版的最

[①] 贾文山现任美国杰普曼大学（Chapman University）传播系教授,中国人民大学讲座教授,国际跨文化研究院高级研究员,2000 年获美国麻省大学（University of Massachusetts at Amherst）传播学博士学位,主要教学和研究领域包括传播交流沟通理论、跨文化传播和全球传播等。

[②] 田德新现任美国萨凡纳艺术设计学院（Savannah College of Art and Design）教授,2008 年获美国鲍灵格林州立大学（Bowling Green State University）媒体与传播学院传播学博士学位,主要教学和研究领域包括跨文化交际、大众传媒及知识产权的文化认知等。

新研究，我们可以把学术界对人际传播的界定划分为以下三类。

1. 情境视角

持情境视角的学者（如：Miller，1978；Trenholm，1986）认为，传播情境是区分各种传播种类的依据。传播情境包括参与交际的人数、交际者身体之间的距离、非语言交际途径以及交际者彼此之间反馈的快慢。因此，人际传播指发生在两人之间，借助语言和非语言符号彼此交流并随即得到对方反馈的传播行为。这一定义的特征是人际传播等于双人传播（dyadic communication）。其另一典型定义是："人际传播发生在两人之间，彼此扮演信息传递和信息接收的角色，并通过相互协作而传情达意"（Trenholm & Jensen，2008，p. 29）。但是，情境视角存在两大缺陷：一是过分强调交际人数和场景环境的次要因素，而轻视相对重要的交际者之间的关系和彼此交流的内容；二是除了建议研究者通过控制不同场景因素来观察其对传播过程的影响之外，别无其他重大建树。这使邮递员与顾客之间的谈话和戍边将士给家人的信函变得同等重要，就其定义而言，甚至前者比后者更应成为人际传播的例证。另外，这也使有人关心像"多少人参与交流后该交际行为就不是人际传播了"的一些细枝末节的问题。

2. 发展视角

为了纠正情境视角的缺陷，一些学者（如：Miller，1976，1978，1990；Miller & Steinberg，1975；Stewart，1973）从发展的视角来界定人际传播。他们首先对非人际传播（impersonal communication）和人际传播加以区分。前者指交际者双方都以社会角色而非个人身份参与交流，因此他们彼此以常理和常识以及共有的人情世故来判断交流信息的深浅。相比之下，后者却常常以独特的个体积极参与交流，并以彼此特有的心理特征不断调整出得体的对应姿态。将二者加以区分，并不是要对二者加以隔离。正确的理解是将二者作为一个连续体，并将非人际传播和人际传播置于该连续体的两端。陌生人刚见面时的交谈通常为非人际传播，而当他们逐渐熟识，交谈内容由浅入深，由一般到具体，由他人到彼此，传播的标尺就不断从非人际传播向人际传播的方向移动。总之，发展视角"将亲密关系变成了人际传播学的重要议题"（Roloff & Anastasiou，2001，p. 53）。该视角对人际传播另一代表性定义为："人际传播属于典型的人类之间的沟通。对其界定不应该以交流人数为前提，而应该以交流的质量为标准。质量存在与否，不取决于交谈双方肤浅的搭讪，而取决于彼此之间都将对方作为一个活生生的人而进行有意义的沟通"（Beebe，Beebe，& Redmond，2002，p. 6）。同样，发展视角对人际传播的界定也存在重大欠缺：一是亲密关系并非人类生活中唯一的重要因素，各种不同角色的人际交流行为都应成为人际传播学研究的范畴；二是该视角虽然探明人际传播过程中亲密关系的特征与重要性，但是它对传播本身并未进行应有的探究。这使得无论交际双方有多么熟识，他们在交流时，到底在做些什么，很难给出明确的理论阐释。

3. 互动视角

与前两种视角不同，互动视角将大多数社会交往行为统称为人际传播。该视角强调探究人际交往的本质与影响。因此，(Cappella, 1987) 认为"所有互动的相会都是人际传播"因为"只有交际双方对彼此的行为模式产生某种影响，人际传播才算发生"(p. 189)。该视角对人际传播的另一代表性定义是："人际传播包含从社会到日常到亲密的各种人际关系之间的信息交换与情感互动"(Guerrero, Andersen & Afifi, 2007, p. 11)。然而，对互动视角的批评也有两点：第一，将互动作为判断人际传播的标准本身就存在逻辑上的缺陷。因为传播可以是互动的，但并非所有互动的人际交往都可以算作人际传播的行为。例如，人们在马路上对其他行人的点头问候或在其他公共场合的寒暄谦让，当然不能算作人际传播。第二，互动视角在界定人际传播时，没有将信息这一重要因素考虑其中。而信息却包含了可供传达内心状态、创建共享意义和完成交际目的的符号系统。

虽然以上三种视角都有助于理解人际传播的本质，但鉴于其各自的缺陷，Burleson 结晶其毕生所学 (Burleson, 1992; Burleson et al., 2000)，并在前人 (Delia, et al., 1982; Swanson & Delia, 1976) 的研究基础上，提出了界定人际传播的信息中心论。Burleson认为人际传播是以产生和阐释信息为主的社会交往行为。他将人际传播定义为"一个建立有交际关系的人们之间交换信息，以求获得共享意义并完成各种社会目标的复杂且受情境限制的社会过程"。其中，交际双方之间建立一定的交际关系是人际传播的前提。在此关系之中，表达一方有欲望描述自己内心的某种状态或观点、思想、感情等，而接受的一方也有意听取和理解对方的心声。信息是用来表达行为的一套共享符号，包括有声的语言文字和无声的动作表情。意义为内心状态，包括有思想、观点、信念，感情等。双方交流时，一方试图清晰地表达其内心状态，而另一方则尽可能准确地理解对方所传递的信息或情感，以获得双方都能感同身受的共享意义。社会目标是指交际双方需通力合作才能获取的交际意图，如一同消遣时光、交换某种重要信息或获取彼此的感情谅解与支持。另外，人际传播之所以是一个复杂的过程，这是因为当人们进行人际交流时，他们所涉及的不是一个简单过程，而是几组需要相互协作的关联过程。这些过程中包括有信息的产生、传递与接受，交流时的彼此协作、相互认同与社会支持等环节。至于说人际传播是一个受情境限制的过程，这是因为人际传播所发生的场所绝非是虚拟抽象的空间，而是具体实在的环境，而且，交流双方的态度、交流内容以及交流结果都会左右整个情境过程的不断变化。最后，人际传播是一个社会过程，这是因为参与这一过程的双方，至少由两人或多人组成，他们彼此所代表的社会，必然对各自所从事的交流过程产生相互影响。

二、人际传播学的历史、主要发展过程和阶段以及各个阶段的特点与目前现状

根据相关学者（如：Burleson, in press; Knapp & Daly, 2011, Roloff & Anastasiou, 2001）的最新研究成果，人际传播学作为一门学科于20世纪初叶进入萌芽孕育阶段，二三十年代为初步开创阶段、四五十年代为基本成型阶段、60—80年代为迅猛发展阶段，90年代以来迈向成熟，确立显学地位，在向纵深发展的同时，迎接全球化与技术革新所带来的新挑战。下面，我们就对人际传播学在各个阶段的发展过程与突出特点及其目前现状进行详尽的述评。

1. 萌芽孕育阶段

20世纪初期，人类学、心理学、社会学、社会心理学、精神病学等学科的学术成果为人际传播学的诞生，提供了必备的条件。学者们开始关注有关人际传播的一些重要概念，其代表是被誉为"社会学之父"的Georg Simmel。Simmel（1950）观察到社会分化给人们的物质层面和精神层面都带来极大的变化。他通过对现代都市人际关系的变化进行分析，揭示人际交流的动机、内容和形式，并提出了诸如"交互知识"、"二人交际特点"、"交流仪式"、"谎言与事实"以及"社会关系的种类"等概念。其研究成果对人际传播学在美国的诞生与发展奠定了必要的基础，并对今天的人际传播学研究仍有一定的借鉴意义。

2. 初步开创阶段

20世纪二三十年代，众多学者在其他领域的研究为日后硕果累累的人际传播研究播种下了珍贵的种子。首先，哈佛商学院的Eton Mayo教授和他的同事们在霍桑西电公司的研究，涉及监工与工人纠葛，同事关系对生产的影响，开创了"人际关系"研究的先河，并对日后的关怀传播研究，带来许多启示作用。其次，芝加哥学派的George Herbert Meed、Robert E. Park和Charles Horton Cooley等人把人际传播看成一切社会实体产生的原创力。当时，美国正处在激烈的社会都市化时代，芝加哥学派将急剧变革的都市作为"天然实验室"来研究社会现实问题。他们对都市化过程中出现的移民现象、贫民阶层、舞女流浪汉以及市民报刊等问题做了大量的调研，极大地推动了人际传播学关注社会现实，并开创了运用实地考察研究方法的风范。同时，其他领域的学者们对团队机制的研究也对人际传播带来较大影响。这些学者探讨的话题，诸如合作与竞争、反馈、冲突、交流顺序以及社会关系网等，也成为人际传播学所关注的研究对象。最后，20世纪30年代还孕育了符号互动

论（symbolic interactionism）和语义学研究运动（semantics movement）的形成。譬如，Mead（1934）的研究揭示了理解个体需要与他人交往的道理。Korzybski（1933）在《科学与理智》（*Science and Sanity*）一书中介绍了语义学的概况，而 Hayakawa（1941）的《行动中的语言》（*Language in Action*）一书则使语义学在普通大众之中得到广泛推广，甚至当今人际传播教材中通过日常实例来启发和提高人际交流技巧的做法，也是延续上述理论的具体实例。

3. 基本成型阶段

20世纪四五十年代，人际传播学继续吸纳其他领域的研究成果，并使自身作为一个学科基本成型。这一时期，好几个领域都有重大成就问世。首先，人类学家（Gregory Bateson）根据其对新几内亚和巴厘岛岛民所进行的民族志研究，提出了"关系传播"的重要观点，并将人际传播信息区分为"内容信息"与"关系信息"。内容信息指传播的内容，关系信息指传播者之间的关系，而后者在实际交流过程中比前者更能影响交流的效果。正如 Jurgen Ruesch（1951）所强调的，人际传播的作用是为了建立、维持和改变关系，而不仅仅是传递交谈的内容。其他人类学家，诸如 Ray Birdwhistell（1952）与 Edward T. Hall（1959）的研究，涉及人类交流的整个过程，但其对身体动作、手势、姿势以及时间与空间的考察与描述为非语言交际学的研究奠定了坚实的基础。

其次，精神病理学专家 Sullivan 认为童年和成年时期在人际关系中的种种问题是导致精神分裂症的主要根源。在其影响之下，Ruesch（1951），Ruesch 和 Kees（1956）著书探讨人际交流对精神病以及各种社会组织问题的影响。其作品《非语言交际》和《人类交际语用学》（*Nonverbal Communication*；*Pragmatics of Human Communication*）成为人际传播学研究中的力作。同时，Eliot Chapple（1953，1970）的研究发现，交谈节奏的适当把握会带来和谐交流的印象。因此，交谈内容的密度、时间选择以及谈话模式等时控手段成为学者们关心的热点，掌握 Chapple 所强调的交谈节奏，也成为提高日常人际交流能力的一个关键。社会心理学家 Fritz Heider（1958）所著的《人际关系心理学》（*The Psychology of Interpersonal Relations*）一书带动了对人际传播学对归因理论（attribution theory）的重视和研究。Charles Osgood 等（1957）开始通过"语义差别"（semantic differential）研究人际交流中的不同意义，并带动了大批学者开始对态度、意义和社会交流等方面的广泛研究。

最后，社会学家 Erving Goffman（1959）所著的《个体在日常生活中的表现》（*The Presentation of Self in Everyday Life*）一书对社会行为的组织性和日常行为的重要作用都进行了精辟的阐述。因此，其作品对人际传播学影响颇深，多年来一直在研究生必读书目之列。作为耶鲁学派的代表，Goffman 的研究，涉及信息来源的可信度、传播过程中团体的作用与诉诸恐惧等方面。他发现，人际传播的质量对说服他人的成败起着关键的作用。直到今天，说服实验仍是人际传播研究的一项重要内容。

4. 迅猛发展阶段

20世纪60—80年代，美国的人权运动，如火如荼；反战浪潮，席卷全美。冰冷的社会现实，使大众和社会团体体察到大众媒体多年来对舆论导向的操弄，也逐渐意识到大众媒体的欺骗性与社会权力斗争的负面影响。然而，残酷的社会现状却推进了人际传播学的迅猛发展与壮大，并最终成为众多社会科学领域中的一门显学。学者们开始更多地关注在人际传播中个体的成长和个人觉悟的提高，并强调人际传播中真诚交流的重要性。他们指出，生活质量取决于人际关系的纯正性，而不是来自广告和媒体中各种诱人上当的伎俩。于是，Watzlawick 等（1967）的论著《人类交际语用学》(*Pragmatics of Human Communication*) 应运而生，鼓励人们主动积极地参与各种社交活动，介绍改善诸如家庭、朋友、同事以及生意伙伴之间人际关系和交流质量的宝贵经验与途径。其许多理论观点，表现出长久的生命力。譬如"你不可能不交流"的公理，还有人际交往中的相同与互补关系等，对今天的许多学者来说，仍然那么耳熟能详。几乎同时，Barnlund (1968) 与 Argyle (1969) 也分别编撰和评述了一系列人际传播方面的伦理和实证性学术论文，集中介绍了有关人际关系的开始、发展与维系，以及社会交往与社交技巧等方面的论著。其最大贡献是引发了许多大学及其研究人员对传播学专业产生日益浓厚的兴趣。于是，开始梳理诸如语言、风格、意图、反馈以及上下文等相关学科概念的举措，调整与增添诸如两人交流环境、社会交换理论、个人感知与相互吸引等教学内容的现象，屡见不鲜，蔚然成风。以至于 Jesse Delia（1987）感慨道，人际传播学在这一时期的发展为该学科奠定了核心的研究范围。

到了20世纪70年代，人际传播学在教学方法、理论指导、研究发展以及学术组建等各个方面都得到确立与认可。各大院校纷纷开设相关课程，不同版本的教材（如：Giffin & Patton 1971；Keltner 1970；McCroskey, Larson, & Knapp, 1971）相继问世。美国全国传播协会和国际传播协会开始下设人际传播分支协会，人际传播学既成为硕士和博士研究生的专业，也同时成为上述两大学术协会和其他不同学术协会年会研讨的主要议题。同时，有关人际传播学的理论相继诞生，例如，Berger 与 Calabrese（1975）创建了不确定性减少理论（uncertainly reduction theory），Barnett Pearce 和 Vernon Cronen（1980）创建了意义协调管理理论（Coordinated Management of Meaning）。此外，其他学者（如：Burgoon, 1978；Knapp, 1972；Knapp & Comadena, 1979；Miller & Rogers, 1976；Wiemann, 1977）也相继推出了非语言交际、欺骗、关系控制、交际能力以及相互影响等人际传播学的理论概念。

20世纪80年代的人际传播学除了拓展70年代已经确立的相关理论以外，新的学术理论层出不穷，将人际传播学的研究进一步推向了巅峰。譬如，Delia 等（1982）创立了人际传播建构主义理论（Constructivism），强调认知对交流过程的影响。Burgoon（1983）提出了期望违背理论（Expectancy

Violation Theory），Baxter（1988）也推出其辩证理论（Dialectical Theory）。有一些学者（如：Bell & Daly，1984；Hopper, Knapp，& Scott，1981；Miller et al.，1977；Sillars，1980）开始关注交流中的信息，并将其分成不同的种类，包括诸如冲突策略、顺从策略、寻求共同途径，和表达赞美之辞等各种信息。而另一些学者（如：Burgoon & Hale，1988；Cappella & Green，1982；Giles et al.，1987；Patterson，1982）对整个传播过程，特别是传播过程中的相互影响和人际关系，进行了拓展性的研究。在此，特别值得一提的是 Michael E. Roloff 的突出贡献。在其连续出版的《说服——理论与研究的新方向》、《人际传播——社会交换对策》和《社会认知与传播》论著中，Roloff 对各种相关理论进行整合，不但使人际传播学的理论更加系统化与科学化，而且也为日后在新技术环境下人际传播学的研究打下了坚实的理论基础。

5. 确立显学地位和迎接新挑战阶段

自 20 世纪 90 年代以来，全球化趋势，狂飙突进，势不可当。信息与传播技术革新，日新月异，令人目不暇接，使日常生活节奏不断加快。一方面人际交往变得频繁而多样，而另一方面人际冲突也变得普遍而激烈。人际传播学在不断吸纳更多研究方法、理论与日益细化研究分支机构的同时，也在迎接更多更新的各种挑战。首先，人际传播学加强了对诸如家庭关系、工作关系、友谊关系和浪漫关系等各种人际关系的全面研究，并对面试、会谈以及谈判等场合的人际传播技巧进行了深入细致的探讨。

其次，人际传播学的研究方法与理论中多了量化与质化的区别与争论，宏观与微观的运用与比较。新的人际传播学理论层出不穷，其中包括 Burgoon, Stern 和 Dillman（1995）进一步完善的非语言行为理论，Baxter 和 Montgomery（1996）拓展的辩证法理论，Berger（1997）创始的认知理论，Petronio（2000）创立的隐私管理理论、Berger（2007）提出的计划理论以及 Dillard（2008）创立的目标计划行动理论。同时，人际传播学的学术分支中也增加了自我传播、家庭传播、小组传播、社会传播、Bochner 和 Ellis（1992）强调的自传性叙事故事，以及 Gudykunst 等（1996）所拓展的跨文化交际等全新或翻新种类。

特别是 Walther（1992）阐述的计算机中介传播已经成为现今人际传播研究的关键显题。Thompson（1995）区分了网络时代新技术环境下人际传播的三种互动形态：一是传统的面对面的互动；二是中介式互动；三是准中介式互动（"face-to-face interaction, mediated interaction, and mediated quasi-interaction," p. 82）。由于以互联网为核心的传播技术不断革新当今的社会生活面貌，彻底打破了人们习以为常的时空观感，并使人际交往变得越来越缺乏任何共同在场形式。那么，这种新型的人际关系、交往环境以及传播的信息、动机、性质、形式与效果等就成为当今人际传播学所要面临的新课题与新挑战。

三、人际传播学的具体研究内容、主要理论、研究方法，以及代表学者及其代表作、学术观点和关注议题

根据学者们（如：Burleson, in press；Knapp & Daly, 2011；Salhab, 2011；Smith & Wilson, 2010；Wood, 2010）的最新研究，人际传播学的研究内容可谓包罗万象，主要理论与研究方法也是名目繁多，主要代表学者及其代表作更是繁星浩瀚，汗牛充栋。下面，我们尽可能将其中的结晶进行全面而详尽地评述。

1. 具体研究内容

在界定人际传播时，Burleson 认为人际传播是以产生和阐释信息为主的社会交往行为，并提出了界定人际传播的信息中心论。根据这一界定取向，人际传播的具体研究内容包括人际传播的过程、结构、功能和场景。首先，人际传播是由信息生成、信息处理、相互协调以及社会认知等相互联系的复杂过程而组成的。信息生成指产生表达内心状态的语言和非语言行为，以便完成各种社交目的。信息处理就是对他人的交际行为进行解释，并对其意义，特别是隐含意义加以理解的过程。相互协调是在交际过程中对信息生成和信息处理不断进行调整，以保证整个交集过程的顺畅。社会认知指认识世界，其中包括我们自己、其他人、社会关系及社会机构等的过程。那么，针对人际传播过程的研究，就应力图解决以下问题：（1）确定传播过程的组成部分；（2）表述不同的运作模式与影响这些模式的因素；（3）详述整个过程中各组成部分运作结果的主要特点；（4）确认在整个过程中影响运作和结果的不同因素。

人际传播的结构是通过无数认知、语言、社会和行为模式所构成的。语言学家和社会学家研究交际信息在词汇、句法、词义以及语用层次的结构形式，因为正是这些结构形式才使交际可以传递信息、信息可以得到理解，且满足语用要求。传播学者关注交际者是如何运用不同策略来达到预期交际目的的。研究者和教育家不断识别和探究用来达到各种目的的交际策略。同时，社会心理学家也在不断发现和研究用来阐释自我、他人、社会行为与社会关系的人际结构。话语分析家也在细究不同的行为结构是如何产生出连贯和顺畅的话语的。总之，一套相互关联的行为结构实际上控制着我们日常的人际交往与言谈举止。这些结构，如同行为规范一样，确定着谁与谁在何时何地可以交谈些什么内容。

讨论完人际传播的过程与结构，下面，我们再来探讨一下人际传播的功能和场景。在人际传播的过程中，信息的产生与阐释是为了完成某种社会目标或功能。此功能可分为互动管理功能、关系

管理功能和工具功能。互动管理功能表示开始和维持连贯的交谈，其中包括开始与结束交谈；保持交谈内容适度、容易理解，且合乎场合；明确社会身份和交谈场景；把握谈话分寸，相互照顾情面；监控感情流露适当等。关系管理功能指发展、维持和修正交谈者的相互关系，其中包括获取所需的隐私和亲密度、控制紧张情绪以及维持交谈者双方的健全人格。工具功能指确定交谈主题，以区分不同的话题种类，一般包括坚持己见还是顺从退让、索取还是提供信息、求援还是援助以及取乐还是逗乐等。学者们（如：Burleson，2003；Dillard，2003；Rowan，2003）对人际传播功能的研究业已包括情绪支持、信息提供与说服。

Applegate 与 Delia（1980）二位学者将人际传播的场景分为五类：物理场景（如空间、氛围和媒介）、社会/关系场景（如亲友、同事和邻居）、机构场景（如家庭、学校和教堂）、功能场景（如提供信息、说服和支持）以及文化场景（如种族、国籍和社会阶层）。场景的重要性一方面表现在它直接影响着人际传播所包含的过程、结构、功能和场景四个部分的运作及其结果。另一方面，场景又是可变的和不稳定的，因为创造、维护和改变场景的每个细节都是由参与传播活动的人所掌控的。因此，学者们（如：Baxter & Brainthwaite，2007；O'Keefe，1998；Tracy，2002）对场景的关注比较多地集中在影响场景的交谈范围、话语调整以及信息结构等方面。

2. 主要理论、研究方法，以及代表学者及其代表作、学术观点和关注议题

时代在发展，特别是势不可当的全球化和日新月异的信息传播技术，已经在很大程度上改变了我们所处的社会结构与人际传播模式。随着时代的发展变化，人际传播理论与研究方法也在不断地推陈出新，相关代表学者、作品、观点和议题名目繁多，难以一一列举。在参考有关学者（如：Burleson, in press；Knapp & Daly，2011；Salhab，2011；Smith & Wilson，2010；Wood，2010）研究成果的基础上，我们对其中 8 个典型代表评述如下。

a. 过程

人际传播被认为是一个不断发展和变化的过程。因此，我们有了过程视角下的人际传播理论。该理论认为所有的人际关系都是处在某种特定的过程之中。换言之，过程可以说是关系总和的存在。研究者可以通过观察该过程中的某一个时间点或几个时间点，来理解人际传播的性质。譬如，Kendon（1970）通过观察一段胶卷，对其中录制的交谈片段逐段进行描述，包括动作变化、眼光接触以及各种言语交替等。Gottman（1979）对快乐和不快乐的夫妻之间的连续交谈进行了细致的分析并取得较大发现。Cappella 和 Planalp（1981）对一段对话录音从头到尾进行分析，研究双方在谈话时对其声音和停顿的不同运用。将人际传播作为一个过程来研究，重要的是要知道被研究的交际行为在某一时刻所发生的频率、该行为发生的顺序特征和发生时所延续的时间以及该行为与其他一起发生的行为之间的节奏、速度及时间点。所有这些时间特征也都应该放在某一个人具体的交际行为、某一次具体的交谈、某一段人际关系或某个研究对象的整个人生中去加以考究与评判。

过程视角下的人际传播理论主要包括社会渗透理论（social penetration theory）、关系发展模式（relationship development model）和不确定性减少理论（uncertainty reduction theory）。社会渗透理论认为，随着人际关系的发展，人际传播会由浅入深，向更亲密、更个人化的层次发展。该理论的代表学者是 Irwin Altman 与 Dalmas Taylor，他们于 1973 年出版专著《社会渗透：人际关系的发展》。该理论通过交际双方如层层剥洋葱一样的自我袒露，来判断人际传播的进程与人际关系的发展。关系发展模式由 Mark Knapp 在 1984 年发表的《人际传播和人类关系》一书中首先提出。该模式通过人际关系亲密程度的层级变化来识别和理解人际传播的个人经历。其描述性的功能大于预见性的功能，因为该模式更精于描写和解释已经发生的人际传播片段，而对传播过程和人际关系将要发展的层级只能起到雾里看花的作用。不确定性减少理论于 1975 年由 Charles R. Berger 和 Richard J. Calabrese 二位学者提出。该理论将人际传播的过程分为建立关系、人际交往和退出交往三个阶段。该理论主要针对第一阶段，认为两个陌生人之间起初的交往一般通过不断询问对方的相关信息而逐渐减少彼此之间的不确定感。换句话说，随着自我袒露、相互熟识以及身体语言的热络不断升级，不确定性随之逐步减少。由于该理论具备预测和解释陌生人初步交往阶段彼此关系的发展，因此，它被广泛地运用于各种研究之中。但是，也有学者对该理论的复杂性和不可否证性（falsifiability）提出质疑。

b. 行为

将人际传播作为交际行为来研究，由来已久。其中的代表学者（如：Birdwhistell, 1952; Goffman, 1963; Ruesch & Bateson, 1951）通过系统地观察，并结合被研究者对某些具体场景和亲身经历的描述报告，来研究人际传播行为。这种方法已经成为一种传统，一种切实可行的良方。其研究的内容起初多少涉及明显的语言和非语言性交际行为，后来更强调对隐含的语言和非语言交际行为进行探讨。譬如，交际者的期待、想象和计划等更可能成为其作出相应反馈的依据。交际一方在交际时没有发出的动作也会刺激对方作出相应的反映。交际者在之前的交流中所表现的行为，也会成为对方（即使对方当时不在现场）作出相应的反映。因此，大批学者开始关注显而易见以外的人际传播行为。

同样，研究两人的交际行为，也已超出仅仅这两个人的范围。其他诸如二人各自的社交圈、社交规范以及关系史都会成为影响二人交际行为的因素。对非语言交际行为的研究也从单一的非语言研究，走向语言和非语言研究相结合的道路，以揭示诸如话语交替和撒谎行为等复杂的人际传播行为的实质。同时，研究人际传播行为也从人控的实验室转向传播行为自然发生的现实社会。这一趋势为更多学者注重交际环境或情境的研究埋下了伏笔。

c. 情境

情境视角下的人际传播理论强调人际传播的特定背景。正如 Bateson（1978）指出，"如果脱离上下文环境，语言和行为的意义将无从谈起"（p. 15）。Geertz（1973）也强调信息环境对解释交际行为的深层含义至关重要。也就是说，若要深刻理解人际传播行为的真实含义，就要对该行为发生时，及其前前后后的环境进行仔细的考察。传播情境通常包括：（1）整个传播学界或人际传播学界；（2）各种社交场合；（3）各种人际关系和角色；（4）不同物体或环境特色；（5）语言风格与感情流露等。

情境视角下代表性的人际传播理论包括传播适应理论（communication accommodation theory）与（social comparison theory）社会比较理论。前者于 20 世纪 70 年代由 Howard Giles 提出。该理论常被用来预测和解释人们在实际交往中不断调整交谈时彼此之间距离的现象、技巧、原因及结果。它植根于语言风格研究，其应用范围已经远远超出人际传播学，而被广泛地应用于涉及社会族群、社会环境和不同媒体等方面的研究。社会比较理论是由 Leon Festinger（1954）在其发表的"社会比较过程理论"一文中提出的。该理论认为，每个人都有将自己与其他人进行比较，来确定自我价值的倾向。因此，我们随时随地都在诸如吸引力、财富、智力以及成功等方面与其他人进行比较。当比较的目的是见贤思齐时，那就是积极向上的比较；相反，当比较的目的是用贬低别人来抬高自己，那就是消极退步的比较。由于人们比较的目的不同，因此他们描述比较对象的相同与不同点时，常常带有片面和偏激的现象。这也正是采用社会比较理论所得出的研究结果有时受到质疑的原因。

另外，由于学者们对各种交际环境的本质理解不同，因而他们用来研究传播情境的方法也大相径庭。譬如，对认知图式学者们来说，研究信息情境就是考究语言构成以及可以组成具体认知图式的各种语言线索。而对热衷不确定减少理论的学者们而言，传播情境就是信息之源或不确定的物体。同样，主张期望违背理论的学者认为，交际环境可以提供信息，帮助准确评判各种人际交际行为。总之，研究人际传播学的学者们应该探明情境是怎样影响传播的，其中原因何在。正如 Rawlins（1987）所言，交际者与交际信息既在改变情境，也在被情境所改变。

d. 能力

人际传播能力理论认为，传播能力是指在一定的情境中选择得体而有效的交际行为的能力。这种能力使交际者双方既可以满足彼此的交际意图，又不使对方感到有任何裁面的地方。该理论由 Brian H. Spitzberg 与 William R. Cupach 于 1984 年在其《人际传播能力》一书中提出。该理论包括三个组成部分：（1）知识，即知道在某一情境中选择最合适的交际行为；（2）技能，即具备在某一情境中运用最恰当交际行为的能力；（3）动机，即拥有与他人得体而有效交流的愿望。另外，该理论强调，得体而有效的传播活动，需要交际者双方都应具备上述三个条件。交际者可以通过基于该理论而创建的"人际传播能力自评表"自测自己的人际传播指数。然后以此为参考，为实现理想的人际传播效果而进行必要的准备和训练。

虽然人际传播能力理论自问世以来，在包括传播学在内的许多学科领域得到广泛应用和普遍好评，但是，它还不能算是一个传播学的理论。它只是为人们提供一个让彼此的交流变得相对得体而有效的指导模式。

e. 辩证关系

人际传播就是信息发送者和信息接受者相互交换信息的过程。在这一过程中，交际双方都在经历着来自内在和外部的冲突力量，使双方的关系始终处于一种辩证紧张的状态。由紧张而产生的压力如波涛一样，一浪接着一浪，循环往复，无休无止。辩证关系理论揭示，交际者之间的关系越紧密，将其分开的冲突力量也就越大。这一理论是由 Leslie A. Baxter 和 Barbara M. Montgomery 于 1996 年提出的。

该理论有三组主要的辩证关系：（1）联系与分开，尽管所有亲人都想让彼此的关系亲密无间，直到永远，但是，如果双方没有任何属于自己的空间，过度的联系反而会使双方由于感到失去自我而分道扬镳；（2）确定性与不确定性，亲密伙伴之间需要存在一定的预期性，这样双方才能对彼此感到放心。但是，如果这种稳定的预期感不被间或的新鲜感、惊喜波和随意性所打破，那么亲密伙伴之间的关系就会因一成不变而索然无味；（3）开放与保密，在人际交往中，双方多大程度开诚布公，多大程度保守隐私，才能使彼此既感到对方的信任，又捍卫自己的尊严。这对辩证关系表明任何亲密关系，都不会一亲到底，密而不断。

辩证关系理论被广泛地应用于各种质化研究的人文领域。它在指导和阐释具体案例方面，功绩卓著。然而，正因为其针对性强这一特性，该理论不适宜用作指导全面而概括性较强的研究课题。

f. 文化

在人际传播的实践中，人们通常会对双方交际的结果或效果做出预期性的判断。除了交际情境的因素外，另一因素就是文化或交际双方所代表的诸如行为规范、交际模式与价值观念等的生活方式。人际传播文化理论的代表学者们（如：Carbaugh，1988，1990；Fitch，1998；Leeds-Hurwitz，1995；Monaghan & Goodman，2006；Philipsen，1992；Stewart，2002）认为人们的交往过程和交往特征是由其所代表的文化所确定的。例如，Monaghan & Goodman（2006）强调，我们与他人交往的模式是与我们的文化知识和社会期待紧密相连的。

在人际传播文化理论中，礼貌理论是其中的一个代表。该理论的创始人是 Brown 和 Levinson。他们以 Goffman 的研究为基础，先后在 1978 年和 1987 年发表了《语言应用共同点：礼貌现象》和《礼貌：语言应用的共同之处》两本专著。礼貌理论认为，人们在日常交往中懂得维护双方的身份和面子对保持良好的人际关系起着关键性的作用。该理论假定：（1）每个人都在意自己的正面形象或面子；（2）人类对维护面子一般都比较理性化；（3）然而，有些行为对维护面子具有根本的威胁性，即面子威胁行为（Face Threatening Act）。面子威胁行为涉及交际双方之间的三个因素：权利关系、社会距离和威胁行为的强迫程度，而威胁行为的强迫程度受交际双方归属文化的直接影响。

根据上述理论，维护面子的途径有：（1）防御，采取可以避免威胁交际双方面子的举措；（2）修正，一旦有威胁交际双方面子的举动发生，迅速通过恰当言语或行为进行补救；（3）回避，即在某些场合有意避免说出或做出使对方难堪的话语或举动；（4）提醒，必要时对某些可能威胁面子的话题发出暗示，以便回避；（5）主动，在某些场合尽力维护对方的面子需求。自问世以来，礼貌理论在人际传播学各领域都得到广泛应用，且收效甚佳。学者们在其提供的理论框架下，探究如何更有效、更得体地树立自我正面形象、维护和支持伙伴的合理面子需求，同时迎战并挫败不怀好意的各种面子威胁行为。

g. 社会认知

思维与行为之间的相互关系一直是学者们，特别是传播学和社会心理学界的学者们，所关注的研究课题。社会认知理论的代表学者是 Bandura（2001）和 Glanz（2002）。该理论主张每个人的行为主要是通过观察他人，并在其所生活的环境中通过与他人交往而逐渐习得的。因此，它要力图解释人们为什么会获取并保持某些行为模式，然后为所需者提供相应的辅助或控制手段。环境、人和行为是该理论用来鉴别行为变化的三个要素，而三个要素之间彼此相互影响。健康传播学的学者们成功地将该理论与调查和试验的方法相结合，探究医患以及其他医疗提供者与医疗接受者之间的人际传播课题。

总体而言，上述研究大致可分为两类：（1）对社会认知和社会行为之间相互关系的理解；（2）思维对行为的抽象和具体影响。研究者通常选择认知活动的某一单元进行探讨与分析。譬如，对其他人的研究集中在印象构成、归因理论和视角选择方面，而对交际认知的研究则集中在个体觉悟、个体监督、假设交谈与交际恐惧等方面。随着对思维与行为之间相互关系研究的不断深入，学者们发现思维影响行为，而行为反过来也在影响思想记忆与后续思维。同时，学者们也发现对人们如何能够将相关信息转化为人际交流行为的过程，还需做进一步的探究。这一过程包括态度、期望、推测、图式、幻觉、规则以及遐想等环节。因此，研究社会思维的形成过程非常重视不同层次行为信号意义的阐释，而这里所谓的不同层次包括：（1）字面内容；（2）对交谈者相互反映的解释；（3）交谈者对某一信息应有反映的提示；（4）交谈者对自身和对方的感觉迹象；（5）是否需要进一步的交谈。

学界对该理论的批评是它将先天基因的差异与后天学习能力的区别混为一谈。另外，该理论的复杂性也只能使其相对容易的部分，譬如自我效能（self-efficacy）得到实际的检验与广泛运用。

h. 意识和意向

意识和意向一直受到学者们的关注和争论。以 Michael Motley 为代表的一些学者认为有意向或有意图的行为才算交际行为，而一个没有任何意向的动作，如一个人累时打的哈欠，就不能算作交际行为。而以 Paul Watzlawick 为代表的学者们却坚持，人不可能不交流。因此，无论是有还是没有意向，人类的所有行为都是交际行为。也就是说，意向标志着所有意识行为的特点。多年来，有关意识和意向的研究不但来自各个领域，而且来自传播学界的各个方面。首先，在界定传播学的分支学科时，意向性对许多学者来说是必不可少的决定因素。他们要确定的一个中心问题是交际双方到底在多大程度上知道他们在做些什么或做了什么。而意识是发生交流的前提。纵观对说服和服从所进行的研究，不难看出多数学者认为交际双方之所以确定目标、分析对方和环境、然后选择交流策略，都是为了最大化地取得预设目的。相比之下，不同仪式程序、感情自然流露、交谈管控动作，以及熟人之间的习惯性交流却很少掺杂特别意识与精心设计的成分。

虽然相关学者（如：Brentano, 1874；Gillet & McMillan, 2001；Husserl, 1962；Lycan, 1996；Motley, 1986；Stamp & Knapp, 1990；Tye, 1995, 2000）来自不同领域，但是他们在理论层面，对意识和意向的研究表现出以下几个方面的共识：（1）交流涉及多种层次和程度上的意识成分；（2）每一交流行为都包含至少两种意向；（3）意识和意向在交流之中可能变化；（4）交流双方可能明白总体目标，但彼此对要达到这一目标各自所流露的一些具体意念，并不一定都能体会得到。

因此，任何单一的理论框架或研究方法都不足以完成上述所列的研究任务。我们只有从不同的视角入手，才能全面深刻地理解意识和意向的内涵。同样，我们只有综合几种相关理论框架，取其所长，才能为人际传播在意识和意向方面的课题提供体而有用的理论指导。

四、美国人际传播研究的问题、争议、不足和趋势

1. 问题

美国人际传播理论研究总体存在以下几个问题：首先，以认知心理学为主要理论支撑、以自然科学研究方法为主的量化分析方法（如人际传播构建主义理论研究）盛行，而质性研究方法（如民族志方法）呈现弱势，文化批评方法受到排挤和打压，不同学派并没有处在平等竞争的状态，导致理论和研究成果的信度和效度在全球范围内相对低迷。虽然社会科学研究界正兴起量质混合的研究方法（Ragin, 1987；2000）以期提高理论和研究成果的信度和效度，但混合法的运用在人际传播研究领域仍然罕见。其次，量化分析法本身也没有得到合理的使用。像心理学研究的老问题一样，美国人际传播理论研究量化方法采集的数据大多来自研究者所在大学的学生，甚至研究者自己的学生。众所周知，一国的大学生不仅代表不了这一国的所有国民，更不用说代表全人类了。运用这种方便和价格低廉或免费的，来自单一社会群体，单一国家，和单一文化的取样法所创建的理论，其普世

性有多高就可想而知了。最后，一方面人际传播理论色彩纷呈，另一方面碎片化严重。大多学者专门研究人际传播的一个或几个面，如幽默传播（DiCioccio, 2012）、性别传播（annen, 2007）、健康传播（Schiavo, 2007）、嫉妒传播（Bevan, 2013）、社交媒体式人际传播（Konijn et al., 2008）等，并试图构建相关的具体理论，却忽视了整合性理论研究和对该学科的全貌性理论构建。

2. 争议

当代人际传播研究领域存在两大争议。第一是以认知心理学为理论基础的人际传播构建主义理论（constructivism）和以实用主义（pragmatism）为哲学基础的人际传播构建和重建主义理论与意义协调管理理论（Coordinated Management of Meaning or CMM）的争议。人际传播构建主义理论认为，虽然每个人的人际传播行为起源于社会，但是每个人的认知过程，认知心理结构和其相应的人际传播能力随着年龄的增长和教育程度的提高，会变得更加复杂和成熟，并相对稳定。而 CMM 认为人际传播过程本质是社会性的，不承认认知心理的独立存在；所谓认知心理不过是社会传播的结果，也可以通过传播性干预得到重构；人际传播过程不包含所谓固化的相对独立的个体心理认知结构。Constructivism 认为意义世界是相对一元的，CMM 却认为意义世界原本是多元的也应保持多元。Constructivism 注重个人交际传播能力的评估、提高和个人主义理想的实现。CMM 注重提升置身多元意义世界人际传播者保护多元，促进多元文化和谐相处的能力。

第二是以 Donal Carbaugh（1991）为代表的强调"文化即是通过人际传播达到的共识"人际传播理论人类文化学/民族学派和以 John Fiske（1991）为代表的强调"文化的性质乃是冲突和斗争"的新马克思主义学派的争议。与 Fiske 相呼应的是人际传播学者 John Lannamann（1991）。他一针见血地指出，人际传播研究不过是不同研究者不同意识形态观点的实践和阐发而已。也就是说，不同的人际传播理论反映了不同的价值观，没有客观性普世性可言。这一争议虽然发生在 20 多年前，但在人际传播界引发了不大不小的骚动；一方面产生了"共识"和"斗争"折中派，如 Dwight Conquergood（1991）创造了批评民族志方法论；另一方面至今两派大多更加坚守己见。

3. 不足

基于以上综述，我们能够看出，美国人际传播理论研究看似百花齐放，百家争鸣，但却受限于其特定的历史文化环境及其主流价值观。例如，至今没有类似马克思主义政治经济学性质的人际传播理论进入人际传播研究领域。美国畅销的传播理论教材如 Em Griffin 的 *A First Look at Communication Theory*（2011）和 Steven Littlejohn 的 *Theories of Human Communication*（1989）都几乎排除或轻描淡写马克思主义批判学派的视角。另一个不足是美国主流人际传播理论研究以个人为观察和分析单位，使以其他诸如家庭或家族等为观察和分析单位的研究边缘化。再一个不足是忽略了世界其他主流哲学，文化和宗教的人际传播视角。例如伊斯兰宗教信仰文化，拉美和非洲文化等人际传播理论资源没能够得到充分挖掘。近几十年来，以亚太文化，尤其包括中国，韩国和日本为主的东亚文化所包含的丰富的人际传播哲学理论资源，受到了活跃在英美相关的学术界相当规模的亚裔学者群比较深刻的挖掘，产生了大量正式出版的英语学术文献，原创了多个基于东亚文化普世概念的人际传播理论（Jia, Lu, & Heisey, 2002; Jia, 2006）。然而，至今，只有基于中国文化脸面观的"面子谈判理论"已成为一个英美人际传播学界广泛接收的普世理论。而中国文化脸面观从初次介绍到西方（Smith, 1894/2003）至丁冬梅（Ting-Toomey, 2005）创造出成熟的面子谈判理论经历了长达111年的时间！笔者认为，博大精深的中国文化具备了远远超过创造或启发一个或几个人际传播理论的丰富资源。最后，美国主流人际传播理论大都是线下理论。新媒体和全球化有待催生多元的线上理论。线下理论，例如 Joe Walther 的 Social Information Processing Theory（2008）也有待和稀有的线上理论融合。但愿从互联网和全球化第一代里崛起的人际传播学者群在不久的将来对线上线下，多元思想，和多种文化视角的人际传播理论发展作出他们应有的贡献。以上几点均是美国主流人际传播理论普世化的努力有待克服的瓶颈。

4. 动向和趋势

美国人际传播理论研究领域正在走向多元和分支化，甚至碎片化；似乎呈现以下几个动向和趋势：（1）健康传播是过去几十年来美国人际传播理论研究领域衍生出的一大分支。（2）人际传播社交媒体化研究（包括电讯如以手机为媒介的人际传播，电脑为媒介的人际传播研究）也是过去十多年来美国人际传播理论研究领域衍生出的又一大分支。（3）在美国人际传播理论研究领域，基于非西方文化视角尤其是东亚文化视角的人际传播理论和研究在过去二十多年有了长足的发展。（4）分支化和专题化诸如幽默传播、谣言传播、嫉妒传播、家庭传播、关系传播、浪漫传播、性别传播、跨族裔传播、跨文化交际、以及全球传播（尤其是跨文化传播和全球公民身份和全球公民社会的构建关系研究）等研究也是过去几十来年陆续呈现的几大经久不消的动向和趋势。

结束语

中国文化甚至东亚儒家文化圈乃是举世闻名的人际关系学文化，但却不是人际传播学文化。以中国文化为代表的古典人际关系学是以关注现世的儒家伦理学为哲学基础的，目的是修身、齐家、治国、平天下。它是一种圆润的处世哲学，强调说教、实践和自省；注重品德修炼。相反，以美国文化为代表的人际传播学注重描绘和阐释人际传播本质、微观过程、结构和规律；注重提高人际传播者个体的技巧和能力。当代中国文化的人际关系学延续了儒家模式,但是笔者认为,仅仅依靠儒家人际关系模式很难维系当代中国文化和社会的秩序。这是因为当代中国文化正在演变成为既重集体又关照个人,既强调个人竞争又强调人际社会和谐的中西合璧的新文化。本文着重介绍美国当代人际传播理论研究现状,正是作者为了促进中式人际关系学和美式人际传播学的交流、嫁接或联姻,为最终打造更普世的人际传播/关系理论,促进中美和其他人类社会的和谐而作的一个努力。希望我们的努力对读者能够起到抛砖引玉的作用。

◇ 参考文献 ◇

- Altman, I., & Taylor, D. (1973). *Social penetration: The development of interpersonal relationships*. New York, NY: Holt, Rinehart and Winston.
- Applegate, J. L., & Delia, J. G. (1980). Person-centered speech, psychological development, and the contexts of language usage. In R. S. Clair & H. Giles (eds.), *The social and psychological contexts of language usage*, 245-282. Hillsdale, NJ: Lawrence Erlbaum.
- Argyle, M. (1969). *Social interaction*. New York: Liber-Atherton.
- Bandura, A. (2001). Social cognitive theory: An agentive perspective. *Annual Review of Psychology*, 52: 1-26.
- Barnlund, D. C. (1968). *Interpersonal communication: Survey and studies*. Boston: Houghton Mifflin.
- Bateson, G. (1978). *Mind and nature: A necessary unity*. New York: E. P. Dutton.
- Baxter, L. A. (1988). A dialectical perspective on communication strategies in relationship development. In S. Duck (ed.), *Handbook of personal relationships*. New York, NY: Wiley and Sons.
- Baxter, L. A., & Braithwaite, D. O. (2007). Social dialectics: The contradictions of relating. In B. B. Whaley & W. Samter (eds.), *Explaining communication: Contemporary theories and exemplars*, 275-292. Mahwah, NJ: Lawrence Erlbaum.
- Baxter, L. A., & Montgomery, B. M. (1996). *Relating: Dialogues and dialectics*. New York: Guilford Press.
- Beebe, S. A., Beebe, S. J., & Redmond, M. V. (2002). *Interpersonal communication: Relating to others*. Boston: Allyn & Bacon.
- Bell, R. A., & Daly, J. A. (1984). The affinity-seeking function of communication. *Monographs*, 51: 91-115.
- Berger, C. R. (2007). Plans, planning, and communication effectiveness. In B. B. Whaley & W. Samter (eds.), *Explaining communication: Contemporary theories and exemplars*, 149-164. Mahwah, NJ: Lawrence Erlbaum.
- Berger, C. R. (1997). Interpersonal communication: Theory and research. In B. D. Ruben (ed.), *Communication yearbook* 1, 217-228. New Brunswick, NJ: Transaction Publishers.
- Berger, C., & Calabrese, R. (1975). Some explorations in initial interaction and beyond: Toward

- a developmental theory of interpersonal communication. *Human Communication Research*, 1: 99-112.
- Bevan, J. L. (2013). *The communication of jealousy*. New York, NY: Peter Lang.
- Birdwhistell, R. L. L. (1952). *Introduction to kinestics: An annotation system for analysis of body motion and gesture*. Ann Arbor, MI: U. S. Department of State, Foreign Service Institute/University Microfilms.
- Bochner, A. P., & Ellis, C. (1992). Personal narrative as a social approach to interpersonal communication. *Communication Theory*, 2: 65-72.
- Brentano, F. (1874). *Psychologie vom emprisschen standpunte (Psychology from an Empirical Standpoint)*. Leipzig, Duncker & Humblot.
- Brown, P., & Levinson, S. (1978). Universals in language usage: Politeness phenomenon. In E. Goody (ed.), *Questions and politeness: Strategies in social interaction*. Cambridge, UK: Cambridge University Press.
- Brown, P., & Levinson, S. (1987). *Politeness: Some universals in language*. Cambridge, UK: Cambridge University Press.
- Burgoon, J. K. (1978). A communication model of personal space violations: Explication and an initial test. *Human Communication Research*, 4: 129-142.
- Burgoon, J. K. (1983). Nonverbal violations of expectations. In J. M. Wiemann & R. P. Harrison (eds.), *Nonverbal interaction*, 77-111, Beverly Hills, CA: Sage.
- Burgoon, J. K., & Hale, J. L. (1988). Nonverbal expectancy violations: Model elaboration and application to immediacy behaviors. *Communication Monographs*, 55: 58-79.
- Burgoon, J. K., Stern, L. A., & Dillman, L. (1995). *Interpersonal adaptation: Dyadic interaction patterns*. New York: Cambridge University Press.
- Burleson, B. R. (in press). The nature of interpersonal communication: A message-centered approach. In C. Berger, M. Roloff, & D. R. Roskos-Ewoldsen (eds.), *Handbook of communication science* (2nd ed.). Thousand Oaks, CA: Sage. 2013-03-16 http://www.corwin.com/upm-data/29757_9.pdf.
- Burleson, B. R. (2003). Emotional support skills. In J. O. Greene & B. R. Burleson (eds.), *Handbook of communication and social interaction skills*, 551-594. Mahwah, NJ: Lawrence Erlbaum.
- Burleson, B. R. (1992). Taking communication seriously. *Communication Monograph*, 59: 79-86.
- Burleson, B. R. Metts, S., & Kirch, M. W. (2000). Communication in close relationship. In C. Hendrick & S. S. Hendrick (eds.), *Close relationships: A sourcebook*, 244-258. Thousand Oaks, CA: Sage.
- Cappella, J. N., & Greene, J. O. (1982). A discrepancy-arousal explanation of mutual influence in expressive behavior for adult and infant-adult interaction. *Communication Monographs*, 49: 89-114.
- Cappella, J. N. (1987). Interpersonal communication: Definition and fundamental questions. In C. R. Berger & S. H. Chaffee (eds.), *Handbook of communication science*, 184-238. Newbury Park, CA: Sage.
- Cappella, J. N., & Planalp. S. (1981). Talk and silence sequences in informal conversations III: Inter-speaker influence. *Human Communication Research*, 7: 117-132.
- Chapple, E. D. (1953). The standard experimental interview as used in interaction chronograph investigations. *Human Organizations*, 12: 23-32.
- Chapple, E. E. (1970). *Culture and biological man: Explorations in behavioral anthropology*. New York, Holt, Rinchart & Winston.

- Carbaugh, D. (1988). *Talking American: Cultural discourses on Donahue*. Norwood, NJ: Ablex.
- Carbaugh, D. (1990). *Cultural communication and intercultural contact*. Hillsdale, NJ: Lawrence Erlbaum Associates.
- Conquergood, D. (1991). Rethinking ethnography: Towards a critical cultural politics. *Communication Monographs*, 58: 179-194.
- Delia, J. G. (1987). Communication research: A history. In C. R. Berger & S. H. Chaffee (eds.), *Handbook of communication science*, 20-98. Newbury Park, CA: Sage.
- Delia, J. G., O'Keefe, B. J., & O'Keefe, D. J. (1982). The constructivist approach to communication. In F. E. X. Dance (ed.), *Human communication theory: Comparative essays*, 147-191. New York, Harper & Row.
- DiCioccio, R. L. (2012). *Humor communication: Theory, impact, and outcomes*. Dubuque, IA: Kendall Hunt.
- Dillard, J. P. (2003). Persuasion as a social skill. In J. O. Greene & B. R. Burleson (eds.), *Handbook of communication and social interaction skills*, 479-514. Mahwah, NJ: Lawrence Erlbaum.
- Dillard, J. P. (2008). Goals-plan-action theory of message production. In L. A. Baxter & D. O. Braithwaite (eds.), *Engaging theories in interpersonal communication: Multiple perspectives*, 65-76. Thousand Oaks, CA: Sage.
- Festinger, L. (1954). A theory of social comparison processes. *Human Relations*, 7(2): 117-140.
- Fiske, J., Carbaugh, D. (1991). Forum: Writing ethnographies. *Quarterly Journal of Speech*, 77: 327-42.
- Fitch, K. (1998). *Speaking relationally: Culture, communication and interpersonal connections*. New York: Guilford Press.
- Geertz, C. (1973). *The interpretation of cultures: Selected essays*. New York: Basic Books.
- Giffin, K., & Patton, B. R. (1971). *Fundamentals of interpersonal communication*. New York: Harper & Row.
- Giles, H., Mulac, A., Bradac, J. J., & Johnson, P. (1987). Speech accommodation theory: The next decade and beyond. In M. McLaughlin (ed.), *Communication Yearbook* 11, 13-48. Newbury Park, CA: Sage.
- Gillet, G. R., & McMillan, J. (2001). *Consciousness and intentionality*. Philadelphia, PA: John Benjamins Publishing.
- Glanz, K., Rimer, B. K. & Lewis, F. M. (2002). *Health behavior and health education: Theory, research and practice*. San Francisco, CA: Wiley & Sons.
- Goffman, E. (1959). *The presentation of self in everyday life*. Garden City, NY: Anchor.
- Goffman, E. (1963). *Behavior in public places: Notes on the social organization of gatherings*. New York: Free Press.
- Gottman, J. M. (1979). *Marital interaction: Experimental investigations*. New York: Academic Press.
- Griffin, E. (2011). *A first look at communication theory* (8th ed.). Ohio, USA: McGraw-Hill.
- Gudykunst, W., Matsumoto, YU., Ting-Toomey, S., Nishida, T., Kim, K. S., & Heymans, S. (1996). The influence of cultural individualism-collectivism, self construals, and individual values on communication styles across cultures. *Human Communication Research*, 22: 510-543.
- Guerrero, L. A., Andersen, P. A., & Afifi, W. A. (2007). *Close encounters: Communication in relationships* (2nd ed.). Thousand Oaks, CA: Sage.
- Hall, E. T. (1959). *The silent language*. Garden City, NY: Doubleday.
- Hayakawa, S. I. (1941). *Language in action*. New York: Harcourt Brace Jovanovich.
- Heider, F. (1958). *The psychology of interpersonal relations*. New York: Wiley.

- Hopper, R., Knapp, M. L., & Scott, L. (1981). Couples' personal idioms: An exploration of intimate talk. *Journal of Communication*, 31: 23-33.
- Husserl, E. (1962). *Ideas: General introduction to pure phenomenology*. Collier Books.
- Jia, W., Lu, X., & Heisey, D. R. (eds., 2002). *Chinese Communication Theory and Research: Reflections, New Frontiers and New Directions*. Westport, CT: Ablex/Greenwood.
- Jia, W. (2006). *Wei* (positioning)-*ming* (naming)-*lianmian* (face)-*guanxi* (relationship)-*renqing* (humanized feelings). In Peter Hershock & Roger Ames (eds.) *Cultures of Authority: China*, 49-64. Albany, NY: SUNY Press.
- Keltner, J. W. (1970). *Interpersonal speech-communication: Elements and structures*. Belmont, CA: Wadsworth.
- Kendon, A. (1970). Movement coordination in social interaction: Some examples described. *Acta Pyschologica*, 32: 100-125.
- Knapp, M. L. (1984). *Interpersonal communication and human relationships*. Boston, MA: Allyn & Bacon.
- Knapp, M. L. (1972). *Nonverbal communication in human interaction*. New York: Holt, Rinehart & Winston.
- Knapp, M. L., & Comadena, M. E. (1979). Telling it like it isn't: A review of theory and research on deceptive communication. *Human Communication Research*, 5: 270-285.
- Knapp, M. L., & Daly, J. A. (2011). *The Sage handbook of interpersonal communication* (4th ed.). Thousand Oaks, CA: Sage.
- Konijn, E. A., Utz, S., Tanis, M., & Barnes, S. B. (2008). *Mediated interpersonal communication* (eds.). London, UK: Routledge.
- Korzybski, A. (1933). *Science and sanity: An introduction to non-Aristotelian systems and general semantics*. Lancaster, PA: Science Press.
- Lannamann, J. W. (1991). Interpersonal communication research as ideological practice. *Communication Theory*, 1(3): 179-203.
- Leeds-Hurwitz, W. (1995). *Social approaches to communication*. New York: The Guilford Press.
- Littlejohn, S. (1989). *Theories of human communication* (3rd ed.). Belmont, CA: Wadsworth.
- Lycan, W. G. (1996). *Consciousness and experience*. Boston, MA: MIT Press.
- McCroskey, J. C., Larson, C., & Knapp, M. L. (1971). *An introduction to interpersonal communication*. Englewood Cliffs, NJ: Prentice Hall.
- Mead, G. H. (1934). *Mind, self, and society*. Chicago: University of Chicago Press.
- Millar, F. E., & Rogers, L. E. (1976). A relational approach to interpersonal communication. In G. R. Miller (ed.), *Explorations in interpersonal communication*, 87-103. Beverly Hills, CA: Sage.
- Miller, G. R. (1976). Foreword. In G. R. Miller (ed.), *Explorations in interpersonal communication*, 9-16. Beverly Hills, CA: Sage.
- Miller, G. R. (1978). The current status of theory and research in interpersonal communication. *Human Communication Research*, 4: 164-178.
- Miller, G. R. (1990). Interpersonal communication. In G. L. Dahnke & G. W. Clatterbuck (eds.), *Human communication: Theory and research*, 91-122. Belmont, CA: Wadsworth.
- Miller, G. R., Boster, F. J., Roloff, M. E., & Seibold, D. R. (1977). Compliance-gaining message strategies: A typology and some findings concerning effects of situational differences. *Communication Monograph*, 44: 37-51.
- Miller, G. R., & Steinberg, M. (1975). *Between people: A new analysis of interpersonal communication*. Chicago: Science Research Associates.
- Monaghan, L., & Goodman, J. (eds.). (2006). *A cultural approach to interpersonal*

- *communication: Essential readings*. Malden, MA: Blackwell Publishing.
- Motley, M. T. (1986). Consciousness and intentionality in communication: A preliminary model and methodological approaches. *The Western Journal of Speech Communication*, 50: 3-23.
- O'Keefe, B. J. (1988). The logic of message design: Individual differences in reasoning about communication. *Communication Monographs*, 55: 80-103.
- Osgood, C. E., Suci, G. C., & Tannenbaum, P. H. (1957). *The measurement of meaning*. Urbana: University of Illinois Press.
- Patterson, M. L. (1982). A sequential functional model of nonverbal behavior. *Psychological Review*, 89: 231-249.
- Pearce, W. B., & Cronen, E. V. (1980). *Communication, action, and meaning: the creation of social realities*. Westport, CT: Praeger.
- Petronio, S. (ed.). (2000). *Balancing the secrets of private disclosures*. Mahwah, NJ: Lawrence Erlbaum.
- Philipsen, G. (1992). *Speaking culturally: Explorations in social communication*. Albany, NY: SUNY Press.
- Ragin, C. C. (1987). *The Comparative Method: Moving Beyond Qualitative and Quantitative Strategies*. San Francisco, CA: University of California Press.
- Ragin, C. C. (2000). *Fuzzy-Set Social Science*. Chicago, IL: University of Chicago Press.
- Rawlins, W. K. (1987). Gregory Bateson and the composition of human communication. *Research in Language and Social interaction*, 20: 53-77.
- Roloff, M. E. & Anastasiou, L. (2001). Interpersonal communication research: An overview. In W. B. Gudykunst (ed.), *Communication Yearbook* 24, 57-71. Thousand Oaks, CA: Sage.
- Rowan, K. E. (2003). Informing and explaining skills: Theory and research on informative communication. In J. O. Greene & B. R. Burleson (eds.), *Handbook of communication and social interaction skills*, 403-438. Mahwah, NJ: Lawrence Erlbaum.
- Ruesch, J. (1951). *Communication and the social matric of society*. New York, NY: Norton.
- Ruesch, J., & Bateson, G. (1951). *Communication: The social matrix of psychiatry*. New York: W. W. Norton.
- Ruesch, J., & Kees, W. (1956). *Nonverbal communication: Notes on the visual perception of human relations*. Los Angeles: University of California Press.
- Salhab, J. (2011). Explaining theories of interpersonal communication. In M. Dainton & E. D. Zelley, (eds.), *Applying communication theory for professional life: A practical introduction* (2nd ed.). Thousand Oaks, CA: Sage.
- Schiavo, R. (2007). *Health communication: From theory to practice*. US: Jossey-Bass.
- Sillars, A. L. (1980). Attributions and communication in roommate conflicts. *Communication Monographs*, 47: 180-200.
- Simmel, G. (1950). *The sociology of Georg Simmel* (K. H. Wolff, ed. & Trans.). New York: Free Press.
- Smith, H. A. (1894/2003). *The Chinese characteristics*. New York, NY: Eastbridge.
- Smith, S. W., & Wilson, S. R. (2010). Evolving trends in interpersonal communication research. In S. W. Smith & S. R. Wilson (eds.), *New directions in interpersonal communication research*. Thousand Oaks, CA: Sage.
- Spitzberg, B. H., & Cupach, W. R. (1984). *Interpersonal communication competence*. Beverly Hills, CA: Sage.
- Stamp, G. H., & Knapp, M. L. (1990). The construct of intent in interpersonal communication. *Quarterly Journal of Speech*, 76: 282-299.
- Stewart, J. (2002). (ed.). *Bridges not walls: A book on interpersonal communication* (8th ed.).

New York: McGraw Hill.
- Stewart, J. (1973). Introduction: Bridges not walls. In J. Stewart (ed.), *Bridge not walls: A book about interpersonal communication*, 2-26. Reading, MA: Addison Wesley.
- Swanson, D. L. & Delia, J. G. (1976). *The nature of human communication*. Chicago, IL: Science Research Associates.
- Tannen, D. (2007). *You just don't understand: Women and men in conversation*. US: William Morrow.
- Thompson, J. B. (1995). *The media and modernity: A social theory of the media*. Stanford, CA: Stanford University Press.
- Ting-Toomey, S. (2005) The matrix of face: An updated face-negotiation theory. In W. B. Gudykunst (ed.), *Theorizing About Intercultural Communication*, 71-92. Thousand Oaks, CA: Sage.
- Tracy, K. (2002). *Everyday talk: Building and reflecting identities*. New York: Guilford.
- Trenholm, S. (1986). *Human communication theory*. Englewood Cliff, NJ: Prentice Hall.
- Trenholm, S., & Jensen, A. (2008). *Interpersonal communication* (6th ed.). New York: Oxford University Press.
- Tye, M. (1995). *Ten problems of consciousness: A representational theory of the phenomenal mind*. Boston, MA: MIT Press.
- Tye, M. (2000). *Consciousness, color, and content*. Boston, MA: MIT Press.
- Walther, J. B. (1992). Interpersonal effects in computer-mediated interaction: A relational perspective. *Communication Research*, 19: 52-90.
- Walther, J. B. (2008). Social information processing theory-impressions and relationship development online. In. L. A. Baxter & D. O. Braithwaite (eds.) *Engaging theories in interpersonal communication: Multiple perspectives*, 391-404. North America: SAGE.
- Watzlawick, P., Beavin, J. H., & Jackson, D. D. (1967). *Pragmatics of human communication: A study of interaction patterns, pathologies, and paradoxes*. New York: W. W. Norton.
- Wiemann, J. M. (1977). Explication and test of a model of communicative competence. *Human Communication Research*, 3: 195-213.
- Wood, J. T. (2010). *Interpersonal communication: Everyday encounters* (6th ed.). Boston, MA: Wadsworth.

流行文化研究前沿评析

冯应谦[①] 杨 露[②]

概述

我们相信流行文化研究发展到现在已没有学术机构会否定它的重要性,流行文化研究的发展大概也跟文化研究在传播学(也在社会学、人类学等学科)中的主流化有分不开的关系。从学术和知识结构的角度,不难发现大部分的流行文化研究都是从"文化"入手,然后以诠释方法试图解释流行文化的意义,这大致也是文化研究学者的研究方向;从方法上,也跟文化研究一样,大部分都是定性(qualitative)研究。随着文化研究兴起,流行文化当然渐成主流。我们可以看到过去十年,《Cultural Studies》、《International Journal of Cultural Studies》、《Inter-Asia Cultural Studies》、《European Journal of Cultural Studies》、《Journal of African Cultural Studies》和《Journal of Latin American Cultural Studies》全被 Thomson Reuters 纳入为 SSCI 学刊,单看这一点,就可以说明流行文化研究在学术界的重要性。在欧美以至亚洲的学术机构,流行文化研究是通过个人或集体所呈现的文化表征,来探索和理解表面或者文化隐藏着的社会现象、矛盾、问题以及背后的意识形态。在这里,我们也许不重复介绍流行文化研究的历史发展过程(详情请参见冯应谦,Fung,2007)。在有限的文章篇幅下,我们希望分析当代流行文化研究的发展前沿,我们分析了流行文化近 5 年在主流的学术刊物的重要出版,然后尝试有系统地介绍流行文化研究发展的重要趋势。

全球化下的流行文化研究

在全球化的语境下,再加上西方学术界以至流行文化仍然是世界的焦点,传统上,流行文化研

[①] 冯应谦现任香港中文大学新闻与传播学院教授、院长,暨南大学珠江学者讲座教授,1998 年获美国明尼苏达大学(University of Minnesota)新闻与大众传播学院博士学位,研究兴趣和教学领域为流行文化与文化研究、性别与青少年身份政治、文化产业与政策等。

[②] 杨露现为香港中文大学传播系与性别研究专业博士生,主要研究领域为流行文化和性别研究等。

究也走不出全球化研究的理论框架。在冯应谦（2013）的亚洲流行文化读本中，流行文化研究可以用"连续性"（continuity）/"非连续性"（discontinuity）的理论框架来解释。即不同国家和地区，不同的文化语境所生产的流行文化产品的消费、生产和流动跟全球化（或西方为主）的流行文化的连续性有多大？有多少本地和区域性的流行文化可以跟全球化是非连续甚或割裂的？以亚洲为例，相比较起已经拥有标志性符号和代表的西方流行文化，如：蝙蝠侠、哈利波特、Lady Gaga 的流行音乐以及好莱坞电影，亚洲的流行文化能够在主流全球文化中找到自己的非连续性特点，如日本流行文化的可爱（Kawaii）等。近几年这种拥有亚洲自己特色的流行文化如韩国流行文化产品在地区内也成为一股主要的跨亚洲文化流向外传播，流行歌曲方面有少女时代，电视剧方面则有风靡一时的《大长今》，而这些流行文化产品不仅仅停留在被当作娱乐品消费的层面，它们也慢慢跟本土文化联系在一起。在文化制作上，"韩风"也成为中国、日本艺人制作主要"学习"对象；在政治上，例如韩国流行电视剧《大长今》的主题歌在 2005 年中国香港召开 WTO 部长级会议时也被作为韩国反世贸组织抗议者采用，这种做法赢得了中国香港部分本土媒体和大众/影迷（特别是受韩流影响的 fans）的支持，韩国流行文化被理解成有助于亚洲跨国"公共空间"或者公民社会的建立（梁旭明，2009，出版于《跨亚洲文化研究》月刊）。

另一方面，在全球化的经济诱因下，流行文化工业（Cultural Industries）的发展以及全球文化流动的趋势，也受到学者的关注。当然，以前的大部分研究都是集中研究西方主流。如好莱坞文化的输出，现在，越来越多的文化生产公司都在非欧美地区冒起，例如日本、韩国、中国香港等，它们具备突出的生产能力和成熟的发行网络，并由此展开向世界其他地区扩散。韩国作为这股生产力中的主要代表，他所生产的流行文化产品（偶像）也对美国市场造成一定影响。日本动漫形象"皮卡丘"（Pokemon）也是亚洲向欧美市场进行的流行文化输入的成功典范，在 20 世纪 90 年代日本掀起狂潮之后，迅速占领欧美市场，因为皮卡丘身上兼具亚洲文化的亲密感，又通过自身的不断积累和努力完成目标，这点与西方资本主义的精神气质相符合（Allison，2002）。2012 年，韩国的 Gangnam style（江南 style）热潮席卷全球，包括麦当娜在内的世界巨星都在自己的演唱会上一展 Gangnam style，成为亚洲流行文化向欧美地区反输入最经典的例子。值得一提的是，这些流行文化研究一直以来都好像以"全球/西方"文化为一个参考，亚洲流行文化的研究在这一点上并没有完全脱离主流全球文化的研究。

我们不难发现，在全球化语境下，西方（强势）流行文化和世界其他地区（弱势）流行文化之间的对抗、流动并互相影响仍是研究的核心。其中最突出的包括两个议题。第一，流行文化与现代化过程的关系，包括现代身份的构建；其次则是直接或间接对人民日常生活以及消费者文化的相互影响。如学者陈光兴所述，19 世纪中期之后，"美国"作为一种文化的想象从未离开过"亚洲"。在这个过程中，西方流行文化帮助构建了非西方地区的现代主体性。例如韩国学者申贤俊和台湾学者何东洪（2009，出版于《跨亚洲流行文化》）分析指出，流行音乐是政治经济在一个地区意识形态的话语体现，他们通过对冷战之后，对比分析两地机构、政治和文化条件的差异对两国音乐制作传统、娱乐行业的发展，来探讨美国价值观对流行音乐的消费文化有何不同的影响。Boulou Ebanda de B'béri（2008，出版于《文化研究》月刊）对非洲本土电影中的主体性的意识形态进行分析，还原非洲的被帝国主义殖民的经历，重述帝国主义和殖民主义的影响，从而重新定义其关于非洲性的身份。

另一方面，在全球化话语语境下，不同地区流行文化的互相影响改变着人们的生活方式和消费文化，包亚明（2008，出版于《跨亚洲文化研究》）对上海的三个标志性消费对象进行分析，发现消费主义和当代上海都市文化之间的关系：消费主义是如何结合全球化和本土化，并成功主宰了城市的意识形态，从而加强了与本土生活紧密相连的全球化趋势和消费主义趋势的新兴意识形态。

流行文化研究的研究脉络

跟传播学一样，流行文化研究的研究脉络主要围绕三个方面：文化生产（production）、文本（text）和受众（audience）。马克思指出，在上层建筑和经济基础这种社会关系中所生产出来的文化产品，直接或间接反映了优势人群的利益，而他们又从这种社会组织形式中获得政治、经济、社会或者文化上的利益。因此，流行文化更像是一种社会关系的机制，按照马克思主义的研究范式，流行文化是一种"生产模式"，要将文化文本和实践（practice）放到文化产品生产的历史语境下，即了解消费与接受的社会经济背景才能通过了解流行文化来理解社会的政治、社会和文化形态，以及预见未来的发展。

文化生产研究

对流行文化生产的分析，主要集中在对相关文化产品的工业处境进行分析，例如 Nieborg（2008，出版于《欧洲文化研究》）对游戏模组工业的研究，分析这种游戏从开发到使用的工业逻辑，作者通过对游戏模组发展商进行采访和观察，分析他们在依靠技术和重新设计游戏的基础上，建立了一套属于自己的工业和市场话语。

对流行文化产品的探究和分析更多体现在对音乐工业的关注上，J. Mark Percival（2011，出版于《流行音乐和社会》）对英国的电台、唱片业以及歌曲音乐之间经济、社会和文化关系进行了再思考，分析音乐电台如何音乐电台不仅是给唱片和艺人作宣传这么简单，它几乎构建着当下的流行音乐文化。另外，技术与流行文化产业的关系也引起注意，例如，在电子技术日益成熟的背景下，亚洲的流行音乐产业发展产生了新的变化，韩国学者李俊晔（2009，出版于《跨亚洲文化研究》月刊）分析了韩国的电子技术和流行音乐转型之间的关系，他指出数字技术促使音乐工业重组，同时改变受众消费和享受音乐/娱乐业的体验。技术将会加强个人和社会对音乐的使用，促使音乐文化多样发展。同时，在全球化语境之下，比较研究也被运用在对各国的流行文化工业的探讨中，申贤俊和何东洪（2009，出版于《跨亚洲流行文化》）通过对韩国和中国台湾的流行音乐发展的比较，探索"冷战"之后美国对韩国和中国台湾的影响。学者将两种音乐的发展置于各自的历史社会语境下，比较并发现两地机构、政治和文化条件的差异对两地音乐制作传统、娱乐行业的发展，以及对流行音乐的消费文化有何不同的影响。

文本研究

而到目前为止，以文本为分析基础仍依然是研究流行文化的主要切入口之一，这种文本包括任何流行文化体裁，包括电视剧、电影、流行歌曲、小说以及游戏等。例如通过解读流行文化文本探讨前殖民地与宗主国之间的关系，例如，Bi‐qi Beatrice Lei（2009，出版于《跨亚洲文化研究》）对中国台湾偶像剧《绿光森林》进行文本分析，分析其中呈现出来的西方神话以及对其的不满，通过这种双面刻画来理解自我和西方他者的关系。而通过对文本的重视，也有助于理解地缘相似背景下的文化差异性，例如韩国学者 Sujeong Kim（2009，出版于《文化研究》）对韩剧在日本、中国香港和内地不同的社会话语进行了分析，由此解读跨国文化。在各类文本分析中，比较主流是流行文化与"身份"的关系。Stephen Teo（2008，出版于《跨亚洲文化研究》月刊）对《无极》和《如果爱》两部合拍片进行互文文本分析，由此分析中国香港和内地的合拍片在多大程度上体现了亚洲性和亚洲身份。罗永生（2008，出版于《跨亚洲文化研究》月刊）通过对中国香港卧底题材的电影文本进行研究，分析卧底形象的呈现与中国香港人"身份"命题的关系。Johan Fornäs（2010，出版于《流行音乐与社会》）探讨通过对瑞典的爵士音乐的文本进行分析，探讨在福利国家话语语境中它是如何与身份的现代性形式进行协商和构建。而 Mar Chicharro Merayo（2013，出版于《欧洲文化研究》）对西班牙的爱情肥皂剧文本进行研究，探讨西班牙的公共电视如何加强西班牙作为一个"国家"以及"民族"的概念。这些研究在不同文化研究学刊的出版为多，在此不能够尽录，不过这相信也会继续是流行文化的主流研究，而研究的关注也慢慢走到非欧美地区去。例如，美国学者 Furmanovsky（2008，出版于《流行音乐与社会》）对美国的乡村音乐作出文本分析，他将其重点放于在西部文化同日本当代文化的语境下进行比较。

受众研究

尤其在传播学的研究上，受众研究是一个比较独特的范围，因此当文化研究遇上传播学，以受众为焦点的文化研究和流行文化研究也成为了一种特色。在此也不会详细讲述受众研究的发展。但比较重要的论述是当代学者往往把受众视为"想象的社区"（imagined communities）（B Anderson，2006），而学者 Appadurai 后来又将"电子"视觉媒体作为当代全球话语的中心，在此基础上"想象 landscape 的跨国际构建"以及"作为社会实践的想象"则演变为当代流行媒体受众的研究领域。在这背景下，再加上美国的流行文化和文化研究最初是环绕流行音乐和歌迷，因此现在流行文化中的受众研究，话题最主要集中在粉丝文化（fandom）。这里的粉丝主要分为两种类型，第一种是某一具体偶像的歌迷/影迷。如中国香港学者冯应谦（2009）通过分析周杰伦歌迷来分析中国青少年文化的巨大影响，以及对王菲女性歌迷进行深度采访，来探索中产阶级女性如何反抗现有的传统的文化规范和家庭性别价值观，以及在当下语境中的困境和冲突；学者 Click，Hyunji Lee 以及 Holladay（2012，出版于《流行音乐与社会》）则对 Lady Gaga 和粉丝之间的关系进行研究，理解她的歌迷如何通过投射自己的偶像而接纳自己与主流文化的背离；另一种就是某一特定文化产品（娱乐节目、电影电视、小说等）的粉丝，如 Li Cui、李立峰（2010，出版于《流行传播学》）关注中国"超级女声"中的媒体和受众之间的权力关系，探索受众和节目如何共同重塑媒体/现实的边界。还有一部分研究则是将特定产品的受众置于公共领域中，探索他们与社会结构之间的互动关系。如梁旭明（2009，出版于《跨亚洲文化研究》）通过对《大长今》在社会运动中的情感动员的分析，表现出将流行文化产品运用到社会运动中，对运动参与者作为主体的情感关照，将粉丝情感置于一种多层的情感阶级/领域之中。

在这部分粉丝当中，跟"想象的社区"所关注的也如出一辙，尤其在新媒体研究兴起的时候，很多研究探讨受众如何透过在线媒体建立属于自己的"受众社区"。如 Ling Yang 和 Hongwei Bao（2012，出版于《文化研究》月刊）以《超级女声》为例，针对当代中国歌迷虚拟社区的女孩之爱的现象进行分析，将歌迷研究、情感研究和情感地理学结合在一起，对中国歌迷社区文化的本土概念和文化实践有特殊关照，为女性主义、酷儿理论和跨国界视角提供新的看法。但是，研究也发现在线粉丝与非在线粉丝之间也会存在矛盾，风靡全球的吸血鬼系列电影《暮光之城》的两种粉丝就在电影插曲的认知上产生分歧（Williams，2010，出版于《流行音乐与社会》）。

流行文化研究方法的趋势

文本和话语分析

到目前为止，差不多没有流行文化著作能够有系统地介绍各类流行文化的研究方法。在这里我们尝试初步地整理出一些主流研究方法和设计。首先基于流行文化研究对文本的持续重视，文本分析以及从文本出发的话语分析依然是研究流行文化的主要方法之一，例如对流行歌曲歌词的分析，Minkyu Sung（2009，出版于《跨亚洲文化研究》）探索泰国东北部当代流行歌曲歌词如何体现海外男性移民工人；周耀辉（2009，出版于《跨亚洲文化研究》）对中国香港流行音乐中的民族主义进行考察。当然也包括对电影电视文本的分析，例如前文提到的对《无极》和《如果爱》的分析，以及从《绿光森林》个案中探讨西方与其殖民地的关系。需要注意的是，在针对一个流行文化产品或者现象的研究中，流行文化研究中的文本分析不再仅仅局限文本本身，而是将文本置于具体的语境之下，因此同时采用其他研究方法去考察文本生产的语境，能够更深入地了解文本。例如，有使用文本分析同时，也采用民族志、深度采访以及话语分析的方法可以更好地了解文本所处的语境。Minkyu Sung 在对泰国流行歌曲的研究中，也深入到泰国移民公认的劳工生活中，通过观察和采访来熟悉劳工工人流行歌曲产生的土壤，由此来理解男性劳动力、流动性和音乐交会形成的一种社会力量如何重塑对移民男性的文化想象。相类似的还有对真人秀节目中的人物对话进行对话和文本分析，例如在文章《"你知道你用什么吸引了我吗？"：论"好莱坞女孩"如何构建自我身份和社会定位》，作者 Chittenden（2011，出版于《流行传播学》）通过分析电视节目中同龄女性的对话揭示她们如何在此过程中构建自己的身份，利用 Harré（1995）的"社会定位"理论对《好莱坞女孩》(The Hills) 里那些以对话为主要情节的场景进行文本分析。

文本分析不仅被运用在对流行文化产品的文本研究中，还会被用来分析受众对媒体产品的反映。例如 Williamsa 对《白宫风云》（2011，出版于《流行传播学》）在线讨论社区收集资料，对影迷发表的帖子做文本分析，来解释受众将现实生活中的经验与电视剧的人物相联系所做的自我叙说；Yang 和 Bao（2012）在对《超级女声》虚拟社区中粉丝情感交流的研究中，也对粉丝在社区讨论所发的帖子进行了文本分析。

民族志

流行文化研究学者不乏人类学家、亚洲研究学者等，这些学科的主要研究方法是民族志因此也解释了为什么民族志在流行文化研究中能够的广泛地被运用。其民族志方法也可分为几个方面，首先，学者旨在更深入研究对象中，进行参与式观察，如学者冯应谦（2009，出版于《欧洲文化研究》）在对周杰伦歌迷的研究中深入周的歌迷会中对歌迷进行深层次观察并进行交流；Ricardo Campos（2013，出版于《欧洲文化研究》）深入里斯本涂鸦画家社区的年轻画家之中，通过贴身观察和体验来发现他们通过如何构建和管理自己的身份和每天的日常生活。

另外一种取向则是因为研究者本身的专业背景进行的更深入的观察式参与甚至完全参与式，身兼流行音乐词作者的中国香港学者周耀辉是一个典型的例子。在他对中国歌手朱兰婷（2011）和中国流行音乐的跨国界政治研究中，将自己和朱兰婷进行"互为主体性"的分析。援引 Scott Lash 和 Celia Lury 所提出的追踪对象（following the object）方法论，跟随记录一个人，由此来理解当代中国旅居流离、流行和政治之间复杂的关系。另一篇则是在研究中国香港流行音乐的民族主义意味时，周耀辉（2009）分析流行歌曲歌词里的"中国性"的问题。最后一种取向则是对文献和档案等历史资料的重视。Hong Kal 通过对关于首尔城市的文献资料的分析来揭示韩国民众对后殖民时代的首尔的全新的都市形象的认知。何伟忠，罗永华（2012）则回顾文献资料对中国大陆 20 世纪的音乐教育史，分析其中隐含的中国传统意识形态和文化社会价值观；集体主义和个人主义以及国家主义和全球主义。

多种方法结合/混合

在各种流行文化研究方法中，多种方法的结合或混合使用。也变成一个趋势文本/话语分析或者民族志都不再单独运用在一项研究之中，有时甚至不仅仅局限于传统的研究方式。Hilde Van den Bulcka 和 Jasmijn Van Gorp（2011，出版于《流行传播学》）在对歌手的粉丝进行研究时，不单对相关媒体的报道和歌曲的内容进行了文本分析，同时设计了一个双层研究，看歌迷对歌星表演中特别安置的噱头有何反应，最后再对这些反应进行话语分析。英国学者 Forsyth 和 Cloonan（2008，出版于《流行音乐与社会》）结合定量和质化研究方法，采用问卷调查、参与式观察以及深度采访相结合的方法，分为三个步骤收集数据，分析格拉斯哥酒吧中的流行音乐如何吸引顾客消费，音乐与顾客、酒精销量以及酒吧运作的关系。深度采访流行文化生产中的关键人物，被更多地运用到研究中，Grixti（2009，出版于《欧洲文化研究》）对英国的经典著作荧幕改编剧进行分析，作者对英国剧评家对传统改编的电视剧所作的评论进行话语分析，并与相关电视剧的编剧和制作人直接对话，探讨当代流行媒体如何改变传统经典著作，让其更能被当下观众所接受。Humphreys（2008，出版于《欧洲文化研究》）探索隐藏于大型多人在线游戏中出版商、技术支持、发展商和玩家之间的权力关系，借助文本对受众以及文化产品同时进行分析，作者亲自参与到游戏文化中，对玩家进行采访，观察并与产业的核心人物发展商对话，对游戏之间的互动进行文本分析，对在线游戏粉丝社群中的帖子进行文本分析。

流行文化研究学派的演化

法兰克福学派

流行文化发展到现在，都可真是文化研究中的一个次范畴，而文化研究也可以说是一个各种学科的理论的大熔炉，不过，在过去这10年的流行文化的发展的确有某一些学派比较容易跟流行文化研究结合，成为一种趋势。法兰克福学派是流行文化批评的先驱，早在20世纪60年代，法兰克福学者在马克思主义理论和精神分析法的基础上建立了批判理论，代表人物包括阿多诺（Adomo）、本杰明（Benjamin）、霍克海默（Horkheimer）、罗文塔尔（Lowenthal）和马尔库塞（Marcuse）。根据他们的学说，资本主义的生产力能制造出社会上的"假需要"（Marcuse，1977），人民以为自己在稳定的社会中居住，然而，他们不知觉已经在帮助大财团延伸它们的权力和影响，人民的消费和市场已然受到控制。消费者活跃于自由经济的假象下不停工作赚钱，来满足自己不断购买商品（commodity）的需要，对商品消费的批判也可算是第一代流行文化研究的代表者。该学派认为，从宏观来看，钱不单是商品的价值，而且是建构人与人之间的社会关系的重要因素，被称作拜物主义（commodity fetishism）。然而，随着学术界在研究中的实证（empirical data）和个案越来越看重，纯批判理论的理论也越来越少见。但是在近5年的流行文化研究领域中，法兰克福学派的理论也几乎消失。拉什（Lash）和卢瑞（Lash, Lury, 2007）指出，以阿多诺为代表的对文化工业的批判还停留在福特时代（Fordist）的旧国家文化工业时代，当下全球化文化产业运作的逻辑、机制、特征和影响需要一套完全不同的概念和范式。

现代性理论

社会学理论在流行文化研究中一直是重要的一环，当中现代性（Modernity）理论成为流行文化研究中最普遍的理论和现实语境之一。尤里奇·贝克（Ulrich Beck，2000）从社会学角度指出，超越国家身份而发生的联结正意味着现代性的发展，近年来，流行文化研究正是基于这样的理论基础。但"现代性"（modernity）的概念并不是单一，在不同的地区有不同的内涵。以亚洲地区为例，东亚的现代性一直带有殖民色彩。它不仅是对西方现代性的模仿和重复，同时也在延续创造地区历史情境和多样性（Gilroy，1993，1996）。《流行文化研究》（Volume 26, Issue 5, 2012）在2012年推出东亚语境的特刊，从亚洲各国流行文化内部关系、与西方流行文化关系以及现代化过程中的后殖民问题进行分析可见学也关注到现代性概念的殖民和西方观点。这些研究也代表了研究亚洲流行文化的两个主要方向，首先是在现代性框架下，亚洲流行文化自身的发展，例如，在亚洲地区的跨亚洲文化流动的背景下，韩流在亚洲流行文化圈带来震荡，韩国学者 Younghan Cho（2011）跳脱出空洞的市场经济学角度，站在东亚文化地理学和东亚情怀的视角下看待韩潮。其次，现代性也被当作理解战后东西方文化差距的重要维度，欧美文化被符号化成一种现代性的表征，韩国学者 Hyunjung Lee（2012）分析 20 世纪 60 年代的韩国在这种努力模仿美国流行文化的过程里如何体现韩国后殖民特色的现代性。另外，跳脱出东西方文化的二元对立来探讨现代性话题，以亚洲为代表的其他地区如何找寻自身独立的现代性也成为学者关注的焦点。如由中国网络引发的"非主流文化"协调了青年、性别和中国国家三种话语的现代性之间的关系，学者 Zitong Qiu（2012，出版于《文化研究》）分析了这些不同的现代性如何植根于中国现代性本身。

区隔理论和布尔迪厄

另一趋势是流行文化研究经常引用布尔迪厄的理论，他的社会和文化资本（Social and Cultural Capital）和"区隔"（Distinction）理论在文化研究和新的语境下依然被经常借用。他所定义的场域－习性－资本的概念依然被运用到更多的流行文化领域，学者 Fran Martin（2013，出版于《文化研究》）以《熟女不满足》为例，通过解析女性情感劳动力的具体行为和表现来分析这一社会期待。作者借用布尔迪厄的场域－习性－资本的概念来分析女性情感劳动力的运作，并进一步解释商业电视在女性的情感资本社会化中的作用。

后现代性理论框架下的批判学派

近几年，晚期现代性（late modernity）和后现代性（post modernity）框架下的批判理论常常出现在文化研究之中。Anthony Giddens 指出，西方社会为现代性建立了一套权威的合法机制，但是在现代化过程中，这套专家系统不断激发了一系列信任危机和危险，他所提出的"自反性"（reflectivity）正是对现代化中的问题的反思，而发展中国家的非合法机制，如盗版和山寨是不是可以理解成另一条不同于西方主流现代化进程的资本主义。（Kelly Hu，2008，出版于《跨亚洲文化研究》）

其次，则是后现代性理论框架。Baudrillard（1985）着重探究技术进步对社会变迁的影响，包括对消费主义、性别关系以及对历史的记忆。他提出"城市风光即是屏幕呈现"以及电影城市的概念，运用电影记录城市的后现代构连方式解析特定的文化现象。（罗永生，2008，出版于《跨亚洲文化研究》）

另外，后现代性的批判理论打破了传统的"元叙事"，而采取本土的小叙事（local, small narrative），对情感，如怀旧情绪的解读来解释特定历史语境下的文化现象。村上春树的小说不仅风靡亚洲，同时还是诺贝尔文学奖大热，他的《挪威森林》和《海边卡夫卡》反应了全球化时代里国家边界和文化边界的关系（Jiwoon Baik，2010，出版于《跨亚洲文化研究》），他通过渲染怀旧感（Fredric Jameson，1989），运用戏仿（pastiche，Fredric Jameson，1991）和精神分裂（schizophrenia，

Fredric Jameson, 1983）来塑造一种时空感以及东亚人民情感之间的关系。

在后现代理论中日渐受到重视，被更多地运用到来解释流行文化现象的则是酷儿理论。一方面，酷儿理论依然被用来解释同性恋、双性恋、变性人等异性恋主流关系之外的议题，如流行文化文本，电视电影和小说中的同性关系和同性恋形象（SoeTjen Marching, 2008；Yuen Shu Min, 2011；Frederik Dhaenens, 2012）；更深层次的是对酷儿政治的解读和探索，例如流行文化如何记录酷儿政治的发展轨迹（Navaneetha Mokkil, 2009，出版于《跨亚洲文化研究》），并结合空间因为实践或行为而存在（Michel de Certeau, 1984）的概念来探讨围绕性别和公共文化的话语之下的反作用力，以及通过对不同性征形式的公共认可，从而让某一个空间形成一种机制和政治。（Berlant and Warner, 1998）

总结

近年流行文化研究理论、方法或学派，已慢慢形成了规模。虽然如此，大部分流行文化研究仍然跟之前提及的西方理论、全球文化有不可分割的关系。也就是说，现在大部分中国流行文化研究、亚洲流行文化研究都是以西方/全球化理论为参考（reference point），甚少的本地流行文化研究只以本土理论、议题、方法阐释其文化。现在虽然有各地域的文化研究期刊，但在既有的知识结构的框架下，期刊、出版商、评审人或编辑都未有完全用一个非延续西方的思维和逻辑来看待流行文化研究，究竟什么时候有中国流行文化研究出现？我们相信仍有一段长时间。

◇ **参考文献** ◇

- Anderson, Benedict. (2006). *Imagined Communities: Reflections on the Origin and Spread of Nationalism*, Verso; New Edition.
- Baik, Jiwoon. (2010). Murakami Haruki and the historical memory of East Asia, *Inter-Asia Cultural Studies*, 11(1), 2010, 64-72.
- Bao, Yaming. (2008). Shanghai Weekly: globalization, consumerism, and Shanghai popular culture, *Inter-Asia Cultural Studies*, 9(4): 557-567.
- Baudrillard, Jean. (1988). *America*, London: Verso.
- Chow Yiu Fai. (2009). Me and the dragon: a lyrical engagement with the politics of Chineseness, *Inter-Asia Cultural Studies*, 10(4): 544-564.
- Berlant, Lauren and Warner, Michael. (1998). Sex in public, *Critical Inquiry*, 24(2): 547-566.
- Boulou, Ebanda de B'b ri. (2008). Africanicity in black cinema: A conjunctural ground for new

expressions of identity, *Cultural Studies*, 22(2): 187-208.
- Bulcka, Hilde Van den and Gorp, Jasmijn Van. (2011). Eternal Fandom: Elderly Fans, the Media, and the Staged Divorce of a Schlager Singer, *Popular Communication: The International Journal of Media and Culture*, 9(3): 212-226.
- Campos, Ricardo. (2013). Graffiti writer as superhero, *European Journal of Cultural Studies*, 16(2): 155-170.
- Chittenden, Tara. (2011). "Do You Understand What You're Accusing Me of?": Confrontational Conversation in MTV's The Hills as a Means of Identity Construction and Social Positioning in Young Female Adults, *Popular Communication: The International Journal of Media and Culture*, 9(3): 196-211.
- Click, Melissa, Lee Hyunji & Holladay Holly. (2013). Making Monsters: Lady Gaga, Fan Identification, and Social Media, *Popular Music and Society*, 36(3): 360-379.
- Chow, Yiu Fai. (2010). Hope against hopes: Diana Zhu and the Transnational Politics of Chinese Popular Music, *Cultural Studies*, 25(6): 783-808.
- Cho, Younghan. (2011). Desperately seeking East Asia amidst the popularity of South Korean pop culture in Asia, *Cultural Studies*, 25(3): 383-404.
- Cui, Li and Lee, L. F. Francis. (2010). Becoming Extra-Ordinary: Negotiation of Media Power in the Case of Super Girls' Voice in China, *Popular Communication: The International Journal of Media and Culture*, 8(4): 256-272.
- Dhaenens, Frederik. (2012). Queer cuttings on YouTube: Re-editing soap operas as a form of fan-produced queer resistance, *European Journal of Cultural Studies*, 15(4): 442-456.
- Forns, Johan. (2010). Exclusion, Polarization, Hybridization, Assimilation: Otherness and Modernity in the Swedish Jazz Age, *Popular Music and Society*, 33(2): 219-236.
- Forsyth, Alasdair and Cloonan, Martin (2008) Alco-pop? The Use of Popular Music in Glasgow Pubs, Popular Music and Society, 31(1): 57-78.
- Fung, Y. H. Anthony. (2009). Fandom, youth and consumption in China, *European Journal of Cultural Studies*, 12(3): 285-303.
- Furmanovsky, Michael. (2008). American Country Music in Japan: Lost Piece in the Popular Music History Puzzle, *Popular Music and Society*, 31(3): 357-372.
- Grixti, Joe. (2009). Pop goes the canon: Consumer culture and artistic value in screen adaptations of literary classics, *European Journal of Cultural Studies*, 12(4): 447-467.
- Harr, R. and van Langenhove, L. (1999). *Positioning theory*, Oxford, England: Blackwell.
- Ho, Wai-Chung and Law, Wing-Wah. (2012). The Cultural Politics of Introducing Popular Music into China's Music Education, *Popular Music and Society*, 35(3): 399-425.
- Humphreys Sal. (2008). Ruling the virtual world: Governance in massively multiplayer online games, *European Journal of Cultural Studies*, 11(2): 149-171.
- Hu Kelly. (2008). Made in China: the cultural logic of OEMs and the manufacture of low-cost technology, *Inter-Asia Cultural Studies*, 9(1): 27-46.
- Kal, Hong. (2008). Seoul and the time in motion: urban form and political consciousness, *Inter-Asia Cultural Studies*, 9(3): 359-374.
- Kim, Sujeong. (2009). Interpreting transnational cultural practices: Social discourses on a Korean drama in Japan, Hong Kong, and China, *Inter-Asia Cultural Studies*, 23(5-6): 736-755.
- Lash, Scott and Lury, Celia. (2007). *Global Culture Industry: The Mediation of Things*, Polity.
- Law, Wing-sang. (2008). Hong Kong undercover: an approach to "collaborative colonialism", *Inter-Asia Cultural Studies*, 9(4): 522-542.
- Law, Wing-sang. (2008). Hong Kong undercover: an approach to "collaborative colonialism", *Inter-Asia Cultural Studies*, 9(4): 522-542.

- Leung, TukMing. Lisa. (2009). Daejanggeum as affective mobilization: lessons for (transnational) popular culture and civil society, *Inter-Asia Cultural Studies*, 10(1): 51-66.
- Lee, Hyunjung. (2012). Emulatingmodernbodies: The Korean version of Porgy and Bess and American popular culture in the 1960s South Korea', *Cultural Studies*, 26(5): 723-739.
- Lee, Jung-yup. (2009). Contesting the digital economy and culture: digital technologies and the transformation of popular music in Korea, *Popular Music and Society*, 10(4): 489-506,
- Lei, Bi-qi Beatrice. (2009). Romantic semblance and prohibitive presence: Green Forest, My Home as a case-study of Taiwan's Occidental myth and its discontents, Inter-Asia Cultural Studies, 10(3): 422-438,
- Marching, SoeTjen. (2008). Herlinatiens: between lesbianism, Islam and feminism, Inter-Asia Cultural Studies, 9(1): 7-26.
- Marcuse, Herbert and Kellner, Douglas. (1991). *One-Dimensional Man: Studies in the Ideology of Advanced Industrial Society*, Beacon Press.
- Martin, Fran. (2013). A tangle of people messing around together: Taiwanese variety television and the mediation of women's affective labour, *Cultural Studies*, 27(2): 207-224.
- Merayo, Mar Chicharro. (2013). Telenovelas and society Constructing and reinforcing the nation through television fiction, *European Journal of Cultural Studies*, 16(2): 211-225.
- Navaneetha, Mokkil. (2009). Shifting spaces, frozen frames: trajectories of queer politics in contemporary India, *Inter-Asia Cultural Studies*, 10(1): 12-30.
- Nieborg, B. David. (2008). The mod industries? The industrial logic of non-market game production, *European Cultural Studies*, 11(2): 177-195.
- Percival, Mark. (2011). Music Radio and the Record Industry: Songs, Sounds, and Power, *Popular Music and Society*, 34(4): 455-473.
- Qiu, Zitong. (2012). Cuteness as a subtle strategy, *Cultural Studies*, 27(2): 225-241.
- Shin, Hyunjoon and Ho Tung-hung. (2009). Translation of 'America' during the early Cold War period: a comparative study on the history of popular music in South Korea and Taiwan, *Inter-Asia Cultural Studies*, 10(1): 83-102.
- Sung, Minkyu. (2009). The 'truth politics' of anti-North Koreanism: the post-ideological cultural representation of North Korea and the cultural criticisms of Korean nationalism, *Inter-Asia Cultural Studies*, 10(3): 439-459.
- Teo, Stephen. (2008). Promise and perhaps love: Pan-Asian production and the Hong Kong – China interrelationship, *Inter-Asia Cultural Studies*, 9(3): 341-358.
- Ulrich, Beck. (2000). The cosmopolitan perspective: sociology of the secondage, *British Journal of Sociology of Modernity*, 51(1): 79-105.
- Williams, Rebecca. (2013). "Anyone who Calls Muse a Twilight Band will be Shot on Sight": Music, Distinction, and the "Interloping Fan" in the Twilight Franchise, *Popular Music and Society*, 36(3): 327-342.
- Williamsa, Rebecca. (2011). "This Is the Night TV Died": Television Post-Object Fandom and the Demise of The West Wing, *Popular Communication: The International Journal of Media and Culture*, 9(4): 266-279.
- Yang, Ling and Bao, Hongwei. (2012). Queerly intimate: Friends, fans and affective communication in a Super Girl fan fiction community, *Cultural Studies*, 26(6): 842-871.
- Yuen, Shu Min. (2011). Last Friends, beyond friends articulating non-normative gender and sexuality on mainstream Japanese television, *Inter-Asia Cultural Studies*, 12(3): 383-400.

媒介素养研究的发展动向

李月莲[①]

媒介素养（Media Literacy）是一门新兴的学科。近年它在世界各国发展蓬勃，不仅是很多大学、中学及小学受欢迎的课程，而且逐渐成长为一个知识领域。

近年出版的媒介素养书籍、教材、论文及学术文章十分丰富，而且每年均有传媒教育的国际学术会议举行，多间大学更成立了媒介素养研究中心，不少学者将传媒教育列为研究兴趣，并将研究成果发表于多份媒介素养学术期刊。踏入21世纪，传媒教育已被视为一个颇为成熟的研究领域（Field of Study），虽然距离成为一门独立学术科目（Academic Discipline）的路还很远，但它已开始有了自己的学术身份认同。

这篇文章探索这门新兴研究领域的发展，追寻它的学术源头，介绍它的内容、理论、研究方法和实践取向，并讨论这个领域面对的困难及挑战。过去四十多年，这个领域有不少出色的开拓者，他们的努力耕耘为这门学科勾画了疆界，累积了丰盛的学术成果，这里会逐一介绍这批代表人物的著作及理念。

媒介素养和传播科技的发展息息相关，当传播科技革命性地迈向互联网Web3.0时代，媒介素养亦将经历重要的范式转移，在未来的流动科技世界，媒介素养究竟会有什么新发展？本文尝试透过分析不断更新的传播环境，探讨媒介素养的未来动向，描绘它的学术前景。

传媒教育的源起

传媒教育（Media Education）又称为媒介素养教育（Media Literacy Education），是指教授和学习媒介的过程，而"媒介素养"是这个过程的结果，即获得了有关的知识及技巧（Buckingham，2003）。

[①] 李月莲现任中国香港浸会大学新闻系副教授，并任中国香港传媒教育协会副主席，在香港推动传媒教育。1997年获加拿大卑斯大学（University of British Columbia）教育社会学博士学位，研究兴趣包括传媒教育、媒介及信息素养、网络新闻、新媒体与知识社会。

传媒教育始于20世纪60年代的影视教育（Screen Education），于七八十年代茁长，开始称为传媒教育（Lee，1997）。最初它只是一项社会关注，但很快就演变成环球运动，继而走进教室，被纳入小学、中学和大学课程，并开拓了一个新的学术研究领域。

很多人提问："为什么需要传媒教育？"其实它的出现，主要环绕两三个问题："传媒对个人及社会产生了什么影响？""儿童及青少年从大众传媒究竟学了什么？""如何应对？"

在20世纪下半期，传播科技突飞猛进，电台、电影、电视、录像科技、有线电视、卫星广播、多媒体及互联网等，一浪接一浪地冲击社会。大众传媒不仅是信息的主要来源，并且成为重要的社教化力量（Socialization Force），挑战学校、家庭及教会的教育功能。

在60年代，当电视哺育的"电视小孩"进入学校之后，教师就发觉他们的行为、学习模式及价值观与众不同，当时就已经有人提出"电视学校"这个名词（Ewards，1967）。其后随着传播科技的进一步发展，联合国教育、科学及文化组织（UNESCO）也开始关注大众传媒的重要社教化功能，在80年代出版了《传媒教育》一书。当时学者Morsy（1984）提出，世上并存着两个信息及知识的主要来源，深深地影响年轻人，一是"传统学校"，二是大众传媒的"平衡学校"（Parallel School）。而后者传播的信息和价值观，与前者不一定吻合，所以学校有需要向学生提供训练，回应大众传媒的影响。

"平衡学校"是很形象的比喻，但这个词并未能说出大众传媒社教化功能的独特之处。其实很多学生在欣赏电视节目或阅读报纸杂志时，是在不知不觉间被熏陶。这种"无形作用"是传媒社教化的特色，故此本文作者根据Marshall McLuhan的媒介理论，将大众传媒内容概念化为"看不见的课程"（Invisible Curriculum）（李月莲，1997，2003）。麦克卢汉提出"媒介就是信息"，意思是媒介的内容固然重要，但媒介传递信息的独特方式，可以产生深远的社会影响（McLuhan & Fiore，1967）。他认为传媒塑造了一个传媒环境（Media Environment），社会上每一个人的思想及行为都受到影响。但传媒环境往往隐而不见，人们处身其中并不察觉它的存在，像鱼游在水中不知道水的存在一样（Slade，1970）。而传媒教育正是引导大家去"看"隐而不见的传媒影响。

大众传媒作为"看不见的课程"，具备多项特色，它与传统的学校课程有显著分别（李月莲，2003）。第一，最大的特色是"无形"，它是非正式的，上课地点没有固定，而且极少人留意它的存在。年轻人在接触流行音乐、电影、新闻报道、广告、电视剧集时，就像修读一个无形课程。第二，无意图的施教及无意识的学习，由于受众并非刻意学习，故此不会深究内容，往往在不察觉的情况下被潜移默化。第三，接触频繁，年轻人花大量时间和传媒接触，深受影响。第四，课程内容丰富及多元化，信息及娱乐兼备，缤纷有趣。第五，课程与日常生活息息相关，衣食住行、吃喝玩乐、城市话题全部包括在内。第六，课程内容属传媒现实（Media Reality），是媒体建构出来的，信息有好有坏，有正确的也有歪曲的。大众传媒的"看不见课程"非常有吸引力，学生在"愉快地上课"

之余,最好能够运用批判思维去接收课程内容。故此教育工作者觉得有需要指导学生怎样去跟传媒打交道(吴翠珍、陈世敏,2007)。

英国学者更补充了一些需要传媒教育的原因：（一）传媒具有政治、经济、社会和文化的影响力；（二）传媒信息具有意识形态,塑造价值观；（三）参与公众生活需要善用传媒；（四）传媒在实践民主过程中（如选举、集结民意）扮演重要角式；（五）传媒是观察世界的窗户,人们透过它们了解世界、阐释人际关系、指导生活及建立身份认同(Buckingham,2003；Masterman,1985)。

但"平衡学校"及"看不见的课程"的概念均假设年轻人是传媒的被动消费者,踏入21世纪的互动数码年代,年轻一辈已经成为"传媒制作及消费人"(Prosumer),传媒教育有新的迫切性。

当互联网及流动科技急速发展,很多国家已踏入Web 2.0时代,更向Web 3.0迈进。Y世代年轻人的生活进一步被传媒包围,他们投放在传媒及网络上的时间比上一辈更多,媒体、社交网络、各式网站及应用程式向他们发放大量信息,影响他们的价值观及社会行为。而且传媒内容不一定由专业人员制作,一般普罗大众也可以制作传媒内容及发布信息。在这个"人人是记者"及"人人是博客"的年代,互联网上无论是Facebook、微博或者YouTube,很多流传的信息是没有经过专业人士把关、过滤和核实的,受众需要具备高阶媒介素养技巧,以辨识传媒信息,精明地作出种种生活抉择。更重要的,年轻人以前没有传媒发言权,Web2.0时代的新媒体赋予他们"传播权"(Communication Power),他们可以透过互联网发放信息和表达意见。如何引导他们善用这项权利？如何教导他们在知识社会运用媒体进行创作及制造新知识？这些都是新世代传媒教育工作者的任务。

媒介素养的定义

传媒教育旨在提高大众的"媒介素养",让他们好好地跟传媒打交道。值得澄清的是,运用媒介进行教育,并不被视为传媒教育,例如透过电视节目学习英语,或者在网上撰写博客来提高写作能力,这些只属于"通过"传媒学习(Learning through the Media)。而学习"关于"传媒的知识、理论及争议(Learning about the Media)的课程或活动,才真正属于传媒教育的范畴。

传媒教育在世界各国遍地开花,无论是主办机构、性质、目标及取向都呈现百花齐放的局面。推行传媒教育的机构除了专上学院和学校之外,还有青少年机构、宗教团体、教育部、监管传媒机构（例如英国的Ofcom）、社会团体、媒介素养专业组织、传媒机构（例如香港的香港电台）等。由于多元化,所以媒介素养对不同机构及不同地域的人,有不同的意义及诠释方法。

最常被提及的定义,相信是1992年National Conference on Media Literacy的讨论结果。当年Aspen Institute召集了美国及加拿大的媒介素养专家一起商讨如何发展媒介素养这个新兴领域,与会代表将媒介素养定义为"一位公民为了特定结果而寻索、分析及制造信息的能力。"（Aufderheide & Firestone, 1993, p. v）。

在国际上，英国、澳洲及加拿大是媒介素养的先锋国家，近年北欧及美国也非常积极投入这个领域，各国对媒介素养有它们自己的定义。在英国，Ofcom（2010, p. 1）认为媒介素养是"在不同的处境下寻索（Access）、认识（Understand）及创造传播（Create communications）的能力。"加拿大 Media Literacy Week（2010, p. 1）则提出："传媒教育是个人成为一位具备媒介素养的人的过程，而具备媒介素养（Media Literate）是指一个人具批判力地了解传媒信息的意义和传媒制作的性质、技巧及影响。"至于美国 National Association for Media Literacy Education（NAMLE, 2010）则认为媒介素养是一系列的传播能力，在不同的媒介平台去寻索、分析、评核及沟通信息。

这些定义看起来有差异，其实大同小异。综合各地专家及学者的观点，在 21 世纪，一位具备媒介素养的人应该具备以下的能力（李月莲，2010, p. 3）：

1. 懂得寻索传媒信息及警觉它们对个人及社会有影响力；
2. 了解传媒的运作和不同媒介的特色；
3. 掌握分析传媒的技巧；
4. "评赏"——认识批评媒体的标准和懂得欣赏杰出媒体作品；
5. 透过媒体学习及了解世界；
6. 掌握制作技巧、善用传媒作创意表达；
7. 道德地使用传媒及担任负责任的"传媒制作及消费人"；
8. 具智慧及有建设性地将从媒介所学应用到日常生活及工作；
9. 监察传媒、督促传媒改进。

除了媒介素养的定义未完全统一之外，各地对传媒教育亦未有统一的称谓。"媒介素养教育"（Media Literacy Education）是美国、中国大陆的用词，在英国、澳洲、加拿大和香港，它称为"传媒教育"（Media Education）。至于 Media Literacy 一词的中文翻译亦未能统一，在中国它称为"媒介素养"，在香港它是"传媒素养"，在台湾，它是"媒体素养"或"媒体识读"。

传媒教育的历史轨迹

每个国家传媒教育的发展均有不同的速度和轨迹，难以一概而论。例如在以色列及澳洲，传媒教育是由教育部由上而下推行；在加拿大及香港，则是网络式的新社会运动（Lee, 2002）。在 20 世纪 80 年代，英国传媒教育如雨后春笋般蓬勃发展；美国的传媒教育却在这个时候陷入低潮（Tyner,

1998)。不过，若果把媒介素养视为一个知识领域来进行宏观观察，则可以把它的发展分为若干阶段。对于媒介素养的历史发展，多位学者曾撰文论及（Alvarado & Boyd-Baarrett, 1992; Buckingham, 2003; Butler, 2010; Kubey, 2003; Masterman & Mariet, 1994; Tyner, 1998; 张开，2006; 张学波，2009）。综合有关文献，传媒教育有以下的发展阶段，而每一阶段代表了一个独特的范式，反映大众对传媒的看法及当时的学术气候。

1. 20世纪60年代之前：传媒是文化沦落的动因

不少学者将媒介素养的源头追溯到20世纪30年代英国文化评论家F. R. Leavis的论说。Leavis（1933）认为大众文学及小说会导致文化堕落，需要抗争及应对（Leavis and Thompson, 1933; Masterman & Mariet, 1994）。这种对媒介的负面假设和态度，为"防疫模式"（Inoculative Model）的传媒教育奠下基础。

2. 20世纪50年代后期至60年代后期：传媒是普及艺术

这段时期电影理论盛行，尤其是导演中心论（Auteur Theory），很多喜欢电影的教师从普及艺术（Popular Arts）的角度教授媒介素养，开展了影视教育。这个阶段传媒会被划分为好传媒与坏传媒，辨识（Discrimination）是教育目的，认为学生的传媒品位需要提高，这段时期传媒教育带有维护文化分野（Cultural Distinction）的色彩（Buckingham, 2003）。

3. 20世纪70年代至80年代：传媒是象征系统

在这段期间，有三派学术理论影响传媒解读，它们是符号学（Semiotics）、意识形态论（Ideological Analysis）和主动受众论（Audience Reception Theory）。传媒现实被认为是建构出来的，并非是客观现实的镜子。符号学鼓励批判分析，拆解媒体内容；而新马克思主义则提议找出媒体信息背后的意识形态，探讨文化霸权（Hegemony），更将传媒视为主流阶层散播假意识（False Consciousness）的工具。与此同时，英国的文化研究（Cultural Studies）崛兴，文化研究学者如Stuart Hall（1973）同意媒体现实是客观现实的"再现"，但认为受众是主动的，并按照他们的文化位置（Cultural Position）参与建构，以他们自身的立场解读传媒信息。接受这个理论的教师，鼓励学生运用协商阅读（Negotiated Reading）接收传媒信息。这个阶段的传媒教育，大致上以批判分析（Critical Analysis）为主。

4. 20世纪80年代后期至90年代：传媒是创意制作

当文化研究进一步发展，普及文化更受重视的时候，批判分析取向的传媒教育在这个阶段受到严峻的挑战。媒介素养专家如 David Buckingham 和 Cary Bazalgette 指出，把传媒看作一个抗争的场所（a site of struggle）是太沉重了，认为过分强调意识形态是忽略了媒体赋予受众的欢愉，媒体的艺术创作是有美学基础（Bazalgetter & Buckingham, 1995; Tyner, 1998）。他们主张受众在解构媒介信息的同时，亦可享受媒体给予的娱乐，并学习媒体制作，透过制作了解传媒如何传达信息，这方面的讨论开展了媒体艺术的传媒教育模式。

5. 2000 年至今：传媒是大众参与的公共空间

踏入 21 世纪，传播科技革命将人类社会带进互联网及流动智能电话世界，在 Web 2.0 时代，自媒体（We Media）如 YouTube、Twitter、维基百科、Facebook、博客、公民新闻网站等建构了参与式的传媒环境，很多学者一方面关心青少年如何在数码世代和媒体接触，另一方面关注大众如何利用新媒体进行公民参与。有学者认为保护主义取向（让年青人免受负面传媒信息影响）和庆贺主义取向（Celebratory Position：鼓励年青人参与媒体寻求乐趣）是各走极端，建议融合批判分析及创意制作，并重视教学法（Pedagogy）的建设（Butler, 2010）。

范畴、理论与实践

媒介素养作为一个知识领域，范畴广泛兼且内容丰富。这个领域有 40 多年历史，它在 20 世纪 90 年代有飞跃的发展，开始跨进社会科学的堂奥（Lee and So, 2013）。

World Book Catalog 是当前最完整的图书数据库，本文作者根据这个数据库进行调查，由 2001 至 2013 年间，发现已出版的媒介素养中文书籍及论文（Dissertation）共有 70 本；英文书籍及论文则有 394 本。而另一调查，以 Web of Science Database 进行搜索，截至 2012 年，共录得 441 份学术期刊文章（Lee and So, 2013），其实还有很多不在这个数据库的文章。这些统计数字，反映媒介素养的知识累积，已有一定的成果。

分析这些书籍、论文及学术文章的内容，可以知道媒介素养跟教育学及传播学的关系最为密切，传媒研究（Media Studies）及教育研究（Educational Studies）是它的学术源头。在 Web of Science Database 的 441 学术文章里面找到的课题（Subject Area）很多，包括教育研究、传播学、心理学、社会科学、公共健康、电影电视电台、信息及图书馆学、计算机科技、语意学等。

至于 World book Catalog 里的有关书籍及论文，有以下的特点：（一）跟媒介素养的"教与学"有关，例如实践传媒教育的不同模式、如何融入不同的学科如历史、语文、通识教育、儿童媒介素养学习、媒介素养和批判思维的关系等；（二）跟健康传播有关，例如媒介素养处理身体形象、食品、厌食、吸烟等问题；（三）很多书籍及文章介绍世界各国的媒介素养发展及经验；（四）最新出版的书籍及论文大多数以新媒体为题。

随着媒介素养这个领域逐渐成形，近年开始有学者撰文描绘它的学术疆土。根据 Hans Martens（2010）的观察，媒介素养的课题集中于传媒分析（Media Analysis）及媒体制作（Media Production）的知识和技巧，而研究的主题则是公民参与、公共健康及美学创作。而另一批学者的研究同样发现，近年许多媒介素养的研究都跟公共健康及媒体制作有关（Rosenbaum, Beentjes and Konig, 2008）。

由于媒介素养涉及的范畴广泛，所以引用的理论也多元化，包括了传播理论（Communication Theory）、教学法（Pedagogy）、素养研究（Literacy studies）、社会学的批判理论（Critical Theory）、文化研究的受众研究（Audience Studies）、符号学（Semiotics）、认知心理学（Cognitive Psychology）、政治经济学（Political Economy）等。它引用传播理论特别多，例如传媒效应（Media Effect）、电影研究（Film Studies）、媒介理论（Medium Theory）等。

至于研究方法，媒介素养还没有发展自己一套有系统的研究方法，学者多数向社会科学取经。最常用的是问卷调查，尤其是有关评核媒介素养的成效；也有不少研究者采用实验法，测量媒介素养作为中介手段（Intervention）的表现；内容分析法及符号学也是十分常用的。此外，行动研究（Action Research）及历史社会学方法也会被引用。

媒介素养的基本性质是一门应用学科，如果要形容它和传播学的关系，就像社会工作（Social Work）和社会学（Sociology）的关系差不多。传媒教育十分强调实践，所以多年来发展出来的理论都以"核心概念"（Key Concept）的形式表达，并以"实践模式"为教育工作的指导蓝图。关于那些经典的核心概念，将在下文学者观点的环节陈述，这里先综合介绍媒介素养的多个"实践模式"。

世界各地推行传媒教育的策略很多，可以归纳为五个传媒教育取向（Media Literacy Education Approach），并可追溯它们的理论基础（Lee, 2010；李月莲，2006）：

首先介绍防疫模式（Inoculative Approach）。这个具保护主义色的模式建基于悲观的"科技宿命论"（Technological Determination）（Williams, 1974），它把传媒看作社会的病灶，消极地认定传媒无可避免地带来负面影响。例如将电视节目视为"插电的毒品"；认为大众文化是色情暴力的来源。奉行这个模式的教育工作者把传媒教育视为防疫注射，目标是让青少年接受训练后，能对传媒散播的"病毒"起预防作用。这种对传媒的负面态度，被很多传媒教育学者狠批（Brown, 1998；Buckingham, 2003；Hobbs, 1998）。虽然防疫模式并不可取，但传媒信息的确有好有坏，传媒教育需要培养辨识能力。其实我们可以运用"评赏"（Critical Appreciation）概念去应对复杂的传媒环境，对渲染失实的传媒加以批评，对有用的传媒信息吸纳为己用，对出色的传媒节目则予以褒扬，并与友侪分享（Lee, 2004）。

另一个取向是批判模式（Critical Analytical Approach）。这个取向教导年轻人解构传媒背后的意识形态，培养他们对传媒的批判能力。它建基于"政经决定论"（Herman & Chomsky, 1988; Williams, 1974），根据传播批判学者及政治经济学者的观点，指出传媒被有财有势的统治阶层操控，成为复制主流意识和维持社会现状的工具，所以呼吁年轻人不要被传媒误导，认识文化霸权，目标是达到批判自主（Critical Autonomy）(Masterman, 1985)。批判模式的优点是培养具独立思考能力的受众，而缺点是把传媒教育局限在"自求多福"的个人层面，忽视了传媒教育的社会潜能。

社会参与模式（Social Participatory Approach）的理论基础是"社会建构科技论"（Socially Constructed Technology），认为科技应用是由人作决定，传媒受社会文化环境塑造，所以传媒的影响可随社会进步而改变，公民有机会参与建设及改变传媒的体制。故此从这个理念发展出来的传媒教育，不仅着意培育大众的传媒分析能力，还鼓励大家积极参与社会，运用媒体表达意见，监察传媒及督促它们改善，以振兴公共空间、建设民主，所以传媒教育除了训练精明的传媒消费者外，还致力培养有责任感及具备独立批判能力的公民（Critical Citizenship）(Lee, 2007)。外国不少传媒教育课程，均以培养主动公民（Active Citizen）为目标（Martens, 2010）。

随着文化研究在学界流行，媒体艺术被认为是充满创意、有趣、具美学欣赏价值及切合现代人的生活风格，而年轻人是有权利享受传媒带来的乐趣。尤其是当数码媒体出现之后，媒体制作变得简易，西方的媒介素养教师鼓励年轻人通过媒体制作认识传媒，培养媒介素养（Tyner, 1998）。这个媒体艺术模式（Media Arts Approach）跟"科技赋权"（Technological Empowerment）论述相关，指出新科技打破主流媒体的垄断，受众可享受制作的自由，学习创意表达，与媒体共乐。

第五个取向是反思媒体制作模式（Reflective Media Production Approach）。这是中庸之道的传媒教育取向，倡议者认为批判模式过分强调价值观分析，而媒体艺术模式则忽视传媒信息内的政治、经济及文化偏见，批判分析及创意制作应该结合（Butler, 2010）。建议传媒教育尊重学生的传媒经验及社会文化背景，让他们从自己的生活经验出发，参与媒体制作。这个模式建基于科技文化论（Techno-cultural Thesis），认为一个人的媒体使用与他的文化处境息息相关，传媒教育要放在特定的社会环境及文化氛围下考虑。这个模式提出年轻人参与制作的目的除了创意表达之外，还要了解"客观现实"如何通过媒体制作，转化为"传媒现实"。在过程中，反思自己的制作动机及手法，运用批判思维分析建构传媒现实涉及的政治、经济、社会问题，并学习运用媒体，主动探索世界及独立发声。

有些学者用进化观点看待以上的模式，认为保护主义模式是陈旧及落后的，批判模式也不合时宜，媒体制作主导的模式才是现代版本。他们把这些模式视为传媒教育进化历程，意味着新的应该取代旧的。本文作者却认为这些模式各有特点，它们有不同的理论基础，对传媒的社会角色有不同的假设，对传媒的社会影响也有不同的关注，不宜用进化关系去看待它们。旧的不一定被淘汰，各个模式可以改良及并存，或者混合使用（Lee，2003）。选择传媒教育的方法，应考虑传媒生态、社会文化处境、教育对象、教育资源等因素，不要一概而论。培训媒介素养不应该只有一种"最好"的方法，传媒教育应走多元化的道路，一方面配合时代变迁而不断革新，另一方面切合文化环境灵活推行。

媒介素养人物志：观点与理念

过去几十年全球从事媒介素养的教育工作者数不胜数，投身有关研究的学者也很多，不少学者的著作以俄语、西班牙语及其他语文发表，由于篇幅所限而英语又是主流，这里只介绍英语世界中10位专家代表的观点。

Len Masterman

他是英国媒介素养的重要开拓者，为首位建议学校运用核心概念，认真地教导学生研读大众传媒的教育工作者（Center for Media Literacy，2010）。1980年他出版著作 *Teaching about Television*，蜚声国际，该书在世界各地售出超过十万册。他另一本著作 *Teaching the Media*（1985）亦甚具影响力，是媒介素养领域的经典著作，他在该书完整地铺陈他的媒体分析框架。

开宗明义，他指出传媒产品是建构（Construction），并非客观现实的反映，那些在媒体上出现的经验及事件，是经过传媒机构、科技和专业人员包装及重新呈现的，我们需要用心去了解。故此，传媒教育的理论架构应包括四个部分：（一）传媒建构的源头：即谁进行建构？这涉及权力和控制问题。（二）传媒表达技巧：究竟传媒运用了什么表达符码及策略，以说服受众相信它的陈述？（三）传媒现实的性质：传媒陈述（Media Representation）蕴含什么价值观？传媒的意识型态角色是什么？（四）受众的信息接收：受众如何解读及接受传媒的建构？他指出传媒教育老师的责任是培育学生的批判思维，让他们可以独立地分析媒体，不让传媒牵着鼻子走，达到批判自主（Critical Autonomy）的目标。

David Buckingham

他是英国媒介素养的重量级代表，在国际上也有领导地位。他除了精于媒介素养之外，亦专注研究儿童和青少年如何与电子媒体交往。他曾任教伦敦大学教育学院多年，创办和领导该校的"儿童、青少年和媒体中心"。

Masterman的传媒教育框架，以批判理论及符号学为理论基础，在20世纪80年代上半期替英国的传媒教育定调。不过 Buckingham 并不同意 Masterman 的取向，抨击它太偏重意识形态分析，毫不重视年轻人的媒介经验及传媒为他们带来的乐趣。Buckingham 从文化研究出发，除了鼓励年轻人"动手"，参与媒体制作之外，还提出另一套传媒教育框架，当中包括四个核心概念：（一）制作（Production）：了解传媒产品如何制造出来，包括媒介科技、传媒人的实践、发行、谁人参与等；（二）语言（Language）：认识不同媒介的文法、特性、符码及表达方式；（三）媒体陈述（Representation）：检视传媒内容的客观性、正确性、偏见、定型、影响等；（四）受众（Audience）：分析受众的背景、了解传媒用什么手法吸引观众、观察受众的媒体使用、解读及媒体满足感。

虽然理论出发点有异，Buckingham 的框架和 Masterman 的也有相似之处，他是在 Masterman 的架构上修改发展，对传媒少了批判，多了欣赏；态度上不再严肃，添了活泼。因此，他的主张很受欢迎，而且随着学术潮流的更迭，文化研究取向比较合乎潮流，故此 Buckingham 在英国树立了他的领导地位。不过 Masterman 的理论并没有被摒弃，他倡议的"批判自主"概念，依然被许多教师视为传媒教育的终极目标。

Buckingham 著作丰富，其中受注目的是 *Media Education: Literacy, Learning and Contemporary Culture*（2003）。这本书对传媒教育的历史、现况及发展作了总体分析，并提出一个新的传媒教育范型，大力提倡以传媒制作为重心的传媒教学法（Media Pedagogy），甚具特色。这个实践模式属非防御式，以学生为本，反对教师将"权威知识"强行加诸学生身上，鼓吹参与式学习，重视受众的传媒乐趣，鼓励反思以让年轻人了解自己的传媒立场及品位。

Sonia Livingstone

她是英国另一位重要代表，在国际上享有盛誉。Buckingham 的学术立足点是教育学；Livingstone 则是传播学，她是 2007—2008 年度国际传播协会（International Communication Association）的主席。她的研究重视文化处境，用批判及比较的角度分析传播科技怎样塑造现代生活，探讨私人及公共领域怎样可以响应这些转变。她尤其有兴趣探究数码科技及互联网在不同地区及领域，究竟提供了什么机遇与挑战。她的很多著作都是论述儿童和青少年怎样在学校及家庭跟数码媒体打交道，她强调变化中的传媒环境在各方面影响个人及社会的发展，数码素养（Digital Literacy）十分重要。

Livingstone 在欧洲进行很多大型的跨国新媒体研究，研究结果对传媒教育的政策制定，有很大参考作用，近作 *Zero to Eight: Young Children and their Internet Use*（Holloway, Green & Livingstone, 2013）就是其中一个例子。而她编辑的 *Children and their Changing Media Environment: A European Comparative Study*（Livingstone & Bovill, 2001）很能代表她的研究取向和理念。她认为研究儿童与传媒要采用"双焦点"方法，不能以传媒为研究出发点，也不能以儿童

为研究中心，要将两者结合。她的研究指出家庭已成为儿童的媒体娱乐中心，而且儿童进一步受到国际传媒文化（Global Media Culture）的熏陶。科技的飞跃发展令媒体无处不在，她慨叹装备儿童在这个传媒世界中自主活动，愈来愈困难。在新的传媒环境下，家长不容易管束子女的媒体使用，所以传媒教育有重要性。但她认为媒介素养并非只是关于技巧培训，倡议者必须在政策层面下功夫，一方面要研究媒体使用的变化，另一方面要制定恰当的政策去有效推行。

Cary Bazalgette

在英国电影协会（British Film Institute）工作28年，Bazalgette一直热心推动传媒教育，她出任英国传媒教育协会（Media Education Association）主席，是英国著名的传媒教育顾问。她熟悉电影，所以研究及著作都环绕影视媒介。她特别专注于儿童传媒教育，是这方面的专家。英国虽然将媒介研究列入中学课程，但小学生无机会接受传媒教育。Bazalgette认为在现代社会，儿童年纪小小就接触大量传媒信息和娱乐节目，学校应该教导他们如何运用媒体沟通及分享创意。

Bazalgette提出儿童传媒教育有三大要点：孩子自己的文化经验、批判思维的发展及创意表达的机会。她编写的 *Teaching Media in Primary Schools*（2010）是最有代表性的儿童传媒教育著作。该书提出，了解儿童与传媒的关系是传媒教育的首要步骤，认识清楚个别孩子的需要才能继续施教。由于传媒日趋多元化，由印刷媒体、电子媒体发展至互联网，她建议儿童要学习掌握多模式沟通（Multimodality），又特别鼓励儿童透过观看及分析影像媒体培养批判能力，她指出创意媒体活动可以增进儿童的想象力及决策力。

Barry Duncan

Duncan是加拿大传媒教育协会（Association for Media Literacy）始创人，并出任该会主席多年，在国际上被视为媒介素养领域的重要开拓者。20世纪80年代他领导加拿大的媒介素养专家，为安大略省教育部撰写 *Media Literacy Resource Guide: Intermediate and Senior Division*（1989），并成功争取将媒介素养列为学校的必修课程。这本著作列出的八项媒介素养核心概念，不仅是加拿大媒介素养的经典代表理论，而且在国际上也很有影响力。这八项核心概念包括：（一）所有传媒都是"建构"（Construction）；（二）传媒建构现实；（三）受众跟传媒协商信息内容的意义；（四）传媒有商业含义；（五）传媒包含意识形态及价值观的信息；（六）传媒有社会及政治含义；（七）在媒体中表达形式与内容息息相关，体现媒介就是信息；（八）每一个媒介都有独特的美学形式，值得欣赏（Ontario Ministry of Education, 1989）。

Duncan是传播学大师Marshall McLuhan的学生，他的思路和他的老师一样，认为传媒建构了"隐而不见"的传媒环境，塑造每一个人的价值及行为模式，大家必须研习媒体，看透传媒对自己的影响。他的另一本著作 *Mass Media and Popular Culture*（1996）探讨在全球化的媒体环境下，普及文化在人们生活中的角色。过去 40 年，他跟媒介素养专家 Neil Andersen、John Pungente 等带领加拿大教师推行传媒教育运动，成绩卓越，使加拿大在国际上成为传媒教育的先锋国家之一。

John Pungente

在加拿大从事媒介素养工作超过 40 年，Pungente 是加拿大传媒教育组织联会（Canadian Association of Media Education Organizations）的创办人之一，对开展加拿大传媒教育有很大贡献。他除了是 *Media Literacy Resource Guide：Intermediate and Senior Division*（1989）的写作组成员之外，还跟其他专家合著 *Finding God in the Dark：The Spiritual Exercises of St. Ignatius Go to the Movies*（Pungente & Williams，2004）。他制作了三套获得国际奖项的媒介素养录像教材：*A Heart to Understand*（1992），*Scanning Television*（1996）and *Scanning Television 2*（2003）。

根据他的研究，传媒教育若要成功，需要符合八大条件：（一）传媒教育必须是一个由下而上的"草根"运动；（二）编写适合老师及传媒教育工作者使用的本地传媒教材及教科书；（三）有足够的相关师训课程提供给在职教师；（四）制订评估传媒教育成效的基准，及运用调查研究探求如何改良传媒教育的教学法；（五）成立传媒教育专业团体，负责举办研讨会和工作坊、出版通讯期刊、联络社群及游说有关当局推广传媒教育运动；（六）说服教育界尤其是教育当局，把传媒教育列为学校正规课程的一部分；（七）发行由教育部订定的传媒教育指示；（八）在教育学院或大专设立正规的传媒教育师训课程（Pungente，1993）。

Neil Andersen

加拿大传媒教育另一位领军人物是 Andersen，他也是 *Media Literacy Resource Guide：Intermediate and Senior Division*（1989）的写作组成员，是多伦多校区的媒介素养顾问，自 2012 年起任加拿大传媒教育协会（AML）主席。他撰写过 15 本书，当中包括媒介素养教科书、教师参考数据及课程指示，例如 *Media Studies K-12*（2005）。

他是加拿大传媒教育理念的承传者，宣扬该协会的媒介素养三角分析框架（Media Literacy Triangle Framework）。框架分为三个部分：文本（Text）、制作（Production）和受众（Audience）。"文本"是指分析传媒内容的价值观、意识形态、语言运用、体裁、内涵、表达符码；"制作"是指认清影响传媒制作的因素如所有权、政治控制、科技因素、专业守则、法规等；而"受众"指研究受众的阶层、种族、性别、能力、心理，以了解他们怎样和传媒打交道（Andersen，2014）。

Art Silverblatt

他是美国的媒介素养学家，任教于传播与新闻学系。出版的著作包括 *Approaches to the Study*

of Media Literacy（1999，2009），*Media Literacy：Keys to Interpreting Media Messages*（2008），*Approaches to Genre Studies*（2008），*International Communications：A Media Literacy Approach*（Silverblatt&Zlobin，2004），*Dictionary of Media Literacy*（Eliceiri and Silverblatt，1997）。

他提出媒介素养的五大分析方法：（一）意识形态分析（Ideological Analysis），提醒学生要警觉传媒如何塑造意识形态；（二）自传分析（Autobiographical Analysis）：透过探讨传媒内容让学生进行自我探索与成长；（三）非口语传播分析（Nonverbal Communication Analysis）：学习从面部表情、姿态、眼神、样貌、服饰等译解传媒信息；（四）迷思分析（Mythic Analysis）：协助学生解读神话式的传媒内容；（五）制作元素分析（Analysis of Production Elements）：认识传媒的表达风格及美学质素。

James Potter

他是美国加利福尼亚大学圣塔芭芭拉分校的传播系教授，是一位有影响力又具争议的媒介素养学者，他的主要研究包括媒介素养及传媒暴力，重要著作有 *Media Literacy*（2013，edition 6），及 *Theory of Media Literacy：A Cognitive Approach*（2004）。他指出很多人都任由传媒摆布生活，认为媒介素养可以帮助他们夺回控制权。Potter 的媒介素养学说，有完整的认知心理学基础，并非一些简单的实践原则。

现代人生活在传媒饱和的世界，每天接触海量信息，出现无从选择信息的困局。Potter 从心理学出发，提出在这种情况之下，人们会采用自我保护的应对机制，将思维调整至"自动导航"（Automatic Pilot）系统，自动地过滤所有传媒信息。因为每天遇到的信息实在太多，需要运用"自动常规原则"（Automatic Routines）有效率地处理。这些常规从个人经验提升出来，随即被个人不假思索及快捷地重复运用，心理学家称这种行为是"自动性"（Automaticity）。Potter 指出很多人使用这种自动常规接收信息，不会认真思考，问题是他们的"常规"未必是明智的经验提炼，因为这些"常规"的形成，除了受朋辈影响，还会受广告商及传媒的精心操控。Potter 认为若要明白自己如何被"摆布"，以特定方式去理解信息，必须要具备知识、技巧及意愿，故此有需要接受传媒教育。

Potter（2013）提出媒介素养有三大支柱：个人控制点（Personal Locus）、知识架构（Knowledge Structure）和技巧（Skill）。他认为分析传媒，个人必须要有意愿进行理性分析，而不是无意识地盲目接受信息。而知识架构提供了一个处境空间让我们小心诠释传媒信息的意义，知识架构包括传媒效应、传媒内容、传媒工业、现实世界及自己，简言之，知识愈丰富，我们分析的自信心就愈大。至于技巧是工具，协助我们建立知识架构，检视接触到的传媒信息，这些技巧包括分析、评核、分类、归纳、演绎、综合及抽象化能力。

Potter 的媒介素养理论完整而且有系统，但不少媒介素养学者不同意他对传媒的负面假设，认为他的学说宣扬"防御模式"的传媒教育（Hobbs，2011），批评他将传媒教育视为"治疗手段"，并歪曲了传媒与受众之间的关系。不过，他的学说在美国有很多支持者，著作多次再版。

Renee Hobbs

Hobbs 是美国传媒教育专家，也是一名传播学者。2003 年她成立"传媒教育实验室"（Media Education Lab），多年来从事媒介素养研究。著作 *Reading the Media：Media Literacy in High School English*（2007）同时采用量化及质化方法，探讨传媒教育对学生学业成绩的影响，她用实证数据显示传媒教育可以提高学生的阅读理解、写作和批判分析能力，并培养他们的公民意识。保护主义的传媒教育在美国很盛行，Hobbs 坚决反对，认为传媒教育是用来指导学生独立思考，善用媒体。

她比较重要的著作是近年的一份研究报告，名为 *Digital and Media Literacy：A Plan of Action*（2010）。报告指出，数码科技全面统领现代生活，美国人需要进一步认识数码媒体，培养"数码及媒体素养"，以掌握五项能力：寻索信息、分析、创造、自省及行动。她提出十项建议，呼吁教育界和社会各界合作，为增进美国人这项新时代生存技能（Life Skill）努力。

媒介素养的发展一直以来以西方学者和专家为主导，但在 2000 年以后，亚洲地区如中国台湾、中国香港、中国大陆、日本和韩国等都在这方面有迅速的发展，不少学者投身这个领域推行传媒教育及进行研究，出版的书籍及文章不少。尤其是中国大陆，很多学者对这门新兴学科感兴趣，这些年轻学者将是亚洲区媒介素养研究的生力军。亚洲在这方面由于起步较迟，跟西方学者的研究比较，现时的研究成果还未见成熟，而且受西方论述支配。不过，在未来的日子，预计亚洲区会发展扎根本土的媒介素养理论。现时中国大陆进行的传媒教育，就跟外国的不尽相同。

21 世纪新动向

媒介素养除了在不同阶段跟随学术潮流而有不同的侧重点，值得注意的是它跟传播科技同步发展。在 20 世纪 60 年代，电影流行，电视又刚好崛兴，于是出现"影视教育"。在七八十年代，在录像科技普及、有线电视及卫星广播的配合下，影像媒介的巨大影响力带动其他大众传媒也蓬勃发展，刺激"传媒教育"的正式成长。90 年代，数码新媒体及互联网诞生，媒介素养学者开始察觉传统的媒介素养课程已经落后，于是提出"互联网素养"、"数码素养"、"数码及传媒素养"等新概念及新课程。不过最大的变革发生在千禧年代，Web 2.0 应用程序面世和"自媒体"的相继出现后，崭新的传媒环境令媒介素养进行重大的范式转移（Paradigm Shift）（Tyner，2010；李月莲，2010）。

Web 2.0是人类社会最重大的传播革命，传媒由单向变为互动双向，而且受众不再只是传媒消费者，还是传媒制作人，他们活在参与式文化（Participatory Culture）当中。尤其是年轻人，社交媒体成为他们生活的重要部分，他们利用各式新媒体，进行创作及发表意见，他们以协作方式解决问题，并且利用网络广泛分享新意念。

踏入Web 2.0时代，Jenkins和他的研究伙伴提出新的传媒教育方案，他们撰写了一份研究报告，名为 Confronting the Challenges of Participatory Culture：Media Education for the 21st Century（Jenkins et al., 2009）。在报告中他们指出参与式文化带出新的问题，那是不平等参与机会、新媒介的弱透明度及道德挑战。认为年轻人需要新媒介素养（New Media Literacy），包括跨媒体导航、网络寻索、协作学习、身份转移等10多项新技能。Jenkins的研究团队稍后更提出"散播媒体"（Spreadable Media）的新概念，指出在网络文化（Networked Culture）的时代，无论意念、意见抑或产品，若不能快速散布，就会被淘汰，所以年轻人必须学会"散播能力"（Spreadability）（Jenkins, Ford & Green, 2013）。

其实大约在2007年以后，媒介素养已开始进行范式转移，以香港为例，媒介素养换上新概念，课程也重新设计，由"传媒教育1.0"发展为"传媒教育2.0"，传媒教育的假设、任务、目标、课程重点、学法及实践取向都逐步改变（Lee, 2014；李月莲，2010）。在新的范式底下，传媒教育培育的不仅是精明的消费者，并且是负责任的制作人。除了训练学生的批判思维，还要提高他们的反思能力、创造力及正向思维能力，目标是让他们达至批判反思自主（Critical-reflexive Autonomy）。

当科技再进一步发展，社会经历"三重奏革命"（Triple Revolution），即社交网站的进一步普及，互联网对个人的解放及流动科技提供的实时联系，这些变革令我们的社会正式成为"网络社会"（Networked Society）（Rainie and Wellman, 2012），加上Web 3.0时代的即将来临，未来的社会将是信息及传播科技主导的。与此同时，世界各国正从工业社会过渡至知识社会（Knowledge Society），信息及知识是主要生产工具，我们的年轻人将成为知识工作者，他们必须要懂得处理信息。故此，年轻人需要新的素养去面对新的信息环境和社会环境，传统的媒介素养概念有需要伸延。

早在90年代末，当传媒科技（Media Technology）和信息科技（Information Technology）会聚的时候，本文作者已提议将媒介素养的概念伸延为"媒介信息素养"（Infomedia Literacy）（Lee, 1999）。近年，联合国教育、科学及文化组织（UNESCO）积极将媒介素养的概念和信息素养（Information Literacy）的概念融合，再加上ICT技能（Information and Communication Technology Skill），组合成一个新的概念："媒介及信息素养"（Media and Information Literacy，MIL）。"媒介及信息素养"是指大众（尤其是年轻人）在新时代应具备的一系列能力。这个新概念分为三个部分：（一）寻索传媒信息和信息的能力；（二）认识、分析和整合传媒信息和信息的能力；（三）使用及创造传媒信息和信息的能力。在未来几年,联合国将在全球推展 MIL 运动,并推出评核 MIL 的指标。

这些新动向显示,媒介素养这个领域将会起革命性的变化,它肯定会扩阔范畴,并有机会和信息科技(Information Science)领域合流。对于这个领域的研究者来说,怎样响应未来科技的变化是他们最关心的课题。科技一日千里,媒介素养也要不断演化,除了伸延至"媒介及信息素养",未来会有更多新的变化。本文作者就替 UNESCO 进行了一个研究,预计在 Web 3.0 世代,未来的知识工作者需要具备更新的素养,称为"21 世纪技能"(21st Century Competencies)(Lee,2013)。

问题、挑战与机遇

媒介素养作为一个知识领域,十分多元化。它除了跟教育学及传播学有交集,还跟政治学、心理学、社会学、文化研究、艺术、语文、经济学、音乐、历史、宗教科等拉上关系。就跟几十年前的传播学一样,是各个学科的交义路口。它的优点是内容丰富,但缺点是芜杂。Abreu and Mihailidis 在他们的新书 *Media Literacy Education in Action*(2014)的序言里也提出,他们在编辑这本书及检视这个领域的过程当中,发现有很多令人兴奋的媒介素养计划及运动正在展开,但同时间亦察觉这个领域的包容性太强,以致找不到一套连贯性及统一的理论去呈现媒介素养怎样装备年轻人积极为生命追寻意义及担当有批判力的公民。

此外,传媒教育实践多年,但一直未能制定完整的评核标准(Butler,2010;Tyner,1998),标示着媒介素养未有统一的目标和内涵,仍然处于液体流动状态,不仅有碍媒介素养走进学校成为必修科目,还令媒介素养这个学科未能凝聚发展。这种分散情况,可能是因为媒介素养在各国各自独立发展造成。在全球化的趋势下,若果能加强举办多些国际学术会议和出版更多媒介素养学术期刊,加强这个领域成员间的交流,相信可以逐渐发展向心力。

在研究方面,媒介素养亦未发展自己领域独立的研究方法。现有的媒介素养研究,属实证研究的仍不够多。在理论方面,媒介素养的学者主要发展核心概念及实践模式,多年来仍欠缺扎实的理论建设。这跟这个领域过分强调实践,有很大关系。近年已有多位学者对这个领域提供概观(Cappello,Felini,Hobbs,2011;Martens,2010;Rosenbaum,Beentjes & Konig,2008),并讨论如何可以强化它的理论及研究,让它朝向成熟学科的目标迈进。

在可见的将来,媒介素养将会面临至少两大挑战。首先是在新的参与式传媒环境之下,传媒教育怎样回应不断推陈出新的新媒体?怎样发展传媒教育 2.0、传媒教育 3.0 等的课程?发展这些课程必须要对新媒体有深厚认识,学者及老师将会接受很大考验。第二个挑战是媒介素养若要伸延发展至"媒介及信息素养",需要媒介素养和信息素养两个领域的人携手合作。但过去一段时间,两个领域存在"疆界"之争，信息素养人士视媒介素养是它属下的一部分，但媒介素养人士却不同意，反视信息素养只是实践传媒教育时的工具。事实上研究发现这两个领域其实有不同的疆土及不同的参与学者，两者互相没有从属关系（Lee and So, 2013），两个领域的成员有需要虚心互相学习，共同合作。

在新世纪，很多人关心数码鸿沟（Digital Divide），但近期不少研究指出，当互联网科技进一步普及，愈来愈多人有机会接触及使用媒体，所以数码鸿沟问题不是最急切的；反而是出现了"数码使用鸿沟"（Digital Use Divide）现象，很多人不懂得如何善用媒体，兼且不懂得解读传媒信息（ACMA, 2009），而媒介素养正好可以帮忙解决这方面的问题。故此在科技迅速递变的年代，媒介素养是愈来愈重要。无论它是作为科目在学校培训学生，抑或作为一个学术研究领域去探索知识，它的前景将是缤纷多彩的。

◇ 参考文献 ◇

- ACMA (2009). *Digital media literacy in Australia: Key indicators and research sources*. Sydney: Australian Communications and Media Authority.
- Andersen, N. (2005). *Media Studies, K-12*. Toronto: Toronto District School Board.
- Andersen, N. (2014). Media literacy in Ontario. In B. S. De Abreu & P. Milhailids (eds.), *Media literacy education in action: Theoretical and pedagogical perspectives*, 20-26. New York: Taylor & Francis Group.
- Alvarado, M., & Boyd-Barrett, O. (ed.) (1992). *Media education: An introduction*. London: British Film Institute.
- Aufderheide, P., & Firestone, C. (1993). *Media literacy: A report of the national leadership conference on media literacy*. Queenstown, MD: The Aspen Institute.
- Bazalgette, C. (2010). *Teaching media in primary schools*. Los Angeles: Sage.
- Bazalgette, C., & Buckingham, D. (eds.) (1995). *In front of the children: Screen education and young audiences*. London: British Film Institute.
- Brown, J. (1998). Media literacy perspectives. *Journal of Communication*, 48 (1): 44-57.
- Buckingham, D. (2003). *Media education: Literacy, learning and contemporary culture*. Cambridge: Polity.
- Butler, A. (2010). *Media education goes to school: Young people make meaning of media & urban education*. New York: Peter Lang.
- Cappello, G. Felini, D., & Hobbs, R. (2011). Reflections on global developments in media literacy education: Bridging theory and practice, *Journal of Media Literacy Education*, 3(2): 66-73.
- Centre for Media Literacy (2010). Voices of media literacy: International pioneers speak. *Medialit. org*. (2013-10-20), http://www.medialit.org/voices-media-literacy-international-

pioneers-speak.
- De Abreu, B. S., &Mihailids, P. (eds.) (2014). *Media literacy education in action: Theoretical and pedagogical perspectives*. New York: Taylor & Francis Group.
- Duncan, B. et al. (1996). *Mass media and popular culture*. San Diego, California: Harcourt Brace.
- Edwards, C. E. (1967, September). Canadian educators see need for screen education. *Screen Education*, 149-151.
- Eliceiri, E., &Silverblatt, A. (1997). *The dictionary of media literacy*. Westport, Connecticut: Greenwood Press.
- Hall, S. (1973). *Encoding and Decoding in the Television Discourse*. Birmingham: Centre for Contemporary Cultural Studies.
- Herman, E. S., & Chomsky, N. (1988). *Manufacturing consent: The political economy of the mass media*. New York: Pantheon.
- Hobbs, R. (1998). The seven great debates in the media literacy movement. *Journalism of Communication*, 48(1): 16-32.
- Hobbs, R. (2011). The state of media literacy: A response to Potter. *Journal of Broadcasting & Electronic Media*, 55(3): 419-430.
- Hobbs, R. (2007). *Reading the media: Media literacy in High School English*. New York: Teacher College, Columbia University.
- Hobbs, R. (2010). *Digital and media literacy: A plan of action* (A white paper). New York: The Aspen Institute.
- Holloway, D., Green, L. and Livingstone, S. (2013). *Zero to eight: Young children and their internet use*. LSE, London: EU Kids Online.
- Jenkins, H., et al. (2009). *Confronting the challenges of participatory culture*. Cambridge: The MIT Press.
- Jenkins, H., Ford, S., & Green J. (2013). *Spreadable media: Creating value and meaning in a networked culture*. New York: New York University Press.
- Kubey, R. W. (2003). Why U. S. media education lags behind the rest of the English-speaking world. *Television & New Media*, 4(4): 351-370.
- Leavis, F., & Thompson, D. (1933). *Culture and environment: The training of critical awareness*. London: Chatto and Windus.
- Lee, A. Y. L. (1997). Legitimating media education: From social movement to the formation of a new social curriculum. Doctorial thesis, the University of British Columbia, Canada.
- Lee, A. Y. L. (1999). Infomedia literacy: An educational basic for the young people in the new information age. *Information, Communication and Society*, 2(2): 134-155.
- Lee, A. Y. L. (2002). Media education movement in Hong Kong: A networking model. *Mass Communication Research*, 71: 107-131.
- Lee, A. Y. L. (2007). Media education, critical citizenship and public sphere: The ideal and practice of media education in Hong Kong. *The Chinese Journal of Communication and Society*, 3: 134-155.
- Lee, A. Y. L. (2010). Media education: Definitions, approaches and development around the globe, *New Horizons in Education*, 58(3): 1-13.
- Lee, A. Y. L. (2013). Literacy and competencies required to participate in knowledge societies. In UNESCO (ed.), *Conceptual relationship of information literacy and media literacy in knowledge societies*, 3-75. Paris: UNESCO.
- Lee, A. Y. L., & So, C. Y. K. (2013). Media literacy and information literacy: Subset,

- overlapping or parallel relationship? Paper presented at the ICA Conference, June 17-21, 2013. London, UK.
- Livingstone, S., &Bovill, M. (eds.) (2001). *Children and their changing media environment: A European comparative study*. Mahwah, NJ: Lawrence Erlbaum Associates Publishers.
- Marten, H. (2010). Evaluating media literacy education: Concepts, theories and future directions. *Journal of Media Literacy Education* 2 (1): 1-22.
- Masterman, L. (1980). *Teaching about television*. London: MacMillan.
- Masterman, L. (1985). *Teaching the media*. London: Comedia.
- Masterman, L., &Mariet, F. (1994). *Media education in 1990s Europe: A teachers' guide*. The Netherlands: Council of Europe Press and Croton. New York: Manhattan Publishing.
- McLuhan, M., & Fiore, Q. (1967). *The medium is the massage: An inventory of effects*. Harmodsworth: Penguin.
- Media Literacy Week (2010, November). What is Media Education? *medialiteracy.ca* (Website for Media Literacy Week). (2010-09-19), http://www.medialiteracyweek.ca/en/101_whatis.htm.
- Morsy, Z. (1984). Preface. In Z. Morsy (ed.), *Media education*, 5-12. Paris: UNESCO.
- NAMLE (2010). Media literacy defined. *Namle.net* (website for National Association for media Literacy Education). (2010-09-11), http://namle.net/publications/media-literacy-definitions.
- Ofcom (2010a). What is media literacy-Ofcom'sdefinition. *Ofcom.org.uk* (website for Ofcom). (2010-09-15), http://stakeholders.ofcom.org.uk/market-data-research/media-literacy/about/.
- Ontario Ministry of Education (1989). *Media literacy resource guide*. Toronto: Queen's Printer for Ontario.
- Potter, W. J. (2004). *Theory of media literacy: A cognitive approach*. Thousand Oaks: Sage Publications.
- Potter, W. J. (2013). *Media Literacy*. Los Angeles: Sage.
- Pungente, J. J. (1993). The second spring on media education in Canada' secondary schools. *Canadian Journal of Educational Communication*, 22(1): 47-60.
- Pungente, J. J., & Williams, M. (2011). *Finding God in the Dark: The Spiritual Exercises of St. Ignatius Go to the Movies*. Ottawa: Novalis Publishing.
- Rosenbaum, J. E., Beentjes, J. W. J., Konig, R. P. (2008). *Communication Yearbook*, 32: 312-352.
- Silverblatt, A. (2007). *Genre studies in mass media: A handbook*. Armonk, New York: M. E. Sharpe.
- Silverblatt, A. (2008). *Media literacy: Keys to Interpreting media messages*. Westport, Connecticut: Praeger.
- Silverblatt, A. (2009). *Approaches to media literacy: A handbook*. Armonk, New York: M. E. Sharpe.
- Silverblatt, A., &Zlobin, N. (2004) *International communications: A media literacy approach*. Armonk, New York: M. E. Sharpe.
- Slade, M. (1970). *Language of change: Moving images of man*. Toronto: Holt, Rinehart & Winston of Canada.
- Tyner, K. (1998). *Literacy in a digital world: Teaching and learning in the age of information*. Mahwah, NJ: Lawrence Erlbaum Associates Publishers.
- Tyner, K. (2010). *Media Literacy: New agendas in communication*. New York: Routledge.
- Williams, R. (1974). *Television: Technology and cultural form*. London: Fontana.
- 吴翠珍、陈世敏(2007).《媒体素养教育》.台北：巨流图书股份有限公司.
- 李月莲(2003).《传媒教育与公民意识》.李少南编,《香港传媒新世纪》.香港：香港中文大学出版社.
- 李月莲 (2006).《传媒教育在香港：走一条探索式、多元化及开放的道路》.《信报财经月刊》. 第 364 期 1 月号, 页 141-145.
- 李月莲 (2010).《中国香港地区媒介素养教育：从媒介教育 1.0 到媒介教育 2.0》. 陆晔等编,《媒介素养：理念、认知、参与》. 北京：经济科学出版社, 页 86-104.
- 张开 (2006).《媒介素养概论》. 北京：中国传媒大学出版社.
- 张学波 (2009).《国际媒体素养教育的课程发展》. 广州：暨南大学出版社.

第四部分

CMC 研究的现状与发展趋向

洪浚浩[①] 芮牮[②]

20 世纪 70 年代中期,计算机和网络技术的兴起催生了一个新兴的传播学科领域,即以计算机为媒介的传播(computer-mediated communication,CMC)。经过 40 年的发展,这个新领域已经成为传播学界的一个主要的领域。代表世界传播学研究最高水平的国际传播协会(International Communication Association)有一套严格的体系来认定传播学下属分支的学科地位。截至 2013 年止,被国际传播协会认定的传播学主要领域仅有 25 个,而 CMC 长期占据一席之地。此外,CMC 的研究论文除了广泛刊登在许多传播学研究期刊之上,还有一批具有影响力的学术期刊,如 *Journal of Computer-Mediated Communication* 和 *New Media & Society*。

CMC 的研究与网络技术的发展息息相关。CMC 的早期研究对象较为单一,主要集中在电子邮件和即时聊天工具(Ramirez & Walther,2009)。随着技术的革新,CMC 不再依靠单纯的文字交流,而是广泛使用各种多媒体技术。这一变化导致 CMC 研究对象的多元化。鉴于互联网目前在全球范围内的重要地位,CMC 研究必将持续发展。故此,本章将对美国 CMC 研究的历史进行详细的梳理和回顾,并对其现状进行分析,最后将讨论该领域未来的发展趋势。

CMC 的定义

若按照英文直译,computer-mediated communication(CMC)应翻译为"以计算机为媒介的传播"。但是这个翻译存在着一个重要的问题。早期的线性传播模式(Laswell,1948)认为人类传播由四部分组成:传者(sender)、受者(receiver)、媒介(medium)和信息(message)。其中,媒介

[①] 洪浚浩,现任美国布法罗纽约州立大学(State University of New York at Buffalo)传播系教授,哈佛大学费正清研究中心研究员,1995 年获美国奥斯汀德克萨斯大学(The University of Texas at Austin)传播学博士学位,主要研究方向包括国际传播、媒介与社会和信息与传播新技术的影响等。

[②] 芮牮,现为美国德州理工大学(Texas Tech University)传播研究系客座助理教授,2014 年获美国布法罗纽约州立大学(State University of New York at Buffalo)传播学博士学位,主要教学和研究领域包括新媒体的使用与效果以及人际传播。

指的是任何传播信息的通道。在所有以计算机为媒介传播的过程中，虽然从表面上看，传者和受者使用的媒介是计算机，但他们真正依赖的媒介是网络。脱离了网络，电子邮件、电话会议、即时聊天工具、社交媒体这些交流工具都无法使用。所以，有些学者认为，"网络传播"比"以计算机为媒介的传播"能更加精确、简练地反映其英文名称的真实含义。

部分学者认为（Herring, 2004; Jones, 1998），凡是使用任何网络媒体进行沟通的传播行为——如电子邮件（email）、电子公告栏系统（BBS）、聊天室（chat room）、邮件群组（listserv）、社交媒体（social media），都被称为 CMC。这一宽泛的定义曾招致学界的不同意见。Murray（2000）认为 CMC 应仅限于那些只支持文字交流的网络媒体，例如电子邮件和匿名聊天室。按照这一定义，许多近 10 年来涌现的新型网络媒体（如 Flickr, Youtube, Facebook）就被排除在外了。Murray（2000）提出这一定义的主要原因在于，这些新型网络媒体的传播模式与仅支持文字交流的传统网络媒体大相径庭（Ramirez & Walther, 2009）。其一，由于新型网络媒体支持文字、图像、声音、视频等多媒体技术，交流渠道更加丰富，这使得某些经典 CMC 理论在新技术环境下受到冲击（Ramirez & Walther, 2009）。其二，这些新型的网络媒体打破了传统网络传播中一对一的交流模式，从而冲击了传统的 CMC 理论基础。

这样的定义固然有其可取之处，但毕竟忽视了科技的发展。进入 21 世纪以来，支持多媒体技术和多样化交流模式的新型网络媒体日新月异，几乎完全取代了传统以文字为媒介的网络媒体的地位（Ramirez & Walther, 2009）。如果仅仅因为陈旧的理论体系不能跟上时代的发展就忽视，甚至否认新技术，不免有因噎废食之嫌。Walther（2009）指出，及时更新理论体系，探索新的研究方法是传播学研究取得突破的关键。因而，本章中将遵循 Herring（1996）对 CMC 的定义——任何采用计算机网络技术所进行的人类传播行为。

CMC 研究发展历程和经典理论

一、20 世纪 70 年代至 80 年代末

最早的 CMC 研究可以追溯至 20 世纪 70 年代中期。这一时期，仅有大型公司和科研、教育机构使用电脑。因此，学界认为电脑主要是用于工作的（Short, Williams, & Christie, 1976）。这一定位起源于 1976 年提出的社会存在理论（social presence theory）。这条理论的核心概念是社会存在（social presence），指的是人们在使用某种媒介进行沟通时，他们能在多大程度上意识到他人的存在（Short et al., 1976）。该理论指出，社会存在是和该媒介能支持沟通渠道的多少成正比的。譬如，在进行面对面的人际传播（face-to-face communication）时，人类能使用文字和诸如表情、手势、语

调等多种非文字渠道进行沟通。因此，面对面的人际传播拥有丰富的沟通渠道，其社会存在程度也就很高。相反，网络仅仅依赖文字进行沟通，其社会存在程度自然就很低。研究者进一步强调，人际交流需要社会存在度高的媒介，所以面对面的人际传播是最适合人际交流的。相反，工作交流仅仅需要双方把工作任务交代清楚，所以不需要使用社会存在度高的媒介。因此，网络媒介仅适于工作之用，而不能用于人与人之间的交流。

这种观念对此后 10 多年的 CMC 研究产生了重要影响。直到 80 年代末，主流的 CMC 研究仍认为计算机在分配工作、协调任务、促进远程办公方面起到了重要作用（Daft & Lengel, 1986; Kiesler, Siegel, & McGuire, 1984）。至于促进人际交流、帮助人们建立起亲密的关系，这种新媒介就鞭长莫及了（Culnan & Markus, 1987）。这一观点之所以能统治学界超过 10 年之久是和当时的网络技术分不开的。当时被广泛应用的网络媒体仅有电子邮件和匿名聊天室。无论是哪一种技术，它们的传播渠道都仅限于文字。所以，网络传播的渠道非常有限（Culnan & Markus, 1987）；双方在交谈时的面部表情、语调和手势都无法通过网络技术表达出来（Walther & Tidwell, 1995）。而传统的人际传播理论恰恰认为这些非文字渠道（nonverbal cues）在人类的传播行为中扮演着重要角色。Walther 和 Burgoon（1992）认为，非文字渠道与文字一样承担着传递信息的作用；甚至有时通过非文字渠道传达出的信息更可信、更丰富。正因为如此，网络传播在传递信息、支持人际交流方面的劣势也就不言而喻了。

到 1987 年，Culnan 和 Markus 总结了这 10 年来 CMC 研究的成果，提出了"传播渠道缺失"的学说（cues-filtered-out）。首先，面对面人际交流中常见的非文字渠道在网络传播中大量缺失。其次，不同的网络媒体缺少不同类别的非文字渠道。比如，几乎所有的非文字渠道在电子邮件中都不存在，视频会议却支持包括面部表情、手势、语气、声音、语调等在内的非文字渠道。最后，如果网络取代了面对面的人际传播，将导致传播效果的无序化，主要表现有：争议增多，粗口频发，讨论时间延长。

不过，Culnan 和 Markus（1987）也对"传播渠道缺失"学说提出了一些批判。从理论上看，这一时期的 CMC 研究具有浓厚的技术决定论的色彩。研究完全针对网络媒体的技术特征，忽视了心理、社会、文化等因素对人类传播行为的影响。从方法论上看，实验是这一时期的主流方法，但这些实验无法还原日常生活中人类使用网络进行沟通的真实情况。比如，在绝大多数实验中，实验对象都无法自行选择传播媒介和传播对象，他们与被选定的传播对象之前也都互不认识。因此，实验室中得出的研究成果无法完全解释日常生活中真实的传播现象。Culnan 和 Markus（1987）的反思为 CMC 在 90 年代的发展奠定了基础，新的理论思想呼之欲出。

二、20 世纪 90 年代

20 世纪 90 年代是 CMC 研究的成熟期，三大经典理论都出现在这一时期。学界已经不再把技术特征作为影响网络传播效果的决定性因素,转而开始探索心理、社会、文化等因素对网络传播行为和效果的影响。值得一提的是,这一时期的主要研究成果并没有忽视技术特征对网络传播的影响,只是技术不再是唯一的影响因素;心理、社会、文化等因素与技术一起,共同影响着网络传播的行为与效果。

1. 社会信息处理理论（social information processing theory）

社会信息处理理论有三个前提。第一,无论是网上还是现实生活中,人类希望与他人沟通、进而建立起亲密关系的欲望是不变的。第二,无论在网上还是现实生活中,人类沟通、进而建立起亲密关系的方式与过程都是相同的。第三,虽然技术对传播行为有所限制,但人类具有能动性,可以适应新的传播环境。

Walther（1992）首先回顾了从前 CMC 的实验,发现这些实验存在以下问题。首先,实验组（通过网络媒体进行交流）和对照组（面对面的人际交流）的实验时间相同。考虑到实验组需要通过打字进行沟通,而对照组只需说话即可,实验组的交流速度应该慢于对照组。即使人类可以通过自我调节适应新的传播环境,实验组的研究对象也需要更长的时间才能达到与对照组同样的沟通效果,因为适应是需要耗费一定时间的。

其次,这些实验都假定网络仅能支持纯文字的交流,非文字渠道是无法存在于网上的。这个假设存在着重大谬误。Lea 和 Spears（1992）指出,网上存在着大量的非文字渠道。当时的聊天工具已经允许用户嵌入表情符号了（emoticon）,这些笑脸、哭脸的符号可以表达双方的心情。此外,传者（sender）的语调能传达出超越文字本身的、更深层次的含义。再者,传者的拼写、语法和用词可以反映出此人的受教育程度、社会地位以及聊天时的注意力集中程度。受者（receiver）回复信息的速度也会影响到传者对回复的解读——如果回复延误,可能是因为受者花了很长时间编了一个谎言。Lea 和 Spears（1992）将这些非文字渠道称为"副语言渠道"（paralinguistic cue）。Walther（1992）指出,这些副语言渠道同样能传递出大量信息。

基于这两点,社会信息处理理论指出,由于技术原因,网络传播比面对面的人际传播更慢;但人是有能动性的,可以适应新的传播环境。所以假以时日,网络传播可以达到与面对面的人际传播相同的交流效果。

社会信息处理理论的提出在 CMC 研究史上具有划时代的意义。它是第一个侧重关注传播而非技术的 CMC 理论,标志着学界关注的重点从技术转移到了传播行为本身。社会信息处理理论具有浓厚的人际传播的色彩。这是因为通过借鉴人际传播理论来丰富 CMC 研究是必然趋势,因为人才是传播行为的主体和根本。

社会信息处理理论的最大问题在于理论的前提假设——人总是希望与他人沟通,进而建立起亲密的关系。虽然从宏观上讲这一前提没有问题,但具体到某个人、某个阶段,这一前提可能就不成立了。这样一来，便会从根本上挑战该理论。

2. 去个体化效果的社会身份模型（the social identity model of deindividuation effects；SIDE）

去个体化效果的社会身份模型是上百年社会学、心理学和传播学研究的产物，其源头可以追溯到19世纪末勒庞对法国大革命中暴民行为的反思。勒庞认为，这些平时温驯善良的民众一旦汇集在一起，在口号的蛊惑和演讲的煽动下，就会忘却个人身份；只知道他们与其他人一样，是受压迫的贫苦民众（le Bon, 2002）。因此，暴徒们打砸抢的行为并不是个人行为，而是顺从于组织的群体行为。这一理论影响了20世纪组织行为学的研究。学界普遍认为，若身处于一个同质性极高的群体中，个人意识便会减弱，取而代之的是群体身份，这就是去个体化的效果（de-individuation；Reicher, Spears, & Postmes, 1995）。去个体化将导致个人模仿群体中其他人的行为。举一个足球比赛的例子：出于对自己所支持球队的忠诚，加上现场气氛的渲染，球迷们不再是可以独立思考判断的个人，只知道自己是这支球队千千万万的支持者之一，于是便产生了大规模的加油助威、庆祝游行，甚至与竞争球队球迷发生聚众斗殴的行为。

虽然Lea和Spears（1992）的实证研究提前"预言"了去个体化效果的社会身份模型，但正式提出这一理论模型的却是Reicher, Spears和Postmes（Reicher et al., 1995）。他们指出，传统的去个体化研究忽视了一个重要因素，即个人意识的减弱并不意味着社会身份的强化。如果个人意识和社会意识同时弱化，个人行为将出现无序化状态；但如果一个强大的社会身份取代了个人身份，个人行为将服从新的社会身份的要求。这就是去个体化的社会身份模型。

需要指出的是，这一模型在1995年提出的时候并不仅针对CMC。但一批学者将其应用到CMC研究中，验证了这个模型的正确性（Lea, Spears & De Groot, 2001；Postmes & Spears, 2001）。该模型试图解释发生在网络论坛中的传播行为。因为网络传播匿名和非即时沟通的特点，人们在网上交流时个人身份会被削弱。由于网络论坛通常围绕某一固定主题，因而其交流群体的身份认同度较高，导致交流双方社会身份的强化。其结果是，个人行为与组织中其他成员行为高度趋同。

去个体化效果的社会身份模型可以看作是对传播渠道缺失学说的发展。它承认了网络技术对传播行为的限制，承认了网络传播中可能会出现无序化的行为，但它将其归结为个人意识的减弱。换言之，个人意识的减弱是网络传播和传播行为无序化的中介变数（mediator）。但是，该模型同时也指出，网络传播并不总是无序的；它取决于传播发生时传者是否拥有强大的社会身份。因此，强大的社会身份——这一独立于技术层面之外的社会因素，成为了决定传播行为无序化的调节变数（moderator）。这一模型将技术与社会因素巧妙地结合在一起，解释了网络传播行为的多样性。但随着技术的发展，大量允许用户实名沟通的网络媒体出现，这便从根本上挑战了该模型的技术前提。更重要的是，该模型仅能够解释网络论坛中发生的交流行为，因为只有这种论坛才能培育出强大的社会身份。因此，去个体化效果的社会身份模型的适用范围很窄。

3. 超人际关系模型（the hyperpersonal model）

超人际关系模型（Walther, 1996）一反以往认为网络传播不利于人际交流的观点，转而提出，网络传播可能比传统的面对面人际交流更容易建立起亲密的关系。第一，由于传播双方无法见面，传者可以掩盖自己的劣势，仅将好的一面展示给受者，这一行为被称之为选择性自我呈现（selective self-presentation）。第二，当这种经过优化了的自我形象传递到受者时，受者对传者的好印象会夸大。第三，由于网络传播非即时交流的特点，当受者收到传者的信息时，受者有更多的时间去思考应该怎样回复传者，从而编写出更好的答复。第四，当传者收到受者精心设计的答复后，他们对受者的好印象会加强。于是在回复受者时便更加用心，编写出更好的信息。这样一来，传受双方就形成了一个良性循环的沟通过程。其结果是，比起面对面的人际交流，通过网络传播，人们可以建立起更亲密的关系。这个效果被称为超人际效果（hyperpersonal effect）。

超人际关系模型是所有 CMC 理论中被引用最多、但争议也最多的理论。首先，该模型没有解释清楚为什么受者对传者的好印象会夸大。Walther（1996）给出的解释有二：（1）因为传者的选择性自我呈现；（2）因为传播渠道的缺乏，受者对传者形成的是基于社会属性的刻板印象（stereotypical impression），而刻板印象一般都会比实际情况更加夸张。然而，这两个解释都存在问题。第一，如果传者不知道受者的喜好，而恰好受者又对传者好的一面不以为然，那么选择性自我呈现就不能达到优化传者形象的目的。相反，受者可能会对传者产生坏印象，甚至夸大这种坏印象。第二，根据社会认知倾向（social-cognitive orientation；Miller & Steinberg, 1975），人类相互认识、相互了解是一个由宽泛到具体的过程——首先了解对方的文化身份（cultural identity），其次是社会身份（sociological identity），最后是具体的个人身份（psychological identity）。所以，即使受者对传者形成的是基于其社会属性的、经过了夸张的刻板印象，这种刻板印象可能并不是源于传播渠道的缺乏，而是因为印象的形成发生在人际交往的初期。

其次，超人际关系模型认为，传受双方的互动是一个良性循环的过程。据此推论，人与人之间的关系应该越来越亲密，最终超过在面对面交往时形成的人际关系。这就违背了社会信息处理理论，因为后者认为，随着时间的推移，网上和线下交流所形成的人际关系应该是相似的。所以，如何解释这两个理论之间的自相矛盾就成了 Walther 本人需要面对的问题。况且，之后的研究表明，超人际关系模型仅适用于人际交流发生之初（Ramirez & Zhang, 2007）。因此，长期的超人际效果并没有得到实证研究的支持。

最后，超人际效果可能是晕轮效应（halo effect）的结果。晕轮效应指的是在人际交往的初期，人们对他人的判断是基于自己的好恶来确定的；如果喜欢某人，对这个人各方面的评价通常也是正面的（Nisbett & Wilson, 1977）。因此，超人际效果到底是网络技术的缘故还是晕轮效应的结果，这一问题仍有待学界去发现。

到20世纪末，CMC研究已经经历了20多年的发展。学界对其态度从早期的质疑、否定，到后来的正名和肯定，反映出人们对于技术如何影响人类传播行为这一经典命题的思考和批判。早在20世纪50年代，电视进入西方社会家庭时，学界就开始探索技术对人类传播行为的影响，其结论分为两派。一派是技术决定论，该学派认为技术对人类传播行为起到决定性作用（McLuhan，1967）。另一派认为，技术只是影响人类传播行为的众多因素之一（Pinch & Bijker，1984）。以CMC为例，早期的研究观点属于技术决定论，认为网络的技术特点导致了其不适合用于人际沟通。进入90年代以后，研究重点偏向了人类的能动性。在承认网络技术弱点的基础上，学者们强调人类可以适应，甚至利用这些技术，达到同等，甚至更好的传播效果。因此，正是经历了90年代的成熟期，CMC才摆脱了技术决定论的束缚，回归到了真正的传播学研究上来。也正是这一转型，使CMC发展出了自己的理论体系，成为了一门真正的独立学科。然而，从90年代后期开始，网络技术出现了多媒体、多用户的趋势。这一技术变化也昭示着根植于以文字渠道为主要媒介、以一对一人际交流为主要模式的传统CMC理论体系受到了严峻的挑战。

三、进入21世纪以后

进入21世纪后，网络技术进入了Web 2.0的时代，这一时期的网络技术有以下特点（O'Reilly，2005）。首先是网络技术多媒体化。纯文字的沟通不复存在，大量照片、视频流传于网上。其次，网络与现实生活的界限变得模糊起来。从前在匿名聊天室建立起来的友谊更像是朝露夕颜，转瞬即逝，因为很少有人在现实生活中继续这种关系。但现在，用户在社交网站上的好友大多是早已认识的人（Ellison, Steinfield, & Lampe, 2007），因此线上的关系在线下仍然继续存在。与电话、手机短信一样，网络只是一种新的沟通方式。再次，网站内容由多用户合作共同构建。Amazon、IMDB等网站允许用户添加评论，社交网站也允许用户在好友的页面留言评论。因此，网站上的信息不再由网站或用户本人单独提供，而是由多用户合作共同构建而成。最后一个特征是传播模式的多样化。以美国最流行的社交网站Facebook为例。当用户更新状态时，这是一对多的大众传播模式，因为这条状态可以被该用户的所有好友看到。而当用户使用Facebook组织活动时，所有受邀请的用户都可以在活动的主页上添加评论，这些评论也可以为所有被邀请的用户所见。在这种情况下，传者和受者都不是单一个体，传播模式就变成了多对多。这种融合了不同传播模式的现象被研究者称为大众—人际传播（masspersonal communication；O'Sullivan，2005）。

媒体环境的多元化使新世纪的CMC研究也呈现出多样化的特点。首先是研究对象的多样化。学界的研究兴趣从电子邮件、即时聊天室、网络论坛逐渐转移到了更加流行的社交媒体（social media；又名：社交网站，social network sites）。更重要的是研究议题的多样化。从前，学者们热衷于比较网络和面对面的人际传播的效果。现在，研究议题已经扩展到自我呈现、社会资本、人际关系、网络媒体的使用及效果。随着研究议题的多样化，CMC 研究出现了与其他学科融合的趋势——社会心理学（Stefanone, Lackaff, & Rosen, 2011）、社会学（Williams, 2006）、人际传播学（Tidwell & Walther, 2002）、组织传播（Steinfield, DiMicco, Ellison, & Lampe, 2009）、大众传播（Stefanone & Lackaff, 2009）、健康传播（Stefanone, Anker, Evans, & Feeley, 2012）、跨文化传播（Lin, Peng, Kim, & LaRose, 2011; Ye, 2006）和公共关系（Lovejoy & Saxton, 2012）。

媒体技术和研究对象的多样化，加上学科融合的趋势，意味着旧的理论体系受到了挑战。因此，学界开始回归人际传播学、大众传播学、心理学、社会学，试图用这些传统理论解释新技术背景下的传播现象。这一趋势的一个典型便是担保理论（warranting theory; Walther & Parks, 2002）。担保理论提出的背景是大众对网络信息的怀疑。这一理论的核心概念是担保指数（warranting value），即某人对自己的描述与实际情况的吻合程度。吻合度越高，说明担保指数越高。在面对面的人际传播中，因为传受双方可以相互见到，所以担保指数很高。但在传统的网络媒体中，因为匿名、无法见面等原因，担保指数便会大打折扣。

担保理论的核心是，他人提供的关于某个人的信息比这个人提供的关于自己的信息要可信（Walther & Parks, 2002）。原因是人容易夸大自己的优点掩盖自己的缺点，但他人不会。许多社交网站现在都允许用户在其好友的主页上留下评论。这些来自于他人的评论具有较高的可信度，能够减少用户本人美化自己、进而欺骗他人的概率。

虽然担保理论从理论上看是成立的，但实证研究表明，该理论仍有改进的空间。首先，并不是所有由他人提供的信息都可靠。比如，有关一个人长相的评价就比有关这个人性格的评价更具可信度，因为了解一个人的性格比评价他的长相要难得多（Walther et al., 2009）。其次，他人提供的信息的确可以影响到第三方对一个人的印象，但是具体如何影响却要视情况而定。Walther 等人（2008）发现，如果 Facebook 某一用户的好友留言称此人酗酒，而这个用户恰好是女性，人们会对这个女生产生负面印象；但如果这个人是男性，人们反而会认为这个人更有魅力。担保理论未来若想有所突破，需要解决他人提供的信息将在何种程度上、以何种方式对何种印象产生影响这一问题。

理论和研究议题的多样化也促进了方法论的多元化。传统的 CMC 研究主要采用实验的方法。进入 21 世纪以后，问卷成为了主流的研究方法，实验的设计也越来越复杂。此外，访谈（interview）、内容分析（content analysis）、社会网络分析（social network analysis）等方法也被大量应用在相关研究中。

CMC 研究的主要议题、理论和研究方法

一、主要研究议题和理论

进入 21 世纪后，CMC 的研究议题呈现出多样化的特点，主要包括三大领域。第一个领域根植于传统的人际传播，可以追溯到早期的 CMC 研究。学者们试图回答一个问题，即网络对人类交流和人际关系会产生何种影响。具体来说，在这个领域内，学者们主要研究的议题包括如下三种。

1. 自我呈现（self-presentation）：自我呈现指的是通过塑造完美的个人形象，达到使他人对自己产生好印象的目的（Leary，1996）。学界研究人们如何使用网络塑造出完美的个人形象（Ellison, Heino, & Gibbs, 2006; Gibbs, Ellison, & Heino, 2006）以及何种因素影响了网上的自我呈现的行为（Gibbs et al., 2006; Rui & Stefanone, 2013）。

2. 印象的形成（impression formation）：在当前多媒体、多用户、多传播模式的网络环境中，仅仅通过观察一个人的社交网站主页，人们会对一个陌生人产生什么样的印象（Bazarova, 2012; Jiang, Bazarova, & Hancock, 2011; Ramirez & Zhang, 2007; Utz, 2010; Tong, Van der Heide, Langwell, & Walther, 2008; Walther, Van der Heide, Hamel, & Shulman, 2009）。这些议题与自我呈现息息相关，因为他人对个人的印象实际反映的是自我呈现的效果。

3. 人际关系的发展（relationship development）：网络如何影响人际关系（Lea & Spears, 1992; Lea, Spears, & de Root, 2001; Tanis & Postmes, 2005）。

第一个领域深受人际传播学的影响，不但许多研究议题与传统的人际传播研究高度重合，而且采纳了许多人际传播研究的理论。除了前文所述的 CMC 理论，Goffman 的自我呈现理论（the dramaturgical approach to self-presentation; Goffman, 1959）、不伦瑞克透镜模型（the Brunswik lens model; Brunswik, 1956）、社会认同理论（social identity theory; Tajfel & Turner, 1979）以及一些社会心理学的概念，如自我监测（self-monitoring; Snyder, 1974）、自我价值感领域权变性（contingency of self-worth; Crocker & Wolfe, 2001）也被大量引用。

第二个领域是网络对个人幸福和社交生活的影响。这个领域可以追溯到早期有关网络对个人影响的辩论。主要研究议题包括：网络是否让人更加孤单（Kraut et al., 1998; Kraut et al., 2002; Wang & Wellman, 2010），网络对社会资本的影响（Ellison, Steinfield, & Lampe, 2007, 2011; Lin et al., 2011; Stefanone, Kwon, & Lackaff, 2012; Valenzuela, Park, & Kee, 2009），网络对社会支持的影响（Coulson, 2005; Walther & Boyd, 2002; Ye, 2006）。

这一领域受到社会学影响很大，许多理论都来自于社会学研究。虽然没有具体的理论，但有关

社会资本的研究（Bourdieu，1986；Granovetter，1983；Putnam，2000；Williams，2006）构成了这一领域的主要理论支柱。

第三个领域是人们如何使用各种网络以及这些网络媒介对人类传播行为的影响。主要研究议题有：

1. 人们如何使用某一种网络媒介，哪些因素影响了他们的使用情况（Smock，Ellison，Lampe，& Wohn，2011；Stefanone & Lackaff，2009；Stefanone，Lackaff，& Rosen，2011）。这些研究的理论主要来自大众传播研究，如使用满足理论（uses and gratification approach；Katz，Blumler，& Gurevitch，1973）和社会认知理论（social cognitive theory；Bandura，1986）。

2. 各种不同网络媒介的使用情况及其对人类传播行为的影响（Boase，2008；Ledbetter，2009），这些研究大多都使用了传播关系多重型的概念（communication multiplexity；Haythornthwaite，2005）。

3. 网络与个人隐私：学者们研究人们如何在网上保护个人隐私以及哪些因素影响了他们保护隐私的行为（Child，Petronio，Agyemann-Budu，& Westmann，2011）。交流隐私管理理论（communication privacy management theory；Petronio，2007）是这些研究中采用的主要理论。

二、主要研究方法

实验（experiment）是 CMC 研究的经典的方法。20 世纪八九十年代，学界大多采用实验的方法，比较网络与传统的面对面交流在人际传播中的效果。那时，许多实验都是被试间设计（between-subject design），包括实验组（使用网络媒介）和对照组（面对面交流）。实验对象按照要求完成实验任务，最后比较两组的实验结果。随着时间的推移，实验的设计也在不断进步。到今天为止，许多复杂的实验设计纷纷涌现出来，例如：被试内设计（within-subject design）、纵贯性设计（longitudinal design）、混合效用设计（mixed design）等。

问卷（survey）是 CMC 研究中另一种常用的研究方法。随着技术的进步，越来越多的学者采用网上问卷的方式收集数据。与传统的书面问卷相比，网上问卷成本更低、效率更高，因此受到学界的青睐。然而，大多数使用问卷的研究都是横断性研究（cross-sectional study），因此难以判定因果关系。

实验和问卷虽然是 CMC 中最常用的研究方法，但它们所能收集到的数据反映的都是人类在微观层面的传播行为。近年来，随着网络数据收集技术的进步，学界越来越热衷于做宏观研究。因此，社会网络分析（social network analysis）日渐受到学界的青睐。社会网络分析试图发现个人在其所属的社会网络中的位置，以及网络与网络、个人与个人之间是怎样沟通的；然后在此基础上，再去探究对个人行为的影响。

虽然定量研究是美国 CMC 研究的主流，但这不代表定性研究在 CMC 中没有一席之地。许多学者倾向于在研究的初期做定性研究，然后在定性研究结果的基础上再做定量研究。访谈（interview）是他们经常采用的定性研究的方法。与问卷比起来，访谈的灵活性更强，因为采访者可以问更多问题，从而可以获取更多信息。

最后，网络论坛和社交媒体的流行为学者研究网络传播行为提供了大量的文本。因此，内容分析（content analysis）成为了一种重要的研究方法。学者们试图通过分析人们在网上交流的内容，来解释各种网络传播现象。

三、CMC 研究的经典案例分析

1. CMC 传播效果的实验

Kiesler、Siegel 和 McGuire 于 1984 年发表的实验代表并影响了早期的 CMC 研究。实验一，研究人员将实验对象三人一组随机分配到不同的交流方式中：面对面、匿名聊天室、实名的聊天室。研究人员要求实验对象以组为单位进行讨论，然后比较每种交流方式中的小组在讨论效率、组员参与程度、讨论时言辞的激烈程度以及是否能达成一致意见等方面是否存在不同。

实验二、实验三都是为了验证实验一的结果是否可以推广到其他网络媒体中。实验二中，研究人员采用了一种新型网络会议技术，这种技术每次只能让一个与会人员发言。研究人员比较了这种技术和传统的、不控制每次发言人数的网络会议技术在上述四个方面是否存在不同。实验三则使用了电子邮件，意在比较面对面交流、匿名的电子邮件、实名的电子邮件这三种交流方式在传播效果方面是否存在不同。

三个实验的结果高度一致。第一，在网络传播模式中，由于同组人员无法见到彼此，人们的语言具有更强的攻击性——研究人员发现了更多的辩论、反驳、甚至人身攻击。第二，当人们借助网络媒体进行交流时，他们的话题更多地集中在讨论研究人员交给他们的任务上。他们的交谈往往缺少寒暄，直奔主题。第三，在面对面的人际传播中，身份的差异往往导致位高者主导讨论而位低者不敢发表自己意见。但在网络传播中，由于难以识别彼此的身份，这种情况较少出现。因此，网络并非一无是处，它可以保护言论自由，促进民主。

Kiesler 等人（1984）在早期 CMC 研究中具有重要的影响。首先，他们的实验结果奠定了传播渠道缺失学说的实证理论基础，从而代表了早期 CMC 研究的主流观点。更重要的是，他们奠定了传统 CMC 的研究方法，即通过实验组和对照组的比较，得出网络与面对面的人际传播的差异。这一方法成为 20 世纪 CMC 研究的主流。

然而，Kiesler 等人（1984）的不足也是显而易见的。姑且不论这个研究具有浓厚的技术决定论的色彩，仅仅是实验方法上便存在着一些纰漏。首先，实验对象互不相识。而在现实生活中，除了少数在匿名聊天室的邂逅，大多数情况下，即使是在网上，人们也是和认识的人聊天。因此，Kiesler 等人（1984）的实验没有将实验对象的相熟程度考虑进去，而它恰恰是影响人际传播的一个重要因素。同时，由于这个因素的缺失，实验与现实生活的相似度降低了，这就使得实验结果无法推广到实际生活中去。

更重要的是，Kiesler 等人（1984）的实验没有考虑到交流时间在不同的传播模式下可能存在差异。需要依赖打字的网络传播和面对面的人际传播在交流速度、信息传递、信息解读等方面都存在差异（Walther，1992）。因此，使用网络媒介的实验对象应当拥有更多的时间进行交流。

2. 对社会信息处理理论验证的纵贯性研究

为了验证社会信息处理理论，Walther 和 Burgoon（1992）重新设计了一个实验。研究人员将实验对象随机分配到实验组（视频会议）和对照组（面对面交流），并要求他们以组为单位合作解决三个问题。与从前实验不同的是，研究人员规定对照组的每次分组讨论时间不超过 2 小时，但实验组却没有限制。整个实验长达五周，所以实验数据能体现出两组传播效果的变化趋势。实验结果完全证实了社会信息处理理论——虽然在开始阶段，实验组成员不如对照组成员关系亲密，但随着时间的流逝，他们的关系日益改善，两组最终趋于相同。

Walther 和 Burgoon（1992）的研究是第一个证实了社会信息处理理论的实证研究，但更大的贡献在于对方法论的改进。实验组（网络）成员的交流时间应该比对照组（面对面）长，这一设计被后世的研究者一直沿用至今。更重要的是，早期 CMC 研究多为横断性研究（cross-sectional study），即数据的采集集中在某一特定时段。Walther 和 Burgoon（1992）采用了纵贯性研究的方法（longitudinal study），即在多个时段收集数据。这种方法能捕捉到传播效果随着时间流逝发生的微妙变化。但是纵贯性研究的特质也增加了该实验结果第一型错误（Type I error）的概率。虽然研究人员要求实验对象在五周的时间内不得使用除规定以外的方式进行联系（对照组只能在规定时间内面对面地进行沟通，实验组只能使用视频会议联系），但考虑到他们选取的样本（同一个大学的学生），实验对象可能会在校园里相遇并交谈。因此，最终的实验结果不能完全归因于实验规定的某一种沟通渠道，这就增加了实验结果犯第一型错误（Type I error）的概率。后续的一些 CMC 研究采用了折中的办法，即仍然使用横断性研究采集数据，但给予实验组成员 3~4 倍于对照组成员的交流时间（Jiang et al.，2011；Tidwell & Walther，2002）。

3. 对超人际关系模型验证的纵贯性研究

虽然 Walther 和 Burgoon（1992）开创了在 CMC 研究中使用纵贯性研究的方法，但真正促成这一方法在该领域中广泛运用的还是超人际关系模型的提出。该模型着眼于网络的长期传播效果，这就使得纵贯性研究成为测试这一模型的最佳选择。

这一领域内的先驱是 Ramirez 和 Zhang（2007）。研究者重点探讨了沟通时间和传播模式的改变

(modality switch)是否会影响超人际关系（hyperpersonal effect）。研究人员设计了一个6（传播模式转变）×3（沟通次数）的混合效用模型（mixed design model），分三个阶段收集数据。传播模式的改变共有以下六种情况：（1）始终采用视频会议；（2）第一阶段采用视频会议，第二阶段转为面对面交流；（3）第一阶段采用视频会议，第三阶段转为面对面交流；（4）始终面对面交流；（5）第一阶段面对面交流，第二阶段转为视频会议；（6）第一阶段面对面交流，第三阶段转为视频会议。实验对象被随机安排到这六组中，与选定的沟通对象进行交流，总计三次。每次结束后，实验对象都要填写一份问卷，问卷的内容包括：他们与对方关系的亲密程度、了解程度、想要继续保持联系的程度、合作关系的满意度以及对方的人格魅力。

研究结果表明，首先，随着时间的推移，双方总体上越来越了解。其次，每当传播模式发生变化（从网上转到线下），双方的亲密程度就会下降。这说明网络交流更容易拉近人们的关系，而一旦双方见了面，某些好感就会被打破。因此，这个结果证明了超人际关系模型。最后，这种变化发生在第二阶段比发生在第三阶段更有利于双方关系的发展。这说明人需要一定的时间适应这种转换的差异，因此验证了社会信息处理理论。

从理论的角度上看，Ramirez 和 Zhang（2007）大体上验证了社会信息处理理论和超人际关系模型，并指出传播模式和交流时间是影响超人际效果的重要因素。这个结果在当代网络媒介的语境下具有重要意义，因为传统的将网络传播与面对面的人际传播割裂甚至对立起来的观念早已过时了。在当代网络媒介的语境下，网上和线下的人际交流频繁转换，线下的关系在网上得以延续，网上的关系在线下继续发展。因此，传播模式的改变将如何影响人际关系，超人际关系模型在新网络媒体时代是否依旧成立，就成了急需解决的重要课题，而这点恰恰是 Ramirez 和 Zhang（2007）的最大贡献。

从实验方法的角度看，Ramirez 和 Zhang（2007）选择了纵贯性研究的方法。这一方法虽然在采样和第一型错误的概率方面有所争议，但在超人际关系的研究中不失为绝佳选择。因为超人际关系模型着眼于传播效果的长期变化，所以只有纵贯性研究才能解决这个问题。

Ramirez 和 Zhang（2007）的最大问题在于，研究人员发现的那些林林总总的结果并不完全一致。譬如，交流对象的人格魅力在面对面交流的情境下几乎没有任何变化；想要继续保持联系的程度在不同条件下的变化趋势也大相径庭。由此可见，超人际效果似乎仅仅体现在交流双方的亲密程度这一项指标上。因此，如何定义超人际关系就成了一个重要的研究议题。

其次，这个研究并没有在理论上取得重大突破，原因有二。第一，研究人员仅仅在新的媒介条件下再一次证明了超人际关系模型，却没有指出超人际效果到底是怎样发生的。如前文所述，这种效果到底是传播模式的技术原因还是晕轮效应，该研究没有给出答案。第二，这个研究没能解释超人际关系模型和社会信息处理理论两者在理论上的冲突——从长远的角度看，网上的人际关系到底是最终会超越现实生活中的人际关系，还是会两者趋同？遗憾的是，这两个问题在超人际关系模型问世近 20 年来一直无人解答，但它们恰恰是这个理论模型最致命的问题。

4. Facebook 对社会资本的影响

技术是否会令人更加幸福、有更多的朋友，这是一个长久以来困扰人类的话题。随着网络的普及，这一问题再次被提上日程。早期的网络研究普遍持悲观态度。学界认为，网络减少了人际互动，使人们变得更加孤单（Kraut et al., 1998；Putnam, 2000）。随着研究的深入，学界提出了"富者愈富"（rich get richer）的观点（Kraut et al., 2002）——外向的人使用网络越多，幸福感越强，内向的人则恰好相反。这表明，网络的效果并非是简单的线性关系。使用者性格、使用方式、使用目的等都可以改变网络的效果。另外，技术的发展导致了网络媒介类型的多样化。不同类型的网络媒介有不同的技术特征和使用模式，这些都有可能影响到使用效果。因此，不应该简单地将所有网络媒体归为一类，而应该研究单一网站对人的影响。随着社交网站的流行，学界开始关注这些网络媒体对人的影响。

在美国，最流行的社交网站莫过于 Facebook 了。截至 2012 年，Facebook 已拥有超过 10 亿用户，成为了世界范围内最有影响力的社交网站之一。在美国大学生中，Facebook 已成为他们最主要的沟通方式。2007 年，密歇根州立大学的 Nicole Ellison、Cliff Lampe（二人现均供职于密歇根大学）和 Charles Steinfield 研究了 Facebook 对大学生社会资本（social capital）的影响。

社会资本被定义为人们可能从社会关系中获得的利益（Ellison, Steinfield, & Lampe, 2007），分为结合型社会资本（bonding social capital）和桥接型社会资本（bridging social capital）两类（Putnam, 2002；Williams, 2006）。前者一般存在于和个人关系比较密切、具有强烈的认同感和高度的相似性的社会关系（如家人、好友）中，后者一般存在于和个人关系比较疏远、具有较低的同质性的社会关系（如同事）中。结合型社会资本可以提供情感、资金等方面需要较多投入的支持，能强化团体内部联接；桥接型社会资本一般给个人提供平常他们接触不到的信息资源，有助于促进异质类群体之间的联系，增加社会凝聚力（Granovetter, 1983）。无论是哪一种社会资本，它们都根植于社会关系中。而 Facebook 用户能够轻而易举地与许多人保持联系的这一功能，使其成为研究社会关系的一个最佳语境。

研究人员采用网上问卷的方法收集数据。问卷内容包括受访者基本个人信息、Facebook 使用情况、获取社会资本的多少等。其中，Facebook 使用情况分为三类：（1）Facebook 好友总数，（2）每天使用 Facebook 的时间，（3）对 Facebook 的依赖程度。研究人员将这三项结果相加，创造出一个新的概念——Facebook 使用强度（Facebook intensity）。

问卷结果表明，Facebook 使用强度与获取两种社会资本的数量之间均存在着正相关关系。这一结果验证了 Facebook 在帮助大学生获取社会资本方面的有效性。Ellison 等人（2007）开创了一个新的研究领域——社交网站对社会资本的影响,从而成为了这一领域内最有影响力、最经典的案例。这个研究说明了正确的使用可以让个人从社交网站中获益匪浅。其结果是,社会不再视网络为洪水猛兽,相反,开始正视社交网站在个人生活方面的积极作用。

当然,该研究在理论和方法方面均存在一些问题。首先,Facebook 使用强度这一概念无论从理论上还是从方法论上都站不住脚。从理论上看,好友数量、使用时间和依赖程度的总和没有任何理论含义。从方法论上看,好友数和使用时间属于比率变量(ratio variable),依赖程度由于使用李克特量表测量而属于顺序变量(ordinal variable)。两种不同类型的变量相加得出的结果不具有任何数学意义。

其次,学界原本对社会资本的定义就存在分歧。譬如,社会规范学派(school of social norm)将其定义为一套价值规范、组织结构以及成员之间的信任、理解(Coleman, 1988; Putnam, 2000);网络嵌入学派(school of network embeddedness)将其定义为人与人之间的关系或社会网络的结构(Burt, 1997; Granovetter, 1983);社会资源学派(school of social resources)将其定义为个人能够从其社会关系中获得的资源(Bourdieu, 1986)。诚然,选取其中一个学派的观点定义社会资本没有错。但是,每个学派的定义各有其优势,忽略任何一种定义都会给研究结果带来偏差。

更严重的问题是,由于采用的是问卷的方法,获取社会资本的数量是基于被访者的自行回忆和汇报(perceived social capital),这就使得研究结果与被访者实际获取的社会资本(received social capital)有一定差距。这并不是说被访者认为自己可以获得多少社会资本不重要——恰恰相反,这点非常重要,因为个人的感知决定了幸福感和对生活的满意程度。然而,如果被访者认为他们可以获取社会资本,但在实践中恰恰落空了,这就会产生一系列心理、人际关系方面的问题。所以,社交网站对社会资本的影响究竟是在于给个人营造一个有很多社会资源的幻觉,还是在于给个人提供实实在在的帮助,这是后续研究需要探讨的。

最后,如前文所述,网络的使用效果不只取决于使用时间的长短,还受到个人性格、使用方式、使用目的等因素的影响。单单以 Facebook 使用强度一个概念来决定社会资本的获取量显然不足。何况,二者之间的关系可能并非简单的线性关系,任何中介变数和调节变数都能改变其效果。

CMC 研究的代表性学者、他们的著作和学术观点

在美国的 CMC 学界,最重要的学者是 Joseph Walther。他是第一个真正从传播学的角度而非网络的角度研究 CMC 的学者,从而改变了学界技术决定论的论调,扭转了研究的趋势。他的社会信息处理理论、超人际关系模型和担保理论也一直影响着学界。直至今天,主流的 CMC 研究仍然沿着他

开辟的、以人际传播学和社会心理学为理论基础的路线发展。

Walther 的主要学术观点是，技术和人类传播的基本规律共同主宰了网络传播的行为和效果。技术固然重要，但只是诸多影响网络传播行为和效果因素的其中之一。虽然技术在很大程度上改变了人类的传播行为，但这种影响会随着时间的流逝而逐渐减弱。在技术出现的初期，由于对新技术的不了解，人类经历了最初的震惊，甚至恐慌。但随着新技术走入千家万户，慢慢融入日常生活中，成为日常生活不可分割的一部分时，人们逐渐适应了新技术，甚至学会了去改造这些新技术，使其更好地能为自己服务。到了这个阶段，即使技术对人有些许影响，那也是间接的效果。网络传播的行为和效果服从于人际传播的一般规律，即技术通过改变人的心理来改变传播的行为和效果。因此，回归传统的社会心理学和人际传播学是他一直以来坚持的理论途径。

另一个对美国 CMC 研究做出巨大贡献的是 Nicole Ellison。凭借 2007 年她与 Charles Steinfield、Cliff Lampe 有关 Facebook 和社会资本的研究，由此便奠定了她在社交网站与社会资本领域内的地位。她的主要观点包括：首先，社交网站对结合型社会资本的影响不大，它的主要作用在于培养桥接型社会资本。因为获取桥接型社会资本需要在人际关系方面的投入较少，而 Facebook 用户绝大多数的"好友"都只是泛泛之交。因此，社交网站对社会资本的影响主要体现在获取新的信息资源，开阔新的视野，结交平时不太容易接触到的人群。其次，社交网站只是诸多与他人保持联系的方式之一。所以，与其他沟通方式相比，社交网站到底发挥了多大作用仍有待研究。但是可以肯定的一点是，社交网站与其他沟通方式相互作用、相互影响，共同影响着人们的传播行为和社交生活。最后，学界应当与业界合作，开发出更多更有积极意义的社交网站工具，帮助用户更好地经营自己的社会关系。

CMC 研究存在的问题和发展趋势

CMC 研究经历了近 40 年的发展，已经形成了一个独立的学科。随着网络技术的日新月异，CMC 研究方兴未艾，呈现出理论多样化、方法多样化和议题多样化的趋势。然而，这并不意味着这个学科完美无缺。因此，这部分将着重介绍 CMC 这门学科的问题以及未来的发展趋势。

科学实证研究必须要以理论为基础，从理论延伸出研究问题或假说，从理论延伸出合理的方法论。因此，理论在 CMC 研究中的作用不可小觑。然而，近年来的 CMC 研究却出现了理论薄弱，甚至忽视理论的倾向（Walther，2011）。造成这一现象的主要原因有二。其一，CMC 的传统理论本身具有一些漏洞，如超人际关系模型前文已有论述，故不再赘述。其二，传统理论根植于传统网络技术，而新型的网络媒体不仅从技术层面改变了媒体本身，还在很大程度上改变了媒体的整体格局。

因此，传统理论与新媒体的现实之间存在着较大的差距，造成理论运用的困难。近来某些研究仅挑选传统理论中的某一部分，作为研究论述的支撑。有些研究甚至抛开理论，直接用数据支撑自己的观点。这些做法都是不符合科学实证研究原则的。

解决这个问题的关键在于学科融合。当今学界对技术和传播之间的关系几乎已经有了定论，即技术在一定程度上对传播具有影响，但人类的主观能动性往往能使其"新瓶装旧酒"。这就意味着，解决 CMC 研究理论薄弱的关键在于回归传统的人际传播学、大众传播学、社会心理学、社会学等基础性学科，因为这些学科理论能从根本上解释人类的传播行为和效果。譬如，Rui 和 Stefanone（2013）研究了社交网站用户删除被圈的不雅照片和修正好友留下的不佳评论的动机。研究人员使用了社会心理学概念——自我价值感领域权变性（contingency of self-worth）。这一概念指出人的自尊是建立在不同内容的基础之上的；有人将自尊建立在内在的品德、宗教等因素上，有人将自尊建立在外在的成功、长相等基础上（Crocker & Wolfe，2001），后者被称为 external contingency of self-worth。研究人员运用这一概念，试图解释使用社交网站的种种行为——由于某些用户将自尊建立在外在的基础上，他们更看重自己在社交网站上的个人形象。所以，他们会更多地去删除被圈出的不雅照片，或修正好友留下的有关自己的不佳评论。这个研究体现了社会心理学对 CMC 研究的理论贡献。心理学是传播行为的基础。即使网络技术对人的传播行为有所影响，也是通过影响用户的心理状态发生的。同样地，社会学、人际传播学、大众传播学也都从本质上解释了人在不同情境下的传播行为。未来的 CMC 研究应当借鉴这些理论，修正既有的理论体系。或者，学者们可以将这些理论运用到新的传播语境中，发展出新的理论。

传统理论对 CMC 理论的影响不仅仅在于丰富其理论体系。除此之外，CMC 研究还能丰富传统理论。使用满足理论被大量 CMC 研究所应用，但 Sundar 和 Limperos（2010）发现，大多数相关研究发现的新媒体可以带给人们的满足的类型几乎与大众传媒相同。诚然，新媒体可能并不提供新的满足类型，因为使用满足理论强调满足类型与人类需求紧密相连（Katz et al.，1973），而人类需求是不会随着使用的媒体而改变的。然而，使用满足理论同时也强调不同的媒体由于其技术特征的不同会提供不同的满足类型（Katz et al.，1973）。这就表明，满足的类型和媒体的技术特征息息相关。Ruggiero（2000）认为，新媒体具有三个大众媒体所不具备的特征。首先是交互性（interactivity），指新媒体为用户与用户、用户与网站之间提供了更多的交流渠道。因此，用户可能发展出新型的交流模式，譬如参与到网站内容的构建中。其次，去大众化（demassification）赋予了用户更多的选择媒体的自由。最后，非即时性交流（asynchonicity）给予了用户更多修改信息的时间，导致自我呈现的优化。在此基础上，Sundar 和 Limperos（2010）认为，新媒体会带来新的满足类型，这是使用满足研究将来所需要解决的一个重要问题。这个例子告诉我们，针对新媒体的研究能丰富、发展传统的传播理论。

为了确保研究结果的严谨客观，选择正确的研究方法也很必要。一般的规律是依照理论和研究目的选择相应的研究方法。近年来的 CMC 研究在方法上过于单一。比如，社会资本研究和新媒体对人际关系的影响研究大多采用网上问卷的方法。网上问卷固然有其可取性，但数据完全依赖被访者的回忆或自我陈述，这就会给数据的准确性带来问题。而且，大多数网上问卷采用横断性研究的设计，无法验证变量间的因果关系。

解决这一问题的关键在于综合使用多种研究方法。譬如，针对学界对社会资本研究大多不能反映社交网站用户真实接收到的社会资本情况的批评，近年来，学者们采用了新的研究方法。以 Stefanone 等人（2012）和 Gray、Ellison、Vitak 和 Lampe（2013）的研究为例。Stefanone 等人（2012）在方法论方面的创新有以下几点。首先，他们的样本选择分为两步。第一步用便利样本（convenience sample）随机选取 50 人，第二步让这 50 人联系他们在 Facebook 上 6 个关系最好的朋友和 6 个关系一般的朋友。通过滚雪球抽样的方法（snowball sampling），研究人员收集到总计 586 名受访者（除去不符合条件或没有回复的）。其次，他们设计了一个实验，让受访者使用 Facebook 向 12 名联系人求助（这一情境在生活中非常常见，因此具有很高的生态效度），求助的结果作为统计模型中的因变量（dependent variable）。实验过程中，所有人都要填写不同的问卷，作为统计模型中的自变量（independent variable）。所以，这个研究采用了等级线性模型（multilevel model）的设计，并综合运用了多种抽样方式和研究方法。

至于 Gray 等人的研究（2013），他们则综合了问卷和访谈两种方法。第一步，使用网上问卷，目的是选出符合条件的被访者。第二步，研究人员将被访者带到配有电脑的实验室中，让他们一边看自己的 Facebook 主页，一边选出符合条件的例子并回答问题。第二步的研究设计保证了数据是用户实际操作的真实数据，而非依赖他们回忆的问卷数据，从而增加了研究结果的内部效度（internal validity）。

当代 CMC 研究的另一个问题在于研究的视角。大多数研究都集中在网络媒体本身，而忽视了媒体使用的大环境（Walther，2011）。首先，网络只是众多传播工具中的一种；即便是网络本身，也分为不同类型的网站。但很多研究只集中在对网络或某一网站本身的研究，忽视了人们使用其他沟通工具的事实。即使是研究多种沟通工具对人际关系的影响，研究者们也大多将手机、社交网站等新媒体放在一起，作为一个统一的分类。其次，人际关系不仅依赖传播工具，更借助面对面的沟通。如果舍弃面对面的沟通，仅仅关注网络对人际关系的影响，可能会夸大网络的作用。遗憾的是，当前的大多数 CMC 研究偏偏犯下了这个错误。最后，媒体使用的大环境包括社会、文化、个人等不同因素。研究人员往往关注某一点，特别是研究网络媒体使用情况的学者，容易走入微观层面的分析，而忽视了外在的宏观大环境。要解决这些问题，研究人员不能孤立地看待媒体，而应该将它们放在宏大的社会环境中，去理解它们对个人行为的影响。

最后，科学实证研究应当关注世界不断变化发展的现象。学界应当关注网络媒介的新技术特征，探究这些新技术与传播行为的关系。具体来说，有待研究的新的技术特征包括：多媒体技术、多用户共同构建网站内容（Ramirez & Walther, 2009）、线上与线下交流的融合（Ellison et al., 2007; Walther, 2011）、大众-人际传播（O'Sullivan, 2005）、网络传播过程中受者的多样化（Rui & Stefanone, 2013）等。比如，当代的社交网站融合了网上和线下的人际交流——以一个现实生活为例，两人可能在现实生活中相遇，他们的交谈不需要太多太深，只需要到可以互相在社交网站上加为好友的程度即可。第二步，两人通过社交网站了解到对方的个人信息、兴趣爱好等。这些信息又为进一步交流提供了话题。因此，线上与线下的界限在社交网站的时代已经模糊。这更加要求学者采用媒介生态学的视角，回归传统的传播学理论，并采用多种研究方法综合解决这些问题。

随着网络技术的发展和普及，网络媒介必将与日常生活进一步融合。技术的色彩会越来越淡，而人在传播过程中的作用将越来越突出。为了进一步理解这个问题，学科融合是唯一的办法。可以预见的是，在未来的 CMC 研究中，各种学科将互相影响、互相丰富、共同发展。

◇ 参考文献 ◇

- Bandura, A. (1986). *Social foundations of thought and action: A social cognitive theory*. Englewood Cliffs, NJ: Prentice-Hall.
- Bazarova, N. N. (2012). Public Intimacy: Disclosure Interpretation and Social Judgments on Facebook. *Journal of Communication*, 62(5): 815-832. doi: 10.1111/j.1460-2466.2012.01664.x.
- Boase, J. (2008). Personal networks and the personal communication system: Using multiple media to connect. *Information, Communication, & Society*, 11(4): 490-508. doi: 10.1080/13691180801999001.
- Bourdieu, P. (1986). *The forms of capital*. In J. Richardson (ed.), *Handbook of Theory and Research for the Sociology of Education*, 241-258. New York: Greenwood.
- Brunswik, E. (1956). *Perception and the representative design of psychological experiments*. Berkeley, CA: University of California Press.
- Burt, R. S. (1997). A note on social capital and network content. *Social Networks*, 19(4): 355-373. Doi: 10.1016/S0378-8733(97)00003-8.
- Child, J. T., Petronio, S., Agyeman-Budu, E. A. & Westermann, D. A. (2011). Blog scrubbing: Exploring triggers that change privacy rules. *Computers in Human Behavior*, 27(5): 2017-2027. Doi: 10.1016/j.chb.2011.05.009.
- Coulson, N. S. (2005). Receiving social support online: An analysis of a computer-mediated support group for individuals living with irritable bowel syndrome. *CyberPsychology & Behavior*, 8(6): 580-585. doi: 10.1089/cpb.2005.8.580.
- Crocker, J., & Wolfe, C. (2001). Contingencies of self-worth. *Psychological Review*, 108(3):

593-623. Doi: 10.1037//0033-295X.108.3.593.
- Culnan, M. J., & Markus, M. L. (1987). Information technologies. In L. L. P. F. M. Jablin, K. H. Roberts, & L. W. Porter (ed.), *Handbook of organizational communication: An interdisciplinary perspective*, 420-443. Newbury Park, CA: SAGE.
- Daft, R. L., & Lengel, R. H. (1986). Organizational information requirements, media richness, and structural design. *Management Science*, 32(5): 554-571. doi: 10.1287/mnsc.32.5.554.
- Ellison, N., Heino, R., & Gibbs, J. (2006). Managing impressions online: Self-presentation processes in the online dating environment. *Journal of Computer-Mediated Communication*, 11(2): 415-441.
- Ellison, N., Steinfield, C., & Lampe, C. (2007). The benefits of Facebook "Friends": Social capital and college students' use of online social network sites. *Journal of Computer-Mediated Communication*, 12(4): 1143-1168. doi: 10.1111/j.1083-6101.2007.00367.x.
- Ellison, N., Steinfield, C., & Lampe, C. (2011). Connection strategies: Social capital implications of Facebook-enabled communication practices. *New Media & Society*, 1-20. doi: 10.1177/1461444810385389.
- Gibbs, J., Ellison, N., & Heino, R. (2006). Self-presentation in online personals: The role of anticipated future interaction, self-disclosure, and perceived success in Internet dating. *Communication Research*, 33(2): 152-177. Doi: 10.1177/0093650205285368.
- Goffman, E. (1959). *Presentation of self in everyday life*. New York: Doubleday.
- Granovetter, M. (1983). The strength of weak ties: A network theory revisited. *Sociological Theory*, 1: 201-233. doi:10.2307/202051.
- Gray, R., Ellison, N., Vitak, J., & Lampe, C. (2013). Who wants to know? Question-asking and answering practices among Facebook users. In *Proceedings of the 16th Annual Conference on Computer Supported Cooperative Work and Social Computing (CSCW)*. New York: ACM.
- Haythornthwaite, C. (2005). Social networks and Internet connectivity effects. *Information, Communication, & Society*, 8(2): 125-147.
- Herring, S. C. (1996). *Computer-mediated communication: Linguistic, social and cross-cultural perspectives*. Amsterdam: Benjamins.
- Herring, S. C. (2004). Slouching toward the ordinary: Current trends in computer-mediated communication. *New Media & Society*, 6(1): 26-36. Doi: 10.1177/1461444804039906.
- Jiang, L. C., Bazarova, N. N., & Hancock, J. T. (2011). The disclosure-intimacy link in computer-mediated communication: An attributional extension of the hyperpersonal model. *Human Communication Research*, 37(1): 58-77. Doi: 10.1111/j.1468-2958.2010.01393.x.
- Jones, S. G. (1998). *Cybersociety 2.0: Revisiting computer-mediated communication and community*. Thousand Oaks, CA: Sage.
- Katz, E., Blumler, J., & Gurevitch, M. (1973). Uses and gratifications research. *The Public Opinion Quarterly*, 37: 509-523. doi: 10.1086/268109.
- Kiesler, S., Siegel, J., & McGuire, T. W. (1984). Social psychological aspects of computer-mediated communication. *American psychologist*, 39: 1123-1134. doi: doi:10.1037//0003-066X.39.10.1123.
- Kraut, R., Kiesler, S., Boneva, B., Cummings, J., Helgeson, V., & Crawford, A. (2002). Internet paradox revisited. *Journal of Social Issues*, 58(1): 49-74. Doi: 10.1111/1540-4560.00248.
- Kraut, R., Patterson, M. L., Lundmark, V., Kiesler, S., Mukopadhyay, T., & Scherlis, W. (1998). Internet paradox: A social technology that reduces social involvement and psychological well-being? *American Psychologist*, 53(9): 1017-1031. doi: 10.1037//0003-066X.53.9.1017.
- Laswell, H. D. (1948). The structure and function of communication in society. In L. Bryson

- (ed.), *Communication of ideas*, 37-51. New York: Institute for Religious and Social Studies.
- Le Bon, G. (2002). *The crowd: A study of the popular mind*. Devon, UK: David & Charles.
- Lea, M., & Spears, R. (1992). Paralanguage and social perception in computer-mediated communication. *Journal of Organizational Computing*, 2(3-4): 231-341. Doi: 10.1080/10919399209540190.
- Lea, M., Spears, R., & de Root, D. (2001). Knowing m, knowing you: Anonymity effects on social identity processes within groups. *Society for Personality and Social Psychology*, 27(5): 526-537.
- Leary, M. (1996). *Self-presentation: Impression management and interpersonal behavior*. Dubuque, IA: Brown & Benchmark's.
- Ledbetter, A. M. (2009). Patterns of media use and multiplexity: Associations with sex, geographic distance and friendship interdependence. *New Media & Society*, 11(7): 1187-1208. doi: 10.1177/1461444809342057.
- Lin, J. H., Peng, W., Kim, M., Kim, S. Y., & LaRose, R. (2011). Social networking and adjustments among international students. *New Media & Society*, 14(3): 421-440. Doi: 10.1177/1461444811418627.
- Lovejoy, K., & Saxton, G. D. (2012). Information, community, and action: How nonprofit organizations use social media. *Journal of Computer-Mediated Communication*, 17(3): 337-353. Doi: 10.1111/j.1083-6101.2012.01576.x.
- McLuhan, M. (1967). *The medium is the massage: An inventory of effects*. London, UK: Penguin Books.
- Miller, G. R., & Steinberg, M. (1975). *Between people: A new analysis of interpersonal communication*. Chicago, IL: Science Research Associates.
- Murray, D. E. (2000). Protean communication: The language of computer-mediated communication. *TESOL Quarterly*, 34(3): 397-421. Doi: 10.2307/3587737.
- Nisbett, R. E., & Wilson, T. D. (1977). Telling more than we can know: Verbal reports on mental processes. *Psychological Review*, 84(3): 231-259. Doi: 10.1037//0033-295X.84.3.231.
- O'Reilly, T. (2005). What is web 2.0: Design patterns and business models for the next generation of software [Web log post]. http://www.oreillynet.com/pub/a/oreilly/tim/news/2005/09/30/what-is-web-20.html.
- O'Sullivan, P. B. (2005). *Masspersonal communication: Rethinking the mass interpersonal divide*. Paper presented at the 55th annual meeting of International Communication Association, New York City.
- Petronio, S. (2007). Translational research endeavors and the practices of communication privacy management. *Journal of Applied Communication Research*, 35(3): 218-222. doi: 10.1080/00909880701422443.
- Pinch, T. J., & Bijker, W. E. (1984). The social construction of facts and artifacts: Or how the sociology of science and the sociology of technology might benefit each other. *Social Studies of Science*, 14(3): 399-441. Doi: 10.1177/030631284014003004.
- Postmes, T., & Spears, R. (2001). Behavior online: Does anonymous computer communication reduce gender inequality? *Personality and Social Psychology Bulletin*, 28(8): 1073-1083. Doi: 10.1177/01461672022811006.
- Putnam, R. (2000). *Bowling alone: The collapse and revival of American community*. New York, NY: Simon & Schuster.
- Ramirez, A., & Walther, J. (2009). Information seeking and interpersonal outcomes using the Internet. In T. D. Afifi, Afifi, W. A. (ed.), *Uncertainty, information management, and disclosure decisions*, 67-84. New York: Routledge.

- Ramirez, A., & Zhang, S. (2007). When online meets offline: The effect of modality switching on relational communication. *Communication Monographs*, 74 (3): 287-310. doi: 10.1080/03637750701543493.
- Reicher, S., Spear, R., & Postmes, T. (1995). A social identity model of deindividuation phenomena. *European Review of Social Psychology*, 6(1): 161-198. doi: 10.1080/14792779443000049.
- Ruggiero, T. (2000). Uses and gratifications theory in the 21st century. *Mass Communication & Society*, 3(1): 3-37. doi:10.1207/S15327825MCS0301_02.
- Rui, J., & Stefanone, M. A. (2013). Strategic image management online: Self-presentation, self-esteem, and social network perspectives. *Information, Communication & Society*, 16(8): 1286-1305. doi: 10.1080/1369118x.2013.763834.
- Short, J., Williams, E., & Christie, B. (1976). *The Social Psychology of Telecommunications*. London: Wiley.
- Smock, A., Ellison, N., Lampe, C., & Wohn, D. (2011). Facebook as a toolkit: A uses and gratification approach to unbundling feature use. *Computers in Human Behavior*, 27: 2322-2329. doi: doi:10.1016/j.chb.2011.07.011.
- Snyder, M. (1974). Self-monitoring of expressive behavior. *Journal of Personality and Social Psychology*, 30(4): 526-537. Doi: 10.1037/h0037039.
- Stefanone, M. A., Anker, A. E., Evans, M., & Feeley, T. H. (2012). Click to "like" organ donation: The use of online media to promote organ donor registration. *Progress in Transplantation*, 22(2): 168-174. Doi: 10.7182/pit2012931.
- Stefanone, M., Kwon, K., & Lackaff, D. (2012). Exploring the relationship between perceptions of social capital and enacted support online. *Journal of Computer-Mediated Communication*, 17(4): 451-466. Doi:10.1111/j.1083-6101.2012.01585.x.
- Stefanone, M., & Lackaff, D. (2009). Reality television as a model for online behavior: Blogging, photo, and video sharing. *Journal of Computer-Mediated Communication*, 14(4): 964-987. Doi: 10.1111/j.1083-6101.2009.01477.x.
- Stefanone, M., Lackaff, D., & Rosen, D. (2011). Contingencies of self-worth and social networking site behavior. *Cyberpsychology, Behavior, and Social Networking*, 14(1-2): 41-51. Doi: 10.1089/cyber.2010.0049.
- Steinfield, C., DiMicco, J. M., Ellison, N., & Lampe, C. (2009). Bowling online: Social networking and social capital within the organization. *Proceedings of the C&T'09, University Park, PA*, 245-254. Doi: 10.1145/1556460.1556496.
- Sundar, S. S., & Limperos, A. (2010). Uses & grats 2.0: Do new technologies bring new gratifications? Paper presented at the 60th annual meeting of the International Communication Association, Singapore.
- Tanis, M., & Postmes, T. (2005). A social identity approach to trust: Interpersonal perception, group membership and trusting behavior. *European Journal of Social Psychology*, 35: 413-424. Doi: 10.1002/ejsp.256.
- Tidwell, L. C., & Walther, J. B. (2002). Computer-mediated communication effects on disclosure, impressions, and interpersonal evaluations: Getting to know one another a bit at a time. *Human Communication Research*, 28(3): 317-348. Doi: 10.1111/j.1468-2958.2002.tb00811.x.
- Tong, S., Van Der Heide, B., Langwell, L., & Walther, J. (2008). Too much of a good thing? The relationship between number of friends and interpersonal impressions on Facebook. *Journal of Computer-Mediated Communication*, 13: 531-549. doi: 10.1111/j.1083-6101.2008.00409.x.
- Tajfel, H. & Turner, J. C. (1979). An integrative theory of intergroup conflict. In W. G. Austin & S. Worchel (eds.), *The social psychology of intergroup relations*, 33-47. Monterey, CA: Brooks/Cole.

- Utz, S. (2010). Show me your friends and I will tell you what type of person you are: How one's profile, number of friends, and type of friends influence impression formation on social network sites. *Journal of Computer-Mediated Communication* 15(2): 314-335. DOI: 10. 1111/j. 1083-6101. 2010. 01522. x.
- Valenzuela, S., Park, N., & Kee, K. F. (2009). Is there social capital in a social network site?: Facebook use and college students' life satisfaction, trust, and participation. *Journal of Computer-Mediated Communication*, 14(4): 875-901. Doi: 10. 1111/j. 1083-6101. 2009. 01474. x.
- Walther, J. B. (1992). Interpersonal effects in computer-meditated interaction: A relational perspective. *Communication Research*, 19(1): 52-90.
- Walther, J. B. (1996). Computer-mediated communication: Impersonal, interpersonal, hyperpersonal interaction. *Communication Research*, 23(3): 3-43. Doi: 10. 1177/009365096023001001.
- Walther, J. B. (2011). Theories of computer-mediated communication and interpersonal relations. In M. L. Knapp & J. A. Daly (eds.), *The handbook of interpersonal communication* (4th ed.), 443-479. Thousand Oaks, CA: Sage.
- Walther, JB, & Boyd, S. (2002). Attraction to computer-mediated social support. In C. A. L. D. Atkin (ed.), *Communication technology and society: Audience adoption and uses*, 153-188. New York, NY: Hampton Press.
- Walther, J., & Burgoon, J. K. (1992). Relational communication in computer-mediated interaction. *Human Communication Research*, 19(1): 50-88. doi: 10. 1111/j. 1468-2958. 1992. tb00295. x.
- Walther, J., & Parks, M. (2002). Cues filtered out, cues filtered in: Computer-mediated communication and relationships. In M. L. Knapp & J. A. Daly (eds.), *Handbook of Interpersonal Communication*, 529-563. Thousand Oaks, CA: Sage.
- Walther, J. B., Van Der Heide, B., Hamel, L. M., & Shulman, H. C. (2009). Self-generated versus other-generated statements and impressions in computer-mediated communication: A test of warranting theory using Facebook. *Communication Research*, 36(2): 229-253. doi: doi: 10. 1177/0093650208330251.
- Wang, H., & Wellman, B. (2010). Social connectivity in America: Changes in adult friendship network size from 2002 to 2007. *American Behavioral Scientist*, 53(8): 1148-1169.
- Williams, D. (2006). On and off the 'net: Scales for social capital in an online era. *Journal of Computer-Mediated Communication*, 11(2): 593-628. Doi: 10. 1111/j. 1083-6101. 2006. 00029. x.
- Ye, J. (2006). Traditional and online support networks in the cross-cultural adaptation of Chinese international students in the United States. *Journal of Computer-Mediated Communication*, 11(3): 863-876. Doi: 10. 1111/j. 1083-6101. 2006. 00039. x.

互联网研究的演变与展望

郝晓鸣[①]　池见星[②]

一、传播学互联网研究的定义和范畴

截至 2012 年 6 月 30 日，全世界使用网络的人数已达 24 亿，占全球总人口的 34.3%[③]。上至全球合作、国家安全、地区发展、商业运作，下至人们的日常生活、学习、工作，互联网已经渗透到社会的方方面面。人们对互联网的使用、看法和态度催生了一系列关键课题，如未来个人隐私的问题、互联网时代的言论自由、新闻与娱乐内容的质量等等（Dutton，2013）。围绕这些课题从传播学角度所进行的学术探索，即是本文所要探讨的互联网研究。

自互联网进入传播学者的研究视野以来，每隔几年，就有学者对这个领域进行回顾性的分析（Kim 和 Weaver，2002；Peng 等人，2012；Rice，2005；Tomasello 等人，2010）。毫无疑问，有关互联网研究的论文在数量上不断地增加，在早期更是爆发性增长。互联网研究横跨多个学科，从计算机/信息科学、电子工程，到社会科学与人文艺术领域。在社会科学领域，互联网吸引了大批来自政治学、经济学、管理学、社会学、心理学、教育学、语言学以及文化研究学者的注意力（Rice，1980，1984，2002，2005）。不论研究的对象是互联网给社会政治经济环境带来的变化，或是某个应用程序的人机互动，这些来自不同学科的学者都为互联网研究的发展做出了自己特有的贡献；在研究框架、理论和方法上，也各自为互联网研究注入了新鲜的血液。

正是由于互联网研究涵盖范围如此之广，再加上互联网技术更新的速度如此之快，要界定此类研究的范畴就显得尤为困难。近年来有三本论文集（Hunsinger et al.，2010；Consalvo & Ess，2011；Dutton，2013）会聚了互联网研究的顶尖学者，试图对这个领域做一个清晰的概括，值得传播学者们精读并在此基础上进一步研究和探讨传播学应当如何研究互联网。

[①] 郝晓鸣，现任新加坡南洋理工大学传播与信息学院教授，《亚洲传播学刊》（Asian Journal of Communication）主编，1993 年获美国密苏里大学新闻学院（University of Missouri）博士学位，主要研究方向包括新闻理论、媒介效应、国际传播等。
[②] 池见星，新加坡南洋理工大学传播与信息学院博士研究生，研究方向为新媒体与社会及健康传播。
[③] 数据来源于 http://www.internetworldstats.com/stats.htm，访问于 2013 年 5 月 30 日。

传播学互联网研究的范畴

什么样的研究能够被纳入传播学互联网研究的范畴？Dutton（2013）认为，互联网从非常宏观的层面上有三类研究对象：技术（technology），包括设计和开发；使用（use），包括在各种环境下不同使用者对互联网的应用；政策（policy），包括对隐私、言论自由的规范，以及互联网的管理等。在这三个类别迥异但密切相关的研究对象的基础上，分别又能用三个问题进一步划分互联网研究的对象：谁（who）？为什么（why）？对谁有什么影响（with what implications for whom）？如以下表格所示。

	技 术	使 用	政 策
谁？	谁塑造互联网的设计与实现？	谁使用/不使用互联网？如何使用？	互联网相关的政策和法律是由谁制定的？
为什么？	互联网的设计与开发是被什么目的所驱使的？	在特定的背景下，为什么个体、群组、社群、地区以特定的方式使用/不使用互联网？	互联网管理条例的选择和制定有什么目标和目的？
对谁有什么影响？	技术上的设计是否会对使用模式有影响？	特定的使用方式是否针对不同的政治、经济、社会目标的群体？	法律和政策的演进是如何塑造互联网的设计和使用的？

当然，对于"使用"这一类的主题是互联网研究的重中之重，但是"技术"决定了"使用"，"使用"催生了对"政策"的需要，而"政策"又反过来限定了"使用"和"技术"的发展。在后文中会具体介绍。

而传播学者更为关心的问题是互联网是如何被使用的，这与传播学研究的重点是传播过程和效果这一传统有关。传播学者在技术发展和政策制定层面所关注的往往是能够影响传播过程和效果的变化。

互联网研究是个学科还是研究领域？

在 2005 年，信息科学领域的重要期刊《信息社会》（*The Information Society*）推出了一个以互联网研究为主题的特刊。在这个特刊中，来自传播学、社会学、信息科学等不同学科的学者对"互联网研究"是否是个学科进行了探讨。Baym（2005）很明确地表示，互联网研究不是个独立的学科。尽管研究互联网的学者有个统一的协会（AoIR），也有一些相对集中研究互联网问题的期刊（如 *New Media & Society*，*Information Communication and Society*，*Cyberpsychology, Behavior and Social Networking*）和一些研究中心，但有关互联网的研究还没有一个独立的学术架构，大多数的学者还是隶属于各自的学术母体。在形式上，有关互联网的研究是开放的，任何有兴趣的学者都可进行有关互联网的研究,为跨学科的交流与研究提供了可能(Hunsinger et al.,2010)。所以互联网研究像一个熔炉(Peng et al.,2012),为来自不同学科的研究者提供了一个超越学科界限的研究领域,让大家一起研究新的理论、方法或实践方面的具体问题。

二、传播学互联网研究的历史与发展

缘起：互联网小史

互联网技术的兴起,对人类社会以及身在其中的个人都有着巨大的影响,它所带来的许多改变甚至是颠覆性的。全球互联网起源于由美国国防部在20世纪60年代研发的阿帕网(ARPNET),其初衷是建立一个全国范围内的紧急通讯系统(Park et al.,2011)。阿帕网开始仅在美国境内的研究机构间建立了4个节点,使用TCP/IP协议进行数据传送,到70年代依然是在小范围内实验性应用。另外,美国国家自然基金会(NSF)经过十年的协调,终于在1986年建立了NSFNET,将各大学之间原有的骨干网络连接起来(Catlett,1989；Winston,1998)。几年后在欧洲,来自欧洲粒子物理研究所的Tim Berners-Lee创建了以超文本传输协议(Hypertext Transfer Protocol-HTTP)传送资源的万维网(World Wide Web-www),这个网络在1993年开放商用,成为了互联网的一个重要组成部分(Berners-Lee & Fischetti,1999)。而在1995年,美国国家自然基金会也终于授权给美国电信业的几个巨头[①],允许他们通过原有的电话线渠道控制互联网的接入点(Winston,1998),为网络世界扮演了把关人的角色。

虽然此时互联网已经向大众开放,但对于那些非计算机专业的用户来说,基于图形用户界面(Graphical User Interface-GUI)的网页浏览器[②]才真正开始为他们打开了一扇探索互联网世界的大门,他们不仅可以通过个人终端浏览多媒体内容,也可以输入自己的内容和互联网上的其他人进行互动。在1995年微软公司将预装好网络浏览器的个人终端推向大众市场后,西方社会中一些企业和社会精英率先开始使用互联网(Castells,2002)。互联网从一开始通过电话线拨号的每秒几十个字节到光纤宽带的每秒10兆字节以上,传输速度不断提高,覆盖范围不断扩大。与此同时,终端价格不断下降,性能不断提升,使得互联网的准入门槛越来越低(Cummings & Kraut,2002)。移动终端(包括手机和便携电脑)的渗透以及与之配套的应用程序帮助互联网延伸到那些原本被排除在这

[①] Sprint、Ameritech和Pacific Bell。
[②] 最早普及的网页浏览器是马赛克(Mosaic),它是由伊利诺伊大学香槟分校(University of Illinois Urbana-Champaign)的国家超级电脑应用中心(National Center for Supercomputing Applications-NCSA)在1993年推出的。随后马赛克的开发团队建立了网景(Netscape)公司,将网页浏览器进行商业化推广。现在通行的IE(Internet Explorer)等浏览器也是在Mosaic技术的基础上开发的。

场技术革命之外的人，比如老年人和儿童。2005 年以后，以 Facebook、Youtube、Twitter 和 Flickr 为代表的一系列社交网站（Social Networking Sites）在原有的开放互联网的基础上建立了一个个独立而封闭①的互动空间，吸引了数以亿计的用户。近年来正在不断完善的技术还有人脸识别、语音识别及搜索，甚至脑-机交互（brain-machine interfaces）。这些技术革新将会让互联网更加融入人类的生活（Dutton, 2013）。

互联网技术的开发与推广，以及它给人类社会带来的变革，也引发了学界对它的浓厚兴趣。对于互联网研究来说，关注互联网技术发展的细节固然重要，但传播学者所关注的并不是互联网基础设施的建设和发展，而是互联网作为传播媒介的本质以及其基于互联网的传播行为对人类社会，特别是人际和大众传播的行为和方式的影响。

社会科学领域中对于互联网的研究可以追溯到 20 世纪 70 年代初，代表作有 Craven 和 Wellman 在 1973 年写的《网络城市》（The Network City），以及 Hiltz 和 Turoff 于 1978 年所写的《网络国家》（The Network Nation）。虽然上述两篇论文的题目中都有网络这个词，但实际上在这个时期，互联网还没有投入大规模使用。所以这个时期的研究更多的是在概念上勾勒互联网的蓝图，设想网络社群的结构②，以及讨论互联网应有的运作模式（Wellman, 2004）。根据 Rice 和 Fuller（2013）的回顾，社会科学领域第一次在文章标题中出现"互联网"（Internet）一词是在 1988 年由 Perry 等人撰写的关于阿帕网的历史的一篇综述中。而本领域最早将万维网（world wide web）纳入标题的文章包括《万维网在工作环境中的应用》（Cheung et al., 2000）以及《信息共享的研究》（McCain, 2000）等。

当然，关于互联网的研究也是随着互联网技术自身的发展而演进的。互联网技术不是一夜之间成型的，互联网的每一波技术革新，都有其酝酿和发酵的过程，背后有各方的力量，出于各自不同的目的在推动，并且是互相交织和影响的。我们很难用一个严格的断代史方式将互联网研究的发展史划分开来，但在不同的发展阶段，有不同的侧重。在这里我们围绕以下三个主题来回顾传播学互联网研究所走过的复杂而丰富的历程，即关注互联网技术及互联网的扩散（技术），关注基于互联网的各种层次人机/人际互动（使用），关注从宏观的层面把握和规范互联网以及人类在互联网中的行为（政策）。

---

① 其中 Youtube 上的大部分内容是无须注册就可以浏览的，未注册用户不能发表评论，但是可以浏览视频。
② 加拿大多伦多大学网络实验室（NetLab）的 Barry Wellman 教授在 2004 年的一篇综述性文章中回顾了他在 1992 年参与当时计算机研究界盛会 CSCW（computer-supported cooperative work）时的孤独经历。作为社会科学界互联网研究的先驱者，他在会上呼吁学者把更多的关注放在理解计算机网络所支撑的社会网络上，因为在现实生活中人们不仅仅是将互联网作为联系彼此的工具，而是将其融入生活和工作的各个方面。很遗憾，在当时这种论调只是少数派。

发展阶段及各阶段特点

技术：基础设施建设及互联网的扩散

互联网的繁盛开始于 20 世纪 90 年代中期，它走出了计算机实验室，进入了大众的视野，并以迅猛的速度蔓延开来。Wellman（2004）引用电子前哨基金[①]创始人之一 John Perry Barlow 的话来说明互联网带来的这种颠覆性的变革："我本来以为，互联网是古腾堡（Gutenberg）之后最重要的技术革新，现在发现我过于保守了，这根本就是自人类学会用火以来最伟大的发明。"传播行为主导了互联网上的各种活动，比如电子邮件、讨论列表（discussion lists）以及即时通信和聊天室。这些传播方式超越了时间和空间的界限，原则上可以连接世界上所有的人。麦克卢汉（Marshall McLuhan）所提出的"地球村"（Global Village）设想，似乎可以由互联网提供的广泛的连结性（connectivity）所实现。这个可能性不仅鼓舞了计算机科学领域的学者，也很快吸引了来自商业以及图书馆和信息科学领域的学者（Rice，2005），但这个时期对互联网的研究多是描述性、探索性以及宏观的。

互联网在核心基础设施层面，还是沿用了普及初期的一些技术标准（TCP/IP），变化比较大的是它的连接速度、覆盖范围、内容和复杂程度。这使得传统意义上一对多或一对一的传播模式得以演进成为多对一甚至多对多，从而引发了科学技术改变社会的思考（Jones，1998；Schroeder，2007）。当然，计算机化（computerization）和开源软件（open source）等在技术层面影响着互联网的建设（Elliott & Kraemer，2008）；与此同时，社会中的各种互动、网络理论、技术的社会化建设以及网络文化（Castells，2002）也在塑造互联网技术。

传播学者担心，由于互联网技术扩散的速度不均衡，处于不同社会经济状况（socialeconomic status）的人在接触和使用电子产品及互联网的机会方面会有差异，从而带来新的社会不公（social inequality），即所谓的数字鸿沟（digital divide）（Compaine，2001；Dewan & Riggin，2005；Gunkel，2003；van Dijk & Hacker，2003）。这个设想对那些对互联网的公平性和民主性寄予厚望的学者们是一个打击。Rice（2002）通过对比学术界关于互联网接触、公民和社区参与、社会交往和表达这三个主要社会问题的乐观看法和悲观看法，得出了数字鸿沟并没有消弭，反而在扩大的结论。与此同时，Hargittai（2002）通过对这个假设的反思和延伸，又提出了第二条数字鸿沟（second-level digital divide）的设想，她认为互联网所带来的差异不仅仅是接触机会的多少，还包括在使用的时候参与的程度、接入互联网的速度，以及接触互联网的频率。主动的网络内容创造者和被动的网络内容消费者对于这项新技术的认知和理解差异也会越来越大（Hargittai & Hinnant，2008）。因

---

① Electric Frontier Foundation（https://www.eff.org/）是于 1990 年在美国建立的知名法律援助公益组织，旨在为人类互联网活动的各种自由提供保护和支持。成名之初的几个案例都是帮助个人或团体对抗美国政府侵犯其信息自由的行为，后来也扩展到对抗来自业界的威胁。

此对于技术和扩散的探讨，归根到底还是要在它们是如何被使用的这个问题上找原因。

使用：深层互动探讨

传播学者继承了早期研究读者、听众、观众的传统，对用户到底如何使用互联网表现出浓厚的兴趣，包括在不同社会背景、不同环境之下，用户如何使用信息传播技术（ICTs），以及为何有些人被排除在这类技术之外等不同课题（Howard & Jones, 2004）。

在研究日常生活中互联网使用的过程中，传播学者注意到互联网信息技术被用户在不同的社会背景下运用，其接触和互动也带来了相应的社会影响；同时用户自身的社会人口学特征（性别、年龄、种族和社会经济地位）也成为预测其网上活动的重要指标；互联网经验以及掌握计算机技术的能力，甚至连接互联网的速度也能辅助推测一个人的网上活动（Katz & Rice, 2002；Kraut, Brynin, & Kiesler, 2006；Wellman & Haythornthwaite, 2002）。在美国，皮尤互联网及美国生活（Pew Internet & American Life）研究项目从 2000 年起就对美国人的互联网使用情况进行了长期的追踪和分析（Rainie et al., 2000, 2003；Horrigan, 2007），为研究者提供了可信赖的庞大数据（Buente & Robbin, 2008）。当然，这些数据只能反映美国人使用互联网的情况，并不能以此类推互联网在其他国家的使用情况，但这些数据为他国的传播学者进行比较研究提供了重要依据。

那么，人们到底用互联网做些什么呢？运用社会资本（social capital）理论和因子分析（factor analysis）的方法，Shah、Kwak 和 Holbert（2001）总结出人们网上活动的 4 个组成要素：产品消费、信息交换、财务管理和社交娱乐。Johnson 和 Kaye（2003）发现人们的互联网活动包括网上购物/理财、信息搜寻、休闲社交、技术应用以及媒体娱乐。Stafford T. F., Stafford M. R. 和 Schkade（2004）运用使用与满足理论对美国在线（AOL）的用户进行调查，发现他们通过互联网能获得三个方面的满足：过程满足（指网上冲浪或网上搜索）、内容满足（指获取的信息内容）以及社交满足（指在网上与其他用户的互动）。

人们在网上的各种活动催生了互联网特有的使用方式和氛围，即所谓的互联网文化（Internet Culture / Cyberculture）（参见 Porter, 1996）。互联网上所进行的人类活动的特殊现象或行为包括网上社群、网上游戏以及社交媒体的使用等，常常与身份认同、个人隐私以及网络的形成紧密联系在一起（Silver, 2004）。这方面的奠基著作包括 Rheingold（1993）的《虚拟社区》（*The Virtual Community*），Turkle（1995）的《虚拟化身》（*Life on the Screen*）以及 Jones（1997）主编的文集《虚拟文化》（*Virtual Culture*）等。

近年来互联网文化研究中最炙手可热的话题非"社交媒体"（social media）莫属。其中社交网站（social network sites-SNS），特别是 Facebook，吸引了传播学者的大量注意力（Boyd & Ellison, 2007；Fraser & Dutta, 2010；Wilson et al., 2012）。Debatin 等人（2009）从使用者的态度、行为等方面探讨了 Facebook 和网上隐私的问题及解决方案。de Zúñiga 等人（2012）探索了用户对社交媒体上新闻内容的使用与社会资本、公民参与以及政治参与的关系。而 Utz（2010）则从另一个角度分析了 Facebook 上好友列表与个人形象表现的内在联系。只要社交媒体的热潮不退，传播学者对于它的探索还会继续下去，现阶段的研究还大多停留在验证以前在传统媒体或者互联网早期研究中使用过的理论，对我们认知社交媒体这种新型的，为公众所掌控的媒体和在传播学研究上的创新并无太大帮助。我们期待在不久的将来，传播学者们能够从人们在社交网站上的活动中发现新的灵感，推出新的理论和模型。

政策：理论改进创新

Wimmer 和 Dominick 在 2000 年提出的大众媒体研究四个阶段的模型中，法律及政策研究属于互联网研究的第一个阶段。互联网的历史不长但发展速度极快，这自然会引发一系列相关的社会问题。因此，互联网的设计和使用必然需要法律和政策来对其进行规范和管理。在互联网发展的早期，法律和政策问题反而没有像技术问题那么显著，部分原因是互联网的未来发展还处于未知状态，这个时期的政策探讨更加关注的是国家或国际范围内的互联网基础设施建设问题（Gore, 1991; Kubicek et al. 1997）。互联网发展的初期，由于数字化的普及，复制和扩散文字和图像等文化产品的边际成本趋于零，知识产权问题成为法律法规专家关注的热点。Lessig（1999）的著作详细讨论了版权法是如何塑造代码，技术又是如何反过来影响法律的执行的状况。

当互联网越来越渗透入人们的日常工作和生活中，而且通过社交媒体直接对现实生活起到巨大的影响（如占领华尔街运动和土耳其民众示威游行等），规范互联网活动的政策和法规就显得尤为必要了（Dutton, 2013）。如何保护个人言论自由、隐私权和名誉权乃至国家和商业机密等都成为这个领域所关注的重要课题。

传播效应

随着互联网用户的不断增加和使用范围的不断扩大和深入，互联网无疑在人们的生活和工作中产生了更大的影响。就传播学研究的传统而言，传播效果历来是传播研究的最终着眼点。

有关互联网效应的研究中相对比较早和比较多的是互联网对政治参与和民主政治的影响，这与西方的传播学者长期关注媒体与政治之间的关系这一传统有关。早期有关互联网和民主政治的研究多是一些推断性的研究。一些学者根据互联网的特点，如分散和独立的传播方式，预测互联网会推进民主的进程（Kedzie, 1997; Negroponete, 1995; Taubman, 1998）。反之，另外一些学者（Kalathil & Boas, 2003; White, 1997）则从互联网的分割性、网民身份的不定性、政府控制和网路使用方面的不平等诸因素推测互联网对民主的负面影响。已进行的实证研究显示互联网对网民政治和投票选举的参与是有正面影响的，尽管这些影响是有限的（de Vreese, 2007; Graber, 2001; Krueger, 2002; Kwak, Poor, & Skoric, 2006; Shah, Kwak & Holbert, 2001; Solop, 2001; Weber, Loumake, & Bergman, 2003）。

除了对政治的影响，传播学者们还关注了互联网对传统媒体的影响（Bromley & Bowles，1995；Dimmick，Chen，& Li，2004；Nguyen & Western，2006）对广告和公关的影响（Porter & Sallot，2003；Schumann & Thorson，2007），对人际传播、跨文化传播和国际传播的影响（Harasim，1993；Wellman & Haythornthwite，2002）以及对健康传播（Rice & Katz，2000）和其他人类社会活动的影响，由于篇幅关系不在这里详述。

传播学互联网研究的方法

互联网的普及不仅让传播学者得以把原来收集数据和分析数据的方法转移到互联网平台上，还产生了一系列为了研究互联网传播特殊现象而开拓的新方法。前者包括大家比较熟悉的基于互联网的问卷调查（Das et al.，2010；Dillman et al.，2009；Witmer et al.，1999），使用网络即时通信工具进行的访问和焦点小组访谈（Jones，1999；Kazmer & Xie，2008）以及借助互联网进行的内容分析等（Lewis et al.，2013）。后者包括网络志（online ethnography）这样专门针对人们在互联网社群中的互动和行为的研究方法（Coleman，2010；Gatson，2011），以及研究网页和博客超链接的网络分析法（Khan & Park，2012；Park，2003，2010）。随着互联网技术和使用的发展，研究方法也在不断地进化和改善，帮助传播学者更加准确地把握发生在互联网内外的传播行为。

三、互联网研究的近期发展概况

为了更好地把握传播学中有关互联网研究的脉搏，在以往综述类文献（Kim & Weaver，2002；Rice，2005；Tomasello et al.，2010；Peng et al.，2012）的基础上，我们对最近五年来（2008—2012）社会科学引文索引中的传播学核心期刊[①]所发表的有关互联网研究的论文进行了梳理。这些核心期刊都是严格实行匿名评审制的学术期刊，能够反映出传播学领域最新最有代表性的研究。会议论文、专著和其他没有列入社会科学引文索引的刊物没有列入此次考察的范围。内容分析以每篇学术论文的摘要为单位，总计1 573篇。与Kim和Weaver的研究方法相同，我们采用人工编码的方式对论文的各项指标归类。为了确保每项指标编码的可靠性，我们请两个传播学的研究生随机抽取20篇摘要进行了编码可信度测试，总体一致度为90%，达到了可以接受的标准。

从论文发表的年份统计中我们发现，自2008年以来，这些核心刊物所发表的关于互联网的研究

---

① 根据2013年4月的记录，收录在社会科学引文索引（SSCI）目录下的传播学期刊共有72个。根据我们的关键字搜索，有11个期刊在这个期间没有刊登与互联网有关的研究。最终纳入本文分析的共有61个期刊，名录见附件A。

论文数量已趋于稳定,每年大概有 300 篇左右,2011 年达到峰值 344 篇。

年份	论文数量/篇	所占比例/%	年份	论文数量/篇	所占比例/%
2008	301	19.1	2011	344	21.9
2009	305	19.4	2012	330	21
2010	293	18.6	总计	1 573	100

互联网研究的主要内容

综合以往综述文章中对互联网研究的主题的整理和归纳(Kim & Weaver,2002;Peng et al.,2012),本文将互联网研究的主题划分为以下 14 个类别:

1. 法律及政策(Law and policy issues):研究对象包括针对互联网的设置、运作、使用及其影响所制定的法律与法规以及监管现状;互联网所涉及的版权和知识产权问题;色情、赌博、黑客问题及其治理;隐私以及其他涉及社会伦理的问题。

2. 互联网的使用、扩散、推广和认知,以及人与技术的互动(Adoption, diffusion, uses and perceptions of the internet,Human-Technology Interactions):包括人们对互联网技术的使用和认知;互联网使用和扩散及其影响因素;互联网信息的收集、管理和传送;互联网及心理学上的信息加工,语言/记忆处理;网络搜索,数据库和电子图书馆的设置与管理(搜索、检索、数据库、引擎,图书馆、文档、系统,信息检索、数字图书馆以及知识管理等)。

3. 电子商务、经济、广告和市场营销问题(e-business, economic, advertising and marketing issues):包括网络广告或营销;消费者对网上购物的接受程度;电子商务的供应链管理和客户服务;经济效益与网上银行;行业或市场等问题。

4. 电子政务、民主和发展问题(e-politics, democracy and development issues):包括互联网对政治参与及民主进程的影响;互联网对政府行为,尤其是总统选举的影响;社区及国家发展问题;言论自由或第一修正案相关问题;互联网与公民参与。

5. 电子新闻(e-journalism):包括传统媒体对互联网的使用;替代媒体使用互联网的情况以及公民新闻等。

6. 电子健康(e-health):互联网在健康方面的应用,包括医疗保健,家庭护理,心理健康,公共卫生,社区卫生服务,改善医疗服务,提高医疗护理质量,为患者提供教育和信息等;网瘾;互联网和其它特定健康和非健康行为(性行为、饮酒、吸烟等)之间的关系。

7. 文化和社会问题(cultural and social issues):互联网所带来的新文化,以及在性别、家庭和宗教活动等方面所引起的问题。

8. 组织传播（organizational communication）：互联网对组织关系和工作环境的影响。

9. 互联网技术问题（technical issues in general）：互联网技术的应用；互联网流量和网络拥堵问题；国际网络技术标准等。

10. 评估网站（evaluation of websites）：网站设计的分析比较。

11. 教育和教学应用（education and instructional application）：互联网如何促进教育；基于网络的远程学习或互动/合作/协作学习。

12. 人际传播和社交网络（interpersonal communication and social networks）：社交网站；基于互联网的人际传播。

13. 跨文化和国际传播（intercultural and international communication）：互联网对不同文化和国家间交流以及全球化的影响。

14. 其他互联网相关问题。

根据上述分类，我们对所有选中的文章摘要进行归纳，各主题所占比例详见下表：

研 究 主 题

主　　题	论文数量/篇	所占比例/%
互联网的使用、扩散，推广和认知，人与技术的互动	282	17.9
电子政务，民主和发展	198	12.6
电子健康	193	12.3
人际传播和社交网络	188	12
电子商务，经济，广告和市场营销	178	11.3
文化和社会	128	8.1
电子新闻	102	6.5
互联网技术问题	58	3.7
组织传播	56	3.6
法律及政策	53	3.4
教育和教学应用	36	2.3
跨文化和国际传播	25	1.6
网站评估	21	1.3
其他互联网相关问题	55	3.5
Total	1 573	100

与 Kim 和 Weaver 10 年前的类似研究相比，最显著的变化是法律及政策（Law and policy issues）

从原来的第一位（22.5%）降到了现在的第十位（3.4%）。这在一定程度上反映出经过多年的研究，互联网在发展的初期阶段所引发的如何管理的探讨已逐步解决，具体法律法规也逐步制定和完善。传播学者已将这方面的注意力转移到其他方面的研究。与此同时，互联网的使用与扩散、推广和认知以及人与技术的互动成为最热门的研究主题（17.9%）。和10年前相比，虽然这类研究在整个互联网研究中所占比例并没有太大的差别，但由于新兴的研究主题对整体的稀释，使它与其他研究主题之间的差距拉大了。当然，这个类别涵盖的内容过泛，也是这类研究排名第一的原因。如果我们把这类课题进一步细分的话，应该会发现有关互联网扩散和推广的研究所占比重应该是大幅下降，而实际增多的是有关认知和互动方面的研究。

电子政务、民主和发展（12.6%）、电子健康（12.3%）、人际传播和社交网络（12%）以及电子商务，经济，广告和市场营销（11.3%）几乎是并驾齐驱，分列第二位至第四位。这几类研究在数量和比重上的增加反映了随着互联网在政治传播、健康传播、人际传播和营销传播领域中发挥越来越大的作用，传播学中从事这些领域研究的学者中有更多的人开始将注意力转向互联网的研究。结合趋于稳定的年均文章数，可以认为传播学者对互联网的研究已经超越了起始的爆发式增长阶段，进入一个较为平稳的阶段，研究主题的分布更加符合传播学者们研究方向的分布。

互联网研究中所应用的主要理论

早在1994年，Cooper等人就对8个美国传播学核心期刊应用理论的情况做过统计。他们发现只有27.6%的研究试图检验某种理论或假设。Kim和Weaver（2002）的研究也证明了这个倾向，因为他们扩大了搜索的范围，纳入了许多不同档次的期刊，所以网络研究的论文（1996—2000）在当时只有17.1%意在检验某个理论。Peng等人（2012）在研究2000—2009年间发表的论文时发现，有31%的互联网研究是有理论导向的，比10年前可谓有了很大的提升。我们的研究与其结果基本相符，有1/4的研究（25.2%）使用了某个理论作为检验的对象。就研究中具体理论的使用而言，互联网研究所涉及的理论是非常广泛的，而相对集中的只有为数不多的几个理论（详情请见下面的表格）。

		论文数量/篇	百分比/%
1	使用与满足 Uses and gratifications	26	
2	社会资本 Social capital	26	
3	数字鸿沟/知沟 Digital divide/Knowledge gap	24	
4	公共领域 Public sphere	19	
5	创新扩散 Diffusion of innovation	12	

续表

		论文数量/篇	百分比/%
6	意见领袖 Public opinion/opinion leader	8	
7	社会认知理论 Social cognitive theory	8	
8	第三人效果 Third-person effect	6	
9	计划行为理论 Theory of planned behaviour	6	
10	框架理论 Framing	5	
	其他理论或模型 Other theories/models	257	
		397	25.2
	无理论 No theory	1 176	74.8
	总计 Total	1 573	100

其中，使用与满足和 10 年前相同，依然是占据着榜首的位置。这并不奇怪，因为有关互联网的使用、扩散、推广和认知，人与技术的互动研究所占比重最多，而传播学中与使用相关的理论却不多。社会资本却是异军突起，被讨论的次数与前者相同，这与这一理论本身涵盖内容过宽和易用性有关。值得注意的是，数字鸿沟/知沟理论被使用的次数有了显著的增加，从 1996—2000 年的 3 次到 2008—2012 年的 24 次。这反映出当互联网的发展到了比较成熟的阶段时，为这类的研究提供了更好的实证研究的基础。Kim 和 Weaver（2002）当时没有提到的社会认知理论、第三人效果和计划行为理论也进入了此次研究的视野。传播学对社会学、心理学理论的借鉴，跨学科研究的发展由此可见一斑。

互联网研究的主要方法

在本研究中，传播学互联网研究主要使用的定量研究方法采用了 Bryman（2012）的分类，而对定性研究方法的界定，来源于 Brennen（2013）的论述。

从以下表格中我们可以看出，传播学中互联网的研究对于方法的使用还是比较重视的，只有 17.2% 的论文没有明确所使用的研究方法，或者是所使用的方法在传播学中属于不常用的研究方法。比如说通常在法律与政策研究中使用的德非法（delphi method）（Van Der Wurff & Schönbach, 2011），在技术和商业研究中使用的眼球追踪（eye-tracking）（Cooke et al., 2008），以及对于定量数据再提炼的聚类分析（cluster analysis）（Kaye & Johnson, 2011）等。

	论文数量/篇	百分比/%		论文数量/篇	百分比/%
1 问卷调查	494	31.4	10 史料回顾	24	1.5
2 实验	123	7.8	11 话语分析/文本分析	108	6.9
3 定量内容分析	150	9.5	12 民族志/参与观察	13	0.8
4 二手数据分析	27	1.7	13 定性内容分析	27	1.7
5 结构性观察	1	0.1	14 多种定性研究方法	64	4.1
6 多种定量研究方法	20	1.3	15 定量与定性研究方法结合	54	3.4
	815	51.8		487	31.0
7 定性访谈	48	3.1	16 无明确研究方法/其他	271	17.2
8 焦点小组	11	0.7	Total	1 573	100
9 个案研究	138	8.8			

这个情况与 10 年前 Kim 和 Weaver 的统计有了很大的差别,在这次的分析中,使用定量研究方法的从之前的 26.7% 上升到了 51.8%;而使用定性研究方法的从原来的 72.9% 下降到 31.0%。这个结果与 Peng 等人,(2012) 的结论较为契合,在他们的论文中,定量研究方法占 59% 而定性研究方法占 19%。这个显著变化表明,当互联网发展到了一个比较成熟的阶段,大量的数据变得更加容易采集,为长于总结归纳和检验理论的定量研究提供了方便条件。

细分来看,使用问卷调查的研究,占所有定量研究的六成,所有研究的 31.4%。这说明问卷调查成为了网络研究者最受欢迎的研究方法。更多的学者希望在统计学原理的辅助下,使他们的研究成果更具有普遍意义,借以预测更广泛人群的态度和行为。使用定量实验方法的论文也从原来的 3.6% 上升到 7.8%,几乎翻了一倍,这与传播学对心理学的不断借鉴密不可分。在定性的研究方法中,个案研究(case study)所占比例最大,其次是话语分析/文本分析(discourse analysis/textual analysis)。

综上所述,传播学者对互联网的研究日臻成熟,这主要是因为随着互联网发展的日益成熟,其影响也越来越大,渗透到社会的各个层面。这为传播学者提供了更大的空间来研究传播对社会的不同影响和验证各类已知或新提出的理论。如果说互联网的研究在早期可以被看作是一个专门的研究领域,而今天互联网的研究已经是各类传播学者共同进行,非专项类的研究了。

四、展望与期盼

应该说过去 20 年传播学者针对互联网所做的研究是非常多样化的,几乎所有来自不同专业背景的传播学者都参与了互联网的研究,这反映出互联网在传播的不同领域的影响越来越引起传播学者的重视。与此同时，我们也看到这些初期的研究更多的是运用已知的传播理论和思考模式来观察互联网在大众和人际传播中的功能和影响。应该说这些研究对于认识互联网起到了积极的作用，但它们对传播研究的创新发展而言其作用是有限的。

随着互联网相关技术的发展，互联网作为一个传播载体对人类传播发展的影响不仅仅是使已有的传播模式和行为更加便捷，它同时也为人类传播的模式和行为带来一些革命性的变化，而互联网那些能够引起革命性变化的特点恰恰应该成为我们传播学者今后研究互联网的重点。换言之，互联网与其他媒介不一样的地方应该是传播研究重点考察的对象，而只有当我们将注意力放在这些不一样的地方，我们才能通过互联网的研究为传播研究带来新的突破。下面我们就传播学者在互联网研究中应该关注的一些问题进行讨论。

理论问题

理论是科学研究的重要目标，也是一个研究课题的灵魂。从目前传播学者对互联网的研究来看，绝大多数涉及理论的研究都是在通过互联网的实践验证已知的传播学或其他学科提出的理论，譬如使用与满足理论、社会资本理论、知识鸿沟理论、框架理论等。互联网作为一个新型的媒体极大地扩展了人际交流的空间，在研究互联网的传播过程和效果时运用和检验已知的传播学和其他相关的社会科学理论是完全必要的，但这并不应该是互联网研究所要追求的终极目标。

互联网与传统媒体有很大差别，这首先表现在多媒体在人际传播和大众传播中的融合，传播者与受众的互动与转换，公众的参与和掌控等方面。这些特点必然会使互联网的作用不仅仅局限于复制或是简单地扩展已有的传播功能。虽然互联网本身的建设和运作是由政府和商业集团掌控的，但互联网的一些技术特点已使互联网所衍生出的一些媒体迅速成为民有、民治、民享的媒体。这些新形式的媒体给人际传播和大众传播所带来的变化在很多方面具有革命性意义的，而这些革命化的变化将是新传播理论产生的源泉。如果我们期盼互联网的研究能够真正推进传播学的研究，探讨新的传播理论，那么传播学研究的重点就应从互联网为人类传播所带来的这些革命性的变化入手。

大数据研究

实证性的传播研究中的一个难点就是数据的收集。人类传播的过程往往是变幻不定，瞬间即逝的，这使传播学者记录和收集相关数据变得非常困难。传播学者被迫将传播的整个流程分解成为一个个单一的部分，用文本分析、个人观察、问卷调查等不同方式分别进行研究，或是以实验的方法模拟传播过程来研究传播的行为和效果。但不论以何种方式，这些研究都是以抽样而非全部被研究者为对象进行的。

互联网的出现为传播学者进行实证研究带来了新的契机。互联网作为传播的载体在时间和空间层面可以较全面地记录传播的整个过程，为传播学者研究传播行为的过程和效果提供了更加完整的数据。网络犹如浩瀚的大海，无边无际，深不可测，但随着数据挖掘技术的进步，传播学者可以更加系统地从互联网采集相关数据，全面系统地分析传播行为、过程和效果。目前在北美、欧洲和亚太地区都有一批学者专注于网络数据的挖掘和分析工作，这些被称之为大数据研究的工作日臻成熟，它将为传播研究在提出和验证理论方面带来全新的视野和论据。

在 2012 年的美国大选中，大数据对于舆情监控的精准预测引起政治传播学之外的许多学者的关注（Scherer, 2012）。虽然 Boyd 和 Crawford（2012）担心对大数据的研究可能引起新的数字鸿沟，对读者的误导和侵犯用户隐私权等问题，但如果用恰当的方法组织和分析海量数据，它还是能给传播学网络研究提供强大的支撑。大数据分析特别需要汇集多学科之力，特别是计算机科学、经济学、数学等基础性学科的分析技术（Mahrt & Scharkow, 2013），这对传播学者开拓网络研究的新视野和思路将是有益的。

多学科的结合

传播学是一个综合性的学科，它的发展是由来自社会学、心理学、政治学等各类社会学者促成的。虽然传播学已成为在大学单独设立的学科，但它依然是一个缺少根基，需要不断向其他学科借鉴的学科，这是因为人类传播本身就是各类社会行为的集合体。互联网的出现使传播更加渗透到社会的各个层面，也在一定程度上影响了传播的行为和模式，因此要真正全面系统地研究互联网传播的方式与效果，传播学者依然要不断借鉴其他学科。

互联网研究之所以能够得到来自不同学科的学者们的青睐是因为互联网作为一个媒介对人类社会的各种活动都有着影响。互联网不仅仅方便了人际和大众传播进程，它也成为了政务、商务、教育、卫生健康等其他人类社会活动的平台，它提供的既是一个虚拟的也是一个现实的世界。要想全面认知这样一个世界仅从一个学科的角度进行观察和分析是绝对不够的，因此与其他学科的结合是传播学者进行互联网研究的重要方向。这种结合不仅有助于传播学者更有成效地研究互联网，也有助于这个学科在理论建设和研究方法上的全面提升。

互联网研究中的地域差别

互联网的发展已使其成为一个全球性的传播网络，但它给不同地区、社会、国家和文化所带来的影响却并不完全一样。从媒体或传播生态的角度出发，媒体和传播的方式以及效果是受本地文化、历史、政治和经济发展等诸多因素影响的。互联网作为一个全球性的传播网络会在何种程度上受限于或改变地域上的差异是传播学者研究的一个重要课题。

举例来说，有关互联网与民主政治的研究目前主要还是由西方学者根据西方国家的经验进行的，由于西方的民主政治在互联网出现之前就有其相当成熟的运作方式，因此互联网的出现虽然对西方的民主进程是有益的，但并没有带来任何革命性的变化。因此，在众多已发表的有关互联网与政治参与和公共舆论等课题的相关研究中，由于绝大多数都是在西方国家进行的，所以其结论也是如此。但我们如果带着同样的问题到世界的其他地方去考察，我们就可能得出不同的结论。与 Everett 在 2002 年所预见到的"电子公共空间"（Digital Public Sphere）类似，"电子革命"（Digital Revolution）这样一个本来用在电子技术发展的名词在今天也可用来形容在埃及、菲律宾等国家通过新的传播技术促发的政治变革（Hamamsy, 2011）。

这种地域的差别为互联网在不同地区带来不同的社会效应。除了政治领域外，互联网在政务、商务、教育、卫生等方面在不同的国家和地区也会起到不同的效果。比较性地研究互联网在不同地域对各类社会活动的影响不但有助于我们更加全面认识互联网的功能和效应，也有助于传播学研究的全球化，改变以西方经验为普世经验的局面。

理论与实际相结合

科学研究的最终目的是揭示事物发展的规律，从而让人类的活动更加适应我们的生态环境，而了解和确定事物发展规律的过程就是一个不断提出和验证理论的过程。因此，理论应该是研究的灵魂。纵观传播学的历史发展过程，我们不难发现传播学从早期对传播现象的简单描述、分析和归纳到比较系统地进行理论探讨和验证是一个循序渐进的过程。客观地讲，传播学早期提出的一些理论与实际结合得非常紧密，也比较易于付诸于实践，而后期的传播学研究则逐渐向一些更加偏僻、抽象的理论发展。如果我们仔细阅读当代一些顶尖传播学学报所发表的文章，我们会发现这些理论越加难以被传播的实践者所理解和应用，而关心这些高深理论的读者可能仅仅是少数有着共同兴趣的学者。这种现象虽然与学术向纵深发展有关，但也不能不说与"象牙塔"式的学风有一定关系。

互联网的发展从 1969 年阿帕网正式投入运行算起已经有 40 多年了，但其真正在全球范围内快速发展也不过 20 年左右的时间。从互联网近十年的发展速度和规模来看，互联网的发展仍然是具有无限潜能的，它给人类社会可能带来的变化仍然是深不可测的。面对这样一个媒体，传播学的研究仍然需要对其发展的过程和效应进行大量的描述、分析和归纳才能帮助我们进一步将这些经验上升为理论。因此，对互联网的研究不能完全拘泥于理论框架的束缚，简单地以一个研究项目是否有明确的理论框架来判断其价值，而应以其是否有助于加深我们对互联网的认知来判断其价值。我们应当鼓励更多的学者研究互联网所引发的社会现象从而提出相关的理论，而不是简单地将已知的传播学或其他学科的理论套用在互联网的研究上。在互联网研究中，从现象出发的研究和从理论出发的研究都应得到同等的重视。如前所述，互联网不是一个简单通过网络复制传统媒体的载体，伴随互联网而产生的新媒体和传统媒体在网上的融合会对固有的传播方式和活动产生冲击，也会为人类的传播方式和活动带来一些全新的变化，这些变化正是新的传播理论产生的源泉。

开辟新的思路

传播学发展的历史与其他学科相比虽然并不长，但传播学在发展过程中已经形成一些固定的思维模式，对其长远发展造成一定程度上的阻碍。举例来说，哈罗德·拉斯韦尔提出的单向传播模式（谁、说了什么、通过什么渠道、对谁说的、取得了什么效果）虽然在传播学的后期发展中已经受到了批判，但这种传播模式在现代传播研究中仍具有一定的影响力。虽然拉斯维尔传播模式所表示的单向传播这一形式已经被认为是不符合人类传播习惯的，但它对传播者和受众的区别仍然影响着当代的传播研究。互联网所引入的新媒体时代让我们更加难以区分传播者与受众，新媒体的互动这一特点让其使用者越加扮演传播者和受众的双重角色，这使得我们很难再用研究传统媒体传播方式中有关传播者和受众的界定来观察和验定新媒体时代的传播特点。

再如，在有关媒体效应的研究中，我们长期运用的是理性行为理论（the theory of reasoned action，参见 Ajzen & Fishbein, 1980）和计划性行为理论（the theory of planned behavior，参见 Ajzen, 1991），认为大众传播通过改变人们的态度来改变人们的行为。这种探讨模式忽略了态度和行为双向互动的可能性。虽然以往的研究发现态度影响行为要多于行为对态度的影响（Lacity, et al, 2008），但这不意味着我们可以忽略在传播过程中行为先行于并影响态度的现象。如果我们注意观察互联网传播的一些现象，不难发现网上的非理智行为并不都是基于明确的态度，但却会最终影响行为者的态度。这与网民中存在大量年龄小、文化程度低的人群不无关系。类似这样的问题应该让我们在研究互联网的过程中重新考量我们固有或习惯的一些思路。

结论

总而言之，互联网是一个高速发展变幻多端的载体。对互联网的研究既是已有传播研究的继续，也为传播研究提出新问题，开辟新思路，提出新方法提供了重要的契机。只有那些不循规蹈矩，敢于探索创新的研究者才可能真正通过互联网的研究为传播学做出重要贡献。

附件：传播学网络研究趋势内容分析的期刊来源

1	Argumentation
2	Asian Journal of Communication
3	Chinese Journal of Communication
4	Communication Monographs

续表

5	Communication Research
6	Communication Theory
7	Communications-European Journal of Communication Research
8	Comunicar
9	Continuum: Journal of Media & Cultural Studies
10	Critical Studies in Media Communication
11	Cyberpsychology, Behavior, and Social Networking (Cyberpsychology & Behavior before 2009)
12	Discourse & Society
13	Discourse Studies
14	Ecquid Novi-African Journalism Studies
15	Environmental Communication-A Journal of Nature and Culture
16	European Journal of Communication
17	Health Communication
18	Human Communication Research
19	Information Communication & Society
20	International Journal of Advertising
21	International Journal of Communication
22	International Journal of Press-Politics
23	International Journal of Public Opinion Research
24	Interaction Studies
25	Journal of Advertising
26	Journal of Advertising Research
27	Journal of African Media Studies
28	Journal of Applied Communication Research
29	Journal of Broadcasting & Electronic Media
30	Journal of Business & Technical Communication
31	Journal of Communication
32	Journal of Computer-Mediated Communication
33	Journal of Health Communication

续表

34	Journal of Language & Social Psychology
35	Journalism & Mass Communication Quarterly
36	Journal of Mass Media Ethics
37	Journal of Media Economics
38	Journal of Public Relations Research
39	Journal of Social & Personal Relationships
40	Javnost-The Public (multi language)
41	Journalism Studies
42	Language & Communication
43	Management Communication Quarterly
44	Mass Communication and Society
45	Media, Culture & Society
46	Media International Australia
47	Media Psychology
48	Narrative Inquiry
49	New Media & Society
50	Political Communication
51	Public Opinion Quarterly
52	Public Relations Review
53	Quarterly Journal of Speech
54	Rhetoric Society Quarterly
55	Science Communication
56	Technical Communication
57	Telecommunications Policy
58	Television & New Media
59	Text & Talk
60	Visual Communication
61	Written Communication

◇ 参考文献 ◇

- Ajzen I., & Fishbein M. (1980). *Understanding attitudes and predicting social behavior*. Englewood-Cliffs, NJ: Prentice-Hall
- Ajzen I. (1991). The theory of planned behavior. *Organization Behavior and Human Decision Process*, 50: 179 – 211.
- Berners-Lee, T., & Fischetti, M. (1999). *Weaving the Web: The original design and ultimate destiny of the World Wide Web by its inventor*. San Francisco: Harper Collins Publishers Inc..
- Boyd, D., & Crawford, K. (2012). Critical questions for big data: Provocations for a cultural, technological, and scholarly phenomenon. *Information, Communication & Society*, 15(5): 662-679.
- Boyd, D., & Ellison, N. (2007). Social network sites: Definition, history, and scholarship. *Journal of Computer-Mediated Communication*, 13(1): 210-230.
- Brennen, B. S. (2013). *Qualitative research methods for media studies*. New York: Routledge.
- Bromley, R. V., & Bowles, D. (1995). Impact of Internet on use of traditional news media. *Newspaper Research Journal*, 16(2): 14-27.
- Bryman, A. (2012). *Social research methods*. Oxford: Oxford University Press.
- Buente, W., & Robbin, A. (2008). Trends in Internet information behavior, 2000-2004. *Journal of the American Society for Information Science and Technology*, 59(11): 1743-1760.
- Castells, M. (2002). *The Internet galaxy: Reflections on the Internet, business, and society*. Oxford: Oxford University Press.
- Catlett, C. E. (1989). The NFSNET: Beginnings of a national research Internet. *Academic Computing*, 3(5): 19-21.
- Cheung, W., Chang, M. K., & Lai, V. S. (2000). Prediction of Internet and World Wide Web usage at work: A test of an extended Triandis model. *Decision Support Systems*, 30(1): 83-100.
- Coleman, E. G. (2010). Ethnographic approaches to digital media. *Annual Review of Anthropology*, 39: 487-505.
- Compaine, B. M. (ed.). (2001). *The digital divide: Facing a crisis or creating a myth?*. Cambridge MA and London: MIT Press.
- Consalvo, M., & Ess, C. (eds.) (2011). *The handbook of internet studies* Wiley-Blackwell.
- Cooke, L., Taylor, A. G., & Canny, J. (2008). How do users search web home pages?. *Technical Communication*, 55(2): 176-194.
- Craven, P., & Wellman, B. (1973). The network city. *Sociological Inquiry*, 43(3-4): 57-88.
- Cummings, J. N., & Kraut, R. (2002). Domesticating computers and the Internet. *Information Society*, 18(3): 221-231.
- Das, M., Ester, P., & Kaczmirek, L. (2010). *Social and behavioral research and the internet: Advances in applied methods and research strategies*. Routledge.
- Debatin, B., Lovejoy, J. P., Horn, A. K., & Hughes, B. N. (2009). Facebook and online privacy: Attitudes, behaviors, and unintended consequences. *Journal of Computer-Mediated Communication*, 15(1): 83-108.
- de Vreese, C. H. (2007). Digital renaissance: Young consumer and citizen? *Annals of the*

- *American Academy of Political and Social Science*, 611: 207-216.
- de Zúñiga, G. H., Jung, N., & Valenzuela, S. (2012). Social media use for news and individuals' social capital, civic engagement and political participation. *Journal of Computer-Mediated Communication*, 17(3): 319-336.
- Dewan, S., & Riggins, F. J. (2005). The digital divide: Current and future research directions. *Journal of the Association for information systems*, 6(12): 298-337.
- Dillman, D. A., Smyth, J. D. & Christian, L. M., (2011). *Mail and Internet surveys: The tailored design method-3rded*. Hoboken, NJ: Wiley.
- Dimmick, J., Chen, Y., & Li, Z. (2004). Competition between the Internet and traditional news media: The gratification-opportunities niche dimension. *Journal of Media Economics*, 17(1): 19-33.
- Dutton, W. H. (eds.) (2013). *The Oxford handbook of Internet studies*. Oxford University Press.
- Elliott, M. S., & Kraemer, K. L. (eds.). (2008). *Computerization movements and technology diffusion: From mainframes to computing*. Information Today, Inc..
- Everett, A. (2002). The revolution will be digitized: Afrocentricity and the digital public sphere. *Social Text*, 20(2): 125-146.
- Fraser, M., & Dutta, S. (2010). *Throwing sheep in the boardroom: How online social networking will transform your life, work and world*. John Wiley & Sons.
- Gatson, S. N. (2011). The methods, politics, and ethics of representation in online ethnography. In N. K. Denzin & Y. S. Lincoln (eds.), *The SAGE handbook of qualitative research* (4th ed.), 513-527. Los Angeles, London, New Delhi, Singapore, Washington, D. C.: SAGE.
- Gore, A. (1991). Infrastructure for the global village. *Scientific American*, 265(3): 150-153.
- Graber, D. A. (2001). Adapting political news to the needs of twenty-first century Americans. In W. L. Bennett & R. Entman (eds.), *Mediated politics: Communication in the future of democracy*. Cambridge, MA: Cambridge University Press.
- Gunkel, D. J. (2003). Second thoughts: toward a critique of the digital divide. *New Media & Society*, 5(4): 499-522.
- Hamamsy, W. E. (2011). BB = BlackBerry or big brother: Digital media and the Egyptian revolution. *Journal of Postcolonial Writing*, 47(4): 454-466.
- Harasim, L. M. (1993). *Global networks: Computers and international communication*. Cambridge, Massachusetts: The MIT Press.
- Hargittai, E. (2002). Second-level digital divide: Differences in people's online skills. *First monday*, 7(4).
- Hargittai, E., & Hinnant, A. (2008). Digital inequality differences in young adults' use of the internet. *Communication Research*, 35(5): 602-621.
- Hiltz, S. R., & Turoff, M. (1978). *The network nation: human communication via computer*. Addison-Wesley.
- Hunsiger, J., Klastrup, L., & Allen, M. (eds.) (2010). *The international handbook of Internet research*. Springer.
- Horrigan, J. (2007). A typology of information and communication technology users. *Pew Internet and American Life Project*. http://www.pewinternet.org/~/media//Files/Reports/2007/PIP_ICT_Typology.pdf.pdf.
- Howard, P. N., & Jones, S. (eds.). (2004). *Society online: The Internet in context*. Thousand Oaks, CA: Sage.
- Jones, S. (ed.). (1997). *Virtual culture: Identity and communication in cybersociety*. Thousand Oaks, CA: Sage.

- Jones, S. (ed.). (1998). *Cybersociety 2.0: Revisiting computer-mediated community and technology* (Vol. 2). Sage.
- Jones, S. (ed.). (1999). Doing Internet research: Critical issues and methods for examining the Net. SAGE Publications.
- Johnson, T. J., & Kaye, B. K. (2003). Around the World Wide Web in 80 ways: How motives for going online are linked to Internet activities among politically interested Internet users. *Social Science Computer Review*, 21(3): 304-325.
- Kalathil, S., & Boas, T. C. (2003). *Open networks, closed regimes*. Carnegie Endowment for International Peace. Washington DC.
- Katz, J. E., & Rice, R. E. (2002). *Social consequences of Internet use: Access, involvement, and interaction*. The MIT Press.
- Kaye, B. K., & Johnson, T. J. (2011). Hot diggity blog: A cluster analysis examining motivations and other factors for why people judge different types of blogs as credible. *Mass Communication and Society*, 14(2): 236-263.
- Kazmer, M. M., & Xie, B. (2008). Qualitative interviewing in Internet studies: Playing with the media, playing with the method. *Information, Community and Society*, 11(2): 257-278.
- Kedzie, C. (1997) A brave new world or a new world order? in S. Kiesler (ed.) Culture of the Internet, 209-232. Mahwah, NJ: Lawrence Erlbaum.
- Khan, G. F., & Park, H. W. (2012). Editorial: Triple Helix and innovation in Asia using scientometrics, webometrics, and informetrics. *Scientometrics*, 90(1): 1-7.
- Kim, S. T., & Weaver, D. (2002). Communication research about the Internet: A thematic meta-analysis. *New Media & Society*, 4(4): 518-538.
- Kraut, R. E., Brynin, M., & Kiesler, S. (eds.). (2006). *Computers, phones, and the Internet: Domesticating information technology*. Oxford, New York: Oxford University Press.
- Krueger, B. S. (2002). Assessing the potential of Internet political participation in the United States. *American Political Research*, 30(5): 476-598.
- Kubicek, H., & Dutton, W. H. (eds.) (1997). *The social shaping of information superhighways: European and American roads to the information society*. Frankfurt: Campus Verlag and New York: St. Martin's Press.
- Kwak, N., Poor, N., & Skoric, M. (2006). Honey, I shrunk the world! The relationship between Internet use and international engagement. *Mass Communication & Society*, 9(2): 189-213.
- Lacity, M. C., Iyer, V. V., & Rudramuniyaiah, P. S. (2008). Turnover intentions of Indian IS professionals. *Information Systems Frontiers*, 10: 225-241.
- Lessig, L. (1999). *Code: And other laws of cyberspace*. Basic Books (AZ).
- Lewis, S. C., Zamith, R., & Hermida, A. (2013). Content analysis in an era of big data: A hybrid approach to computational and manual methods. *Journal of Broadcasting & Electronic Media*, 57(1): 34-52.
- Mahrt, M., & Scharkow, M. (2013). The value of big data in digital media research. *Journal of Broadcasting & Electronic Media*, 57(1).
- McCain, K. W. (2000). Sharing digitized research-related information on the World Wide Web. *Journal of the American Society for Information Science*, 51(14): 1321-1327.
- Negroponte, N. (1995). *Being digital*. New York: Knopf.
- Nguyen, A. & Wester, M. (2006). The complementary relationship between the Internet and traditional mass media: The case of online news and information. *Information Research*, 11(3). Paper 259 [Available at http://InformationR.net/ir/11-3/paper259.html]
- Park, D. W., Nick. Jankowski, & Jones, S. (2011). *The long history of new media*. Peter

- Park, H. W. (2003). Hyperlink network analysis: A new method for the study of social structure on the web. *Connections*, 25(1): 49-61.
- Park, H. W. (2010). Mapping the e-science landscape in South Korea using the webometrics method. *Journal of Computer-Mediated Communication*, 15(2): 211-229.
- Peng, T. Q., Zhang, L., Zhong, Z. J., & Zhu, J. J. (2012). Mapping the landscape of Internet studies: Text mining of social science journal articles 2000-2009. *New Media & Society*.
- Perry, D. G. et al. (1988) The ARPANET and DARPA Internet, *Library Hi Tech*, 6(2): 51-62.
- Porter, D. (1996). *Internet culture*. London: Routledge.
- Porter, L. V., & Sallot, L. M. (2003). The Internet and public relations: Investigating practitioners'r roles and World Wide Web use. *Journalism & Mass Communication Quarterly*, 80(3): 603-622.
- Rainie, L., Fox, S., & Fallows, D. (2003). The Internet and the Iraq war. *Pew Internet and American Life Project*. http://www.pewinternet.org/~/media/Files/Reports/2003/PIP_Iraq_War_Report.pdf.pdf.
- Rainie, L., Fox, S., Horrigan, J., Lenhart, A., & Spooner, T. (2000). Tracking online life: How women use the Internet to cultivate relationships with family and friends. *Pew Internet and American Life Project*. http://www.pewinternet.org/~/media//Files/Reports/2000/Report1.pdf.pdf.
- Resnick, T. P. (ed.). (2008). *Internet research compendium 1*. Nova Science Publishers, Inc.
- Rheingold, H. (1993). *The virtual community: Finding commection in a computerized world*. Addison-Wesley Longman Publishing Co., Inc..
- Rice, R. E. (1980). The impacts of computer-mediated organizational and interpersonal communication. *Annual Review of Information Science and Technology*, 15: 221-249.
- Rice, R. E. (ed.). (1984). *The new media: Communication, research, and technology*. Beverly Hills, CA: Sage.
- Rice, R. E. (2002). Primary issues in Internet use: access, civic and community involvement, and social interaction and expression. In L. Lievrouw & S. Livingston (eds.), *Handbook of new media: Social shaping and consequences of ICTs*, 109-129. London: Sage.
- Rice, R. E. (2005). New media/Internet research topics of the Association of Internet researchers. *The Information Society*, 21(4): 285-299.
- Rice, R. E., & Fuller, R. P. (2013). Theoretical perspectives in the study of communication and the Internet. In W. H. Dutton (ed.), *The Oxford handbook of Internet studies*. Oxford, UK: Oxford University Press.
- Rice, R. E., & Katz, J. E. (2000). *The Internet and health communication: Experiences and expectations*. Thousand Oaks, CA: Sage.
- Scherer, M. (2012). Inside the secret world of the data crunchers who helped Obama win. *swampland. time. com/2012/11/07/inside-thesecret-world-of-quants-and-data-crunchers-who-helped-obama-win*.
- Schroeder, R. (2007). *Rethinking science, technology, and social change*. Stanford University Press.
- Schumann, D. W. & Thorson, E. (2007). Internet advertising: Theory and research. Hillsdale, NJ: L. Erlbaum Associates Inc.
- Shah, D. V., Kwak, N., & Holbert, R. L. (2001). "Connecting" and "disconnecting" with civic life: Patterns of Internet use and the production of social capital. *Political Communication*, 18(2): 141-162.

- Silver, D. (2004). Internet/cyberculture/digital culture/new media/fill-in-the-blank studies. *New Media & Society*, 6(1): 55-64.
- Solop, F. I. (2000, Aug-Sept.). Digital democracy comes of age in Arizona: Particpation and politics in the first binding Internet election. Paper prepared for presentation at the American Political Science Association national conference. Washington, D. C..
- Stafford, T. F., Stafford, M. R., & Schkade, L. L. (2004). Determining uses and gratifications for the Internet. *Decision Sciences*, 35(2): 259-287.
- Taubman, G. (1998). A not-so World Wide Web: The Internet, China, and the challenges to nondemocratic rule. *Political Communication*, 15(2): 255-272.
- Tomasello, T. K., Lee, Y., & Bear, A. P. (2010). "New media" research publication trends and outlets in communication, 1990—2006. *New Media & Society*, 12(4): 531-548.
- Turkle, S. (1995). *Life on the screen: Identity in the age of the Internet*. New York: Simon & Schuster.
- Utz, S. (2010). Show me your friends and I will tell you what type of person you are: How one's profile, number of friends, and type of friends influence impression formation on social network sites. *Journal of Computer-Mediated Communication*, 15(2): 314-335.
- Van Der Wurff, R., & Sch? nbach, K. (2011). Between profession and audience: codes of conduct and transparency as quality instruments for off-and online journalism. *Journalism Studies*, 12(4): 407-422.
- Van Dijk, J., & Hacker, K. (2003). The digital divide as a complex and dynamic phenomenon. *The Information Society*, 19(4): 315-326.
- Weber, L., Loumakis, A., Bergman, J. (2003). Who participates and why? An analysis of citizens on the Internet and the mass public. *Social Science Computer Review* 21(1): 25-32.
- Wellman, B. (2004). The three ages of internet studies: ten, five and zero years ago. *New Media and Society*, 6: 123-129.
- Wellman, B., & Haythornthwaite, C. (eds.). (2002). *The Internet in everyday life*. Blackwell Publishing.
- White, C. S. (1997). Citizen participation and the Internet: Prospects for civic deliberation in the information age. *Social Studies*, 88(1): 23-28.
- Wilson, R. E., Gosling, S. D., & Graham, L. T. (2012). A review of Facebook research in the social sciences. *Perspectives on Psychological Science*, 7(3): 203-220.
- Wimmer, R. D., & Dominick, J. R. (2000). *Mass media research: An introduction* (6th ed.). Belmont, CA: Wadsworth.
- Winston, B. (1998). *Media technology and society: A history from the telegraph to the Internet*. Psychology Press.
- Witmer, D. F., Colman, R. W., & Katzman, S. L. (1999). From paper-and-pencil to screen-and-keyboard: Toward a methodology for survey research on the Internet. *Doing Internet research: Critical issues and methods for examining the Net*, 145-161.

社会化媒体研究

迈克尔·斯坦凡罗[①]　许未艾[②]　艾茉莉·多岚[③]

导言

过去的20年间，个人和组织所使用的交流工具发生了根本性的变化。类似于博客、社交网站（social networking sites）、视频图片分享网站等在线平台让用户同形形色色的人群互动。与传统媒体相比，社会化媒体（social media）增加的不仅仅是信息的数量，更是信息来源的多样化。传统意义上传播的四要素——信源（source）、信息（message）、通道（channel）和受传者（receiver）在社会化媒体时代发生了重要的变化。这些变化无论对于个人还是组织乃至社会都有重大意义。

社会化媒体是本章讨论的重点。章节安排如下：我们会首先提供社会化媒体的具体定义。基于这个定义之上，我们讨论社会化媒体的历史变革。随后，我们会具体讨论社会化媒体研究的几大领域。最后，我们会总结当下社会化媒体研究所面临的问题、争议和未来的研究方向。

社会化媒体的定义

贝罗（Berlo）在1960年定义了任何传播过程的4个要素：信源（source）、信息（message）、通道（channel）和受传者（receiver）。对于社会化媒体的定义应基于这4个因素。社会化媒体是一组让个人和组织同世界各地人们跨平台制作，策展和分享内容的互联网平台。在随后的几个章节，我们会逐一解释这4个元素。

信源

社会化媒体让个人和组织互相分享内容。可见社会化媒体传播的信源有个人和组织两个层面。这两

[①] 迈克尔·斯坦凡罗（Michael Stefanone）是美国布法罗纽约州立大学（State University of New York at Buffalo）传播系副教授，2004年获美国康奈尔大学（Cornell University）传播学博士学位，主要研究方向包括新媒体使用和社会化媒体与人际关系等。

[②] 许未艾现为美国布法罗纽约州立大学（State University of New York at Buffalo）传播系博士候选人，主要研究方向为科技使用的社会心理学和面向社会化媒体用户数据的网络信息计量。

[③] 艾茉莉·多岚（Emily Dolan）现为美国布法罗纽约州立大学（State University of New York at Buffalo）传播系博士研究生，主要研究方向为社交网络的使用和效果。

个层面的不同处体现在三个方面：身份（identity）、动因（motivation）和使用结果（consequences）。

个人信源和组织信源的首要差别是参与社会化媒体内容发布的人数不同。我们将这一差别视为身份上（identity）的差别。个人微博用户是个人信源的一个例子，个人用户独立负责制作分享社会化媒体内容。组织信源则包括了众多参与内容制作发布的隶属于某组织的个人，内容通过代表该组织的社会化媒体账号发布。譬如红十字会的新浪微博账号就由红十字会的雇员们管理维护。

动因（motivation）指的是促使个人和组织使用社会化媒体的原因。Marsden（2009）列举了社会化媒体使用的4大驱动力：名声（fame）、财富（fortune）、乐趣（fun）、成就（fulfillment）。这其中，名声尤为重要。比如Stefanone和Lackaff在2009年的研究表明，社会化媒体的使用同真人秀节目的流行有关。真人秀节目鼓励的是社会曝光率和自我表露（self-disclosure），真人秀节目的参与者通过曝光私人生活得到了金钱奖励和社会名望。因此真人秀倡导的是名人文化，鼓励的是赚眼球吸引公众注意力的行为。类似地，在社会化媒体上分享个人生活和观点也有吸引他人注意力的成分，因此社会化媒体的使用文化同真人秀所倡导的名人文化是一致的。该研究表明，花更多时间看真人秀节目的人群更多地通过社会化媒体上分享个人照片和视频。这一人群也把社会化媒体上分享个人生活点滴视为行为常态。

个人和组织在使用社会化媒体的动因上有明显不同。个人使用社会化媒体也许是出于积累社会资本（见Ellison, Steinfield, Lampe, &Vitak, 2011）或是展示自我形象的目的（见Kramer & Winter, 2008）。而组织参与社会化媒体则是为了提升品牌知名度，激发消费者兴趣和增加利润。我们会在使用和满足理论的章节里继续论述社会化媒体使用的动因。

个人和组织的社会化媒体使用结果也各有不同。对个人而言，社会化媒体可以带来身心健康以及和谐的人际关系。研究表明，浏览社交网站上自己的个人资料页可以提高自尊（Gonzales & Hancock, 2011）。这意味着社会化媒体能用于促进心理健康。另一组研究表明，个人可以利用社会化媒体快速高效地建立起多样化的社会关系（见Ellison, Steinfield, & Lampe, 2007; Ellison, Lampe, Steinfield, &Vitak, 2011）。这体现了社会化媒体的社交价值。对于组织而言，社会化媒体能确保组织的长远竞争力（Qualman, 2012）。对社会而言，社会化媒体可以带来社会变革（如阿拉伯之春）。

信息

社会化媒体上，个人和组织参与内容的制作和策展（curation）。这里所说的内容指的是利用社会化媒体发布的文本、图片或是视频信息。个人发布的内容包括了社交网络上分析生活点滴的状态和照片。组织发布的内容则包括了产品服务的营销广告。但是无论是个人还是组织，其发布的社会化媒体内容都可以归为广播（broadcasting）和定点窄播（narrowcasting）两类。

所谓的广播指的是一对多的社会化媒体传播方式。也就是说，单个人和组织向数量众多并且多样化的人群发布内容。个人的广播行为包括了未指定接收者的自我表露（non-directed self-disclosures；Jang &Stefanone，2011）。广播所发布的是非定制非个性化的内容，因为受众是没有特定并不确定的。组织发布的广播内容非常常见，因为组织需要大规模传播信息。一个典型例子是，发送给广大消费者的九折优惠券。

相对于一点对多点的广播式传播，定点窄播则是将内容定制个性化后直接发送给指定的接收者。个人的窄播行为通常被称为"指定接收者的自我表露"（directed self-disclosure）。根据人际传播的研究文献，自我表露的行为通常包括了根据特定对象透露特定个人信息，然后让该特定对象解读所透露的信息（Petronio，2002）。因此在定点窄播中，内容的接收者是明确的、可知的，而且接收者数量相对少。比如一条通过社交网络发给某用户的留言。很显然，该用户就是留言的接收者。

通道

社会化媒体是各类可以传播用户生成内容（user-generated content）的平台。并非所有网络服务都可以归为社会化媒体。社会化媒体的核心是双向互动（Safko，2012）。另外双向互动所带来的是用户参与、社会化媒体上的用户和公众参与代表着信息传播中的"根本性权力转移"。过去新闻媒体和大型组织所独揽的信息传播权利慢慢移向了公众（Safko，2012）。

社会化媒体有很多种类，其中包括了知识分享型（如维基百科 Wikipedia）、兴趣主导的网络社区（如 LastFM 和豆瓣）和消费者点评网站（如 Yelp；Solis，2012）。不同类型的社会化媒体在功能内容上趋同。譬如，用户在各类社交网站的账号和所建的个人主页是互通的。本章节我们讨论五类社会化媒体：社交网站（social networking sites）、博客（blogs）、微博（micro-blogs）、图片分享网站（photo-sharing sites）、视频分享网站（video-sharing sites）。

社交网站让用户建立个人资料页并与网站的其他用户互动（Boyd and Ellison，2007）。在这类网站上，用户通过不同渠道展示自己，譬如，用户发布有关生活动态，性格和兴趣爱好的文本，图片和视频信息。而其他用户则可以对这些发布的信息进行评论。典型的社交网站包括了脸谱（Facebook）、LinkedIn 和人人网。博客则类似于个人和组织维护的小型网站。博客内容一般按时间顺序归类。博客的另一个特色是允许阅读者与博客作者互动（Safko，2012）。微博平台，譬如 Twitter，允许用户发布类似于博客文章的短文。博客和微博的差别是微博限定了可以发布的每条帖的字数。图片和视频共享网站则是可以上传自己的照片和视频的网络平台。著名的平台有 Youtube 和 Flickr。除了上传自己的照片和视频，用户还可以策展他人的图片视频。Pinterest 是这类网站的代表。个人用户使用社会化媒体可以建立新的社会联系，获取信息和娱乐。在后面的使用与满足理论的章节里，我们会详述社会化媒体上的各类需求。

受传者

社会化媒体时代的重要特征是传统意义上的受众不仅仅是内容的消费者，更是网络的制作者、编辑和传播者。

社会化媒体传播中，受众可能是已知确定的也可能是未知的。在两种情况下，受众是已知的。其一是当受众来自于一个明确的在线社会网络时，比如说一个内容仅限社交网站的注册用户浏览，或者是某用户发布的内容仅限其好友浏览（Boyd & Ellison, 2007）。在社交网站上，用户可以知道自己的好友数，也可以利用隐私设置屏蔽不受欢迎的浏览。其二是，当发布的内容被其他用户评论后，这些发表评论的用户显然是内容的受众。在这两种情况下，用户大致能知道他所发布的内容的受众范围。

但是很多情况下，某内容的实际受众是未知的。因为社会化传播的对象是广泛多样的，就如广播的效果一样。内容的发布者往往不知道最后是哪些人看到了该内容。特别是当浏览内容不留下网络足迹的情况下。这就产生了 Boyd（2007）所谓的"隐性受众"（invisible audiences）或者是内容的无意阅读者（those who "run across" messages）。在许多情况下，能否匿名浏览取决于用户的隐私设置。

社会化媒体的历史、特征和现状

本节描述社会化媒体的发展历程，特别是互联网从 Web 1.0 时代向 Web 2.0 的过渡。我们会着重描述社会化媒体的三个特征。

社会化媒体的变革与现状

20 世纪 90 年代初，随着互联网和互联网浏览器的普及，互联网成为了大众传媒的一员（Campbell, Martin, & Fabos, 2012）。那个时期被称为互联网的 1.0 时代（Web 1.0）。传统的 Web 1.0 传播工具有邮件列表（mailing lists）、在线论坛（online forums；Newson, Houtton, & Patten, 2009）。这些传统的网络工具实际上是当下社会化媒体的前身。1994 年创办的 Geocities 是社会化媒体的早期雏形。类似的还包括了 1997 年成立的 Sixdegree（Mashable, 2012）。在那个时代，个人主页作为个人展示的平台在 90 年代末变得非常流行（Kaplan & Haenlein, 2010）。

具备交互性和用户生成内容等特质的社会化媒体平台在 21 世纪初得以形成（Campbell 等人，2012）。刚开始时，博客是个人展示自我并制作分享内容的流行渠道（Kaplan & Haenlein, 2010）。

2005年前后，社交网站变得流行，随后微博、地理定位分享网站和视频图片分享网站也风生水起（Bennett，2012）。当下的社会化媒体在功能上日益复杂细化。譬如用户可以在同一个平台上制作分享文本、图片和视频等各类内容。另外，社会化媒体的用户定位也趋向细分，比如基于特殊兴趣和职业的小众社交网站，如面向学者的 academia.edu（Bennett，2012）。

标志着从 Web 1.0 到 Web 2.0 时代转变的重要特征是媒体来源的变化。Web 1.0 时代传播的是一对多的广播内容。这类传播集中化，而且通常由组织发起。Web 2.0 时代下既有组织发起的集中化的广播，也有个人用户发起的非集中化传播。

当然，社会化媒体的变革同其他传播媒介的变化紧密相关。Stefanone 和 Lackaff 在 2009 年指出，真人秀电视节目的流行带动了社会化媒体的使用。真人秀节目鼓励参与者向观众表露个人生活。这促进了明星文化和透明文化。真人秀节目通过现金奖励和打造平民明星为激励，奖励曝光私生活的行为，公众逐渐习惯并接受了秀个人生活的行为。秀个人生活的行为也恰恰是社会化媒体文化的一部分。

必须指出的是，社会化媒体并没有根本性改变人类行为。它只是让人们有了机会从事之前很难从事的行为。在前社会化媒体时代，由于传统通信工具时空上的限制，个人很难进行大众传播。社会化媒体让普通人有了大众传播的机会。因为这一不同，特别用于解释社会化媒体上沟通行为的理论并不多见。但是，正如上述，人类的沟通传播行为并没有因为社会化媒体而发生根本性改变。传统的传播理论，譬如社会交换理论和社会资本学说仍可适用于解释社会化媒体上的使用行为。

特征：参与性和互动性

社会化媒体的本质是其参与性。用户不仅仅是内容的消费者，更是内容提供者（Beer & Burrows，2007）。用户通过发帖，上传照片和视频，参与到了社会化媒体内容的制作和传播中。因此，用户生成内容（user-generated content）是社会化媒体的核心。

Jenkins，Clinton，Purushotma，Robinson 和 Weige 在 2006 年对参与文化（participatory culture）有过如下定义：参与文化（1）降低表达和互动的门槛，（2）鼓励内容的制作和分享，（3）创造新手向有技能的用户学习的氛围，（4）让用户感到成就感，（5）让用户感到社区感。

社会化媒体的环境下，"消费者"一词的概念发生了改变。用户同时是内容消费者和制作者（Harrison & Barthel，2009）。社会化媒体环境创造了一批活跃的个人用户和组织用户。他们积极地制作传播信息并与他人互动（Tapscott & Williams，2006；Harrison & Barthel，2009）。

沟通是用户参与的一部分。用户不仅仅制作分享内容，也参与评论其他用户发布的内容。因此社会化媒体下，用户们就各自生成的内容互动，形成协助的关系（Bruns，2006）。这样的协作带来了更多的信息和知识（Bruns，2006；Harrison & Barthel，2009）。这样的良性互动也将社会化媒体同传统互联网区别开来——社会化媒体传播是基于网络社区的群体传播而不仅仅是个人传播行为（Jenkins et al.，2006）。譬如，传统的报纸阅读是单个人的独立行为。社会化媒体上的阅读则是一种读者和作者对话体验。因此社会化媒体的成功关键是用户的参与度（Blank & Reisdorf，2012）。

值得指出的是，虽然社会化媒体强调参与和互动，但是社会化媒体并不能解决媒体阶级化的问题，一些人群也许并没从社会化媒体中受益。比如说，社会化媒体的用户通常更年轻，因此老年人群并不如年轻人那么受益于社会化媒体（Blank & Reisdorf，2012）。收入也与社会化媒体的参与程度相关。低收入人群不如高收入人群那样积极地参与社会化媒体（Jenkins et al.，2006）。我们会随后讨论这些研究发现的意义。

话语权的转移

Safko 在 2012 年说，社会化媒体带来了话语权的转移。话语权从传统意义上的内容提供商，譬如新闻媒体，转向了有传播影响力的个人和组织。这个转变的代表是从单向传播模式（如电视）往双向互动传播（Web 2.0）的转变（Safko，2012）。这样的转变影响了商业营销和新闻传播，对于个人和组织都有重大影响。

话语权的转移也指信息传播控制力的转移。之前话语权缺失的公众有了大规模快速传播信息的能力。在商业营销领域，话语权的转移意味着消费者的增权（consumer empowerment），当下消费者可以自行向大众传播某品牌和产品服务的信息（Constantinides & Fountain，2008；Qualman，2012）。在这之前，这类信息由大组织机构以新闻发布会和广告的形式控制着（Kaplan & Haenlein，2010）。话语权转移下的消费者增权也给商家带来了难题。当个人可以就某品牌服务和产品发布信息分享评论时，那些负面的信息和评论会对商家形象带来损失（Kaplan & Haenlein，2010）。

受到话语权转移影响的还不仅仅是面向消费者的商业机构，还包括了新闻媒体。现在普通民众可以报道和传播新闻，这一被称为"公民新闻"的现象对新闻媒体产生了深远影响（Allan，2009）。许多传统新闻媒体在社会化媒体环境举步维艰，因为社会化媒体上生存着一批具有公信力的博客作者，他们免费向公众发布信息和观点（Qualman，2012）。当 2009 年 1 月，美国全美航空 1549 航班迫降纽约哈德逊河时，陆地上的围观者是最早一批向公众发布消息和现场照片的人群。公民通过社会化媒体对此事件的报道要比传统媒体快了 15 分钟（Beaumont，2009）。

新闻读者也受到了社会化媒体潮流的影响。新闻的快速传播改变了读者获取并解读新闻的习惯（Allan，2009）。在社会化媒体时代，获取新闻是件轻而易举的事。Qualman 在 2012 年说："不是我们搜索新闻，而是新闻找到了我们。"既然人们花了大量时间在社会化媒体上，那么最早通过社会化媒体，而非电视广播等传统渠道获取突发新闻就不足为奇了。例如，用户可能在登录社交网站后看到朋友分享的某明星过世的消息。不管是来自社会化媒体还是传统媒体，新闻传播的速度毋庸置疑地变快了。

在某些情况下，话语权的转移促成了政权更替和社会变革。2011年春天，爆发于北非和中东地区的民众抗议就是极好的例子。出于对当政者的不满，突尼斯、埃及、利比亚和也门的民众组织了大规模反政府游行。游行吸引了国际媒体的关注，并逼迫这些国家的领导人下野。通过社会化媒体，反对派可以快速高效地传播他们的诉求并组织抗议活动。最新一项民调显示，埃及和突尼斯有超过九成的民众认为社会化媒体帮助传播和组织了反政府游行（Huang, 2011）。也许没有社会化媒体，类似的反政府游行仍然会发生。受压迫的民众组织反抗力量对抗施压者并不是一个新的历史现象（Blau, 1964），但毋庸置疑的是，社会化媒体加快了事件的进程。

关系拓展和社交

社会化媒体的最后一个特性是其社交性——用户能与其他用户互动。值得注意的是，在众多社会化媒体平台中，有些平台的社交性更强。譬如说社交网站要比视频分享网站更具备社交功能。各类社会化媒体创造了新型的社会联络方式，比如这些平台让用户认识新朋友拓展现有关系圈（Haythornthwaite, 2011）。

对于组织，特别是商业机构来讲，通过社会化媒体上建立新的社会关系尤为重要。一个组织在社会化媒体上的好友数和粉丝数意味着该组织发布的信息的受众数量（Tapscott & Williams, 2008）。因此，组织机构经常利用社会化媒体强化同受众的关系（Safko, 2012）。

社会化媒体上用户可以同熟人联系，也可以认识志同道合的新朋友（Safko, 2012）。社会化媒体上的关系有两类，强关系（strong ties）和弱关系（weak ties）。强关系指的是亲切紧密的社会关系，多存于亲朋好友之间。弱关系指的是不太紧密的较为边缘化的社会关系。在下面的社会资本的章节里，我们会对强关系弱关系有更详细的说明。

研究领域和研究方法

这一章节介绍社会化媒体研究的各具体领域和相关理论，以及常用的研究方法。我们会从个人和组织层面分布讨论各个研究领域。在介绍每个具体研究领域时，我们介绍领域内常用的理论框架，并分享经典的研究结果和研究方法。

有关个人社会化媒体使用的研究领域

社会交换理论(Social Exchange Theory)

人们通常从事有回报的社交活动(Homans,1958)。社会交换理论视社交为物质和非物质利益的交换活动。交换的利益中包括了社会地位、他人的认可(Homans,1958)。一个人会从成本收益的角度考虑具体社交活动的价值(Homans,1958)。人们不仅希望获得利益最大化,也喜欢社交成本的最小化(Homans,1958)。社会化媒体本质是个社交工具。许多学者使用社会交换理论的框架研究社会化媒体行为。

公平理论(Equity Theory)基于社会交换理论之上。这个理论也被用来解释社会化媒体上的行为。这个理论认为个人会在社交中寻求公平以及收益的平衡点(Carrell & Dittrich,1978)。获取公平的一个方法是互惠(reciprocity)或是信息互换。Jang 和 Stefanone 研究了32个国家的博客作者并通过问卷调查询问这些博主的自我表露(self-disclosure)行为、自我表露信息的有意受众,以及对于互惠的期望。

研究表明当博客的受众是亲朋好友时,博主对于互惠的期望相比那些受众是非亲朋好友的博主更高。此外,自我表露行为越频繁的博主对于互惠有更高的期望。此外,性别也是一个影响因素,相比于男性,女性更希望他人在自己的博客上留言,但是她们并不觉得有义务在别人的博客上留言。

在社交网站方面,Stefanone,Kwon 和 Lackaff 在 2012 年用准实验的方式研究了物质帮助(instrumental support)的请求者和给予者之间的个人关系是否能影响物质帮助的实际交货。该研究结果显示实验中近80%的物质帮助请求没有得到响应。物质帮助的请求是否获得响应受到两个因素的影响。一个是请求者的社会地位,另一个是请求者和可能的给予者在社交网站上的沟通情况。人们更有可能帮助社交网络上经常联络的人。这项研究表明,社会化媒体上的沟通能影响到实际的物质交换。

自我表露(Self-Disclosure)

Jourard 在 1971 年将自我表露定义为使自我变得让他们可见的行为。自我表露通常是对等互惠的。透露个人信息的一方也希望另一方分享个人信息(Jourard,1971)。Kleinke(1979)指出,相互的自我表露应当在亲密度和深度上相对等。

涉及自我表露的研究表明,线上的自我表露比线下的更亲密更深入(Schouten, Valkenburg, & Peter,2009)。此外,线上的自我表露更加频繁(Tidwell & Walther,2002)。其原因是线上的交流缺少非口头的表达(non-verbal cues; Tidwell & Walther,2002)。

过去的关于社会化媒体的研究表明当自我表露的对象是亲朋好友时,对于亲朋好友做出互惠反馈的期望也越高(Jang & Stefanone,2011)。当自我表露所带来的潜在社交收益越高时,人们在社会化媒体上自我表露的积极性也越高（Trepte & Reinecke，2013）。回复对方在社会化媒体发布的内容并非是取得对等互惠的唯一途径。另外的途径包括了提供物质帮助。如上文提到的 Stefanone，Kwon 和 Lackaff 的研究结果：更多地同对方在社会化媒体上沟通，则更有可能获得对方的物质帮助。

不少研究试图揭示社会化媒体上自我表露的动因。譬如 Krasnova，Spiekermann，Koroleva 和 Hildebrand 在 2010 年的研究发现，社交网站上自我表露的主动因是建立维护社会关系。Waters 和 Ackerman 在 2011 年发现人们自我表露是为了拉近同弱关系的距离。除此之外，人们自我表露的动因还包括了提高自尊和个人声望（Christofides，Muise，Desmarais，2009）。

各类人口因素如年龄、情感状态和性别影响着社会化媒体上的自我表露行为。Nosko，Wood 和 Molema 在 2009 年的研究表明，年龄同社会化媒体上自我表露行为数量呈负相关关系。同样的研究还发现，恋爱中或是婚后的个人自我表露行为要明显少于单身人群。此外，在之前的陈述中，我们提到了女性比男性从事更多的自我揭露行为（Bond，2007）。

当了解了自我表露行为的动因后，我们有必要解释自我表露行为对个人发展所带来的影响。研究表明，经常自我表露的人更有幸福感并对线上朋友圈更满意（Bane，Cornish，Erspamer，& Kampman，2010）。Ko 和 Kuo 在 2009 年的研究也表明经常自我表露的人有更高的身心健康（wellbeing）。有两个因素促成了自我表露所带来的身心健康和幸福感：一是自尊心，二是对于个人形象的掌控。

Forest 和 Wood 在 2012 年发现，自尊心低的人更多负面地自我表露，负面的自我表露通常不被他人认同。自我表露行为带给低自尊人群的好处并没有高自尊人群那么明确。另外，对个人形象展示的控制感也影响了自我表露是否促进幸福感和整体身心健康（Kramer & Winter，2008）。Kramer 和 Winter 在 2008 年的研究发现，个人形象呈现掌控感更高的人群更多从事自我表露行为。

谈及自我表露不得不涉及社会化媒体所带来的隐私问题。当社会化媒体成为个人生活的一部分时，隐私问题也越来越多成为学者们讨论的话题。有一类研究揭示用户对隐私的看法态度同其自我表露行为之间的相关关系。另一类研究则采取了描述性的方法揭示社会化媒体使用中常见的隐私问题。

Lewis，Kaufman 和 Christakis 在 2008 年的研究发现，公众对于社会化媒体私密性的认知高低各异。此外，有 4 个因素促使某用户使用社会化媒体上的隐私设置：（1）该用户的好友中使用私密个人资料页的人数；（2）该用户在社会化媒体上的行为；（3）性别；（4）音乐偏好。

Barnes 在 2006 年提出了隐私悖论（privacy paradox）的观点。隐私悖论指的是公众对于隐私的态度同其社会化媒体使用行为上的差别。比如 Debatin，Lovejoy，Horn 和 Hughes 在 2009 年发现，虽然用户认识到社会化媒体的隐私风险，但是他们仍然频繁从事自我表露行为。

自我呈现与形象管理

高夫曼（Goffman）在 *The Presentation of Self in Everyday Life* 一书中提出了自我呈现（self-presentation）的概念，高夫曼指出，当有他人在场时，一个人会从事某些特定行为，目的是为了让他人形成对自己的某些特定印象。人们通过网络平台树立控制管理涉及个人形象的信息，这一现象被称为选择性自我呈现（selective-self-presentation）（Walther，1996）。

根据 Dominick 在 1999 年的论述，在线的选择性自我呈现有 5 个策略。第一个策略是合群（Integration）：就是展示自己招人喜欢的一面；第二个策略是多才（Competence）：指的是展示自己有才能的一面；第三个策略是强势（Intimidation）：展示自己的主导力和威严；第四个策略是模范（Exemplification）：展示自己的道德高标准；第五个策略是慈悲（Supplication）：展示自己关怀他人的一面（Jones，1990；Dominick，1999）。

如之前提到的，Kramer 和 Winter 在 2008 年的研究表明，认为自己能很好控制自我呈现的人群更有可能在社会化网络上分享个人信息。此外，这类人群在图片分享时更加不保守。这意味着，这类人群在社会化媒体上的分享行为更有隐私风险性（Kramer & Winter，2008）。

在了解了社会化媒体上自我呈现的心理前提后，我们有必要了解不同文化背景下自我呈现行为的差别。Rui 和 Stefanone 在 2012 年的研究比较了新加坡学生和美国学生的网上自我呈现行为，该研究发现美国学生更多地通过文本方式自我呈现，而新加坡学生则更多地使用图片方式。

使用与满足（Uses and Gratifications）

使用与满足理论指出人们选择与使用特定的媒介以满足自己的需求和期望（Rubin，2009）。该理论被广泛地用于解释传统传播方式，现在该理论也被用来阐释社会化媒体的使用行为。

人们使用互联网有 5 大动因：（1）人际交流，（2）获取信息，（3）生活便利，（4）消磨时间和（5）娱乐（Papacharissi & Rubin，2000）。这 5 个因素也解释了为什么人们使用社会化媒体，特别是人际交往和获取信息这两个因素。许多研究表明人们使用社会化媒体同新老朋友建立和保持联系（Raacke & Bonds-Raacke，2008；Bumgarner，2007）。值得注意的是，许多人并不仅仅将社会化媒体平台，比如社交网站当做通信工具，他们还将社会化媒体当做关系圈的通信录（Bumgarner，2007）。Urista，Dong 和 Day 在 2009 年的研究表明，人们希望通过社会化媒体有选择性，有效率，实时地同他人联络。正如上述，社会化媒体上的沟通是双向的。双向互动的一个实现方式是受众反馈（audience feedback）。事实上，很多人使用社会化媒体的动因是因为可以获得他人的认可、接受和帮助（Bumgarner，2007；Urista，Dong，& Day，2009）。

社会化媒体也是信息平台。用户的信息需求往往伴随着娱乐需求（Urista，Dong，& Day，2009）。因为社会化媒体的透明度很高，用户可以快捷有效地搜索他人信息。而这一搜索行为通常不会被其他人察觉（Urista，Dong，& Day，2009）。很多时候，这类搜索他人信息的行为并不仅仅是出于信息需求,也同样出于娱乐和好奇心——不可否认,浏览他们的照片是非常有意思的体验。除了搜索他人个人信息外,鉴于越来越多的组织机构(譬如新闻媒体)进驻社会化媒体,人们也可以通过社会化媒体获取新闻和其他信息。

不确定性降低理论

在社会交际中,人们通常希望能预见对方的行为(Berger & Calabrese, 1975)。但是对方的行为往往有很多不确定性。于是人们试图获取更多有关对方的信息以预见对方行为,从而降低这类不确定性(Berger & Gudykunst, 1991)。因为在社会化媒体上可以很容易地获取他人信息并监视他人行为,很多学者利用不确定性降低理论框架研究社会化媒体行为。

降低不确定性有3个策略:被动型(passive)、主动型(active)和交互型(interactive)(Berger & Gudykunst, 1991)。被动型策略包括了在不被他人察觉的情况下观察对方行为。主动型策略包括了通过第三方获取目标对象的个人信息。交互型策略则指的是,通过与目标对象交流来获取信息。之前的研究表明,这三类策略在社会化媒体上都有被使用,但是被动型策略更为常用(Antheunis, Valkenberg, & Peter, 2010)。同被动型策略相比,虽然交互型策略较少被采用,但是在社会化媒体上,它却是最有效的(Antheunis, Valkenburg, & Peter, 2010)。其原因是,社会化媒体沟通要比面对面的谈话更加亲密和直接,也就是说一个人可以采用更亲密和直接的询问方式来获取对方信息(Antheunis, Schouten, Valkenburg, & Peter, 2012)。之前的研究发现,用户线上关系网络的大小同不确定性降低行为数呈现正相关(Stefanone, Hurley, & Yang, 2013)。

降低不确定性的行为也受各类个性因素影响。比如 Stefanone,Hurley 和 Yang 在 2013 年发现,两个个性因素——交流畏惧感(communication apprehension)和整体不确定感(global uncertainty)影响社会化媒体上的不确定性降低行为。交流畏惧感指的是一个人在社会交际中产生的焦虑感。整体不确定感指的是日常生活中一个人对于各类人事物普遍感到的不确定性。有高交流畏惧感的人搜索老朋友的信息多于搜索新朋友的信息。另外,整体不确定感高的人群更多地搜索新朋友而非老朋友的信息。

社会资本(Social Capital)

社会化媒体拉近了人们同亲朋好友和非亲密熟人之间的关系(Boyd & Ellison, 2007)。如上文提到的,人们通过社会化媒体上的自我表露行为拉近同他人的距离(见 Krasnova, et. al., 2010; Waters & Ackerman, 2011)。因此,社会资本这一概念在社会化媒体研究中时常被提起。

社会资本指的是社会关系圈里的成员所能带来的资源(Ellison, Lampe, Steinfield, & Vitak, 2011)。一个人的社会关系可归为两类,一类叫强关系(strong ties),指的是紧密的个人关系,多存在于亲朋好友之间;另一类叫弱关系(weak ties),指的是非亲密的较边缘化的关系。社会化媒体上,人们可以同时发展和管理这两类关系(Ellison, et. al., 2011)。通过社会化媒体获得的社会资本可以带来一系列正面结果：譬如生活满意度、幸福感和对关系圈的认可（Ko & Kou，2009）。

当下对社会化媒体上社会资本的研究有两组发现。一组是社会化媒体的使用者要比非使用者有更多的强关系和弱关系。另一组是相对于加陌生人为好友，人们更有可能将已经认识的强弱关系加为好友（Ellison, et al.，2011）。

另外值得关注的是 Steinfield，Ellison 和 Lampe 在 2008 年的跟踪调查。该研究揭示了 Facebook 使用、自尊心和所知弱关系资本（perceived social capital with weak ties）三者之间的联系。该研究发现，相比于高自尊的人，低自尊者更多地在网上联系弱关系（Steinfield, Ellison, & Lampe, 2008）。

社会化媒体研究大多关注社会资本带来的正面心理收益。Stefanone，Kwon 和 Lackaff 在 2012 年的研究突破了这一局限，将关注点放在了社会资本所带来的实质帮助（instrumental support）上。该研究讨论了人们如何从强弱关系中获取实质帮助。研究表明通过社会化媒体向强弱关系寻求实质帮忙效果不佳（Stefanone, Kwon, & Lackaff, 2012）。但是，与某人在社会化媒体上互动越多，就越有可能获得这个人的帮助（Stefanone, Kwon, & Lackaff, 2012）。由此可见，社会化媒体上的社会资本不仅有正面心理结果，更有实质物质的所得。

有关组织社会化媒体使用的研究领域

新闻界的社会化媒体使用

社会化媒体时代，人们获取新闻的渠道变得多样化。最新的民调显示，近一半的民众最早通过社会化媒体获知突发新闻（Morejohn，2012）。因此，社会化媒体成为了电视新闻和报纸之后公众获取新闻的主要渠道（Morejohn，2012）。传统新闻渠道（如电视和纸质媒体）受到时空限制而只能呈现有限的意见观点。社会化媒体则可以快速传播多来源的新闻和评论（Purcell, Rainie, Mitchell, Rosenstiel, & Olmstead, 2010）。

有人指出，互联网，特别是社会化媒体的到来预示着传统新闻业的消亡。事实并非如此，传统新闻业一直在适应新媒体环境（Campbell, Martin, & Fabos, 2012）。这类适应带来了新闻实务和新闻伦理的改变（Purcell et al.，2010）。

社会化媒体潮流之下，新闻机构和新闻人物更有必要涉足社会化媒体。尽管传统的新闻伦理要求记者保持独立客观，但是社会化媒体的透明性也要求记者主动呈现个性的一面（Lasorsa, Lewis, & Holton, 2012）。新闻记者通过社会化媒体透露新闻故事是如何构成的以及新闻工作者日常生活的常态。新闻从业者的工作生活栩栩如生地展现在受众面前。过去的研究表明，女性记者在社会化媒体上的表现更加个性透明，更多地透露个人生活和工作内幕（Lasorsa，2012）。

社会化媒体时代传统新闻媒体的把关功能（gatekeeping）也发生了变化。因为社会化媒体强调的是用户生成内容，新闻媒体也开始让非记者的公民参与到新闻的传播与制作中（Lasora，2012）。记者和新闻机构不仅通过社会化媒体同受众互动，他们也在新闻内容中引用社会化媒体的内容（比如体育新闻台 ESPN 经常引用运动员的推特状态）。传统新闻业只允许专业新闻人员参与新闻的筛选，在社会化媒体时代，新闻把关人还包括了非专业的公民。新闻的采集也因社会化媒体发生改变。Hermida 在 2010 年指出，新闻采集人员可以通过社会化媒体关注社会动态。另外社会化媒体也成为了获取民意的平台。

普通民众在新闻制作和传播上扮演着越来越重要的角色（Allan，2009）。虽然这样的转变带来众多益处，比如观点信息的多样化。这样的转变同时也带来严重问题，譬如假新闻的传播。新闻的公信力是社会化媒体传播时代一个重要议题。Hayes，Singer 和 Ceppos 在 2007 年指出，社会化媒体下，记者在展示自己和传播消息的同时应该秉持真实（authentic）、负责（accountable）和独立（autonomous）的精神。

营销和公关界

商业营销和公共关系也因社会化媒体而改变。在前社会化媒体时代，组织机构通过新闻发布会和广告控制流向公众的信息（Kaplan & Haenlein，2010）。品牌产品服务的提供商很快意识到，他们必须将社会化媒体纳入商业计划才能确保立足新媒体传播时代（Kaplan & Haenlein，2010；Qualman，2012）。企业主要通过两个方式成功使用社会化媒体：消费者互动和消费者定位（connecting and targeting consumers）。

各品牌的众多消费者都在使用社会化媒体。基于社会化媒体的互动性和社交功能，许多学者强调商家与消费者网上沟通的重要性。Kaplan 和 Haenlein 在 2010 年指出，品牌产品服务的提供商不仅仅要频繁更新社会化媒体上的内容，更需要同消费者双向互动。Yang 和 Lim 在 2009 年指出，公关从业者开设博客和建立网上身份可以提高消费者的参与，最后提高消费者对商家的信任。

对于公众人物来说，同公众的双向交互尤为重要。与其居高临下地同公众对话（talk at），不如以平等的姿态同公众对话（talk to）。让公众感到自己受重视、被关怀、被倾听是公众人物和组织机构大众沟通的重要目标（Kaplan & Haenlein，2012）。此外在社会化媒体上成功的另一个秘诀是确保沟通的诚信度和透明度（Kaplan & Haenlein，2012；Kaplan & Haenlein，2010）。

社会化媒体让商家可以更准确地定位目标消费群。对于消费群的定位可以通过用户分享的地理位置信息，也可通过数据挖掘（Campbell，Martin，& Fabos，2012；Kaplan & Haenlein，2012）。社会化媒体产生了海量的消费者行为数据。商家和广告商可以通过这些数据找到有兴趣购买某商品服务的人群（Campell，Martin，& Fabos，2012）。商家可以将有限的广告预算投入到那些对产品服务最有兴趣的消费人群上（Campell，Martin，& Fabos，2012）。社会化媒体的移动客户端可以让用户分享地理位置，这些地理位置信息也向商家和广告商提供了宝贵的消费者信息（Campbell，

Martin, & Fabos, 2012; Kaplan & Haenlein, 2010)。

研究方法

问卷调查

问卷调查所得数据可以描述社会现象并探究人们对某议题的态度（Babbie, 2010）。问卷调查收集的是受调查者自我汇报的关于其个人行为和态度的信息（Rea & Parker, 2012）。

同任何一种研究方法一样，问卷调查有利有弊。其优势之一是低成本。研究人员可以在短时间内快速获取大量受访者的数据（Cresswell, 2009）。此外，取样调查的结果可以归纳总结一个群体的行为特征（Rea & Parker, 2012）。但是由于问卷的受访对象人数众多、背景各异，问卷的设计只能侧重受访人群的共性而忽视受访人群之间的细微差别，因此问卷所得结果往往浮于表面，不能深入问题的实质（Cargan, 2007）。此外，问卷调查的一个主要缺陷是无法推导各变量间的因果关系（Babbie, 2010）。

之前提到的 Krasnova 和其同事在 2010 年的研究是典型的问卷调查研究。该研究旨在探索社交网站上的自我表露行为，问卷涉及 3 个方面的问题：（1）社会化媒体使用，（2）自我表露的原因，（3）不自我表露的原因。受访者的回答基于 7 个度的 Likert 量表。随后研究人员用结构方程模型（Structural Equation Modeling）测试提出的科学假设。

一般来讲，问卷调查多是横向性设计（cross-sectional），也就是说只在一个时间点获取数据。横向性设计相对应的是跟踪调查（longitudinal study）。部分社会化媒体的研究采用了跟踪调查方式。例如 Steinfield, Ellison 和 Lampe 在 2008 年研究了社会化媒体使用的心理功效。研究人员在一年的两个时间段发放问卷。两次发放的问卷问及 4 个方面的问题：（1）社会化媒体的使用，（2）自尊，（3）整体身心健康（wellbeing）和（4）社会资本。随后研究人员用 T-test 测试受访者在一年内在如上 4 个方面的变动。

另外比较典型的问卷研究还涉及不同国家的人们在使用社会化媒体上的行为差异。比如，Rui 和 Stefanone 在 2012 年比较了美国人和新加坡人的社会化媒体使用习惯。为达到比较目的，研究者先定位了两国的受调查人群并抽样发放问卷。问卷问题涉及 4 个方面：（1）涉及社会化媒体使用和线上关系圈的信息；（2）本人在社交网站上发布的信息；（3）他人发布的信息；（4）保护性自我呈现（protective self-presentation）的策略。研究人员随后建立回归模型验证提出的科学假设。

问卷调查问及的不仅仅是受访者的性格，当下状态和对某事物的态度。调查人员也可以让在网上填写问卷的受访者借助辅助信息以提高回答的可靠性。比如，让受访者打开社交网站个人主页，根据主页内容回答问题（Ledbetter, Mazer, DeGroot, Meyer, Mao, & Swafford, 2011）。

实验法

问卷调查法可以阐述传播现象，而揭示传播现象中各变量之间的因果关系则需要依靠实验法（Babbie, 2010）。在实验中，研究人员操纵各自变量以提炼出自变量和因变量之间的因果关系。使用实验法同样有利有弊。其主要优势是研究人员对于数据采集处理的控制度较高（Weathington, Cunningham, & Pittenger, 2010）。较高的控制度可以让研究者排除各种替代性解释，提炼出真因。但是较高的控制度也带来了问题，实验情境往往同现实情境脱离（Babbie, 2010）。也就是说实验结果也许并不适用现实生活（Babbie, 2010）。

下面我们介绍几个采用实验法的经典研究。Schouten, Valkenberg 和 Peter 在 2009 年的研究试图解释社会化媒体使用是否增加了自我表露行为。实验对比了社会化媒体环境下和面对面交流下的自我表露行为，以及各类可能的影响因素（如自我呈现、质问、相似点和自我意识）。实验人员将受调查对象随机分配到 3 种情境：多媒体的电脑交互环境、基于文本的电脑交互环境和面对面的交流。受调查者们相互交流后汇报自身的沟通行为。随后研究人员测量了上述的 4 个影响因素。最后研究人员用 ANOVA 测试科学假定。

实验法也可用于测试感知（perceptions）和行为（behavior）之间的联系。比如 Stefanone 和其同事在 2012 年研究了把握感知（perceived）的社会资本和实际获得（enacted）的社会资本之间的关系。研究团队首先招募一批参与者（社会网络分析学里所谓的 ego），然后让这些人各指定 6 位强关系联系人和 6 位弱关系联系人。每人所指定的 12 个强弱联系就是社会网络分析学上所说的 alters。每个 ego 都被问及与 12 位强弱关系联系人的交际状况。随后研究人员让 ego 向 alter 发送 Facebook 信息，请求 alter 完成一个在线辨别图片的课堂任务。这类请求被视为低成本的请求（low stakes request）。答应帮忙 ego 的 alter 随后被问及个人信息，以及他们同 ego 的交际状况。最后研究人员使用了多层次逻辑回归分析（multilevel logistic analyses）和二项回归分析（binomial regression）测试各科学假定。

内容分析法

使用内容分析法的研究人员无须与被调查者直接互动。内容分析法的研究对象是已经记录下的传播内容（Babbie, 2010）。内容分析法解答的问题是：（1）谁对谁说了什么、（2）如何说的、（3）为什么说和（4）说后的结果。（Babbie, 2010）

内容分析法的主要优点是无须干扰到调查对象。既然研究人员无法参与被研究的沟通传播过程，那么研究人员对研究数据也不会形成干扰（Cargan, 2007；Babbie, 2010）。另外，内容分析法可以修复数据错误。这是因为，内容分析法所得数据包括了静态数据和动态的连贯性数据（Babbie, 2010）。但是由于内容分析法涉及的是已经生成并记录下来的数据。因此，该方法不适用于那些没有被记录下来的人类传播行为（Babbie, 2010；Cargan, 2007）。

Dominick 在 1999 年取样了雅虎上的个人主页，并分析人们自我呈现的策略。具体的数据采集过程如下：研究人员首先随机获取在雅虎网站上英文的个人主页，然后辅助编译人员（coder）负责将个人资料页上的内容归纳为 6 类：(1) 人口因素：如性别和年龄；(2) 个人信息：如个人主页上是否有简历和生平描述；(3) 主页上是否强调个人喜好；(4) 创意表述：比如主页上是否有自创诗歌；(5) 互动程度：是否提供了 E-mail 地址或是可供留言的页面；(6) 自我呈现技巧。Dominick 在研究结果中提供了各类别内容所占的百分比。

研究者经常将内容分析法同其他研究方法结合。之前提到的 Kramer 和 Winter 在 2008 的研究就是混合使用了问卷调查和内容分析法。在该研究中，研究者使用内容分析法归类了社交网站个人资料页上的信息：(1) 好友数；(2) 参与的组群数量；(3) 发布图片数；(4) 个人资料页中填写了完整信息的类别数；(5) 个人资料页的总字数；(6) 情感状态。之后研究者向个人资料页的主人发放问卷，问及其性格。在这个研究里，可靠度（Coder reliability）按照 Cohen's Kappa 计算。最后研究者用多变量变异数分析（multivariate analyses of variance）测试科学假定。

结语

议题

数字鸿沟

社会化媒体让用户提升个人形象，提高幸福感，获取信息，建立社会资本。但并不是所有人都能从社会化媒体获利。首先要意识到的是并非所有人都有互联网。非上网人群在社会化媒体时代处于劣势。

在美国，上网比例同年龄成反比——年轻人的上网率要高于年长者（Blank & Reisdorf, 2012）。老年人的上网率是各个年龄段中最低的（Zikuhr & Smith, 2012）。

另外收入和教育程度也决定了某人是否使用社会化媒体（Zickuhr & Smith, 2012）。在美国，年收入 3 万美元以下的成年人上网比例显著偏低。此外，仅达到或不及高中教育程度的人群的上网率也很低。即便这些人有上网机会，他们使用社会化媒体的比例也比高收入高教育群体低（Jenkins et al., 2006）。

数字鸿沟不仅存在于上网者和非上网者。在上网者中，不同人群对于互联网技术的掌握是不同的。比如所谓的数字土著（digital natives）指的是随着互联网和新媒体技术长大的一代。他们对于互联网技术的学习能力较强。而另一类被称为数字移民（digital immigrants）的人对互联网新技术掌握起来较慢。

隐私问题

社会化媒体的透明和开放性带来了隐私风险，比如，来自于第三方广告商，政府和雇主对于个人的监视（Barnes, 2006; McCoy, 2010）。此外，如我们提到的，社会化媒体上普遍存在着隐私悖论问题（Barnes, 2006）——用户对于个人隐私的态度和隐私保护行为的偏差（Debatin, et al., 2009）。

未来研究方向

移动端的社会化媒体

当下电脑和手机的功能逐渐趋同。人们越来越多地利用智能手机登陆社会化媒体（Campbell, Martin, & Fabos, 2012）。智能手机的普及对解决数字鸿沟有两方面的意义：它让更多人群加入社会化媒体大军，另外它让人们时刻处在社会化网络下。

社会边缘人群（比如低教育低收入群体）的电脑互联网使用率偏低（Jenkins et al., 2006; Zickhur & Smith, 2012）。但是根据 Pew Internet & American Life Project 在 2012 年的报告，高教育高收入群体和低教育低收入群体在智能手机上使用率上的差别没有在电脑使用上那么大（Zickhur & Smith, 2012）。在美国，相比于使用个人电脑，低教育低收入人群更多地使用智能手机上网和接触社会化媒体（Zickhur & Smith, 2012）。电脑和手机平台的功能趋同，给缩小数字鸿沟带来了机会。

智能手机的流行让社会化网络无处无时不在。社会化媒体也成了日常生活中不可缺的工具。智能手机所带来的随时随地的连接，让社会各部分更紧密地结合在一起。值得一提的是，移动端的社会化媒体给公民新闻报道提供了便利。之前提到的哈德逊河空中危机的报道就得益于手机的普及。未来的研究应该更多关注移动社会化网络如何解决数字鸿沟问题以及移动端社会化媒体如何深入影响人类生活。

感知与行为（Perceptions/Behavior）

当下的社会化媒体研究大多涉及用户的感知，即用户依靠记忆汇报他们的使用行为。研究者并没观察用户使用社会化媒体的实际行为。虽然我们有必要了解用户记忆中的使用行为，但是用户的自我汇报同其实际行为往往有偏差。因此研究者应该更多使用实验法观察社会化媒体上的实际使用行为。

绝大多涉及社会化媒体上社会资本的文献都局限在感知层面。只有少数研究涉及了用户在特定情境下的实际行为。该局限性造成的问题是我们知道用户对于社会资本的态度。但是对于强弱关系的社会资本如何具体影响个人，我们知之甚少。而这一问题不仅限于关于社会资本的研究文献。

因此未来的类似研究应首先比较受访者自我汇报的使用行为同实际行为间的差别。此外，未来的研究重点应放在了解用户行为的因果关系上。为了达到这个目的，能够很好控制各变量的实验法应得到提倡。

◇ 参考文献 ◇

- Ahmad, Ali Nobil. (2010). Is Twitter a useful tool for journalists? *Journal of Media Practice*, 11(2): 145-155. doi: 10.1386/jmpr.11.2.145_1.
- Allan, S. (2009). Histories of citizen journalism. In S. Allan (ed.) *Citizen Journalism*, 17-32. New York, NY: Peter Lang Publishing, Inc.
- Antheunis, M. L, Schouten, A. P., Valkenburg, P. M., & Peter, J. (2012). Interactive uncertainty reduction strategies and verbal affection in computer-mediated communication. *Communication Research*, 39(6): 757-780. doi: 10.1177/0093650211410420.
- Antheunis, M. L., Valkenburg, P. M., & Peter, J. (2010). Getting acquainted through social network sites: Testing a model of online uncertainty reduction and social attraction. *Computers in Human Behavior*, 26(1): 100-109. doi: http://dx.doi.org/10.1016/j.chb.2009.07.005.
- Babbie, E. (2010). *The practice of social research*. Belmont, CA: Wadsworth, Cengage Learning.
- Bane, C. M. H., Cornish, M., Erspamer, N., &Kampman, L. (2010). Self-disclosure through weblogs and perceptions of online and "real-life" friendships among female bloggers. *Cyberpsychology, Behavior, and Social Networking*, 13(2): 131-139.
- Barnes, S. B. (2006). A privacy paradox: Social networking in the United States. *First Monday*, 11(9): 11-15.
- Beaumont, C. (2009). New York Plane Crash: Twitter Breaks the News, Again. (2013-02-02) http://www.telegraph.co.uk/technology/twitter/4269765/New-York-plane-crash-Twitter-breaks-the-news-again.html.
- Beer, D., & Burrows, R. (2007). Sociology and, of and in Web 2.0: Some Initial Considerations. *Sociological Research Online*, 12(5): 17.
- Bennett, S. (2012). A History of Social Media. (2013-02-03) http://www.mediabistro.com/alltwitter/history-of-social-media_b30226.
- Berger, C. R., &Calabrese, R. J. (1975). Some explorations in initial interaction and beyond: Toward a developmental theory of interpersonal communication. *Human Communication Research*, 1(2): 99-112.
- Berger, C. R., &Gudykunst, W. B. (1991). Uncertainty and communication. In B. Dervin and M. J. Voight (eds.), *Progress in Communication Sciences: Volume* 10: 21-101. Norwood, NJ: Ablex.
- Berlo, D. K. (1960). *The process of communication: An introduction to theory and practice*. New York, NY: Holt, Rienhart, & Winston.
- Blank, G., &Reisdorf, B. C. (2012). The participatory web. *Information, Communication & Society*, 15(4): 537-554.
- Blau, P. M. (2009). Exchange and power in social life (1964). In Calhoun, C., Gerteis, J., Moody, J., Pfaff, S., &Virk, I. (eds.) *Contemporary Sociological Theory*. Blackwell Publishing: Malden, MA.

- Bond, B. J. (2009). He posted, she posted: Gender differences in self-disclosure on social network sites. *Rocky Mountain Communication Review*, 6(2): 29-37.
- Boyd, D. (2007). Why youth (heart) social network sites: The role of networked publics in teenage social life. In D. Buckingham (ed.) MacArthur Foundation Series on Digital Learning-Youth, Identity, and Digital Media Volume. Cambridge, MA: MIT Press.
- Boyd, D. M., & Ellison, N. B. (2007). Social network sites: Definition, history, and scholarship. *Journal of Computer-Mediated Communication*, 13: 210-230.
- Bruns, A. (2006). Towards produsage: Features for user-led content production. In F. Sudweeks, H. Hrachovec, and C. Ess (eds). Proceedings: Cultural Attitudes towards Communication and Technology, 275-284. Perth: Murdoch University.
- Bumgarner, B. A. (2007). You have been poked: Exploring the uses and gratifications of Facebook among emerging adults. *First Monday*, 12(11): 1-17.
- Campbell, R., Martin, C. R., &Fabos, B (2012). *Media &Culture*. Boston, MA: Bedford St. Martin's.
- Cargan, L. (2007). *Doing social research*. Lanham, MD: Rowman& Littlefield.
- Carrell, M. R., &Dittrich, J. E. (1978). Equity Theory: The Recent Literature, Methodological Considerations, and New Directions. *Academy of Management Review*, 3(2): 202-210.
- Christofides, E., Muise, A., &Desmarais, S. (2009). Information disclosure and control on Facebook: Are they two sides of the coin or two different processes? *Cyber Psychology & Behavior*, 12(3): 341-345.
- Constantinides, E., & Fountain, S. J. (2008). Web 2.0: Conceptual foundations and marketing issues. *Journal of Direct, Data & Digital Marketing Practice*, 9(3): 231. doi: 10.1057/palgrave.dddmp.4350098.
- Cresswell, J. W. (2009). *Research Design*. Thousand Oaks, CA: SAGE Publications, Inc.
- Debatin, B., Lovejoy, J. P., Horn, A. K., & Hughes, B. N. (2009). Facebook and online privacy: Attitudes, behaviors, and unintended consequences. *Journal of Computer-Mediated Communication*, 15(1): 83-108.
- Dhar, Vasant, & Chang, Elaine A. (2009). Does Chatter Matter? The Impact of User-Generated Content on Music Sales. *Journal of Interactive Marketing*, 23(4): 300-307. doi: http://dx.doi.org/10.1016/j.intmar.2009.07.004.
- Dominick, J. R. (1999). Who do you think you are? Personal home pages and self-presentation on the world wide web. *Journalism and Mass Communication Quarterly*, 76(4): 646-658.
- Ellison, N. B., Lampe, C., Steinfield, C., &Vitak, J. (2011). With a little help from my friends: How social network sites affect social capital processes. In Z. Papacharissi (ed.), *A networked self*, 124-145. New York, NY: Routledge.
- Ellison, N. B., Steinfield, C., & Lampe, C. (2007). The benefits of Facebook "friends:" Social capital and college students' use of online social network sites. *Journal of Computer-Mediated Communication*, 12(4): 1143-1168.
- Forest, A. L., & Wood, J. V. (2012). When social networking is not working: Individuals with low self-esteem recognize but do not reap the benefits of self-disclosure on Facebook. *Psychological Science*, 23(3): 295-302.
- Goffman, E. (1959). *The presentation of self in everyday life*. New York, NY: Anchor Books.
- Gonzales, A. L., &Hancock, J. T. (2011). Mirror, mirror on my Facebook wall: Effects of exposure to Facebook on self-esteem. *Cyberpsychology, Behavior, and Social Networking*, 14(1-2): 79-83.
- Harrison, T. M., &Barthel, B. (2009). Wielding new media in Web 2.0: exploring the history of engagement with the collaborative construction of media products. *New Media & Society*, 11(1-

2): 155-178.
- Hayes, A. S., Singer, J. B., & Ceppos, J. (2007). Shifting roles, enduring values: The credible journalist in a digital age. *Journal of Mass Media Ethics*, 22(4): 262-279.
- Haythornthwaite, C. (2005). Social networks and Internet connectivity effects. *Information, Community & Society*, 8(2): 125-14.
- Hermida, A. (2010). Twittering the news: The emergence of ambient journalism. *Journalism Practice*, 4(3): 297-308.
- Homans, G. C. (2009). Social behavior as exchange (1958). In Calhoun, C., Gerteis, J., Moody, J., Pfaff, S., & Virk, I. (eds.) *Contemporary sociological theory*. Blackwell Publishing: Malden, MA.
- Huang, C. (2011). Facebook and Twitter Key to Arab Uprisings: Report. (2013-02-02) http://www.thenational.ae/news/uae-news/facebook-and-twitter-key-to-arab-spring-uprisings-report.
- Jang, C., & Stefanone, M. A. (2011). Non-directed self-disclosure in the blogosphere. *Information, Communication & Society*, 14(7): 1039-1059. doi: 10.1080/1369118X.2011.559265.
- Jenkins, H., Clinton, K., Purushotma, R., Robinson, A. J., & Weigel, M. (2006). Confronting the challenges of participatory culture: Media education for the 21st century. Chicago, IL: The MacArthur Foundation. Retrieved April 24, 2007.
- Jones, E. E. (1990). *Interpersonal perception*. New York, NY: WH Freeman.
- Jourard, S. M. (1971). *The transparent self* (Rev. ed). New York, NY: Van Nostrand Reinhold Company.
- Kaplan, A. M. (2012). If you love something, let it go mobile: Mobile marketing and mobile social media 4x4. *Business Horizons*, 55(2): 129-139. doi: http://dx.doi.org/10.1016/j.bushor.2011.10.009.
- Kaplan, A. M, & Haenlein, M. (2010). Users of the world, unite! The challenges and opportunities of Social Media. *Business Horizons*, 53(1): 59-68. doi: http://dx.doi.org/10.1016/j.bushor.2009.09.003.
- Kaplan, A. M., & Haenlein, M. (2012). The Britney Spears universe: Social media and viral marketing at its best. *Business Horizons*, 55(1): 27-31. doi: http://dx.doi.org/10.1016/j.bushor.2011.08.009.
- Kleinke, C. L. (1979). Effects of personal evaluations. In G. J. Chelune (ed.) *Self-disclosure: Origins, patterns, and implications of openness in interpersonal relationships*, 59-79. San Francisco, CA: Jossey-Bass.
- Ko, H. C., & Kuo, F. Y. (2009). Can blogging enhance subjective well-being through self-disclosure? *Cyberpsychology & Behavior*, 12: 75-79.
- Krämer, N. C., & Winter, S. (2008). Impression management 2.0. *Journal of Media Psychology: Theories, Methods, and Applications*, 20(3): 106-116.
- Krasnova, H., Spiekermann, S., Koroleva, K., & Hildebrand, T. (2010). Online social networks: Why we disclose. *Journal of Information Technology*, 25: 109-125.
- Lasorsa, D. L. (2012). Transparency and other journalistic norms on Twitter. *Journalism Studies*, 13(3): 402-417. doi: 10.1080/1461670X.2012.657909.
- Lasorsa, D. L., Lewis, S. C., & Holton, A. E. (2011). Normalizing Twitter. *Journalism Studies*, 13(1): 19-36. doi: 10.1080/1461670X.2011.571825.
- Ledbetter, A. M., Mazer, J. P., DeGroot, J. M., Meyer, K. R., Mao, Y., & Swafford, B. (2011). Attitudes toward online social connection and self-disclosure as predictors of Facebook communication and relational closeness. *Communication Research*, 38(1): 27-53.
- Lenhart, A., & Fox, S. (2006). Bloggers: A portrait of the internet's new storytellers.

Washington, D. C.: Pew Internet & American Life Project. (2013-02-02) http://www.pewinternet. org/~/media//Files/Reports/2006/PIP% 20Bloggers% 20Report% 20July% 2019% 202006. pdf.
- Lewis, K., Kaufman, J., & Christakis, N. (2008). The taste for privacy: An analysis of college student privacy settings in an online social network. *Journal of Computer-Mediated Communication*, 14(1): 79-100.
- McCoy, L. (2010). 140 characters or less: Maintaining privacy and publicity in the age of social networking. *Marq. Sports L. Rev.*, 21, 203.
- Morejohn, R. (2012). How Social Media is Replacing Traditional Journalism as a News Source. (2013-02-02) http://roymorejon. com/how-social-media-is-replacing-traditional-journalism-as-a-news-source/.
- Marsden, P. (2009). Crowdsourcing: Your Recession-Proof Marketing Strategy? (2013-02-04) http://www. contagiousmagazine. com/2009/03/your_recession-proof_marketing_strategy. php.
- Mashable. (2011). The History of Social Media. (2013-02-02) http://mashable. com/2011/01/24/the-history-of-social-media-infographic/.
- Newson, A., Houtton, D., & Patten, J. (2009). *Blogging and other social media*. Burlington, VT: Gower Publishing.
- Nosko, A., Wood, E., &Molema, S. (2010). All about me: Disclosure in online social networking profiles: The case of Facebook. *Computers in Human Behavior*, 26(3): 406-418.
- Papacharissi, Z., & Rubin, A. M. (2000). Predictors of Internet use. *Journal of Broadcasting & Electronic Media*, 44(2): 175-196.
- Petronio, S. S. (2002). *Boundaries of privacy: Dialectics of disclosure*. Albany, NY: State University of New York Press.
- Purcell, K., Rainie, L., Mitchell, A., Rosenstiel, T., & Olmstead, K. (2010). Understanding the participatory news consumer. Washington, D. C.: Pew Internet & American Life Project. (2013-02-02) http://www. pewinternet. org/Reports/2010/Online-News/Summary-of-Findings. aspx.
- Rea, L. M., & Parker, R. A. (2012). *Designing and conducting survey research: A comprehensive guide*. San Francisco, CA: Jossey-Bass.
- Rui, J., &Stefanone, M. A. (2012). Strategic self-presentation online: A cross-cultural study. *Computers in Human Behavior*, 29(1): 110-118.
- Qualman, E. (2012). *Socialnomics: How social media transforms the way we live and do business* (2nd ed.). New York, NY: Wiley.
- Raacke, J., & Bonds-Raacke, J. (2008). MySpace and Facebook: Applying the uses and gratifications theory to exploring friend-networking sites. *CyberPsychology & Behavior*, 11(2): 169-174. doi: 10. 1089/cpb. 2007. 0056.
- Ragas, M. W., & Roberts, M. S. (2009). Agenda setting and agenda melding in an age of horizontal and vertical media: A new theoretical lens for virtual brand communities. *Journalism & Mass Communication Quarterly*, 86(1): 45-64.
- Rubin, A. M. (1993). Audience activity and media use. *Communications Monographs*, 60(1): 98-105.
- Rubin, A. M. (2009). Uses and gratifications perspective on media effect. In J. Bryant & M. B. Oliver (eds.), *Media effects: Advances in theory and research* (3rd ed.), 165-184. New York, NY: Routledge.
- Safko, L. (2012). *The social media bible: Tactics, tools, and strategies for business success* (3rd ed). John Wiley & Sons: Hoboken, NJ.
- Schouten, A. P., Valkenburg, P. M., & Peter, J. (2009) An experimental test of processes

- underlying self-disclosure in computer-mediated communication. *Cyberpsychology: Journal of Psychosocial Research on Cyberspace*, 3(2), article 3.
- Singer, J. B. (2013). User-generated visibility: Secondary gatekeeping in a shared media space. *New Media & Society*. doi: 10.1177/1461444813477833.
- Solis, B. (2012). The Conversation Prism. (2013-02-02) http://www.briansolis.com/2012/07/please-help-us-update-the-conversation-prism-v4-0/.
- Stefanone, M. A., Hurley, C. M., & Yang, Z. J. (2013). Antecedents of online information seeking. *Information, Communication & Society*, 16(1): 61-81. doi: 10.1080/1369118X.2012.656137.
- Stefanone, M. A., Kwon, K. H., &Lackaff, D. (2012). Exploring the relationship between perceptions of social capital and enacted support online. *Journal of Computer-Mediated Communication*, 17(4): 451-466.
- Stefanone, M. A., &Lackaff, D. (2009). Reality television as a model for online behavior: Blogging, photo, and video sharing. *Journal of Computer-Mediated Communication*, 14(4): 964-987.
- Steinfield, C., Ellison, N. B., & Lampe, C. (2008). Social capital, self-esteem, and use of online social network sites: A longitudinal analysis. *Journal of Applied Developmental Psychology*, 29(6): 434-445.
- Tapscott, D., & Williams, A. D. (2008). *Wikinomics: How mass collaboration changes everything*. New York, NY: Penguin.
- Tidwell, L. C., & Walther, J. B. (2002). Computer-mediated communication effects on disclosure, impressions, and interpersonal evaluations: Getting to know one another a bit at a time. *Human Communication Research*, 28(3): 317-348.
- Trepte, S., & Reinecke, L. (2013). The reciprocal effects of social network site use and the disposition for self-disclosure: A longitudinal study. *Computers in Human Behavior*, 29(3): 1102-1112. doi: http://dx.doi.org/10.1016/j.chb.2012.10.002.
- Urista, M. A., Qingwen, D., & Day, K. D. (2009). Explaining why young adults use MySpace and Facebook through uses and gratifications theory. *Human Communication*, 12(2): 215-229.
- Valenzuela, S., Park, N., & Kee, K. F. (2009). Is there social capital in a social network site?: Facebook use and college students' life satisfaction, trust, and participation. *Journal of Computer-Mediated Communication*, 14(4): 875-901. doi: 10.1111/j.1083-6101.2009.01474.x.
- Valkenburg, P. M., Peter, J., & Schouten, A. P. (2006). Friend networking sites and their relationship to adolescents' well-being and social self-esteem. *CyberPsychology & Behavior*, 9(5): 584-590. doi: 10.1089/cpb.2006.9.584.
- Walther, J. B. (1996). Computer-mediated communication impersonal, interpersonal, and hyperpersonal interaction. *Communication research*, 23(1): 3-43.
- Waters, S., & Ackerman, J. (2011). Exploring privacy management on Facebook: Motivations and perceived consequences of voluntary disclosure. *Journal of Computer-Mediated Communication*, 17(1): 101-115.
- Weathington, B. L., Cunningham, C. J., &Pittenger, D. J. (2010). *Research methods for the behavioral and social sciences*. Hoboken, NJ: Wiley.
- Yang, S., & Lim, J. S. (2009). The effects of blog-mediated public relations (BMPR) on relational trust. *Journal of Public Relations Research*, 21(3): 341-359. doi: 10.1080/10627260802640773.
- Zickhur, K., & Smith, A. (2012). Digital differences. Washington, D.C.: Pew Internet & American Life Project. (2013-02-02) http://www.pewinternet.org/Reports/2012/Digital-differences/Overview.aspx.

新科技对政治传播的影响

张玮玉[①]

新科技的普及日新月异。一份数据[②]显示，截至 2012 年 6 月，全球互联网用户已达到 24 亿，占全球人口的 34%。从 2000 年到 2012 年之间，互联网用户数目有了近 566% 的增长。北美洲在全球处于领先位置，互联网普及率在 79% 左右。欧洲和大洋洲紧跟其后，达到 65% 上下的普及率。中东地区和拉丁美洲处于一个区间，普及率都略高于 40%。亚洲的互联网普及率较低，在 28% 左右。非洲最低，只有 16%。国际电信联盟（International Telecommunication Union）的数据[③]显示，截至 2013 年，全球移动电话户口量已高达 68 亿，几乎等同于人口数量，这个数目已经远远超过固定电话户口量（约 12 亿）。地区间的不平衡依然明显，非洲和亚洲分别列倒数第一、第二位。同 2006 年相比，全球移动电话户口量增长了 309%。如此快速的普及在科技史上是史无前例的，此类科技所带来的影响因为普及速度太快而无法清晰地体现出来，为学者们的研究带来了极大的挑战。本章将首先界定新科技和政治传播这两个主要概念，接着简略地回顾政治传播研究的历史，然后将焦点转向新科技研究的历史，并以互联网和政治传播为重点阐述新科技对政治传播的影响，最终本章将提出一些未来发展的趋势和动向。

新科技的界定

所有科技都曾经是新的（Marvin, 1988）。印刷术结束了对口口相传的依赖，将信息固定化在纸质传媒上，从根本上改变了知识的形态与习得方式。电台的出现开启了大众传播的时代，很难想象现今的听众们还会被一出"火星人入侵"的广播剧所愚弄。电视机取代了饭桌和供桌，成为了客厅的中心，将来自家庭以外的各类信息带入人们的私人生活空间。即便是固定电话刚出现时，有关它改变人类社

[①] 张玮玉现任新加坡国立大学（National University of Singapore）传播与新媒体系助理教授，2008 年获美国宾夕法尼亚大学（University of Pennsylvania）传播学博士学位，主要教学和研究领域包括公民商议、公民参与以及新媒体心理学等。

[②] 请参见网站 www.internetworldstats.com。

[③] http://www.itu.int/en/ITU-D/Statistics/Documents/statistics/2013/ITU_Key_2005-2013_ICT_data.xls。

会的预言也是不绝于耳。时间过去了，我们看着这些曾经的新科技，发觉它们都曾被赋予极高的期望，似乎改天换地只是瞬息之间。再看看我们今天的生活，的确被这些曾经的新科技改变了许多，但是教育、传播、人际关系等根本议题似乎还是在困扰着人类社会。从某种程度上来说，新科技是一个非常具有误导性的词汇。似乎只有我们刚开始使用或即将使用的科技才可以被称为"新"，才有带来重大改变的可能性，而种种融入了我们日常生活的科技（例如水、电）却被忘却。本章对新科技的界定因此相对严谨，**特指 20 世纪 60 年代开始涌现并普及的信息传播科技，以电脑、互联网、移动电讯、电子游戏等为主要代表**。这个界定首先排除了这个历史时期涌现的其他科技，比如说运输科技、医疗科技等。其次这个界定也排除了稍早开始（1950 年左右）的有线电视热潮，将有线电视归为电视技术的延伸，受制于电视产业的固有模式。再次这个界定不讨论那些曾经涌现但最终未完成大规模普及的信息传播科技，如 VCD 科技。最后这个定义不强调"新"的革命性隐义，只是撷取"相对年轻"这个含义的方面。

政治传播的界定

政治传播的定义众家纷纭，从宽泛到严谨不一而足。宽泛定义常常从字面出发，将政治传播描绘成"与政治相关的所有传播过程"。这个宽泛定义有两个关键词，政治和传播。我认为宽泛定义的主要困难来自于界定这两个核心概念。首先何谓政治？这个问题连政治学家都无法达成一致。有的学者认为，政治就是一切与政府的产生、运行、更替相关的活动。另有一些学者觉得将政治局限于政府过于狭窄，应该将政治视为涉及人类自我组织的所有活动，政府只是人类自我组织的方式之一。举例来说，Negrine 和 Stanyer（2007）在他们的《政治传播导读》一书中提供了这样一个定义，政治传播就是"社会主体之间就政治事务进行的一切传播"。这个定义进一步将传播的行动者，即所谓社会主体，界定为"媒体制度、政治制度以及市民公众"。这个对于社会主体的分类基本受到了认可，其他各家的定义或多或少采用了这一三分法。遗憾的是关于政治事务的定义依然不够清晰。其次何谓传播？一个传统的分类是根据传播的范围将其分为人际传播、小群体传播、组织传播、大众传播这四类。但是这个分类仍然没有告诉我们传播这一行为或者现象的本质。McLeod, Kosicki 和 McLeod（2009）提出政治传播着眼于"政治行动者、普罗公众以及新闻媒体间的信息交换"。这个定义将传播解释为信息交换，具有鲜明的认知心理学的色彩。McNair（2007）的定义强调传播必须是有目的性的，从而排除了无意识的信息交换，体现了对传播主体的能动性的认可。由此看来，一个统一的、普适的定义可能是不存在也是无意义的。我们对政治传播的理论界定必须在有关历史背景和学术环境下进行，一个字典式的定义对我们来说可能是无甚帮助的。因此本章对于政治传播的界定不是从释义出发，而是从划定疆界出发，从而有助于我们了解新科技是如何进入这个版图并重新定义这个版图的。

任何版图都不可能是无限的。本章对于政治传播的追述起源于美国传统，随着叙述的演进逐渐融合英国、欧洲大陆以及更广阔的国际视野。将美国传统作为源头并不是对于其他传统的轻视，而是根据一个基本事实，即政治传播这个学术领域在美国传统中最为发扬光大，甚至于政治传播这个学术词汇都是在美国传统中最为普及。比如说，英国传统习惯于将此类研究称为"媒介与政治"研究，强调媒介体制、媒介文化、受众之间的互动关系及其政治意义。欧洲大陆传统往往从一个更抽象的哲学高度来讨论传播的政治意义（如哈贝马斯的公共领域），很少将自己限定在传播这一学术领域。本章的下一部分将提供一个简略的历史回顾，并讨论当时的所谓新科技是如何影响当时的政治传播研究的。

政治传播研究的简略历史

政治传播作为传播学的一个主要分支，充分体现了传播学交叉领域学科的特质。即便是美国传统的政治传播学，也受到了多个学科的直接影响，包括政治学、心理学、社会学、语言学、修辞学等等（McLeod，Kosicki 和 McLeod，1994）。这种多学科交叉的特征可以追溯到美国传统起源时期的历史要求。"二战"期间的**宣传研究**常常被认为是激发传播学诞生的一个现实要求。如何使用传单、电影以及电台等传播技术来说服本国人民和军人支持战争，并影响敌国人民和军人，这些都是当时特定的历史条件下的特定需要，从而为美国传统奠定了媒介效果的导向。如果宣传研究还持有对大众媒介效果不切实际的幻想（如电台广播可以左右听众的想法），随之而来的有限效果时期可以看作是一种更正。有限效果的代表学派为哥伦比亚学派，他们的研究几乎完全落在政治传播的范围内，更具体来说，几乎完全落在**选举研究**的范围内。这个时期的美国政治传播研究的主要议题是解开选民们如何决定投票的迷惑，一些经典理论如两步传播理论（two-step flow）因此产生。与选举研究一脉相承的是后来成为美国传播学主流的**媒介效果研究**，代表理论有议程设置（agenda-setting）、框架理论（framing）等，以研究媒介如何影响受众的态度与行为作为主要议题。这一时期被一些学者称为强效果的复活期，对媒介的效果在哪里怎样产生作用有了更深层次的认识。不得不说电视的普及深刻影响了这一时期政治传播的走向，政治家们的影像声音得以进入每个家庭，从而改变了美国政治的规则，也改变了与政治相关的传播机制。

选举研究可以看作是美国传统的政治传播的一面大旗，而另一面旗帜就是所谓的**民意研究**。民意研究不仅仅对选举期间选民的态度行为感兴趣，还将非选举时期人民对许多政治议题的态度都列入研究范围内（Donsbach & Traugott，2010）。民意研究的另一个特点是它对调查方法的依赖，民意调查在美国已经发展成为了一个产业，甚至成为了一种非正式的政治体制。基于民意研究的这些特点，这个领域目前几乎已经独立于政治传播而自成一家，旨在描绘民意的分布、解释民意的产生以及改进民意调查方法。民意研究的这一独立性可以在它拥有自己的学术协会这一点中看出来,美国民意研究协会以及世界民意研究协会都有自己固定的学术会议。即便如此,民意研究和媒介效果研究还是有相当多的共同点:两者都因为媒介作为影响民意的重要因素之一而给予极大的关注,并共同使用一些基本理论,如议程设置和沉默的螺旋(spiral of silence)。

选举研究和民意研究都主要关注态度,当然选举研究也关注一个特定行为就是选民的选择。与这两者不同的是,**政治参与研究**认为政治行为远远多于投下选票这个动作,选举与选举之间的种种政治参与才使得政治体制得以维系。政治参与研究可以追溯到美国政治学家 Verba 以及同事们一系列关于政治参与及其不平等的著作(1978,1995)。传播学者在 20 世纪后期开始关注政治参与,并企图将媒介效果传统带入这类研究,专注于各类传播活动(如新闻媒体的使用和日常政治讨论)对政治参与的影响。政治参与研究的崛起和美国 20 世纪 60 年代风起云涌的社会运动有很大关系,这一时期的现实显示投票不再是唯一的影响政治的方式。政治参与研究因此也特别具备政治社会学的色彩,关心人们是如何从社会化过程以及日常的社会活动中形成政治态度以及习惯的。著名的社会资本学者 Putnam(1995)就曾将美国人社群参与的减少归罪于电视,认为电视将人们留在家中,占据了他们原本和邻居们交往的时间。

与美国传统几乎同时发展的是英国以及欧洲大陆传统,传播学中的政治经济学以及文化研究都和这个传统紧密相关。两个传统的最早交集以欧洲传统的批判学派对于美国实证传统的批判呈现。源于法兰克福学派的批判传统强调对现实的反思与批判,关注政治系统(包括媒介系统)、社会群体多于个人。批判常常建立在一些政治哲学的基础上,对媒介与政治的反思多强调这些已有体制的压迫性。考虑到法兰克福学派的新马克思主义倾向,不难理解这种批判现有体制的路数。这个开始于选举研究时期的对峙,笔者认为长远来看对传播学的发展是弊大于利的。批判传统与实证传统的相互排斥,导致了在很长一段时间内,除了相互不屑以外,两个传统各行其道。甚至于在某些中文传播学的书籍里,实证传统被不公正地贬低,批判传统又过分被拔高。可喜的是,随着传播学的国际化,对峙的状况正在改善。当不同于英美以及欧洲的政治系统成为我们的研究情境的时候,我们就会发现我们既需要高屋建瓴的批判与反思,也需要细节严谨的求证与描绘,从而完成大胆假设小心求证的学术过程。笔者认为,比较政治学及其下属的比较媒介学较好地进行了这样的融合。以 Voltmer(2006)为代表的比较政治传播学者,在厘清政治以及媒介系统的前提下,进一步研究个体受众对媒介内容的反应。实证研究的方法可以使用,但是其中的一些对于系统的假设必须首先得到修改,相对应的测量工具等也要得到修改。基于这样的学术发展现实,有关新科技和政治传播的研究从早期就呈现了一种批判学派和实证学派并驾齐驱的势头,本章的下一部分将详细描绘这相对短暂的历史发展与研究现状。

新科技研究的历史

以电脑、互联网、移动电话为代表的这一轮新科技，其历史不过半个世纪，但它们的普及速度之快、覆盖面之广却是以前的科技无法比拟的。电脑最先是以处理大型数据的工具出现的，20世纪60年代左右，电脑开始向传播科技发展。根据 Rogers 和 Malhotra 的历史回顾（2000），一些具有很强的前瞻性眼光的先驱们，首先看到了电脑作为传播媒介的巨大可能性，并在很大程度上引导了这些新科技的发展方向。这些被提名的先驱们多为美国大学教授或者大型研究机构的研究人员，他们对于电脑以及电脑网络的设想因此也常常较理想化。基于这个历史条件，我们可以看到有关新科技的学术研究常常受到了这些先驱们以及他们的思想的影响。很多早期关于这轮新科技的著作充满了预测的意味，如尼葛洛庞帝的《数字化生存》就是一个很好的例子。而这些预测也往往倾向于一种乌托邦式的幻想，认为这些新科技将从根本上解决人类社会的一些问题。随着新科技的普及，更多的学者与研究机构加入进来，开始了 Wellman（2011）所指的描绘期，即系统地描述人们是如何使用这些新科技的。一些长期性的研究项目，如 Pew 互联网研究中心、世界互联网研究项目等都以定期发布对用户及其行为的报告为任务，在国内相对应的就是中国互联网研究中心定期发布的报告。当新科技几乎成为了家喻户晓的名词，有关研究开始转入了一个新的时期，即分析期。学者们不再满足于运用传统的研究方法（如调查问卷）描绘这些新科技的使用，而是企图综合不同学科的强项来分析新科技的影响。这一时期中，互联网研究作为一个相对独立的研究领域开始兴起，来自于社会科学、工程学、计算机学等领域的学者们聚集起来，一些专门研究互联网的机构诞生了。与此同时，互联网研究在一些传统学科逐渐取得了合法性，传播学作为一个相对年轻的多领域学科，对新科技的容纳是最为迅速的。同样的趋势最近可以在移动电讯研究中看到。移动科技的研究作为一个相对独立的综合研究领域正在形成中，国际传播学年会在过去的5年中几乎年年都会举办专门关于移动科技的前会。

尽管大学或者研究机构常常被看作是电脑以及互联网的诞生地，商业力量和官方力量在这轮新科技的发展中也非常重要。商业力量的加入不但推动了新科技的普及，而且改变了理想化的先驱们为新科技设想的未来。一些重大的新科技公司如微软、诺基亚，不但是技术创新的先锋，也是新科技研究的重要力量。微软研究中心在招募技术型研究人才之外，也招募社会科学的学者作为团队的一分子。诺基亚研究中心一度聚集人类学学者从事移动电话在用户每日生活中的使用的研究。不过这些商业研究从根本上是为了商业利益服务的，因此议题与范围都受到了限制。官方力量也在很大程度上改变了先驱们设想的未来，种种政策制度减弱了这些新科技的乌托邦色彩，并逐渐将它们纳入已有的管制范围内。理解了这些历史发展之后，我们就较容易理解为什么新科技对政治传播的影响会长期纠结于乌托邦与反乌托邦的争论之中。下面笔者将以互联网对政治传播的影响为主要关注点来描述相关研究的发展脉络。

互联网与政治

互联网与政治之间的关系可以分成两个方面，一个是"有关互联网的政治"，另一个是"互联网上的政治"。前者是围绕互联网的发展而产生的政治，先驱们曾经想把互联网变成一个自由平等的虚拟天下，但是种种商业、官方、政治力量都不断地改写这个理想。这一方面可以和欧洲传统的媒介政治经济学相类比，关注的是互联网如何受到各类权力的影响。后者是将互联网看作一种媒介、一个平台，或者一类空间，我们所熟悉的政治在这个新舞台上演，不可避免会呈现一些以往未见的新形态和新意义。这一方面关注于传统的政治主体们，包括政府、政治家、政党、利益团体、活跃分子以及普通民众是如何使用互联网的。除了信息交换之外，意见的形成与表达、情绪的分享、有政治意义的行为等，都在互联网这个场域中发生。

有关互联网的政治通常发生在网下，互联网行业的结构、政府的政策法规都是互联网政治的重要组成部分。2013年全球瞩目的Snowden事件充分体现了政府监管与网民隐私之间的冲突，这一冲突不仅仅是某国内部的冲突，而且由于美国在国际上大力推行互联网自由，中俄等国强调互联网监管，而演变成地缘政治的一部分。谷歌在2010年高调退出中国市场就是这种互联网地缘政治的一个范例。与现实相对应的，有关互联网政治的研究也高度关注两个议题：一是政府如何实施管制，二是政府**应该**如何管制。前者是一个描述性的问题，后者是一个规范性的问题。关于各国互联网监管政策、策略以及行为的研究有时被简化为"互联网审查"研究，常常与"互联网自由"这个概念对立。比如说，开放网络计划（OpenNet Initiative）出版了一系列三本的书籍来记录全球范围内的互联网审查活动，第一本 *Access Denied* 关注于网络过滤，第二本 *Access Controlled* 关注于各国政府如何积极使用新科技进行控制，第三本 *Access Contested* 特别关注亚洲国家及其政府的网络控制活动。这些以描绘为主要任务的研究其实不乏规范性的倾向，多数学者都认为有关互联网的管制和政策应该听取多方意见，而不是由政府单方面决定。运用"互联网自由"作为主导概念的研究也很多，比如说，MacKinnon（2012）的"Consent of the networked: The global struggle for Internet freedom"旗帜鲜明地要求商业力量和官方力量在建构互联网的时候需要获得用户的首肯。互联网审查与互联网自由之间的话语之争可以追溯到互联网历史早期的乌托邦理想，不可否认的是这一理想，虽然受到了各类权力的改写，仍然是相当一部分的用户对互联网的期待。中国情境下的相应研究也不乏存在，从审查到反审查都得到了系统的论述（如 Qiu，2007；Tsui，2001；Yang，2010），遗憾的是商业力量尤其是互联网公司在中国互联网政治中所扮演的重要角色尚未得到系统地考察。我们期待在不久的将来此类新媒体政治经济学的研究能够得到更快的发展。

互联网上的政治，顾名思义主要在网络上进行。由于互联网发展早期的乌托邦色彩，一类研究专门论述互联网的民主化可能性，一些学者称为"数字民主"（digital democracy）或者"e-民主"（e-democracy）研究。这类研究体现了欧洲传统的重大影响，常常从宏大概念如"商议民主"（deliberative democracy）、"参与民主"（participatory democracy）等出发来考察新科技能否推动一种民主模型的实现。有多位学者都曾思考过各类民主模型在互联网政治研究中的体现（如 Dahlberg，2011；van Dijk，2000），并一再号召大家在思考数字民主这一问题时分清不同的民主模式及其背后的规范性假设，因此才能对互联网的民主潜能这一问题做出全面的回答。Dahlberg 的近作（2011）将数字民主研究分为 4 个传统，分别为自由个人主义（liberal-individualist）、商议性（deliberative）、反对公众（counter-public），以及自治马克思主义（autonomist Marxist）。自由个人主义的民主模型着眼于新科技提供给个人的自由争取利益的机会，此类模型为多数互联网政治研究所遵循。商议民主模型受到哈贝马斯的公共领域理论的启发，强调互联网如何促进公民之间以及公民与政府间的商议，这个模型也有相当多的研究在使用。反对公众模型并不强调理性的讨论，而是关注互联网如何有助于某些边缘化的政治群体的形成以及斗争。自治马克思主义模型则将互联网看作一个激进的工具，可以超越国家与资本主义的桎梏而达到自我组织和共同参与。与此相类似的，Coleman 和 Blumler（2009）在运用"数字公民"这一概念的时候，也根据不同的政治哲学传统做出了详细的分类，并探讨互联网如何与不同的数字公民模式产生联系。这些研究表明有关互联网能否推动民主化的争议（Hinderman，2009）在很大程度上是不同民主模型之间的争议。比如说，有的研究发现信息的极大丰富加强了个人争取权益的能力，有的研究发现公民之间的网上讨论并非那么理性，前者可能就此推论互联网是有利于民主化的，而后者却声称互联网不利于民主化。民主模型的讨论提醒我们互联网或许有利于自由民主，而并不能自发地为商议民主服务。数字民主的研究给我们提供了很好的指引，也许研究中国互联网的学者们可以试着提出适用于中国互联网的分类，看看互联网在中国环境下到底促进了哪些政治理想的实现，又是怎样阻碍了另外一些理想的实现。

本章对关于"互联网上的政治"的研究将以政治主体来分类，回归政治传播的传统界定。如上所述，政治主体可以分为政府、政党、政治家、民间组织、新闻媒体、政治积极分子、普罗公众等。这些政治主体是如何运用互联网来进行各种政治活动的？这个问题将成为笔者组织研究成果的主线。先从政府开始，各国政府都企图利用新科技来加强管制的效率和合法性，"电子政府"（e-government）、"电子管制"（e-governance）、"电子咨询"（e-consultation）等名词层出不穷。很多研究项目都直接受到政府资金的赞助，建立一些电子平台并考察它们对公民的影响。研究表明

(Reddick, 2010), 互联网有利于政府部门公开一些法律政务信息, 使得公民们查找这类信息的需求得到很大满足; 另外也有利于政府部门将一些公务服务电子化, 大大减少公民办理此类事务的时间, 提高了政府部门的办事效率。与此同时, 互联网也给政府管制带来很多挑战, 尤其当灾难事件等重大危机发生的时候, 互联网传播信息的快速常常挑战政府部门的应对速度和策略, 或者一些公民不满公务服务的一些漏洞而公开批评政府部门, 这些部门也必须提高危机处理的能力。研究人员发现 (OECD, 2003), 尽管互联网在信息公开和电子服务方面贡献很大, 多数政府在运用新科技来整合公民参与方面仍然存在很多困难。有一类考察政府主导的电子参与的研究经常陷入鼓励公民参与和保持政府控制的两难之中, 一方面公民似乎并不总是热心参与公共事务(如有的电子平台无人问津); 另一方面有些政府部门害怕过分自由的参与会导致极端言论而对一些电子平台实施严格控制, 或者一些政府部门并没有积极对待电子平台上的参与。这样的困境与更深层次的政治结构、权力关系有关, 因此新科技本身似乎无法从根本上解决这样的困境。

政党是另一类非常重要的政治主体, 政治家在很多国家都必须和政党相结合, 本章的回顾因此将这两个主体合并讨论。政党支持的选举候选人如何在大选期间利用互联网等新科技进行助选, 这几乎是美国传统影响下的互联网政治研究的最重大课题。从实践来看, 美国最近几届总统候选人对于互联网的娴熟运用, 显示了新科技在大选中扮演的重大角色。比如说, 奥巴马的新科技团队成功地利用社会媒体组织他的支持者们在网下为他助选, 奥巴马在视频网站上的短片也成功地吸引了年轻选民的注意, 并在一定程度上帮助他打击了形象相对不那么年轻的对手。有关如何策略化地使用互联网来进行助选的书籍风靡一时(Hendriks & Denton, 2010)。与此相对应的, 互联网在非西方的民主大选中也起到了重大作用, 举例来说, 马来西亚的最近两次大选都显示了两个对立政党积极使用互联网来争取选民, 一些博客作者最终当选为民意代表。学术研究对选举技巧和策略的兴趣是有限的, 研究更关注的是有普适性的结论或者理论(Parmelle & Bichard, 2012)。其中一种就是利用统计方法来比较使用和没有使用互联网的候选人的得票情况, 另一种是用社会媒体上的支持率来预测当选概率(Skoric et al., 2012)。不少研究发现, 新进的挑战者, 或者在野党的候选人倾向于积极使用网络来为自己造势, 但最终得票情况还要考量其他因素。在某些国家, 社会媒体的支持率几乎与最终选举结果一致, 但在另外一些社会媒体不太普及、城乡差距大的国家, 这种一致性尚未得到支持。

互联网提供的低价有效的传播渠道使得政党可以在选举期之外保留它们的网站和社会媒体, 在选举之后继续影响选民, 这一事实进而促生了一个名词——"永久的助选"(permanent campaign)。至少在有选举的国家, 这一现象已经相当普遍。根据 Nixon, Ward 和 Gibson (2003) 的总结, 早期的政党网站更多起到的是一种符号作用, 表明这个政党是开明创新的。后来政党网站被整合到主流政党传播中来, 辅助传统的传播渠道如党刊等起到了与党内支持者交流的作用。可是政党总体来说对新科技的使用还是相当谨慎与保守的,很多时候还是依赖已有的党内结构来行事,对从下而上的党员参与进行管理和疏导。这样的发现可能不太适用于政党政治没有那么定型的发展中国家,对于新科技的大胆使用是这些国家反对党的特色,尤其因为这些国家的主流媒体为执政党所严格控制,马来西亚就是一例。但是最近的 2013 年大选,马来西亚执政党奋起直追,似乎在运用新科技方面也做了很多努力并取得了相当大的成效。因此笔者建议在考察政党政治在互联网上的表达时,还是需要回到已有的主要政党之间的权力平衡来看。

一些学者(Bimber, 2003)认为,运用互联网最具创造力的政治主体是一些非政党的政治或者民间组织,美国的 moveon.org 就是一个典型。这些民间组织的崛起体现了一个从政党政治向议题政治转化的趋势,也就是说,公民们不再仅仅满足于定期选举民意代表,而是希望能够在他们所关心的议题上有发言权和影响力。这些民间组织常常以某些议题为中心,组织并动员广大公民的积极参与,从网上募款到电子请愿,到制作病毒性传播的网络短片等形式不一、风格不拘。Karpf(2012)在他的著作中详细描绘了美国的利益团体政治如何因为这些围绕互联网科技而建立起来的民间政治团体产生了预料之外的转变。他论述了新科技的重要性,但也同时提醒读者,这些新型组织还是具备组织的架构,和一些分析家认为的完全自发的集体行为还有一些差距。他还指出,这些民间政治组织虽然有很多支持者,但它们并没有从根本上改变美国政治的两极分化现状,即党派分野仍然是这些组织的基础,超越政党的商议民主在这类组织中并不常见。

新闻媒体一度被誉为"第四权力",可见其在政治中的重要性。互联网也被称为新媒体,强调了网络作为新闻载体的属性。已有的新闻媒体纷纷推出网络版以应对网络上快速大量传播的免费信息。随着记录与传播科技的普及,由普通民众进行报道的公民新闻开始崛起。传统新闻业受到的挑战以及公民记者的涌现,成为了研究新闻媒体与互联网政治的两个关注点。当互联网被看作是与电视、报纸类似的新闻媒体时,很多传统政治传播理论和研究范式都可以被应用到研究互联网上来。比如说,经典的议程设置理论就可以被用来研究网上的议程设置过程,看看网民对议题重要性的判断是遵循网上议程还是网下议程,或者看看网络议程是跟随传统媒体议程还是相反。这种简单地应用经典传播理论的研究忽略了网络独特的媒体属性,无法深入考察网络媒体与传统媒体的本质区别。Tewskbury 和 Rittenberg(2012)的著作较为系统地论述了互联网新闻的不同之处,首先用户们不再是被动的接收者,而是积极主动的选择者;其次网上信息极大丰富,各类专门性的新闻服务层出不穷,导致了新闻受众在一定程度上的分散;最后由于人类有选择自己喜爱的内容的倾向,网上新闻的丰富性鼓励了用户只看与自身已有喜好一致的信息,而当用户们的已有喜好一而再地被加强时,他们的观点可能变得更偏激,而在总体上导致一种两极分化的状态。网上新闻的使用和消费常常可以从心理学的角度进行研究,而网上新闻的制作与传播就需要从组织传播和政治经济学的角度来探讨了。例如 Boczkowski(2005)的著作就考察了传统报纸媒体(如纽约时报)是以何种策略将互网纳入每日新闻制作的流水作业之中的。最令新闻研究人员兴奋的是互联网以及电子摄录设备的小型化、傻瓜化促进了公民记者的诞生和普及。公民记者与职业记者不同，他们不受传统媒体体制的约束、没有经过职业化的训练，也不涉及职业记者圈的利益关系和文化，这使得他们的报道迅速、快捷、在场感强烈，但是缺乏职业素养（如全面客观经过核实）。除了探讨公民记者的优劣之外，一些研究也关注传统职业新闻媒体如何与公民记者相互配合、取长补短。随着科技创新的不断涌现，人们获得新闻、消费新闻的方式将大大改变（如微博成为新闻的一个重要传播渠道），我们期待能有更多对新兴新闻载体的研究。

互联网与传统媒体的一个重大区别就是它不仅仅是为了传播新闻而存在，对于很多政治主体来说，它更像一个平台或者一类空间，使得这些政治主体能在其中有所作为。行文至此，笔者将着重讨论政治积极分子和普罗公众是如何在网络空间中积极动员、自我组织、实现影响的，这类研究常常被称为网络积极行动（cyberactivism）或者电子积极行动（digital activism），是互联网政治传播研究的一个重要分支。从理论来看，这个分支受到了政治社会学的很大影响，常见的理论包括社会运动、社会网络、新社群理论以及哈贝马斯的公共领域理论及其批判衍生的附属另类公共领域（subaltern public sphere）理论（Zhang，2006；2012）。从具体研究来看，这个分支倾向于关注某一个或者一类网上空间，深入探讨一些有政治诉求的网民们是如何聚集起来、建立网上社群、发展社群间的合作、最终向更广阔公众发出诉求的。举例来说，McCaughey 和 Ayers（2003）编撰的书籍中收录了一些这类案例，有的案例与前面提到的民间组织紧密结合，有的则更倾向于草根阶层的自发性的集体行动，尤其是一些被边缘化的群体如同性恋、少数民族、移民等。这个分支在中国情境下的发展最为蓬勃，可能是因为上述的一些政党与选举政治等并不适用于中国，而中国网民的积极行动却屡见不鲜。Yang（2010）的著作就是一个典范，这本书详细探讨了多个网民以及民间组织运用互联网推进政治诉求的案例，提出了一个论点就是中国网络社会的发展与公民社会（civil society）的发展是并行的。如果网络是当代中国公民社会的基石之一，我们的研究就应该更多地考察新科技在公民社会的发展与运行中的角色与作用（Zhang & Wang，2010），尤其是与西方在工业化和大众传播的背景下发展起来的公民社会相比，有什么独特之处。除此之外，我们也应该大胆抛弃一些基于西方历史实际而产生的关于政治传播的假设，例如"只有选举政治才是民主"，仔细观察中国事实并小心分析一些看似普通的每日生活（Zhang & Mao，2013）的政治含义。

互联网政治研究的另一个重要分支就是有关普罗公众在网上的政治讨论。这些讨论有的是自发形成的，有的是民间组织或者政府部门领头的，指导这类研究的理论是受到公共领域概念激发的商议民主（deliberative democracy）理论。关于政治讨论的研究由来已久，经典的两步传播理论就曾指出大众媒体对受众的影响必须经过人际传播这一个中间程序，公众之间的讨论可以改写大众媒体的效果。随着政治讨论研究的演进，政治异议（political disagreement）这个概念出现了，这类研究指出政治讨论对讨论者的影响还要取决于讨论中有多少异议出现。一方面，政治异议体现了政治讨论的多样化，不同的信息和观点被带入讨论，有启发民智的优点；另一方面，政治异议可能带来负面的情绪影响，因此当讨论者意识到对方与自己意见不同的时候，可能会转开话题或者隐瞒自己的真实观点，并进一步地阻碍这些讨论者采取政治行动。互联网所具备的人际交流功能（如论坛、即时聊天工具、社交网站）提供了政治讨论的土壤，网络用户的多样性也在理论上提供了人们与不同人交流的可能性。一些民间组织就企图利用互联网的特性来组织公民们进行政治讨论，希望由此教育公民，让他们在考虑个人利益的同时也能顾全大局。研究人员也加入到这一热潮中来，比如说，宾夕法尼亚大学的 Vincent Price 教授所领导的一系列网上商议（online deliberation）项目，创造性地使用聊天室工具组织来自全美的参与者在网上讨论总统大选、健康改革等重大议题。政治讨论里的重要概念如异议也在网上商议研究中得到强调，Stromer-Galley（2003）的研究发现网民们想要知道和他们不同的人是怎样想的，但是 Wojcieszak 和 Mutz（2009）的研究发现这些与不同的人之间的讨论倾向于在非政治性的讨论空间发生。笔者的博士论文专门探讨网上商议所面临的不平等挑战，如何让那些在网下已经落后了的公民不被网上商议这个体制进一步边缘化，这将是网上商议研究和实践需共同解决的难题（Zhang，2010）。

展望未来

本章着重讨论了互联网科技对政治传播以及政治传播研究所带来的重大影响，由于篇幅有限，无法详细论述其他新科技如移动电讯和电子游戏对政治传播的影响。比如说，移动电话的普及率已经超过电脑，成功地进入了相对不发达地区和相对低收入人群，移动电话对电子鸿沟的改善因此成为了一个重要研究问题。一个名为"信息传播科技与发展（ICTD）"的研究领域特别关注新科技如何促进人民生活的改善以及边远地区的发展，可惜这个领域在传播学中还是边缘。电子游戏的研究更加处于早期，但是研究者们已经开始关注"严肃游戏"（serious games）如何促进社会变革。可以预见的是，随着移动科技和电子游戏的进一步普及，关于它们的研究也会有更长足的进步。

新科技与政治传播这一领域虽然还处于欣欣向荣的发展期，但是一些问题或者更确切地说是不足仍然存在。笔者将从理论、适用范围和方法这三个方面来讨论不足和改善之道。首先从理论来说，如上所述，大多数的研究还是企图将已有的传播理论延伸到新科技的研究中来，因此媒介效果研究和民意研究里常用的一些理论还是经常见诸新科技的研究当中。并不是说这些理论完全不应当被用于新科技的研究，而是说这些理论的产生自有其历史背景和条件，而这些历史背景和条件与当前的状况不甚符合。比如说著名的议程设置理论是在一个大众传播中期的历史背景里产生的，在这个时期，美国的大众传播媒介如报纸电视已经发展到了一个成型期，只有几种全国性的报纸和电视台能对全国范围内的受众产生影响，因此一个相对统一的议程设置过程是可能的。可是新科技所带来的信息的极大丰富以及用户的积极选择，都使得一个相对统一的议程设置过程变得不再可能，这个理论的适用性因此大大减低。另外，也并不是说所有传统理论都不适用于当下，比如说社会网络理论就是一个很好的例子，可惜由于社会网络理论是一个社会学的理论，传播学对这个理论的借鉴和运用还处于比较青涩的阶段。对于传统理论的依赖阻碍了我们对适用于新科技的传播理论的创新，各种新理论百花齐放的状态并没有在这一轮新科技发展中涌现出来，尤其是对于新科技的本质有深刻体察的理论还没有涌现出来。笔者建议，当我们为新科技与政治传播创建新理论的时候，我们必须将新科技的特性放进理论中来，也就是说，新科技的属性如互动性、移动性、记录功能等必须成为理论的基础，否则很难理解为什么我们的新理论和传统理论相比是有本质上的飞跃的。为了达到这个目的，传播学者必须发挥传播学交叉学科的传统，努力向其他相关学科学习新范式，电脑科学和信息科学就是两个很好的老师。

其次是研究的适用范围问题，由于欧美在传播学中的历史优势，不难理解欧美传播研究的主流地位，也不难理解为何欧美以外地区的传播学研究长期处于一种邯郸学步的状态。一种是研究者们将欧美理论和研究范式原封不动或者稍加修改后搬入其他国家；另一种是研究者们完全否定欧美传统而强调本国的独一无二性。笔者看来两种都是对欧美中心主义的一种复制，前者是为已经被证明了的欧美理论寻找新的证据，后者仍然是一种中心主义的表达，只是将欧美换作另外的国家罢了。如果我们真的希望提高理论和研究范式的适用范围，我们的眼光就不能只是望向欧美，我们对自身情境的思考也不能只是以欧美作为标尺来比较，而是扩展视野望向其他类似国家。举例来说，一个新科技普及率低下的发展中国家用欧美国家来做参照物几乎是毫无意义的，这种国家如果想发展自己的新科技，必须从普及率相仿或者略高的发展中国家的经验中学习。与此类似的是我们的政治传播研究，一个非民主国家和欧美民主国家的比较只会导致你有我无的结论，但是和其他类似政治体制国家的比较就可以看出哪些政治因素的不同可以导致政治发展的不同。笔者在这里呼吁传播学者以平常心看待欧美，不谄媚不贬低，认真仔细地考察欧美传统的精髓。更重要的是，我们需要促进地区间对话以及地区内的国家对话（Zhang & Chib，待出版），以同样的积极态度来学习欧美以外国家的研究成果。

最后是研究方法问题，新科技为我们的研究所带来的机遇与挑战都是巨大的。一方面电子科技的记录功能为研究者提供了很多以前不可想象的数据来源，数以亿计的用户数据、以秒为单位极速增长的用户创造内容，一个"大数据"的时代已经来临。另一方面研究者们只懂得处理相对较小的数据库，对这种大型数据的分析还有些不知就里。比如说，大数据的代表性问题，虽然大数据很大，但还不是全部人口，大数据在何种程度上代表了全部人口几乎是一个无法回答的问题。这种困难主要源自于抽样过程的不可控性,因此无法推测抽样的误差率。再比如说,如何处理分析规模庞大的用户创造内容,人工的归类几乎不可能,机器分析又很难深入,如何平衡数量与质量是大数据分析的一个难题。可是传播学者必须认识到,研究方法的革命不可避免。传统的问卷调查、内容分析等量化方法已经无法满足当今的分析要求,新的方法和工具的产生将要求我们重新思考和学习研究方法。

总结一下,本章的回顾划定了政治传播与新科技的版图,展现了政治传播的传统是如何延伸到有关新科技的研究中的。尽管新科技千变万化,以政治主体为坐标的版图有助于我们去思考政治传播受到新科技的影响。除此之外,尽管困难重重,新科技和政治传播研究还是大有作为的。从理论到方法到研究范围,还有很大的空间等待传播学者们去开拓。

◇ 参考文献 ◇

- Bimber, B. (2003). *Information and American democracy: Technology in the evolution of political power*. Cambridge: Cambridge University Press.
- Boczkowski, P. J. (2005). *Digitizing the news: Innovation in online newspapers*. Cambridge, MA: MIT Press.
- Coleman, S. & Blumler, J. (2009). *The Internet and democratic citizenship*. Cambridge: Cambridge University Press.
- Dahlberg, L. (2011). Re-constructing digital democracy: An outline of four "positions". *New Media & Society*, 13(6): 855-872.
- Donsbach, W. & Traugott, M. W. (2010). Introduction. In W. Donsbach & M. W. Traugott (eds.), The SAGE handbook of public opinion research, 1-7. London: Sage.
- Hendriks, J. A. & Denton, R. E. (2010). *Communicator-in-chief: How Barack Obama used new media technology to win the White House*. Plymouth, UK: Lexington Books.
- Hinderman, M. (2009). *The myth of digital democracy*. Princeton, NJ: Princeton University Press.
- Karpf, D. (2012). *The Move On effect: The unexpected transformation of American advocacy*. Oxford: Oxford University Press.
- Marvin, C. (1988). *When Old Technologies Were New: Thinking About Communication in the Late Nineteenth Century*. New York: Oxford University Press.
- MacKinnon, R. (2012). *Consent of the networked: The global struggle for Internet freedom*. New York: Basic Books.
- McCaughey, M. & Ayers, M. D. (2003). *Cyberactivism: Online activism in theory and practice*. London and New York: Routledge.
- McLeod, J. M., Kosicki. G. M., & McLeod, D. M. (1994). *The expanding boundaries of political communication effects*. In J. Bryant & Zillmann, D. (eds.), Media effects: Advances in theory and research, 123-162. Hillsdale, NJ: Lawrence Erlbaum Associates.

- McLeod, D. M., Kosicki. G. M., & McLeod, J. M. (2009). *Political communication effects*. In J. Bryant & M. B. Oliver (eds.), Media effects: Advances in theory and research, 228-251. London and New York: Routledge.
- McNair, B. (2007). *An introduction to political communication*. London and New York: Routledge.
- Negrine, R. & Stanyer, J. (2007). *The political communication reader*. London and New York: Routledge.
- Nixon, P., Ward, S., & Gibson, R. (2003). *Conclusions: The net change*. In R. Gibson, P. Nixon, & S. Ward (eds.), Political parties and the Internet: Net gain? London and New York: Routledge.
- OECD. (2003). *Promise and problems of e-democracy: Challenges of online citizen engagement*. Paris, France: OECD Publications Service.
- Parmelle, J. H. & Bichard, S. L. (2012). *Politics and the Twitter revolution: How tweets influence the relationship between political leaders and the Public*. Lanham: Lexington Books.
- Putnam, R. D. (1995). Tuning in, tuning out: The strange disappearance of social capital in America. *PS: Political Science & Politics*, 28: 664-683.
- Qiu, J. L. (2007). The wireless leash: Mobile messaging service as a means of control. *International Journal of Communication*, 1: 74-91.
- Reddick, C. G. (2010). *Comparative e-government*. New York: Springer.
- Rogers, E. M. & Malhotra, S. (2000). *Computers as communication: The rise of digital democracy*. In K. L. Hacker & van Dijk, J (eds.), Digital democracy: Issues of theory and practice, 10-29. London: Sage.
- Skoric, M. et al., (2012). *Tweets and votes: A study of the 2011 Singapore General Election*. Proceedings of the 2012 45th Hawaii International Conference on System Science (HICSS), 2583-2591.
- Stromer-Galley, J. (2003). Diversity of political conversation on the Internet: Users' perspectives, *Journal of Computer-Mediated Communication*, 8(3).
- Tewskbury, D. & Rittenberg, J. (2012) *News on the Internet: Information and Citizenship in the 21st Century*. Oxford: Oxford University Press.
- Tsui, L. (2001). *Big Mama is Watching You: Internet Control and the Chinese Government*. University of Leiden, 2001. Unpublished MA Thesis. http://www.lokman.nu/thesis.
- Van Dijk, J. (2000). *Models of democracy and concepts of communication*. In Hacker K. L. & van Dijk, J. (eds.), Digital democracy: Issues of theory and practice. London: Sage.
- Verba, S., Nie, N. H., & Kim, J. (1978). *Participation and political equality: A seven-nation comparison*. Chicago, USA: The University of Chicago Press.
- Verba, S., Schlozman, K. L., & Brady, H. E. (1995). *Voice and equality: Civic voluntarism in American politics*. Cambridge, MA: Harvard University Press.
- Voltmer, K. (2006). *Mass media and political communication in new democracies*. London and New York: Routledge.
- Wellman, B. (2011). *Studying the Internet through the ages*. In Consalvo, M. & Ess, C. (eds.), The handbook of Internet studies. West Sussex, UK: Wiley-Blackwell.
- Wojcieszak, M. & Mutz, D. (2009). Online Groups and Political Discourse: Do Online Discussion Spaces Facilitate Exposure to Political Disagreement? *Journal of Communication*, 59(1): 40-56.
- Yang, G. (2010). *The Power of the Internet in China: Citizen activism online*. New York, NY: Columbia University Press.
- Zhang, W. (2006). Constructing and disseminating subaltern public discourses in China. *Javnost-The Public*, 13(2): 41-64.

- Zhang, W. (2010). Technical capital and participatory inequality in eDeliberation: An actor-network analysis. *Information, Communication & Society*, 13(7): 1019-1039.
- Zhang, W. (2012). Virtual communities as subaltern public spheres: A theoretical development and an application to the Chinese Internet. In Li, H. (ed.), *Virtual community participation and motivation: Cross-disciplinary theories*. 143-161. Hershey, PA: IGI Global.
- Zhang, W & Chib, A. (in press). Internet studies and development discourses: The cases of China and India. *Information Technology for Development*.
- Zhang, W. & Mao, C. (2013). Fan activism sustained and challenged: Participatory culture in Chinese online translation communities. *Chinese Journal of Communication*, 6(1): 45-61.
- Zhang, W., & Wang, R. (2010). Interest-oriented versus relationship-oriented social network sites in China. *First Monday*, 15(8), (2010-02-30) http://firstmonday.org/htbin/cgiwrap/bin/ojs/index.php/fm/article/view/2836/2582.

新媒体时代的网络新闻研究

钟 布[①]

引言

早在 20 世纪 60 年代，传播学先驱 McLuhan 提出了一个震撼世界的口号："媒介即信息"（McLuhan & Fiore，1967）。他的意思是说带来实质影响的不只是媒体内容，还包括媒介本身。这一理论似乎诞生得太早，超越了他所处的时代。直到今天新媒体对人类社会的影响日益显著，人们才真正体会到他的远见。

Lievrouw 和 Livingstone（2006）认为，"世界上没有哪个地方、人类还没有哪项活动没有受到新媒体的影响"。这种影响首先表现在新媒体不可逆转地改变了人们的新闻使用习惯。几个世纪以来，人们主要依赖报纸获取新闻和舆论信息，即使广播和电视的出现也没有撼动平面媒体的主导地位。新媒体的发展给传统媒体带来了前所未有的冲击，成为人们获取知识、舆论和信息的重要来源。同时，年青一代逐年减少使用传统媒体，甚至完全摒弃它们（Lenhart, Purcell, Smith, & Zickuhr, 2010）。

尽管还有人从报摊上买报纸、杂志，在固定时段看电视，但是越来越多的人通过无线网络在移动终端上（如手机、iPad）接受新闻内容。传统媒体迫使受众在固定的时段接受少数几个信息源的历史成为过去，人们几乎可以在任何时候、任何地点获取新闻。媒体内容也从单一媒介跨越多媒介，并以多媒体形式呈现。新媒体的发展也促使信息传播方式发生变化。传统媒体采用"自上而下"和"由点到面"的传播方式，传播者与受众之间缺少互动。新媒体打破了这种固有的传播格局，模糊了传播者与受众的界限。

传统媒体的内容生产和编辑两大功能受到社会化的挑战。首先，内容生产过程日趋社会化，不再由传统媒体垄断经营。其次，媒体使用者发生了角色转换，从"受众"变成了"用户"，即从信息消费者变成内容生产的参与者。他们不再被动地单向接受媒体信息，而是通过互联网反馈、制作并

[①] 钟布，现任美国宾夕法尼亚州立大学（Pennsylvania State University）传播学院副教授，信息与传播通信技术发展研究中心研究员，体育新闻研究中心高级研究员及媒体效果实验室兼职教授，2006 年获美国马里兰大学（University of Maryland）新闻及公共传播学博士学位，主要研究领域为社交媒体和移动互联网，曾在美国有线新闻网（CNN）从事新闻工作。

传播信息，如写博客，发微博等。在新媒体时代，每个人都有可能生产并发布信息，"人人即媒体"（Bowman & Willis, 2003）。另外，新媒体的编辑功能被社会化。在传统媒体内，记者、编辑作为信息把关人决定公众能够看到哪些信息。新媒体让用户自己和他们的好友决定选择接受哪些内容，从而削弱了新闻从业者的把关人作用。

媒体未来的发展趋势已经显现，大众媒体逐渐萎缩，小众媒体渐成主流。媒体体系变成一个包含无数小众的、服务特定用户群的利基市场体系，并逐渐挤占大众媒体的市场份额（Lister, Dovey, Giddings, Grant, & Kelly, 2009）。传统媒体的衰落不等于人们不再关注新闻，也不等于没有内容可读。部分媒体从业人员会脱离现有的机构媒体，赢得更大的自由度生产内容。另外一些原本不属于职业内容的生产者也加入到这个行业。由于更多的个人和机构参与内容生产，媒体内容更多、更广泛，而且质量可能更好。

今天世界各地的新闻业正经历前所未有的深刻变革。究其原因主要有两点：媒体商业化加快和网络技术迅速发展（Mancini, 2013）。本章重点关注网络技术对新闻媒体和用户的影响，旨在从5个方面系统介绍英文学术文献中的网络新闻（online journalism）研究：一、新媒体与网络新闻的定义；二、新媒体与网络新闻的发展历程；三、网络新闻的研究内容、方法与理论；四、网络新闻研究中的问题与争议；五、网络新闻研究的最新议题及未来趋势。引用的文献以经过盲审的欧美英文学术论文为主，也包含部分有较大影响的英文学术专著。引用的文献多数发表在2000年以后，选用的少数发表在此前的论文仅作为提供研究背景之用。

一、新媒体与网络新闻的定义

新媒体的产生依赖于网络技术的发展，但它不单纯是媒体和技术两种元素的简单组合。新媒体不等于把传统媒体的内容直接移植到互联网上，网络技术也不会自动产生新媒体。从本质上看，新媒体"并不是全新的媒体形式"，学者对它的研究早已有之，"也不是新事物"（Yzer & Southwell, 2008）。事实上，每一种媒体在一定历史时期都可以称为新媒体（Gitelman, 2006; Zielinski, 2006）。例如，20世纪20年代，广播出现之初就是一种新媒体。它把陌生人的声音带入千家万户，其传播速度、范围、实时性及交互性超过以前的任何媒介。50年代电视是新媒体，而60年代的调频立体声电台也是当时的新媒体。新媒体之所以"新"是因为它具有以往媒体不具备的某些特质（Scolari, 2009）。Fuery（2009）认为，新媒体之"新"体现在它的"原创性"和"前所未见或没有经历过的"特质。不过，新媒体的"原创性"也常隐含着过去已经形成的诸多特征。把新媒体当成一种全新事物的看法并不恰当，因为任何新事物都不可能全新，必然起源于人类既有体系（Fuery,

2009)。

1. 新媒体的定义

传播学者对旧媒体定义的共识远在新媒体定义之上因为新媒体是一个宽泛而相对的概念（Baym et al.，2012）。学者常常选取某一个或几个特质并从不同的角度解读新媒体。例如，有人用数字化、交互性、虚拟化、弥散性或超文本来描述新媒体（Lister et al.，2009），有人用数字化、网络化、媒体融合及交互性表述（Scolari，2009），还有学者用模块化、数值表示、自动化、易变性和转码等界定新媒体（Manovich，2001）。

那么，什么是新媒体？新媒体是相对于"旧媒体"而言的。旧媒体主要分两类：1）平面媒体，如报纸、杂志等；2）电子媒体，如广播、电视。一般认为，旧媒体的发展可以划分为三个阶段——以纸为媒介的报纸、杂志、以电波为媒介的广播和基于图像传播的电视。它们分别被称为第一媒体、第二媒体和第三媒体。以网络技术为基础的媒介称为第四媒体，又称新媒体（Deuze，2001，2003）。新媒体除了可以像"旧媒体"一样及时、广泛传递新闻信息外，它还兼具数字化、多媒体、实时性和交互性等特点。总的来说，新媒体泛指一切数字的而非模拟的媒体形式，包括网络新闻、社交媒体（如微博、Facebook，YouTube，Pinterest）和自媒体（WeMedia，如博客、播客）等，它们通过互联网这个传输平台来传播信息。

从本质上看，新媒体是一个融合了多媒体内容和多传播平台的混合体，具有人际传播和大众传播的双重功能（Baym et al.，2012；Manovich，2001；Nayar，2010）。新、旧媒体的区别在于：1）交互性（interactivity）与虚拟性（virtuality）；2）实时性（real time）与定制性（on-demand）；3）信息制作、传播及使用过程的广泛参与性（Baym et al.，2012）。另外，它还能不断改变自身结构和运行模式，具有跨学科的（interdisciplinary）、多态的（polymorphic）及创新性（innovative）特质（Fuery，2009）。

2. 网络新闻的定义

学者对网络新闻（online journalism）的定义并不一致（Boczkowski，2004）。有学者把它称为在线新闻（online news）、数字化新闻、多媒体或媒体融合（Deuze，2003）。Wise（2000）发现，这些词又常与另外一些词如网络技术、信息空间（cyberspace）、互动（interactivity）和虚拟（virtuality）等互换使用。比较一致的看法是，网络新闻不应当与"数字媒体"混淆，因为前者不仅仅是媒体内容的数字化形式，它还具有互动性等特质（Chun，2006）。

本章采用"网络新闻"提法，特指新闻媒体制作的集文字、图片、音频和视频等多媒体形式的新闻信息并通过网络媒介传播给用户（Deuze，2002，2003，2004b；Domingo，2008）。网络新闻的制作、传播和使用过程运用了多种新媒体技术，使其在功能上有别于其他以传统媒介形式呈现的新闻信息（Deuze，2003）。记者和编辑在生产网络新闻时必须考虑：1）每一个新闻报道应该使用哪一种或几种媒介形式才是报道和传播该新闻的最佳方式，因此网络新闻具有"多媒体特性"；2）媒体用户以何种方式参与反馈、互动、要求和定制新闻信息，因此网络新闻具有互动特性；3）为现有新闻报道中的信息建立链接，把它与其他新闻报道、档案资料、新闻源联系起来，因此网络新闻具有超文本链接特性（Deuze，2003；Pavlik，2001）。讨论新媒体时代的网络新闻研究，有必要回顾它们的发展历程。

二、新媒体及网络新闻的发展历程

很难准确地指出新媒体从哪一年开始形成，但有一点是肯定的：促成新媒体形成的科技因素是多方面的。其中最重要的是，计算机科学获得重大进展，网络通信技术广泛运用并深刻影响社会生活。具有互动图像界面功能的个人电脑日益普及，并有足够内存运行早期版本的图像处理软件最终把计算机介导传播变成了现实（Allan，2006）。

1. 新媒体的发展历程

从20世纪80年代中期开始，计算机介导传播和网络技术的发展推动了各种信息网络的建设。这一时期，西方新闻媒体及其传播方式和以前有了显著不同。尽管这些变化出现在各媒介上有先后之别，但它们并不局限在个别媒介或特定区域，而是广泛地出现在平面媒体、广播及电视媒体中。应该看到，媒体在此之前也不断变化更新。即使变化已成为媒体格局的常态，这一时期的媒体变革也格外引人注目，并最终产生了新媒体（Lister, et al., 2009）。从那时起到现在，对新媒体本质、潜力及影响等方面的研究日益成为传媒学中的热门课题（Aday, 2010; Fenton, 2010b; Livingstone, 2006）。

新媒体具有一些全新的媒体特质。但这并不等于说，新媒体不受历史因素的制约与影响。新媒体产生的历史背景可以追溯到20世纪60年代（Lister et al., 2009），但"新媒体"一词真正引起关注始于90年代中期（Chun, 2006）。新媒体的出现根植于以下4个方面的历史背景。

（1）世界思潮由现代派转入到后现代主义。自60年代以来，世界思潮由现代派转入后现代主义，给社会结构和世界经济带来深刻变化，同时也带来了文化变革（Harvey, 1989）。新媒体的出现和发展是这些变化中的一个重要标志。

（2）全球化进程提速。世界各国、各民族间的界线在贸易、商业活动、习俗、文化、身份认同及信念等方面逐渐淡化甚至消失。而新媒体对全球化起到了促进作用（Featherstone，1990）。

（3）以制造业为主导的现代工业经济过渡到信息经济主导的后现代经济。在新经济体制下，雇员结构、劳动技能、投资及盈利模式等发生了根本性变化。衡量新经济体的发展水平不再是以其生产的物质产品为标志，而要看它的服务业和信息业水准（Castells，2010）。新媒体在新型服务业和信息业中得到广泛应用并成为新经济体系的缩影。

（4）稳固、集中的地缘政治秩序去中心化加快。西方工业化国家的强势控制能力在全球范围内日益削弱。这个过程在很大程度上是因为新媒体的传播方式发生改变，其主要特点是建立了分散的、跨界传播的多种媒体体系（Lister et al.，2009）。

2. 网络新闻发展的四个阶段

作为新媒体的重要组成部分，网络新闻以声情并茂、图文相接的魅力迅速成为很多网民上网的第一需求（Steensen，2011）。网络新闻的发展可以分为四个阶段，1982—1992年为第一阶段，1993—2000年为第二阶段；2001—2010年为第三阶段；而2010年至今为第四阶段。

第一阶段是网络新闻的试验期，始于1982年（Proyor，2002）。这一年，美国时代明镜集团（Times Mirror）和奈特·里德报业集团（Knight Ridder）分别开始提供可视图文服务（Videotex）。终端用户通过电视接收媒体集团下属平面媒体提供的新闻、图片等信息。该项业务并不成功，最后在1986年因用户太少而停止。同一时期，美国三家互联网接入服务公司——美国在线；CompuServe和Prodigy——推出网上信息服务，为用户提供新闻、论坛、天气、购物、游戏、股票和专栏等信息。该项服务在90年代初大获成功，用户稳步增长。

目睹这些在线信息服务的成功后，美国主流媒体纷纷在90年代初借助互联网接入服务公司的平台为用户提供新闻信息。在这一模式下，新闻媒体对自己生产的内容没有实际控制权，利润分成很低。HTML技术的发展给媒体摆脱互联网公司的控制带来可能。不到十年，成千上万的主流媒体在互联网上开设网站提供免费的新闻信息服务，同时数以百万记的企业和个人也开设了网站，向公众发布自制的信息（Deuze，2003）。

1992年5月，《芝加哥论坛报》和美国在线公司合作开办了世界上第一份网络报纸《芝加哥在线》（Carlson，2009）。全球第一个独立新闻网站于1993年诞生在美国佛罗里达大学的新闻系，而1994年11月英国《每日电讯报》推出全球第一家不依赖互联网公司的独立新闻网站（Siapera & Veglis，2012）。

网络新闻的第二阶段始于1993年（Proyor，2002）。这一年Mosaic首次推出的图文互动浏览器，给用户带来全新的网络阅读体验，网络新闻从此开始飞速发展。这一时期，记者和编辑作为新闻信息把关人对受众如何接受信息的影响依然很大。不过雅虎等网络公司开发的软件能让用户有选择地接受某些新闻信息，削弱了新闻媒体的把关人作用（Siapera & Veglis，2012）。

从 2001 年开始网络新闻进入第三阶段（Proyor，2002）。传统媒体给自己开办的新闻网站注入大量内容，网络新闻信息量激增，也吸引了更多用户。2001 年网络新闻的平均流量比前一年提高了 15%，而美国主流媒体的网站流量，如《纽约时报》、《华盛顿邮报》和 CNN 等，增加了 70%。一些行业协会如网络出版人协会（Online Publishers Association）及网络新闻协会（Online News Association）也相继成立（Proyor，2002）。网络新闻开始进入繁荣期。

本文作者认为，网络新闻的第四阶段始于 2010 年。这一年苹果公司推出了全球首部平板电脑 iPad。这是继在 2007 年该公司推出智能手机 iPhone 后再次推出的具有划时代意义的移动终端。网络新闻从此进入了一个新阶段，其基本特征是网络新闻与其他新媒体如社交媒体等融合，用户使用带 Wi-Fi 功能的移动终端接收新闻内容。

三、网络新闻的研究内容、方法与理论

探讨传播学中的新现象注定充满挑战，新媒体尤其如此。首先，新媒体没有"最新"，只有"更新"。同时，新媒体之"新"也意味着它不可能常新。现在看起来较"新"的特质，也许转瞬间变得陈旧。某些在传统媒介呈现的规律性特质还来不及在新媒体中得到验证。学者们刚开始厘清部分特征时，新媒体又发展到一个更新的阶段，原有的特征可能变得模糊不清，甚至面目全非。这里探讨的不只是对新媒体的特征、形态做简单的归类和总结，而是在厘清新媒体发展规律的基础上，讨论网络技术与新闻传播交互影响过程中的一些核心问题。这样的探讨不仅对今天的新媒体研究具有指导作用，而且能够对研究新媒体的未来趋势有所启发。

1. 网络新闻的研究主题

学者在 2010 年后对网络新闻的研究表现出更大的兴趣，从不同切入点作了深入地探讨。本文作者在 2013 年 6 月 4 日使用 Google Scholar 搜寻关键词 Online Journalism 得到 162 000 个词条，在 Google Books 中搜寻找到 38 000 本书名包括该关键词的书。此前不久，其他学者使用相同关键词在这两个搜寻引擎中得到的结果要少得多，分别为 30 000 个词条和 2 500 本书名包含网络媒体的英文书籍（Siapera & Veglis，2012，p. 5）。这一结果说明该领域的文献增长迅速，但也给归纳这些研究成果带来困难。近年来的网络新闻研究主要集中在网络新闻的技术运用、内容生产及使用情况三个主要方面。

研究内容之一：网络新闻的技术运用

如同研究其他新媒体形式一样，学者对网络媒体的研究不可避免地会关注技术运用以及这些技术在网络新闻发展中所起到的作用（Siapera & Veglis, 2012）。这类研究分析了各项新技术的特点以及它们对新闻生产、传播和使用的影响。梳理技术运用文献可以发现，网络新闻中采用的超文本链接、互动性和多媒体三项主要技术成为学界关注的重点（Steensen, 2011）。

Rost（2002）归纳了多种"超文本"定义后发现，超文本分几种类型，而每一种超文本与新闻信息的关系都不一样。Steensen（2011）把超文本分成三种类型：1）链接同一新闻网站内的其他文章；2）链接同一文章内的其他信息；3）链接其他网站。而网络新闻中最常见的是第一类链接。

"互动性"是指用户使用新闻信息后作出反馈，如跟帖、评论等，提供新闻线索，选择新闻信息，甚至修改或参与内容生产，也包括新闻从业人员在生产和传播新闻信息过程中为用户提供上述机会（Steuer, 1992）。Downes 和 MacMillan（2000）认为，互动性具有多个结构层次，如传播方向、时间柔性（time flexibility）、场所感（sense of place）、调控水平（level of control）、响应能力（responsiveness）和传播目的。互动可以是：1）人与人之间的互动，如记者与用户的双向交流；2）人与计算机的互动，又称"人机互动"，如使用菜单、搜索引擎等；3）人与内容的互动，即用户能自制内容（McMillan, 2005；Steensen, 2011）。总的来看，新闻网站为用户提供的互动机会越来越多，尤其是人与人的互动，允许用户评论或以其他方式参与互动，但一般不让用户选择或修改新闻报道（Siapera & Veglis, 2012）。

"多媒体"是指同一新闻报道内包含两种以上媒介形式的内容，或同一报道跨越两种以上媒介（Deuze, 2004a）。多媒体常糅和了跨媒体和媒体融合两种模式（Siapera & Veglis, 2012）。在这三种技术中，学者对多媒体特质的研究最为欠缺（Steensen, 2011），但研究多媒体的文献最多也最丰富。Örnebring（2010）批评到，过多关注技术层面的问题有技术决定论之嫌，因为它可能忽略来自社会和文化方面对网络新闻的影响。

研究内容之二：网络新闻的生产

在这一领域，Michelstein 和 Boczkowski（2009）总结了传播学者研究的五个常见主题：1）网络新闻生产过程的历史、社会和人文环境；2）网络新闻生产中的新技术运用与影响；3）新闻采编方式的变迁；4）涉及网络新闻的职业伦理；5）用户参与内容生产对网络新闻的影响。这些研究显示，新媒体时代的新闻报道发生了重大变化，而市场和一些经济因素是这些变化的重要推手（Siapera & Veglis, 2012）。例如，学者发现新闻市场的激烈竞争是新闻媒体扩展网站内容的重要原因之一（Allan, 2006；Boczkowski, 2004），而经济因素加快了媒体融合的步伐（S. Quinn, 2004）。学者对网络新闻与传统媒体内容的异同也作了深入研究。例如，Singer（2001）通过比较美国地方报纸内容与其网站内容后发现，网站内容有相当部分来自传统媒体，但并不是完全照搬后者的内容。与地方报纸相比,网络新闻包含了更多本地新闻报道(Singer,2001)。

记者对待新技术的态度出现两极化倾向,有的接受,有的抵制。他们的态度也影响网络新闻的内容生产(Domingo,2008;Siapera & Veglis,2012;Thurman,2008)。Klinenberg(2005)在美国、Deuze(2004b)在荷兰都发现,当记者以多媒体方式报道新闻时,工作量大为增加,给新闻报道质量带来相似的负面影响。Quandt(2008a)的研究表明,德国记者采用新技术后时间压力更紧迫,于是转而在网站上使用更多的通信社消息或重复使用部分报道材料。

新闻生产方式的改变迫使学者重新思考新闻业的影响力及其社会定位。其中最受关注的是记者作为把关人在网络新闻生产中的作用日益削弱。一些网站记者对用户上传的内容几乎全部照登,只对这些内容在网站的位置稍作调整,因此完全丧失了把关人的地位(Bruns,2003)。越来越多的网络新闻内容由记者和用户共同生产。其中用户生成内容(User Generated Content)受到学者的广泛关注(Siapera & Veglis,2012)。一些学者对用户生产内容表示了担心,认为它模糊了新闻行业的职业规范,如追求客观、公正的报道原则,避免报道中的利益冲突等(Reich & Lahav,2012)。学者也发现,越来越多的记者接受并鼓励用户提供内容,认为它能够促进与用户的互动和沟通,从而更好地为用户服务(Siapera & Veglis,2012)。

研究主题之三:网络新闻的使用

传统媒体登录互联网后,网络新闻信息量激增带动活跃的网络新闻用户增加,用户使用的网络新闻量也同步增长,但传统媒体使用下降。美国皮尤研究中心跟踪调查美国人的媒体使用习惯发现,过去20多年来美国人消费平面媒体信息逐年下降,美国人花在获取新闻的时间普遍增加(Rosenstiel,2010)。网络新闻使用时间增加说明,这一新媒体形式已经融入人们的日常新闻消费之中(Siapera & Veglis,2012)。

学者在网络新闻使用方面的研究明显受到对传统媒体及新闻业未来趋势的担忧所驱动。他们在研究中首先探讨的问题是,网络新闻是否会最终取代传统媒体(Mitchelstein & Boczkowski,2010;Reich & Lahav,2012)。研究表明,新闻使用习惯还与一些用户的人口因素,如社会经济地位、教育程度、年龄和收入等有关。Nguyen和Western(2007)发现,更年轻、教育程度较高和更富裕的用户使用网络新闻更频繁。

一些学者研究了使用网络新闻和传统新闻的异同(Deuze,2004a,2005;Lewis,2012;Lim,2011;S. Quinn,2004;Schudson,2003;Singer,2010)。如果把新闻使用模式与媒介形式相联系,人们使用网络新闻与传统媒体有很大的区别。首先,美国用户平均每天花13分钟使用网络新闻;10分钟读报;15分钟听收音机;32分钟看电视。研究表明,最根本的区别是使用方式的不同:多数网络新闻用户只是不时地浏览新闻标题和略读新闻报道,而传统媒体受众常选择一个固定时间读新闻(Siapera & Veglis,2012)。这些发现表明,网上新闻的结构与呈现方式与用户的使用习惯相吻合。

一些学者发现，网络媒体的使用导致用户分众化（fragmentation），正好与早期新闻学研究发现的大众传媒促使受众同化（homogenization）相反。网络新闻来源多样化导致其用户分流，他们不再像过去那样在同一时段看电视新闻节目或读内容大同小异的报纸（Sunstein，2007）。用户分众化还体现在不同的社会、经济地位、教育程度和收入的用户表现出不同的网络媒体使用习惯。网络新闻能够提供比传统媒体更大的信息量，但这一优势并不代表它比传统媒体的新闻更有价值（Zielinski，2006）。与传统媒体相比，新闻网站提供了更多信息，但这些网站的新闻信息有很多雷同。由于市场压力和政治方面的原因，新闻网站的内容缺乏多样性，提供的信息有日趋同化的趋势，尽管有多渠道的新闻来源，众多的新闻网站常以相似的角度报道同样的新闻，并使用雷同的新闻素材（Ofcom，2007）。Fenton（2010a）担心，网络新闻容易流为"一种个性化、戏剧化、简单化和多极化的叙事"（p. 9）。一些机构媒体提供的网络新闻也出现与同属该机构的传统媒体内容雷同的现象（Siapera & Veglis，2012）。

2. 网络新闻的研究方法

Domingo（2008）在梳理了大量文献后发现，网络新闻的研究方法主要有三个流派。他声称，第一派的学者似乎对网络新闻存有一种"乌托邦式的幻想"，因为网络新闻具有的超文本、多媒体和互动特性为主的新媒体特征，而正是这些技术特征能够为新闻媒体找到复兴之路。因此，早期的网络新闻研究主要采用技术决定论文献中的一些方法进行。此后的网络新闻研究又可以分成两派，一派以描述性或实证研究探索新媒体各项技术在网络新闻生产、传播过程的实际运用；另一派采用建构主义而非技术决定论的方法研究网络新闻。Steensen（2011）认为，在网络新闻研究文献中，建构主义的方法更有价值，但它与"海啸式"的技术决定论的研究途径相比不过是一阵"涟漪"而已（p. 312）。

（1）内容分析法

网络新闻研究中采用最多的方法是内容分析法（content analysis）。内容分析法是一种主要以各种文献为研究对象，并对文献内容进行客观、系统、量化或质化分析的一种研究方法。运用这一方法，学者对新技术在网络新闻中的运用作了全面充分的考察。例如，运用统计内容分析法研究超文本链接在网络新闻中出现的次数并对链接进行分类：1）目标链接（target links），即文件内出现的链接；2）相对链接（relative links），即与同一网站内其他网页的链接；3）外部链接（external links），即与别的网站的链接（Wood & Smith，2005）。多数有关超文本链接的研究都只选取了网络新闻报道事件中的一个时间片段，但也不乏一些大型的内容分析研究，如比较研究多个国家的主要新闻网站的链接运用。Kenny 和他的同事分析了全世界 100 个新闻网站的链接使用情况，其中 62 个网站来自美国，另外 38 个分属世界其他国家。他们发现，只有一半的网站使用链接（52%），而提供文章间链接的网站仅有33%。其他学者在分析了13个美国、荷兰和加拿大的新闻网站后也得出类似的结论（Kankowski & Van Selm，2000）。

同样使用内容分析法，美国学者稍后研究了26个报社网站对2003年伊拉克战争的报道，发现链接已经成为网络新闻的基本特色，而最常用的是相对链接（Dimitrova & Neznanski，2006）。欧洲学者使用内容分析法对比研究了欧洲16国的72个新闻网站后发现，链接是网络新闻中运用"最差的一项互联网功能"（Van der Wurff & Lauf，2005，p. 37）。稍后的研究表明，网络新闻使用链接越来越多，但用户对此的反应并不积极，多数人很少使用网络新闻中的链接（Quandt，2008b）。

对网络新闻的另一个技术特征——互动性的研究——多数采用了问卷调查或访谈法（Steensen，2011），但也有一些研究者使用内容分析法。使用内容分析法考察互动性的研究得出的结论基本相似：网络新闻为用户提供的互动机会很少。美国学者Kenny和他的同事早在2000年就发现，只有10%的美国报社网站为用户提供了很多的互动机会（Kenney, Gorelik, & Mwangi, 2000）。其后的一系列类似研究发现，平面媒体提供的网络新闻在这方面没有较大改进，例如在美国（Dimitrova & Neznanski, 2006），爱尔兰（O'Sullivan, 2005），斯洛文尼亚（Oblak, 2005），法国、英国、德国和俄罗斯（Quandt, 2008a）和其他欧洲国家（Van der Wurff & Lauf, 2005）。对照欧洲和美国的报社网站可以发现，美国报社的网络新闻提供的互动机会稍多（Steensen, 2011）。最近几年由电视网提供的网络新闻在这方面有了重大改观，用户使用这类网络时有大量的互动机会。

（2）问卷调查与访谈法

问卷调查法（questionnaire survey）是研究者运用预先设计好的统一问卷，向被选取的调查对象了解他们对网络新闻中某些现象或问题的看法、意见、观点、态度或使用情况等。而访谈法（interview）是指是通过学者或采访员与受访人面对面地交谈来了解受访人对网络新闻的看法和使用情况。这两种研究方法是学者研究网络新闻的生产者及用户反馈时最常用的方法。

Quinn和Trench（2002）使用问卷调查法研究了欧洲四国138名网络新闻记者。他们发现，媒体从业者认为在网络新闻中提供链接给用户带来益处，但更应该让用户去判断这些链接是否有用。O'Sullivian（2005）访谈了爱尔兰的网络新闻记者也发现，很多记者并不认为链接有助于网络新闻的传播。不过受访的新闻从业者一致认为，网络新闻的互动性非常重要。O'Sullivian和Heinonen（2008）通过问卷调查发现，欧洲11国的网络新闻记者中60%的人认为互动是网络新闻带给用户的一大好处。其他国家的记者也有相同看法，如爱尔兰记者（O'Sullivian, 2005），德国和美国的记者（Quandt, Löffelholz, Weaver, Hanitzsch, & Altmeppen, 2006）。

使用访谈法，英国学者Metykova（2008）在欧洲11个国家的网络新闻记者和编辑做了89次深度访谈。她发现，无论是平面或是电子媒体提供的新闻网站都为记者与受众的互动提供了良好条件，记者和用户经常用电子邮件和短信保持联系。不过，也有很多记者表示，他们非常关注新闻报道在使用用户生成内容后发生的变化。尽管与用户的互动增加，记者还是感到与公众脱节，很难得到他们的信任，从而影响记者与受众的关系（Metykova, 2008）。显然，如果没有使用访谈法，学者很难获得这些重要发现。

Chung（2007）使用访谈法采访了获得美国网络新闻奖的网站监制（website producers），了解他们为什么愿意采用某些互动方式而不采用另外的互动方式与用户沟通。她发现，网络新闻记者使用某些互动方式存在困难，因此不愿意使用。这项研究显示，记者从传统媒体过渡到在互联网上向用户提供新闻信息并非一帆风顺，经历了不少技术、经验和观念上的困难。尽管多数记者深知互动能够促进与用户的人际传播，他们中仍然有不少人对互动性持保留态度，因此网络新闻采用互动技术也面临来自记者的阻力（Chung, 2007）。

(3) 接受研究与实验研究法

接受研究（reception study）是指研究新闻从业人员和用户如何接受网络新闻或研究网络新闻被社会接纳的过程。接受研究的分析方式很多，包括分析网络新闻的社会接受度、用户对网络新闻报道的反应差异等。进行这类研究的学者常常以网络新闻的社会接受度为主，包括记者和用户对网络新闻中的技术特征的接受度。作为一个很受欢迎的研究模式，接受研究可以通过使用问卷调查、访谈法或实验研究法实现。

采用接受研究，学者发现欧洲平面媒体的网站用户对参加网上论坛等活动缺乏兴趣，例如在瑞典（Bergström, 2008），在弗兰德斯（Beyers, 2004），在芬兰和德国（Rathmann, 2006）都出现了类似倾向。但这些研究也表明，网络新闻的互动性越来越发达。新闻网站也鼓励用户提供新闻线索、图片和视频等新闻素材，但多数不让用户挑选和修改新闻报道，因为记者轻易不允许用户挑战他们的把关人权利（Fortunati, Raycheva, Harro-Loit, & O'Sullivan, 2005）。

实验研究法（experimental study）是指通过控制和操纵一个或多个自变量并观察因变量的相应变化以检验假设的研究方法。它原是自然科学研究的基本方法之一，后被引入传播学研究并被广泛运用。美国学者 Eveland, Marton 和 Seo（2004）运用实验研究法了解用户对网络新闻报道中链接的态度。他们发现，一些有经验的网络新闻用户认为链接有价值，并有助于他们了解更多的时事新闻，但缺乏网络新闻使用经验的用户认为链接给他们获取网上新闻事实带来较大的不便（Eveland et al., 2004）。

使用实验研究法考察网络新闻的生产和消费的文献较少，而使用实验研究法探寻人们对多媒体特色的研究就更少了。Sundar（2000）的研究是一个例外。他通过实验研究法比较了用户只读文字版本的网络新闻和通过多媒体（文字、图片及视频）版本了解相同新闻内容的两种情况。在这项实验中，他创建了5个实验条件的新闻网站：（1）只有文字的网站；（2）只有文字和图片的网站；（3）只有文字与音频的网站；（4）包含文字、图片和音频的网站；（5）包括文字、图片和视频的网站。这五种网站上的三条新闻是相同的。这些研究比较了受试者使用这些网站的情况后发现,含有文字和图片的网络新闻最容易被受试者接受,他们对新闻中的议题有更翔实的了解,而对通过多媒体报道的新闻内容记忆最差(Sundar,2000)。

3. 网络新闻研究的理论框架

网络新闻研究采用的理论框架种类繁多,来自几乎各个社会科学领域,如社会学、心理学和信息科学等。从近十来年的文献来看,多数学者使用的理论框架可以归类到如下几个领域:新闻社会学(sociology of journalism)、技术理论(theories of technology)及扎根理论(grounded theory)(Siapera & Veglis,2012)。

(1) 新闻社会学

新闻社会学,包括新闻生产社会学,把新闻看作是产生于独特的历史、社会、文化及政治、经济环境中的社会化产品。它关注的重点是新闻如何影响它赖以产生的社会、文化、政治与经济环境,同时它把新闻记者和他们生产的新闻作为社会存在来研究(Zielinski,2006)。在这一理论指导下,学者在过去数十年的研究中广泛探讨了网络新闻对公共议程的影响(议程设置理论,agenda-setting theory),以及记者作为负责搜集、过滤、处理、传播新闻信息的内容生产者对新闻的影响(把关人理论,gatekeeping theory)。无论是议程设置还是把关人理论,这类研究的核心都是信息控制,即谁对新闻信息施加了影响(Barzilai-Nahon,2008),但它们的不足之处在于很少考虑受众对新闻内容的影响(Lee, Lewis, & Powers, 2012)。

Cohen(1963)曾说,大众传媒也许无法要求公众"该想些什么"("what to think"),但却能设定人们的"思考范围"("what to think about")。McCombs 和 Shaw(1972)的研究发现,新闻媒体报道的议题与公众心中认知的主要议题存在显著的关联。据此,他们提出议程设置理论。作为一种间接的媒介效果,议程设置指大众传媒通过新闻报道内容的方向及数量,对一个公共议题进行强调。在媒体上被强调的议题也成为受众心目中的重要议题。这种关联体现了媒介引导舆论的客观功能,并对公众产生重要影响。

传统的议程设置研究,即媒体议程对公共议程的影响被称为"第一级议程设置"。研究表明,新闻媒体不但能够设定人们的思考范围,还能影响人们如何想("how to think"),而后者即为"第二级议程设置"(Lopez-Escobar, Llamas, McCombs, & Lennon, 1998; McCombs, 2005)。学者还发现,媒体的新闻内容除了影响公共议题外,还能对其他媒体的报道内容产生影响,即媒体间的议程设置(Golan, Kiousis, & McDaniel, 2007; McCombs, 2004; Sweetser, Golan, & Wanta, 2008)。

学者们运用这一理论框架做了数百次的传统媒体研究,其深度与广度都到达了相当的水平,但其核心仍然是关注一个议程的凸现性（salience）如何传递到另外一个议程中（Ragas & Kiousis，2010）。近年来，学者们广泛使用媒介间的议程设置作为理论框架研究网络新闻与其他形式的新媒体的相互影响（Ragas & Kiousis，2010），如博客对网络新闻的影响等（Meraz，2011）。

新闻社会学中广泛采用的另一个理论框架是把关人理论。在传统媒体中，大众传播中的新闻信息必须经过媒体从业人员的过滤或筛选才能同受众见面，所以他们便是新闻信息传播的"把关人"（White，1950）。Barzilai-Nahon（2008）在把关人理论的基础上提出"网络把关人理论"，用于研究网络新闻生产过程中的把关人机制，拓展了这一传统理论在新闻学研究中的运用。Shoemaker 和 Vos（2009）也强调，网络新闻研究应该特别关注"用户渠道"（audience channel），即来自用户的信息，因为学者对它知之甚少。媒体的发展要求传播学者必须修订自 20 世纪 40 年代一直沿用至今的把关人理论模型，以便更好地研究 21 世纪网络新闻，尤其是其中的用户信息（Shoemaker & Vos，2009）。网络新闻用户不但能够根据自己的兴趣选择接受哪些网络新闻外，更具重大意义的是对"媒体渠道"（media channel），即记者和媒体机构和"信息源渠道"（source channel），即新闻素材，施加自己的影响。在此基础上，他们提出了"受众把关人"的概念，即用户能够分享原来专属记者的把关人权限（Shoemaker & Vos，2009）。

新媒体时代的用户信息远不只是以往的"读者来信"类的零星反馈信息。用户除了对新闻报道发表评论外，还为新闻媒体提供突发新闻线索、照片、博客、社区信息等。研究表明，记者愿意为用户组网上提供更多的言论空间，但对用户参与网络新闻制作持保留态度，因为用户参与弱化了记者原有的把关人作用（Nah & Chung，2012；Singer，2010）。

在新媒体时代，记者全面控制新闻生产和传播过程的历史已经一去不复返。在网络新闻生产中，记者不再是唯一把关人的现象引起了学者的注意。考察网络新闻生产中的用户参与，尤其是用户生成内容，成为这一领域的研究热点。把关人理论是研究用户信息最常用的理论框架，如专业新闻工作者对用户信息的反映及记者的职业定位等（Singer，2010）。

(2) 技术理论

正是因为网络新闻与新媒体技术存在天然的联系，网络新闻研究中经常采用一些技术理论来探讨网络新闻中的技术运用，以及技术、社会与新闻实践的多重关系。其中最有影响的是创新扩散理论（Rogers，1995）和分众化理论（fragmentation）。

Rogers 提出的创新扩散理论是对创新采用的各类人群进行研究归类的一种模型，它的指导思想是在创新面前，部分人会比另一部分人思想更开放，更愿意采纳创新。这一理论认为，创新是一种被个人或其他采纳单位视为新颖的观念、时间或事物。Rogers 把创新的采用者分为革新者、早期采用者、早期追随者、晚期追随者和落后者，而创新扩散过程包括五个阶段：了解阶段、兴趣阶段、评估阶段、试验阶段和采纳阶段，扩散过程由创新、传播渠道、时间和社会系统四个要素组成，其中传播渠道成为其中一个重要的环节。

创新扩散的传播过程可以用一条"S"形曲线来描述。在扩散的早期，采用者很少，进展速度也很慢；当采用者人数扩大到人群的10%～25%时，进展突然加快，曲线迅速上升并保持这一趋势，即所谓的"起飞期"；在接近饱和点时，进展又会减缓。整个过程类似于一条"S"形的曲线（Rogers，2003）。总结从1990—2006年发表的一系列有关新媒体的研究发现，学者发表的论文也呈现出一个"S"形曲线，早期相关论文较少，随后发表的文献逐渐增多，曲线迅速上升并接近起飞期（Tomasello，Lee，& Baer，2010）。这一"S"形曲线还反映了人们对网络新闻的接受过程（Siapera & Veglis，2012）。例如，Singer（2004）采用创新扩散理论运用实证研究法解构了美国四家新闻媒体的媒体融合过程。她发现，记者或编辑接受媒体新技术的过程遵循了创新扩散理论包含的四个要素，即从认识新技术的便利性、与目前技术的兼容性和复杂性、在实践过程中发现新技术的可靠性和可感知性四个要素。

学者也利用这一理论解释记者和用户对采用新媒体技术的不一致。有的很快成为新技术的革新者、早期采用者、早期追随者，而有的成了晚期追随者和落后者。无论是记者还是用户，最终他们都基本遵循了创新扩散理论，成为新媒体的使用者，传统新闻也渐变为网络新闻，成为新媒体的重要组成部分。

传播学者对经典的创新扩散理论进行了批判与扩展。他们认为，网络新闻的扩散总是借助一定的社会网络进行的，而记者不过是这个网络中的参与者之一，并不是决定创新扩散的唯一因素。过分强调某一个因素，例如记者或新技术在网络新闻扩散过程的作用可能忽略了这一过程存在多种因素间的交互影响。Rogers（2003）也注意到一些对创新扩散理论的批评。他特别讨论两种针对创新扩散理论的批评意见，即支持创新偏向（pro-innovation bias）与责备个人偏向（individual-blame bias）。支持创新偏向意味着，它假定"任何创新必然会在一定的社会体系中扩散并被全体社会成员接纳"（Rogers，2003，p.106）。学者对待任何创新技术的态度应该保持中立，不应该以社会现阶段接受或拒绝某项创新技术作为评判其优劣的标准（Holton，2012；Rogers，2003）。而责备个人偏向是指，把扩散过程的某些因素"归咎于个人作用"（Rogers，2003，p.119），从而忽略新技术扩散更重要的是一种社会行为，个人不过是更大群体中的一个很小的组成部分，尽管新技术扩散中意见领袖比普通人的影响更大。

(3) 扎根理论

网络新闻研究中另外一个常用理论是扎根理论（grounded theory）。尽管有的学者在研究中没有使用这一理论名称，但他们采用了扎根理论的研究方法。作为一种指导定性研究的理论，扎根理论不要求学者事先设定理论假设并进行逻辑推演，而是强调通过观察、记录、分类和归纳分析原始资料，从下往上建立系统的理论模型，即在系统收集资料的基础上寻求反映事物现象本质的核心概念，然后通过这些概念之间的联系建构相关理论（Glaser & Strauss，1967）。这一理论对于研究网络新闻独具吸引力的是，它不要求学者在设计研究时已经有预设的理论假定。另外，它强调从资料中提升理论，认为只有通过对资料的深入分析，才能逐步形成理论框架。使用这一理论的文献数量特别多，该理论在网络新闻研究方面的运用可参阅 Steensen（2009）的详尽综述。

四、网络新闻研究中的问题与争议

传播学者们在谈论新闻媒体的未来时使用频率最高的三个词是"危机、未来和变革"（Mancini，2013，p. 43）。使用这些高频词说明，全球新闻业正面临前所未有的挑战，而这并不是一个孤立或偶然的现象。学界的共识是，新媒体技术成为传统媒体应对这些挑战的重要战略步骤，但新技术是否能如预期的那样给新闻媒体和用户带来革命性的变化却充满争议（Mosco，2004；Steensen，2011）。有人对新技术的作用持保留或悲观态度，例如20世纪90年代末有文献预测采用新媒体技术将"终结传统新闻业"（Bromley，1997；Hardt，1996），而有人却对新媒体时代的新闻业前景相当乐观（Pavlik，2001）。目前的文献还无法证实这些看法。

1. 技术决定论

这些早期的预测是基于对传统媒体的技术运用进行大量实证研究后得出的结论。这些文献常常被批评为技术决定论（Boczkowski，2004；Domingo，2008）。有学者批评说，相当一部分有关媒体技术的研究过分强调了技术在网络新闻中的作用，把技术看成决定网络新闻发展的唯一重要因素（Steensen，2009）。技术决定论者尽管也承认技术存在社会属性，但是过分强调了技术的自然属性对于技术的社会属性的决定性作用，没有看到技术的社会属性对于技术的自然属性的制约和引导作用，从而割裂了技术的自然属性与社会属性二者间的联系，忽视了它们二者之间的相互作用、相互制约的平衡关系（2009）。

与技术决定论相反，一些学者提出采用一些社会学理论，如行动者网络理论（actor-network theory），来研究技术在网络新闻发展中的作用（Plesner，2009；Turner，2005）。在这一理论框架内，行动者（actor）既可以是人，也可以是非人（non-human）。该理论认为，行动者之间相互作用可以形成新的网络（network）。网络新闻的发展与其社会背景是在同一过程中产生，它们相互建构，共同演进，并试图对技术的宏观分析和微观分析进行整合，把技术的社会建构向科学、技术与社会关系建构扩展。因此，在网络新闻中记者并不是唯一的行动者，其他行动者还包括媒体工程师、程序员、网站设计者、媒体机构、新闻用户以及新技术、新观念、文化环境等因素（Siapera & Veglis，

2012, p. 11)。

不过,行动者网络并不是一些行动者的简单组合,而是每一个行动者的利益、角色、功能和地位都在新的行动者网络中加以重新界定、安排和赋予(Domingo, 2008)。所有行动者都有自身的利益,并能说服其他行动者的利益与其产生共鸣而形成一个联盟。当这种说服过程变得很有效果,那么行动者网络就被构建出来了,从而促进了网络新闻的发展。Boczkowski(2004)也认为,网络新闻采用新技术的过程是新闻机构的结构因素,新闻生产方式和用户对这些技术的反馈共同作用的结果。利用这一理论,Paulussen 和 Ugille(2008)研究了网络新闻采用新技术过程中的机构制约和来自新闻行业的观念限制,而 Mico, Masip 和 Domingo(2013)研究了西班牙地方电视网提供的网络新闻的演进与多媒体融合过程。

2. 用户生成内容

用户生成内容指网站或其他开放性媒介的内容由其用户贡献生成。用户生成的这些内容以多种形式在网上呈现,如视频、音频、图片、话题贴、博客、评论等形式,其目的是让其他用户消费或服务于网络媒体。网络新闻网站最常见的用户生成内容是公民新闻(Citizen journalism)。公民新闻是指个体公民尽管没有受过专业新闻培训也能够通过互联网为公众生产的信息。这些信息以多种形式呈现,如文字、图片、音频或视频,但都通过媒体的网站向公众传播,内容包括在网上发跟帖、分析、评论、论坛、问答等信息。

如何看待用户生成内容,尤其是公民新闻是否属于新闻信息,是传播学研究中一个有争议的话题。这一争论也是媒体从业者和媒体法专家对此问题长期争论的延续。用户生成内容改变了新闻生产及传播过程中记者与受众的关系,即把单向的、不对称的传播改变为新型的对话式传播模型(Benkler, 2006; Bentley et al., 2007; Nah & Chung, 2012; Thurman, 2008)。记者和用户生成内容在很多新闻网站出现融合,新闻生产变成记者与用户的"集体努力"的结果(Mitchelstein & Boczkowski, 2009, p. 573)。据此,有学者把这类信息称为"参与新闻"(participatory news),其间专业新闻从业者和业余人员共同采集、选择、编辑和传播这些信息(Deuze, Bruns, & Neuberger, 2007; Domingo et al., 2008)。

争议的核心是,如果允许业余人士参加新闻生产,这些未经专业新闻训练的人是否有处理新闻信息的能力,尤其是选择或编辑新闻,从而可能降低新闻信息的权威性和可信度。Deuze 和他的同事认为,出现"公民"参与的新闻网站填补了新闻媒体留下的空白(Deuze et al., 2007)。另外一些学者发现,与没有用户参与的网络新闻相比,含有用户生成内容的网络新闻具有更明显的偏向性(Hendrickson, 2007; Lowrey, 2006)。学者还发现,公民记者和博客提供的内容在很大程度上依赖专业记者提供的新闻信息(Daniels, 2006; Lowrey, 2006; Reese, Rutigliano, Hyun, & Jeong,

2007)。Haas（2005）分析了网上一些用户生成内容后发现，用户极少做独立的新闻报道，他们的选题和主流媒体的选题类似，而内容本身也大量依赖专业记者提供的新闻信息。

3. 媒体融合

媒体融合（media convergence），是指新闻媒体"在数字化过程的基础上混合与融入原来各不相同的媒体技术"（Quandt & Singer, 2009, p. 130）。媒体融合具有多维度和动态特性，涉及媒体技术、媒体管理、传播方式和新闻专业思想等因素在不断变化的媒体环境中的融合（Brin & Soderlund, 2010; Jenkins, 2006）。简言之，媒体融合是在网络通信技术的发展基础上实现的传统媒体整合，主要表现在媒体内容、技术运用、传播途径和媒体营销的融合。媒体融合不单是不同媒介的融合，还包括一切媒介及其有关要素的有机结合，如媒介功能、传播手段、新闻生产及编辑部组织结构等要素的融合。

目前媒体融合文献主要关注传统媒体如何与网络技术、移动终端等新媒体传播通道有效结合，实现资源共享，衍生出不同形式的信息产品，如网络新闻，并通过不同的网络平台传播给用户（Micó, Masip, & Domingo, 2013），以及记者和用户对各种媒体融合形式的采纳和接受度（Brin & Soderlund, 2010; Jenkins, 2006; Robinson, 2011）。早期对媒体融合的研究盲目乐观，仿佛只要把一些数字化的设备装进记者的采访包，编辑部使用各种网络通信技术就能够成功转型传统媒体，实现媒体融合，但结果证实这只是不切实际的幻想（Domingo, 2008; Robinson, 2011; Weber & Evans, 2002）。Robinson认为，成功实现媒体融合的关键在于人们不应该把新媒体技术当成另外一种新闻工具，而是一种能够为新闻业创造更大行业空间和更多职业机会的全新的新闻概念（Robinson, 2011, p. 136）。

媒体融合除了给记者带来压力外，用户对它的反应并不积极。首先，记者对如何在网络新闻有效运用媒体融合与多媒体方面缺乏经验（Steensen, 2011），一些平面媒体的记者在媒体融合过程中感到越来越孤立无援，在编辑部内被边缘化，甚至被裁员或被解雇（Robinson, 2011）。与原来对媒体融合盲目乐观的预测不同，学者逐渐认识到媒体融合过程充满诸多危机（Brin & Soderlund, 2010; Micó et al., 2013; Robinson, 2011; Steensen, 2011）。

五、网络新闻研究的最新议题及未来趋势

新闻信息不但是人类社会、文化、经济和政治体系中的一个重要组成部分，而且还深刻影响人类社会的意识形态（Bourdieu, 1998; Habermas, 1991; Luhmann, 2000; Thompson, 1995）。新

媒体时代的网络新闻无论在传播对象还是传播技术上都在发生着前所未有的变革,深刻影响了新闻内容生产、传播和消费。这些变化已经开始融入人们的社会、经济和文化生活(Mitchelstein & Boczkowski, 2009)。无论这些变化意味着什么,它们都为传播学者提供了洞察新媒体时代的信息传播提供了不可多得的契机。

目前,传播学者关注的议题不单是人们如何生产、使用网络新闻及使用的深度和广度,更重要的是人们使用新媒体的交流对象。研究表明,网络新闻的传播效果不但取决于内容、使用频率及行为模式,而且受制于网络新闻使用过程中的交互性,即网络新闻生产、传播和使用过程中的人际网络因素。在新媒体时代,人们的社交网络不断扩大,势必影响人们的网络新闻的使用。因此,除了研究网络新闻相关课题外,学者还应该密切关注和分析社交网络对网络新闻生产与使用的影响。随着媒体的多样性和用户的选择增加,人们会同时使用多种媒体技术及媒介平台获取信息,或放弃某一种或多种技术手段来摆脱信息过剩的困扰。这个过程势必受到社交网络的影响,最终形成媒体分众化的趋势(Holton, 2012)。在这个背景下,网络新闻研究的最新议题主要集中在以下两个方面:媒体分众化和新闻业重新定义与脱媒现象。

1. 网络新闻研究的最新议题

(1) 媒体分众化

媒体分众化的形成是人们在新媒体时代对信息需求不尽相同的必然结果。媒体分众化(media fragmentation)是指不同的新闻媒体根据不同的传播对象采用不同的传播方法传递不同的新闻信息,在这个过程中用户不再被动地接受信息,而是主动地掌握和控制信息流布,根据自己的喜好定制需要的信息并参与信息生产和传播。媒体分众化的传播特点是信息传递从多点到多点,针对性更强,但受众面更窄,同时兼具用户主导和市场调节等特征(Holton, 2012)。不同的信息需求首先形成了分众化的媒体市场(fragmented media market),进而推动了媒体分众化的形成。

在分众化的媒体市场,无论是新媒体还是旧媒体都"被迫以自己独有的信息产品去寻找自己的目标用户"(Mancini, 2013, p. 46),形成各不相同的分众传播模式。最终分众传播削弱了传统媒体的影响力并降低了它们原有的市场份额,大众媒体日渐式微,而小众的、针对利基市场的媒体成为新媒体时代中占统治地位的媒体形态(Castell, 2010; Chaffee & Metzger, 2001; Rheingold, 2000)。

西方国家的媒体分众化对人们观念的影响,尤其是政治观念,成为网络媒体研究中的一个新议题(Iyengar & Hahn, 2009; Starr, 2012; Stroud, 2011)。Benson(2010)发现,一些早期学者带有"技术乐观主义"(technological optimism)倾向,认为互联网及其网络技术能够促进人们关心政治,积极参与公共事务,因而有助于改善西方社会中一些弊端,如极端个人主义,为人冷漠孤傲,政治观念偏狭，人与人缺乏沟通和交流，背弃传统的宗教及家庭观等（Chadwick，2006）。但大量的研究发现，网络媒体常常强化而不是弱化这类弊端，其中强化偏狭的政治观点已经在很多实证研究中得到证实。

例如，Iyengar 和 Hahn 比较分析了福克斯新闻网（Fox News）和美国有线新闻网（CNN）的受众。他们发现，受众的新闻需求会随着他们对新闻机构报道倾向性的认可程度而变化。政治观念倾向保守派和共和党的受众更愿意使用来自福克斯新闻的网络新闻，而避免 CNN 或美国全国公共广播电台（NRP）提供的新闻。而政治观念倾向民主党和自由派的受众则恰恰相反，他们对 CNN 和 NPR 同样喜欢，但避免福克斯新闻的报道。这种基于用户党派倾向的新闻选择不仅出现在政治倾向明显的新闻内容中，而且也出现在他们使用的一些软性新闻中，如犯罪或旅游报道（Iyengar & Hahn，2009）。这种现象在持有鲜明政治立场的受众中格外明显。这些结果表明，媒体分众化能够促使用户只接受和自己认可的观念一致的新闻内容，强化已经形成的政治思想而拒绝不同的政治观念，最终导致网络新闻用户在政治观点上更加两极化（Iyengar & Hahn，2009）。其他学者的研究也得出类似结论（Starr，2012；Stroud，2011）。

学者还注意到 Facebook 和推特等社交媒体在西方日益盛行，他们也明显地强化了有相似兴趣、爱好和政治观念的人们之间的联系，同时疏远了与持不同政治观点的人群的联系（Mancini，2013）。这类研究可以看成是行动者网络理论在网络新闻研究中的最新应用。在这一理论指导下，学者有意识地把网络新闻的一些使用特点放在一个更大的社会环境中与多种社会因素共同建构。

（2）新闻业的重新定义与脱媒现象

网络新闻的另一个新议题是新闻作为一个行业的重新定义及新媒体时代的脱媒现象。在探究网络新闻时，学者发现的新问题似乎比找到的答案更多。网络新闻究竟能否取代传统新闻媒体，或者只是后者的一种补充？以博客或公民新闻等形式出现的用户生成内容给学者带来更多的问题："博客是记者吗？""博客写作遵循哪些职业规范，他们是否有职业规范？""博客内容和公民新闻的可信度与职业新闻记者的新闻有什么不同？"（Zelizer，2005）。新闻媒体机构中的编辑部人员及受过专门训练的记者长期秉承客观、公正报道等职业诉求。在今天的媒体环境中是否还需要强调这些训练？没有受过这些专业训练的个人能否参加新闻内容生产？（Neuberger & Nuernbergk，2010）。

对于这些问题，目前的文献没有提供多少令人信服的答案（Siapera & Veglis，2012）。不过学者的基本共识是，网络新闻的发展极大地改变了传统新闻业的内容生产、传播流程和职业性质与规范，从而模糊了传媒新闻业的定义（Lasorsa，Lewis，& Holton，2012；Mancini，2013）。Mancina（2013）认为，在大众媒体出现明显的去专业化（de-professionalization）趋势的今天，重新定义新闻业具有特别重要的意义。

网络新闻的发展给新闻业不仅仅带来"谁是记者？"的问题，而且还包括"什么样的机构媒体能够推进'脱媒'（disintermediation）过程"（Chadwick，2006）。脱媒原是一个金融词汇，指跳过中间人直接在供需双方间进行交易。这里指内容生产和使用方无须中间环节的直接互动。脱媒现象加剧了网络新闻的竞争并影响其传播效果，因为它为非媒体机构及个人提供了媒体市场准入（Katz，1988；Van der Wurff，2003）的条件。从本质上看，机构媒体在新闻信息传播中的传统中间人行为（operation of intermediation）给新闻业带来身份危机（Hess & Von Walter，2006）。

学者呼吁，网络新闻研究也应该关注博客和社交媒体上的信息对网络新闻生产的影响（Neuberger & Nuernbergk，2010）。尽管博客和社交媒体信息与传统的新闻信息有很大的差别，但记者越来越多地把这类新媒体内容当作新闻来源（Mancini，2013；Micó et al.，2013）。

2. 网络新闻研究的未来趋势

现有文献常以机构媒体使用了多少新媒体技术以及使用的深度和广度作为衡量网络新闻是否"成功"的标准，其中超文本链接、互动性和多媒体三大技术的运用尤为重要（Steensen，2011）。这样的标准显然带有片面性，因为它忽略了网络新闻传播中的社会属性，以及其他研究途径可能带来的更深入、更细微的洞察力。可以预料，网络新闻作为人际传播的一部分在未来的发展将会更加迅猛与活跃。这就要求传播学者不能满足现有的研究成果，而应该为网络新闻研究提出并建立新的理论体系。

未来趋势之一：理论建构

Boczkowski（2011）发现，目前的网络新闻研究文献采用了多种理论框架，但在这一现象背后是理论建构的不足。具体表现为，不少网络研究课题的理论框架来自少数几个主要理论的衍生流派或理论支流。这类研究尽管看似采用了一些不同的理论，但在理论建构方面的贡献却相对较少，其成果很少被传播学领域外的学者引用。

可以预料，网络新闻研究的未来趋势之一是理论建构（Boczkowski，2011）。它要求传播学者在广泛引进社会学、心理学、信息科学、经济学和政治学等学科的相关理论时，厘清这些理论的内在逻辑关系并为网络新闻研究提出理论建构。而缺乏理论构建的研究很难通过经验研究以可验证的方式对网络新闻涉及的各种命题作出系统性的解释。传播学者除了"吸收"相关学科的理论为己所用外，还必须向其他学科"输出"自己的理论创新。这一趋势无疑对传播学者要求更高，也深具挑战性，但也是网络媒体研究最令人兴奋的未来趋势之一。

未来趋势之二：比较研究

在网络新闻研究中如何做到既见"树木"也见"森林"是该领域未来发展趋势的另一个重要方向。目前大多数研究和分析只是集中在网络新闻本身及其直接相关的一些因素，涉及的研究对象局限于欧美的一些机构媒体并且侧重于平面媒体。现有文献鲜有在比较研究的背景中探索网络媒体与其他领域的信息相互影响与制衡，也缺少在不同的文化背景、政治制度、社会环境及媒体体系中讨论网络新闻的发展与作用。

通过比较新媒体技术在网络新闻与其他领域的运用过程，学者可能发现新闻传播领域中一些独有的新技术扩散特点（Mitchelstein & Boczkowski, 2009）。此类比较研究的另一个重点应该是对比分析网络新闻与其他领域的社会活动之间的异同（Boczkowski, 2011）。这类研究对新闻学研究以外的学者也具有较大的吸引力，例如媒体研究、文化批评、新媒体、信息传播科技、网络技术、社会学、心理学、经济学及政治学等领域。实现对网络新闻的跨学科研究有助于我们走出该领域去思考一些更广阔的研究议题，如获取信息对人的社会地位、认知过程和知识结构的影响，获取并处理信息在当今社会中的作用，以及数字信息对不同社会、文化体系中的人际传播的影响等。

未来趋势之三：更新方法学

现有网络新闻研究文献多数采用了人种学研究（ethnographic study）方法：学者走入生产网络新闻的编辑部通过实地考察与采访相关人员掌握第一手资料（Boczkowski, 2011）。这类定性研究（也称"质化研究"）的结论具有较强的概括性和较浓的思辨色彩。它与定量研究（也称"量化研究"）在功能、回答或解决的问题、数据收集方式等方面有着明显的区别。量化研究遵循实证主义的方法，重视知识的客观性，强调科学方法的普遍性及妥当性。不过，这两种研究方法并不互相排斥。

未来网络新闻研究的趋势是更多学者在同一个研究中整合量化与质化研究方法，采用定性与定量研究相结合的方式研究网络新闻。在进行定量研究之前，研究者可以借助定性研究确定网络新闻中某些现象的性质，而在进行定量研究过程中，可以借助定性研究确定现象发生质变的数量界限和引起质变的原因。

未来网络新闻研究的一个最值得关注的趋势是如何使用大数据分析方法去解构网络新闻信息。运用大数据分析的战略意义不在于掌握庞大的数据信息，而在于对这些含有多重意义的数据进行专业化处理。利用大数据分析可以实时掌握网络新闻生产、传播和使用动态，制定传播策略，更精确地把握它对人类社会的影响。因此，大数据分析法的运用关键并不在"大"，而在挖掘网络新闻信息中蕴含的价值。

从某种程度上看，今天的网络新闻研究已经出现分众化态势，研究者从不同角度全方位的考察其发展历程和作用。网络新闻还在不断变化与演进，未来的发展将会更加活跃和出人意料，因此很难为它的未来发展趋势作一个肯定的结论（Siapera & Veglis, 2012）。尽管目前的网络新闻研究水平还有待进一步提高，但值得欣慰的是现有文献已经为进一步认识网络新闻打下了坚实的基础。

◇ 参考文献 ◇

- Aday, S. (2010). Advancing new media research *Special report* 250. http://purl.fdlp.gov/GPO/gpo19393.
- Allan, S. (2006). *Online news: Journalism and the Internet*. New York: Open University Press.
- Barzilai-Nahon, K. (2008). Toward a theory of network gatekeeping: A framework for exploring information control. *Journal of the American Society for Information Science and Technology*, 59 (9), 1493-1512. doi: 10.1002/asi.v59:9.
- Baym, N., Campbell, S. W., Horst, H., Kalyanaraman, S., Oliver, M. B., Rothenbuhler, E., Miller, K. (2012). Communication theory and research in the age of new media: A conversation from the CM Cafe. *Communication Monographs*, 79(2): 256-267.
- Benkler, Y. (2006). *The wealth of networks: How social production transforms markets and freedom*. New Haven: NJ: Yale University Press.
- Benson, R. (2010). Futures of the news: International considerations and further reflections. In N. Fenton (ed.), *New media, old news: Journalism & democracy in the digital age*, 187-200. London: SAGE.
- Bentley, C., Hamman, B., Littau, J., Meyer, H., Watson, B., & Welsh, B. (2007). Citizen journalism: A case study. In M. Tremayne (ed.), *Blogging, citizenship and the future of media*, 239-259. New York: Routledge.
- Bergström, A. (2008). The reluctant audience: Online participation in the Swedish journalistic context. *Westminster Papers in Communication and Culture*, 5(2): 60-79.
- Beyers, H. (2004). Interactivity and Online Newspapers: a case study on discussion boards. *Convergence*, 10(4): 11-20.
- Boczkowski, P. J. (2004). Digitizing the news: Innovation in online newspapers. Cambridge, MA: MIT Press.
- Boczkowski, P. J. (2011). Future avenues for research on online news production. In D. Domingo & C. A. Paterson (eds.), *Making online news* (Vol. 2), 161-165. New York: Peter Lang.
- Bourdieu, P. (1998). *On Television and Journalism*. London: Pluto Press.
- Bowman, S., & Willis, C. (2003). We media: How audiences are shaping the future of news and information J. D. Lasica (ed.) www.hypergene.net/wemedia/.
- Brin, C., & Soderlund, W. (2010). Innovating in a crisis: Canadian media actors assess the state of convergence. *Canadian Journal of Communication*, 35(4): 575-583.
- Bromley, M. (1997). The end of journalism? Changes in workplace practices in the press and broadcasting in the 1990s. In M. Bromley & T. O'Malley (eds.), *A journalism reader*, 330-350. London: Routledge.
- Bruns, A. (2003). Gatewatching, not gatekeeping: Collaborative online news. *Media International Australia Incorporating Culture and Policy*, 107: 31-44.
- Carlson, D. (2009). The online timeline: A capsule history of online news and information systems. http://iml.jou.ufl.edu/carlson/1990s.shtml.
- Castell, M. (2010). *The rise of the network society*. Malden, MA: Wiley-Blackwell.
- Castells, M. (2010). *The rise of the network society* (2nd ed.). Malden, MA: Wiley-Blackwell.
- Chadwick, A. (2006). *Internet politics: States, citizens and new communication technologies*. Oxford, UK: Oxford University Press.
- Chaffee, S. H., & Metzger, M. J. (2001). The end of mass communication? *Mass*

- *Communication & Society*, 4(4): 365-379. doi: 10.1207/S15327825MCS0404_3.
- Chun, W. H. K. (2006). Introduction: Did someone say new media? In W. H. K. Chun & T. Keenan (eds.), *New media, old media: A history and theory reader*, 1-10. New York: Routledge.
- Chung, D. S. (2007). Profits and perils Online news producers' perceptions of interactivity and uses of interactive features. *Convergence*, 13(1): 43-61. doi: 10.1177/1354856507072856.
- Daniels, G. L. (2006). The role of Native American print and online media in the 'era of big stories: 'A comparative case study of Native American outlets' coverage of the Red Lake shootings *Journalism*, 7(3): 321-342. doi: 10.1177/1464884906065516.
- Deuze, M. (2001). Online journalism: Modelling the first generation of news media on the World Wide Web. *First Monday*, 6(10). http://firstmonday.org/ojs/index.php/fm/article/view/893/802.
- Deuze, M. (2002). Online journalists in the Netherlands: Towards a profile of a new profession. *Journalism*, 3(1): 85-100. doi: 10.1177/146488490200300103.
- Deuze, M. (2003). The web and its journalisms: Considering the consequences of different types of newsmedia online. *New Media & Society*, 5(2): 203-230.
- Deuze, M. (2004a). Journalism studies beyond media: On ideology and identity. *Ecquid Novi*, 25(2): 275-293.
- Deuze, M. (2004b). What is multimedia journalism? *Journalism Studies*, 5(2): 139-152.
- Deuze, M. (2005). What is journalism? Professional identity and ideology of journalists reconsidered. *Journalism*, 6(4): 442-464. doi: 10.1177/1464884905056815.
- Deuze, M., Bruns, A., & Neuberger, C. (2007). Preparing for an age of participatory news. *Journalism Practice*, 1(3): 322-338. doi: 10.1080/17512780701504864.
- Dimitrova, D. V., & Neznanski, M. (2006). Online journalism and the war in cyberspace: A comparison between U. S. and international newspapers *Journal of Computer-Mediated Communication*, 12(1). http://jcmc.indiana.edu/vol12/issue1/dimitrova.html.
- Domingo, D. (2008). Inventing online journalism: A constructivist approach to the development of online news. In C. Patterson & D. Domingo (eds.), *Making online news: The ethnography of new media production* (Vol. 1), 15-28. New York: Peter Lang.
- Domingo, D., Quandt, T., Heinonen, A., Paulussen, S., Singer, J. B., & Vujnovic, M. (2008). Participatory journalism practice in the media and beyond: An international comparative study of initiatives in online newspapers. *Journalism Practice*, 2(3): 326-342. doi: 10.1080/17512780802281065.
- Eveland, W. P., Marton, K., & Seo, M. (2004). Moving beyond "Just the Facts:" The influence of online news on the content and structure of public affairs knowledge. *Communication Research*, 31(1): 82-108. doi: 10.1177/0093650203260203.
- Featherstone, M. (1990). *Global culture: Nationalism, globalization and modernity*. London: Sage.
- Fenton, N. (2010a). Drowing or waving? New media, journalism and democracy. In N. Fenton (ed.), *New media, old news: Journalism & democracy in the digital age*, 3-16. Los Angeles: SAGE.
- Fenton, N. (2010b). *New media, old news: Journalism & democracy in the digital age*. Los Angeles: SAGE.
- Fortunati, L., Raycheva, L., Harro-Loit, H., & O'Sullivan, J. (2005). Online news interactivity in four European countries: A pre-political dimension (comparing practices in Bulgaria, Estonia, Ireland and Italy). In P. Masip & J. Rom (eds.), *Digital utopia in the media: From discourses to facts*, 417-430. Barcelona, Spain: Blanquerna Tecnologia I Serveis.

- Fuery, K. (2009). *New media: Culture and image*. New York: Palgrave Macmillan.
- Gitelman, L. (2006). *Always already new media, history, and the data of culture*. Cambridge, MA: MIT Press.
- Glaser, B. G., & Strauss, A. L. (1967). *The discovery of grounded theory: Strategies for qualitative research*. New Brunswick, NJ: Aldine.
- Golan, G. J., Kiousis, S. K., & McDaniel, M. L. (2007). Second-level agenda setting and political advertising: Investigating the transfer of issue and attribute saliency during the 2004 US presidential election. *Journalism Studies*, 8(3): 432-443. doi: 10.1080/14616700701276190.
- Haas, T. (2005). From "public journalism" to the "public's journalism"? Rhetoric and reality in the discourse on weblogs. *Journalism Studies*, 6(3): 387-396. doi: 10.1080/14616700500132073.
- Habermas, J. (1991). *The structural transformation of the public sphere: An inquiry into a category of bourgeois society*. Cambridge, MA: MIT Press.
- Hardt, H. (1996). The end of journalism: Media and newswork in the United States. *Javnost/The Public*, 3(3): 21-41.
- Harvey, D. (1989). *The condition of postmodernity: An enquiry into the origins of cultural change*. New York: Blackwell.
- Hendrickson, L. (2007). Press protection in the blogosphere: Applying a functional definition of "press" to news weblogs. In M. Tremayne (ed.), *Blogging, citizenship and the future of media*, 187-204. New York: Routledge.
- Hess, T., & von Walter, B. (2006). Toward content intermediation: Shedding new light on the media sector. *International Journal on Media Management*, 8(1): 2-8. doi: 10.1207/s14241250ijmm0801_2.
- Holton, A. (2012). Negating nodes and liquid fragmentation: Extending conversations of diffusion, social networks, and fragmentation. *Communication Theory*, 22(3): 279-298. doi: 10.1111/j.1468-2885.2012.01410.x.
- Iyengar, S., & Hahn, K. S. (2009). Red media, blue media: Evidence of ideological selectivity in media use. *Journal of Communication*, 59(1): 19-39. doi: 10.1111/j.1460-2466.2008.01402.x.
- Jenkins, H. (2006). *Convergence culture: Where old and new media collide*. New York: New York University Press.
- Katz, E. (1988). Disintermediation: Cutting out the middle man. *InterMedia*, 16(2): 30-31.
- Kenney, K., Gorelik, A., & Mwangi, S. (2000). Interactive features of online newspapers. *First Monday*, 5(1-3). doi: http://dx.doi.org/10.5210%2Ffm.v5i1.720.
- Klinenberg, E. (2005). Convergence: News production in a digital age. *The Annals of the American Academy of Political and Social Science*, 571(1): 48-64. doi: 10.1177/0002716204270346.
- Lasorsa, D. L., Lewis, S. C., & Holton, A. E. (2012). Normalizing Twitter: Journalism practice in an emerging communication space. *Journalism Studies*, 13(1): 19-36. doi: 10.1080/1461670X.2011.571825.
- Lee, A. M., Lewis, S. C., & Powers, M. (2012). Audience clicks and news placement: A study of time-lagged influence in online journalism. *Communication Research*. doi: 10.1177/0093650212467031.
- Lenhart, A., Purcell, K., Smith, A., & Zickuhr, K. (2010). Social media and young adults: Social media and mobile Internet use among teens and young adults. http://www.pewinternet.org/Reports/2010/Social-Media-and-Young-Adults.aspx.
- Lewis, S. C. (2012). The tension between professional control and open participation: Journalism and its boundaries. *Information, Communication & Society*, 15(6): 836-866. doi: 10.1080/1369118X.2012.674150.

- Lievrouw, L. A., & Livingstone, S. M. (2006). *Handbook of new media: Social shaping and social consequences of ICTs* (Updated student ed.). London: SAGE.
- Lim, J. (2011). First-level and second-level intermedia agenda-setting among major news websites. *Asian Journal of Communication*, 21(2): 167-185. doi: 10.1080/01292986.2010.539300.
- Lister, M., Dovey, J., Giddings, S., Grant, I., & Kelly, K. (2009). *New media: A critical introduction* (2nd ed.). New York: Routledge.
- Livingstone, S. M. (2006). Introduction to the updated student edition. In L. A. Lievrouw & S. M. Livingstone (eds.), *Handbook of new media: Social shaping and social consequences of ICTs*, 1-14. London, UK: SAGE Publications.
- Lopez-Escobar, E., Llamas, J. P., McCombs, M., & Lennon, F. R. (1998). Two levels of agenda setting among advertising and news in the 1995 Spanish elections. *Political Communication*, 15(2): 225-238. doi: 10.1080/10584609809342367.
- Lowrey, W. (2006). Mapping the journalism blogging relationship. *Journalism*, 7(4): 477-500. doi: 0.1177/1464884906068363.
- Luhmann, N. (2000). *The reality of the mass media*. Cambridge, UK: Polity Press.
- Mancini, P. (2013). Media fragmentation, party system, and democracy. *International Journal of Press/Politics*, 18(1): 43-60. doi: 10.1177/1940161212458200.
- Manovich, L. (2001). *The language of new media*. Cambridge, MA: MIT Press.
- McCombs, M. (2004). *Setting the agenda: The mass media and public opinion*. Malden, MA: Polity Press.
- McCombs, M. (2005). A Look at Agenda-setting: Past, present and future. *Journalism Studies*, 6(4): 543-557. doi: 10.1080/14616700500250438.
- McCombs, M., & Shaw, D. L. (1972). The agenda-setting function of mass media. *Public Opinion Quarterly*, 36: 176-185.
- McLuhan, M., & Fiore, Q. (1967). *The medium is the massage: An inventory of effects* London: Penguin Books.
- McMillan, S. J. (2005). The researchers and the concept: Moving beyond a blind examination of interactivity. *Journal of Interactive Advertising*, 5(2): 1-4.
- Meraz, S. (2011). Using time series analysis to measure intermedia agenda-setting influence in traditional media and political blog networks. *Jounalism and Mass Communication Quarterly*, 88(1): 176-194. doi: 10.1177/107769901108800110.
- Metykova, M. (2008). Drifting apart? European journalists and their audiences. *Westminster Papers in Culture and Communication*, 5(2): 42-59.
- Micó, J. L., Masip, P., & Domingo, D. (2013). To wish impossible things: Convergence as a process of diffusion of innovations in an actor-network. *International Communication Gazette*, 75(1): 118-137. doi: 10.1177/1748048512461765.
- Mitchelstein, E., & Boczkowski, P. J. (2009). Between tradition and change: A review of recent research on online news production. *Journalism*, 10(5): 562-586. doi: 10.1177/146488490906533.
- Mitchelstein, E., & Boczkowski, P. J. (2010). Online news comsuption research: An assessment of past work and an agenda for the future. *New media & society*, 12(7): 1085-1102. doi: 10.1177/1461444809350193.
- Mosco, V. (2004). *The digital sublime: myth, power, and cyberspace*. Cambridge, MA: MIT Press.
- Nah, S., & Chung, D. S. (2012). When citizens meet both professional and citizen journalists: Social trust, media credibility, and perceived journalistic roles among online community news readers. *Journalism*, 13(6): 714-730. doi: 10.1177/1464884911431381.

- Nayar, P. K. (2010). *An introduction to new media and cybercultures*. Malden, MA: Wiley-Blackwell.
- Neuberger, C., & Nuernbergk, C. (2010). Competition, complementarity or integration? The relationship between professional and participatory media. *Journalism Practice*, 4(3): 319-332. doi: 10.1080/17512781003642923.
- Nguyen, A., & Western, M. (2007). Socio-structural correlates of online news and information adoption/use: Implications for the digital divide. *Journal of Sociology*, 43(2). doi: 10.1177/1440783307076894.
- O'Sullivan, J. (2005). Delivering Ireland: journalism's search for a role online. *International Communication Gazette*, 67(1): 45-68. doi: 10.1177/0016549205049178.
- O'Sullivan, J., & Heinonen, A. (2008). Old values, new media: Journalism role perceptions in a changing world. *Journalism Practice*, 2(3): 357-371. doi: 10.1080/17512780802281081.
- Oblak, T. (2005). The lack of interactivity and hypertextuality in online media. 67(1): 87-106. doi: 10.1177/0016549205049180.
- Ofcom. (2007). *New news, future news: The challenges for television news after digital switch-over*. London: Ofcom.
- Örnebring, H. (2010). Technology and journalism-as-labour: Historical perspectives, Journalism, 11(1): 57-74. doi: 10.1177/1464884909350644.
- Paulussen, S., & Ugille, P. (2008). Usger generated content in the newsroom: professional and organizational constraints on participatory journalism. *Westerminister Papers in Communicationa and Culture*, 5(2).
- Pavlik, J. V. (2001). *Journalism and new media*. New York: Columbia University Press.
- Plesner, U. (2009). An actor-network perspective on changing work practices: Communication technologies as actants in newswork. *Journalism*, 10(5): 604-626. doi: 10.1177/1464884909106535.
- Proyor, L. (2002). The third wave of online journalism. *Online Journalism Review*. http://www.ojr.org/ojr/future/1019174689.php.
- Quandt, T. (2008a). News tuning and content management: An observation study of old and new routines in German online newsrooms In C. Patterson & D. Domingo (eds.), *Making online news: The ethnography of new media production* (Vol. 1): 77-98. New York: Peter Lang.
- Quandt, T. (2008b). (No) News on the World Wide Web? A comparative content analysis of journalistic news sites in four European countries. *Journalism Studies*, 9(5): 717-738. doi: 10.1080/14616700802207664.
- Quandt, T., Lffelholz, M., Weaver, D. H. W., Hanitzsch, T., & Altmeppen, K.-D. (2006). American and German online journalists at the beginning of the 21st Century. *Journalism Studies*, 7(2): 171-186. doi: 10.1080/14616700500533486.
- Quandt, T., & Singer, J. B. (2009). Convergence and cross-platform content production. In K. Wahl-Jorgensen & T. Hanitzsch (eds.), *The handbook of journalism studies*, 130-144. New York: Routledge.
- Quinn, G., & Trench, B. (2002). *Online news media and their audiences*. Heerlen, the Netherlands: European Center for Digital Commuication.
- Quinn, S. (2004). An intersection of ideals: Journalism, profits, technology and convergence. *Convergence*, 10(4): 109-123. doi: 10.1177/135485650401000409.
- Ragas, M. W., & Kiousis, S. (2010). Intermedia agenda-setting and political activism: MoveOn. org and the 2008 presidential election. *Mass Communication and Society*, 13: 560-583. doi: 10.1080/15205436.2010.515372.
- Rathmann, T. A. (2006). Supplement or substitution? The relationship between reading a local

- print newspaper and the use of its online version. *Communications*, 27(4): 485-498. doi: 10.1515/comm.2002.004.
- Reese, S. D., Rutigliano, L., Hyun, K., & Jeong, J. (2007). Mapping the blogosphere: Professional and citizen-based media in the global news arena. *Journalism*, 8(3). doi: 10.1177/1464884907076459.
- Reich, Z., & Lahav, H. (2012). Are reporters replaceable? Literary authors produce a daily newspaper. *Journalism*, 13(4): 417-434. doi: 10.1177/1464884911421701.
- Rheingold, H. (2000). *The virtual community: Homesteading on the electronic frontier*. Cambridge, MA: MIT Press.
- Robinson, S. (2011). Convergence crises: News work and news space in the digitally transforming newsroom. *Journal of Communication*, 61(6): 1122-1141. doi: 10.1111/j.1460-2466.2011.01603.x.
- Rogers, E. M. (1995). *Diffusion of innovations* (4th ed.). New York: Free Press.
- Rogers, E. M. (2003). *Diffusion of innovations* (5th ed.). New York: Free Press.
- Rosenstiel, T. (2010). Americans spending more time following the news. http://www.people-press.org/2010/09/12/americans-spending-more-time-following-the-news/.
- Schudson, M. (2003). *The sociology of news*. New York: Norton.
- Scolari, C. A. (2009). Mapping conversations about new media: The theoretical field of digital communication. *New media & society*, 11(6): 943-964. doi: 10.1177/1461444809336513.
- Shoemaker, P. J., & Vos, T. P. (2009). *Gatekeeping theory*. New York: Routledge.
- Siapera, E., & Veglis, A. (2012). Introduction: The evolution of online journalism. In E. Siapera & A. Veglis (eds.), *The handbook of global online journalism*, 1-17. Malden, MA: Wiley-Blackwell.
- Singer, J. B. (2001). The metro wide web: Changes in newspapers' gatekeeping role online. *Journalism and Mass Communication Quarterly*, 78(1): 65-80. doi: 10.1177/107769900107800105.
- Singer, J. B. (2010). Quality control: Perceived effects of user-generated content on newsroom norms, values and routines. *Journalism Practice*, 4(2): 127-142. doi: 10.1080/17512780903391979.
- Starr, P. (2012). An unexpected crisis: The news media in postindustrial democracies. *International Journal of Press/Politics*, 17(2): 234-242. doi: 10.1177/1940161211434422.
- Steensen, S. (2009). What's stopping them? Towards a grounded theory of online journalism. *Journalism Studies*, 10(6): 821-836. doi: 10.1080/14616700902975087.
- Steensen, S. (2011). Online journalism and the promises of new technology: A critical review and look ahead. *Journalism Studies*, 12(3): 311-327. doi: 10.1080/1461670X.2010.501151.
- Stroud, N. J. (2011). *Niche news: The politics of news choice*. Oxford, UK: Oxford University Press.
- Sundar, S. S. (2000). Multimedia effects on processing and perception of online news: A study of picture, audio, and video downloads. *Journalism and Mass Communication Quarterly*, 77(3): 480-499.
- Sunstein, C. R. (2007). *Republic.com 2.0*. Princeton, NJ: Princeton University Press.
- Sweetser, K. D., Golan, G. J., & Wanta, W. (2008). Intermedia agenda setting in television, advertising, and blogs during the 2004 election. *Mass Communication and Society*, 11(2): 197-216. doi: 10.1080/15205430701590267.
- Thompson, J. B. (1995). *The media and modernity: A social theory of the media*. Stanford, CA: Stanford University Press.
- Thurman, N. (2008). Forums for citizen journalists? Adoption of user generated content initiatives

- by online news media. *New media & society*, 10(1): 139-157. doi: 10. 1177/1461444807085325.
- Tomasello, T. K., Lee, Y., & Baer, A. P. (2010). "New media" research publication trends and outlests in communications, 1990-2006. *New Nedia & Society*, 12(4): 531-548. doi: 10. 1177/1461444809342762.
- Turner, F. (2005). Actor-networking the news. *Social Epistemology*, 19(4): 321-324. doi: http://dx. doi. org/10. 1080/02691720500145407.
- Van der Wurff, R. (2003). Structure, conduct, and performance of the agricultural trade journal market in the Netherlands. *Journal of Media Economics*, 16(2): 121-138. doi: 10. 1207/S15327736ME1602_4.
- van der Wurff, R., & Lauf, E. (eds.). (2005). *Print and online newspapers in Europe: A comparative analysis in 16 countries*. Amsterdam: Her Spinhuis.
- Weber, I., & Evans, V. (2002). Constructing the meaning of digital television in Britain, the United States and Australia. *New Media & Society*, 4(4): 435-456. doi: 10. 1177/146144402321466750.
- Wise, R. (2000). *Multimedia: A critical introduction*. New York: Routledge.
- Yzer, M. C., & Southwell, B. G. (2008). New communication technologies, old questions. *American Behavioral Scientist*, 52(1): 8-20. doi: 10. 1177/0002764208321338.
- Zelizer, B. (2005). Mass media and society. In J. Curran & M. Gurevitch (eds.), (4th ed.): 198-214. London: Hodder Arnold.
- Zielinski, S. (2006). *Deep time of the media: Toward an archaeology of hearing and seeing by technical means* (G. Custance, Trans.). Cambridge, MA: MIT Press.

网络传媒经济研究

德万·维塞克[①]

本文检视1998年至2012年世界范围内网络媒体产业（network media industry）的发展。"网络媒体行业"这一定义囊括十一个收入最多的电信、传媒、网络部门：移动电信，固定电信，网络，电视，新闻，出版，电影，杂志，游戏，音乐和广播。

本文同时介绍了一些可以用来分析这些行业的方法工具和常用的四个理论视角：传媒经济学派（media economics）、机构政治经济学派（institutional political economy）、批判性传媒政治经济学派（critical political economy of communication）和文化产业学派（Cultural Industries School）。本文还用上述方法分析了随时间的发展，网络媒体行业的发展、停滞与衰败。这些分析使我们更好地了解到不同网络媒体行业组成部分的特殊机构重组（institutional restructuring）过程，也让我们更好地认识到不同媒体行业面对近些年发生的重大变化的不同反应。本文也同时研究了新媒体是否壮大了媒体经济规模还是减少了传统媒体的收入（Miege，2011；Noam，2009；Preston & Rogers，2012）。本文重申了在市场之外的信息创造、流通和愈发明显的信息的社会生态学（social ecology of information）是21世纪网络媒体经济的主要特征（Benkler，2006）。

以下是本文分析的几个重点。

1. 媒体基础设施产业（移动、电信和网络）愈发占据整个媒体经济的重心。

2. 订阅费和直接性商品化是媒体经济的主要盈利方式。那些主要依靠这些盈利方式的行业（移动和固定电信、网络、电视、电影和网络游戏）比以广告为主盈利的媒体更加安全地度过了经济危机和向以网络为中心的媒体生态的转型。

3. 不同媒体的机构重组过程极其不同：网络游戏和音乐的数字化收入最高，电影其次，新闻、电视和杂志则相对来说较低。

4. 如将音乐产业的各个组成部分纳入考量：唱片、版税、数字化和现场音乐，音乐产业并没有进入衰落危机。

5. 媒体基础设施产业对于内容媒体的主导引发了对于版权和网络媒体经济生态的战争，扩大版

[①] 德万·维塞克（Dwayne Winseck），现任加拿大卡尔顿大学（Carleton University）新闻与传媒学院教授，并兼任政治经济学院教授，1993年获美国俄勒冈大学（University of Oregon）传媒学博士学位，主要研究领域为媒体政治经济、互联网与电信以及传媒理论等。作者特别感谢卡尔顿大学新闻和传媒学院的贾莲睿、Adeel Khamisa和Anna Kozlova对于此文中数据收集的帮助。

权保护范围的尝试受到电信和互联网公司、言论自由组织、立法者、法庭和学者战略联盟的强烈反对（Benkler，2006）。

研究工具和研究世界范围内的网络媒体经济

分析媒体行业并不简单（Noam，2009）。好的数据通常较难取得。私有公司一般不愿意提供多于所需范围之外所要提供的数据。许多学者对于"大数目"的盲目崇拜通常致使他们对于媒体市场大小的估量失去了对规模的考量，因此一些学者的数据通常也不可靠（Flew，2007）。对于"五大"、"六大"、"七大"，甚至"八大"或者是"十大"主导国内和全球媒体市场媒体公司的一些空泛和夸张的论调通常也缺少对于相关市场的考量（如 Castells，2009；Bagdikian，2006）。一些学者将媒体定义得过于广泛致使他们的分析中根本不存在媒体融合产生的问题（Skorup & Thierer，2012；Compaine，2004；Goldstein，2007）。最后，媒体批评家通常将媒体经济分析作为对媒体意识形态批派的垫脚石，因此忽略了对于事实的清晰分析（Garnham，2011；Noam，2009）。

尽管如此，好的数据还是可以在公开上市公司的年度报告中取得，例如谷歌、时代华纳、苹果、迪士尼和百度。事实上，电信、媒体、网络、信息和通信技术巨头通常能提供很好的信息。例如，谷歌2010年度报告显示了公司几乎所有的收入来自于网络广告，该年度报告同时提供了公司的所有权结构、谷歌电视和云端音乐服务的计划和国际范围内一些管理者对于其在网络搜索和广告市场的主导地位所产生的质疑。百度，以收入为标准的世界第六大网络公司，在其年度报告中提供了详细的所有权信息以及与美国投资基金和投资银行的关联、盈利方式和在工业和信息化部遇到的运营难题（Baidu，2013，pp. 18-28）。公司的服务条款也是必要的读物，因为它们通常提供了对于用户信息的所有权和控制权信息，也列出了用户宽带网络和社交网络使用的范围。

产业协会是另外一个数据来源：例如美国电影协会、英国唱片业协会、国际唱片业协会和美国唱片业协会及其各地分支提供的年度报告和政策干预也提供了一些有用的信息。与公司年度报告一样，我们在阅读这些数据来源时必须保持一个批判的态度，因为他们经常对公司进行吹捧，所以我们对其陈列的事实要有选择的采用。

国际电信联盟和经济合作与发展组织以及其他国际组织的报告也是很好的材料。中国互联网信息中心、加拿大媒体年度监管报告和英国通信办公室和美国联邦通信委员会的报告也非常有价值。咨询公司的报告也较有用，但是他们对媒体产业的定义、范围和研究方法定期改变，因此他们的报告长期看来不是很一致。咨询公司的报告价格过高，也通常与客户的利益太贴近。例如，我在此文章中运用频繁的普华永道《国际娱乐和媒体报告》，需要1500加币取得，或是需要支付6000加币才能拿到多用户图书馆的许可使用权。

一些具有较好质量的数据来源，例如 Alexa.com，Comscore，Experien Hitwise 和 Internet Stats World 可以免费取得。公共利益集团，例如 Public Knowledge、Pew Research Centre Project for Excellence in Journalism 的 State of the News studies 和 Reuters Institute for the Study of Journalism 也非常有用。一些学术研究项目也同样有用，例如斯堪地那维亚国家的 Nordicom 项目，哥伦比亚大学的 International Media Concentration Project，或是我在加拿大渥太华卡尔顿大学所领导的 Canadian Media Concentration Project。最大的开源学术研究库 Social Science Research Network 和维基的非商业化的网络资源也是极好的资料来源。

1998 年至 2012 年世界范围内网络媒体经济的发展

以下引用了上述资料来源描述了大约 15 年以来网络媒体经济的主要发展趋势。表 1 显示了除了一系列国际金融危机外（1997—1998 年亚洲金融危机、2002—2003 年网络泡沫的破裂和 2008 年以欧美为中心的金融危机），网络媒体经济的超速增长：其总收入从 1998 年的 14 570 亿美元增长到大约 31 202 亿美元。

表 1　世界范围内媒体，娱乐，互联网产业收入，1998—2012（百万美元）

	1998	2000	2004	2008	2009	2010	2011	2012est
电信（固定/移动）	750 400	881 000	1 165 400	1 351 200	1 254 500	1 543 000	1 582 400	1 621 700
电视	206 580	243 322	279 971	352 713	351 126	380 495	400 541	425 599
互联网链接	16 817	35 483	110 370	228 750	250 530	275 472	312 697	351 006
报纸	148 809	156 641	174 395	187 998	168 328	169 091	167 968	168 553
书籍	94 322	97 340	103 407	114 944	113 599	113 530	112 066	112 173
互联网广告	3 750	6 533	17 922	61 661	63 901	75 594	89 766	105 411
电影	47 572	54 204	82 834	82 619	85 359	84 897	85 433	87 877
杂志	76 972	76 972	75 817	85 550	75 948	75 855	75 221	75 337
电子游戏	12 683	17 738	27 807	54 022	55 201	57 459	58 723	62 349
音乐	53 678	56 346	64 925	62 821	62 054	58 370	59 286	60 620
广播	44 973	45 658	47 078	48 497	44 311	46 542	47 255	49 601
总收入	1 456 557	1 671 237	2 149 926	2 630 775	2 524 857	2 880 305	2 991 356	3 120 226

来源：Price Waterhouse Cooper's ... estimated based on CAGR of 3.3%.

除网络之外，电信服务市场大小增长了两倍多——自 1998 年至 2012 年，其收入从 7 500 亿美元增长到 16 220 亿美元。一些新生的部门：例如网络接入、网络广告、网络游戏逐渐占据主要地位，为整个网络媒体经济增加了 4 850 亿美元收入——大约占据了总增长的 1/3。互联网接入是增长最快的部分：其收入从 1998 年的 170 亿美元迅速增长到 2012 年的 3 510 亿美元。网络广告也迅速从 40 亿美元增长至 2012 年的 1 054 亿美元。与此同时，传统媒体，例如电视、电影、新闻、书籍、杂志、网络游戏、音乐和广播不仅没有缩小反而取得了显著增长：从 1998 年的 6 894 亿美元增长至 2012 年的 11 475 亿美元。但每个产业的发展速度并不平均：网络游戏、电视和电影业增长迅速；音乐和录像几乎持平；杂志业收入基本保持一致；但是新闻和出版至 2000 年中期一直持续增长但逐渐停止（后文有详细阐述）。

表 1 在反映了媒体行业的收入趋势的同时也反映了经济发展的趋势。随着互联网泡沫的破灭，媒体行业的收入停滞和减少了。但从 2004 年起，媒体收入迅速增长到 2008 年的 26 308 亿美元。此增长趋势在 2008 年国际金融危机的影响下骤停。网络媒体经济总收入在一年内降低了五个百分点。网络、网络广告、电影、网络游戏以比之前较慢的速度持续增长，而其他网络媒体经济收入减少。直至 2012 年，媒体经济的收入才开始逐渐增长。这也与之前学者所表明的一样，媒体收入的变化和整体的经济发展是有关联的（Garnham，1990；Picard，2011），这种关联无论在所谓的"数字媒体时代"还是"工业媒体时代"都是一样的。

媒体经济的中心也逐渐向世界经济快速发展的发展中国家移动，特别是阿根廷、巴西、智利、中国、印度、俄罗斯、南非和土耳其。世界电话用户从 20 世纪 90 年代晚期的 8 亿飞速增长到 2012 年的 12 亿固定电话和 32 亿移动电话用户，其中发展中国家占了增长的大部分（ITU，2013；GSMA Intelligence，2013）。网络用户也从 1998 年的 2 亿增长到了 2012 年的 25 亿。至 2012 年，世界上 36％的人有网络连接，而这一数字在 90 年代末只有 5％。1996 年 2/3 的网络用户居住在美国，而在 2012 年，10％的网络用户居住在美国，但 22％的用户在中国（Internetworldstats，2013）。图 1 显示了这些变化的结果。

移动电话和网络连接是世界传媒地域变化的重要一环，但是我们要清醒地认识到，世界上 2/3 的人口还没有网络连接（ITU，2013）。虽然 70％～90％的北美和欧洲国家家庭拥有宽带和网络连接，在 36 个非洲国家中，只有 13 个国家少于 2％的家庭拥有网络连接（ITU，2012a，pp. 50-58）。事实上，世界上 10 个最富有国家的公民比世界上 50 个最贫穷国家的公民拥有固定宽带连接的可能性超过三百倍（原文强调）（ITU/UNESCO，2013，pp. 82-83）[①]。一些人认为通过移动电话上网可以解决这个问题，但 Phil Napoli 和 Jonathan Obar（2013）指出，大多数发展中国家的移动电话用户

[①] 在世界上十大最经济体中，平均每 100 人之中 37.8 人拥有固定宽带链接，而在五大经济最落后国家，每百人之中只有 0.114 人拥有固定宽带连接（ITU/UNESCO，2013，页 82-83）。

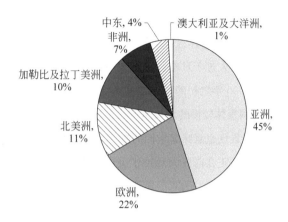

图1　全球互联网用户分布（按地区），2012

来源：世界互联网数据，2012年6月30日，www.worldinternetstats.com

使用2G移动电话的速度、记忆容量、可接触到的内容量和网络设施的公开性相较于互联网低得多。总的来说，阶级和不平等一直是个问题。

表2追溯了在过去将近15年内，12个最大的国家媒体经济体的发展。这些媒体经济的发展是世界经济和传媒秩序重组的一部分。

表2　十二个最大的网络媒体，娱乐，互联网市场（按国家），1998—2012（百万美元）

	1998	2000	2004	2008	2010	2011	2012p	% Change
美国	297 848	305 485	335 704	366 910	360 045	374 180	399 477	31
日本	135 018	139 143	155 641	174 046	169 797	172 392	170 581	23
中国	26 109	27 599	30 588	57 258	75 696	87 264	96 513	250
德国	57 822	59 919	68 360	74 068	75 509	77 794	80 214	34
英国	63 365	63 683	64 983	66 281	67 050	68 562	70 496	11
法国	43 829	44 406	46 743	56 081	59 804	63 897	66 502	50
意大利	33 169	34 107	37 919	38 678	38 594	39 475	40 565	19
巴西	9 039	10 116	14 432	24 737	31 967	35 601	39 561	291
加拿大	17 153	18 777	24 676	32 312	34 582	36 230	37 636	119
澳大利亚	10 873	11 369	15 801	28 236	29 933	30 826	32 825	189
韩国	18 244	18 492	19 485	25 518	28 085	29 904	31 010	68
西班牙	21 690	22 132	23 923	26 100	23 697	24 671	25 032	13

来源：不包括移动和固定电信，PriceWaterhouseCooper's Global Entertainment and Media Outlook，2012-2016. P＝初步估计.

如表 2 所示，所有 12 个国家的媒体市场都有所增长，但最迅速的增长出现在中国、巴西、澳大利亚、加拿大和韩国。这 12 个最大的媒体经济体一起占据了世界网络媒体经济的 1/3。美国仍然拥有目前世界上最大的媒体经济，并大过于日本、德国和中国三个国家的总和。其市场占有率并没有一些人所想象的下降得快。与 2000 年之初的 40% 的世界市场份额相比，在 2012 年，美国占据世界媒体经济收入的 37%。但是美国媒体较慢的增长速度也同时意味着市场份额的逐渐降低。英国、西班牙、意大利和日本较弱的经济景气也意味着它们的媒体经济与其他国家相比在下降。

因此，媒体互联网经济的重心正在向亚洲和拉丁美洲转移，特别是中国。最近关于美国监视世界互联网和电信基础设施的曝光显示了美国对世界范围内媒体基础设施的控制。但与之前不同的是，世界媒体经济不再紧密围绕着美国这个中心发展，互联网也并不是美国和西方跨国公司的私人领地（Bamford，2013）。俄罗斯、中国、南非和巴西最新的连接全球的 BRICS 海底电缆的提案显示了这些国家希望减少现有美国对互联网占领的意图。这些国家逐渐增长的影响力预示着一场对于世界信息基础设施控制力的竞争（Pascali，2013）。即便如此，这些国家主要互联网公司的崛起：中国的百度和腾讯、俄罗斯的 Yandex 和 Vkontakte 显示了长期的地缘政治和经济的重组。逐渐增长的中国移动、中国联通、联想和华为也成为了世界电信和信息与通信技术的领先者（见图 3）。

媒体经济的显著增长，特别是像网络等新兴行业的加入，似乎反映了 20 世纪 90 年代末一些人对媒体全球化、全球媒体聚合和美国媒体商业模式在全球范围内胜利的积极评价。20 世纪 90 年代末许多人曾预言电视（Gilder，1994）、音乐（Barfe，2003）、新闻（Negroponte，1995）、广播和一些"旧媒体"的末日（Thierry & Ekselsen，2008，p. 31）。

这些观点不再正确。即便在当时，批判政治经济学家，例如 Robert McChesney（2000）曾表明媒体巨头的巨大的市场优势可以让他们占领互联网。破纪录的美国在线和时代华纳的 3 500 亿合并项目，AT&T 在 1998 年和 2003 年在电信、媒体和互联网的主导地位也似乎印证了这个主张。AT&T 互联网服务 CEO Daniel Somers 也曾阐述过公司合并对于开放的互联网所产生的影响："AT&T 没有花费 560 亿进入电视行业来榨干我们的血"（Lessig，2000，p. 995）。主要的好莱坞电影工作室和美国主要电视网络的垂直整合也达到了空前的程度：新闻集团收购二十一世纪福克斯（1985）创立了 Fox Television（1986）；时代华纳融合创立了 WB Network（1995）、索尼收购哥伦比亚广播公司（1989）；迪士尼收购美国广播公司（1995）、Viacom 和哥伦比亚广播公司的融合（1999）和 GE—NBC 收购环球影城（2004）。

在拉丁美洲和加拿大，较大家族所有的传媒公司迅速发展成媒体巨头然后开始了海外扩张（例如 Cisneros, Globo, Televisa, Canwest）（Mastrini & Becerra, 2011）。相似的趋势也出现在了欧洲，Telefonica 并购了荷兰电视制片商 Endomol（*Big Brother*, *Fear Factor*, *Deal or No Deal*）和网络公司 Terra Lycos，法国 Vivendi 传媒集团购买 Universal Films（2000）。这些例子是两次媒体并

购大潮（20世纪90年代中旬至2000年，2003年至2007年）的重要部分。图2显示了这些趋势。

图2　全球媒体与电信收购情况，1984—2013（百万美元）

来源：Thomson Reuters，2013.

但认为这些进程所象征的新自由主义全球化的胜利是一个不全面的观点。与新自由主义无拘束的市场力量这一神话不同的是，电信和媒体管理者的数目自1990年的14个，迅速增长到了2000年的100个，在2010年末增长到了155个（ITU，2007，p. 66）。更值得注意的是，上一个10年内关于媒体融合的研究数目多过20世纪25年之内总和（Baker，2007；McChesney，2008；Noam，2009；UK，2008）。

2000年至2001年电信媒体技术泡沫的破裂对许多在泡沫膨胀时期兴盛公司是一记重击。在过去的几年里，"旧秩序"的堡垒，特别是AT&T、贝塔斯曼、ITV、时代华纳、Vivendi缩小了规模并进行了重组和拆分。其他的公司（例如Kirch Media, Adelphia, Canwest, Knight Ridder）则全部消失。时代华纳在2009年转让了其电视的股份，几年之后，也转让了其在美国在线的股份。时代华纳的收入也因此从2005年的350亿美元降至2012年的287亿美元（Time Warner，2013）。法国的Vivendi也做了相同的事情，但是通过其下属公司Activision Blizzard保留了在迅速增长的网络游戏行业内的地位，也因此跻身全球12大媒体公司。Telfonica的电话公司在2005年把其在Endomol的股份卖给了Silvio Berlusconi的Mediaset。加拿大贝尔公司停止了对加拿大最大的电视公司CTV和英文报纸The Globe and Mail的所有权。其他公司时至今日仍在废墟上挣扎。《纽约时报》、《卫报》、《世界报》、《芝加哥论坛报》和《洛杉矶时报》在挣扎着吸引投资，卖掉一些资产，也解雇了一些记者。法国保守派政府在2009年用8亿欧元补助金来帮新闻业渡过难关。因此毫无悬念的是，2008年被称作是新闻史上惨淡的一年（Project for Excellence in Journalism，2009，p. 2；Almiron，2010；McChesney，2013；OECD，2010；Picard，2009）。但这一描述主要应用于欧洲和北美。在发展中国家，新闻业正在经历复兴,报纸数目在 21 世纪初也增长了两倍(World Association of Newspapers,2011)。

如 Peter Curwen(2008)所说,这些相互影响的变化结果,使一个稳定的电信、媒体和网络产业结构的实现仍是幻景(p. 3)。Dal Yong Jin 认为上个 10 年的变化间接导致"反合并"(deconvergence)成为了新的主导商业战略(Jin,2013)。当然,这些形势并不代表全部。例如 2011 年,BCE 重新收购 CTV,在 2013 年,它收购了一家加拿大电视广播行业中更大和更有影响力的 Astral Media。美国最大的电视运营商,Comcast 在 2011 年收购了电视和电影巨头 NBC−Universal。与此同时,美国 Liberty Media 旗下的 Liberty Media,Liberty Global 和 Liberty Media Interactive 收购了欧洲电视公司和传统媒体的大部分所有权(Liberty Global 在 2013 年收购 Virgin Media)、卫星广播(Sirius XM)和实况娱乐(Live Nation)(Liberty Media,2013;Liberty Global 2013)(见图 2)。

即便如此,垂直一体化(vertical disintegration)与媒体平台公司(电信公司、网络服务提供商、搜索引擎等)和媒体内容公司(电视、报纸、书籍、电影、杂志、电子游戏、音乐、广播和网络广告)的分隔仍是大趋势。在 1998 年,两者之间的平衡仍偏向后者;但在 2012 年,媒体平台公司占了 63% 的收入。表 3 提供了传媒、网络、电信和网络行业 12 个最大公司收入、市场资产、海外运营和所有权的排名,也为此论点提供了更多证据。表 3 反映了几个重要的形势。

1. 除了几个特例之外,2012 年 12 大媒体公司的排名和 20 世纪 90 年代末的排名并没有特别大的出入:Comcast NBCU, News Corporation, Direct TV, Time Warner, Viacom-CBS[①], Disney, Bertelsmann, Vivendi, Thomson Reuters, Liberty Media, Sony, Pearson。这些公司安全度过了上个 10 年。他们并没有遭遇危机:Comcast NBC-Universal 的 630 亿美元的 32% 是营业利润(200 亿美元)。迪士尼公司也声称:"2012 年是令人激动的一年……公司达到了破纪录的净收入、收入和股东的净收入"(Disney,2012)。其他公司的营收情况也相似。一个较显著的变化是 Comcast、Direct TV 和 Liberty Media 在排行榜上的位置提前。这个增长大概是因为他们拥有自己的传输设备,这些传输设备与版权和媒体制作是他们收入的最大来源。

2. 总的来说,12 个最大的媒体公司在互联网市场上并不是最大的赢家。只有 CBS 和 Liberty Media 既在 12 个最大的媒体公司排名也在 12 个最大的互联网公司排名上。在 12 大网络公司的排名中,媒体公司的数目减少而并非增长,特别在 2011 年 News Corp 卖掉 MySpace 之后(Stelter,2011)。大部分领先的网络公司是最近出现的,并且北美和欧洲的公司并没有像领先传媒公司一样领先网络公司市场。中国的腾讯、百度和俄罗斯的 Yandex、Vkontakte 在排名上占据了一席之地。如果

---

① Viacom 和 CBS 在这里被视为共同体,因为他们都被 Summer Redstone 和他的继承者控制,虽然在 2005 年后者从前者脱离(Viacom,2012;CBS2012)。

表 3　2012 年十二大媒体集团的排名

2012	所有权	国家	收入(百万美元)	市值(百万美元)	海外市场收入份额
十二大媒体公司					
Comcast	Roberts	美国	60485.0	98506.9	0
News Corp	Murdoch & c	美国	33706.0	53118.0	43.8
Direct TV	Diversified	美国	29740.3	28094.0	21
Time Warner	Diversified	美国	28729.0	44577.6	27.8
Viacom - CBS	Redstone	美国	27976.0	27170.1	20.8
Disney	Diversified	美国	26106.0	89622.0	21.9
Bertelsmann	Bertelsmann	德国	21689.0		63.1
Vivendi	Diversified	法国	13325.0	22940.0	45
Thomson Ret	Thomson Far	加拿大	13278.0	23920.2	41
Liberty Media	Malone	美国	13190.0	39941.5	73.2
Sony	Diversified	日本	12710.4	20695.8	64.3
Pearson	Capital Group	英国	9278.0	15973.0	11
Average			24184.4	42232.6	36.1
十二大互联网公司					
Google	Brin/Page Sch	美国	50175.0	233420.6	57
Apple	Diversified (B	美国	8534.0	626550.4	61
Tencent	Diversified	中国	6891.2	59538.9	N/A
Facebook	Zuckerberg	美国	5089.0	63141.9	49
Yahoo!	Diversified	美国	4987.0	22193.1	30.6
Baidu	Li	中国	3580.4	35072.4	N/A
Microsoft	Gates/Ballme	美国	2867.0	256374.8	47.3
IAC	Diller/Liberty	美国	2800.9	4193.0	29.8
AOL	Diversified	美国	2191.7	2268.1	10.6
Yandex		俄罗斯	947.1	7060.0	2.3
Vkontakte		俄罗斯	684.8	2951.9	N/A
CBS	Redstone	美国	648.1	23971.5	12.7
Average			7449.7	111377.0	33.4

2012	所有权	国家	收入(百万美元)	市值(百万美元)	海外市场收入份额
十二大电信公司					
AT&T	Diversified	美国	127434.0	188148.8	NA
Verizon	Diversified	美国	115846.0	123690.3	56.7
NTT	Diversified	日本	133167.7	55612.2	16.7
China Mobile	Diversified	中国	89935.3	234044.5	NA
Telefonica	Diversified	西班牙	80182.1	60557.6	75.7
Deutsche Tel	Diversified	德国	74798.1	48993.3	57.7
Vodafone	Diversified	英国	74085.6	136707.6	30.6
Tel Italia	Diversified	意大利	37937.2	17378.8	39.1
China Unicon	Diversified	中国	40572.0	37760.4	NA
France Tel	France Gov't	法国	55954.9	28914.5	52.8
Sprint Nextel	Diversified	美国	35345.0	17066.7	NA
BT	Diversified	英国	30815.6	29510.4	23.5
Average			74672.8	81532.1	44.1
十二大信息利通讯技术公司					
Apple	Diversified (B	美国	147974.0	626550.4	61
Microsoft	Gates/Ballme	美国	70856.0	256374.8	47.3
Amazon	Jeffrey Bezos	美国	61093.0	113894.0	43
Sony	Diversified	日本	51607.5	20695.8	64.3
Cisco	J. Chalmers	美国	46061.0	83125.6	42.5
Nokia	Diversified	芬兰	38802.6	14329.8	
Oracle	Larry Ellison	美国	37121.0	129835.4	57.5
Huawei	Diversified	中国	35353.0		67.6
Ericsson	Diversified	瑞典	33651.1	32232.2	
lenovo		中国	29574.0	9305.0	58
SAP		德国	20860.8	95470.4	85.3
Alcatel-Lucent	Diversified	法国	18575.8	3002.6	94.2
Average			49294.1	125892.4	62.1

以网站访问量而非收入作为衡量标准,维基百科排在第六(Alexa.com),尽管维基百科并不是一个商业单位,但它是信息社会经济的一个很好的例子。在2001年创建时,维基只有800个英文条目;但在2012年9月,维基已经有超过287种语言的2亿9 600万篇文章。维基不提供广告服务,用".org"作为域名来表示它非营利的性质。其财产是非营利形式的GNU Free Documentation/Creative Commons。用户可以编辑其他人的成果也可以免费下载整个维基百科。维基百科依靠志愿者的贡献和一小部分付费编辑人员来运营(Wikipedia,nd)。维基虽然不是唯一的,但却是一个很重要的非营利互联网的指标(Benkler,2013,p.5)。

3. 只有5家公司在所有产业都跻身12大公司排名:苹果、CBS、Liberty Media、微软和索尼。电信公司是最没有可能进入媒体、网络、信息和通信技术市场的。常有的媒体融合似乎在此情景下过于夸张,因此我们需要不同的方法来思考组成网络媒体生态和经济的各个部分关系。

4. 传统媒体2012年的海外市场份额平均值为36%,多过于网络公司的33%,但是少于电信公司的44%。信息和通信技术公司是最全球化的产业,其收入的65%来自于海外市场。因此媒体、网络和电讯产业并不是全球化的主要驱动者。

5. 就收入来说,领先的媒体公司是领先网络公司的两到三倍大(除了谷歌和苹果)。但是与电信、信息和通信技术公司相比,媒体公司相对收入较少。

6. 如果就市场资产来说,电信、信息和通信公司的市场资产分别超过媒体公司近两倍和三倍。在2012年年底,谷歌的市场资产是2 334亿美元,略少于全球三大媒体巨头的总和:Comcast(985亿美元)、Disney(896亿美元)、新闻集团(531亿美元)。苹果公司的6 266亿美元市场资产超过12个最大媒体公司的总和。12个最大的网络公司的平均市场资产(1 114亿美元)比12个最大媒体公司的平均市场资产(422亿美元)高出约两倍半。

媒体行业被媒体基础设施行业吞并是一个很重要,但不是新的论点。像Bernard Miege(1978)在 The Capitalization of Cultural industries 中观察到的一样,自19世纪以来,媒体行业是紧跟规模较大和资本较集中的电信服务运营商和通信器材生产商巨头而发展的。唱片业的发展便反映了此趋势。唱片业的诞生可以看作是1876年至1881年西联、贝尔电话公司的前身和金融家Jay Gould三方竞争的产物(John,2010)。20世纪10年代中叶电影工业的起源、美国广播公司巨头NBC、英国BBC、澳大利亚ABC也是在20世纪20年代相同的情况下诞生的(Barnouw,1983;Briggs,1969)。20世纪30年代早期在美国电影工业进入有声电影时代之后,由AT&T变成好莱坞电影继Chase National Bank之后第二大出资人。其金融支持的地位一直到20世纪90年代末才因被美国司法部的反垄断指控而改变(Danielian,1939,p.152)。

现在这一情况变得较为普遍,媒体公司的市场资产与电信、信息与通信技术和网络公司的市场资产在比较之下相形见拙。信息与通信技术行业分别大于电信或是所有媒体经济组成部分的总和。

在 2012 年，信息与通信技术的总收入是 17 060 亿美元，而电信服务业只有 16 210 亿美元，所有其他媒体和网络结合为 14 985 亿美元。所有上述行业的总收入在 2012 年为 48 255 亿美元，约占全球生产总值的 6.7%（ITU，2013；Idate，2013；PWC，2013；WorldBank，2013）。这些行业间的差距致使内容媒体感觉受到威胁，虽然公司的账务表显示的情况并非如此。这一恐惧正如 Andrew Odlyzko（2001）十年前所说：在网络媒体经济之中，网络的频宽和终端处理能力，而非内容，是优势。

思考媒体经济和媒体政治经济学

媒体经济学观点

媒体经济学家通常把新科技和放宽管制（deregulation）带来的影响描述为："如果有媒体的黄金时代……那么便是我们现在正在经历的时代"（Thierer & Eskelsen，2008，p. 11）。闭路、卫星和网络电视频道——例如 MTV、HBO、ESPN、Al-Jazeera、Canal1、Netflix、Amazon Prime 带来了许许多多的选择。如果将网络列入考量，很明显传媒在很大程度上朝着更好的方向改变、转型了。Kenneth Goldstein（2007）将 20 世纪 70 年代电视和现在的电视作为比较来研究这些变化（见图 3 与图 4）。

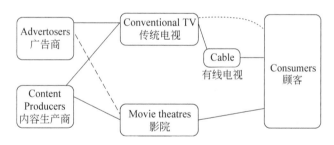

图 3　电视在视频价值链的位置，1975 年

图 4 显示了若将信息与通信技术、媒体和网络业及其组成部分放在同一市场内竞争所产生的复杂性。但图 4 并没有将结构关系纳入考量，例如共同所有权将各个部分连在一起。在图 4 中，各个产业都是独立的并与其他产业一并竞争消费者有限的时间和金钱。数字化将科技或是法律上曾经分隔电信、广播、出版和计算的界限消除。唯一存在的将各个不同部分连接在一起的关系即商业合同和市场交易。在此环境下所存在的唯一问题便是一个过度竞争的市场将媒体分割成各自独立、没有交流的回音室，最终形成意识形态的极端化和文化孤立。因此这是对民主进程非常有害的，因为民主需要在共同的文化和理解里才能发扬光大（Baker，2007；Goldstein，2007；Pariser，2011；Sunstein，2009）。

当然，经济学家深谙一些媒体市场并不符合理想情况下的有竞争性的市场。但是，传统观念认为仅仅是将来有可能存在的竞争对手便意味着一个有竞争力的市场，而这足以规范现有的市场竞争

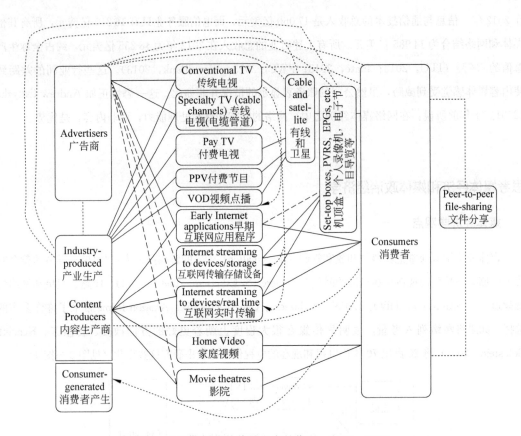

图 4　电视在视频价值链之中的位置，2007—2012

来源：K. Goldstein (2007). Measuring Media: Ownership and Diversity, pp. 15-16.

者。任何管理者用来纠正市场错误的措施都会对市场产生消极作用（Yoo，2008）。保留内容媒体的市场集中度给了那些现有的市场资产和收入较大的公司足够的经济优势，例如苹果、微软、谷歌、雅虎和 Facebook（Thierer & Eskelsen，2008，pp. 20-25；Skorup & Thierer，2012）。

总的来看，MIT 经济学教授 Ben Compaine（2001）认为"marketplace of ideas 虽然有瑕疵，但是正在往好的方向发展"。面对那些不同意此观点的人，Ben Compaine 只提供了一个简洁的反驳：互联网。如果互联网连接是个问题，那么市场会较快地解决这个问题（Compaine，2005，p. 574）。

哥伦比亚大学金融学和经济学教授、*Media Concentration in America*（2009）的作者、知名经济学家 Eli Noam 提供了一个不同的分析方法。他强调客观的经济分析的必要性，并指出意识形态主导了一些观察者的分析，因此导致他们将所有社会疾病都归于媒体。大部分学者并没有清晰地列出他们的研究对象，并且在研究媒体聚合时缺少确确实实的数据来支撑他们的论点。例如 Compaine 所提出的"信息产业"这一概念过于宽泛。相反，Bagdikian 的分析过于细化，因此导致他认为自 1984

年至 2004 年，控制美国的媒体公司数目从 50 个骤降到 5 个（Noam，2009，pp. 3-22）。

相比之下，Noam（2009）较为系统地分析了 100 个信息产业里的各个部分，并将它们分为 4 组：电子大众媒体、电信、互联网及信息和通信技术（p. 4）。他分别在各个行业、各个组内和整个信息工业三个不同的层次内进行了分析，评估了自 1984 年至 2005 年美国市场结构的变化。因而得出了几个关键的结论：第一，在每个分析的层次，U 型的发展趋势是共同的。媒体聚合水平在 20 世纪 80 年代降低，90 年代骤升，在 2000 年左右达到顶峰。就大众媒体来说，五大公司的市场份额翻了两番，从 1984 年的 13% 到 2005 年的 26%——此数据是 Bagdikian 所得出的一半（p. 5）。Noam 的分析显示了互联网并非是个高度竞争的市场，而是一个令人吃惊的愈发聚集的市场，特别是在搜索引擎、宽带互联网链接、网络浏览器、媒体播放器市场（pp. 290-293；Noam，2009；2013，p. 13）。总的来讲，Eli Noam 认为，媒体的聚集程度比 Compaine 所得出的结论大，但也并非如 Bagdikian 所讲的那样悲惨。

Noam 的研究结果有历史性的启迪意义，也反映了较为自由的学术态度。一个开放的思想和系统的科学研究是取得有意义发现的必要条件。他总结出媒体经济长势可观但是数字化加速了规模经济、降低了准入门槛。数字聚合最终产生了一个以几个大的整合公司为中心（苹果、谷歌、传统的媒体巨头）、许多小的专业公司为环绕的"两层媒体系统"（Noam，2013，pp. 33-39）。

"创造性破坏"：Schumpeter 机构政治经济、创造性破坏学派和网络政治经济

Joseph Schumpeter 的观点为许多学术流派奠定了基础，从机构政治经济、信息经济学到垄断资本流派（see below；Freeman & Louca，2001；Pool，1990；Garnham，2005）。他的理论也同时启发了更新的方法，例如网络政治经济和创新工业流派（Benkler，2006；Castells，2009；Wu，2010）。Joseph Schumpeter 的观点主要在 4 个方面与媒体经济学和批判性政治经济学不同。

第一，科技创新，而不是市场，被认作为资本主义经济的发动机。第二，科技创新所带来的竞争和继而产生的市场垄断和超级利益，是市场正常运转的一部分，但是这些市场垄断和超级利益将是短期的，因为超级利益总会吸引新的竞争对手。第三，Schumpeter（1943/1996）将"创新性毁灭"放在他分析的重心：

工业化的变革的过程……不间断地革命内部经济结构，不间断地毁灭了旧的经济结构也不间断地产生了新的内部经济结构。这个"创新性毁灭"的过程是资本主义的重要组成部分，也是每个资本家在生存时所需要面对的必要过程（p. 88）。

经济学家将分析重点放在均衡，而 Schumpeter 将分析的重点放在"创造性毁灭"的这一过程，因此，他提供了一个动态的而非静态的经济分析。最后，值得一提的是，Schumpeter 将科技与经济而非人放在分析的首位，也从而体现了他对民主的轻视和对于人可以在复杂社会里的自制能力的信赖缺失（pp. 250-296）。但这一点在创新工业学派他对理论的复兴中很少提及。

创新工业学者采用了这些观点来扩大研究的领域。创新工业将重点放在中型和微观媒体组织、媒体工作、网络2.0和其他形式的创新表达方式（Flew, 2012; Holt & Perren, 2009）。该方法在政策圈取得了重视，特别体现在2007年经济合作与发展组织的报告中：

新数字化内容的创新更加依靠权利分散的创造力有组织的创新和新的附加值模式，并且对于新的市场参与者的支持，降低对于大型的投资和传统优势的依赖……用户生成的内容成为媒体内容的主要来源和消费对象……

Yochai Benkler（2006），Timothy Wu（2010）和Manuel Castells（2009）等网络政治经济流派的代表受Schumpeterian的启发开展了媒体行业研究。不同于媒体经济学和创新工业学派，此方法并不认为在迅速增长的信息经济之中，权力分散在越来越多的市场参与者之中。相反，该方法强调随着一定社会中心媒体体系的科技和经济特色的转变，长时间内权利的生成、巩固和衰落的过程（Benkler, 2006; Wu, 2010）。对于公司用来占领市场的策略、政府干预的角色、信息的社会生态和机构生态的竞争的研究，都是此方法的特点。

Benkler（2006）将网络政治经济描述为：

（该方法）将在数字环境下的机构生态描述为比经济学模式更复杂的一个生态。在这样一个复杂的生态环境里，各机构随着科技的进步与社会和市场的表现共同发展。这样共同的发展导致了一个阶段的稳定期，和被外来或者内在变化而引起的不平衡的打断（p. 381）。

Benkler认为电信、信息与通信技术和媒体行业的主要运营商在为信息生态的未来而相互竞争。这些利益的竞争体现在最近一次美国参议院的听证会上。在听证会上，司法部门企图对版权侵犯施加更大的压力。该法案受到Computer and Communications Industry Association的如下谴责：

如果类似的法案通过了，我们将摧毁互联网……没有人否认版权侵犯不存在，但这件事的急迫性并不会导致Lady Gaga明天破产。我们应该在对于版权的管理上采用一个经过深思和谨慎的手段，来避免将版权侵犯推到剥夺言论自由的范围（Sandoval, 2010a）。

相同的问题在许多国家接连出现。特别是将保护版权这一职责下放到网络服务提供商（ISPs）及信息和通信技术公司。这些公司联合客户利益和保卫言论自由的组织反对新的版权法，但是相反媒体内容行业声称企业的未来仰仗于对版权保护的程度（Cammaerts, Mansell & Meng, 2013; UK, 2010）。在此过程中各种战略性的联盟组成和瓦解都因势而需，也反映出了网络媒体的政治因此并不是以阶级、意识形态为基础的，而是视情况而改变的。最近的两个例子便是Stop Online Piracy Act（SOPA）和Protect Intellectual Property Act（PIPA）两个法案在2011年美国国会被提上议程，但是紧接着在2012年被废除（Benkler, Y., Roberts, H., Faris, R., Solow-Niederman, A. & Etling, B., 2013）。

总的来说，网络政治经济学派认为由互联网带来的大众自我表达机会和社会化的信息生产赋予了人们前所未有的表达机会。Schumpeter 的弟子们认为，资本主义内部正在进行革命，取得真正进展的空间很大，阻挡进步的尝试将在数字媒体经济之间和一般网民之间激烈地展开。

批判性媒体政治经济：垄断资本（Monopoly Capital）和数字资本学派（Digital Capitalism School）

批判媒体政治经济受到许多学派的影响，但是他们反对经济学家所声称的"价值中立"（value-free）的分析，他们认为其不可取也站不住脚（Murdock & Golding, 2005；Mosco, 2009）。以下我将介绍垄断资本学派专家 Robert McChesney 的观点。很多批评家认为 McChesney 的研究理论基础、研究方法和举证过于薄弱，深受不可靠的传媒学术传统影响（Hesmondhalgh, 2009a；Holt & Perren, 2009）。虽然一些批评是可取的，但是许多批评家曲解了垄断资本学派，也因此对其分析得过于离谱。

McChesney 认为媒体行业本身是一个严肃的话题，所以其理论将重心放在新闻和媒体商品的"公共利益（公有性）"（public good）。新闻和信息是公共物品，除非有广告或者其他收入对其进行资助，他们缺少有效的商业需求也因此将在市场内生产不足（例如 public license fees for the BBC, access to spectrum, copyright）。而用广告来资助新闻的代价之一就是新闻自由（Baker, 2007, pp. 100-121）。但是用广告来资助新闻业这一模式随着谷歌、雅虎和 Craigslist 这类公司将广告这一部分从新闻和记者行业夺走而即将倒塌。加上这些媒体几乎没有原创内容，新闻业的振兴遇到了重大难题，除非那些美国历史上曾经资助的组织再次对新闻业进行资助。全球金融危机更加重了新闻业面对的危机（OECD, 2010 for related concerns in Europe）。

与其批判者的指控相比，McChesney 的分析依赖于极其详细的历史材料。他重新"发现"了美国激进的媒体批判历史；他对广播历史的分析用了许多历史资料。他与 John Nichols 合著的书 *The Death and Life of American Journalism*（2010）运用了一些史上最好的关于新闻、邮政和传媒历史的学术材料。他运用了比常见的媒体整合巨头排名更进一步的"三层"全球和国家的媒体系统，如图 5 所示。

在此理论模式下，第一层包括 6 个到 10 个领导电影、电视、音乐、卫星、出版和网络主要的媒体公司，第二层囊括 15 个至 20 个美国公司，30 个国际公司。这些公司的发展一部分取决于国际媒体巨头发展所创造的大环境。最后，第三层包括渗透整个媒体系统的上千个小公司（McChesney, 2004, p. 183）。因此，不像自由媒体主义经济的观点，媒体系统是靠所有权的集中和战略联盟联系在一起的。总的来说，垄断资本代替了竞争资本主义，也因此粉碎了自由主义对新闻自由和民主的构想。

最后，McChesnney 的观点不仅仅是个学术的论调，也是用来激发民众和引导变化的。当然，和任何研究方法一样，McChesney 的方法也有局限之处，但是正如 Noam（2009）所说："有些人会对

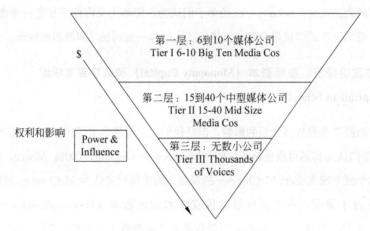

图 5 垄断资本主义学派的媒体观

McChesney 的数据有一些小小的争辩",但是总体上来说很好(p. 21)。

垄断资本学派的主要弱点是他将整个媒体行业看做一个巨型的金字塔,其权力集中在顶部,资本逐步占领了媒体和互联网。因此,分析重点并没有放在对主要市场参与者、市场、交错的发展趋势、信息的社会经济和在组成媒体系统不同部分中的多样性上。像 Vincent Mosco 这样友善的批判家也将自己与垄断资本学派隔离,因为垄断资本学派太注重媒体巨头和一个静态的世界观,因此抹杀了像商业化、空间化、结构化和阶级、种族、性别和劳工反抗这类的动态过程。

与具有敌意的批评家相比,Mosco(2009)强调历史的角色、社会的整体性、道德和实践——所有这些组成一个动态的世界观,各个部分相互作用而随之产生的动力从而形成相互联系的过程。这也是数字化资本主义的中心论点。

数字化资本主义学派强调资本主义对社会组织原则的连续性,同时拒绝一些像"信息时代"或者"后工业化社会"的类似定义。数字化中心趋势和互联网业深入并扩大了资本主义市场体系,而非将现在和过去切断(Mosco,2009,p. 120)。媒体本身是重要的商业,但是更重要的是他们怎样将商品化的这个过程在整个社会中普及。最初,商品化的普及是间接的,因为商业媒体对于广告收入的依赖,直接商品化现在正在扮演更重要的角色。因为数字媒体使对观众、信息和内容的监测、测量和商品化变得更容易、更有效(Schiller,1999)。这是数字资本主义学代表人物帕特的论点,而这一观点也持续影响着批判的研究学者(例如 Andrejevic,2007;Fuchs,2011)。

变异:文化产业学派

毫无疑问,对于任何政治经济来说,动态的存在论都应该是中心的,但是 Mosco 从机构组织(institutional structures)到动态过程(dynamic processes)的转变在很大程度上没有将媒体行业放在分析的重心，而是用过度统一的资本整合过程来代替有组织的媒体结构。20 年前，Bernard Miege（1989）在 *The Capitalization of Cultural Production* 中精确地写道：

第一，文化和商业之间的界限忽视了在过去的 150 年里，文化总是在工业化资本主义中发展这一事实。对于科技和艺术创新的不信任也暗示着这种观点是过度和不必要的。

第二，用单数来支撑媒体系统让人误认为我们面对的是一个统一的领域，但其实在这一个过程中，有许多不同的单元在起作用……文化产业是很复杂的，所以任何分析必须将多样化列入考量。

第三，新的通信技术使资本主义生产方式更紧密地控制了文化和通信，但这并不意味着资本主义文化的工业化已经全面实现（Miege，1989，pp. 10-11）。

相比于一些政治经济所提到的非常笼统的资本主义经济模式，文化产业学派强调媒体经济的特殊属性和文化与信息的商业化的持久障碍（Garnham，1990，pp. 37-40）。从 20 世纪七八十年代开始，文化产业学派的 Nicholas Garnham（2005）称"产业"这一定义不容小视，并将这一定义应用于更细致和更不同的将马克思主义经济分析和主流工业和信息经济，分析和应用到符号生产、分派和消费之中。

这一方法强调了对不同媒体产业并不能一视同仁。因为"出版"（publishing）（书籍、音乐、电影）与"流动"（flow）（广播）和"编辑"（editorial）（新闻）模式之间有着极大的不同，虽然后者逐渐被"俱乐部"（club）模式代替。"俱乐部"模式也体现了电信、电缆和网络重要的角色。文化产业学派强调媒体产业是一直与通信传输和设备产业紧密相连的，但是电信、网络、信息和通信技术在网络媒体环境下对媒体产业的影响越发重要（Miege，2011）。

20 世纪主流文化产业模式是以电视、广播和电影（特别是好莱坞年代）为中心的"流动"模式。这个"流动"模式主要由一些大型垂直组织的公司提供稳定的节目、紧密行政管理控制下和稳定雇用的劳动力作为支持。"流动"模式中内容是非实体的，没有被观众直接拥有和支付，但是被广告或是政府拨款支持的（i. e. indirect commodification）（Miege，1989）。

相比之下，"出版"模式可追溯到 18 世纪的书籍交易，起源于经过各种直接出售或者租赁给消费者的内容名录：书籍、音乐、录像和电影这些直接商品化的文化产品。在这个模式里，几个大型公司提供佣金来创造、分配有版权内容。他们不创作自己的内容，而是将创作这一任务分发到灵活雇用、按照项目付版权税的工人、作者以及制作人手中。在这一模式下，特别随着是英国 Channel 4 的发展，"出版"模式成为 20 世纪 90 年代新自由主义资本主义劳资关系的样板。随着自由媒体工作者数目的增加、稳定雇用新闻工作者的减少，特别是 2008 年金融危机之后，这种模式也逐渐流行起来（Deuze，2011）。

"俱乐部"模式是"出版"及"流动"模式和一些新的数字媒体的特别方面混合而产生的模式。从"流动"模式，到"出版"，再到"俱乐部"模式的逐渐转变，反映出了自 20 世纪 80 年代由数字化和传播网络、公司合并和重组、新的市场参与者的加入以及增强的接收和存储内容的能力所带来的变化（Lacroix & Tremblay, 1997）。这一模式在订阅电视和网络服务的直接付费模式的影响下迅速发展。媒体内容的收集者按照"出版"和"流动"模式，也清醒地认识到几百年来人们社会化所广泛认为的"内容是免费的"这一想法（Bustamante, 2004, p. 811）。表4总结了这三个文化产业的模式的特点。

表4 媒体行业的经济和组织模式

	流动模式	出版模式	俱乐部模式
部门	广播电视和广播	书籍、音乐和电影	数字网络媒体
内容	无形的、连续的流动，不确定性大，许多商业上的失败产品	持久的、固定的形式，不确定性大，许多商业上的失败产品	各种形式，不确定性大，许多商业上的失败产品
作用	节目和安排	出版和目录	出版和集合
商品化	间接广告和政府资助	直接购买	间接与直接广告的结合
工业形式	半工业化，垂直聚合，集中计划，在价值链中各个元素都受到管理控制	放射型模式—几个大型的公司，分享基础设施（印刷，摄影棚等），以项目为基础的网络和小公司	大型的基础设施提供者和层层的应用、服务和内容提供者
市场结构	寡头垄断，垂直聚合	以寡头垄断为中心，小公司分布四周	以寡头垄断为中心，小公司分布四周
创意人员	稳定雇佣的人员：广播人员、技术支持、记者、主持人等	小数目的中心劳力，四周分布许多作者、导演、创作人、艺术家等	稳定雇员和合同工与自由撰稿人、网络设计师和主持人的结合

改编自：Lacroix & Tremblay, The information society and cultural industries theory, 页56-65。

从间接到直接商品化的商业化媒体模式反映了正在经历的变化。这些变化不能简单地归结于一个过程，而是一个由科技、市场力量、商品和媒体整合带来的对现有媒体机构结构变化和对为尚未形成的"新媒体秩序"之中加入的新的元素的过程（Miege, 2011）。

更深程度上的网络媒体工业的资本化与媒体聚合的两个高潮恰好重合。第一股变化是20世纪90年代到2007年媒体行业的媒体聚合和电信、媒体、互联网逐渐向资本主义经济的集资过程的转变。这些变化不仅使媒体、电信和互联网公司进入了资本积累的过程，他们不再是相互之间的竞争，而是和所有其他行业的公司一起为资本而竞争。

融资的这一过程重新将公司作为资产组合，这意味着时代华纳、迪士尼、贝塔斯曼、新闻集团等在电视、电缆、电影、书籍和互联网旗下的每个部门必须在投资回报率上相互竞争。讽刺的是，随着媒介整合拥有了更大的可能性，融资过程使媒体公司的运营内部分工相互竞争，因此出现了最近的反整合（deconvergence）策略。这些过程和数字化、规模经济性和有利的政府政策一起使媒体整合比以往更容易实现（Duménil & Lévy, 2005; Fitzgerald, 2012; Melody, 2007）。而正如文化产业学者所说，其后果使不同媒体之间的差别在新的情况下更为加深。

21世纪网络媒体工业的再造

电视、电影、音乐和新闻在20世纪组成了大众媒体的中心。在数字媒体环境下，他们的地位变得较不明显。本文最后的部分研究了哪些媒体产业增长、哪些停滞、哪些衰落，也同时研究了不同媒体之间的机构重组是怎样不同的。

电视消亡的流言在20世纪90年代中叶疯狂流传（Gilder, 1994）。事实上，电视在网络媒体经济下虽然并没有大的变化，但在各处繁荣发展。例如在1998年和2012年之间，全球电视收入翻了两番，从2 060亿美元增长到4 250亿美元（见图6）。美国仍是至今最大的电视市场，其收入从1998年的894亿美元增长到2012年的1 546亿美元。在加拿大、英国和欧洲，电视产业收入持续增长。有线、卫星和付费电视频道在经济合作与发展组织国家的增长也体现了相似的发展趋势。频道数目从80年代的几十个增长到90年代末的近600个，到21世纪初的12 000个左右。在阿根廷、巴西、中国、印度尼西亚、印度、俄罗斯、土耳其和其他国家，电视都经历了快速增长，并进入电视的黄金时代（PWC, 2013, pp. 209-219）。在中国，至2012年，57%的家庭拥有付费电视服务，在印度97%的家庭拥有付费服务，这些电视台提供上百个频道（PWC, 2013, pp. 209-219）。

在2007年，付费电视模式的增长快过以广告支持的电视（自2004年7.3%与4.3%的年增长率）。广告收入占电视收入的比率在过去的10年里下降至46%，付费服务的模式占电视总收入的54%（PWC, 2013, p. 57）。换句话说，电视在向直接商品化和"出版"、"俱乐部"模式转型而非依赖于靠广告收入支撑的节目安排的"流动"模式。在不同媒介上的节目被组装成大的目录然后在不同的媒介上发放给消费者：视频点播、音频流量、下载服务、交互式网络电视和电视公司的"处处电视"服务。比如说Netflix的服务可以发送到800种不同的设备上（Wright, 2013）。虽然公共广播是将内容数字化的领先者，但是他们的领先地位受到政府资助的减少和商业媒体的威胁（Thompson, 2011）。比方说，英国新闻出版业协会把BBC对于互联网的野心称为"对新的重要的新闻和信息市场的威胁"（"Call to block", 2010）。但若商业媒体利益持续增长，公共服务媒体将很大程度上受到衰落的"流动"模式限制。

值得注意的是，电视收看并没有因为各种设备的移动化、个人化和多样化而减少。根据英国通信办公室调查显示，在16个国家中，13个国家的电视收看量有所增长：英国、法国、德国、意大利、美国、澳大利亚、加拿大、西班牙、荷兰、爱尔兰、巴西、印度和中国（p. 162）。Todd Juenger（Flint，2012）也引用了数据来说明青少年电视的观看量持续增加。到目前为止，青少年观看传统电视的量增加了，电脑、智能手机、平板电脑更增加了他们看电视的量。

电视和视频的网上观看量持续增长，不仅电视没有被网络吞没，反而引导了宽带和移动网络的增长。根据 Sandvine（2013）的研究，实况娱乐服务（例如 Netflix、Hulu、NCAA、Google、YouTube、Amazon Prime、Spotify、BBC iPlayer、RTE Player、Pandora 和 Rdio）占了 2012 年亚洲一太平洋地区固定宽带网络下载流量的一半。在北美和欧洲，他们占了 2/3，约 40％ 的北美网络流量。单单 Netflix 占了 2/3 的北美流量。这些内容在固定和移动网络上的最大来源是 YouTube。每分钟就有 100 小时的视频上传到 YouTube（Somdline，2013，pp. 7-26；Google，nd）。

随着谷歌、亚马逊、苹果等建立了与客户距离很近的内容发送网络以便提供他们的服务，这些趋势也影响了互联网的发展。Cisco（2013）估计视频流量的 2/3，或者互联网的一半流量都将在未来 5 年内通过内容分发网络来运输（pp. 1-2）。随之带来的缺点就是，这些内容分发网络作为媒体巨头为消费者建构的传输路径，将互联网根据地理政治而分割成区块。

网络视频不仅仅在高峰时间（peak hours）占用最大的网络流量，这个与电视在晚 8 点至晚 11 点之间的黄金时段也不谋而合。换句话说，从文化的角度来说，网络的黄金时段和电视有许多相同之处。图 6 和图 7 显示了北美和亚洲一太平洋地区的互联网黄金时段。

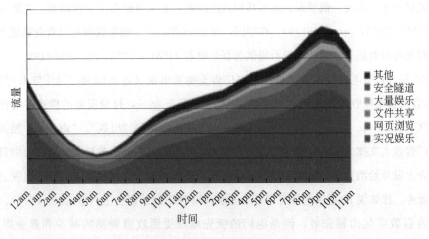

图 6 黄金时间北美网络流量

来源：Sandvine，2011，p. 5.

互联网的黄金时段挑战了广为流行的互联网会消灭电视的论调（Benkler，2006）。事实上，电视被互联网的逻辑重塑。反之亦然。这也说明了，媒体的增长并不是一场博弈，互联网黄金时段显示了旧媒体的重要方面会逐渐融入到新的媒体生态之中。

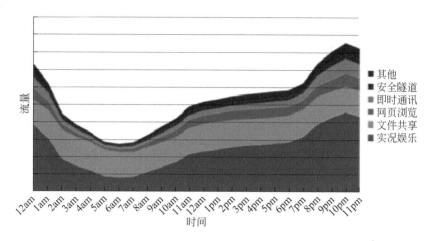

图 7 黄金时间亚洲和环太平洋地区网络流量

来源：Sandvine, 2011, p. 15.

相同的趋势也可以在电影和网络游戏中看到。电影行业自 1998 年迅速成长，其全球收入在 1998 年到 2012 年从 476 亿美元增长至 879 亿美元。和电视一样，互联网并没有摧毁电影收入，盗版也没有摧毁电影业。相反，像 Netflix，Apple 和 Amazon Prime 的电影收看和下载服务在短短的 5 年之间，占据了电影行业 7% 的收入。换句话说，互联网为电影增加了新的分发窗口。图 8 显示了这个变化。

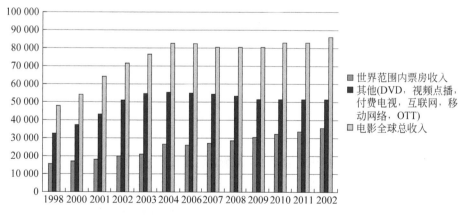

图 8 全球电影行业总收入，1998—2012（百万美元）

网络游戏变化更加显著。网络游戏比音乐和广播排名靠前，是 12 个产业中第十大产业。其收入在 2012 年为 623 亿美元，这与 1998 年相比，增长了 5 倍。表 5 比较了网络视觉媒体工业（visual media industries）之中网络游戏、电影、电视的发展。

表 5　总视觉媒体的增长，1998—2012

	1998	2000	2004	2008	2009	2010	2011	2012
电视	206 580	243 322	279 971	352 713	351 126	380 495	400 541	425 599
电影	47 572	54 204	82 834	82 619	85 359	84 897	85 433	87 877
游戏	12 683	17 738	27 807	54 022	55 201	57 459	58 723	62 349
总视觉媒体	266 835	315 264	390 612	489 354	491 686	522 851	544 697	575 825

来源：见表1。

总的来说，电视、电影和视频并没有衰退而是被重塑。图 9 显示了不同媒体行业从数字和网络运营之中取得的新收入来源。

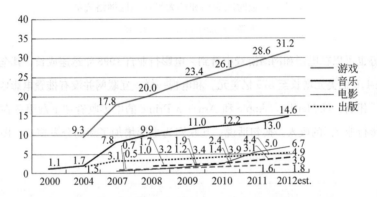

图 9　媒体数字化进程，2000—2012（百分比按照收入计算）
来源：选自 PriceWaterhouseCooper (2012).

如图 9 所示，虽然电视杂志在进行机构重组，但只有在 2007 年之后才取得显著的数字化收入。这两个产业分别滞后于报纸和电影产业，分别有 2％和 4％的数字收入。音乐和网络游戏以 15％和 31％领先。

图 9 也反映了近来音乐业的历史。虽然音乐较慢地将互联网作为收入来源，自 2007 年，收入稳固增长至 2012 年的 15％。这一改变也致使 20 世纪 90 年代中期对音乐业的不同描述。90 年代中期，音乐业日渐降低收入和因盗版而失掉收入也被用作支持互联网商业化和严格控制的重要论点 (Lessig, 1999)。

这一叙述也为像美国数字千年版权法（Digital Millennium Copyright Act）类似的法律在世界范围内应用铺路。类似法律在双边和多变贸易协定中有多次体现：例如澳大利亚、巴林、中美多米尼加共和国、智利、哥伦比亚、韩国、摩洛哥、阿曼、巴拿马、秘鲁和新加坡。数字千年版权法案也作为欧盟、印度、中国和英国等版权法改革、防伪贸易协定和跨太平洋战略经济伙伴关系协议的范本（U. S., nd; Edwards, 2011; Seng, 2011. p. 6）。

两个最重要的音乐协会的游说组织：国际唱片业协会和美国唱片行业协会也支持这一观点，并且声称音乐行业的收入因为互联网和猖獗的盗版情况而减少。国际唱片业协会在 2012 年的《数字音乐报告》中称："音乐销售在 2004 年至 2009 年之间降低了 30%"（p. 18），图 10 表明了这一观点。

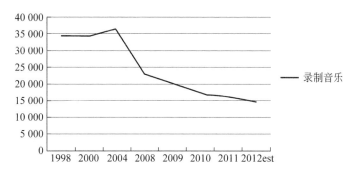

图 10　世界范围内录制音乐收入，1998—2012（百万美元）

来源：见下表 11。

此图所描绘受困的、即将要毁灭的行业是极其错误的。因为图 10 只看到了录制音乐的部分，并且将它作为音乐行业的全部。相比之下，图 11，表现了另外一番景象，当将实况音乐会、互联网和移动电话、出版（数字和网络分发平台、版权出租和全球市场等）列入考量，音乐行业其实是增长最快的行业之一。

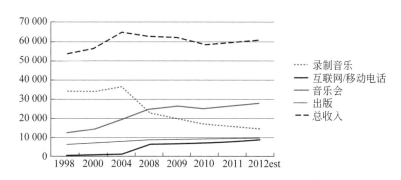

图 11　世界范围全球音乐收入，1998—2012（百万美元）

来源：录制音乐和网络移动收入来自 PWC, 2012, Global Entertainment and Media Outlook, 2012—2016. 2008 之前，音乐会收入根据 Digi World Yearbook2009, PWC 和 emarketer 年增长率 7.2% 来推算，出版权收入来自于 emarketer, 2012 年及以前收入按照年收入增长率 3.3% 来计算。

但可以肯定的是，音乐并不是一个在巨大变化下毫无损伤的行业。相反，其收入在 2004 年达到顶峰，但至 2008 年之后呈现下降趋势。其收入在全球金融危机之后骤降，但继 2010 年之后有缓慢增长的趋势。2012年音乐行业总收入为606亿美元,虽与8年前的最高收入有些许差距,但这差距并不是很大。国际唱片业协会两个最近出版的电子音乐报告也确认了这一点,"特别是在2012年,音乐行业的表现是自2008年来最好的"(p. 5)。

国际唱片业协会将对协助盗版的P2P网站的打压视为是使音乐产业情况转变的主要因素。虽然他们抱怨像谷歌一样的数码中介公司、网上支付服务、网站服务、网络广告等没有对用户的版权侵犯行为进行有效的监督(IFPI, 2013)。在统一对版权侵犯进行监督之后,谷歌收到的将犯法内容移除的要求从2012年一月的每周33 200个增长到年底的45万个。单单美国唱片业协会就要求谷歌每周将800万网页从其搜索引擎移除(Google, nd; TorrentFreak, 2012)。新的网上音乐服务的出现也希望对现有形势有所扭转,在2012年年底有100多个国家,有像Pandora, Spotify, Deezer, Rdio and Songza等500多家网站,而在两年前,这个数字只有20(IFPI, 2013)。在印度、巴西、中国,它们的发展速度极快。2012年美国、印度、挪威和瑞典音乐的数码收入超过唱片收入(IFPI, 2013, pp. 5-14)。音乐服务也与网络接入和电信服务进行捆绑,比如说法国电信巨头Orange和欧洲的Deezer,以及荷兰的KPN和Spotify。

可以肯定的是,不是音乐行业的所有部分都有所增长。毫无疑问的是四大唱片巨头,华纳、环球、索尼和百代都在挣扎(Noam, 2009)。除了索尼之外,他们都与之前的媒体巨头母公司分离了,或者在近年来被对冲基金接管(例如EMI)。许多新的投机商对这些运营商没有所有权的关联。相反的,许多受到风险资本商的支持,这意味着他们并不是和运营商来争夺听众也是在竞争投资(IFPI, 2013, p. 15; Hesmondhalgh, 2009, p. 60)。图12对比了贝塔斯曼、索尼、环球和华纳和新的市场参与者苹果及Live Nation的发展情况。

在许多发展繁盛的网络媒体经济中,网络广告让传统内容媒体受到威胁。网络广告是个非常复杂的领域,这因篇幅限制不能赘述。但在剩下的部分,将对最近的报业发展及其和互联网、互联网广告的关系的几个关键点进行总结。

网络广告从20世纪90年代的近零收入增长到2012年的1 054亿美元。从一个角度看,其增长只代表了网络媒体生态中的一小部分,只占3%的收入。但是,当将其与内容媒体比较,网络广告在2012年占了9%的收入。事实上,网络广告分别大过电影、杂志、网络游戏、音乐和广播业收入。单单谷歌凭借501亿美元的广告收入占据了网络广告业的近一半收入(Google, 2013)。除此之外,谷歌、苹果、腾讯、Facebook、雅虎、百度、微软、IAC、Yandex、Vkontakte和CBC在内12个网络公司收入占据了网络广告收入的近75%。换句话来说,网络广告市场是高度集中的,这也帮助解释了谷歌对内容媒体行业的影响。

在总结这些行业正在吞噬支持媒体的广告收入之前,有几点必须要牢记。第一,网络广告的增

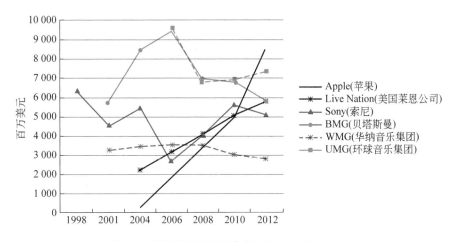

图 12　不同音乐公司的命运对比，1998—2012

来源：公司年度报告。

长扩大了媒体经济规模。第二，网络媒体经济和网络媒体行业的主要收入来源是订阅费和付费模式而非广告收入。这一收入模式也体现在移动、固定电信和网络连接、电视、电影、网络游戏、音乐和书籍行业。若按照比例看的话，网络广告收入占据了网络行业的1/3。

如图13所示，杂志行业收入自20世纪90年代晚期略减。报业收入在2008年达到最高值1 880亿美元，而后降至2012年的1 686亿美元。订阅费对于媒体经济的重要性也使它变成报业的收入来源。当然，除了纽约时报、金融时报和华尔街日报之外，许多报业面临着吸引订阅费的难题。

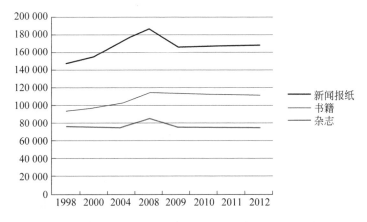

图 13　印刷和出版在互联网时代的平缓与下滑（百万美元）

来源：见上表1。

结语

网络媒体经济自 1998 年来迅速增长，但是长速因反复发生的金融危机而减慢。媒体基础设施和视觉媒体产业是最没有受到影响的行业。音乐、广播和出版业略受影响。相较之下，杂志和报纸收到重创，这些产业所面临的危机也为那些以广告收入为商业模式的媒体产业在经济不稳定时期和在互联网越发融入社会经济和人民日常生活之中敲响警钟。传统的欧洲和北美记者行业很难康复，但是在发展中国家，新闻和电视正在经历黄金时期。

媒体经济中心从广告向付费模式、从发达国家向发展中国家转型，这些变化也是不同传媒产业重组的重要方面，即使潜在的科技、经济和社会力量相同，不同媒体的重组过程也大不相同。无论是看收入、市场资产或是国际运营的规模，平台媒体行业远远超过内容媒体。也因如此，平台媒体被认为是内容媒体的威胁。虽然是否能成功还是个未知数，但是平台媒体是电视、电影、网络游戏和音乐行业转型的重要因素。平台媒体服务里囊括的免费和低价的捆绑音乐服务是音乐行业中心振兴的一个途径。但也同时揭示了频宽和硬件供应商的中心作用和内容提供商的辅助作用。

这些改变更可以从变化的数字媒体政治展现出来。过去的 20 年，内容媒体行业巧妙地运用了"危机"叙事结构来推动政策向更严格的版权保护方向发展（以及放松的媒体合并规定和更严格的对公共服务媒体的控制）。电信、网络、信息和通信技术与互联网支持者形成战略联合来反对更严格、更长期和更宽泛的版权政策。

谷歌和其他网络巨头在过去几年之中很大地增长了他们的游说预算。在 2012 年，谷歌的 183 亿美元游说预算是两年前的 3 倍，是美国电影协会和美国唱片业协会游说预算总和的两倍（$7.1 million）。2012 年，美国电信运营商、计算机公司、网络公司和电信互联网设备生产商花费了 2 亿 3 600 万美元雇用了 2 000 名游说家。相比之下，电视、音乐和电影行业只雇用了 1/3 的游说家和一半的预算（Open Secrets, nd）。这也反映了"财力"在数字媒体政治之中所占的重量。

最后，在保护财产（版权）和刺激投资之中，政府更有可能倾向于后者。在信息经济的基础设施产业之中，版权保护和刺激投资的矛盾一直存在。刺激投资在现在看来占据了上风。这和 19 世纪有限责任公司的起源作为集中资本来刺激对工业资本主义基础设施的投资并没有什么不同（Ireland, 2010）。而在今天，"安全港"条例（safe harbor）对电信运营商、网络服务商和其他电子中介公司责任的限制也有相同的作用。这是通常被忽视的国家对信息资本主义的重要支持。类似"安全港"条例在美国 1996 年电信条例（s. 230）、数字千年版权保护法案（s. 512）、欧盟电子商业法则和 2006

年中国信息网络传播保护条例和韩、印度相关条例中有所体现（Edwards，2011；Seng，2010）。

然而这些变化是长期和牢固的，如下举措所示：

1. 智利和加拿大在新的版权法中反对强制的版权保护措施和支持"正当使用"（fair use）非商业性质的用户生成内容。

2. Protect IP Act 和 Stop Online Piracy Act 这两个法案在美国的失败及其面对来自电信、网络和信息和通信行业、互联网激进者、学者和大众的反对。

3. Trans Pacific Partnership Act（TPP）、Anti-Counterfeiting Treaty Act（ACTA）和欧盟从ACTA 的退出和在这三个极具争议的条例里的重罪加长刑期法的撤销（Centre for Democracy & Technology，2012；Sell，2013，Haggart，2013；Benkler，2012）。

4. 法国、英国议会和司法对于重罪加长刑期法之中重要条例的重审和联合国对其关于言论自由和隐私权侵犯的严重指责（LaRue，2011）。

5. 像英国 BT、TalkTalk，加拿大 TekSavvy 和澳大利亚 iiNet 网络服务提供商和谷歌、爱立信、Facebook、维基媒体和 Computer and Communication Industry Association 的坚定的反对立场。

对这些观点的全面分析还需时日。这个章节里谈到的几点只涉及长久的机构重组过程的几个方面，特别是付费的媒体消费模式的胜利和在网络媒体经济里带宽之于内容的重要性。

◇ 参考文献 ◇

- Alexa.com (2013). *Top sites by country*. URL：http://www.alexa.com/topsites/countries (Last accessed September, 2013).
- Almiron, N. (2010). *Journalism in crisis: Corporate media and financialization*. Cresskill, NJ: Hampton.
- Ammori, M. (2010). *TV competition nowhere: How the cable industry is colluding to kill online TV*. Washington, D.C.: Free Press. URL：http://www.freepress.net/files/TV-Nowhere.pdf (Last accessed October, 2010).
- Andrejevic, M. (2007). Surveillance in the digital enclosure. *The Communication Review*，10：295-317.
- Bagdikian, B. (2004). *The new media monopoly* (6th ed.). Boston, MA: Beacon Press.
- Baidu, Inc. (2012). *Annual Report*. Beijing, PRC: Baidu. URL：http://media.corporate-ir.net/media_files/IROL/18/188488/BaiduAR2012.pdf (Last accessed November, 2013).
- Baker, C. E. (2007). *Media concentration and democracy*. New York: Cambridge University.
- Bamford, J. (June 12, 2013). Connecting the dots on PRISM, Phone Surveillance and the NSA's massive spy centre. http://www.wired.com/threatlevel/2013/06/nsa-prism-verizon-surveillance/ (last visited November 2013).

- Barfe, L. (2003). *Where have all the good times gone? The rise and fall of the music industry*. London: Atlantic Books.
- Barnouw, E. (1982). Tube of Plenty: the evolution of American television. New York: OUP.
- Benkler, Y., Roberts, H., Faris, R., Solow-Niederman, A. & Etling, B. (2013). Social Mobilization and the Networked Pubic Sphere: Mapping the SOPA-PIPA Debates. *Social Science Research Network*. http://papers.ssrn.com/sol3/papers.cfm?abstract_id=2295953.
- Benkler, Yochai. (2006). *The wealth of networks*. New Haven, CT: Yale University.
- Bouquillion, P. (2008). *Les industries de la culture et de la communication. Les strat gies du capitalisme*. Paris: Presses Universitaires de Grenoble.
- Briggs, A. (1961). The history of broadcasting in the United Kingdom. London: OUP.
- Bustamante, E. (2004). Cultural industries in the Digital Age. *Media, culture & society*, 26(6): 803-820.
- Cammaerts, B., Mansell, R. & Meng, B. C. (2013). Copyright and Creation: the Case for Promoting Inclusive Online Sharing (LSE Media Policy Brief #9). London, UK: LSE chttp://www.lse.ac.uk/media@lse/documents/MPP/LSE-MPP-Policy-Brief-9-Copyright-and-Creation.pdf.
- Call to block BBC iPhone apps. BBC News February 2, 2010. URL: http://newsvote.bbc.co.uk/mpapps/pagetools/print/news.bbc.co.uk/2/hi/technology/8522441stm?ad=1 (Last accessed October 2010).
- Castells, Manuel. (2009). *Communication power*. New York: Oxford University.
- Changing the channel. (2010, May 29). *The Economist*, 395(8684): 1-14.
- Cisco (May 2013). Cisco Visual Networking Index: Forecast and Methodology, 2012-2017. http://www.cisco.com/en/US/solutions/collateral/ns341/ns525/ns537/ns705/ns827/white_paper_c11-481360.pdf (Last accessed October, 2013).
- Compaine, B. (2005). *The Media Monopoly Myth*. New York: New Millenium Research Council.
- Compaine, Benjamin. (2001). The myths of encroaching global media ownership. *Open Democracy*. URL: www.opendemocracy.net/media-globalmediaownership/article_87.jsp (Last accessed October, 2013).
- Curran, J. & Seaton, J. (2003). *Power without responsibility* (6th ed.). New York: Routledge.
- Curwen, P. (2008). A settled structure for the TMT sector remains a mirage in 2006/7. *Info*, 10 (2): 3-23.
- Daneilian, N. R. (1939). *AT&T: The Story of Industrial Conquest*. New York: Vanguard Press.
- Deuze, M. (2011). *Managing Media Work*. Thousand Oaks, CA: Sage.
- Dum nil, G., & L vy, D. (2005). Costs and benefits of neoliberalism: A class analysis. In. G. A. Epstein (ed.), *Financialization and the world economy*, 17-45. Northampton, MA: Edward Elgar Publishing.
- Edwards, L. (2011) *Role and responsibility of the internet intermediaries in the field of copyright and related rights*. Geneva, Switzerland: World Intellectual Property Organization. http://www.wipo.int/export/sites/www/copyright/en/doc/role_and_responsibility_of_the_internet_intermediaries_final.pdf.
- E-Marketer (2013). http://www.grabstats.com/statmain.aspx?StatID=69.
- Fitzgerald, S. (2012). *Corporations and Cultural Industries*. New York: Rowman & Littlefield.
- Flew, T. (2012). *The Creative Industries: Culture and Policy*. Thousand Oaks, CA: Sage.
- Flew, T. (2007). *Understanding global media*. London, UK: Palgrave Macmillan.
- Flint, J. (March 9, 2012) Teens are watching more TV, not less: report. *Los Angeles Times*. http://articles.latimes.com/2012/mar/09/business/la-fi-ct-teen-tv-study-20120309 (last visited

November 2013).
- Fuchs, C. (2011). *Foundations of Critical Media and Information Studies*. New York: Routledge.
- Garnham, N. (2011). Political Economy of Communication Revisited. In J. Wasko, G. Murdock & H. Sousa (eds.). *The Handbook of Political Economy of Communication*, 41-61. London: Wiley-Blackwell.
- Garnham, N. (2005). From Cultural to Creative Industries. *International Journal of Cultural Policy*. 11(1): 15-29.
- Garnham, N. (1990). *Capitalism and Communication*. London: Sage.
- Gilder, G. (1996). *Life after television*. New York: W. W. Norton.
- Goldstein, K. (2007). *Measuring media: Ownership and diversity*. Revised report prepared for Canwest Mediaworks Inc., submitted to the CRTC's Diversity of Voices hearings.
- GSMA Intelligence (2013). Definitive Data and Analysis for the Mobile Industry. London, UK: Author. https://gsmaintelligence.com/.
- Hesmondhalgh, D. (2009a). Politics, theory and method in media industries research. In J. Holt & A. Perren (eds.). *Media industries: History, theory, and method*, 245-55. Malden, MA: Wiley-Blackwell.
- Hesmondhalgh, D. (2009b). The digitalization of music. In A. C. Pratt & P. Jeffcutt (eds.). *Creativity, innovation and the cultural economy*, 57-73. London: Routledge.
- Holt, J. & Perren, A. (eds.) (2009). *Media industries: History, theory, and method*. Malden, MA: Wiley-Blackwell.
- IDATE (2009). *DigiWorld yearbook* 2009. Montpellier, France: IDATE.
- International Federation of Phonographic Industries (2013). *Digital Music Report*. URL: http://www.ifpi.org/content/library/dmr2013.pdf (plus various previous years) (Last accessed November, 2013).
- ITU/UNESCO (2013), *The State of Broadband* 2012: *Inclusion for All*. Geneva, Switzerland: Authors.
- International Telecommunications Union (2012). *Global ICT Indicators*, 2006-2013 *Aggregate Data*. Geneva, Switzerland: Author. http://www.itu.int/en/ITU-D/Statistics/Pages/stat/default.aspx (Last accessed November, 2013).
- International Telecommunications Union (n. d.). *World telecommunications indicators database* (electronic resources). Geneva, Switzerland: Author.
- International Telecommunications Union & United Nations Centre for Trade and Development (2007). *World information society report: Beyond WSIS*. Geneva, Switzerland: ITU.
- Internet World Stats (June 30, 2013). *World Internet Usage and Population Statistics: the internet big picture*. URL: http://internetworldstats.com/stats.htm (Last accessed October, 2013).
- Jin, D. Y. (2013). *De-convergence of the Global Media Industries*. New York: Routledge.
- La Rue, F. (2011) Report of the Special Rapporteur on the promotion and protection of the right to freedom of opinion and expression, Human Rights Council Seventeenth session Agenda item 3, A/HRC/17/27 of 17 May 2011 at http://www2.ohchr.org/english/bodies/hrcouncil/docs/17session/A.HRC.17.27_en.pdf.
- Lacroix, J. G. & Tremblay, G. (1997). The information society' and cultural industries theory. *Current Sociology*, 45(4): 1-162.
- Lash, S. & Urry, J. (1994). *Economies of signs and space*. London: Sage.
- Lessig, L. (2000). Foreword to Symposium on Cyberspace and Privacy. *Stanford Law Review*, 52(5): 987-1003.

- Lessig, L. (2004). *The future of ideas*. New York: Random House.
- Mastrini, G. & Becerra, M. (2011). Media Ownership, Oligarchies, and Globalization: Media Concentration in South America. In D. Winseck & D. Y. Jin (eds.). *Political Economies of Media*, 66-83. London: Bloomsbury.
- McChesney, R. (2013). *Digital Disconnect*. New York: New Press.
- McChesney, R. (2008). *The Political Economy of Media*. New York: Monthly Review.
- McChesney, R. & J. Nichols. (2010). *The death and life of American journalism*. Philadelphia, PA: Nation Books.
- Melody, W. (2007). *Can short-term cash flow "investor value" incentives satisfy long-term diversified public policy objectives*? Paper presented at the Columbia Institute for Tele-Information (CITI) conference "Private equity acquisitions in media and telecom", New York, NY.
- Miege, B. (2011). Principal ongoing mutations of Cultural and Informational Industries. In D. Winseck & D. Y. Jin (eds.). *Political Economies of Media*. London: Bloomsbury.
- Miege, B. (1989). *The capitalization of cultural production*. New York, NY: International General.
- Miller, T. (2009). Television is finished, television is done, television is over. Inaugural Attallah Lecture, Carleton University School of Journalism and Communication and the Communication Graduate Caucus, Ottawa, Canada, March 18.
- Mosco, V. (2009). *The political economy of communication*. Los Angeles: Sage.
- Motion Picture Association (2013). Theatrical Market Statistics for US/Canada and International box office revenues. http://www.mpaa.org/Resources/5bec4ac9-a95e-443b-987b-bff6fb5455a9.pdf.
- Murdock, G. & Golding, P. (2005). Culture, communications and political economy. In J. Curran & M. Gurevitch (eds.). *Mass media and society* (4th ed.), 60-83. London: Hodder Arnold.
- Negroponte, N. (1995). *Being digital*. New York: Knopf.
- Noam, E. (2009). *Media ownership and concentration in America*. New York, NY: Oxford University Press.
- Organisation for Economic Co-operation and Development (OECD). (2007a). *Participative web: User-created content*. URL: http://www.oecd.org/dataoecd/57/14/38393115.pdf (last accessed October, 2013).
- OECD. (2010). *The evolution of news and the internet*. URL: http://www.oecd.org/dataoecd/30/24/45559596.pdf (Last accessed October, 2013).
- Odylzko, A. (2001). Content is not king. *First Monday*, 6(2). http://firstmonday.org/ojs/index.php/fm/article/view/833/742 (Last accessed November, 2013).
- Pariser, E. (2011). *The Filter Bubble*. New York: Penguin.
- Pascali, U (September 17, 2013). The BRICS "Independent Internet" Cable. In Defiance of the "US-Centric Internet". *Global Research*. http://www.globalresearch.ca/the-brics-independent-internet-in-defiance-of-the-us-centric-internet/5350272 (Last accessed October, 2013).
- Picard, R. (2011). *The Economics and Finance of Media Companies*. New York: Fordham University.
- Picard, Robert. (2009, December 1-2). *Tremors, structural damage and some casualties, but no cataclysm*. Paper presented to the U.S. Federal Trade Commission workshop, "From town crier to bloggers: How will journalism survive the Internet age?" Washington, D.C..
- Polanyi, K. (1944/1957). *The great transformation*. Boston: Beacon.
- Preston, P. & Rogers, J. (2012). Crisis, digitalisation and the future of the internet. *Info: the journal of policy, regulation and strategy for telecommunications, information and media*, 14(6): 73-83.

- PriceWaterhouseCoopers (2013). *Global entertainment and media outlook*, 2010-2014 (plus previous editions between 2000-2012). New York: PWC.
- Project for Excellence in Journalism (PEJ). (2009). *The state of the news media*, 2009. URL: www. stateofthenewsmedia. org/2009/ (Last accessed October, 2013).
- Sandoval, G. (September 29, 2010a). Fight for Senate anti-piracy bill rages. *Cnet*. URL: http://news. cnet. com/8301-31001_3-20018091-261. html?tag=nl. e703 (Last accessed October, 2013).
- Sandvine (2013). Global Internet Phenomenon 1Half 2013. Toronto, Canada: Author. https://www. sandvine. com/downloads/general/global-internet-phenomena/2013/sandvine-global-internet-phenomena-report-1h-2013. pdf . (Last accessed November, 2013).
- Sandvine (2011). Global Internet Phenomenon 1Half 2011. Toronto, Canada: Author. https://www. sandvine. com/trends/global-internet-phenomena/ (Last accessed November, 2013).
- Scherer, Eric. (2010). Context is king. *AFP-MediaWatch*, 7, 4-14. URL: http://mediawatch. afp. com/public/AFP-MediaWatch_Automne-Hiver-2009-2010. pdf (Last accessed October, 2010).
- Schiller, Dan. (1999). *Digital capitalism: Networking the global market system*. Cambridge, MA: The MIT Press.
- Schumpeter, J. A. (1943/1996) *Capitalism, Socialism, and Democracy*. London: Routledge.
- Sell, S. (2013, preprint). Revenge of the "Nerds": Collective Action against Intellectual Property Maximalism in the Global Information Age. *International Studies Journal*, 1-19.
- Seng, D. (2011). *Comparative Analysis of the National Approaches to the Liability of Internet Intermediaries Preliminary Analysis*. World Intellectual Property Organization. http://www. wipo. int/export/sites/www/copyright/en/doc/liability _ of _ internet _ intermediaries. pdf (Last accessed November, 2013).
- Stelter, B. (June 29, 2011). News Corporation sells MySpace for $35 million. *New York Times* blog, http://mediadecoder. blogs. nytimes. com/2011/06/29/news-corp-sells-myspace-to-specific-media-for-35-million.
- Skorup, B. & Thierer, A. (2012). *Uncreative Destruction: The Misguided War on Vertical Integration in the Information Economy*. Working Paper, Mercatus Centre, George Mason University.
- Sunstein, C. (2009). Republic. com 2. 0. Princeton, NJ: Princeton University.
- Thierer, A. & Eskelsen, G. (2008). *Media metrics: The true state of the modern media marketplace*. Washington, D. C. : The Progress and Freedom Foundation. URL: www. pff. org/mediametrics (Last accessed October, 2010).
- Thompson, P. (2011). R unning on Empty? The Uncertain Financial Futures of Public Service Media in the Contemporary Media Policy Environment. In D. Winseck & D. Y. Jin (eds.). *Political Economies of Media*. London: Bloomsbury.
- United Kingdom, House of Lords, Select Committee on Communications (2008). *The ownership of the news* (Vol. 1). London: Stationary Office. URL: http://www. publications. parliament. uk/pa/ld200708/ldselect/ldcomuni/122/122i. pdf (Last accessed October, 2010).
- WorldBank (2013/undated). *World Development Indicators*. (Last visited September 19, 2013). http://databank. worldbank. org/data/views/variableselection/selectvariables. aspx?source=world-development-indicators.
- Wu, T. (2012). *The Master Switch*. New York: Knopf.
- Yoo, C. (2008). Network neutrality, consumers, and innovation. *University of Chicago Legal Forum*, 25, 179-262.

网络公关研究

黄懿慧[①]

前言

本章旨在描绘网络公共关系研究图像,并对未来的研究方向进行预测与展望。鉴于目前学界对公共关系的定义多元[②],首先将厘清公共关系的定义与范畴,尔后介绍公共关系学科的发展与沿革。网络公共关系是当前公共关系发展的重要方向,本章除探讨网络传播特性外,将比较其与传统公共关系的异同。其后,采用"类后设分析法"对 1998 年至 2013 年间发表于 *Public Relations Review* 与 *Journal of Public Relations Research* 中有关网络公共关系的论文进行综合分析。文末则探讨当前网络公共关系研究与实践的挑战,并提出对未来发展方向之展望。

定义公共关系

Hutton(1999)认为应将功能与目的作为界定公关范围的准则,不应将规范准则、业务内容以及效果指针等元素考虑在内。J. Grunig 和 Todd Hunt(1984)定义公共关系为"组织与其相关公众间的沟通管理"(p. 6)。此外,近十年来,"关系管理"更是发展成为公共关系学术研究的主流典范(黄懿慧,2001b),组织与利益关系人间关系之建立、维持与加强,也成为重要课题。就定义而言,组织、公众、管理、沟通、传播、关系等概念,是学界定义公共关系时出现的共同元素(参见 Hutton,1999;黄懿慧,2001a)。在内容方面,公共关系具有 6 种实务功能:说服(persuasion)、倡议(advocacy)、公众信息(public information)、导因关联(cause-related;一种重视大众利益的

[①] 黄懿慧,现任中国香港中文大学新闻与传播学院教授,企业传播硕士课程主任,曾任教中国台湾政治大学传播学院广告系,2003—2004 年为美国哈佛大学法学院客座教授,1997 年获美国马里兰大学(University of Maryland)大众传播学博士学位,主要教学和研究领域包括传播与沟通管理、公共关系管理和危机管理等。

[②] 在《公共关系》一书中也指出,美国 Harlow(1976)博士综合 83 位西方公关学界与业内人士的访谈结果,总共整理出 472 种不同的定义。

说服形式）、形象/名誉管理（image/reputation management），以及关系管理。

依据以上所述，本章将公共关系定义为"组织和其相关公众之间沟通与关系管理的功能"（参见图1）。

图1 公共关系定义图

美国公共关系学科的发展与沿革

公共关系学科（以美国为主）的演进过程可以分为4阶段（相关讨论见黄懿慧，2004）。

1. 第一阶段：跨学科/非专业阶段（1975年前）

20世纪70年代中期开始，公共关系理论研究受到西方学术界重视，并陆续出现相关论述。严格地说，这个阶段的公共关系还不能称为独立学科，甚至不可被视为一个学科（Pasadeos, Renfro, & Hanily, 1999）。此阶段的公关研究具有下列特点：第一，相关研究或论述的作者多数是大众传播学者和从业者。第二，公关研究的实证性极低。在J. Grunig和Hickson（1976）搜集的4 141篇公共关系论文中，只有2%进行了系统性理论检验工作，剩下的98%则流于描述性或轶事性的论述。第三，具有明显的跨学科和跨专业特征。公关论文的资料主要援引社会科学与管理科学。Pasadeos和Renfro（1992）指出，70年代后期，公共关系研究的著述大量援引其他领域的论述，尤其是社会科学领域。

2. 第二阶段：转型期/学科前阶段（1975—1990年）

第二阶段可谓是公关学转型成独立学科（independent scholarly discipline）的关键时期（Pasadeos & Renfro, 1992; Pasadeos, Renfro, & Hanily, 1999），公关成为一个学科所需的知识本体和理论基础在此阶段出现较大发展。此阶段主要有以下四个特色：

第一，公关学者彼此引述的情形取代70年代大量援引其他领域文献的状况。Pasadeos和Renfro（1992）分析了1975年至1989年15年间四千余篇公关论文的书目后发现，公关论文大量援引其他领域论述的情形已不复见；相反地，公关学者相互引述成为主流。第二，公关学术领域的研究社群逐渐形成，Pasadeos 与 Renfro（1992）的论文指出，自 80 年代以后，公关著述的作者多数来自公共关系教育学界与研究单位，和 70 年代多数来自实务界的情形大不相同。第三，就公关研究的实证性而言，Pavlik（1987）的研究指出，相较于 1976 年公关论文仅有 2％比例采取系统性实证研究的情形，到 1985 年该比例显著上升至 34％。第四，此阶段公关论文的研究重点已跳脱 70 年代的实务取向，开始出现学术与理论导向的主题与概念。

另外，此阶段不仅公关学科的知识本体（body of knowledge）开始发展，理论基础也逐渐由单一理论典范走向多元理论典范。具体说来，"系统论"（general systems theory）是 1975 年至 1985 年间领导公关研究的主流理论典范（Pavlik，1987，p. 126），20 世纪 80 年代末期后，各类竞争性理论学派陆续出现，竞逐典范之主导地位。其中，以 J. Grunig 与 L. Grunig 为首的"管理"学派（原为"系统论"学派），以及 Elizabeth Toth 与 Robert Heath 等学者为主的"语艺/批判"学派形成两股主要力量。

综合 Pasadeos 与 Renfro（1992）以及 Pasadeos，Renfro，和 Hanily（1999）的实证研究可知，1975 年至 1990 年间，公共关系已逐渐建立起独立的论述领域，并发展成公共关系学的"知识本体"（body of knowledge）。此外，公共关系研究也逐渐从"传播学"与"管理/行政科学"中分离，向"独立学门"迈进。

3. 第三阶段：年轻独立学科阶段（1990 年至今）

借用 Pasadeos，Renfro，和 Hanily（1999，p. 47）的说法，本章将 1990 年代界定为美国公共关系迈入"年轻学科"（young discipline）的阶段。对于年轻学科这一概念，Pasadeos（1999）等学者指出它具有以下三个特点：1）论文所引用的文献主要来自教科书而非"第一手研究资料"（original research）；2）如同财务、会计以及管理等学科，论文的问题意识常常起源于对实务（practice）的观察或相关问题的解决；3）年轻学科有其新兴的、独立的期刊发表渠道。

此阶段公关学科的主张、论点主要可从 Pasadeos，Renfro，和 Hanily（1999）的论文一窥究竟。三位学者选择 1990 年至 1995 年间 *Public Relations Review*，*Journal of Public Relations Research*，*Journalism & Mass Communication Quarterly* 等期刊，以"公共关系"为关键词检索得到 8 225 篇书目资料，对其进行内容分析，目的是了解公关研究领域中的作者、研究著述、研究主题等相关变量间的关联性。他们指出，与 1975 年至 1989 年间的论文相比（Pasadeos & Renfro，1992），1990 年至 1995 年的论文有以下变化趋势。第一，论文作者来自学术领域（相较于业界）的比例逐年增长；第二，"最常被转引学者"名单中已出现年轻学者，表明研究群体逐渐成长与扩大；第三，自从 *Journal of Public Relations Research* 迈入第十年，且成为 AEJMC 最成功的刊物之一后，公共关系已有两个独立的研究发表渠道——*Public Relations Review* 以及 *Journal of Public Relations Research*。此外，对 JMCQ（*Journalism & Mass Communication Quarterly*）的依赖也大量降低，上述因素促使公共关系发展成一个年轻的社会科学学科（social science discipline）。

Huang 和 Sha（2001）对 1990 年至 1999 年间发表于 *Public Relations Review* 及 *Journal of Public Relations Research* 上的三百余篇论文的内容分析进一步以实证资料支持了黄懿慧（1999）的论点。黄文（1999）指出，90 年代西方公共关系学已发展成三大学派竞逐主流典范的情形。简言之，1990 年以后西方公共关系学科已迈入独立学科的阶段，虽然年轻，但是相关的发展已然开始。

4. 第四阶段：网络公共关系阶段

互联网自 20 世纪 90 年代起快速进入人们的生活。过去十几年间网络科技的迅速发展，除了与对传统媒体的发展带来显著影响外，也使得公共关系在 90 年代进入网络公关阶段，与传统实体公共关系作业并行发展。

根据 comScore 的调查，到 2012 年，全球互联网用户总人数已经超过了 24 亿，其中亚洲的用户超过 10 亿，占全部用户总数的 44.8%（http：//www. internetworldstats. com/stats. htm）。欧洲的用户比重排名第二，占全球用户的 44%，北美和拉美地区紧随其后，分别占全球用户总人数的 11.4%和 10.4%，其后是非洲地区（7%），中东（3.7%），大洋洲（1%）。

以下就网络传播特性进一步定义网络公共关系，并简要介绍网络公共关系的特质（相关讨论亦参见黄懿慧，2012）。

网络传播特性

探讨网络公共关系，应将组织与公众的传播、沟通与关系置于网络情境中讨论，首先来看网络传播的特性。

Newhagen 和 Levy（1998）比较了传统传播与网络传播不同之处后指出，可以将传统式的大众媒体传播比喻为沙漏式传播：许多来自不同源头的信息，以线性、单向方式，通过狭窄的"瓶颈"流向受众。这种线性、单向信息的控制权几乎被媒体掌控，其后果是社会权力（social power）的不对等。而这种权力不对等的情况通常使得大众对媒体公信力与客观度非常重视。

新媒体传播则强调非线性、非单向的信息流，其特质大致可以归纳为以下十点：

第一，实时性（real time）：信息可以随时出现在网上，没有所谓截稿时间，因而充分显示新闻的实时特性（Esrock & Leichty, 1998）。

第二，异步性（asynchrony）：指网络上的信息可在不同的时间地点传递或接收。因此，受众可在不同的时间或地点上网阅读线上信息。

第三，全球化：使用者可以自由连结其它国家的新闻网站，不受地域限制。

第四，信息空间无限：不像传统媒体有所谓的"版面限制"（news hole），网络媒体没有储存空间的限制。在信息处理上，网络媒体采用"累积"方式，而不是传统媒介的"替代"方式（吴筱玫，1999）。

第五，数据库：新闻网站可以将历年报道的新闻、图片、影像，以数字元化方式储存形成数据库，如此，读者则可通过数据库搜寻所需要的资料。

第六，多媒体（multimedia）：线上新闻可以融合多种媒体形式，包括文字、图形、声音、动画、影像等方式呈现，使得线上新闻传送的信息更为丰富与多元。

第七，超文本（hypertext）：全球信息网的线上新闻是以超文本为主要架构，使用者可以通过超链接（hyperlink）方式进入相关内容。使用者也可任意选择节点（node）与链接（link）进行非线性阅读，并自己决定阅读顺序。

第八，互动性（interactivity）：读者可借由线上回馈机制，实时将自己对新闻或信息的看法、意见，反映给媒体或相关组织。两者之间可以快速互动交流，突破平面媒体单向沟通方式，达成双向式沟通。另外，受众可以扮演主动传播者的角色。Massey & Levy（1999）将线上新闻学的互动性进一步分为：内容互动（content interactivity）与人际互动（interpersonal interactivity）两个板块。内容互动指的是读者对于新闻媒体内容所能参与的程度，人际互动则指读者可以以计算机为媒介进行交谈。

第九，个人化：读者可以依自己的兴趣与需求，从数据库中选取自己所需的资料或新闻，订制个人数据库。传播者也可以使用个人条件的设定（Esrock & Leichty, 1998），为读者提供量身订制的个人化新闻。

第十，分众化：网络可以记录每个使用者的浏览行为，进而依个人需要发行个性化电子报，以达"分众化"的目的（蔡佳如，1999）。

总结上述论点，Newhagen 和 Rafaeli（1995）进一步整理网络传播之五项特质：多媒体（multimedia）、超链接（hypertextuality）、封包传送（packet switching）、同步性（synchronicity）及互动性（interactivity）。他们指出，网际网络内容含有跨文字、声音、影像等多种元素，可以吸引受众多重感官的涉入。同时强调，网络信息呈现非线性、不连续的特性，接收者可以依据自身的喜好，跳跃式地选择需要的信息。另外，网络传播过程中，双向沟通能让彼此对话及响应，而非只是单一方向的传送信息。

定义网络公共关系与简介网络公共关系之特质

综合公共关系的定义与网络传播特性,本章将"网络公共关系"定义为:组织透过互联网,管理其与利益关系人间的传播、沟通与关系。从系统论的角度看,公共关系可被视为组织的一个"次系统"(sub-system)(Cutlip, Center, & Broom, 1994),而公关人员则发挥"组织跨界人"(organizational boundary spanner)的功能(Leifer & Delbecq, 1978, pp. 40-41),即"活动于组织的周围或边界,从事与组织相关的工作,联系组织本身与外在环境"(张惠蓉,2000, p. 52)。换言之,在组织与公众的关系上,公关人员扮演"对外代表组织,对内代表外在环境"的"组织跨界人"角色(Eisenberg, Farace, Monge, Bettinghaus, Kurchner-Hawkins, Miller, & Rothman, 1985, p. 24)。

在网络情境下,"公众"的概念产生变化。Grunig 和 Hunt(1984)对公众的原始定义如下:"对组织会产生影响,或组织作为会对其产生影响(consequence)的人"。传统的定义上,Wilcox、Ault 和 Agee(1992)界定了三类公众:全体公众、外部公众(包含顾客、投资者、媒体、政府、压力团体、竞争者)及内部公众。Canfield 和 Moore(1973)则具体提出组织公众应包括:员工、股东、经销商、供货商、社区、教育界、政府及消费者。这些传统的、以人口或职业变量作为区隔的"利益关系人",在网络情境中产生质变。在互联网互动的基础上,组织可与数以万计的个体同时建立"一对多"的关系。此外,网络情境中也出现了前所未有具备网络特质的"公众":博客作者、分析师与影响者(influencers)。

相应地,公关人员所担负的"组织跨界人"角色,在网络世界中也产生了重大的变革。传统的公关模式基本由媒体守门人过滤信息,然而,网络公关则可以通过网站、邮件、公开讨论、社交媒体等各个渠道,直接与受众进行互动。归纳起来,网络公关被广为认可的优点包括:1)不间断的交流;2)迅速的回复;3)全球的受众;4)受众的知识储备;5)互动交流;6)性价比高(Phillips & Young, 2009)。正因为网络公关具有动态与互动等特征,Phillips(2004)建立了一个关于网络公关作业流程的模型:

"事件获悉──→事件支持──→事件共鸣──→事件发酵"

这个流程说明了网络公共关系作业中的 4 个层面:首先是让受众了解到事件相关信息,其次是发放相关的造势信息让公众在事件中保持参与热度,再次是了解受众类型(即何种受众会关注这个事件),最后是考虑如何让受众对事件持续产生共鸣,使事件可以发酵,并达成组织的策略性目标。这个过程与 Vorvoreanu(2009)所提出的有关受众在参与公共关系策略过程的时间顺序基本一致,即产生印象—寻找信息—离开事件—进入新的事件。

随着近年社交媒体的出现和发展，公众这一群体变为可见；社交媒体所建立的互动平台也大幅度提升了企业与公众间双向交流的可能性和效率。Smith（2010，p. 331）即指出，个体可以通过推特（Twitter），与持相同观点的人建立联系，以提高自身参与度，并使事件变得个性化。

网络公共关系研究面面观

本章论述的资料基础本文以美国公共关系学界的两本主要期刊 *Journal of Public Relations Research* 与 *Public Relations Review*（Pasadeos，Berger，& Renfre，2010），于1998年至2013年间所刊登的网络公关研究为观察基础，试图探讨以下问题：在网络公共关系的作业情境中，公共关系（组织与其利益关系人间的传播、沟通与互动关系）是否会因网络科技创新特性的改变，而产生本质上的变化？再者，以网络公共关系为主题的研究呈现何种轮廓？

讨论的基础有二。首先，本章以黄懿慧2012年在《传播与社会学》发表的文章：《网络公共关系：研究图像与理论模式建构》为讨论基础。该文分析1998年到2007年间 *Public Relations Review* 与 *Journal of Public Relations Research* 中35篇有关网络公共关系的论文，试图勾勒网络公关理论版图。① 其次，为弥补黄文（2012）观察范围的局限，本章搜集2008—2013年的网络公共关系论文，进行第二阶段分析，以了解最近五年（2008—2013年）此领域是否产生了结构性变化。

在资料的诠释与讨论上，本章主要聚焦于图2指出的观察重点：网络公共关系研究中有关组织、公众、传播、沟通与关系等元素的讨论。本章试图整合跨论文的研究发现，描绘近十五年来网络公共关系研究的面貌。

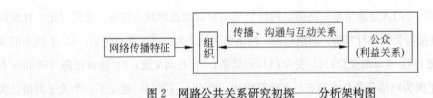

图2　网路公共关系研究初探——分析架构图

1. 网络公共关系论文的数量与主题

相较1998年至2007年十年间网络公关论文约35篇的数量（黄懿慧，2012），2008年之后至

---

① 黄文（2012）分析了1998年到2007年间发表于美国与台湾主要公关期刊中有关网路公共关系的论文；为使与2008年后分析的论文有相同的比较基础，本章主要着重于该文中有关美国期刊论文之讨论。

今 5 年间的数量增长了三倍（106 篇），增长趋势以 2009 年后尤其明显：2008 年有 8 篇，2009 年的论文数量跃升至两倍（16 篇），2009 年至 2012 年，每年网络公关相关论文数量则保持在 19 篇及以上的水平。

一个值得关注的趋势是：除了传统的网站，社交媒体逐渐成为网络公关研究中的热门课题，有关社交媒体的论文数目随着年份的推移逐渐成长。举例而言，2008 年和 2009 年两年关于社交媒体的研究各有 4 篇，2010 年跃升至 12 篇，此后，社交媒体研究的数量则保持波动增长趋势。这充分反映了近五年来的网络公关研究与社会现实保持较高的一致性——社交媒体已成为公关实务和公关管理中不可或缺的工具，同时也是公众获得与组织沟通的重要渠道。

在研究主题方面，与 1998 年至 2007 年的公关论文相比，2008 年至 2013 年期间的网络公关论文并未出现全新的研究主题，只是在网络语境中凸显了某几个传统的研究主题。具体而言，2008 年至 2013 年的论文主题主要可分为三大类。

第一，探讨网络空间内的抗争运动：譬如，Sommerfeldt（2011）分析了 300 个抗争团体的网站，试图了解抗争者是如何利用网络资源在网络空间内进行动员。Seo，Kim 和 Yang（2009）考察跨国的非政府组织如何利用新媒体来提升自身形象并募集资金。

第二，探讨网络平台对话传播（dialogic communication）之特征：Rybalko 和 Seltzer（2010a）与 Hiebert，Bortree 和 Seltzer（2009）等学者研究社交媒体在公关实践中的对话特征；Pettigrew 和 Reber（2011）与 McAllister（2012）等学者则研究传统网站上的应用平台如何影响组织与公众间的对话沟通过程。

第三，探讨社交媒体在公关实践中的使用情况：Saffer，Sommerfeldt 和 Taylor（2013）和 Lovejoy，Waters 和 Saxton（2012）考察社交媒体如何建立与维持"组织—公众关系"；Avery 等人（2010）和 Eyrich，Padman 和 Sweetser（2008）等探讨公关从业人员对社交媒体的使用情况。再者，Schmidt 等人（2011），Utz，Schultz 和 Glocka（2013）和 Watson 及 Freber（2012）等学者则剖析了社交媒体在危机传播中的地位和作用。

2. 网络公共关系论文的研究方法

网络公关研究的方法论也相当值得观察。2008 年之前，针对企业或组织网站进行内容分析是网络公共关系研究的主流研究方法，其中尤以分析组织或企业网站的公共关系作业现况最为显著，主要分为三个研究方向：1）网站设置硬件分析；2）网站的新闻发布、新闻室、信息内容与信息量的分析；3）影响网站设置的前置变项分析。

其次，个案研究法也是网络公共关系研究常用的另一个方法。在资料搜集方面，研究者常以网站内容分析为其主要资料来源，再辅以其他多重资料来源（Yin，1989）以达到"方法之三角验证"

(triangulation)与"资料之三角验证"的优点（Patton，1990）。采用个案研究法的论文如下：McKie，Lawniczak，Han和Zhang（2009）以"逼迫紫禁城城内的星巴克关闭"为个案，考察抗争者如何在中国利用网络发起文化层面的抗争活动。再者，Watson，Coombs与Holladay（2012，p. 409）通过对九家企业的个案研究，提出危机传播中的一个新概念——"类危机"（paracrisis）；"类危机"通常起源于社交媒体中公众对某个组织不负责或不道德行为的质疑与声讨，对组织的声誉存在严重威胁。

最后，传统实验法的效果研究也可见于网络公关的论文中；不少学者都以实验法来探讨互联网或博客的传播效果，其探讨的效果变量包括：权力差距（Porter，Trammell，Chung，& Kim，2007）、危机感知和可信度（Sweetser & Metzgar，2007）、企业社会责任感知，名誉感知，以及网站可信度（Park & Lee，2007）、卓越度及态度认知（Kiousis & Dimitrova，2006）。

值得注意的是，除了内容分析法、个案研究法和实验法，2008年后研究者也逐渐采用访谈法。举例而言，White，Vanc和Stafford（2010）通过对147名大学教职员的开放式访谈后发现：职员若能合理地使用网络平台上的电子媒介，将有助于减弱组织内部传统的阶层结构（pp. 65-66）。此外，Kelleher和Sweetser（2012）通过对美国两所大学共26名联络人员的长访谈，发现社交媒体具有以下特质：1) 得以聚集地理上原本分散的利益关系人，比如校友；2) 采用随意、双向、互动的沟通方式；3) 由于年轻人是社交媒体的主要使用者，所以能更便捷地与学生建立关系；4) 可以更方便地定位目标受众；5) 与其他媒体具有良好的兼容性（pp. 112-113）。

同时，通过对2008年至2013年间两本刊物共106篇文章的整理，我们发现量化研究已成为网络公关论文的主要研究类型，此研究类型的文章数比重达到70.8%。在资料收集方法方面，量化内容分析法和问卷调查法最为常见，各占50.0%与18.9%。采用量化内容分析法的研究包括：Taylor和Kent（2010）对2008年4月至2009年3月期间发表于《公共策略》上的所有文章进行量化内容分析，探讨社交媒体在公共关系实践中使用的情况。再者，Liu（2010）对887篇在线报刊文章和博客文章进行了量化内容分析，旨在考察传统网络媒体的危机实践报道。

3. 网络公关研究的理论基础

2008年之前，西方网络公关论文主要援引J. Grunig的"双向对等沟通"为研究的理论基础（可见Naudé，Froneman，& Atwood，2004）。此类论文聚焦于探讨网络媒体之沟通特质如何影响组织的公共关系运作；学者们并特别关注剖析互联网运作机制是否符合Grunig的"双向对等沟通"与"卓越公关"理念。

网络时代的沟通形态多种多样，传播与沟通特性强调"对话"与"信息生产之去中心化"，组织与公众间权力关系因此呈现微妙的反转现象，也使得企业必须重新调整沟通策略。Grunig所强调的

"对等性沟通"原则,是实践卓越公共关系的要件之一,因此,如何结合网络特质进行有效沟通,即成为企业与各类组织的重要课题(黄懿慧,2012)。

2008年后,以J. Grunig "对等沟通理论"为基础的研究仍是大多数。举例而言,Waters和Jamal (2011)的研究即指出,NGO仍主要以单向传播形式使用twitter传播。此外,L'Etang, E. M. Hodges, Pieczka, Capriotti和Pardo Kuklinski (2012)考察了西班牙120座博物馆如何使用官方网站和公众进行对话沟通的研究结果也显示,尽管绝大多数博物馆在网站上设有有利于对话的应用平台,但实际上博物馆与公众之间的沟通,仍然停留在单向阶段——小停留于公众"独白"的情形。

在效果方面,Wigley和Lewis (2012)研究四家公司的公关活动后发现,公司若使用"对话式公关"或"双向沟通模式",可减少负面曝光的概率,若不采用这两种沟通形式的公司则出现比较多的负面媒体报道(Wigley & Lewis, 2012, pp. 165-167)。

除J. Grunig的"双向对等沟通"与"卓越公关理论"外,Taylor和Perry (2005)以Rogers (1962;1995)的"创新传布"理论为基础,探讨企业使用互联网响应危机事件的情形。除"创新传布"理论外,"功能理论"(functional theory)也被用于观察选举网站(Trammell, 2006)。

2008年后,公共关系论文援引最多的理论可算是Kent和Taylor (1998)的"对话理论"(dialogic theory)。"对话理论"指出,在网络上如欲进行有效的对话沟通必须遵循五项原则:1)对话循环(dialogic loop);2)信息的有用性(usefulness of information);3)网站回访率(generation of return visits);4)网站界面的易用性(ease of the interface);5)保留网站访客的准则(rule of conservation of visitors)。"对话理论"与网络技术的发展——尤其是社交网络的兴起,有密不可分的关系。举例而言,Rybalko和Seltzer (2010)针对财富500强企业进行探讨,研究发现,采用"对话取向"的企业比不采用"对话取向"的企业,有较高的Twitter到访率。

4. 网络公共关系研究中,有关"组织"的研究主题与研究发现

总结1998年至2013年有关"组织"的网络公共关系研究,主要有下列五项特点(参见黄懿慧,2012):

研究结果发现:虽然中外企业皆认同互联网在公共关系作业中的重要性,同时也强调设立新闻室的必要性,但总体上,网络公共关系的实际作业却存在以下问题:硬件表现优于软件,形式重于内容,速度重于品质,组织导向重于公众导向。

1) 网络公共关系作业在其硬件形式上,的确发挥新媒体的特质。如前所述,网络传播具有诸多异于传统媒体的特性,可以超越传统媒体的限制,譬如:可以令受众用非线性以及跳跃式的方法来进行阅读。另外,多元呈现的方式也让公共关系人员在信息编排与设计上得以有较大的发挥及着力空间。Taylor和Perry (2005)以及Taylor和Kent (2007)的研究显示,"多媒体效果"(即视觉、听觉、声光效果的呈现)为网络信息传播的重要效果评量指针。此外,企业网站硬件分析的特质,如连接速度、下载、连结、更新等,亦是企业的努力方向与相关研究的重点。

2)虽然硬件表现出色,企业网站的软件内容却明显跟不上硬件的表现。以新闻室为例,虽然网站新闻室的设立在近几年呈现显著成长(Taylor & Perry,2005),但是组织发挥新媒体特质的表现并不如预期。整体而言,组织在新闻室中提供的信息内容较为贫乏,表现形式仍以单向、组织导向和传统呈现形式为主(Alfonso & Miguel,2006)。

3)在影响因素方面,网络公共关系论文的研究显示,组织排名及其营业额与网站内容呈现正相关,国别与产业则没有显著的影响力。此外,研究结果指出,发达国家的组织网站的发展快于发展中国家;企业网站的发展也较非营利组织快(Alfonso & Miguel,2006;Callison,2003)。再者,研究指出采用率也基于群体大小的不同,而有显著差异:城市群体有最高的采用率,随后是城郊、大型城镇和农村群体(Avery,Lariscy,Amador,Ickowitz,Primm & Taylor,2010,pp. 336-358)。另外,Cho 和 Hong(2009,p. 147)分析了韩国两份电子版报纸关于企业责任的报道,以及读者的相关评论后发现,读者倾向从企业责任类型、现状以及知名度去解读企业的公关活动;而公司的知名度越大,读者的相关评论就越为挑剔。

4)2008 年后,跨文化、跨国境的研究出现增长趋势。举例来说,Pan 和 Xu 通过比较 150 个中美企业的网站后发现,就在线市场营销互动(online marketing interactivity)而言,美国企业网站比中国企业网站更强调营销人员与顾客之间的沟通,也更愿意为顾客提供定制产品与服务;此外,在线购物界面的表现更为友好。在企业社会责任方面,中国企业倾向于依赖基本信息以加强可信度,如企业历史、ISO9000 质量认证等,而美国企业则采用企业网站向公众宣传自身更负责、更慷慨的形象(Pan & Xu,2009,pp. 251-253)。值得注意的是,企业的定位(商业取向或顾客取向)比企业资本类型更具影响其社会责任发展的传播效力(Tang & Li,2009)。

5)2008 年后,社交媒体的蓬勃发展使其成为网络公共关系研究中的热门话题。利益相关人开始大量使用社交媒体,组织内的从业人员也认同社交媒体在公共关系实践中的必要性(Taylor & Kent,2010)。Eyrich(2008)等通过调查 283 名公关从业者并对 18 种社交媒体工具进行研究后发现,使用频率最高和最受欢迎的社交工具是 E-mail。在性别方面,男性比女性更多地使用社交媒体。整体来说,他(她)们不仅采用电邮、内部网络媒体、博客以及播客,也同时采用多种社交媒体;相形之下,对于一些具有技术复杂性以及迎合特定受众的社交媒体工具(例如社交网络),公关从业者的采用速度则略显缓慢。

5. 网络公共关系研究中,有关"公众"的研究主题与研究发现

Callison(2003)强调,网站被认为是用来与各类利益关系人建立关系的利器。Esrobk 和

Leichty（1998）的研究指出，企业网站设计所针对的目标对象依次为：股东68％、员工68％、媒体22％、顾客51％（转引自Callison，2003）；这与黄懿慧（2001a）的研究发现有相通之处——公共关系活动着重于与多元公众互动（如消费者、社区、政府等）（黄懿慧，2001a）。然而，在网络公共关系研究中，公众类型则呈现部分集中的样态——其中媒体与抗争者（抗争团体）两类公众特别突出（黄懿慧，2012）。

2008年之后，除了媒体和抗争者这两类主要的"公众"，Freberg, Graham, McGaughey与Freberg（2011）提出"社交媒体影响者"（social media influencers）概念，即独立的第三方代言人。社交媒体影响者会利用博客、推特（Twitter），以及其他社交媒体来塑造受众的态度与观点；并且这类新型的"社交媒体影响者"通常具有能说会道、聪明、野心勃勃、多产和镇定的特点（pp. 90-91）。

近年来，公众期待的落差也成为公众研究的主题。Kim, Park与Wertz（2010）的研究显示，财富500强企业的官方网站并未平等地满足利益相关人对于网站内容的期待：相较而言，财富500强企业的网站关注股东和消费者的需求，而忽略抗争者、政府部门以及社区等利益相关人的需求和期待。Kim, Park与Wertz（2010）指出，"这种差异性对于企业的声誉造成相当大的威胁（p. 220）"。

6. 网络公共关系研究中，有关"情境"——特别是危机情境的研究主题与发现

长久以来，危机管理一直是公共关系研究重要的一环，以"危机"（crisis）为主题的网络公共关系研究，在2008年前后都是一项重要趋势。举例来说，2008年前，Taylor和Perry（2005）、Taylor与Kent（2007）、Hiebert（2005）等学者针对网络危机或所谓的"网络恐怖主义"进行了深入探讨。在这些研究中，实务导向与规范性（normative）建议是主要的研究重点，其中企业的网络危机响应策略更是是研究关注所在，相关论文可见Taylor和Perry（2005）与Taylor及Kent（2007）等人的研究。

2008年之后则出现了特别的现象，学者着重于探讨社交媒体对于危机情境所带来的机会与挑战。社交媒体中常用的病毒式传播法使得网络谣言危机更易发生，然而社交媒体的互动性也使得公关从业人员可以直接与公众互动以因应对危机。Liu, Jin, Briones与Kuch（2012）在研究美国红十字会的网络公关实践研究后指出，"对社交媒体的监视，不只在平日工作有其重要性，在危机时刻都十分重要，因为社交媒体具备以下功能：1）招募和维系志愿者及捐款；2）吸引和维持媒体注意；3）低成本地向一般公众宣传红十字会的服务"（p. 361）。

再者，社交媒体也逐渐成为组织进行危机管理的重要工具。Utz, Schultz和Glocka（2013，p. 40）以日本福岛的辐射外泄灾难为主题，通过实验法发现，媒介类型对危机传播效果的影响大于危机类型的影响；相较于报纸，社交媒体会为组织带来较好的声誉，并降低二次危机（例如抵制某个公司）发生的概率；相反地，由于人们通常认为传统媒体具有较高的可信度，因此报纸导致二次危机传播的概率高于社交媒体。此外，相较于组织本身是受害者的情况，组织蓄意犯行的危机类型常导致公众产生强烈的愤怒情绪，此愤怒情绪则会进一步伤害组织声誉，造成二次危机。

7. 网络公共关系研究中，有关"效果"的研究主题与研究发现

黄懿慧（2012）指出，1998 年至 2007 年间，较常使用，也较常被提及的网络公共关系效果评估主要有以下三种：1）点击率（Click Through Rate，CTR）：公众在网络上点击公关活动信息的次数；2）访问量：利用网络监控系统，记录组织网站的访问量，包括取得造访者的电子邮件信箱、造访者的网址，每个月该网址上站总人数、每日上站人数、浏览的网页、平均停留时间等；3）下载量：通过网站后台管理系统获悉活动内容的下载量。Alfonso 和 Miguel（2006）指出，在他们的研究样本中有 48.8％的网站设有计数器。Reber 和 Kim（2006）的研究发现，14.9％的研究样本设有可辨认到访者的机制。然而有关点击率的评估方式，Holtz（2002）提出了不同看法，他认为此评估方式意义有限，评估到访记录无实质作用，因为点击率等数据并不等于接受信息的实际公众数量。由于网络具有匿名特性，点击率只代表网页被点选的次数，并不等于阅读网站信息内容的实际人数。同一人连续多次点选与造访，以及组织为创造高流量的假象，而虚构点选率的情形也可能发生。

黄懿慧（2012）认为不管利用何种形式的网络媒体，组织在网络传播中使用双向传播的特质并不明显。举例来说，Reber 和 Kim（2006）分析了 74 个抗议团体使用网络作为沟通或传播工具的情形，研究发现这些抗议团体把一般大众（general public）列为其建立关系与沟通的对象，但沟通形式以单向传播为主。以下的数据清楚说明这种特征：74 个抗议团体网站中有 97.3％的网站列有沟通信息、沟通方式信息，邮寄地址 95.9％、电话 90.5％、传真 74.3％、E-mail 93.2％，然而只有不到 9.5％设有论坛；另外，设有"响应"设计者有 31.1％、寻求信息机制 33.8％、E-mail 长期更新 37.8％、投票 5.4％、调查 8.1％。

Searson 和 Johnson（2010）对十个国家的 50 个政府部门网站进行内容分析后也得到类似发现：98％的网站包含电邮地址，94％显示了电话号码，90％包含地址，10％有问卷调查，4％有投票，2％有签名活动，但没有任何部门设置博客、聊天室或论坛。此外，Yang 和 Taylor（2010）分析了中国 151 个非政府环保组织的官方网站，结果同样显示，非政府环保组织网站与公众的沟通形式主要以单向沟通为主。Ingenhoff 与 Koelling（2009）分析了 134 个瑞士的善款筹集 NPO 网站，研究指出，虽然公关从业人员认识到双向沟通和对话的重要性，但是这些网络特性并未充分被使用（p. 66）。总体而言，抗议团体、政府部门和非营利组织以沟通对象安排双向对话渠道的情形，不如预期。

社交媒体出现后，相较于传统的使用与满足理论，出现了一种新的使用动机，那就是与网友分享观点。Woo，An 与 Cho（2008，p. 169）追踪了 10 天内八大棒球联盟网站上 1 350 个话题，得出以下发现：1）网友使用网站留言板的主要动机是认知需求；2）就话题数量、参与者人数以及乐观程度而言，获胜队和战败队各自的留言板内容显示出很大差别。基于此，文章指出，公关人员应更加有效地利用留言板，用于观测公众舆论，作为一种与运动爱好者沟通的良好工具。

然而研究也发现，社交媒体的出现对于双向沟通的成效似乎也限于"收集回馈"的层次（Briones et al.，2011）。举例而言，Men 和 Tsai（2001）分析了社交网络在中国公关实践中的运用，研究发现企业并没有充分发挥社交媒体主页的双向、互动功能。文章指出，中国的社交网络使用者与企业的社交网络主页仅建立了中等程度的互动——使用者在企业社交网络平台上，"消费性"行为（例如浏览图片和阅读留言）多过"贡献性"行为（例如评论、提问、回答问题或者发布信息）。另外，中国网民也倾向于把企业的社交网络平台作为一个获取产品、促销和企业信息的渠道。总而言之，社交媒体的社交性和公共性优势并未得到充分发挥，公众参与度、对话以及提出倡议的程度也未如预期（p. 19）。

关系的建立与维持是衡量公共关系效益的重要指针，也是近年来公共关系论文的主要研究范畴。因而将关系品质、关系效果（Huang，2001b）纳入互联网的效益研究，也逐渐成为研究的重点。Esrock 和 Leichty（1998）指出，网络具有增加沟通的弹性化、个性化以及实时性等特色，对公司在公众关系的建立及加强上有诸多助益。然而，研究结果却未见这些特色得到充分发挥。在有关抗争者（activists）对互联网的使用的最新研究中，Sommerfeldt，Kent 与 Taylor（2012）发现互联网并不被视为有助于组织建立与公众的关系；互联网充其量仅被认为是信息的载体，而抗争组织也很少意识到使用网络建立公众关系的重要性。同样地，Seo，Kim 与 Yang（2009）在通过分析跨国非政府组织如何在公关活动中运用新媒体后，也得到类似的发现。在美国，组织形象维护与募款是媒体公关最重要的两项功能；组织绩效与新媒体的使用，并不存在必然的联系性。此外，Jun（2011）关于非营利组织官方网站的研究也呈现相似结果："这些组织的网站主要用来建立媒体关系和筹集善款。组织并未主动尝试透过网站建立和维护与社区、捐款人以及志愿者之间的关系（p. 245）。"

本章小结

本章以 1998 年至 2013 年的 15 年间，发表于 *Public Relations Review* 与 *Journal of Public Relations Research* 以网络公共关系为主题的论文作为观察基础，描绘了网络公共关系的现况，并对相关的研究方向进行预测与展望。总而言之，网络公共关系的重要性受到政府、企业乃至于非营利组织的高度重视，相关论文的发表数量在近五年也呈现激增态势。由于社交媒体的蓬勃发展，2008 年后有关社交媒体的研究则有异军突起之势。

然而，研究结果也显示，组织借助新媒体特性，以增强其与利益关系人间的传播、沟通与关系建立的质量，却不如预期。这表现方面大致呈现以下特质：硬件表现优于软件，形式重于内容，速度重于品质,组织导向重于公众导向。

严格说来,互联网基本上仍然被企业视为权力运用的工具,单向传播仍为主流的沟通型态;采用双向、互动、对等、与对话沟通者仍相当有限。此外,网站被用于建立企业与公众间优质关系的情况,过去十余年内也未明显改善。诚如 Bortree 和 Seltzer(2009)指出,绝大多数的组织并未有效地掌握新媒体与社交网络弹性化、个性化、实时性与对话的特质,因而错失了与利益相关者建立对话平台与双向沟通的机会,也未能在优化企业与受众关系上有明显的成效(Jo & Kim, 2009)。

公关从业人员在使用社交媒体进行公关实践时仍面临许多挑战。首先,因为社交媒体普及时间较短,有关社交媒体的公关策略研究仍在探索阶段,许多研究的结果与建议多属"轶事性质"(Taylor & Kent, 2010, p. 212),因此对公关实践仍欠缺系统性、策略性的建议与引导。其次,相关资源的缺乏也是障碍之一;Taylor 和 Kent(2010)指出,"在公关工作中,资源匮乏是社交媒体使用最大的障碍,尤其是时间和人力的不足。一般公关从业人员不仅要负责维护和监控企业网站,同时必须搜索站外的相关信息,遑论在社交媒体上进行跟进"(p. 40)。再者,管理者在学习与使用互联网及社交媒体方面,难以跟上科技发展的速度(Liu, Jin, Briones, & Kuch, 2012, p. 361),也是困难之一。最后,但可能也是最重要的是因素是,组织仍视新媒体为其行使权力(而非分享权力)的工具;管理者所持的"不对等"世界观与心态,应是网络公共关系一直无法有重大突破与进行优质发展的重要因素。

最后,本章提出有关未来研究展望的建议。简言之,网络公共关系研究仍然呈现"偏狭"(tunnel view)现象:组织导向、实务导向、效益导向与描述导向。这些研究导向对于学科发展存在一定程度的隐忧;虽然公共关系有其"应用"本质,然而,若研究过度朝向实务取向与应用取向倾斜,学术研究的主体性、学科发展的正当性乃至于学术力,都将受到相当程度的限制。因此,本文仍要呼应 Journal of Public Relations Research 2000 年特别刊"新纪元的公关价值"中的呼吁,再度强调对等研究日程的重要性——公关研究应摒弃"线性"、"狭义"、"效益导向"、"应用取向"的研究路线,而应朝向"承认差异"、"权力对等性"、"多元观点"、"多元取向"与"理论建构"的方向发展。

◇ 参考文献 ◇

- Alfonso, G. H., & Miguel, R. de V. (2006). Trends in online media relations: Web-based corporate press rooms in leading international companies. *Public Relations Review*, 32(3): 267-275.
- Avery, E., Lariscy, R., Amador, E., Ickowitz, T., Primm, C., & Taylor, A. (2010). Diffusion

- of Social Media Among Public Relations Practitioners in Health Departments Across Various Community Population Sizes. *Journal of Public Relations Research*, 22(3): 336-358.
- Bortree, D. S., & Seltzer, T. (2009). Dialogic strategies and outcomes: An analysis of environmental advocacy groups' Facebook profiles. *Public Relations Review*, 35(3): 317-319.
- Briones, R. L., Kuch, B., Liu, B. F., & Jin, Y. (2011). Keeping up with the digital age: How the American Red Cross uses social media to build relationships. *Public Relations Review*, 37(1): 37-43.
- Callison, C. (2003). Media relations and the Internet: How Fortune 500 company Web sites assist journalists in news gathering. *Public Relations Review* 29: 29-41.
- Canfield, B. R., & Moore, H. F. (1973). *Public relations: principles, cases, and problems*. Homewood, Ill.: R. D. Irwin.
- Cho, S., & Hong, Y. (2009). Netizens' evaluations of corporate social responsibility: Content analysis of CSR news stories and online readers' comments. *Public relations review*, 35(2): 147-149.
- Cutlip, S. M., Center, A. H., & Broom, G. M. (1994). *Effective public relations*. Englewood Cliffs, NJ: Prentice-Hall.
- Eisenberg, E. M., Farace, R. V., Monge, P. R., Bettinghaus, E. P., Kurchner-Hawkins, R., Miller, K. I., & Rothman, L. (1985). Communication linkages in interorganizational systems: Review and synthesis. *Progress in communication sciences*, 6: 231-261.
- Esrock, S. L. & Leichty, G. B. (1998). Social responsibility and corporate web pages: Self-presentation or agenda-setting? *Public Relations Review* 24: 305-319.
- Eyrich, N., Padman, M. L., & Sweetser, K. D. (2008). PR practitioners' use of social media tools and communication technology. *Public relations review*, 34(4): 412-414.
- Freberg, K., Graham, K., McGaughey, K., & Freberg, L. A. (2011). Who are the social media influencers? A study of public perceptions of personality. *Public Relations Review*, 37(1): 90-92.
- Grunig, J. E., & Hickson, R. H. (1976). An evaluation of academic research in public relations. *Public Relations Review*, 2(1): 31-43.
- Grunig, J. E. & Hunt, T. (1984). *Managing public relations*. New York: CBS College Publishing.
- Hiebert, R. E. (2005). Commentary: new technologies, public relations, and democracy. *Public Relations Review*, 31: 1-9.
- Holtz, S. (2002). *Public Relations on the Net*. AMACOM, London.
- Huang, Y. H., & Sha, B. (2001). Converging paradigms? Analysis of trends in theoretical approaches to public relations. Paper presented to the Public Relations Division, the 51th annual conference of the International Communication Association, Washington DC, USA, May 24-28, 2001.
- Hutton, J. G. (1999). The definition, dimensions, and domain of public relations. *Public Relations Review*, 25(2): 199-214.
- Ingenhoff, D., & Koelling, A. M. (2009). The potential of web sites as a relationship building tool for charitable fundraising NPOs. *Public Relations Review*, 35(1): 66-73.
- Jo, S., & Kim, Y. (2003). The effect of web characteristics on relationship building. *Journal of Public Relations Research*, 15(3): 199-223.
- Jun, J. (2011). How climate change organizations utilize websites for public relations. *Public Relations Review*, 37(3): 245-249.
- Kelleher, T., & Sweetser, K. (2012). Social media adoption among university communicators. *Journal of Public Relations Research*, 24(2): 105-122.
- Kent, M. L., & Taylor, M. (1998). Building dialogic relationships through the world wide web.

- *Public Relations Review*, 24(3): 321-334.
- Kim, S., Park, J. H., & Wertz, E. K. (2010). Expectation gaps between stakeholders and web-based corporate public relations efforts: Focusing on Fortune 500 corporate web sites. *Public Relations Review*, 36(3): 215-221.
- Kiousis, S., & Dimitrova, D. V. (2006). Differential impact of Web site content: Exploring the influence of source (public relations versus news), modality, and participation on college students' perceptions. *Public Relations Review*, 32: 177-179.
- Lee, S. T. (2012). Beautifully Imperfect: Using Facebook to change a population's attitudes toward marriage. *Public Relations Review*, 38(3): 515-517.
- Leifer, R., & Delbecq, A. (1978). Organizational/Environmental Interchange: A Model of Boundary Spanning Activity. *Academy of Management Review*, 3(1): 40-50.
- L'Etang, J., E. M. Hodges, C., Pieczka, M., Capriotti, P., & Pardo Kuklinski, H. (2012). Assessing dialogic communication through the Internet in Spanish museums. *Public Relations Review*, 38(4): 619-626.
- Liu, B. F. (2010). Distinguishing how elite newspapers and A-list blogs cover crises: Insights for managing crises online. *Public Relations Review*, 36(1): 28-34.
- Liu, B. F., Jin, Y., Briones, R., & Kuch, B. (2012). Managing turbulence in the blogosphere: Evaluating the blog-mediated crisis communication model with the American Red Cross. *Journal of Public Relations Research*, 24(4): 353-370.
- Lovejoy, K., Waters, R. D., & Saxton, G. D. (2012). Engaging stakeholders through Twitter: How nonprofit organizations are getting more out of 140 characters or less. *Public Relations Review*, 38(2): 313-318.
- Massey, B. L. & Levy, M. R. (1999). Interactivity, Online Journalism, and English Language Web Newspapers in Asia. *Journalism & Mass Communication Quarterly*, 76(1): 138-151.
- McAllister, S. M. (2012). How the world's top universities provide dialogic forums for marginalized voices. *Public Relations Review*, 38(2): 319-327.
- McKie, D., Lawniczak, R., Han, G. (Kevin), & Zhang, A. (2009). Starbucks is forbidden in the Forbidden City: Blog, circuit of culture and informal public relations campaign in China. *Public Relations Review*, 35(4): 395-401.
- Men, L. R., & Tsai, W. H. S. (2012). Beyond liking or following: Understanding public engagement on social networking sites in China. *Public Relations Review*.
- Naud, A. M. E., Froneman, J. D., & Atwood R. A. (2004). The use of the internet by ten South African non-governmental organizations—a public relations perspective. Public Relations Review, 30: 87-94.
- Newhagen, J. E., & Levy, R. M. (1998). The future of Journalism in a distributed communication architecture. In Diane L. Broden & Kerric Harvey (eds.) The electronic grapevine, rumor, reputation, and reporting in the new on-line environment, Mahwah, NJ: Lawrence.
- Newhagen, J. & Rafaeli, S. (1995). Why communication researchers should study the internet: A dialogue. *Journal of Communication*, 46(1): 4-13.
- Pan, P. L., & Xu, J. (2009). Online strategic communication: A cross-cultural analysis of US and Chinese corporate websites. *Public Relations Review*, 35(3): 251-253.
- Park, N., & Lee, K. M. (2007). Effects of online news forum on corporate reputation. *Public Relations Review*, 33: 346-348.
- Pasadeos, Y., & Renfro, R. B. (1992). A bibliometric analysis of public relations research. *Journal of Public Relations Research*, 4: 167-187.
- Pasadeos, Y., Renfro, R. B., & Hanily, M. L. (1999). Influential authors ad works of the public relations scholarly literature: A network of recent research. *Journal of Public Relations*

- *Research*, 11(1): 29-52.
- Pasadeos, Y., Berger, B., & Renfro. R. B. (2010). Public Relations as a Maturing Discipline: An Update on Research Networks, *Journal of Public Relations Research*, 22(2): 136-158.
- Patton, M. Q. (1990). *Qualitative evaluation and research methods* (2nd edition). Newbury Park, CA: Sage.
- Pavlik, J. V. (1987). *Public relations: What research tells us*. Newbury Park, CA: Sage Publications.
- Pettigrew, J. E., & Reber, B. H. (2011). Journalists' opinions and attitudes about dialogic components of corporate websites. *Public Relations Review*, 37(4): 422-424.
- Phillips, D. (2009). *Online public relations: A practical guide to developing an online strategy in the world of social media*. Kogan Page Publishers.
- Porter, L. V., Trammell, K. D. S., Chung, D. & Kim, E. (2007). Blog power: Examining the effects of practitioner blog use on power in public relations. *Public Relations Review*, 33: 92-95.
- Reber, B. H. & Kim, J. K. (2006). How activist groups use websites in media relations: Evaluating online press rooms. *Journal of Public Relations Research*, 18(4): 313-333.
- Rogers, E. (1962/1995). *Diffusion of innovations*. New York: Free Press.
- Rybalko, S., & Seltzer, T. (2010a). Dialogic communication in 140 characters or less: How Fortune 500 companies engage stakeholders using Twitter. *Public Relations Review*, 36(4): 336-341.
- Saffer, A. J., Sommerfeldt, E. J., & Taylor, M. (2013). The effects of organizational Twitter interactivity on organization public relationships. *Public Relations Review*, 39(3): 213-215.
- Schmidt, M., Zaeh, M., Graf, T., Ostendorf, A., Muralidharan, S., Rasmussen, L., Shin, J.-H. (2011). Hope for Haiti: An analysis of Facebook and Twitter usage during the earthquake relief efforts. *Public Relations Review*, 37(2): 175-177.
- Searson, E. M., & Johnson, M. A. (2010). Transparency laws and interactive public relations: An analysis of Latin American government Web sites. *Public Relations Review*, 36(2): 120-126.
- Seo, H., Kim, J. Y., & Yang, S. U. (2009). Global activism and new media: A study of transnational NGOs' online public relations. *Public Relations Review*, 35(2): 123-126.
- Smith, B. G. (2010). Socially distributing public relations: Twitter, Haiti, and interactivity in social media. *Public Relations Review*, 36(4): 329-335.
- Sommerfeldt, E. (2011). Activist online resource mobilization: Relationship building features that fulfill resource dependencies. *Public Relations Review*, 37(4): 429-431.
- Sommerfeldt, E. J., Kent, M. L., & Taylor, M. (2012). Activist practitioner perspectives of website public relations: Why aren't activist websites fulfilling the dialogic promise?. *Public Relations Review*, 38(2): 303-312.
- Sweetser, K. D., & Metzgar, E. (2007). Communicating during crisis: Use of blogs as a relationship management tool. *Public Relations Review*, 33, 340-342.
- Tang, L., & Li, H. (2009). Corporate social responsibility communication of Chinese and global corporations in China. *Public Relations Review*, 35(3): 199-212.
- Taylor, M., & Kent, M. L. (2007). Taxonomy of mediated crisis responses. *Public Relations Review*, 33: 140-146.
- Taylor, M., & Kent, M. L. (2010). Anticipatory socialization in the use of social media in public relations: A content analysis of PRSA's <i> Public Relations Tactics</i>. *Public Relations Review*, 36(3): 207-214.
- Taylor M., & Perry, D. C. (2005). Diffusion of traditional and new media tactics in crisis communication. *Public Relations Review*, 31: 209-217.
- Trammell K. D. (2006). Blog offensive: An exploratory analysis of attacks published on campaign

- blog posts from a political public relations perspective. *Public Relations Review*, 32, 402-406.
- Utz, S., Schultz, F., & Glocka, S. (2012). Crisis communication online: How medium, crisis type and emotions affected public reactions in the Fukushima Daiichi nuclear disaster. *Public Relations Review*.
- Vesnic-Alujevic, L. (2012). Political participation and web 2.0 in Europe: A case study of Facebook. *Public Relations Review*, 38(3): 466-470.
- Vorvoreanu, M. (2009). Perceptions of corporations on Facebook: An analysis of Facebook social norms. *Journal of New Communications Research*, 4(1): 67-86.
- Waters, R. D., & Jamal, J. Y. (2011). Tweet, tweet, tweet: A content analysis of nonprofit organizations' Twitter updates. *Public Relations Review*, 37(3): 321-324.
- Watson, P. D. T., Coombs, W. T., & Holladay, J. S. (2012). The paracrisis: The challenges created by publicly managing crisis prevention. *Public Relations Review*, 38(3): 408-415.
- Watson, P. D. T., & Freberg, K. (2012). Intention to comply with crisis messages communicated via social media. *Public Relations Review*, 38(3): 416-421.
- Wigley, S., & Lewis, B. K. (2012). Rules of engagement: Practice what you tweet. *Public Relations Review*, 38(1): 165-167.
- Wilcox, D. L, Ault, P. H., Agee, W. K. (1992). *Public relations: Strategies and tactics*. New York, NY: HarperCollins publishers.
- White, C., Vanc, A., & Stafford, G. (2010). Internal communication, information satisfaction, and sense of community: The effect of personal influence. *Journal of Public Relations Research*, 22(1): 65-84.
- Woo, C. W., An, S. K., & Cho, S. H. (2008). Sports PR in message boards on Major League Baseball websites. *Public Relations Review*, 34(2): 169-175.
- Yang, A., & Taylor, M. (2010). Relationship-building by Chinese ENGOs' websites: Education, not activation. *Public Relations Review*, 36(4): 342-351.
- Yin, R. K. (1989). Case study research: Design and methods. Newbury Park, CA: Sage.
- 蔡佳如(1999).从区位理论探讨网络电子报对台湾新闻媒体产业之影响——由阅听人资源角度分析之.未出版硕士论文,国立交通大学传播研究所,新竹市.
- 黄懿慧(1999).西方公共关系理论学派之探讨——90年代理论典范的竞争与辩论.广告学研究,12: 1-38.
- 黄懿慧(2001a).90年代台湾公共关系研究之探讨——版图发展、变化与趋势.新闻学研究,67: 51-86.
- 黄懿慧(2001b).公共关系之"关系"研究——研究方向的省思与展望.广告学研究,17: 21-44.
- 黄懿慧(2003).台湾公共关系学门及研究:1960—2000年之回顾.广告学研究,20: 13-50.
- 黄懿慧(2004).台湾公共关系学与研究的探讨,翁秀琪主编.台湾传播学的想象,页441-478.台北:巨流.
- 黄懿慧(2012).网络公共关系:研究图像与理论模式建构.*Communication and Society*,19.
- 林东泰、宋巧雯、陈怡如、游康婷、邱显哲(2000).《传播知识全球化:回顾台湾近五十年来的新闻传播硕士论文》,中华传播学会2000论文研讨会论文.台北,深坑.
- 潘家庆、罗文辉、臧国仁(1996).《传播教育核心课程规划》,《新闻学研究》,53: 85-106.
- 邱淑华 & 大众传播.(2005).网络公关:理论与实务,扬智文化.
- 吴筱玫(1999).电子报对新闻产制及专业的影响(上).网路通信杂志,90: 96-101.
- 张惠蓉.(2000).组织传播与公共关系的共同参考架构:从组织跨界人观点看公关人员的影响力、角色冲突及沟通模型.广告学研究,15: 49-65.
- 郑贞铭(1969).《公共关系、广告与民意测验研究》,《新闻学研究》,6: 131-145.

网络广告研究

吴国华[①]

众所周知,互联网 20 世纪 90 年代以前商业广告是被禁止的,但自这禁令解除以来的二十多年中,互联网广告(又称网络广告)蓬勃发展,异军突起,震荡着传统媒体广告,引领着广告业进入一个崭新的历史发展阶段。网络广告发展速度之快捷、产生影响之深广、冲击未来之凶猛是人类历史前作未有的。请看一组数据为证。全球知名会计事务所普华永道(pwc.com)统计结果表明,全球网络广告的年增长率是 17%,到 2012 年全球网络广告额已达 1 002 亿美元,占全球广告额的 20%。同时,普华永道预计,到 2017 年,全球网络广告总量将达到 1 854 亿美元,届时全球网络广告额将为全球广告额的 29%。另外,美国网络广告的数据更加令人振奋。美国网络广告自 2003 年(73 亿美元)到 2012 年(366 亿美元)的十年中,美国网络广告复合年增长率是 19.7%,远超同期美国 GDP 的 1.5% 增长率;2011 年美国网络广告额超过有线电视,2012 年网络广告额和广播电视广告额的差距正在缩小。可以想见,网络广告很快就会跃居榜首,成为最大的媒体广告。显然,网络广告的高速发展引起了广告业界和学界研究人员的高度注视。大家都迫切地想了解网络广告的发展趋势、运作机制及有效性检测等议题。本章旨在从四个方面对这些问题进行初步探讨:(1)定义网络广告;(2)网络广告的历史演变和现状;(3)网络广告研究主要理论及研究方法;(4)网络广告研究存在的问题、争议、不足及动向。

一、定义网络广告

网络广告的定义看似简单,但却颇为复杂。美国广告学术界对广告本身的定义意见不一,如著名整合营销传播创始人 DON SCHULTZ 认为从消费者角度看,所有和营销传播有关的信息都被消费者看作广告,尽管广告营销人员把广告和其他促销手段从功能上加以区分(Schultz, Tannenbaum, & Lauterborn, 1993),而大多数学者和广告教科书对广告却有非常精密的定义,强调广告的性质为

[①] 吴国华,现任美国加利福尼亚州立大学福勒顿分校(California State University Fullerton)传播系副教授、广告学科主任及品牌价值传播研究中心主任,2000 年获美国奥斯汀德克萨斯大学(The University of Texas at Austin)传播学博士学位,主要教学与研究领域包括网络广告和消费者行为等。

(1) 付费的；(2) 具有明确的赞助者；(3) 采用大众媒体；(4) 具有说服性（Rodgers & Thorson, 2012）。实际上，美国大多数广告学者对广告作出这样严格而狭隘的定义严重阻碍了广告研究人员和广告学者对广告发展的思维。无独有偶，正是在网络广告诞生的 1994 年，美国广告学界顶级期刊《广告期刊》唱响了广告天鹅湖之哀歌——广告正奄奄一息，作者（Rust & Oliver, 1994）宣称，美国大学广告系是否存在只是个时间的问题。且不说广告人包括广告学者可能生来就有耸人听闻哗众取"眼球"的基因，但把广告置于死地而后生的确是高招，这样做唤醒了广告人和广告教育工作者为生存而战，激发了他们的创造力和想象力。广告人历来是站在时代的前列，为美国资本主义的发展摇旗呐喊，但自从 80 年代以来，计算机革命推动了人类行驶在信息高速公路，广告人突然发现被边缘化了。为什么？笔者以为狭隘的广告定义中的三个特性当是罪魁祸首。首先，付费与否诚然很重要，但最有效的广告是什么？口碑广告。口碑广告是不收费的，也正是因为其不收费，效果才最好。如果说传统的口碑广告的效果最佳，那么以社交网站新媒体上出现的口碑广告则更被广告主所青睐。尼尔森和脸谱公司的现场试验研究表明脸谱用户与广告互动产生而转发给他人的广告印象（"earned media"，权且译作"赢得媒体印象"①）的效果也最佳（Nielsen.com）。其次，运用大众传媒与否亦非重要。个性化媒体时代的到来让消费者掌握主动控制权，他们的媒体消费和购买行为决策发生了翻天覆地的变化，如他们决定是否过滤广告、是否实时观看节目、是否上网或下网购买。大众媒体思维和个性化媒体思维格格不入。最后，具有说服性与否更不重要。当今的消费者极其聪明，他们对说服性广告天生具有抵触，而且他们是确定一则广告是否有说服性的最终裁判。

由此可见，定义网络广告需要一个崭新的"广告"视角。这个视角应该更宽更广，抛开"付费"，"大众传媒"和"说服性"等禁锢，大胆地往前走。笔者认为美国《互动广告期刊》的创刊号对互动广告的定义道出了网络广告的真谛："互动广告是一个确定的赞助者对其产品、服务、思想以付费或者免费方式去展现和推广，其显著特点是通过中介渠道让赞助者与消费者互相作用"（Leckenby & Li, 2000）。这一互动广告定义颠覆了传统广告的定义，给网络广告下了一个更为广泛而恰当的定义。事实上，和传统媒体如书籍、报纸、杂志、户外媒体、广播、电影及电视相比，网络媒体的不同就在于其互动性。诚然，新媒体互动性早在网络媒体出现之前就有研究，但网络的诞生给以互联网为代表的新媒体注射了一支兴奋剂，让互动性的潜在能量得以如原子弹式地爆发。英文文献里不管是业界还是学界，许多人经常把在线广告（online advertising）和互联网广告（internet advertising）以及万维网广告（web advertising）这三个词交替使用。笔者认为，网络广告是互动广告的一种集中表现形式，随着科技的进步，更新的网络广告将会出现，但其互动的本质不会改变。因此，就目前而言，网络广告借用互动广告的定义仍具有意义。

---

① "赢得媒体印象"，传统意义上是公关范畴，因为传统学者认为付费与否是确定广告和公关的界限。可以看出，在社交媒体时代，广告和公关的划分已显得苍白无力。

二、网络广告的历史演变和现状

从网络广告发展的长远角度看,网络广告二十多年的发展仅仅刚开始,梳理网络广告的发展过程可能显得不够成熟,因为网络对广告行业及整个商业和社会所产生的革命性的影响才崭露头角,到目前为止网络才从 Web 1.0 转到 Web 2.0,以后的路程包括 Web 3.0 及 Web n.0。回顾网络广告发展的 20 年,可以看到网络广告潮起潮落,跌宕起伏,其发展并非一帆风顺,特别是经历了世界之交的网络经济泡沫破裂的洗涤和震荡(从 2000 年纳斯达克指数的峰巅 5049 点到 2002 年纳斯达克指数 1100 点,其间网络公司前呼后拥地破产),网络广告额曾一度下降 32%,广告主和广告公司开始怀疑网络是否是一个可行的广告媒体。这从平凡的诞生到非理性的颂赞,从死亡的幽谷到又复活的平原,又到辉煌的重现,网络广告的传奇故事可圈可点。笔者尝试把这 20 年分为三个阶段,并对各个发展阶段的特点加以概括,以达到对网络广告发展的进一步了解。表 1 列举了网络广告发展的重大事件(Curtis,2013)。

表 1 网络广告大事记

年份	大 事
1994	第一则网络广告——旗帜广告
1996	宝洁公司要求雅虎采用 CPC 模型
1998	GoTo.com 发明赞助搜索广告
2000	Google 发明 ADWORDS;Dotcom 泡沫破裂
2001	弹出式广告和弹隐式广告横行(Pop-up/Pop-under)
2002	Friendster 向公众开放
2003	LinkedIn 诞生
2004	Facebook 诞生;Podcasting 开始;Flickr 诞生;Digg 诞生
2005	网络视频广告风行;Bebo 诞生;Youtube 诞生
2006	Twitter 诞生
2007	Facebook 灯塔广告系统投放并很快关闭
2008	美国经济大萎缩
2009	社交网站参与度提上议事日程(engagement)
2010	Twitter 发明促销推特(Promoted Tweets),每参与付费(cost per engagement)

续表

年份	大事
2011	Facebook 发明赞助内容 Sponsored Stories；雅虎推出社交广告 social ads.
2012	Facebook 用户达到 10 亿；网络用户为隐私而担忧
2013	各大社交网站人数创新高；隐私问题继续困扰

源头：Curtis（2013）；Pelline，1998；twitter. com.
Facebook. com；yahoo. com.

总体而言，网络广告的发展脉络或思路不外乎是首先建立起一群庞大的受众群体即"眼球"，并行之有效地"货币化受众眼球"。具体而言，本章根据网络广告额分布图（图 1）把短短的 20 年划分为三个阶段，每一个阶段从三个方面分析网络广告的发展变化：（1）网络广告的格式；（2）网络广告的商业模式；（3）网络广告和受众之间的关系。

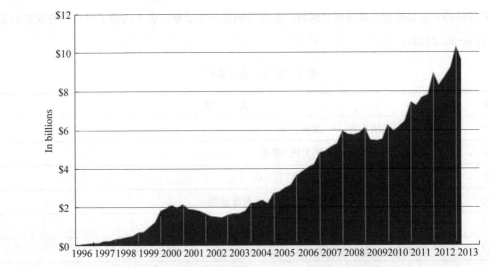

图 1　美国网络广告额 1996—2013 年季度增长趋势

源头：美国互动广告局，iab. net.，June 3, 2013.

尽管网络广告的格式多种多样，普华永道和美国互动广告局把网络广告分为 5 大部分（参考图 3）：（1）搜索广告（search）；（2）显示广告（display），其中又包括旗帜广告（banner）、富媒体广告（rich media）、赞助式广告（sponsorship）、客户线索生成（lead generation）、电邮广告（e-mail）；（3）视频广告（video）；（4）分类广告（classified）；（5）移动广告（mobile）。网络广告的商业模式不一，但大致可以分为三大类：（1）印象模式 CPM（每一千次潜在广告印象的成本）；（2）绩效模式 CPC（每点击一次的成本）或 CPA（每一次行动的成本）；（3）混合模式。

1. 从平凡诞生到非理性颂赞（1994—1999 年）。这短短的六年是网络广告的初创时期，社会各界都对这一新鲜事物最初抱有好奇、观望的态度，渐渐演变成对网络媒介的极度非理性夸大颂赞，把网络经济推向了最高峰巅。尽管互联网上最早的广告形式是现在被大家贬为"垃圾广告"的电子邮件广告（SPAM），西方英文文献普遍认为网络广告正式诞生于 1994 年 10 月 25 日：第一则网络广告是旗帜广告（见图 2），广告主是 AT&T，但其目的并非推广 AT&T 本身，而是把受众带到艺术博物馆。广告媒体是 WIRED 杂志的网站 HOTWIRED. COM。这是一则自问自答式的旗帜广告，"你曾否就在这里点击你的鼠标？你准会"。果不其然，这则被其创作者称作"最好的结果是恼人的累赘，最坏的结果是默默无闻，无人问津"的小小旗帜广告开启了广告高速增长的先河，一登场其点击率高达 44%。（Edwards, 1994; McCambley, 2013; Schomer, 2009）。从此以后，网络广告剧拉开了帷幕。不知道是否是先入为主还是与传统平面广告相似，网络旗帜广告的发展日新月异，网络旗帜广告格式如雨后春笋般不断涌现，短短两年内，已达到 250 种之多，使得业界不得不发布网络旗帜广告的规范，确定了八种最常见的网络旗帜广告格式（美国网络广告局，1996）。这项标准化的项目无疑促进了网络广告业的发展，让广告创意人员花更多精力创作更富创意的广告，让广告交易更简单。到 1997 年，网络广告首次突破 10 亿美元的大关。网络作为一个可行的广告媒介已成为不争的事实。

图 2　第一则旗帜广告

更令人振奋的是，1997 年 9 月 24 日美国网络广告局公布了一项具有里程碑意义的网络广告效果评估研究成果（iab. net，1997）。该项研究规模宏大，样本量是 16 758，取自 12 个访问量最大的网站，被研究的品牌来自各个行业。其研究者是"明略行互动"（Millward Brown Interactive）。研究方法是经典的实验法，一半样本曝光网络旗帜广告，另一半则没有为控制组，被随机抽到的网络用户起先回答了一些问题，然后被送到各个特定的实验旗帜广告；一周内研究者电邮用户检测网络广告的回忆能力及品牌效果。研究发现，仅仅一次网络旗帜广告曝光，不仅广告意识度明显增强，而且品牌感知影响效果卓著，更重要的是对购买意图有正面的影响。这些研究成果表明网络具有和传统媒体同样的传播说服能力和塑造品牌的力量。值得一提的是：该项研究发现点击率不一定总是衡量网络广告运动效果最妥当的标杆，因为旗帜广告曝光解释了 96% 的广告意识度，而点击仅仅解释了 4% 的广告意识度。这一研究结果给那时坚持以绩效为指标测定广告效果的一些广告主以有力地反击。因为有两件大事在此非提不可：一是 1996 年宝洁公司执意要求雅虎采用 CPC（点击付费模式），因为他们怀疑网络广告的品牌塑造能力，片面地认为网络广告是直销模式；二是 1998 年 GoTo.

com 的 Bill Gross 等人发明了赞助式搜索广告商业模式，即只有当用户点击广告之后广告主才付费。这一点笔者会在以下作进一步的探讨。美国互动广告局 1999 年第一季度公布的数据表明，纯粹以绩效为基准的 CPC 点击付费模式只占总额的 7%，而传统 CPM 广告印象付费模式占 41%，混合付费模型占 52%。而广告格式还是网络旗帜广告高居榜首（59%），赞助式广告其次（28%），空隙页面广告（interstitial，4%），电邮广告（1%），所有其他网络广告占 8%。

另外，美国广告局的这一研究表明当时网络用户的 63% 认为采用网络广告的品牌更具前瞻意识，55% 认可网络广告。这说明网民对网络广告持相对正面的态度，广告主如果在网络作广告颇具竞争优势。事实上，有的学术研究发现即使传统媒体广告中提及品牌的网站地址都让受众对品牌产生更多的好感（Maddox, Mehtaa, & Daubek, 1997）。可以说网络受众和网络广告的关系是新鲜点击好感多。

由此可见，这一阶段网络广告的主要格式是以 CPM 为商业模式的网络旗帜广告，尽管以 CPC 为商业模式的搜索广告已经进入人们的视野。网络用户普片看好网络广告，广告主也乐意使用网络推广营销品牌。网络广告业界的前途一片光明，1999 年美国网络广告额高达 46 亿美元。这种欣欣向荣的景象当然和华尔街的炒作息息相关。比如当年号称网络广告女王的 Mary Meeker 到处传扬网络的"福音"，她所著的《网络广告报告》（Meeker, 1997）被传为圭臬。一大批网络公司应运而生，加州硅谷的网络淘金热不亚于 150 年前的加州淘金热潮。

2. 从死亡低谷到恢复元气（2000—2004 年）。2000 年 1 月 10 日迎来了世界有史以来最大的 3500 亿美元并购案——AOL 和时代华纳合并。以 AOL 为代表的网络新媒体被极度神化，网络新媒体将很快让传统媒体商业模式灰飞烟灭，AOL 的合伙创始人 Steve Case 宣称，"这是具有历史意义的时刻，标志了新媒体真正长大成熟了"；时代华纳首席执行官 Gerald Levin 也高度赞赏道，网络已经开始"创造前所未有、时时刻刻的连接每一种媒介，释放出无穷无尽的潜力，促进经济的增长、人类的理解和创造性的表达"（Arango, 2010）。

但是，在以"贪婪是美好"的华尔街上，名人分析师疯狂炒作网络经济和网络广告。在一片欢呼狂欢之中网络经济的泡沫吹到几乎接近极限。一场创意无限、财富级数增长的游戏奔向那创意枯竭、财富毁灭的悲剧。

从 2000 年 3 月 10 日纳斯达克指数飙升到极点 5 048.6，然后是嘎然而止，一泻千里直到 2002 年的 1 000 点。与此同时，网络广告也经历了不小的震荡，网络广告额不断下降，以至于有的广告主开始怀疑网络作为可行的广告媒介了。尽管 2000 年美国网络广告额达到了 82 亿美元，但 2000 年第三季度比同年的第二季度下降了 6.5%，高速增长的势头不再。从此直到 2002 年，网络广告经历负增长阶段。雪上加霜的是这一阶段美国经济受到了"9·11"恐怖事件的重创。这一阶段各种网络广告格式层出不穷，比较有代表性的是弹出式广告（pop-up）和弹隐式广告（pop-under），到 2003 年这两种入侵式广告高达美国网络广告总额的 8.7%。还有新型网络广告格式如上架费广告、富媒体广告、个人推荐广告等。一个明显的趋势是网络旗帜广告的比重开始下降，2000 年第四季度比例为 40%，2001 年第三季度为 35%，2002 年为 29%，2003 年为 21%。第二个趋势是网络分类广告的比重则开始上升，2000 年第四季度分类广告为 10%，2001 年第三季度为 17%，到了 2002 年降到了 15%，但到了 2003 年则回升到 17%。第三个趋势是搜索广告比重渐渐加大，分别是：2000 年，4%；2001 年，6%；2002 年，15%；2003 年，35%。同时，这一阶段网络广告商业模式也出现变化。图 4 显示，从 2000 年到 2004 年间，商业模式的变化趋势很明显，广告主越来越向绩效模式靠拢，因为其比例逐年加大，其余两种模式成逐年递减的趋势。值得一提的是谷歌这一搜索引擎的后起之秀于 2000 年推出了 AdWords，并且迅速增长。可以说，谷歌对广告主往绩效付费模式起了推波助澜的作用。这个网络广告付费模式的变化是个拐点，标志了广告主将网络作为广告媒体定位成负责的媒体和传统媒体的那种与非绩效挂钩的付费模式决裂。换句话说，广告主不再对中间广告效果感兴趣了，他们要看得见量得到的消费者行为。可以说网络广告更像传统的直销方式。

这一阶段网络受众和网络广告的关系发生了很大变化。网络受众对侵入性很强的弹出式广告和弹隐式广告深感厌烦。可以说是烦人烦人真烦人。

3. 从飞跃上腾到再创辉煌（2005 年—至今）。网络广告经历了网络泡沫的冲击和洗礼之后，渐渐地恢复了元气。从 2003 年起爬出低谷，开始稳步增长，到 2005 年的网络广告额为 125 亿美元。此时，又一架增长引擎开始助推网络广告业的发展：社交媒体网站的崛起。尽管社交媒体网站如 FRIENDSTER，WIKIPEDIA，MYSPACE，LINKEDIN，FACEBOOK，FLICKR，DIGG 等网站成立于 2005 年之前，但这些网站开始进入主流还是始于 2005 年。这一年，世界最大的媒体集团之一由默多克家族掌控的新闻集团购买了拥有 2 500 万网络用户的 MYSPACE，英国电视公司 ITV 收购了拥有 1 500 万用户的 FRIENDS REUNITED，YOUTUBE 诞生。2006 年 TWITTER 成立。2007 年微软注资 FACEBOOK，FACEBOOK 发布 BEACON 广告系统（2009 年因涉及侵犯隐私而关闭）；苹果公司发布 iPhone 多媒体智能手机。网络经济又回来了，再次掀起高潮。到 2013 年，社交媒体网站用户数目和网络用量远远超过网络经济泡沫破裂之前的峰值：(1) YOUTUBE 视频网站月访问人数超过 10 亿，每天视频播放 40 亿次；(2) FACEBOOK 用户攀升至 111 000 万；(3) TWITTER 注册用户 5 亿；2 亿正常用户；(4) TUMBLER 用户为 17 000 万，1 亿个部落格；(5) Flickr 用户为 8 700 万；(6) Instagram 用户为 1 亿，存放 40 张照片；(7) LinkedIn 用户为 22 500 百万；(8) Myspace 有 2 500 万用户；(9) Pinterest 有 4 870 万，WordPress 有 7 400 万条部落格；(10) Dropbox 有 1 亿用户；(11) Google+有 34 300 万个用户。这些社交网站的高速增长给网络广告注入了强大活力。美国网络广告额到 2012 年年底高达 366 亿美元。

这一阶段网络广告格式的变化基本上和上一阶段相似，即搜索广告继续增长，而突出的特点是手机广告越来越重要，这当然要归功于社交媒体网站的迅速崛起。比如，2011年美国手机广告额是16亿美元，到2012年猛升到34亿美元，增幅是111%。这一阶段网络广告付费模式继续上一阶段的特点，即绩效付费模式上扬（参考图4）。

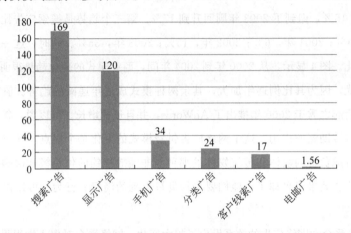

图3　美国2012年网络广告额按广告格式分布（总计366亿美元）

源头：美国互动广告局

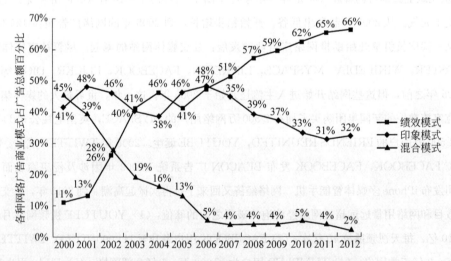

图4　美国2000—2012年网络广告商业模式发展趋势

源头：美国互动广告局（INTERACTIVE ADVERTISING BUREAU）

这一阶段网络广告和网络受众之间关系亦有不小的变化。如果说前期网络用户深受弹出式广告、弹隐式广告、页面空隙广告等的"骚扰"而耿耿于怀，那么社交网站则让他们这种负面的情绪得到充分缓解，因为社交媒体网站的广告似乎更"善解人意"，变得更了解网络用户的需要，更具人性化，仿佛是一个好朋友在介绍产品或品牌。当然这点也让有些用户有点受不了而开始担心隐私受到侵犯。但是，网络用户对网络广告的态度还是有所改善的，可以形容网络用户"社交社交真是忙，广告与我有何干"。

三、网络广告主要理论及研究方法

正如传统广告研究的焦点聚集在广告运行机制以增强广告效果一样，网络广告研究的核心依然是网络广告如何运作及其效果。西方广告文献近一百年来都在为这一命题苦苦求索（HOW ADVERTISING WORKS），目的在于提高广告的投资回报率。大家都知道做生意需要广告而且广告有用，但具体到某个广告主、某个品牌、某个市场如何确定广告的信息、受众、广告投放量和媒介广告额的安排调度等战略和策略是非常复杂的，可以说是艺术和科学相结合，甚至带点炼金术士的奇妙配方式的神奇。模仿照抄广告大师的绝招或遵照他们的方略并不能解决某个品牌的特定困境。广告大师的大作或者是学术泰斗的精妙理论只能作为参考。这一点对网络广告也是屡试不爽的。网络广告无疑和传统广告有很大的区别，其中最明显的是网络环境给广告主和消费者提供了空前的互动潜力。网络广告的效果和有效性研究提出了新的或改编的概念或变量。Stewart 和 Pavlou（2007）把他们分成九类：（1）态度；（2）互动的功效性和有效性；（3）信息丰富性；（4）互动的剧烈程度和质量；（5）决策结果；（6）意图；（7）行为、用量和满足；（8）身临其境；（9）感知控制和感知脆弱性。但仔细一看，这么多纷繁的新概念几乎都逃不出认知、情感和行为的三维空间（Vakratsas & Ambler, 1999）。为了对英文文献中的网络广告实证研究有个全面而具体的认识，笔者决定采用这两位作者的研究框架。

美国权威营销杂志《营销期刊》于1999年刊登了一篇文章，题目是"广告是如何运作的：我们到底认识到什么？"这篇文章的作者（Vakratsas & Ambler, 1999）通过整理归纳250篇文章和书籍的研究成果，阐述了英文文献对这一命题的解答。他们首先提出广告运作模式的分类法，讨论了每一类广告运作模式的理论基础，然后总结实证研究结果。从这些归纳和总结中他们提出了广告运作机制的5条通则并对未来的研究提出了看法。广告效果可以分为中间效果（如消费者的信念和态度）和行为效果（如购买行为中的品牌选择）。

他们提出的5条广告通则表明时间观念上的效果层次理论没有实证的依据；换句话说，建立在最原始的个人销售模型上的 AIDA【ATTENTION（注意）→INTEREST（兴趣）→DESIRE（欲望）→ACTION（行动）】层次效果理论不一定成立，尽管这一理论直觉上很正确。他们同时提出广告研究者应当把广告放在认知、情感和经验三维空间来研究，而广告在这三维空间的位置由特定情境而决定，这样会反映出广告目的多样性、产品类别、竞争状况、营销组合中的其他方面、产品生命周期阶段及目标市场。笔者认为他们的见解和结论值得重视，不仅对本章的网络广告研究成果的梳理有益，而且对将来网络广告研究有指导意义。5条通则是：（1）经验、情感和认知是三个关键广告中间效果，省略任何一个效果会导致高估其他另外两个效果；（2）短期广告弹性是微小的，而且随着产品生命周期而减弱；（3）在成熟的经常购买的包装产品市场上，广告的回报减弱得快。因此，对已建立市场的品牌而言，低频率（每购买周期一到三次）是足够的；（4）广告中间效果的空间得到证实，但广告效果的层次没有证据表明是对的；（5）认知偏差妨碍了情感的量化。

图5显示了他们的理论研究框架。这框架表明广告的效果研究简单而复杂。说简单是因为从广告输入到消费者行为是个刺激—反应的过程，中间是消费者的大脑（黑匣子）；说复杂是因为如果细究这大脑黑匣子，就有无限个变量。该理论研究框架作者把认知、情感和经验三度空间单独列出来让大家明白这空间的无限种可能性。表2显示了7种广告运作机制模式，

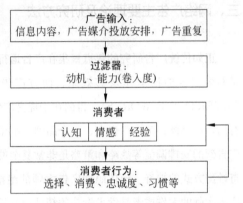

图 5　研究广告运作机制的框架
(Vakratsas & Ambler, 1999)

笔者决定采用这一分类法融入网络广告的各种主要格式对现有的英文网络广告实证研究加以归纳，以期找到一些普遍规律（见表3）。

表2　广告运作机制模式分类

模　式	效　果　层　次
市场反应	不考虑中间效果
认知信息	"思考"
纯情感	"感觉"
说服层次	"思考"→"感觉"→"行动"
低卷入度层次	"思考"→"行动"→"感觉"
整合	层次效果不固定，随产品或卷入度而定
无层次	没有层次效果

表3 网络广告实证研究归类法

	搜索广告	显示广告	手机广告	小计
市场反应	39	5	0	44
认知信息	2	0	0	2
纯粹情感	0	7	0	7
说服层次	5	62	14	81
低卷入度层次	0	4	0	4
整合	0	0	0	0
无层次	0	1	0	1
小计	46	79	14	总计：139

下面对这7种广告运作机制模式作个简单扼要的说明：

<u>市场反应</u>广告运作机制模式通常把广告、价格和促销手段和购买行为如销售额、市场份额和品牌选择直接挂钩。这些研究又分成两类：（1）市场总体层面如广告费用、毛评点、品牌销售额或市场份额；（2）消费者层面如品牌选择或单个人或家庭的媒体曝光数目。

<u>认知信息</u>广告运作机制模式把广告当作纯信息。这种模式假定广告是效益最大化的个人一个输入点。有的研究表明生产高品质产品的企业会花大量的广告费向消费者表明其产品的高品质和好形象，这会降低消费者的价格敏感性，相应可以提高价格。但也有的研究表明广告作为信息可以提升消费者的价格敏感性从而降低价格。实际上，价格广告和非价格广告对价格敏感性效果不一样：价格广告降低价格敏感性，而非价格广告提高价格敏感性。

<u>纯情感</u>广告运作机制模式和认知信息广告运作机制截然相反，它几乎不关注认知，却聚焦在广告可能产生的情感反应、熟悉度和感情。其中"仅仅曝光"理论认为广告意识不必要，只要受众曝光广告即可，受众的偏好形成不是基于产品/品牌的特点而是仅仅因为曝光广告而触发的熟悉度或是基于广告所产生的喜好、感情。广告需要最低的曝光而有效，但太多的曝光效果降低，所以广告反应呈现倒U形。广告的情感反应分成两类：广告态度和品牌态度。有的研究表明情感反应可以独立于认知反应而存在。广告态度似乎对品牌偏好和销售额有积极的影响，但尚没有定论。纯情感广告运作机制模式的一个问题是：研究过程不可避免地采用认知方式进行测量受试者的反应，这本身就带入了认知。但这一模式的贡献在于让学者开始重视情感在广告运作机制中的作用。

<u>说服层次</u>广告运作机制模式提出效果层次理论，即认知→情感→行为，受众对广告的反应按照这一很直觉的层次或阶梯，其中中介变量是两个过滤器（卷入度和广告态度）。卷入度最早被定义为"受众曝光广告过程中被广告的产品和受众生活相关联的次数"（Krugman，1965，1967）。卷入度是

"一种不可观察到的激发、激起或兴趣状态。这状态由一特定刺激物或情况引起，带有驱动特性，其结果是各种类型的搜寻、信息寻找和决策"（Rothschild，1984）。最全面也是最有影响力的效果层次理论是"详究可能性模型"（ELM），提出两种信息评估或加工的路径：一种是中心路径，消费者评估产品或品牌的特点信息；另一种是边缘路径，消费者注意产品或品牌特性以外的信息如广告的执行元素——名人代言人。

低卷入度层次广告运作机制模式提出另外一种层次效果，即认知→经验→情感，其中认知只限于消费者对低卷入度产品类别的意识。产品经验是取决定作用的，广告只是强化已有的习惯、框架化经验。

整合广告运作机制模式提出消费者的认知、经验或情感这三个维度互相影响，并随情境而变。比较有名的是 FCB-Grid（Vaughn，1980，1986）以及 Rossiter_Percy-Grid（1997）。这一模式的特点是受众的卷入度极为重要，产品类别决定是情感还是认知主导消费决定。

无层次广告运作机制模式倾向于把广告和品牌放在一个较为宏观和主观的视角下研究。品牌是神话，而广告是神话化品牌的过程。可以说这一类研究更停留在文化或哲学层面，对了解具体的广告运作帮助不大。

这里需要说明的是关于网络广告格式的分类。美国互动广告局把网络广告的格式分成 6 大类：（1）搜索广告；（2）显示广告；（3）手机广告；（4）分类广告；（5）线索生成广告；（6）电子邮件广告。而显示广告又分为四小类：（1）旗帜广告；（2）富媒体广告；（3）数字视频广告；（4）赞助式广告。学者们认为网络用户对网络广告的反应因广告格式不同而不同（Leckenby & Li, 2005；Burns & Lutz, 2006）。因此，本章网络广告实证研究按照广告的格式进行梳理。由于后三类（分类广告、线索生成广告和电子邮件广告）所占的广告额比重小（参考图 3），加上学术文献中对这三类网络广告研究较少，所以本章聚焦在前三类广告，即搜索广告、显示广告和手机广告。这里需要提醒读者的是：本章没有讨论广告主网站作为广告这一话题，因为广告主网站没有列入美国互动广告局的网络广告范畴。本章选取的数据源是非常常用的 ABI-Inform（Proquest），加上比较有影响但却没有被 ABI-Inform 收录的专注于网络广告的期刊《互动广告》。

1. 搜索广告

搜索广告这个词包含的内容最广。由于研究搜索广告的学者来自于各个不同的学科（经济学、信息科学、市场营销广告学科、传播学科、信息管理学科等），搜索广告的术语比较混乱。如付费搜索广告（PAID SEARCH AD）有时也称"赞助搜索广告"（SPONSORED SEARCH AD）、"赞助链接"（SPONSORED LINKS）。有时学者还用关键字广告（KEYWORD ADVERTISING）来指搜索广告。本文在介绍这些学术成果时会使用这些不同的术语以忠实于原文。笔者利用"搜索广告"关键词于 2012 年 9 月中旬从 ABI-Inform 数据库搜索学术论文的摘要，得到共 54 篇搜索引擎广告的论文，经过逐一检查，确定 46 篇论文的确属于专门研究搜索引擎广告的，其中 39 篇是采用市场反应广告模式，即研究者使用数量经济法对搜索广告的输入和输出进行模型分析，其因变量通常是点击率或点击数、转化率或获得客户；其中 5 篇属于说服层次模式（Jansen & Schuster, 2001；Luo, Cook, & Karson, 2011；Dinev, Hu, & Yayla, 2009；Gauzzente, 2009；Sun & Spears, 2012），研究变量会考虑传播效果的中间变量如态度和记忆；其中 2 篇属于认知信息模式（Haans, Raasens, & Van Hout, 2013；Li & Hung, 2009）研究角度是把广告看作认知类的纯信息。由于搜索广告的标准化或者说是文本化，研究受众对搜索广告的特点目前包括（1）搜索广告的类别（自然搜索广告和付费或又叫赞助搜索广告或赞助链接广告）；（2）付费搜索广告的位置，即是在自然搜索结果的顶上还是旁边，如果在旁边，其位置的排名（同页面的上下；不同页面的前后）；（3）付费搜索广告内容；（4）以上三种类别之中的变量互动。

搜索广告研究的内容大致可以划分为三个部分（见表 4）：

表 4　搜索广告实证研究归纳

搜索广告研究内容	研 究 作 者
搜索引擎拍卖机制设计	Agarwal, Athey, & Yang (2009); Chen & He (2011); Baye, Gao, & Morgan (2011); Chen, Liu & Whinston (2009); Chiou & Tucker (2012); Elelman, Ostrovsky, & Schwartz (2007); Huang & Kauffman (2011); Goldfarb & Tucker (2011); Kim, Balachander (2012); Jerath, Ma, Park, Srinivasan (2011); Liu, Chen, & Whinston (2010); Mahdian & Tomak (2009); Skiera & Nabout (2013); Xiao, Yang, & Li (2009); Xue, Chen, & Whinston (2012); Yuan & Zeng (2012); Naldi, D'Acquisto, & Italiano (2010)
广告主广告策略	Agarwal, Hosanagar, & Smith (2011); Amimesh, Ramachandran, & Viswanathan (2010); Ashkan & Clarke (2013); Berman & Katona (2013); Chan, Wu, & Xie (2010); Dinev, Hu, & Yayla (2009); Gauzente (2009); Gopal, Li, & Sankaranarayanan (2011); Haaans, Raassens, & Van Hout (2013); Katona & Sarvary (2010); Jansen & Schuster (2011); Jansen, Moore, & Carman (2013); Jansen, Sobel, & Zhang (2011); Li & Hung (2009); Luo, Cook, & Carson (2012); Nabout & Skiera (2012); Nabout, Skiera, Sepanchuk, & Gerstmeier (2012); Nottforf & Funk (2013); Rutz, Bucklin, & Sonnier (2012); Rutz & Trusov (2011); Rutz, Trusov, & Bucklin (2011); Skiera, Eckert, & Hinz (2010); Yang & Ghose, 2010; Zhang & Feng (2011)
搜索引擎、搜索者和广告主互动关系	Ghose & Sha (2009); Vasant & Ghose (2010); Yao & Mela (2011)

1) 搜索引擎广告拍卖机制的设计以提高搜索引擎的效率和利润。有的学者讨论如何优化搜索引

擎广告的空位数目（Huang & Kauffman，2011；Kim，Balachander，& Kannan，2012；Yuan & Zeng，2012）和为什么点击付费模式可以使搜索引擎利润最大化（Baye，Gao，& Morgan，2013）。有的研究如何拍卖广告关键词（Liu，Chen，& Whinston，2010；Skiera & Nabout，2013）和搜索广告与搜索者的相关性对搜索引擎收入的影响（Chen & He，2011）。有的探讨自然搜索结果对搜索引擎的发展及影响（Xu，Chen，& Whinston，2012）。有的提出搜索引擎提供者应当让行为比率的报告加以一些限制或者出价随时间而变化，或者只允许一次行为，按照行为付费广告模式会成功。Jerath，Ma，Park 和 Srinivasan（2011）的研究发现：关于搜索引擎广告位置似乎有矛盾但正确的情形：优秀企业可以比低劣企业出价低而得到一个较低的位置，但仍比低劣企业得到更多的点击。如果是按照广告印象付费，那么低劣企业想让它的链接放在顶上让更多的消费者点击，而优秀企业花较少的钱获得较低的位置，但仍可以让一部分搜索质量高企业的消费者点击。如果是按照点击付费，那么低劣企业更有积极性出价把链接置顶，因为现在只需给那些不了解它的声誉的顾客付费，这样出价可以更猛烈些。搜索引擎可能利用这一似非而是的情形给低劣企业的出价增加权重以扩大点击总量。

2）广告主搜索广告策略以提高广告投资回报率。

a. 搜索广告是否具有价值？Lin 和 Hung（2009）找到四个影响搜索广告价值和态度的因素：信息量、娱乐性、烦人程度和可信度；同时他们发现四类搜索者：轻度搜索、中度搜索、高度搜索但只用几个网站、高度搜索。Chan，Wu 和 Xie（2011）发现谷歌广告价值被低估。在计算客户价值时，他们考虑两个因素：（1）谷歌搜索广告对客户获取和下线渠道销售的溢出效果；（2）谷歌搜索广告获取的客户的终身价值。他们的模型发现经由谷歌搜索广告获得的客户比其他渠道交易量高。

b. 付费广告的位置是否越靠近上面越好？答案是不一定。Rutz，Bucklin，Sonnier（2012）：付费广告位置越高，点击率和转换率越大。当广告处于较高的位置时，1/3 的新转换数（购买行为）源于增长的点击率，2/3 的新转换数（购买行为）源于增长的转换率。Agarwal，Hosanagar 和 Smith（2011）发现：赞助广告位置越低，点击率越低，但转换率却随着位置的降低而上升，而且对某些特定的关键字更高。所以，最高的位置不一定是收入或利润最大的。另外，搜索引擎目前使用的拍卖机制存在潜在的低效率。消费者的搜索策略表明立即购买行为带有近因偏差效应。Luo，Cook，和 Karson（2011）讨论了搜索广告的位置（搜索结果页面顶部还是旁边）对搜索者的品牌回忆和品牌认识影响，搜索广告位置，关键字相关和搜索结果质量之间有互动作用。

c. 搜索引擎优化是否有利于广告主？答案是肯定的。Berman and Katona（2013）：搜索引擎优化对广告主为自然和赞助搜索结果的竞争的影响。搜索引擎优化提高搜索引擎的排名质量，让访问者更满意。如果没有赞助链接，只有当消费者对网站质量的评估足够正面时搜索引擎优化才会提高自然排名；但如果有赞助链接，那么搜索引擎优化总是会提高自然排名。质量低的网站比起质量高的网站对搜索引擎优化投资兴趣低,这样质量高的网站更具优势。由于消费者期望自然搜索结果的网站质量高,他们会先点击自然搜索结果。搜索引擎优化可以改善消费者的福祉和网站的回报,但搜索引擎的收入会降低,因为广告主会花更多钱在搜索优化,更少的钱在赞助链接。最低出价和搜索引擎的利润成倒 U 形关系。

d. 广告关键字的选择是否重要?答案是肯定的。Jansen,Moore 和 Carman(2013)的研究表明:赞助式搜索广告中性别对消费者行为和绩效有影响。性别中性的搜索关键词的广告投资回报率是性别化的 20 倍。Skiera,Eckert 和 Hinz(2010)研究了搜索引擎的"长尾"问题,发现顶级 100 个关键字占总搜索的 88.57%,总点击的 81.4%。搜索引擎广告由相对有限的少数关键字主导。广告主不必理会搜索引擎的长尾关键字。Rutz 和 Trusov(2011)发现泛泛的关键字点击率低于特定的关键字(Ghose & Yang 2009;Rutz & Bucklin,2011);位置越低,点击率越小;竞争环境越恶劣,点击率越小;被搜索越多的关键字不得不和自然搜索结果竞争,点击率越小。另外,品牌搜索字和广泛搜索字让客户更多地直接键入网站名再次访问(Rutz,Trusov,& Bucklin,2011)。Luo,Cook 和 Karson(2011)发现关键词的语义相关比情境相关更有效。

e. 搜索广告设计是否重要?Haans,Raassens 和 Van Hout(2013)研究搜索引擎广告内容的形式对点击率和转换率的影响。专家证据和统计证据的广告比因果证据的广告具有更高的点击率,但因果证据的广告比专家证据和统计证据的广告具有更高的转换率。Rutz 和 Trusov(2011)研究了搜索引擎付费广告的设计特点对广告绩效的影响。标题中的关键字有积极效果,但广告文本的关键字没有效果。广告文字密度越低越好。鼓励客户采取行动会增强点击率。

3)综合考虑搜索引擎、搜索者和广告主的互动关系。Yang 和 Ghose(2010)研究了自然搜索广告和赞助搜索广告之间的关系,就点击率而言正相关,但这关系是非对称的,即赞助搜索广告对自然搜索广告的效用影响是自然搜索广告对赞助搜索广告的 4.5 倍。相比无正相关性而言,具有自然搜索广告和赞助搜索广告之间的正相关性可以让广告主的预期利润高出 4.2% 到 6.15%。同时,自然搜索广告和赞助搜索广告同时出现的情况和只有自然搜索广告而没有赞助搜索广告的情况相比,前者的总点击率、转换率和收入比后者高得多。Yao 和 Mela(2011)开发了动态结构模型研究关键字市场上各个成员(搜索者、广告主和搜索引擎)的互动对消费者福祉和广告主利润的影响。他们发现经常点击的用户更重视赞助广告的位置;10% 的用户完成了 90% 的点击数。他们还发现如果搜索引擎和广告主共享个人层面的信息,搜索引擎的收入增加 1%,广告主的收入增加 6%,消费者的福祉增加 1.6%。搜索引擎把第一出价改成第二出价会导致实情显现(即广告主的出价升到广告主的估值),但第二出价对搜索引擎的利润没有影响。消费者搜索工具的使用让搜索引擎收入增加 2.9%,让消费者福祉增加 3.8%,但让广告主的利润减少了 2.1%。Ghose 和 Sha(2009)研究了消费者、广告和搜索引擎之间的互动关系。赞助式搜索广告效果衡量指标之间的关系:点击率、转换率、每点击成本、广告位置排名。关键字特点、广告的位置、登录网页质量指数、购买行为、广告主的每点击成本、搜索引擎的排名决定。点击的货币价值随位置而变,最高位置的转换率最大,转换率随着广告位置在搜索引擎结果页面上下降而下降。尽管搜索引擎在确定当前阶段广告的最终排名时会考虑当前的出价和以前的点击率,但更重要的是当前的出价。消费者登录网页质量(广告主的网站)指数越高,转换率越高,而且广告主的每点击成本越低。有趣的是尽管搜索引擎结果页面上位置更显眼的关键字点击率更高或转换率更大,但不一定获得的利润最大,反而常常是中间位置利润比最顶上和最低下的利润最大。

2. 显示广告[①]

笔者于 2013 年 9 月中旬从 ABI-Inform 数据库中用显示广告的格式加上"效果"(EFFECTS)或"有效性"(EFFECTIVNESS)搜索学术论文摘要,总共得到 71 篇关于显示广告的实证研究;加上《互动广告》期刊上的 8 篇,共 79 篇作为本文的讨论范围。就研究方法而言,只有一篇是定性研究,其余都是定量研究,在定量研究中绝大多数是实验法。就七种广告运行模式而言,只有 3 篇是属于市场反应模式,采用的是数量经济模型,其余 75 篇都是采用不同的层次效果理论。显示广告实证研究的因变量包括广告回忆度、品牌回忆度、品牌辨认度、广告态度、广告网站态度、品牌态度、点击率、购买意向、回访网站意图、显示广告中的旗帜广告实证研究的内容集中在受众对旗帜广告各种特点如大小、形状、颜色、动静、位置、频率、信息的长短、互动性、强制还是伴随曝光、广告避免/侵入度、广告情境。另外,研究者还非常关注各种显示广告格式或其他类别的比较。显示广告中的数字视频广告和富媒体广告似乎很少有人作研究,而赞助式广告中的一个小类别广告游戏吸引了很多研究者的注意,高达 28 篇之多。下面笔者先介绍旗帜广告、数字视频广告和富媒体广告的实证研究成果,然后讨论赞助式广告中的广告游戏,最后讨论各种显示广告的比较研究(见表 5)。

a. 旗帜广告

i. 旗帜广告的大小。实证研究表明大的旗帜广告比小的能更有效地吸引注意力(Baltas, 2003; Li & Bukovac, 1999),有更高的点击率(Cho, 2003; Baltas, 2003; Robinson, Wysocka, & Hand, 2007)。

ii. 旗帜广告的形状。很少有人研究这个题目。方形的旗帜广告比长方形的有效,尽管其他因素如互动性、动静与否和广告形状有互相影响的效果(Sundar & Kim, 2005)。

iii. 旗帜广告的颜色。也很少有人研究这个题目。红颜色背景比蓝颜色背景在广告内容和网站相一致时旗帜广告态度更好,广告的文字和背景对比度高低没有差异(Moore, Claire, & Coulter, 2005)。

[①] 读者可以参考 Moe(2013)有关显示广告的精彩回顾。

iv. 旗帜广告的动静。许多学者都很关注旗帜广告的动静对注意力的影响。但众多的研究之中,少数发现动漫有益,如动漫让受试者反应更快(Li & Bukovac, 1999),在卷入度情形下点击率高(Cho, 2003),高楼式的旗帜广告对注意力有正效果(Kuisma, Simola, Uusitalo, & Oorni, 2010)。其他大多数都发现不少没有效果或是负面效果(Baltas, 2003;Chan & Kim, 2005;Gao, Koufaris, & Ducoffe, 2004;Kuisma, Simola, Uusitalo, & Oorni(2010);Lee & Ahn, 2012;Robinson, Wysocka, & Hand, 2007;Sundar & Kim, 2005;Tangmanee & Prapakornkiat, 2012;Thota, Song, & Biswas, 2012;Thota, Song, & Larsen, 2010;Yoo, Kim, & Stout, 2004;Zorn, Olaru, Veheim, Zhao, & Murphy, 2012)。比如动漫程度对记忆和广告态度呈现倒 U 型关系。高度动漫情形下,受试者的思想和感情是负面的,进而负面地影响广告态度;同时,受试者受到更多刺激,导致更强烈的情感反应,进而抑制广告辨认度(Chan & Kim, 2005)。眼动仪研究旗帜广告注意力及其有效性。动漫旗帜广告比静止旗帜广告更难吸引注意力,降低了注意力对记忆的正面影响。但是,尽管一半以上的受试者不能认出被广告的品牌,动漫旗帜广告被无意识地加工从而影响品牌态度。动漫旗帜广告虽然不一定增强注意力,但会对品牌态度有影响(Lee & Ahn 2012)。赞助内容和网络广告相比,前者信息更丰富、更有趣、更不烦人。消费者的说服知识如认识广告格式、说服意图、广告怀疑度,前者比后者更弱(Tutaj & van Reijmersdal, 2012)。

v. 旗帜广告的位置。只有少数研究发现旗帜广告放在中间比放在顶部的点击率略微高点(Tangmanee & Prapakornkiat, 2012)。

vi. 旗帜广告的频率。频率对记忆度、广告态度和试用意图有积极作用(Lee & Cho, 2010),对重复购买有益(Manchanda, Dube, Khim, & Chintagunta, 2006)。旗帜广告重复增强品牌名记忆和点击意图;在非竞争性环境下,改变广告策略比重复广告策略更能增强品牌名记忆和点击意图;在竞争性环境下,重复同样的广告比重复不一样的广告更能增强品牌名记忆;把广告放在内容相关的网站上品牌名更易记住;在内容相关的网站上重复同一广告稍微提高品牌名记忆;在内容不相关的网站重复不同的广告稍微提高品牌名记忆。(Yaveroglu & Donthu, 2008)

vii. 旗帜广告信息长短。实证结果不一致:Baltas(2003)发现短信息旗帜广告的点击率高,但 Robinson, Wysocka, & Hand(2007)发现信息长的点击率高。

viii. 旗帜广告的互动性。旗帜广告用户互动性越大,互动越多(点击和鼠标移动)(Rosnekrans, 2010);互动性和广告及产品态度有正相关性,而且互动性和动漫及广告形状产生互动关系从而影响说服过程(Sundar & Kim, 2005)。

ix. 旗帜广告的强制或伴随曝光。在网络游戏环境下,只有当次要的刺激物远离聚焦注意区域时伴随广告曝光才有效(Acar, 2007);而强制广告曝光增强广告意识度和点击率(Cho, Lee, & Tharp, 2001)。

x. 避免广告/广告侵入度。网络用户避免看广告,这是为什么点击率低的原因(Dreze & Hussherr, 2003);而且不仅避免看广告,如果和目标内容视觉相似且靠近的话,品牌态度更是负面。当然,广告的侵入度也是网络用户避免广告的一个原因(Edwards, Li, & Lee, 2002),降低广告侵入度可以采用增加娱乐性和广告价值以及巧妙地利用弹隐式旗帜广告(Ying, Korneliussen, & Gronhaug, 2011)。

xi. 旗帜广告情境。第一,是一致性的问题,结论不太一样。旗帜广告和网站品牌的产品类别一致性有助于刊登旗帜广告网站态度(Newman, Stem, & Sprott, 2004)。广告主的产品和网站之间的一致性;旗帜广告的颜色和文本的一致性。这两个一致性对回忆度、辨认度、广告态度和网站态度有影响。不一致性对回忆度和辨认度更有利,但一致性对态度更有利。当广告的注意力足够产生回忆和辨认时,中等一致性最佳,因为那时广告态度最好。(Moore, Claire, & Coulter, 2005);眼动仪研究网络报纸上的旗帜广告内容和报纸内容的一致性;一致性重要,但对旗帜广告记忆影响有限(Porta, Ravarelli, & Spaghi, 2013)。第二,是当前浏览阶段还是以前阶段,当前但非以前的网站浏览阶段投放的旗帜广告会影响浏览者去看接下来那个汽车品牌;这一旗帜广告效果根据不同浏览者而不同,一部分有效果,另一部分没有效果;对有效果的浏览者而言,旗帜广告的弹性系数仅低于0.2(Rutz & Bucklin, 2012)。第三,是受人喜欢的品牌还是不受人喜欢的品牌被广告:不受人喜欢的旗帜广告品牌会消极地影响刊登旗帜广告的网站;旗帜广告品牌类别和旗帜广告类别是影响人们判断网站的情境因素,即往前溢出效应;刊登动漫旗帜广告的网站消极地影响人们喜欢的广告,即回复溢出效应。尽管不受人喜欢的品牌出现在动漫旗帜广告时,刊登广告的网站和口碑行为受到负面影响;但如果受人喜欢的品牌出现在旗帜广告之中,刊登广告的网站和口碑行为呈现中性(Thota, Song, & Biswas, 2012)。第四,旗帜广告是否有奖励刺激:旗帜广告提供奖励刺激有助于提高点击率,再加上诉诸于情感,积极的情感增强鼓励的效果;但是,没有诉诸于情感或带消极情感的广告只有当不给鼓励时更好(Xie, Donthu, Lohtia, & Osmonbekov, 2004);带有免费样品的旗帜广告比只有信息的产生更高的点击率;体验导向的受试者和目标导向的对这免费样品的反应不一样,前者对广告的态度更好,但后者显然感到这样的广告干扰了他们的搜索目标,满意度降低(Hupfer & Grey, 2005)。第五,网站是情感为主还是认知为主。基于情感的网站比起基于认知的网站,回忆度和旗帜广告态度更高;认知需求度而不是情感需要度对这一结果具有调节作用。就广告回忆度而言,高认知需求度的消费者在基于情感的网站上更高,低认知需求度的消费者在基于认知的网站上更高;但就网站态度和购买意图而言,高认知需求度的消费者在基于认知的网站上更高,低认知需求度的消费者在基于情感的网站上更高(Lee & Cho, 2010)。

xii. 数字视频广告。这一类的显示广告实证研究很少。Lee 和 Lee(2012)发现五个不同的观看网络视频广告的动因:社会交往、放松、信息、逃避、娱乐。Teixeira, Wedel, 和 Pieters(2013)

的研究显示了广告主如何利用情感和注意力来让消费者参与观看网络视频广告；结果表明惊奇和喜乐有效地让消费者集中注意力保持观看；但是，惊奇的程度而非速率对集中注意力影响最大；喜乐的效果不对称，即喜乐增加造成的增益效果高于喜乐减少的损益效果。

b. 富媒体广告。这一类广告实证研究主要在弹出式广告上。弹出式广告比旗帜广告产生更高的延迟回忆度和延迟辨认度；大的旗帜广告比小的产生更高的延迟辨认度，但延迟回忆度没区别；大的弹出式广告和大的旗帜广告就延迟回忆度和延迟辨认度而言，没区别；小的弹出式广告比小的旗帜广告产生更高的延迟回忆度和延迟辨认度；弹出式广告和旗帜广告相比，立即曝光广告后的品牌态度更低；大的旗帜广告比大的弹出式广告在立即和延迟两种情况下品牌态度更高（Chatterjee, 2008）。弹出式广告引发导向反应，弹出式广告的广告辨认度比旗帜广告低，但广告回忆度却高（Diao & Sundar, 2004）。弹出式广告的感知侵入度的前因和后果：前因是广告内容和当前任务的一致性，广告弹出时的认知深度；后果是避免广告和烦人感（Edwards, Li, & Lee, 2002）。动漫广告和弹出式广告让人厌烦，人们对网站产生不好的态度（Gao, Koufaris, & Ducoffe, 2004）。Flash 旗帜广告能提升受试者的激情，使他们更快作决定（Day, Shvi, & Wang, 2006）。

c. 赞助式广告。赞助式广告实证研究聚焦在广告游戏上。

i. 广告游戏与孩子。An 和 Stern（2011）以说服知识模型为研究框架，发现广告游戏的广告休息时段没有能帮助孩子意识到游戏的商业意图，也没有让孩子准确找到说服者。但广告消息时段的确减弱了孩子对被广告的产品的欲望和记忆。Dias 和 Agante（2011）的研究表明：孩子打完广告游戏后，他们选择根据游戏所广告的食品；玩不太健康的游戏产品的孩子更喜欢不太健康的食品。Evans, Carlson 和 Hoy（2013）运用问卷调查发现不同父母培养孩子的方式对游戏广告的态度有影响，严厉专制的父母对广告游戏更负面，尽管父母都对广告游戏持较为负面的态度。Mallinckrodt 和 Mizerski（2007）发现，年纪较大的孩子偏好游戏广告中的品牌 FROOT LOOP，但这和对广告游戏的说服知识无关。Rozendaal, Slot, Van Reijmersdal 和 Buijzen（2013）的研究表明：9～12 岁的孩子对社交游戏的广告较为了解但不持批判态度，宣称不受同伴影响；那些对广告持较少批判态度并且容易受同伴影响的孩子更加喜欢被广告的品牌；辨认并了解社交游戏中的广告有助于降低那些熟悉社交游戏的孩子对品牌的欲望。

ii. （远程）(tele) 身临其境 (presence)。广告游戏的挑战性、远程身临其境、游戏选手的技能影响心流体验，进而影响广告游戏的态度；激情会影响广告游戏态度但不影响心流体验（Hernandez, 2011）。Jeong, Bohil 和 Biocca（2011）的研究表明：尽管空间身临其境越高，品牌标识记忆越好，但对容易辨认的品牌而言，会出现相应的态度变化减弱。所以暴力游戏中的高度身临其境所产生的记忆增强和负面态度变化会让广告主退避三尺。Nelson, Yaros 和 Keum（2006）的研究发现：远程身临其境和游戏喜好与真品牌和假品牌的说服有正相关性；远程身临其境对游戏喜好对真品牌的说服作用起到中介影响。

iii. 品牌位置显著性。Cauberghe 和 De Pelsmacker（2010）发现：品牌位置的显著性对品牌回忆有影响，但对品牌态度没有影响；重复玩游戏对回忆度没有影响，但会对品牌态度有负面影响，表明厌烦阶段很快到达；产品卷入度对游戏重复有条件作用，即高卷入度产品比低卷入度产品更多的因重复而导致负面影响。Redondo（2012）发现：情感转移发生在以下情形：（1）在简短地曝光显著位置的品牌之后；（2）在长时间地曝光不明显位置的品牌之后；（3）女性受试者。van Reijmersdal, Rozendaal 和 Buijzen（2012）的研究发现品牌位置显著性增强了品牌回忆度及辨认度，游戏卷入度提供品牌态度。

iv. 游戏和产品一致性与否。Gross（2010）发现：广告游戏中游戏和产品一致性提供品牌记忆，但这些积极的品牌记忆效果被游戏选手对低卷入度产品游戏的负面态度抵消。Marti-parreno, Aldas-manzano, Curras-perez 和 Sanchez-garcia（2013）发现：娱乐是影响品牌态度的主要因素，而烦人度通过由于不一致导致的感知侵入度而影响品牌态度。Okazaki 和 Yaguee（2012）发现：手机社交网站广告游戏用户的参与度刺激网络口碑，品牌和游戏的感知切合度或一致性也对网络口碑有影响，从而进一步影响感知品牌价值。Peters 和 Leshner（2013）发现：游戏内容和品牌一致性提高游戏选手的外显记忆，但令人惊奇的是不一致性情形下的总体效果更好：最小的负面态度变化、最高的游戏享受、最高的再次玩游戏的意向。

d. 显示广告比较。朋友推荐比 FACEBOOK 广告更能吸引注意。这和"旗帜广告眼睛屏蔽"（BLINDNESS）有关，看到广告和点击广告男女无差异（Barreto, 2013）。赞助内容对广告主态度、客户反应感情、产品质量、产品类别领袖地位和购买意图都有正面影响。采用赞助内容、旗帜广告还是两种之结合取决于广告目的（Becker-Olsen, 2003）。电邮广告的长期效果最长，其次是旗帜广告和价格比较广告。尽管旗帜广告比价格比较广告长期效果长，但销售量低（Breuer, Brettel & Engelen, 2011）。带下拉菜单的旗帜广告比普通的更能吸引注意力、更新颖、更受人喜爱、更具说服力，点击率更高（Brown, 2002）。

表5 显示广告研究内容分类

显示广告研究内容	研 究 作 者
旗帜广告的大小	Baltas,（2003）；Cho,（2003）；Li & Bukovac,（1999）；Robinson, Wysocka, & Hand,（2007）
旗帜广告的形状	Sundar & Kim,（2005）
旗帜广告的颜色	Moore, Claire, & Coulter,（2005）

续表

显示广告研究内容	研究作者
旗帜广告的动静	Baltas,（2003）；Chan & Kim,（2005）；Gao, Koufaris, & Ducoffe,（2004；Kuisma, Simola, Uusitalo, & Oorni,（2010）；Lee & Ahn,（2012）；Li & Bukovac,（1999）；Robinson, Wysocka, & Hand,（2007）；Sundar & Kim,（2005）；Tangmanee & Prapakornkiat,（2012）；Thota, Song, & Biswas,（2012）；Thota, Song, & Larsenm,（2010）；Yoo, Kim, & Stout,（2004）；Zorn, Olaru, Veheim, Zhao, & Murphy,（2012）
旗帜广告的位置	Tangmanee & Prapakornkiat,（2012）
旗帜广告的频率	Lee & Cho（2010）；Manchanda, Dube, Khim, & Chintagunta（2006）
旗帜广告信息长短	Baltas（2003）；Robinson, Wysocka, & Hand（2007）
旗帜广告独特创意	Manchanda, Dube, Khim, & Chintagunta（2006）
旗帜广告的互动性	Rosenkrans,（2010）；Sundar & Kim（2005）
强制或伴随曝光	Acar,（2007）；Cho, Lee, & Tharp,（2001）
避免广告/侵入度	Dreze & Hussherr,（2003）；Duff & Faber,（2011）；Edwards, Li, & Lee,（2002）；Ying, Korneliussen, & Gronhaug,（2009）
旗帜广告情境（上下文）	Newman, Stem, & Sprott,（2004）；Porta, Ravarelli, & Spaghi,（2013）；Rutz & Bucklin,（2012）；Yaveroglu & Donthu,（2008）
数字视频广告	Berthon, Pitt, & DesAutels,（2011）；Lee & Lee（2012）；Teixeira, T., Wedel, M., & Pieters, R.（2013）
富媒体广告	Chatterjee,（2008）；Day, Shvi, & Wang,（2006）；Diao & Sundar,（2004）；Kuisma, Simola, Uusitalo, & Oorni,（2010）；Edwards, Li, & Lee,（2002）；Gao, Koufaris, & Ducoffe,（2004）
赞助式广告（广告游戏为主）	An & Stern,（2011）；Besharat, Kumar, Lax, & Rydzik,（2013）；Cauberghe & De Pelsmacker,（2010）；Choi, Lee, & Li,（2013）；Dens, De Pelsmacker, Wouters, & Purnawirawan,（2012）；Dias & Agante,（2011）；Evans, Carlson, & Hoy,（2013）；Gross,（2010）；Gurau,（2008）；Hernandez,（2010）；Hernandez,（2011）；Jeong, Bohil, & Biocca,（2011）；Kinard & Hartman,（2013）；Lai & Huang,（2011）；Lee, Choi, Quilliam, & Cole,（2009）；Mallinckrodt & Mizerski,（2007）；Marti-parreno, Aldas-manzano, Curras-perez, & Sanchez-garcia,（2013）；Nelson, Yaros, & Keum,（2006）；Okazaki & Yaguee,（2012）；Panic, Cauberghe, & DePelsmacker,（2013）；Peters & Leshner,（2013）；Redondo,（2012）；Rozendaal, Slot, Van Reijmersdal, & Buijzen,（2013）；Steffen, Mau, & Shcramm-Klein,（2013）；Terlutter & Capella,（2013）；van Reijmersdal, Rozendaal, & Buijzen,（2012）；Waiguny, Nelson, & Marko,（2013）；Yeu, Yoon, Taylor, & Lee,（2013）

续表

显示广告研究内容	研 究 作 者
显示广告比较	Barreto (2013); ecker-Olsen (2003); reuer, Brettel &) Engelen (2011); Brown (2002); Chatterjee (2008); Day, Shvi, & Wang (2006); Diao & Sundar (2004); Hupfer & Grey (2005); Lee & Thorson (2009); Tutaj & van Reijmersdal (2012); Van Steenburg (2012); Xie, Donthu, Lohtia, & Osmonbekov (2004)

3. 手机广告

笔者于 2013 年 9 月中旬从 ABI-Inform 数据库中显示广告的各种格式加上"效果"(EFFECTS) 或"有效性"(EFFECTIVNESS) 搜索论文摘要，共获取 14 篇文章。从手机广告运行机制模式来看，这 14 篇都属于层次效果类别，所采用的理论基本上都是基于认知到情感再到行为，常用的理论是技术接受理论（TECHNOLOGY ACCEPTANCE MODEL），这是信息管理学科的一个重要理论，和理性行动理论有许多相似之处。

手机广告效果的研究内容包括哪些因素决定手机广告态度、购买意图或购买行为，（手机广告特点、受众的特点及情境因素）、手机广告和隐私担忧。

a. 影响手机广告态度的因素。Choi, Hwang 和 McMillan (2008) 发现美国和韩国手机用户中，娱乐性和可信度是影响态度和购买意图的关键因素；但两国用户之间存在差异：特别是在信息量丰富性、感知互动性和手机广告价值方面。Liu, Sinkovics, Pezderka 和 Haghirian (2012) 发现：奥地利和日本手机用户相比，都认为信息娱乐性和可信度是预测手机广告价值的关键因素，但日本手机用户觉得手机广告更烦人。Okazaki, Molina 和 Hirose (2012) 发现：感知无处不在增强信任度和手机广告态度。Parreno, San-Blas, Ruiz-Mafe 和 Aldas-Manzano (2013) 发现：娱乐、烦人度和有用程度是影响青少年手机广告态度的主要因素，而手机广告态度是影响手机广告接受程度的关键因素。Karjaluoto, Lehto, Leppaniemi 和 Jayawardhena (2008) 提出并证实了参与基于许可的手机营销理论框架，其中感知有用、感知使用方便、感知信任游戏手机广告态度；手机广告态度和感知行为控制及参考群体一起影响参与手机传播的意图。Yang, Kim 和 Yoo (2013) 发现：可用效用和享乐两个因素的态度结构来评估手机广告效果。Zhang 和 Mao (2008) 采用修改的技术接受模型研究年轻中国手机用户使用短信手机广告的意图；感知有用和感知使用方便是使用短信广告的重要决定因素；同时，手机广告的信任度和主观规范也是影响使用短信广告意图的因素。与获得手机用户许可、提供刺激奖励相比，个人差异（内容卷入度、手机媒体的经验、媒体切合感知）是决定手机广告反应的因素 (Varnali, Yilmaz, & Toker, 2012)。

b. 手机广告特点因素。Banerjee, Poddar, Yancey 和 McDowell (2011) 研究了手机优惠券对手

机用户的影响,他们发现事实性广告宣称比说明性广告宣称能产生更高的辨认度。个性化的、互动的、一般信息有助于建立品牌意识,一般的互动信息和感知质量成正相关性;正确选择信息情形下,外显的许可能增强短信广告对品牌联想的效果(Smutkupt, Krairit, & Khang, 2012)。但个性化不一定都是有益的,不管由电子邮件、传统邮件还是电话传播,消费者对个性化广告都会出现负面态度,以电话最为负面(Yu & Cude, 2009)。就回忆度而言,和金钱有关的短信与和名人有关的短信没区别;但就辨认度而言,与名人有关的短信更高(Reichhart, 2012)。

c. 手机受众特点。年龄和性别差异:女手机用户比男手机用户更多地参与手机传播,她们的访问意图和实际访问都比男性手机用户高(Karjaluoto, Lehto, Leppaniemi, & Jayawardhena (2008);但当手机优惠券在休闲时被看到时,在年龄大的用户之中,男用户比女用户更容易辨认说明性的广告宣称,女用户比男用户更容易辨认事实性的广告宣称,记忆对购买行为没有影响;在年龄小的用户之中,男女用户都更容易辨认说明性的广告宣称,而且辨认度对购买行为产生影响(Banerjee, Poddar, Yancey 和 McDowell, 2011)。

d. 手机广告和隐私。Okazaki, Li 和 Hirose (2009) 发现:手机用户如果以前有过负面的信息披露经验,他们的隐私担忧会更高些,也会感到更多的风险,因此更倾向于更严格的手机广告监管;感知无处不在和信息敏感性加剧了隐私担忧对信任度的负面影响;隐私担忧对感知风险无影响。

四、网络广告研究存在的问题、争议和不足及动向

网络广告经历这二十多年的不平凡发展历程,迈开了坚实的一步,其发展势头被证明锐不可挡。网络广告是广告的未来,发展的轨迹亦已明朗:就是广告愈来愈让广告主觉得广告是优良的投资而不是无奈的费用,因为网络广告比传统广告更具有可跟踪性,和广告主的最终效果销售更紧密挂钩。也许困扰已久的50%广告费浪费在哪里的谜团开始慢慢被解开。三种网络广告付费模式的此消彼长,即绩效广告付费模式不断增长,而印象付费模式和混合付费模式却不断下降。可以说网络广告是更尽责的媒体。但是,网络广告理论和研究却滞后于网络广告发展的实践。业界网络广告研究常常是不对外公开的,但从一些公开发表的研究来看,这些研究没有能给网络广告实践提供宏观或前瞻性的指导。就以被称为具有里程碑意义的 1997 年网络广告效果研究为例。Briggs 和 Hollis (1997) 利用传统的 BrandDynamics 工具得出结论:网络用户在点击网络旗帜广告之前就有反应,进而提倡点击率不是衡量网络广告的有效指标;传统的中间效果是;这和后来的网络发展方向大相径庭。也许是网络广告的高速发展让网络广告研究迷失了方向,但 Briggs 采用传统的广告理论去研究这一新生事物显然是原因之一。本章的这部分试图在前面的讨论之中,特别是上一部分对搜索广告、显示广

告和手机广告实证研究的归纳总结基础上,从三个方面看网络广告研究存在的问题、争议和不足及今后的发展趋势:

1. 网络广告研究与理论。首先,网络广告的研究必须挣脱传统广告狭隘定义的牢笼。最新出版的可能是以"广告理论"(ADVERTISING THEORY)(Rodgers & Thorson, 2012)命名的学术专著还是抱着狭隘的老广告定义不放,强调广告是经由"大众媒体"发布,必须是"付费的",这无疑给广告自身找麻烦,把最古老最有效的广告形式口碑广告(既非经由大众传媒也非付费)和最新广告形式(如赢得媒体,EARNED MEDIA)推出广告家门之外。新的广告定义应该包含人际广告传播的特性,这会让网络广告研究装备一个崭新的视角,因为网络广告乘坐网络科技之舟正朝着个性、互动、社交方向发展。可以预见,随着语义网络的不断完善,网络搜索会更加聪明更加智慧,网络广告也会更像工业革命之前小镇上的小店老板知道你要什么。

其次,网络广告实证研究存在不对称性。本章对搜索广告的 46 篇文章的归纳,39 篇(85%)采用市场反应广告运作机制模式,即广告效果的评估只是锁定在行为这单一层面,忽略了认知和情感这两个层面;根据 Vakratsas 和 Ambler (1999)提出的广告运作的认知、情感和行为三维空间,忽略其中的任何一个层面的效果都会高估其他层面的效果,显然这些运用数量经济学所作的实证研究大大地高估了广告的行为效果。同时,只有两篇文章采用认知信息广告运行机制模式,也只有五篇文章运用层次效果广告运行机制模式,其他四种广告运行机制模式(纯粹情感、低卷入度层次、整合、无层次)都是空白。这表明搜索广告需要加强认知和情感与行为的互动研究。尽管五篇文章采用的层次效果广告运行模式有其局限性,但总体考虑认知、情感和行为总比考虑单一的情感或认知或行为好一点。就显示广告而言,本章归纳的 79 篇显示广告中的 62 篇(78%)采用说服层次广告运作机制模式,五篇采用市场反应广告运作机制模式,七篇采用纯粹情感广告运作机制模式,四篇采用低卷入度层次广告运作机制模式,一篇采用无层次广告运作机制模式,比起搜索广告的情形略微多样性一点。但总体而言,说服层次广告运作机制模式占绝大多数。根据 Vakratsas 和 Ambler (1999)的分析总结,说服层次广告运作机制模式没有实证支持,这么多精力和才华运用一个令人怀疑的广告运作机制模式实在是一种不可饶恕的浪费。值得一提的是,其中有一篇文章得出结论:层次效果广告运作机制模式在网络广告上行不通(Yoo, Kim, & Stout, 2004)。因此,今后显示广告研究的重点应放在运用其他广告运行机制模式,特别是整合广告运行机制模式值得高度重视。就手机广告而言,本章归纳的 14 篇手机广告文章均采用说服层次广告运行机制模式,说明今后的研究应可以运用其他广告运作机制模式以期对这一迅速发展的广告类别有更深入地了解。

最后,网络广告研究需理论创新。由于网络继承了以前传统媒体的特性,有时网络似乎是人际传播中的真切感人的娓娓道来,比如社交媒体网站的广告让人觉得个性化强,相关贴切;有时网络又像是一个能言善辩的推销员,让人买了一样又一样,而且连声叫好,比如亚马逊网站的个性化推荐销售；有时网络好似是传统的平面媒体（报纸、杂志），让人浏览最新消息，阅读美文，比如新浪等门户网站；有时网络又是本黄页，让人搜索信息；有时网络又是广播媒体（广播、电视），如此等等。由此可见，研究网络广告也存在继承性，即采用以前的理论来研究网络这一新媒体。Micu (2007) 通过对 65 个网络广告研究归纳出网络广告学者们采用了 25 个理论/模型/角度，大多数是借用传统理论框架，如 ELM 详尽可能模型、层次效果理论、归因理论、社会学习理论、期望理论、革新扩散理论、使用和满足理论、知识水平差别理论、卷入度、心流体验、媒体依赖理论、互动性理论。本章归纳的网络广告实证研究也验证了这一理论研究连贯继承性的特点。但同时也暴露出网络广告理论研究缺乏开创性。尽管早在 20 世纪 80 年代就开始研究互动性和新媒体之间的关系，学者们公认网络最显著的特点是互动性，但由于大家对互动性的定义和测量莫衷一是，网络广告互动性的研究受到很大的阻碍。随着社交网站和手机媒体的进一步发展，互动研究将会更加重要。

2. 网络广告研究方法。本章归纳的 139 篇网络广告学术论文所采用的方法多种多样，包括数量经济法、实验法、问卷调查法、生理反应测量等。其中搜索广告使用最普遍的是数量经济法，显示广告和手机广告使用最多的是实验法。旗帜广告中有使用眼动仪的以了解受众是否注意旗帜广告。就广义的研究方法而论，网络广告效果和有效性的研究基本上属于定量的领域，几乎没有定性的研究。这个结论也许和笔者仅仅从 ABI-Inform 数据库选样本有关，但总体而言定量研究独统一方。今后的网络广告效果或有效性的研究可以更多地采用定性或定量定性相结合的方法。值得注意的是：Vakratsas 和 Ambler (1999) 运用最新脑神经学的新发现进一步证明说服层次广告运作机制模式没有实证支持，因为人脑加工认知和情感的过程不仅是平行的，而且是时时刻刻相互影响的，人为地把认知和情感分割开来可能是目前人脑理解外界和自身有限的表现。由此可见，脑神经学科对于人脑加工广告的过程会有启示，也许崭新的网络广告研究方法可以借用脑神经学科的方法，当然这对传统的广告学者是个巨大的挑战。另外，实验法研究的最大缺陷在于外真实度低（EXTERNAL VALIDITY），即常常使用的受试者是大学生，和真正的消费者还有些差别。所有结论都有待于进一步地重复验证。可惜的是西方广告学术界不太重视重复研究，而关心原创研究。许多结论只是研究某一个小群体，某几个广告。这是需要改进的方面。同时，这种现象也给中国的广告学者提供了机会，即在中国受众中重复这些实验，看看这些结论是否成立。如果不成立，文化是否是个调节变量，或者原实验存在缺陷与否。

3. 网络广告研究理论与实践相结合。广告学术研究和广告实践操作的严重脱节很早就被注意到，号称是"广告从业人员和广告学术研究者的差距"（Nyilasy & Reid, 2007）。有五个原因可以解释这一差距的存在：(1) 广告学术研究者没有能够有效地把广告科学知识传播出去；(2) 广告学术研究者产生的知识内容和形式都存在问题；(3) 学术社会化机构和奖励制度达不到预期目标；(4) 有关营销科学问题的提出会误导抑制学术研究者从事应用型研究；(5) 从业人员不愿意或没有能力加工学术界生产的知识。这一差距现在有人称之为"鸿沟"（Gabriel, Kottasz, & Benett, 2006）。广告业界人士和学界对广告运作机制模式认知不同（Nyilasy & Reid, 2009）。这种差别在网络广告学术理论和实践之中也反映出来。举个例子，大多数网络广告学术研究沿用传统广告研究的卷入度（INVOVLEMENT）概念，但业界在讲参与度（ENGAGEMENT）。美国互动广告局2012年刊登了一篇定义或界定参与度的文章（iab. net, 2012），其中提到三类参与度（广告参与度、内容参与度、受众参与度）及三种表现形式：（1）认知，即意识、兴趣、意图；（2）身体，即用户主动互动行为；（3）情感。仔细体会卷入度和参与度的内涵和外延有许多相似的地方，但这两个不同的提法给学界和业界的沟通产生了消极的影响。还有个例子是网络广告学术研究有一分支是网站或广告互动性（INTERACTIVITY），大量的文章讨论互动性的定义、前因和后果，但网络广告业界提到的互动性常常是含糊笼统，带着褒义性质，说起互动性就是好的。但广告学术研究证明广告互动性不一定都有益，这一研究成果很少被业界所吸收或采用。由此可见，如何缩小网络广告学术研究和网络广告实践之间的差距，让理论更有效地指导实践，让实践更多地充实完善理论，这将是将来网络广告业面临的巨大挑战，也是整个广告行业的挑战。

◇ 参考文献 ◇

- Acar, A. (2007). Testing the effects of incidental advertising exposure in online gaming environments. *Journal of Interactive Advertising*, 8(1): 45-56.
- An, S., & Stern, S. (2011a). Mitigating the Effects of Advergames on Children. *Journal of Advertising*, 40(1): 43-56. doi: 10. 2753/JOA0091-3367400103.
- Arango, Tim (2010). How the AOL-Time Warner merger went so wrong. http://www. nytimes. com/2010/01/11/business/media/11merger. html?pagewanted=all&_r=0.
- Baltas, G. (2003). Determinants of internet advertising effectiveness: An empirical study. *International Journal of Market Research*, 45: 505-513.
- Banerjee, S., Poddar, A., Yancey, S., & McDowell, D. (2011). Measuring intangible effects of m-coupon campaigns on non-redeemers. *Journal of Research in Interactive Marketing*, 5(4): 258-275. doi: http://dx. doi. org/10. 1108/17505931111191483.
- Barreto, A. M. (2013). Do users look at banner ads on Facebook? *Journal of Research in Interactive Marketing*, 7(2): 119-139. doi: http://dx. doi. org/10. 1108/JRIM-Mar-2012-0013.
- Barwise, P., & Strong, C. (2002). Permission-based mobile advertising. *Journal of Interactive Marketing*, 16(1): 14-24.
- Becker-Olsen, K. L. (2003). And now, a word from our sponsor. *Journal of Advertising*, 32(2): 17-32.
- Berthon, P., Pitt, L., & DesAutels, P. (2011). *Psychology & Marketing*, 28(10): 1044-1060.
- Besharat, A., Kumar, A., Lax, J. R., & Rydzik, E. J. (2013). Leveraging Virtual Attribute

- Experience in Video Games to Improve Brand Recall and Learning. *Journal of Advertising*, 42(2-3): 170-182. doi: 10.1080/00913367.2013.774593.
- Breuer, R., Brettel, M., & Engelen, A. (2011). Incorporating long-term effects in determining the effectiveness of different types of online advertising. *Marketing Letters*, 22(4): 327-340. doi: http://dx.doi.org/10.1007/s11002-011-9136-3.
- Briggs, R., & Hollis, N. (1997). Advertising on the Web: Is there response before click-through? *Journal of Advertising Research*, 37(2): 33-45.
- Brown, M. (2002). The use of banner advertisements with pull-down menus. *Journal of Interactive Advertising*, 2(2): 57-65.
- Burns, K. S., & Lutz, R. J. (2006). The function of format: Consumer Responses to Six On-line Advertising Formats. *Journal of Advertising*, 35(1): 53-63.
- Cauberghe, V., & De Pelsmacker, P. (2010a). Advergames. *Journal of Advertising*, 39(1): 5-18. doi: 10.2753/JOA0091-3367390101.
- Chan Yun, Y., & Kim, K. (2005). Processing of animation in online banner advertising: The roles of cognitive and emotional responses. *Journal of Interactive Marketing*, 19(4): 18-33.
- Chatterjee, P. (2008). Are unclicked ads wasted? Enduring effects of banner and pop-up ad exposures on brand memory and attitudes. *Journal of Electronic Commerce Research*, 9(1): 51-61.
- Chatterjee, P., Hoffman, D. L., & Novak, T. P. (2003). Modeling the Clickstream: Implications for Web-Based Advertising Efforts. *Marketing Science*, 22(4): 520-541.
- Cho, C. (2003). The effectiveness of banner advertisements: Involvement and click-through. *Journalism and Mass Communication Quarterly*, 80(3): 623-645.
- Cho, C., Lee, J, & Tharp, M. (2001). Different forced exposure levels to banner advertisements. *Journal of Advertising Research*, 41(4): 45-56.
- Choi, S. M., & Rifon, N. J. (2002). Antecedents and consequences of web advertising credibility: A study of consumer response to banner ads. *Journal of Interactive Advertising*, 3(1): 12-24.
- Choi, Y. K., Hwang, J.-S., & McMillan, S. J. (2008). Gearing up for mobile advertising: A cross-cultural examination of key factors that drive mobile messages home to consumers. *Psychology & Marketing*, 25(8): 756.
- Choi, Y. K., Lee, S. m., & Li, H. (2013). Audio and Visual Distractions and Implicit Brand Memory: A Study of Video Game Players. *Journal of Advertising*, 42(2-3): 219-227. doi: 10.1080/00913367.2013.775798.
- Curtis, A. (2013). *The Brief History of Social Media*. http://www.uncp.edu/home/acurtis/NewMedia/SocialMedia/SocialMediaHistory.html.
- Dahlen, M. (2002). Learning the Web. *Journal of Interactive Advertising*, 3(1): 25-33.
- Day, R.-F., Shyi, G. C. W., & Wang, J.-C. (2006). The effect of Flash banners on multiattribute decision making: Distractor or source of arousal? *Psychology & Marketing*, 23(5): 369-382.
- Diao, F., & Sundar, S. S. (2004). Orienting response and memory for Web advertisements: Exploring effects of pop-up window and animation. *Communication Research*, 31(5): 537-567.
- Dias, M., & Agante, L. (2011). Can advergames boost children's healthier eating habits? A comparison between healthy and non-healthy food. *Journal of Consumer Behaviour*, 10(3): 152.
- Dreze, X., & Francois-Xavier, H. (2003). Internet advertising: Is anybody watching? *Journal of Interactive Marketing*, 17(4): 8-23.
- Duff, B. R. L., & Faber, R. J. (2011). Missing the mark: Advertising avoidance and distractor devaluation. *Journal of Advertising*, 40(2): 51-62.
- Edwards, J. (1994). Behold: The first banner ad ever from 1994. http://www.businessinsider.

- com/behold-the-first-banner-ad-ever--from-1994-2013-2.
- Edwards, S., Li, H., & Lee, J. (2002). Forced exposure and psychological reactance: Antecedents and consequences of the perceived intrusiveness of pop-up ads. *Journal of Advertising*, 31(3): 83-95.
- Evans, D. S. (2008). The economics of the online advertising industry. *Review of Network Economics.*, 7(3). doi:10. 2202/1446-9022. 1154.
- Evans, D. S. (2009). The online advertising industry: Economics, evolution, and privacy. *The Journal of Economic Perspectives*, 23(3): 37-60.
- Evans, N. J., Carlson, L., & Grubbs Hoy, M. (2013). Coddling Our Kids: Can Parenting Style Affect Attitudes Toward Advergames? *Journal of Advertising*, 42(2-3): 228-240. doi: 10. 1080/ 00913367. 2013. 774602.
- Fang, X., Singh, S., & Ahluwalia, R. (2007). An Examination of Different Explanations for the Mere Exposure Effect. *Journal of Consumer Research*, 34(1): 97-103.
- Gabriel, H., Kottasz, R., & Bennett, R. (2006). Advertising planning, ad-agency use of advertising models, and the academic practitioner divide. *Market Intelligence & Planning*, 24(5): 505-527.
- Gao, Y., Koufaris, M., & Ducoffe, R. H. (2004). An Experimental Study of the Effects of Promotional Techniques in Web-based Commerce. *Journal of Electronic Commerce in Organizations*, 2(3): 1-20.
- Geissler, G. L., Zinkhan, G. M., & Watson, R. T. (2006). The influence of homepage complexity on consumer attention, attitudes, and purchase intent. *Journal of Advertising*, 35(2): 69-80.
- Goldfarb, A., & Tucker, C. E. (2011). Privacy Regulation and Online Advertising. *Management Science*, 57(1): 57-71.
- Goodrich, K. (2013). Effects of age and time of day on Internet advertising outcomes. *Journal of Marketing Communications*. 19(4): 229-244.
- Gross, M. L. (2010). Advergames and the effects of game-product congruity. *Computers in Human Behavior*, 26(6): 1259-1265. doi: http://dx. doi. org/10. 1016/j. chb. 2010. 03. 034.
- Gurau, C. (2008). The Influence of Advergames on Players' Behaviour An Experimental Study. *Electronic Markets*, 18(2): 106.
- Hernandez, M. D. (2011). A Model of Flow Experience as Determinant of Positive Attitudes Toward Online Advergames. *Journal of Promotion Management*, 17(3): 315.
- Hofacker, C. F., & Murphy, J. (1998). World Wide Web banner advertisement copy testing. *European Journal of Marketing*, 32(7/8): 703-712.
- http://www. wharton. upenn. edu/wcai/files/WCAI_Case_Study_Ad_Effectiveness_Final. pdf.
- Hu, Y., Shin, J., & Tang, Z. (2012). Performance-based pricing models in online advertising: Cost per click versus cost per action. http://faculty. som. yale. edu/JiwoongShin/Downloads/ workingpapers/PerformanceBasedPricingModels. pdf.
- Hupfer, M. E., Grey, A. (2005). Getting something for nothing. *Journal of Interactive Advertising*, 6(1): 105-117.
- Iab. net (1997). *IAB landmark study demonstrates Web ad banner effectiveness*. http://www. iab. net/about_the_iab/recent_press_releases/press_release_archive/press_release/4287.
- Iab. net (2012). *IAB Digital Ad Engagement Whitepaper: An Industry Overview and Reconceputalization*. http://www. iab. net/adengagement.
- Iab. net (2013). *IAB internet advertising revenue report*. http://www. iab. net/media/file/IAB_ Internet_Advertising_Revenue_Report_FY_2012_rev. pdf.
- Iab. net (2013). *First quarter 2013 internet ad revenues set new at $ 9. 6 billion*. http://www. iab.

- net/about_the_iab/recent_press_releases/press_release_archive/press_release/pr-060313.
- Interactive Advertising Bureau (2012). Digital ad engagement: An industry overview and reconceptualization. http://www.iab.net/media/file/IABAdEngagementWhitepaperDec2012FinalFinal.pdf.
- Internet Advertising Bureau (1997). IAB landmark study demonstrates web ad banner effectiveness. http://www.iab.net/about_the_iab/recent_press_releases/press_release_archive/press_release/4280.
- Jansen, J. (2011). *Understanding Sponsored Search: Core Elements of Keyword Advertising*. Cambridge: Cambridge University Press.
- Jeong, E. J., Bohil, C. J., & Biocca, F. A. (2011). Brand logo placements in violent games: Effects of Violence Cues on Memory and Attitude Through Arousal and Presence. *Journal of Advertising*, 40(3): 59-72.
- Jung, J. M., Min, K. S., & Kellaris, J. J. (2011). The games people play: How the entertainment value of online ads helps or harms persuasion. *Psychology & Marketing*, 28(7): 661.
- Karjaluoto, H., Lehto, H., Leppniemi, M., & Jayawardhena, C. (2008). Exploring Gender Influence on Customer's Intention to Engage Permission-based Mobile Marketing. *Electronic Markets*, 18(3): 242.
- Kaye, B. K., & Medoff, N. (2001). *Just a Click Away: Advertising on the Internet*. Boston: Massachusetts: Allyn and Bacon.
- Kinard, B. R., & Hartman, K. B. (2013). Are You Entertained? The Impact of Brand Integration and Brand Experience in Television-Related Advergames. *Journal of Advertising*, 42(2-3): 196-203. doi: 10.1080/00913367.2013.775794.
- Krugman, H. E. (1965). The impact of television advertising: Learning without involvement. *Public Opinion Quarterly*, 29: 349-356.
- Krugman, H. E. (1967). The measurement of advertising involvement. *Public Opinion Quarterly*, 30(4): 583-596.
- Kuisma, J., Simola, J., Uusitalo, L., & rni, A. (2010). The effects of animation and format on the perception and memory of online advertising. *Journal of Interactive Marketing*, 24(4): 269.
- Lai, M., & Huang, Y.-S. (2011). Can learning theoretical approaches illuminate the ways in which advertising games effect attitude, recall, and purchase intention. *International Journal of Electronic Business Management*, 9(4): 368-380.
- Leckenby, J. D., & Li, H. (2000). From the editors: Why we need the *Journal of Interactive Advertising*. 1(1): 1-3.
- Lee, J., & Ahn, J.-H. (2012). Attention to Banner Ads and Their Effectiveness: An Eye-Tracking Approach. *International Journal of Electronic Commerce*, 17(1): 119.
- Lee, J., & Lee, H. (2012). Canonical correlation analysis of online video advertising viewing motivations and access characteristics. *New Media and Society*, 14(8): 1358-1374. doi: 10.1177/1461444812444708.
- Lee, J.-G., & Thorson, E. (2009). Cognitive and emotional processes in individuals and commercial Web sites. *Journal of Business & Psychology*, 24(1): 105-115. doi: http://dx.doi.org/10.1007/s10869-008-9087-8.
- Lee, M., Choi, Y., Quilliam, E. T., & Cole, R. T. (2009). Playing with food: Content analysis of food advergames. *Journal of Consumer Affairs*, 43(1): 129-154. doi: http://dx.doi.org/10.1111/j.1745-6606.2008.01130.x.
- Lee, S. Y., & Cho, Y.-S. (2010). Do web users care about banner ads anymore? The effects of frequency and clutter in Web Advertising. *Journal of Promotion Management*, 16(3): 288.
- Li, H., & Bukovac, J. L. (1999). Cognitive impact of banner ad characteristics: An experimental

- study. *Journalism and Mass Communication Quarterly*, 76(2): 341-353.
- Li, H., & Leckenby, J. (2007). Examining the effectiveness of Internet advertising formats. In Schumann, D., & Thorson, E (eds.) *Internet Advertising: Theory and Research*, 203-224. Mahwah, NJ: Lawrence Erlbaum Associates.
- Li, J., Rui, P., & Wang, H. (2010). Selection of best keywords. *Journal of Interactive Advertising*, 11(1): 27-35.
- Liu, C.-L. E., Sinkovics, R. R., Pezderka, N., & Haghirian, P. (2012). Determinants of consumer perceptions toward mobile advertising: A comparison between Japan and Austria. *Journal of Interactive Marketing*, 26(1): 21.
- Maddox, L. M., Mehta, D., & Daubek, H. G. (1997). The role and effect of web addresses in advertising. *Journal of Advertising Research*, 37(2): 47-59.
- Mallinckrodt, V., & Mizerski, D. (2007). The effects of playing an advergame on young children's perceptions, preferences, and requests. *Journal of Advertising*, 36(2): 87-100. doi: 10.2753/JOA0091-3367360206.
- Manchanda, P., Dube, J.-P., Khim Yong, G., & Chintagunta, P. K. (2006). The effect of banner advertising on Internet purchasing. *Journal of Marketing Research*, 43(1): 98-108.
- Mart-parreo, J., Alds-manzano, J., Currs-prez, R., & Snchez-garca, I. (2013). Factors contributing brand attitude in advergames: Entertainment and irritation. *Journal of Brand Management*, 20(5): 374-388. doi: http://dx.doi.org/10.1057/bm.2012.22.
- McCambley, J. (2013). Stop selling ads and do something useful. http://blogs.hbr.org/cs/2013/02/stop_selling_ads_and_do_someth.html.
- Meeker, M. (1997). *Internet advertising report*. New York, NY: HarperBusiness.
- Micu, A. C. (2007). Theoretical approaches in internet advertising research. In Schumann, D., & Thorson, E (eds.) *Internet Advertising: Theory and Research*. Mahwah, NJ: Lawrence Erlbaum Associates.
- Merisavo, M., Kajalo, S., Karjaluoto, H., Virtanen, V. Salmenkivi, S., Raulas, M., & Leppaniemi (2007). An empirical study of the drivers of consumer acceptance of mobile advertising. *Journal of Interactive Advertising*, 7(2): 41-50.
- Moe, W. W. (2013). Targeting display advertising, in K. Coussement, K.W. De Bock and Scott A. Neslin (eds.), *Advanced Database Marketing: Innovative Methodologies & Applications for Managing Customer Relationships*. London, UK: Gower Publishing.
- Moore, R. S., Claire Allison, S., & Coulter, R. A. (2005). Banner advertiser-web site context congruity and color effects on attention and attitudes. *Journal of Advertising*, 34(2): 71-84.
- Nelson, M. R., Yaros, R. A., & Keum, H. (2006). Examining the influence of telepresence on spectator and player processing of real and fictitious brands in a computer game. *Journal of Advertising*, 35(4): 87-99.
- Newman, E. J., Stem, D. E., Jr., & Sprott, D. E. (2004). Banner advertisement and Web site congruity effects on consumer Web site perceptions. *Industrial Management + Data Systems*, 104 (3/4): 273-281.
- Nielsen.com. *Social media impression: A joint Nielsen and Facebook study*. http://www.nielsen.com/us/en/reports/2010/Understanding-the-Value-of-a-Social-Media-Impression.html.
- Nyilasy, G. & Reid, L. (2009a). Agency Practitioner Theories of How Advertising Works. *Journal of Advertising*, 38(3): 81-96.
- Nyilasy, G., & Reid, L. N. (2009b). Agency practitioners' meta-theories of advertising. *International Journal of Advertising*, 28(4): 659.
- Okazaki, S., & Yaguee, M. J. (2012). Responses to an advergaming campaign on a mobile social networking site: An initial research report. *Computers in Human Behavior*, 28(1): 78-86. doi:

http://dx.doi.org/10.1016/j.chb.2011.08.013
- Okazaki, S., Li, H., & Hirose, M. (2009). Consumer privacy concerns and preference for degree of regulatory control: A study of mobile advertising in Japan. *Journal of Advertising*, 38(4): 63-77.
- Okazaki, S., Molina, F. J., & Hirose, M. (2012). Mobile advertising avoidance: exploring the role of ubiquity. *Electronic Markets*, 22(3): 169-183. doi: http://dx.doi.org/10.1007/s12525-012-0087-1.
- Panic, K., Cauberghe, V., & De Pelsmacker, P. (2013). Comparing TV Ads and Advergames Targeting Children: The Impact of Persuasion Knowledge on Behavioral Responses. *Journal of Advertising*, 42(2-3): 264-273. doi: 10.1080/00913367.2013.774605.
- Parreno, J. M., Sanz-Blas, S., Ruiz-Mafe, C., & Aldas-Manzano, J. (2013): Key factors of teenagers' mobile advertising acceptance. *Industrial Management + Data Systems*, 113(5): 732-749.
- Pelline, J. (1998). Pay-for-placement get another shot. CNET News, Vol. 19, February.
- Peters, S., & Leshner, G. (2013). Get in the Game: The Effects of Game-Product Congruity and Product Placement Proximity on Game Players' Processing of Brands Embedded in Advergames. *Journal of Advertising*, 42(2-3): 113-130. doi: 10.1080/00913367.2013.774584.
- Porta, M., Ravarelli, A., & Spaghi, F. (2013). Online newspapers and ad banners: an eye tracking study on the effects of congruity. *Online Information Review*, 37(3): 405-423. doi: http://dx.doi.org/10.1108/OIR-01-2012-0001.
- PWC.com. *Internet Advertising*. http://www.pwc.com/gx/en/global-entertainment-media-outlook/segment-insights/internet-advertising.jhtml.
- PWC.com. Measuring the effectiveness of online advertising. http://www.pwc.com/en_GX/gx/entertainment-media/pdf/IAB_SRI_Online_Advertising_Effectiveness_v3.pdf.
- Redondo, I. (2012). The effectiveness of casual advergames on adolescents' brand attitudes. *European Journal of Marketing*, 46(11/12): 1671-1688. doi: http://dx.doi.org/10.1108/03090561211260031.
- Reichhart, P. (2012). Analysing the effects of mobile advertising on consumers' memory. *International Journal of Electronic Business*, 10(2): 101.
- Robinson, H., Wysocka, A., & Hand, C. (2007). Internet advertising effectiveness: The effect of design on click-through rates for banner ads. *International Journal of Advertising*, 26(4): 527-541.
- Rodgers, S., & Thorson, E. (2012). *Advertising Theory*. New York, NY: Routledge.
- Rosenkrans, G. (2009). The creativeness and effectiveness of online interactive rich media advertising. *Journal of Interactive Advertising*, 9(2): 18-31.
- Rosenkrans, G. (2010). Maximizing user interactivity through banner ad design. *Journal of Promotion Management*, 16(3): 265.
- Rozendaal, E., Slot, N., van Reijmersdal, E. A., & Buijzen, M. (2013). Children's responses to advertising in social games. *Journal of Advertising*, 42(2-3): 142-154. doi: 10.1080/00913367.2013.774588.
- Rothschild, M. L. (1984). Perspectives on involvement: Current problems and future directions. In Thomas C. Kinnear (ed.), *Advances in Consumer Research*, 216-217. Provo, UT: Association for Consumer Research.
- Rutz, O. J., & Bucklin, R. E. (2012). Does banner advertising affect browsing for brands? clickstream choice model says yes, for some. *Quantitative Marketing and Economics*, 10(2): 231-257. doi: http://dx.doi.org/10.1007/s11129-011-9114-3.
- Schomer, S. (2009). *Click Here: The short, inglorious history of online advertising*. http://

- www.fastcompany.com/1353534/click-here-short-inglorious-history-online-advertising.
- Schultz, D. E, Tannenbaum, S. and Lauterborn, R. (1993). *Integrated marketing communications: pulling it together & making it work*. Illinois: NTC Business Books.
- Schumann, D., & Thorson, E. (2007): *Internet Advertising: Theory and Research*. Mahwah, NJ: Lawrence Erlbaum Associates.
- Shen, F. (2002). Banner advertisement pricing, measurement, and pretesting practices: Perspectives from interactive agencies. *Journal of Advertising*, 31(3): 59-67.
- Smutkupt, P., Krairit, D., & Khang, D. B. (2012). *Asia Pacific Journal of Marketing and Logistics* 24(4): 539-560.
- Steffen, C., Mau, G., & Schramm-Klein, H. (2013). Who is the loser when I lose the game? Does losing an advergame have a negative impact on the perception of the brand? *Journal of Advertising*, 42(2-3): 183-195. doi: 10.1080/00913367.2013.774598.
- Stewart, D. W., & Pavlou, P. A. (2007). Measuring interactive marketing communication: Conceptual foundations and empirical operationalizations. In Schumann, D., & Thorson, E (eds.) *Internet Advertising: Theory and Research* (225-258). Mahwah, NJ: Lawrence Erlbaum Associates.
- Sundar, S. S., & Kim, J. (2005). Interactivity and persuasion: Influencing attitudes with information and involvement. *Journal of Interactive Advertising*, 5(2): 5-18.
- Tangmanee, C., & Prapakornkiat, P. (2012). Effects of Location and Animation of Internet Banner on Clickthrough Rates. *The Business Review*, Cambridge, 20(2): 155-161.
- Teixeira, T., Wedel, M., Pieters, R. (2013). Emotion-induced engagement in Internet video advertisements. *Journal of Marketing Research*, 49(2): 144-159.
- Terlutter, R., & Capella, M. L. (2013). The gamification of advertising: Analysis and research directions of in-game advertising, advergames, and advertising in Social Network Games. *Journal of Advertising*, 42(2-3): 95-112. doi: 10.1080/00913367.2013.774610.
- Thota, S. C., Song, J. H., & Biswas, A. (2012). Is a website known by the banner ads it hosts? Assessing forward and reciprocal spillover effects of banner ads and host websites. *International Journal of Advertising*, 31(4): 877.
- Thota, S. C., Song, J. H., & Larsen, V. (2010). Do animated banner ads hurt websites? The moderating roles of website loyalty and need for cognition. *Academy of Marketing Studies Journal*, 14(1): 91-116.
- Tutaj, K., & van Reijmersdal, E. A. (2012). Effects of online advertising format and persuasion knowledge on audience reactions. *Journal of Marketing Communications*, 18(1): 5.
- Vakratsas, D., & Ambler, T. (1999). How advertising works: What do we really know? *Journal of Marketing*, 63(1): 26-43.
- van Reijmersdal, E. A., Rozendaal, E., & Buijzen, M. (2012). Effects of Prominence, Involvement, and Persuasion Knowledge on Children's Cognitive and Affective Responses to Advergames. *Journal of Interactive Marketing*, 26(1): 33.
- Van Steenburg (2012). Consumer recall of brand versus product banner ads. *Journal of Product and Brand Management*, 21(6): 452-464.
- Varnali, K., Yilmaz, C., & Toker, A. (2012). Predictors of attitudinal and behavioral outcomes in mobile advertising: A field experiment. *Electronic Commerce Research and Applications*, 11(6): 570-581. doi: http://dx.doi.org/10.1016/j.elerap.2012.08.002.
- Waiguny, M. K. J., Nelson, M. R., & Marko, B. (2013). How Advergame Content Influences Explicit and Implicit Brand Attitudes: When Violence Spills Over. *Journal of Advertising*, 42(2-3): 155-169. doi: 10.1080/00913367.2013.774590.
- Wharton customer analytics initiative. Case study: Measuring online advertising effectiveness.

- Xie, T., Donthu, N., Lohtia, R., & Osmonbekov, T. (2004). Emotional appeal and incentive offering in banner advertisements. *Journal of Interactive Advertising*, 4(2): 30-37.
- Yang, B., Kim, Y., & Yoo, C. (2013). The integrated mobile advertising model: The effects of technology- and emotion-based evaluations. *Journal of Business Research*, 66(9): 1345.
- Yaveroglu, I., & Donthu, N. (2008). ADVERTISING REPETITION AND PLACEMENT ISSUES IN ON-LINE ENVIRONMENTS. *Journal of Advertising*, 37(2): 31-43.
- Yeu, M., Yoon, H.-S., Taylor, C. R., & Lee, D.-H. (2013). Are Banner Advertisements in Online Games Effective? *Journal of Advertising*, 42(2-3): 241-250. doi: 10.1080/00913367.2013.774604.
- Ying, Korneliussen, & Gronhaug (2009). The effect of ad value, ad placement and ad execution on the perceived intrusiveness of banner advertisements. *International Journal of Advertising*, 28(4): 623-638. doi: 10.2501/S026504809200795.
- Yoo, Y. Y., Kim, K., & Stout, P. (2004). Assessing the effects of animation in online banner advertising: Hierarchy of effects model. *Journal of Interactive Advertising*, 4(2): 49-60.
- Yu, J., & Cude, B. (2009). "Hello, Mrs. Sarah Jones! We recommend this product!" Consumers' perceptions about personalized advertising: comparisons across advertisements delivered via three different types of media. *International Journal of Consumer Studies*, 33(4): 503-514. doi: http://dx.doi.org/10.1111/j.1470-6431.2009.00784.x.
- Zhang, J., & Mao, E. (2008). Understanding the acceptance of mobile SMS advertising among young Chinese consumers. *Psychology & Marketing*, 25(8): 787.
- Zorn, S., Olaru, D., Veheim, T., Zhao, S., & Murphy, J. (2012). Impact of animation and language on banner click-through rates. *Journal of Electronic Commerce Research*, 13(2): 173-183.

第五部分

策正俯公

社会网络分析法在传播学中的应用

乔治·巴内特[①]　江　珂[②]

网络分析是基于系统元素之间的关系模式来确定系统结构的一系列研究方法。社会网络分析将这些方法应用于社会系统。社会系统的组件通常称为节点（nodes/vertices）、行动者（actors）或代理人（agents）。他们可以是个人、组织或国家，也可以是各种系统，比如小团体（small groups）、社区（communities）、民族或文化团体（ethnic or cultural groups）、地方文明（regional civilizations），甚至可以是世界（entire world as a whole）。在传播学研究中，关系通常被称为链接（links，ties or edges）。链接是指系统元素间各种不同方式的信息传递频率。然而，在其他社会科学研究中，系统组件间的关系是基于权力（power）、建议（advice）、冲突（conflict）、友谊（friendship）、认知刺激（cognitive stimuli）、共同活动（joint activities）、交往（affiliations）、疾病、物质材料或工作流动（disease, material or work flows）而形成的。网络分析的目的是在分析一系列低级节点间连接模式的基础上来描述高级系统的结构，以及这种结构面对内生和外生因素，如何应时而变。与传统研究不同的是，网络分析关注节点间的关系，而不是各个节点的属性。

本章阐述网络分析的历史、结构理论（structural theory）——一种社会网络研究的理论框架，描述社会网络结构的术语、网络分析的步骤、分析网络的软件。本文提供两个网络分析的实例。本章还将讨论在中国文化语境下，社会网络研究的特殊案例，即建立于"关系"原则上的社会网络。从这个视角来看，诸多在讨论结构理论时会被同时提及的网络理论将被阐述。这些理论包括：社会资本理论（social capital）、社会交换理论（social exchange）、认知网络理论（cognitive networks）、传染性理论（contagion）和同嗜性理论（homophily）。最后，本章还将谈及社会网络分析的一些弊端，提出两种社会网络分析的未来发展趋势：网络发展变迁的动画演示（animation of longitudinal networks）和对大型网络的研究（the study of massive network）。

[①]　乔治·巴内特（George A. Barnett），现任美国加州大学戴维斯分校（University of California, Davis）传播学系主任、教授，1976 年获美国密西根州立大学（Michigan State University）传播学博士学位，主要研究方向包括国际传播网络及其在全球化进程中的角色和信息技术对科学社会学的影响等。

[②]　江珂，现为美国加州大学戴维斯分校（University of California, Davis）传播系博士研究生，主要研究方向为传播网络与文化融合。

网络分析历史

虽然对网络（图表）的奠基研究可以追溯到瑞士数学家 Leonhard Euler（1707—1783），直到德国社会学家 Georg Simmel 在其著作中首次提出社会结构的概念，社会网络分析的先驱代表作才产生。一般来说，社会网络研究是基于 Jacob Moreno 的"社会关系网图"（sociogram）的发展和 1930 年出现的社会计量学（sociometry）而产生的。社会计量学是测量小团体中人际关系的一门学科。这些人际关系在社会关系网图中呈现出来。其中，人或其他的社会单位被描述为点（points）或圆（circles），而人们的关系则用相应的点间的连线（lines）来表示。根据 Stan Wasserman 和 Katherine Faust 在 1994 年的研究，社会计量学的发展导致了社会网络分析的两个核心方面：用视觉呈现（visual display）来描述团体结构（group structure）；用概率模型（probabilistic model）来预期团体结构造成的后果。

自 1950 年起，许多研究团体就已开创了社会计量学或社会网络分析学。用对社会关系网图的认知来研究社会结构，特别是小团体的结构，使得网络研究的方法迅速扩散。同时，矩阵（matrices）（社会关系模式或邻接矩阵）被用来呈现社会网络数据。这种认知将数学的力量带入社会结构的研究中。

社会网络研究的全部历史并不局限于此。其他精彩历史可以参考 Linton Freeman 的社会网络分析发展（2004）。然而，我们也可以这样说，网络模型已被人类学、社会学、社会心理学和传播学研究者们所广泛采纳，用于研究家庭结构、团体结构和社会结构，以及组织进程和创新的扩散。信息科学、政治科学、地理学和其他科学的研究者也开始观察网络。每种学科用各自不同的概念来满足他们独特的理论、方法和实际需要，并且他们往往都是独立工作。

在过去的 30 年中，电脑网络成指数级增长。从最初几台电脑的相连，到如今产生了由 150 亿超链接连接而成的 500 亿网页组成的分布式超文本系统——互联网和万维网（Barnett & Park, 2012）。为了理解这个复杂的系统，电脑科学家和物理学家纷纷开始独立研究社会网络（Barabási, 2002）。今天，网络研究无处不在。社会和自然科学家，包括生物学家和物理学家，将他们的研究重点从个体元素（人或其他实体）的属性，转向了整体网络或组成网络的系统元素间的关系。他们探索了关系和系统中元素间相对位置的重要性。

结构理论

社会网络研究是一种结构理论。它强调系统元素间关系的非随机分布，以及某个节点在网络中的位置决定了它的行为和认知（态度，价值，信念，知识和文化）。之前的研究表明许多因素会影响网络的结构。物理接近性塑造网络连接。比如，两个节点间的距离越近，面对面地社会互动的可能性就更大，与之相关的社会联系就越强（Wellman & Tindall, 1993）。然而，媒体技术，比如电话或互联网的发展，超越了距离的限制。这些技术使节点间跨越物理距离的电子连接变为可能（Barnett, Chon & Rose, 2001）。在社会系统中，个体节点的角色决定了他们之间的关系。比如，组织中管理者与其下属之间的关系就构成了一种网络连接。说相同语言，或者有相同文化背景的人比语言不同、文化背景不同的人更容易构建网络连接。更广泛地说，两个个体在人口统计和心理特征上的相似性（homophilous），使得他们之间更容易形成网络连接（McPherson & Smith-Lovin, 1987）。

　　网络分析的目的就是通过分析低级节点间的关系来描述高级系统的结构。例如，通过分析组织成员间的关系，一个正式组织的结构可以被描述出来。社会网络分析与传统的研究不同，它关注的是节点间的关系而不是节点的属性。传统研究的数据结构可以用变量矩阵来描述案例，s_{ij} 表示变量 i 在 j 这个事件上的值。而网络数据则被整理为一个节点×节点的矩阵，s_{ij} 指节点 i 和节点 j 间的某种被衡量的关系。社会关系模式（sociomatrix）可以是二元的（$s_{ij}=0, 1$），它简单表明 i 和 j 之间是否存在连接。它也可以呈现出价值（$s_{ij}=0, 1, 2, \cdots, \infty$）来具体描述节点的关系属性，比如，使用某种媒体沟通的频率。在二元矩阵中，一对节点 i 和 j 的关系可以表现为三种状态：互相依存（mutuality）（$i \leftrightarrow j$），不对称（asymmetric）（$i \rightarrow j$, or $i \leftarrow j$）或者无（null）。所以，社会关系模式可以表示关系的方向性。在不对称矩阵中（$s_{ij} \neq s_{ji}$），关系的发起者呈现为行（rows），而关系的接受者则表示为列（columns）。不对称的或方向性的社会关系模式可以用图表呈现为社会关系网图（sociograms or digraphs），其中，线条被加上了箭头。图1是社会关系网图的一个例子。

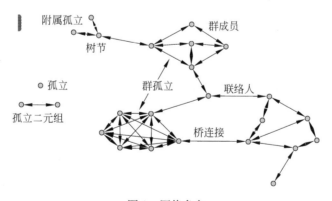

图1　网络角色

　　在社会关系模式中，附属特征或节点间的其他关系可以在第三纬度（k）中表现出来，网络的演变可以通过添加第四纬度（t）来呈现。例如，第三纬度可以用来区分正式和非正式的连接，或是用来表示不同方式的沟通——面对面、电话、电子邮件等。

网络测量

数学运算可以用于测量网络的许多统计属性,其中包括网络密度。密度等于存在连接的数量除以可能连接的数量。当没有规定连接方向时,可能连接的数量等于 $n((n-1)/2)$(n=节点数);当规定了连接方向时,可能连接的数量等于 $n(n-1)$。

密度是测量个体节点间关系束缚的实用指标。在密集网络中,个体顺服于系统标准的趋势增强。这部分是因为网络中的所有成员被暴露在共同的信息中。同时,密集网络中的个体也被提供了获得信息、物质资源还有社会支持的途径(Monge & Contractor, 2003)。

中心度是个体节点在网络中位置的指示器。中心度是指一个节点在网络中占据显著和重要位置的程度(Valente, 2010)。关于中心度,有很多测量指标,包括度(degree)、中介度(betweenness)、距离(distance)和本征矢量中心度(eigenvector centrality)。度指直接连接的总数。当处理有数值的网络时,度则指直接连接的强度之和。在有方向的网络中,内连接度(in degree)是指接收到的连接数(或连接强度之和),外连接度(out degree)是指对外发出的连接数(或连接强度之和)。度可以被认为是节点在网络中重要性和显著性的指标(Knoke & Yang, 2008)。中心节点在网络中有更高的融入度(Feeley & Barnett, 1997)。他们通常是组织中等级较高的和对组织运营更加了解的个人。

中介度是指网络中的一个节点位于连接其他成员的最短路径中,或指通过 i 连接网络中的任意节点 j 和 k 的所有路径(Freeman, 1979)。中介度通常被理解为结构洞(structural hole)概念的实际运用(Burt, 1992)。比如,一个有高中介度中心性的节点被认为是结构洞的占据者。这些人因为在组织信息流中居重要位置,而在组织中占据更有权力的地位。并且,中介度还可以用来鉴别潜在的守门人,因为高中介度表明信息流被限制在穿越这些节点的途径中。更进一步地说,在组织群体中充当联络人(liaison)和桥(bridges)的节点,相比其他人具有更高的中介度。

接近性(closeness)是指网络中一个节点与其他所有节点的平均距离,或指连接(to/from)其他节点的所有路径之和的倒数(Freeman, 1979)。它用来衡量网络中的节点直接或间接的连接到其他节点的程度。本征矢量中心度(eigenvector centrality)用来表明节点在网络中的总体中心度(Bonacich, 1972)。这种测量需要在数据有具体数值的情况下进行,适用于密集网络。它考虑到节点在网络中与其他节点的接触,比如节点与中心节点连接,它的中心度会相对较高。在国际沟通网络中,美国是最中心的国家。而用本征矢量中心度来衡量的话,墨西哥凭借与美国的强连接而成为世界上最中心的国家之一,尽管它与其他国家的连接并不算多。

社会网络分析同样被用来识别网络中的组群。这些组群自身的密度要大于组群间的密度。有两种方法可以识别组群。一种是由节点间的相似性组成组群的结块式方法（agglomerative）。一般来说，群分析被用来决定组群的出现（Aldenderfer & Blashfield, 1984）。另一种是通过移去网络中具有最大中介度的连接，将网络分割为若干组群的分割式方法（divisive）（Newman, 2004）。

社会网络分析的目的之一是通过识别大量节点的位置来将其简化为少量结构相等的角色（Richards & Seary, 2005）：

孤立（isolate）：一个节点在网络中没有连接。

附属孤立/悬挂（attached isolate/pendant）：节点在网络中只有一个连接。

孤立对（isolate dyad）：一对节点连接在一起，却孤立与网络中的其他部分。

树节（tree node）：网络中连接最少的子集称为树（tree）。此子集中的任意一个节点称为树节。移去任意一个树节，会使树在结构上分离为两个孤立的部分。

群成员（group member）：网络中，一个节点一半以上的连接都是与同一个组群中的其他成员完成的。

桥连接（bridge link）：一个组群中的成员与其他组群或联络人有连接。

联络（liaison）：网络中的一个节点不符合成为群成员的条件，但是却与这个群中的其他成员（节点）有连接。

以上网络角色在图1中呈现出来。

有两种社会沟通网络：代表性或等结构网络；由传播流和信息流组成的网络（Danowski, 2012）。代表性网络在各种非直接关联的基础上呈现社会关系。例如，如果两个国家使用同样的网站，他们就通过这个网站被连接起来（Barnett & Park, 2012）。他们的结构在网络中被称为等结构。另外的一种社会网络是基于直接接触而形成的。它关注谁向谁传递信息，或谁和谁交换信息。两个国家间通过电话交流的频率是信息流网络的一个例子（Barnett, 2001）。

代表性或者等结构网络通常被描述成双模（two-mode or bipartite）网络（Agneessens & Moser, 2011）。一个双模网络可以通过一个 $n \times m$ 的长方形矩阵呈现出来（Fosse, 2011）。链接存在于两组节点间，但每组的节点间是没有联系的。例如，有一组网站（Google，Facebook，Baidu）和另一组国家（美国、英国和中国）。在它们构建的网络矩阵中，行表示网站，列表示国家。r_{ij} 代表国家 j 的公民使用网站 i 的情况。与社会关系模式不同的是，在这个双模矩阵中，网站与网站、国家与国家间没有直接的联系。代表性网络通过共同网站的使用阐述国与国的关系，通过分析哪些国家使用哪些网站阐明网站与网站的关系。根据研究问题的不同，这两个网络可能会同时呈现，也可能会单独呈现。

通过以上论述，我们发现社会网络分析是一种系统分析。它描述系统组件间的关系。然而，社会科学家通常关注具体的个人网络。这种方法，称为自我中心或节点中心分析。这种方法特别适用于分析没有定义人群和边界的大系统，比如，整个 Facebook 或 Twitter 网络（Müller, Wellman, & Marin, 1999）。通常，它们有许多的节点和连接，从而需要从人群中抽取样本进行分析。在这种情况下，人们研究焦点（focal nodes）在其个人网络中的直接连接，同时也可以用雪球样本（snowball sample）来检测焦点的非直接连接。通常，个人中心网络（egocentric networks）的两种属性会被分析，它们是：个人的度（degree）或连接度（connectedness）；密度（density）或融合度（integrativeness）。节点的其他特征，包括接触（contacts）和关系属性也经常被研究。融合度指节点在网络中直接联系其他成员的比例。研究表明融合度高的社会网络往往由相似的人群组成（Barnett, Cheong & Kwon, 2008），并且这些网络有利于有效的沟通（Monge & Contractor, 2003）。然而，它们也被认为是阻止新信息传播的屏障（Rogers & Kincaid, 1981）。新的观念通常会借着那些和网络中其他成员牵连不多的连接传播出去（Granovetter, 1973）。通常，他们是弱连接（weak ties）或是使用频率很少的连接（Granovetter, 1973）。

和融合度相关的概念是传递性。如果，i 和 j 相连，j 和 k 相连，i 和 k 就也相连，这样 i、j 和 k 被认为是彼此传递的（Wasserman & Faust, 1994）。用图表示就是：i j、j k，接着是 i k。在图1中，节点 i、j 和 k 就具有这种传递性关系。然而，社会关系网图需要被谨慎分析。当三个节点呈现出一种传递关系的时候，并不代表所有 i 和 j 的沟通信息会被传递到 k。人们倾向做被动的接收者，并且只传递有社会回报的信息（Davis, 1953）。更进一步地说，信息通常会被传递到有更高社会地位的人群中（Milgram, 1967；Lin, 1986）。所以，传递性是信息价值或重要性，以及节点的相对社会地位共同作用的结果。传递性带来了三元组（triads）的概念，即三个节点通过传递性关系连接在一起。三元组被广泛地学习用来预测联盟的形成和态度的改变（Holland & Leinhardt, 1970）。

一个简单的例子

在这里，读者会受益于这个简单的网络分析例子。本例的数据来自 Barnett 和 Danowski 在1992年对国际通信协会（ICA）结构的分析。在分析个体成员所属组织部门的基础上，他们研究了组织中不同部门、兴趣小组间的关系。换句话说，各部门间共有成员的数量构成链接。在1991年，ICA 由13个智力专项组构成，包括10个分部和3个兴趣组。2 116名成员分布于其中构成了6 695个会员，平均每个人有3.16个会员身份。表1列出了各分部和兴趣组，以及他们共同的会员数量。

表 1 国际通信协会共同附属机构（1991）

		1	2	3	4	5	6	7	8	9	10	11	12	13
1	信息系统	0												
2	人际	62	0											
3	大众	66	44	0										
4	组织	67	118	58	0									
5	跨文化	41	67	108	79	0								
6	政治	28	26	122	42	39	0							
7	教育	19	61	40	49	35	17	0						
8	健康	23	64	45	57	41	17	22	0					
9	哲学	32	39	91	36	57	37	21	15	0				
10	传播技术	60	23	74	64	40	26	19	17	27	0			
11	流行传播	12	14	54	17	27	23	10	8	50	16	0		
12	公共关系	17	21	57	62	20	29	11	23	12	18	10	0	
13	女性主义	11	27	54	32	36	19	14	18	55	8	34	17	0

应实证研究之需，数据以各分部间共同会员的平均数量 38.1 为标准，划分为两类。在这个层面上看，网络密度是 0.423，即部门间 42.3% 的连接是大于平均值的。表 2 表明了网络中心度的各个不同指标，包括度、共享、中间度、接近性和本征矢量中心度。所有指标都显明大众传媒是最中心的部门。此网络的连接是无方向的，没有内连接度和外连接度的测量。大众传媒通过至少 38 个成员与其他的 12 个部门都有连接，其连接数占总连接数的 18%。接下来是组织传播、跨文化传播和人际传播。网络中心度偏低的是，女性主义研究、流行传播和公共关系。它们各自都只有和其余两个部门的连接，其连接数占总连接数的 3%。在网络中，没有任何路径经过这些部门（它们的中介度为 0），并且他们离其他部门的距离最远。

表 2 国际通信协会（1992）——中心度衡量

部门/兴趣	度	共享	中介度	相近性	本征失量
大众	12	0.18	27.67	12	64.39
组织	9	0.14	7.67	15	55.90
跨文化	8	0.12	4.17	16	53.90
人际	7	0.11	2.75	17	49.11

续表

部门/兴趣	度	共享	中介度	相近性	本征矢量
信息系统	5	0.08	0.25	19	40.92
哲学	5	0.08	2.50	19	31.45
传播技术	4	0.06	0.00	20	34.19
健康	4	0.06	0.00	20	35.49
政治	3	0.05	0.00	21	27.68
教育	3	0.05	0.00	21	26.92
流行传播	2	0.03	0.00	22	15.23
公共关系	2	0.03	0.00	22	19.12
女性主义	2	0.03	0.00	22	15.23
均值	5.08	0.08	3.46	18.92	36.12
标准方差	2.97	0.05	7.34	2.97	15.23

通过等级群分析（A hierarchical cluster analysis），ICA 被分为两个群组。一个包括了诸多人文部门——哲学、流行传播和女性主义研究。其他的社会科学部门则共同组成了另一个群组。

网络分析的一个优势是它可以用图来呈现系统的结构和影响此结构的因素，ICA 网络分析结构如图 2 中所示。节点的大小和标签表明会员的数量。大众传播是最大的节点，女性主义研究和流行传播是最小的节点。线条的密集度代表连接的相对强度。线条越密集，连接越强。最密集的线条（连接）存在于大众传播和政治传播，以及人际传播与组织传播中。颜色用于区分组群。红色代表社会科学，蓝色代表人文科学。

进行网络分析

在进行网络分析的时候，研究者需要作出很多决定。首先，他/她需要识别社会系统。这可以从很多视角出发。研究者可以采用现实主义的观点，将系统定义为对主体的认知。网络由被定义为系统成员的个体组成。研究者可以采用唯名论的观点来定义系统中的他或她。例如，网络可以由联合国或世界贸易组织的所有成员组成。其次，识别系统还可以基于位置视角。网络中的会员身份可以用他们的位置来定义。世界 500 强公司就是一个例子。它们可以共同组成一个网络，而其他非 500 强公司就被排除在这个网络之外。最后，网络还可以用关系来定义。这种定义，基于提供素材的人

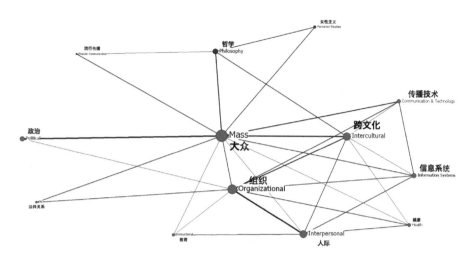

图 2　国际通信协会辅助机构网络（1991）
节点的大小和标签表明会员的数量。线条的密集度代表连接的相对强度。线条越密集，连接越强。颜色用于区分组群。红色代表社会科学，蓝色代表人文科学。

和其他通过雪球样本采样出的人们之间的关系，特别适用于检测自我中心网络。

第一，研究必须回答如下问题：谁或什么组成了网络中的节点？节点是个体还是高级社会系统，比如任务小组、组织或国家？

第二，系统必须固定在时间中。研究者可以采用事件基础视角。谁、哪个节点参与了这个事件？为了理解网络的结构，什么是合适的时间框架（毫微秒，秒，分钟，小时，天，星期，季度）？研究者是否希望纵向（longitudinally）的研究网络？网络怎样应时而变？如果要研究网络随控制现场试验的某个部分、组织发展中的干预、市场或传播活动，或外部事件对系统的影响而变化，这些问题是非常重要的。例如，巴奈特（2001）在分析从 1978 年到 1996 年数据的基础上，研究了国际通信（international telecommunication）网络的变化，并考察了冷战的结束对全球通信结构的影响。

网络的纵向研究允许研究者将网络定义为一个动态复杂的自组织（self-organizing）系统（Barnett & Houston, 2005）。由于结构可以被定义为节点间互动产生的属性，随着时间的变迁，网络结构随机产生。这就是说，系统可以将自己从一种统一状态转变为一种可以预测的（结构性的）自组织系统。学者们用多种方法来研究复杂的社会网络。这些方法包括：自生系统论（autopoiesis）（或自我复制系统论）（Barnett, Chon, Park, & Rosen, 2001；Barnett, Park, Jiang, Tang, & Aguillo, 2012），复杂性理论（complexity theory），又称无序和非线性动态论（chaos and non-linear dynamics）(Contractor & Siebold, 1993；Richards, 1993；Tutzauer, 1997；Barnett, 2005)，细胞式自动机（cellular automata）（Corman, 1996），智能体模型（agent-based modeling）（Tutzauer, Kwon, & Elbirt, 2011）和耗散结构（dissipative structures）（Woelfel, 1997）。对这些理论视角的

讨论已经超过了本章所覆盖的范围。简单地说，这些理论的应用都需要对网络进行纵向研究。

第三，研究者要决定是什么组成了连接。有多种方法可以用来作出此决定。连接可以基于节点的相似性而组成。节点间的关系可以由它们共同所有的性质决定（人口统计学特征、态度、位置、会员身份或共同的工作）。连接还可以基于节点间的社会关系而产生。比如，他们是朋友，还是亲戚？连接还可以定义为互动。两个节点间是否有谈话或是否互相帮助？最后，流（flows）也可以组成连接。比如，国际贸易或信息流。

在这里，研究者必须要决定他/她是否对二元连接数据（有/无连接，$s_{ij}=0，1$）感兴趣，还是对更为细致的测量连接感兴趣，比如连接频率、强度或重要性。这里 s_{ij} 可以是一个实数。对传播网络来说，研究者是对渠道（媒体）还是媒体中的具体连接感兴趣？当研究组织时，正式和非正式的连接不同吗？连接是否是基于任务（运营的，与工作相关的）、社会情感（维护）或创新（适应）主题而形成的？

在传播网络文献中，这些不同的研究内容可以被组合在一起，称为多路复用（Multiplexed）（Hartman & Johnson, 1989）。当不同的主题、渠道或关系被组合起来，通常是累加起来，共同形成对连接的一种衡量时，多路复用就产生了。为了提高测量的合法性，建议收集主题或具体领域的网络信息。通过问询具体的信息来设置节点相互连接的语境，使得研究者可以更加精准地解释数据。而通过问卷调研来收集连接信息可以帮助主体更精确地回忆他们间的关系。

有很多方法可以用来收集网络数据。按照惯例，研究者使用调查问卷。有一些研究者会用一份花名册列出网络中的所有成员，然后简单地询问应答者他们和哪些成员有联系。另一种方法是在不提供成员名单的基础上，让应答者说出和他们有关系的成员姓名。使用花名册通常会导致对连接数量的高估，而不使用则会带来对连接数量的低估。那些通过自由回忆方法被忽略的、弱的和不常见的连接，通常在使用花名册方法时，被报告出来。问卷也可以让应答者指出他们之间沟通的频率。可以简单地问他们之间每隔多久会有互动，或者也可提供给应答者固定的选项，比如每天、每周两到三次、每周、每月等。

因为网络调查问卷可能会令人费解，所以需要通过采访网络中的成员来获得上述数据。应答者也会被要求通过日记来记录他们和谁沟通，互动的时长和主题。尽管记日记会产生精确的数据，但是对记录者来说却有非常大的负担。

直接观察可以用来获取谁和谁互动的数据。这些数据可以实时被记录，或者先用视频和音频记录，而后编码。使用录像和录音来记录互动使得研究者可以雇用多位编码者。这样研究者就可以通过决定编码者间的可靠性（inter-coder reliability）来确保研究有更好的有效性。

档案馆的记录可以被重新编码为社会网络数据。例如，网络数据可以从新闻来源中采掘出。有许多对国际关系的网络分析，比如国际贸易流，是基于从国际货币基金组织获得的用于其他目的二次数据（Barnett, Salisbury, Kim, & Langhorne, 1999），或从国际民用航空局获得的国际运输数据（Barnett, Chon & Rosen, 2001）。

另外一种获取网络数据的方法是基于第三者 k 对角色 i 和 j 间关系的感知。当大多数人，k，都同意 i 和 j 之间有或无关系时，一致性就存在于认知网络中。准确性存在于当 k 对 i 和 j 关系的认知，与 i 所汇报的与 j 之间的关系相似时（Krackhardt, 1987b; Heald, Contractor, Koehly & Wasserman, 1998）。

由于电脑网络的巨大增长，学者开始熟练于从计算机媒介中获取社会/传播网络数据。这种方法的优势是不引人注意，并且准确而可靠。然而，它要求研究者有一定的计算机素养来收集数据，并将其转化为可用于分析的形式。从个人到任务小组、组织、社区、城市、种族或文化群体、国家和世界，电子网络在各个层面上都被研究。学者用网络分析来研究互联网通过内容传递所成就的各种连接渠道和机制的发展。学者也可以通过分析频带宽度和超链接来研究网络的总体情况（Barnett & Park, 2012）。另外，网络的某种特别内容也可以被考察，比如博客、论坛、短消息（Hansen, Shneiderman, & Smith, 2011）、社交网络、多人游戏（MMOGs）（Williams, Contractor, Poole, Srivasava & Cai, 2011）或者个人的社交网络页面像 Facebook 和 Twitter（boyd & Ellison, 2007）。

当测试关于网络结构的假设时，不能使用标准的统计测试，因为节点不是彼此独立的。这违反了传统统计学的一个基本假设。例如，如何确定网络节点间的物理距离是否与他们之间互通邮件的频率具有显著的相关性，或者当节点 a 和 b 都与节点 c 连接时，它们之间是否也直接相连。在前一个例子中，因为电子邮件是有数值的网络，二次指派程序（quadratic assignment procedures/QAP）应被用来测试网络之间显著的相关和回归系数（Krackhardt, 1987a）。在后一个例子中，两个节点间有或无直接连接是一种两分法，指数随机图（exponential random graphs/p*），也就是一系列对数线性统计程序应被使用。

社会网络分析的计算量大，有很多软件包可以计算网络的统计数字并提供网络图。使用最广泛的是 UCINET 和它的图形程序包 NetDraw（Borgatti, Everett, & Freeman, 2002）、Pajek（de Nooy, Mrvar, & Batagelj, 2005）、Multinet（Negopy and Fatcat）、 （Richards & Seary, 2005）、NodeXL（Hansen et al. 2011）和 Gephi（Bastian, Heymann, & Jacomy, 2009）。此外，还有很多其他的软件。

第二个例子——国际互联网频带宽度

为了演示网络分析，本章将阐述研究国际互联网频带宽度网络结构的流程。国家/地区的带宽容量数据从 TeleGeography—Global Internet Geography（http://www.telegeography.com/）中获取。它以每秒兆位（MBPS）为单位，报告了 2011 年 7 月 75 个国家/地区的双边互联网带宽。

互联网带宽容量网络的密度是 0.146。美国的带宽容量超过 1 720 万 MBPS，占世界带宽共享的 14.7%，是网络中最中心的国家。紧接着是德国，1 500 万 MBPS（12.8%）；英国，1 150 万 MBPS（9.8%）；法国，1 000 万 MBPS（8.5%）。带宽连接的分布同样聚集在少数国家。互联网物理基础建设最有趣的特征可能是网络中国家的中介性中心度。美国的标准中介性中心度是 34.2（在 0 到 100 范围内），有 1/3 的互联网通信是经过它的。此中介性中心度是德国（18.0）的近 2 倍，英国（12.8）的近 3 倍。明显地，美国是国际互联网的中心。带宽网络的中心度呈现在表 3 中。

表 3 国际互联网带宽网络——中心度

国家/地区		总容量	N. 度	共享	N. 中介度	N. 相近度	N. 本征矢量
阿根廷		845 136	0.394	0.008	0.037	44.048	3.690
澳大利亚		494 979	0.231	0.004	0.063	50.000	9.380
奥地利		1 695 988	0.792	0.015	1.014	50.340	6.690
孟加拉国		13 802	0.006	0.000	0.006	49.333	0.020
白俄罗斯		140 436	0.066	0.001	0.012	43.275	0.330
比利时		935 463	0.437	0.008	0.112	52.113	6.880
玻利维亚		22 107	0.010	0.000	0.000	43.529	0.140
巴西		1 609 704	0.751	0.014	0.114	44.578	9.860
保加利亚		407 596	0.190	0.004	0.466	45.963	1.540
加拿大		2 316 127	1.081	0.021	0.017	48.684	16.690
智利		701 194	0.327	0.006	0.126	44.578	2.780
中国	大陆	2 852 526	1.331	0.026	3.541	63.248	9.860
	香港	1 326 399	0.619	0.012	2.599	61.157	2.690
	台湾	844 711	0.394	0.008	0.435	53.623	2.220
哥伦比亚		459 619	0.215	0.004	0.040	44.311	3.220
捷克		911 008	0.425	0.008	0.223	48.366	4.550
丹麦		1 704 613	0.796	0.015	0.297	52.113	9.120
厄瓜多尔		51 078	0.024	0.000	0.000	43.787	0.300
埃及		189 942	0.089	0.002	0.016	53.623	1.010
爱沙尼亚		238 960	0.112	0.002	0.019	44.848	0.210
芬兰		959 436	0.448	0.009	0.107	46.835	1.300
法国		10 008 807	4.671	0.090	4.666	61.667	58.800
德国		15 279 378	7.131	0.137	19.378	72.549	63.350

续表

国家/地区	总容量	N. 度	共享	N. 中介度	N. 相近度	N. 本征矢量
希腊	354 952	0.166	0.003	0.029	46.835	1.850
危地马拉	10 884	0.005	0.000	0.000	43.529	0.070
匈牙利	1 328 856	0.620	0.012	0.308	48.052	3.830
印度	639 251	0.298	0.006	0.947	58.730	2.860
印度尼西亚	202 927	0.095	0.002	0.039	50.340	0.230
爱尔兰	443 823	0.207	0.004	0.045	51.748	3.660
以色列	121 539	0.057	0.001	0.000	50.685	1.000
意大利	2 489 471	1.162	0.022	2.424	58.730	13.990
日本	2 622 687	1.224	0.024	0.434	54.815	10.470
哈萨克斯坦	77 128	0.036	0.001	0.001	46.250	0.300
韩国	632 197	0.295	0.006	0.085	51.034	2.350
拉脱维亚	133 432	0.062	0.001	0.051	44.311	0.140
立陶宛	149 122	0.070	0.001	0.079	45.122	0.340
卢森堡	157 030	0.073	0.001	0.000	46.541	1.060
马其顿	43 169	0.020	0.000	0.052	36.453	0.010
马来西亚	454 626	0.212	0.004	0.624	56.489	1.010
墨西哥	887 007	0.414	0.008	0.037	44.048	6.380
摩尔多瓦	52 920	0.025	0.000	0.018	46.250	0.360
摩洛哥	104 502	0.049	0.001	0.000	38.542	0.480
荷兰	8 385 488	3.914	0.075	7.602	65.487	53.090
新西兰	87 068	0.041	0.001	0.013	46.250	0.410
挪威	612 443	0.286	0.006	0.000	44.048	3.810
阿曼	15 741	0.007	0.000	0.109	50.685	0.070
巴基斯坦	114 920	0.054	0.001	0.007	45.679	0.480
巴拿马	244 107	0.114	0.002	0.052	44.311	1.240
秘鲁	382 749	0.179	0.003	0.083	44.578	1.800
菲律宾	253 341	0.118	0.002	0.022	47.134	1.130
波兰	1 385 137	0.646	0.012	0.079	46.835	8.050
葡萄牙	454 626	0.212	0.004	0.628	53.237	2.480
卡塔尔	35 207	0.016	0.000	0.214	54.815	0.150
罗马尼亚	690 037	0.322	0.006	0.879	48.366	3.160

续表

国家/地区	总容量	N. 度	共享	N. 中介度	N. 相近度	N. 本征矢量
俄罗斯	2 148 132	1.003	0.019	2.569	55.224	6.820
沙特阿拉伯	180 114	0.084	0.002	0.028	50.685	0.830
塞内加尔	6 214	0.003	0.000	0.000	47.742	0.040
塞尔维亚	171 220	0.080	0.002	1.516	52.113	0.580
新加坡	1 598 915	0.746	0.014	1.484	60.163	3.330
斯洛伐克	916 210	0.428	0.008	0.016	43.787	3.260
斯洛文尼亚	115 974	0.054	0.001	0.175	43.023	0.440
南非	45 732	0.021	0.000	0.027	52.857	0.210
西班牙	3 103 460	1.448	0.028	1.026	53.623	21.480
斯里兰卡	22 832	0.011	0.000	0.007	45.679	0.070
瑞典	3 165 971	1.478	0.028	1.645	55.224	10.260
瑞士	1 001 190	0.467	0.009	0.212	54.412	6.720
泰国	248 994	0.116	0.002	0.439	54.815	0.540
土耳其	1 276 556	0.596	0.011	0.279	48.366	9.460
乌克兰	792 851	0.370	0.007	0.180	44.848	2.320
阿拉伯联合酋长国	166 497	0.078	0.001	0.350	56.489	1.080
英国	11 553 614	5.392	0.104	12.865	72.549	66.850
美国	16 567 979	7.732	0.149	34.276	75.510	56.200
乌拉圭	30 526	0.014	0.000	0.000	43.529	0.070
委内瑞拉	198 303	0.093	0.002	0.083	44.578	1.310
越南	265 340	0.124	0.002	0.001	46.250	0.430
均值	1 482 027	0.692	0.013	1.404	50.320	7.110
标准方差	3 114 922	1.454	0.028	4.750	7.380	14.700

N=75；

总容量=一个国家的全部带宽容量；

N. 度=标准化的（0—100）度；

共享=国家中心度的百分比；

N. 中介度=标准化的（0—100）中介度；

N. 相近度=标准化的（0—100）相近度；

N. 本征矢量=标准化的（0—100）本征矢量中心度。

图 3 用图像展现了带宽网络，美国位于网络的中心。地方群组在图中也很突出：拉美（左下），东亚（左上），俄罗斯和北欧（右下），东亚（左上）。这些归类是通过群分析来识别的。节点的大小

等于国家互联网带宽容量的平方根。注意，带宽网络是非方向性的。所以，图中没有箭头表示连接的方向。

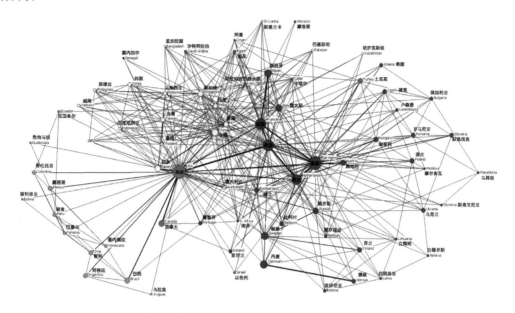

图 3　基于带宽容量的国际互联网网络（2011）

节点的大小等于国家互联网带宽容量的平方根。蓝色是欧洲，红色是北美，黄色是亚洲，橘色是拉美，绿色是中东和北非，非洲是黑色，大洋洲是浅蓝色。线条越密集表示双边带宽容量越大。

为确定带宽网络和国际互联网网络结构的相似性（国际互联网网络可以用超链接网络和国家间共享网站的网络来衡量），QAP 相关性被测试。带宽网络和超链接网络的相关性是 0.442（p<0.000）。其与共享网站网络的相关性是 0.478（p<0.000）。这表明互联网的物理结构对世界范围的互联网（超链接）和国家的实际网站使用有重要的影响。

中国文化语境下的社会网络

社会网络研究在中国是比较新兴的学科。INSNA，即国际网络社会网络分析协会，发起了在中国举办的第一次社会网络国际会议。这次会议于 2013 年在西安进行。这次会议由上海大学、中山大学和清华大学共同发起，并由西安交通大学组织。因为社会网络是相对新兴的学科，本文欲以儒家哲学为基础来分析中国的社会网络。在此，将呈现一组不同的社会关系基本原理。比如，由于流动性的增强，西方社会中的隔代关系不会像传统中国社会那样重视子女的孝顺。

关系网络

在中国文化中，人际关系可以由"关系"一词来理解。这里"关系"指的是基于互惠的社会连接（Gold, Guthrie, & Wank, 2002）。关系的概念根源于传统的儒家价值观"仁"。"仁"认为他人是自我存在的前提。"仁"是由两个字"人"和"二"组成，暗指两个人之间的关系。这种关系可以概括为"己所不欲，勿施于人"（论语）。虽然，儒家伦理强调爱人如己，帮助别人不求回报，但是这只是古圣贤的理想（King, 1980）。实际上，普通人所恪守的格言是"滴水之恩，当涌泉相报"。这和西方社会在自我利益和平等基础上形成的社会互动是不同的（Greenberg & Cohen, 1982; Walster, Walster, & Berscheid, 1978）。在中国语境中，强调互惠关系原则的人际沟通网络，比西方社会的人际网络更加的情境化（Hwang, 1987）。互惠不是普遍通用的，它仅是在人们所属的社交网络中须履行的职责。这种社会网络是关系网络。

人情的概念是理解关系网络的关键。在中国古代，人情被定义为人们自出生而有的喜、怒、哀、惧、爱、恶、欲（礼记）。一个懂人情的人能体会他人的这些情感，此人会喜他人之喜，恶他人之恶（Hwang, 1987）。然而，这种情感共鸣并不是人情的核心。在关系网络中，人情是以社会交换为目的，可以送给他人的一种礼物（Homans, 1950, 1974; Blau, 1964）。这表明人们内在的情感需要通过外在的行为和物质交换得以满足，并且从某种意义上说，在面对外在的行为和物质交换时，人们的内心是敏感而脆弱的。从这个角度讲，关系中的人情比西方的实用主义更加实用。为了实现个人目的和生产所需的物质，中国人需要按照人情法则来在他们的关系网络中保持与熟人的关系，经常交换包括钱、物品和服务在内的礼物。当关系网络中的一个人遇到了麻烦，他们会"做个人情"帮助此人，因为这会使他们未来在分配他人资源的时候处于有利的位置。

在中国研究社会网络需要学者考查关系网络。具体来说，在研究社会组织时，学者在运用社会资本理论、社会交换理论、认知和传染理论、同嗜性理论时，应加入关系的视角。在下文中，我们用关系的不同属性来解释传播网络。本章中，GX_{ij} 表示行为者 i 和 j 之间的关系。

社会资本的另一种表现：关系资本

社会资本（Coleman, 1988）存在于人们的关系中，通常可以促进个体的某种行动。因为强调从关系中生出的责任、期望、信任，它没有人力资本（human capital）比如声望和智力那样确凿。结构洞（structural holes）理论将之前关于社会资本的研究最好地呈现出来（Burt，1992，1997，2001）。通过填补网络中人们没有连接的结构洞，人们通过投资社会资本，来提高他们在网络中的结构自主性，并以此控制他人间信息的流动，从而获取利益。中介度（Betweenness centrality）用来衡量结构洞（Burt，1992）。一个享有高中介度的节点被认为是结构洞的占有者。

行为者的属性会被他们在社会网络中的连接度，以及他们可以从所在网络中获得的社会资本所影响。根据 Monge 和 Contractor 的研究，"行为者的属性包括获取信息的效率（efficiency in seeking information）、效力（effectiveness）、生产力（productivity）、创造力（creativity）、创新力（innovativeness）和灵活性（flexibility）"（2003）。社会组织中的社会资本原理可以被表示为：$A1_i = $ function $\left[\sum (R1_{ij})\right]$（2003）。$A1_i$ 是行为者 i 的一个属性的值。它会被行为者 i 与网络中所有其他行为者 j 之间的关系之和所影响。

在中国，这种社会资本可以理解为强调在一定的社会情境中互惠的关系资本。社会组织中的关系资本原理可以表示为：$A1_i = $ function $\left[\sum (GX_{ij})\right]$。这里，行为者 i 的一个属性 A1 会被行为者 i 与所处社会网络中所有其他行为者 j 之间的关系之和所影响。具体地说，如果 A 帮助了 B，并且相信 B 在将来会回报 A，那么 A 的期望和 B 的责任就在此确立，从而有价值的关系资本资源在 A 和 B 的社会互动中就产生了（Coleman，1988）。所以，学者同样可以从社会交换的视角来研究关系网络。关系资本可以理解为人情资源，即人们以社会交换为目的而给他人的礼物和帮助。

关系网络中研究社会交换机制的人情法则

社会交换理论被用于研究二元关系中资源的供应和需求（Homans，1950，1974；Blau，1964），以及二元关系所处的更大的社会网络（Emerson，1962，1972a，& 1972b）。在网络分析中，连接，基于个体对资源交换过程中的花销和回报的分析而产生（Monge & Contractor，2003）。个体潜在的社会交换能力可以帮助他们免予被排斥在沟通网络外。在关系网络中，人情被认为是一种有价值的社会交换资源，并且关系网络的形成依照人情法则。在中国的社会组织中，人情是指可以满足人们内心情感的实际和具体的行为和物质。它是人们在与他人相处时十分重要的社会准则。一方面，个体为了维护与各自所处关系网络中熟人的关系而交换资源，另一方面，他们会帮助所处关系网络中遇到麻烦的人，会做个人情，以期在未来获得回报（Hwang，1987）。关系网络中，人情交换的原理在二元层面可以被表示为：$GX_{ij} = $ function $\left[(RQ1_i - RQ1_j)(RQ2_j - RQ2_i)\right]$。这里，$RQ1_i$ 和 $RQ1_j$ 分别是 i 可以提供的人情资源，和 j 所需的人情资源；$RQ2_j$ 和 $RQ2_i$ 分别是 j 可以提供的人情资源，和 i 所需的人情资源。在两个个体中，如果发生了人情交换，关系就产生了。

更进一步地说，人情同样被认为是关系网络中重要的社会评估准则（Hwang，1987）。当行为者 i 考虑是否要帮助行为者 j，或者向 j 做个人情的时候，i 会关注 j 与他人的关系。如果 j 与拥有 i 所需要的人情资源的人有重要的关联，并且 j 和这些人的关系强大到可以劝说他们向 i 做个人情，行为者 i 会很愿意同意 j 向其提出的人情需求。相反，行为者 i 很可能会回绝 j 的要求。所以，人情交换理论在三元层面可以表示为：$GX_{ij} = \text{function}\ [(RQ1_i - RQ1_j)(RQ2_j - RQ2_i)\ GX_{jk1}\ GX_{ik2}]$。这里，$GX_{jk1}$ 是行动者 j 和拥有 i 所需人情资源的 $k1$ 之间的关系。同理，这种关系可以表达为 $GX_{jk1} = \text{function}\ [(RQ1_j - RQ1_{k1})(RQ2_{k1} - RQ2_j)]$。$RQ1_j$ 和 $RQ1_{k1}$ 分别是 j 可以提供的人情资源，和 $k1$ 所需的人情资源；$RQ2_{k1}$ 和 $RQ2_j$ 分别是 $k1$ 可以提供的人情资源，和 j 所需的人情资源。GX_{ik2} 是行动者 i 和拥有 j 所需人情资源的 $k2$ 之间的关系。这种关系可以表达为 $GX_{ik2} = \text{function}\ [(RQ1_i - RQ1_{k2})(RQ2_{k2} - RQ2_i)]$。$RQ1_i$ 和 $RQ1_{k2}$ 分别是 i 可以提供的人情资源，和 $k2$ 所需的人情资源；$RQ2_{k2}$ 和 $RQ2_i$ 分别是 $k2$ 可以提供的人情资源，和 i 所需的人情资源。

从这个视角看，人情交换在总体层面可以概括为：$GX_{ij} = \text{function}\ [(RQ1_i - RQ1_j)(RQ2_j - RQ2_i)\ \sum GX_{jk1} \sum GX_{ik2}]$。第一个 $\sum$ 表示行动者 j 和所有拥有 i 所需人情资源的 $k1$ 之间的关系总和。第二个 $\sum$ 表示行动者 i 和所有拥有 j 所需人情资源的 $k2$ 之间的关系总和。这种人情交换的原理可以用于研究社会组织中的权力，信任和道德行为。例如，人情资源的分配者可能会陷入人情困境（Hwang，1987）。面对行为者 j 的人情要求，行为者 i 可能会冒着违反公平原则的风险来使 j 得益。然而，如果 i 坚持公平原则，并拒绝向 j 提供特殊帮助，i 和 j 之间的关系就会被毁坏。同样，这也将伤害行为者 i 的人际吸引度和名誉（人缘）。

人情交换在三元层面和总体层面的原理表明，关系网络的形成不仅仅依靠人情交换，还在乎于对关系网络中对人情交换或关系的认知。

组织中对关系网络的认知

社会认知结构的概念被用来描述个体对社会网络的感知（Krackhardt，1987）。通过汇总个体认知结构，它可以用来估计认知结构的一致性，即使这些认知与事实不符。在社会网络的分析中，如果网络中的多数人认为两个个体间有关联，那么这种关联就存在，不论这两人中的任何一人是否认识到这种关联的存在（Krackhardt，1987）。所以，在组织中，认知社会结构关注的是他人认为什么是你知道的，而不是你真正知道的（Monge & Contractor，2003）。在关系网络中，个体对关系结构的认知对行为者是否能得到生存所需的人情资源是至关重要的。一方面，对关系结构的认知可以帮助个体估计关系网络中潜在人情交换的花费和回报。个人对他人与拥有自己所需人情资源的重要人物们之间的关系的认知，可以帮助他们在未来分配他人的资源时处于有利的位置。另一方面，对关系结构的认知也可以帮助个体通过设立人情策略，来构建和那些处于重要结构位置，并拥有他们想要的人情资源的人们之间的关系。从这个角度看，对关系结构的认知，也是形成新的关系网络的开端。

具体来说，在认知关系网络中，GX_{ijk}是k对与行为者i和j之间关系的认知。当网络中的多数人k同意i和j之间的某种关系时，一致性就存在于关系网络中。这种认知关系网络是建立在行为者的属性和他们与网络中其他人的关系的基础上。行为者和他人在不同层面的关系，会影响他们的认知关系网络。在节点层面，行为者的中心度会影响他们对关系网络的认知。在二元层面，一个人，k对于i和j之间关系的认知，会被k与i、j间各自的二元关系所影响。在总体面上，那些与其他人密切联系的人们更可能会有对关系网络相似和准确的认知。所以，认知关系网络的原理可以表示为：$GX_{ijk}=\text{function}\ [A_k,\ NC_k,\ GX_{ki},\ GX_{kj},\ \sum 2GX_{ij}/(N)(N-1)]$。这里，$A_k$是$k$的属性，$NC_k$是$k$的$n$网络中心度，$GX_{ki}$和$GX_{kj}$分别是$k$与$i$和$j$的关系，$\sum 2GX_{ij}/(N)(N-1)$关系网络的密度。

在中国语境中，个体对现阶段关系网络的认知会影响他们在社会组织中的的行为和态度。接下来，本章会讨论关系网络中的传染行为和态度。

人情对组织中传染网络的影响

传染理论的形成基于一个假设，即通过传播网络，个体、组群和组织暴露于信息、态度和他人的行为中（Burt，1980，1987），从而增大了他们生发与其他人相似的态度、信仰和行为的可能性（Carley，1991；Carley & Kaufer，1993）。之前的关于社会网络中传染机制的研究关注于二元属性，比如传播的频率、强度和对称性的影响，以及等结构对传染机制的影响（Erickson，1988）。例如，Erickson（1988）曾称网络中有相似结构关系的组织成员会更容易有相似的态度和行为。在关系网络中，对传染机制的学习需要研究人情对网络中传染机制的影响。如上所述，人情最初被定义为由多种情感所组成。这些情感与生俱来，包括：喜乐、爱慕、悲伤和愤恨（礼记）。懂得人情的人会体恤他人的各种感情。虽然情感共鸣不是关系网络中人情法则的本质，但却是人情交换的前提。这就是说，在以社会交换为目的，送出人情礼物时，人们必须首先知道对方的喜好。如果情感共鸣本身代表了人类的内在情感需要通过外在行为和物质来满足，那么构建相似的态度、信仰和行为是关系网络中一种有效的人情投资或人情策略。从这个角度看，集体主义的某些属性是可以被解释的。

正如Rogers和Kincaid（1981）所说，在社会网络中，通过与个体相连的他人所有的信息、态度和行为来解释个体的知识、态度和行为是传播学中的一种聚合模型。这种模型在关系网络中可以概括为：组织成员的知识、态度和行为会被关系网络中，和他们通过人情相连的人们的知识、态度和行为所影响。具体来说，在关系网络中，焦点行为者是 i，另一个行为者是 j。每个 i 有属性 $A1_i$、$A2_i$ 等。i 和 j 之间的关系是 GX_{ij}。焦点人物的某属性 $A1_i$，会被关系网络中其他人的此属性 $A1_j$ 传染和影响。同时，焦点人物 i，被其他人的属性影响的程度决定于 i 和其他人 j 之间的关系。这种形式的传染原理可以被表示为：$A1_i = \text{function}\left[\sum (GX_{ij})(A1_j)\right]$。这里，$\sum$ 代表行为者 i 和 j 之间关系的总和。考虑到 GX_{ij} 可以用人情交换原理来表示，这种传染原理还可以被表示为：$A1_i = \text{function}\left[\sum \{(RQ1_i - RQ1_j)(RQ2_i - RQ2_j)\}(A1_j)\right]$。

在中国的组织中，这种传染机制可以解释工作场所的态度、对新科技的态度、组织行为，比如流动、旷工和谣言的扩散。在关系网络的研究中，这种机制同样可以用来解释同嗜性的角色。

同嗜性在关系网络研究中的角色

许多学者都尝试过从同嗜性的视角来研究传播网络。这里，同嗜性指年龄、性别、教育、声望、社会阶层、工作任期和职业上的相似性（Carley, 1991; Coleman, 1957; Ibarra, 1993, 1995; Laumann, 1966; Marsden, 1988; McPherson & Smith-Lovin, 1987）。根据 Brass（1995）的研究，"相似性可以使沟通变轻松。"对同嗜性的研究基于两点：一是相似-吸引假设（Byrne, 1971），此假设称同嗜性可以减少心理不适，从而使沟通变得轻松。另一点是自我归类理论（Turner, 1987），此理论关注个体用年龄、种族、性别来帮助他们归类，并愿意与所感知到的同类人交往。在社会网络分析中，同嗜性可以表示为：$C_{ij} = \text{function}\left[(A1_i - A1_j)\right]$（Monge & Contractor, 2003）。这里，C_{ij} 是行为者 i 和 j 的沟通关系；$A1_i$ 和 $A1_j$ 分别是行为者 i 和 j 在 A1 上的属性。i 和 j 之间的沟通取决于 $A1_i$ 和 $A1_j$ 的相似度。例如，A1 是性别，当行为者 i 和 j 有相同的性别时，i 和 j 之间的沟通会被正面的影响。这一原理同样可以延伸，将多种个体属性纳入考虑的范围（Monge & Contractor, 2003）。所以，在社会网络中，同嗜性的原理可以扩展为：$C_{ij} = \text{function}\left[\sum (A1_i - A1_j)\right]$。

如上所述，在关系网络中，同嗜性可因在人情交换中和他人产生各种情感共鸣而形成。关系网络中的传染机制同样可以解释在中国组织中建造相似个体属性，比如态度、信念和行为的重要性。这与相似性-吸引假设以及自我归类理论相契合。在中国的组织中，如果行为者 k 与 i 之间有关系，那么在两者间就应该会发现某种同嗜性，包括知识、态度和行为。如果行为者 k 同样与 j 有关系，那么两者间也会存在某种同嗜性。在这种情况下，i 和 j 间就有可能会存在诸多个体特征的同嗜。所以，在中国组织中，对个体关系网络的观察须考虑多种个体特征的同嗜性。如果两个行为者，i 和 j，都和 k 有关系，那么，i 和 j 之间的沟通将被正面影响。这种机制可以表示为：C_{ij} = function $[$ (GX_{ik} − GX_{jk})$]$。这里，C_{ij} 是 i 和 j 之间的沟通关系；GX_{ik} 和 GX_{jk} 分别是 i 和 k 的关系，以及 j 和 k 的关系。个体关系网络中的同嗜性可以促进沟通。传染机制和同嗜性机制的共同作用，塑造了一个独特的、通过社会交换实现个人目标的和谐沟通环境。

研究传播网络的挑战

研究社会/传播网络有许多挑战。在获取高质量的数据上有三重困难，需要学习一系列全新的研究方法，并且要面对一系列不同的理论问题。首先，为了得到社会网络的数据，研究者要么直接从社会网络中的个体那里获得，要么依靠二次资源，比如联合国或其下属组织包括联合国教育科学文化组织（UNESCO）和 联合国国际电信联盟（ITU）。完全精准的数据是很难得到的。应答者通常并不情愿明确地汇报谁和他们有沟通，并认为这类问题侵犯了他们的隐私。他们也可能不知道问题的答案（Bernard，Killworth，& Sailer，1980）。进一步说，完成一份网络调研是乏味和费时的，这会导致不完全的数据。

从二手来源那里得到的网络数据和其他二手数据存在同样的问题。简单地说，数据是用来回答别人而不是网络研究者提出的问题。国际网络数据也许特别地有问题。通常有些国家因为没有能力采集数据，而不能汇报数据。或者，他们因为国家自豪感而提供错误的数据。这些数据可能不是当前的，而是许多年前的。并且，他们也不会用一致的方式来汇报。例如，一个国家认为"晚上在旅馆度过"是观光旅游，而另一个国家会认为这仅仅是"途经"此国。还有，被汇报的移民数据仅仅基于合法移民。对这些数据的分析会导致错误的结论。想要开发收集原始数据的流程，却经常被所要从中采集数据的特定组织或网站所阻碍。例如，NEXIS，为确保不同新闻源中没有重复新闻而设制的程式，并且其格式中包含了所有作者的署名，使其难以使用；Alexia.com 仅选择一些特殊的国家来追踪其网页使用，而不监控其他国家的网页。

网络分析的第二个弊端是学习起来比较费劲。研究者必须学习一系列全新的研究方法，而不是简单地依靠像调研（surveys）、实验（experiments）和文本分析（content analysis）这样的、案例和类别必须独一且详尽的（mutually exclusive and exhaustive）传统统计分析。网络分析关注类别的重叠，因为它强调的是关系而不是案例的属性。所以，研究者必须学习全新的、假设节点间不是彼此独立的统计学。更进一步地说，网络分析没有统一的衡量方法、网络统计数字，甚至没有共同的术语。这是因为对网络的研究出现于多种不同的学科中。这些学科包括社会科学、社会学、传播学、人类学、政治科学，还有数学和统计学、物理学、计算机和信息科学。研究者也必须学习专门用于网络分析的新软件，包括 UCINET、Pajek、NodeXL 与 Gephi。每一种软件都有不同的输入格式和输出网络统计数据。

　　第三个弊端涉及理论问题。因为网络代表一种新的社会研究范式，它提出一种概念性的挑战，让人们用不同的方式来思考。它关注的是关系而不是个体在心理和社会层面的不同。因受到范式改变的威胁，有一种阻力在教职人员、旧的学报编辑和评审委员会中产生。新的结构理论需要被发展，旧的理论需要被重新概念化。Peter Monge 和 Noshir Contractor（2003）用网络术语来重塑传统组织传播，并完成了出色的工作。对其余的传播理论，同样的任务需要被履行。一旦这一任务完成，人们对社会关系和它们如何应时而变的理解将被大大推进。

社会网络分析的未来方向

　　未来网络分析的立足点是什么？在过去，网络科学家主要关注社会网络的静态描述，并建立统计学来决定节点间的关系形成是否源于由外部因素引起的随机分布。在过去的十年中，为了分析因果关系和研究网络的演变和共同演变（Monge, Heise, & Margolin, 2008; Lee & Monge, 2011），更多的关注被放在了建立程序来确定网络怎样应时而变（Snijders, van de Bunt, & Steglich, 2010）。对动态网络的兴趣被延伸到了可视化的领域，以及社会网络的动画制作上（Moody, McFarland, & Bender-deMoll, 2005）。社会网络的动画制作软件被发展起来，用于促进对特定网络演变的理解。一个例子就是 Benjamin Elbirt 发明的 E-TV。通过执行此软件，研究者发现加拿大的跨省移民网络相对稳定，仅有季节性的变化。在夏天各省间有更强的连接（更多的迁移），而冬天各省间的连接较弱（较少的迁移）（Elbirt & Barnett, 2006）。通过于 1960—1990 年两党共同倡议的议案呈现的网络变迁，研究者观察到了美国参议院两党共同提案的减少（Elbirt, 2009）。研究者还观察到了国际电信网络模式的改变（电话和互联网），与欧洲的发展、中国和印度登上世界舞台是同步发生的（Barnett, 2012; Barnett et al., 2013）。关于社会网络动画的例子可参考：http://www.elbirttechnologies.com/software/etv.html。

　　另一个将影响未来社会网络研究方向的，是对产生巨大数据的超大网络进行研究的需求。比如整个国家的移动电话网络，Facebook 的社会网络，或者世界范围内网络中的大量多人游戏（MMOGs）玩家，比如魔兽世界（Lazer et al., 2009）的玩家。分析这些网络需要很大的计算能力，此计算能力通常不是个人计算机可以提供的。本章作者近期研究了一个相当"小"的网络，在万维网上最活跃的 1 000 所大学网站之间的相互参考（Park, Barnett, & Jiang, 2013）。高校间的

999 000 个可能连接，考验了计算机和不同的网络、统计软件包的计算限度。随着全球化的推进，以及世界人民和机构间联系的增长（想象考查中国 13 亿民众间的社会网络），我们猜想对分析更大的社会网络的需求会变得越来越常见。如今，科学家们正在研发将现存软件运行在超级计算机上，来处理大型数据集。

总结

本章提供了对社会网络分析的介绍。阐述了网络分析的历史，结构理论——一种社会网络研究的理论框架，描述社会网络结构的术语，网络分析的步骤，分析网络的软件，和两个网络分析的实例。本章还讨论了中国文化语境下，社会网络研究的特殊案例，即建立于"关系"原则上的社会网络。从这个角度看，诸多在讨论结构理论时会被同时提及的网络理论，包括社会资本理论、社会交换理论、认知网络理论、传染性理论和同嗜性理论，都从关系的视角来阐述。最后，本章总结了社会网络分析的一些弊端，简单预测了社会网络分析的未来发展。

◇ 参考文献 ◇

- Agneessens, F., & Moser, C. (2011). Bipartite networks. In G. A. Barnett(ed.)*Encyclopedia of Social Networks*, 75-76. Thousand Oaks, CA: Sage.
- Aldenferfer, M. S., & Blashfield, R. K. (1984). *Cluster Analysis*. Newbury Park, CA: Sage.
- Barabási, A. (2002). Linked: *The new science of networks*. Cambridge, MA: Perseus.
- Barnett, G. A. (2001). A Longitudinal Analysis of the International Telecommunications Network: 1978—1996. *American Behavioral Scientist*, 44(10): 1638-1655.
- Barnett, G. A. (2005). An introduction to self-organizing systems. In G. A. Barnett, & R. Houston(eds.). Advances in Self-Organizing Systems. 3-32. Cresskill, NJ, Hampton Press.
- Barnett, G. A. (2012). Recent developments in the global telecommunication network. Proceedings of the Hawaii International Conference on Systems Science-45, Wailea, Maui, Hawaii, 4435-4444.
- Barnett, G. A., Cheong, P. H. & Kwon, K. (2008). An examination of egocentric social networks in a culturally heterogeneous society: The case of Singapore. Paper presented to the Sunbelt Social Networks Conference, St. Pete Beach, FL.
- Barnett, G. A., Chon, B. S., & Rosen, D. (2001). The structure of international Internet flows in cyberspace. NETCOM *Network and Communication Studies*, 15(1-2): 61-80.
- Barnett, G. A. & Danowski, J. A. (1992). The structure of communication: A network analysis

of the International Communication Association. *HumanCommunication Research*, 19: 264-285.
- Barnett, G. A., & Houston, R. (eds.). Advances in Self-Organizing Systems. Cresskill, NJ: Hampton Press.
- Barnett, G. A., Park, H. W., Jiang, K., Tang, C., & Aguillo, I. F. (2013). A Multi-Level Network Analysis of Web-mentions Among The World's Universities.
- Barnett, G. A., Ruiz, J., Hammond, J. R., Xin, Z., & Jiang, K. (2013). An examination of the relationship between international telecommunication and state sponsorship of terrorism. Paper present to the International Network for Social Network Analysis Conference, Xi'an, China.
- Barnett, G. A., & Park, H. W. (2012). Examining the International Internet Using Multiple Measures: New methods for measuring the communication base of globalized cyberspace. *Quality and Quantity*. doi: 10.1007/s11135-012-9787-z.
- Barnett, G. A., Salisbury, J. G. T. C. Kim, C. & Langhorne, A. (1999). Globalization and International Communication Networks: An Examination of Monetary, Telecommunications, and Trade Networks. *The Journal of International Communication*, 6(2): 7-49.
- Bastian M., Heymann S., Jacomy M. (2009, May). Gephi: an open source software for exploring and manipulating networks. International AAAI Conference on Weblogs and Social Media, San Jose, CA.
- Bernard, H. R., Killworth, P., & Sailer, L. (1980). Informant accuracy in social network data. *Social Networks*, 2: 191-218.
- Blau, P. M. (1964). *Exchange and power in social life*. New York: Wiley.
- Borgatti, S. P., Everett, M. G., & Freeman, L. C. (2002). *UCINET for Windows: Software For Social Network Analysis*. Harvard, MA: Analytic Technologies.
- Bonacich, P. (1972). Factoring and weighting approaches to status scores and clique identification, *Journal of Mathematical Sociology*, 2(1): 113-20.
- Boyd, d. m., & Ellison, N. B. (2007). Social network sites: Definition, history, and scholarship. *Journal of Computer-Mediated Communication*, 13(1): article 11.
- Brass, D. J. (1995a). A social network perspective on human resources management. *Research in Personnel and Human Resources Management*, 13: 39-79.
- Burt, R. S. (1992). *Structural Holes: The Social Structure of Competition*. Cambridge, MA: Harvard University Press.
- Burt, R. S. (1997). The contingent value of social capital. *Administrative Science Quarterly*, 42: 339-365.
- Burt, R. S. (2001). *Structural holes versus network closure as social capital*. In N. Lin, K. Cook, & R. S. Burt(eds.), *Social capital: Theory and research*, 31-56. New York: de Gruyter.
- Byrne, D. E. (1971). *The attraction paradigm*. New York: Academic Press.
- Carley, K. (1991). A theory of group stability. *American Sociological Review*, 56: 331-354.
- Carley, K. M., & Kaufer, D. S. (1993). Semantic connectivity: An approach for analyzing symbols in semantic networks. *Communication Theory*, 3: 183-213.
- Coleman, J. S. (1957). *Community conflict*. New York: Free Press.
- Coleman, J. S. (1988). Social capital in the creation of human capital. *American Journal of Sociology*, 94: 95-120.
- Coleman, J. S. (1990). *Foundations of social theory*. Cambridge, MA: Harvard University Press.
- Contractor, N. S., & Siebold, D. R. (1993). Theoretical frameworks for the study of structuring processes in group decision support systems: Adaptive structuration theory and self-organizing theory. *Human Communication Research*, 19: 528-563.
- Corman, S. R. (1996). Cellular automata as models of unintended consequences in organizational

- communication. In J. H. Watt & C. A. Van Lear (eds.) *Dynamic Patterns in Communication Processes*, 191-212. Thousand Oaks, CA: Sage.
- Danowski, J. A. Communication Networks. In G. A. Barnett (ed.). *Encyclopedia of Social Networks*, 149-154, Thousand Oaks, CA: Sage.
- Davis, K. (1953). A method of studying communication patterns in organizations. *Personnel Psychology*, 6: 301-312.
- de Nooy, W., Mrvar, A., & Batagelj, V. (2005). *Exploratory social network analysis with Pajek*. Cambridge, UK: Cambridge University Press.
- Elbirt, B. (2009). Jacob's Ladder 12. 1 - A presentation of the Fowler congressional bill cosponsorship networks data: A software demonstration. The Harvard Networks in Political Science Conference, Cambridge, MA.
- Elbirt, B, & Barnett, G. A. (2006). Two approaches for examining longitudinal social networks. Sunbelt Social Networks Conference(INSNA), Vancouver, BC.
- Erickson, B. (1988). The relational basis of attitudes. In S. D. Berkowitz & B. Wellman(eds.), *Social structures: A network approach*, 99-121. Cambridge, UK: Cambridge University Press.
- Feeley, T. H. & Barnett, G. A. (1997). Predicting employee turnover from communication networks. *Human Communication Research*, 23: 370-387.
- Fosse, E. (2011). Two-mode networks. In G. A. Barnett(ed.) *Encyclopedia of Social Networks*, 886-888. Thousand Oaks, CA: Sage.
- Freeman, L. C. (1979). Centrality in social networks. *Social Networks*, 1: 215-239.
- Freeman, L. C. (2004). *The Development of Social Network Analysis*. Vancouver, BC: Empirical Press.
- Gold, T., Guthrie, D., & Wank, D. (2002). *Social Connections in China: Institutions, Culture and the Changing Nature of Guanxi*. Cambridge University Press.
- Granovetter, M. (1973) The strength of weak ties. *American Journal of Sociology*, 81: 1287-1303.
- Greenberg, J., & Cohen, R. L. (1982). Why Justice? Normative and Instrumental Interpretations. In J. Greenberg, & R. L. Cohen(eds.) *Equity and Justice in Social Behavior*, 437-466, New York: Academic.
- Hansen, D. L., Shneiderman, B., Smith, M. A. (2011). *Analyzing Social Media Networks with NodeXL: Insights from a Connected World*. Morgan Kaufmann, Burlington, MA.
- Hartman, R. L., Johnson, J. D. (1989). Social contagion and multiplexity: communication networks as predictors of commitment and role ambiguity. *Human Communication Research*, 15: 523-548.
- Heald, M. R., Contractor, N. S., Koehly, L., & Wasserman, S. (1998). Formal emergent predictors of coworkers' perceptual congruence on an organization's social structure. *Human Communication Research*, 24: 536-563.
- Holland, P. W., & Leinhardt, S. (1970). A method for detecting structure in sociometric data. *American Journal of Sociology*, 70: 492-513.
- Homans, G. C. (1950). *The human group*. New York: Harcourt Brace.
- Homans, G. C. (1974). *Social behavior: Its elementary forms* (Rev. ed.). New York: Harcourt Brace.
- Hwang, K. K. (1987). Face and favor: The Chinese power game. *American Journal of Sociology*, 92(4): 944-974.
- Ibarra, H. (1993). Personal networks of women and minorities in management: A conceptual framework. *Academy of Management Review*, 18: 56-87.
- Ibarra, H. (1995). Race, opportunity, and diversity of social circles in managerial networks.

- *Academy of Management Journal*, 38: 673-703.
- King, A. Y. (1980). An Analysis of "Renqing" in Interpersonal Relationships: A Preliminary Inquiry. 413-428. In proceedings of the International Conference on Sinology(in Chinese). Taipei: Academia Sinica.
- Knoke, D., & Yang, S. (2008). *Social Network Analysis*(2nd Edition). Los Angeles: Sage.
- Krackhardt, D. (1987a). QAP partialling as a test for spuriousness. *Social Networks*, 9: 171-186.
- Krackhardt, D. (1987b). Cognitive social structures. *Social Networks*, 9: 109-134.
- Lazer, D., et al. (2009). Computational social science. *Science*, 323: 721-723.
- Laumann, E. O. (1966). *Prestige and association in an urban community*. Indianapolis, IN: Bobbs-Merrill.
- Lee, S. & Monge, P. (2011). The coevolution of multiplex networks in organizational communities. *Journal of Communication*, 61: 758-779.
- Lin, N. (1986). Access to occupations through social ties. *Social Networks*, 8: 365-385.
- Marsden, P. V. (1988). Homogeneity in confiding relations. *Social Networks*, 10: 57-76.
- McPherson, J. M., & Smith-Lovin, L. (1987). Homophily in voluntary organizations: Status distance and the composition of face-to-face groups. *American Sociological Review*, 52: 370-379.
- Milgram, S. (1967). The small world problem. *Psychology Today*, 1: 61-67.
- Monge, P. R., & Contractor, N. S. (2003). *Theories of Communication Networks*. Oxford: Oxford University Press.
- Monge, P. R., Heise, B. R., & Margolin, D. (2008). Communication network evolution in organizational communities. *Communication Theory*, 18: 449-477.
- Moody, J., McFarland, D., & Bender-deMoll, S. (2005). Dynamic network visualization. *American Journal of Sociology*, 110: 1206-1241.
- Müller, C., Wellman, B., & Marin, A. (1999). How to use SPSS to study ego-centric networks. *Bulletin de Methode Sociologique*, 69: 83-100.
- Newman, M. E. J. (2004). Detecting community structure in networks. *Physical Review E*, 69: 26-113.
- Park, H. W., Barnett, G. A., & Jiang, K. (2013). A multi-level analysis of the hyperlink network among the world's universities. Paper presented to International Network for Social Network Analysis Conference, Xi'an, China.
- Richards, W. D. (1993). Communication/information networks, strange complexity, and parallel dynamics. In W. D. Richards, & G. A. Barnet(eds.), *Progress in Communication Sciences*(Vol. 12): 15-196. Norwood, NJ: Ablex.
- Richards, W. D., & Seary, A. (2005). MultiNet for Windows. http://www.sfu.ca/~richards/Multinet/Pages.multinet.htm.
- Rogers, E. M., & Kincaid, D. L. (1981). *Communication Networks: Toward a New Paradigm for Research*. New York: Free Press.
- Snijders, T. A. B., van de Bunt, G. G., & Steglich, C. E. G. (2010). Introduction to actor-based models for network dynamics. *Social Networks*, 32: 44-60.
- Turner, J. C. (1987). *Rediscovering the social group: A self-categorization theory*. Oxford: Blackwell.
- Tutzauer, F. (1997). Chaos and organization. In G. A. Barnett, & L Thayer (eds.), *Organization-Communication: Emerging Perspectives*, 213-228. Greenwich, CT: Ablex.
- Tutzauer, F., K. H. Kwon, & Elbirt, B. (2011). Network diffusion of two competing ideas. In A. Vishwanath & G. A. Barnett(eds.), *The Diffusion of Innovations: A Communication Science Perspective*, 145-170. New York: Peter Lang.
- Valente, T. W. (2010). *Social Networks and Health: Models, Methods and Applications*.

Oxford: Oxford University Press.
- Walster, E., Walster, W. W., & Berscheid, E. (1978). *Equity: Theory and Research*. Boston: Allyn & Bacon.
- Wasserman, S., & Faust, K. (1994). *Social Network Analysis*. Cambridge: Cambridge University Press.
- Wasserman, S. & Pattison, P. (1996). Logit models and logistic regressions for social networks: I. *An introduction to Markov graphs and p. Psychometrika*, 61: 401-425.
- Wellman, B., & Tindall, D. (1993). How telephone networks connect social networks. In W. D. Richards & G. A. Barnett (eds.), *Progress in Communication Sciences* (Vol. 12), 63-94. Norwood, NJ: Ablex.
- Williams, D., Contractor, N. S., Poole, M. S., Srivasava, J. & Cai, D. (2011). The virtual worlds Exploratorium: Using large-scale data and computational techniques for communication research. *Communication Methods and Measures*, 5(2): 163-180.
- Woelfel, J. (1997). Social science applications of nonequilibrium thermodynamics: Science or poetry? Procedures for the precise measurement of energy in social systems. In G. A. Barnett & L. Thayer(eds.), *Organization-Communication: Emerging Perspectives*, 229-254. Greenwich, CT: Ablex.

心理生理学在传播学中的应用

周树华[①] 闫岩[②]

本章旨在向广大学人和学者介绍一种国内学界鲜少用到的研究方法——心理生理学研究方法。该方法在美国传播学界兴起较晚,对其真正了解的研究者也不多,对华语学界而言较为陌生。本章主要介绍该研究方法的历史、原理、主要理论、应用性案例和该学科在未来传播学中的应用。

"心理生理学"是"psychophysiology"一词的中译。它由 psycho-(心理)和 -physiology(生理)两个部分组成,从其字面就能简单直观地传递出该方法的内核,即心理生理学是利用生理机制及其表现来研究受众的心理活动。

人的身体和思维是不可能分离的。在日常生活中人们通常可以通过一些外在的生理活动来推断内在的心理活动。譬如,双眉紧皱通常显示出内心的困惑和痛苦;瞳孔瞬间扩大意味着惊恐或兴奋;"脸红到脖子根儿"则往往表明羞赧或羞愧。我们同时也应该知道,更多的生理活动是不能被肉眼所观测到的,如心跳的百分之一秒的加速,深层肌肉群的收缩,眨眼频率的细微改变等,有的甚至无法被意识到,如汗液分泌的增减,毛细血管的扩张或收缩,大脑皮层电波频率和强度的变化,等等。心理生理学研究法就是通过收集这些(大多数不能被直接观测到的)生理学数据来推测和分析人们内在的心理变化。

这类心理变化在心理生理学研究中通常可分为认知(cognition)和情绪(emotion)两个方面。需要指出的是,认知和情绪也是互相交织且难以分离的,二者可以合称为意识(Potter & Bolls, 2011)。人对任何信息的处理都同时包含着相互交织、相互影响的认知和情绪反应。从神经生理学的观点来看,这是因为神经系统是任何外在信息的核心处理器。而在人体神经系统中,认知和情绪的主管系统是相互影响的,并且有的神经系统同时影响着认知和情绪的活动。为了表述方便,本文将认知和情绪及其对应的生理指标分开论述,但希望读者谨记此点。

如果我们细想大众传播的终极目的,其大多和认知与情绪有关。以认知为例,新闻传递信息,使人们了解周围发生的事件。一部 BBC 的南极纪录片可以让我们学到许多关于生态和动物的生存知

[①] 周树华,现任美国阿拉巴马大学(University of Alabama)传播与信息学院教授、副院长,2000年获美国印第安纳大学(Indiana University)大众传播学博士学位,主要研究方向为媒体信息认知、媒体内容和形式和效应等。

[②] 闫岩,现任武汉大学新闻与传播学院博士后、讲师,2012年获美国阿拉巴马大学(University of Alabama)传播与信息学院大众传播学博士学位,主要研究方向为新媒体、媒体效果和危机传播。

识，观看总统辩论使选民对候选人的施政纲领有初步的印象，颇具创意的广告让观众目不转睛，所有这些都与认知的注意力、态度、知识和记忆有关。情绪与大众传播的关系更是无处不在。一台精彩的春晚让观众流连忘返，一场一波三折的球赛让球迷大呼过瘾，一则"满汉全席"的广告让食客蠢蠢欲动，而一场枯燥无味的政治说教则让人不胜其烦。这些都与情绪的好恶和兴奋度高低息息相关。所以，心理生理学在大众传播过程和效果研究中是一个有力的、客观的方法和路径，扮演着极其重要的角色。

一、简史：从生不逢时到恰逢其时

心理生理学早在 20 世纪 20 年代就由神经学家们创立，并在 1874 年被实验心理学创始人 W. 冯特（Wilhelm Wundt）正式命名。其最早在传播学中的应用却已经是半个世纪后的 1933 年了，而这要追溯到传播学史中赫赫有名的佩恩基金研究（The Payne Fund Studies）。

"一战"之后，鉴于传播在战争和社会中的巨大作用，佩恩基金会资助了一系列旨在确认和支持强效果媒体理论的研究。受其资助的学者大部分采用实证研究，尤其是调查和实验方法，从而揭开了对大众传播效果进行大规模经验研究的序幕。在佩恩基金研究中，Dysinger 和 Ruckmick（1933）设计了最早以应用心理生理学方法为基础的传播学实验。他们通过液体电极收集实验对象的皮肤表面阻力（skin resistance），同时通过绑在胳膊上的皮质绑带来测量脉搏率（pulse rate）。实验对象在观看电影时的生理变化被实时记录下来，并结合图像变化进行对应分析。结果表明，不同的媒介内容引起了不同的生理变化，但其具体强度因人而异（Dysinger & Runckmick，1933）。这个研究的两个贡献在于：第一，没有支持强效果理论的假设；第二，开启了心理生理学应用于传播学中的先河。

遗憾的是，这一早期的尝试可谓生不逢时。20 世纪 30~50 年代是行为主义（behaviorism）独霸江湖的时代。20 世纪 20 年代早期，巴普洛夫的条件反射实验成为具有里程碑意义的研究。该经典实验表明，有机体在特定条件下，可以基于特定信号做出可预知的特定反应（Samoilov，2007）。这一研究随之风靡心理学界，其主导的研究方法是将某一个外界刺激（媒体信息）与可观测的行为变化配对起来，以确定与人的行为反应所对应的刺激类型（媒体信息特点）。彼时，尚处于幼年期的传播学科需要借助主流范式来构建和壮大学科基础。当时的强势范式——行为主义便顺理成章地成为传播学长达半个世纪的主导范式。这一时期最具代表性的传播模型是拉斯韦尔的五个 W 模式（Lasswell，1927）和香农—韦弗的线性传播模式（Shannon & Weaver，1949）；代表性的案例和理论研究包括火星人入侵地球案例（Cantril，1940）、霍夫兰的劝服研究（Hovland，1957）和班杜拉的社会学习理论与社会认知理论（Bandura，2009）。在这类范式和理论下，外在刺激被认为是有机体行为的主要原因。探索大脑的内部运作则被认为是没有必要的,因为我们既无法精确测量,也无法直接观察。

然而,自 20 世纪 60 年代起,越来越多的学者发现了颇具讽刺性的学科现实,那就是,尽管大部分传播活动发生在大脑内部,学者们却因为测量手段的限制而对其知之甚少(Schramm,1971)。与此同时,尽管行为主义的实验研究能够提供刺激——反应的预测,却不能提供反应的解释性原理,也不能描绘反应过程。人们开始意识到,以行为主义心理学代替整个心理学研究是过于简单了,对原理和机制的探索开始获得重视。这就迎来了于 20 世纪 70 年代起认知心理学(cognitive psychology)和信息处理理论(theory of information processing)的兴盛(Lachman, Lachman, & Butterfield, 1979)。

在这一潮流刚刚萌动的时候,心理生理学便迫不及待地第二次亮相了。1971 年,Zillmann(1971)使用心理生理学方法进行了一组前测,以此为后来的行为主义实验挑选合适的材料。Zillmann 要求 12 个实验对象观看 6 组影片,并测试其皮肤表面温度(skin temperature)、心率(heart rate)和血压(blood pressure)。类似的方法在 Zillmann 及其同人(Cantor, Zillmann, & Bryant, 1974;Zillmann, Mody, & Cantor, 1974)以及其他学者的前测或正式实验中被零星地使用(Donnerstein & Barret, 1978)。然而,由于测量手段有限,加之学者当时对心理生理学深层机制的认知还比较肤浅,这些研究得出的结果要么与刺激—反应理论的预测相左,要么研究结果需要严格的条件限制才能呈现出显著性。加之这类研究成本昂贵、操作复杂,因此,心理生理学研究又一次昙花一现。

20 世纪 90 年代,心理生理学研究第三次卷土重来。这似乎是个生逢其时、风云际会的时刻。如上文所述,兴起于 20 世纪 70 年代初期的认知心理学和信息处理理论在 20 世纪 80 年代中期达到全盛,这意味着传播学研究从"效果"层面到"过程"层面的转型(Chaffee, 1980)。与此相对应的,心理生理学的研究也不再如 Zillmann 等学者一般,将生理学指标作为媒介信息刺激的结果。相反,学者们从一个新的角度切入,将生理反应作为思维和情绪的指示标(indicators),从而在传播学中正式开始了以生理反应推断心理活动的心理生理学应用(Lang, Potter, & Bolls, 2009)。

这是心理生理学研究的意义所在。它在传播学应用中的复兴与心理学从行为主义到信息处理过程的转向相呼应,代表了传播学发展的一个新趋势。这个趋势是从结果向过程的变化,从静态向动态的变化,从测试对象自我汇报到实验者精确测量的变化。具体地说,它不仅关注信息导致了什么样反应,更关心这一反应产生的过程:信息如何获得注意(attention),如何与既往知识互动(interaction),如何被辨识(recognition)和回忆(recall);它不仅关心信息的静态结构(如信息是正面的、负面的、中性的内容类别),更关心信息的内部结构(信息初接触时,情绪刺激增加时,画面切换时等);它把既往研究中被忽略的"时间"过程凝结起来,以秒、毫秒,乃至微秒为单位,分析人体的脑电波（electroencephalography，EEG）、心电波（electrocardiography，ECG）、肌电波（electromyography，EMG）、皮电活动（electrodermal activity，EDA）、眼电图（electrooculography，EOG）等生理指标在整个"信息流"处理过程中的变化，以此来窥知大脑以及整个神经系统这个神秘黑匣子的运作，进一步了解传播的复杂过程。

二、原理：精神和肉体是一体的

1. 学科基础

心理生理学研究的是心理活动的生理学机制。早在心理生理学科建立之前，生理和心理之间的联系就已经为神经生理学、生物学和解剖学所观察和研究了。尤其是神经生理学的学科研究，可视为生理心理学最直接的科学基础。

神经生理学既是神经科学的分支学科，也是生理学的分支学科，主要着眼于神经系统、网络、细胞乃至分子等层面的研究。神经生理学认为，神经元（neuron）是神经系统结构与功能的基本单位，约占神经系统的10%。另外的90%由神经胶质细胞构成（neuroglia），其主要功能是提供支持和给养以维护神经细胞环境恒定。

人体有数以千亿计的神经细胞，按其分布位置可以分为中枢神经系统（central nervous system，CNS）和周围神经系统（peripheral nervous system，PNS）。中枢神经系统分布在人体的中轴，包括大脑和脊髓，是人体神经组织最集中的部位。中枢神经系统以外的神经组织总称为周围神经系统，包括各种神经、神经丛和神经节。周围神经系统包括与脑相连的脑神经（cranial nerves）和与脊髓相连的脊神经（spinal nerves）。神经系统按功能可划分为感觉系统（sensory system）和运动系统（motor system）。感觉系统包括感受器、神经通路以及大脑中和感觉知觉有关的部分，能够感知外部刺激，将其转化为生物电信号，并加以传导。通常而言，感觉系统包括那些与视觉、听觉、触觉、味觉以及嗅觉相关的系统（Kalat，2007）。运动系统的神经细胞皆发端于脊髓并向外扩散，控制着人体的骨骼肌、器官和腺体。其中，那些控制骨骼肌的神经细胞被称为躯体神经系统（somatic nerves system），受大脑意识的随意控制，因此又被称为随意神经系统或动物神经系统；控制器官和腺体的神经细胞尽管它们的中枢部也在脑和脊髓内，却具有较多的独立性，不受意志支配（例如，人不能通过意识控制自己汗液分泌的多少，胰岛素的变化，或者肠胃收缩频率。这是因为控制器官和腺体的神经细胞是脊椎动物的末梢神经系统，由于躯体神经分化发展成机能上独立的神经系统），因此被称为自主神经系统（autonomic nervous system），又名不随意神经系统或植物神经系统（Stern，Ray，& Quigley，2001）。

自主神经系统进一步分为交感神经系统（sympathetic nervous system，SNS）和副交感神经系统（parasympathetic nervous system，PNS）两部分。前者被认为主要控制着情绪，而后者则通常认为反应了大脑容量在认知资源分配方面的变化。这两个系统的神经纤维通常都分布在人体器官中，保持着双重的神经支配。有趣的是，这两个神经系统对一个器官的作用，多数是相互拮抗的（antagonistic），通俗地说，就是"不是东风压倒西风，就是西风压倒东风"。这两个系统的自主神经经常处于兴奋状态，将一定的神经冲动送到所支配的器官。受此颉颃性支配的器官依靠这两个系统间支配力量的消长，来维持动态的平衡（Guyton & Hall，1996）。

神经系统的活动对应着心理生理学的一些常用的生理反应指标，包括：脑电波，即大脑生物电频率的指标，对应并反映大脑的活动；心率（heart rate），即心脏活动的指标，对应并反映其控制系统——自主神经系统的活动；皮肤电导率（skin conductance），即小汗腺（eccrine gland）活动的指标，对应并反映其控制系统——副交感神经的活动；肌电图，即面部肌肉群活动的指标，对应并反映其控制系统——躯体神经系统的活动；眼球移动（eye movement），对应并反映其控制系统——脑神经的活动。

2. 前提假设

任何的学科都存在一些基本的概念假设。这是进行学科了解和学科对话的基础。在论述心理生理学的基本假设之前，笔者有必要指出，本节乃至本章的内容都只是学者们目前针对该学科的发现，对这些前提的接受是进行学术对话的基本前提；这些前提假设是目前科学能达到的最大共识。但就像所有学科一样，不排除未来科学的发展会修正乃至颠覆这些假设的可能性，读者在阅读时需要时时谨记。

前提假设一：人脑是具体的器官，意识自脑而生。精神是无形的，但其产生的基础是实质的。精神活动是由实体性的器官——大脑产生的，是由可观测到的生理活动所支持的。人脑是身体的一部分，人脑的功能性作用需要依赖人体的功能性作用来实现（Thelen, Schoner, Scheier, & Smith, 2001）。

前提假设二：生物体存活的首要目标是生存（living）而不是思考（thinking）。大脑是精神活动的中枢，但人体同样存在一些优先级高于意识的活动、意识不可全控的活动和无意识活动（LeDoux, 1995）。这些活动的表现形式可以被观察、检测和分析，但需要首先记住它们大多数是以生存为主的生理活动（Thelen et al., 2001）。

前提假设三：以大脑为载体的精神活动在身体中是有迹可循的。精神活动在大脑中产生和传递时，会在神经系统及其对应的器官、腺体、肌肉中出现特定的生理变化模式；通过对这些模式的收集和分析可以反向推知精神活动的情况（Lang et al., 2009）。这就是心理生理学的基本原理。

前提假设四：信息处理过程包含若干个子过程。在概念层面，可以描述为注意、接收、阐释、记忆等与信息内容相关的诸多方面（Lang et al., 2009）。

结合假设三和假设四，心理生理学的传播学应用就是勘测人体这一生物物理系统内可观测的生理行为，并以此推断所对应的信息处理过程。

前提假设五：大脑和身体的反应是需要时间的。肉体反应和精神认知都是一个在时间中进行的过程态。其信息处理的各个子过程尽管在几秒乃至几毫秒内完成，但它们都是在时间中进行的。将这个过程凝结、测量、分析、计算，并且与同时段的外界信号变化相对应，便能比照出生理变化模式对应的外界信息特点。这就构成了信息刺激——生理反应——精神活动之间的连线（Lang et al., 2009）。

前提假设六：生理心理学是个"另类"学科。与传统生理学和生物学研究不同，生理心理学不能提供因果性，仅能提供相关性（Cacioppo, Tassinary, & Berntson, 2000）。这是因为人体是一个复杂的系统，没有任何一个生理活动是由单一元素决定的；人体各个系统之间存在着千丝万缕的联系，器官之间也彼此相连，结构复杂。学者们仅能最大化地提炼上述信息刺激——生理反应——精神活动之间的相关性，但却远远不能断言因果性（Lang et al., 2009）。

三、理论：认知和情绪对信息处理的指导作用

1. 认知之理论假设：有限能量理论

心理生理学的理论和假说林林总总。就其在传播学上的应用而言，Lang 及其同人提出的有限能量模式（limited capacity model）是目前为止最权威和最为广泛接受的模式。有限能量理论认为人们处理媒介信息时脑资源是有限的，因人和媒介的因素而异，这些资源在注意力、存储和记忆各信息处理过程中进行分配和优先选择。

有限能量模式基于三个基本假设：一、人是一个庞大但有限的信息处理器，这意味着不管我们意识与否，我们对很多信息都已经在脑海里处理了，但我们不可能对信息的每一个环节都究其极致地考量；二、任何一个信息处理过程都包含解码（encoding）、存储（storage）和调用（retrieval）三个次级过程。而人的认知就是把有限的脑能量在各个不同的次级信息处理过程之间进行资源分配的过程（sub-processes）；三、资源在三个过程之间的分配是控制性和自主性相结合的过程。其中，那些能够被意识控制的部分构成了主调，被认为是"强直性"（tonic）资源，是信息处理长期的、稳定的基础。这相当于战争中的主力部队，受司令部的直属控制，命令下达快，反应迅速，是基调和主线。而那些不能够被意识控制的部分则构成了跳章，如同主题基调上跳动的音符，被认为是相位性

(phasic) 的资源,是信息处理中突然出现的、临时性的反应。这就好比游击队,不受大脑直接控制,机动性强,与主调合作共同完成信息处理的任务。在可控资源分配方面,信息的内容、个人对信息的兴趣程度、信息处理的目的共同决定了脑力资源在三个子过程之间的分配情况(Lang, 2009)。需要指出的是,除了大脑资源之外,强直性和相位性反应普遍存在于各种生理系统中,且均为心理生理学的主要研究对象。

信息处理的有限模式主要关注认知资源在编码、存储和调用三个次级过程之间的分配。具体地说,外界信息首先被注意和编码,进入工作记忆(working memory),好比临时的加工车间。大脑一边存储这些信息,一边调用原有的记忆和知识加以阐释,好比从仓库里找来以往的进货记录,来评估新来货品的成色规格。这些新的信息有的被认为是有用的,于是被进一步存储入长期记忆(long memory),成为知识结构的一部分;有的被认为无用的,于是被临时抛弃掉。有限模式理论认为,解码、存储和调用这三个过程是平行的、同时进行的、此消彼长的。当某种信息占用的编码资源过多时,所应用于存储和调用的认知资源便会相应减少(Lang, 2009)。

2. 情绪之理论假设:欲求——嫌恶动机系统

欲求嫌恶动机系统理论是情绪的理论前提。心理生理学认为,情绪是生理反应的结果。生理反应是由动机引起的,它包含了两个独立的运动系统:支持趋近行为的欲求动机系统(appetitive motivational system)和支持远避行为的嫌恶系统(aversive motivational system)。这两个系统是人类在长期的进化过程中培养起来的。当人体有意识或无意识地将刺激物判断为对生存有利时,欲求系统的反应速度便会受到刺激,嫌恶系统的反应速度便会受到抑制,人们便会产生趋近的生理动机,并引起正面的情绪。反之,当人体有意识或无意识地将刺激物判断为对生存不利时,则导致负面情绪和逃避思想——这是情绪的效价维度。同时,这两个系统的活跃强度对应着正面或负面情绪的唤起程度(arousal)。需要指出的是,欲求和嫌恶系统是同时活动的。它们可能是此消彼长的补偿模式(reciprocal model),或同进同退的协同模式(coactive model),或彼此独立的无关模式(uncoupled model)(Cacioppo & Gardner, 1999)。因此,要真正确认情感的方向/效价(valence)和程度/唤起(arousal),需要同时观测两个系统的活动情况(Cacioppo, Larsen, Smith, & Berntson, 2004)。

首先是情绪唤起程度(arousal)。学者们对唤起程度的研究经历了半个多世纪的变迁。20世纪五六十年代,人们认为情绪的唤起程度是外来刺激的结果(Duffy, 1962; Zillmann, 1978)。20世纪70年代,语境和内容被认为是唤起的决定性因素,会激发或抑制生理系统活动,使不同生理指标出现不同的变化。到20世纪80年代,Zillmann提出了唤起程度的三个层面理论,认为其包括行为唤起(behavioral arousal)、认知唤起(cognitive arousal)和生理唤起(physiological arousal)三类(Zillmann, 1982)。目前,心理生理学一般认为,交感神经系统和副交感神经系统共同作用影响唤起程度。也就是说，人的情绪和认知资源分配都对唤起程度有影响，媒体的内容和人为的主观因素确定其程度的高低。

其次是情绪的效价研究是人们用日常经验最容易理解的研究，简单来说就是正面与反面、喜欢与厌恶的情绪。达尔文早在1897年就观察到人的面部肌肉变化与情绪效价之间的对应关系（Darwin, 1897）。现代心理生理学家将这一观察深入化，通过测量面部肌电图，即面部肌肉的活动情况来衡量情绪的效价。常用的三组测量肌肉为皱眉肌（Corrugator supercilii），其活动通常是负面情绪的反应；眼轮匝肌（Orbicularis occuli）和颧大肌（Zygomaticus major），其活动通常是正面情绪的反应（Larsen, Norris, & Cacioppo, 2003）。

3. 认知与情绪的联系

认知和情绪不是分立的。解剖学和神经学的研究表明，大脑中处理情感和处理认知的区域之间存在着广泛的神经元连接（neuronal connection）。比如说，脑下皮质区传统上被认为是专门用于处理情绪反应的，而皮质区则被认为是专门处理认知反应的。然而，现代神经生物学研究表明，认知和情感在大脑中完全没有明确的分区。感性反应过程是由广泛分布于脑下皮质和皮质区的神经细胞交错而共同执行的，表明情绪和认知反应是互相影响的（Berntson & Cacioppo, 2008; Lang, Bradley, & Cuthbert, 2008）；反过来，情绪的产生也不可能离开认知的过程，最起码，情绪的产生首先需要对刺激对象给予注意力，这个注意力就是认知活动的组成部分。大脑中主观情感的区域受到损害时，其认知反应也同样呈现缺陷（Damasio, 1994）。

在处理媒介信息时，人脑的情绪和认知反应交织得格外复杂。Lang、Bradley和Cuthbert（2008）认为，处理媒介信息的复杂性在于，媒介是拟真的信息。这意味着在处理媒介信息时，人们会呈现出面对真实信息时的情感性反应（如看到电视上的老虎，人体各器官进入准备逃逸状态，感觉害怕，但是，会通过认知告诉自己这只是电视上的老虎）并调节这些反应，从而将人们可能出现的肉体上的行为（如逃走）调节为情绪上的反应（心跳加速、汗液分泌增加等）。有鉴于此，媒介信息中的情感性刺激对认知过程以及整个信息处理过程的作用就成为传播学者们关注的热点话题。这就是传播学研究中的一个新兴视角——媒介信息的动因性认知处理视角（motivated cognitive processing of mediated message）（Lang, 2006; Lang, Shin, & Lee, 2005）。

这一视角认为，情感和认知不是分立的。欲求和嫌恶系统的活动是情绪的直接生理学起因，也影响着认知系统的活动。在这一视角下的研究问题包括，信息的效价如何影响信息的记忆、注意以至于行为、态度等。例如，神经生理学研究表明，欲求和嫌恶系统是同时活动的，二者的活跃程度取决于外界刺激的强度。一般情况下，欲求系统的反应速度更快，但当信息的情绪化程度增强时，嫌恶系统的反应速度会迅速提高，并超越欲求系统。

这一生理学研究对传播学的启发是什么呢？是不是意味着，对一般的、中性的信息而言，信息中的正面内容会比负面内容获得更多的注意力（比如动物觅食，会积极寻找与食物和水源有关的信息）；而随着信息中情绪性刺激程度的增强，负面内容会获得更多的注意、认知和信息处理资源（比如，发现天敌，将侧重处理天敌的位置、数量、战斗力等信息）；当信息的刺激强度高于某一界点时，随着嫌恶系统从战斗模式转为逃逸模式，是否伴随着对负面内容的陡然放弃，和正面信息处理的再度提升（比如观察环境，寻找逃生路径）？目前，针对这类问题的研究尚无统一结果。多数学者们认为，具体的认知和情感处理模式是因人而异，因生活经验而异的（Lang et al.，2005，2007）。

四、生理数据在研究认知和情绪中的应用

1. 认知

认知是通过心理活动对信息进行处理的过程。信息处理的有限模式理论所涉及的信息编码（encoding）、存储（storage）、调用（retrieval）是最基本的认知活动。高级的认知活动还包括但不限于如语言、学习、推理、逻辑判断、创造、创新等（Potter & Bolls, 2011）。在编码、调用、存储三个基本的认知活动中，编码是心理生理学集中研究的领域。编码实际上是感觉神经系统将外在刺激转化为大脑可处理的神经活动的过程。在量化操作上，注意力是编码的一个重要指标。注意力研究有两个主要分支：注意力的投入性（effort）和选择性（selection）。

注意力的投入性是强直性注意力，是基调性的、长期的，是指在一个比较长的时间段里对于已选择的对象给予多大程度的认知资源加以处理的行为。投入性多和主观意识相关。比如体育迷对球赛新闻的关注，政治爱好者对党派分歧的追踪，情绪失落者对向上娱乐节目的渴望。这种投入性不是看得见摸得着实质化存在的，而是一种理论构建。目前，学界把注意力定义为"用来对外来信息进行编码的大脑认知资源的分配（the allocation of cognitive resources to encoding a stimulus）（Lang, 2006）。定义中的"认知性资源"（cognitive resources）也是一种理论单位，是分配承担各种信息处理工作的脑力资源的总称。注意力的选择性相对容易理解。它是指注意力投注的对象。这是相位性注意力，是阶段性的、暂时的，乃至瞬时的，是决定对周围环境中的哪一个或哪一些方面给予关注的选择（Lang, Newhagen, & Reeves, 1996）。大部分"不由自主"的注意力都和相位性注意力有关，如电视内容的色情和暴力镜头。

在传播学研究应用中，心率变化通常是注意力资源向编码这一认知过程倾斜的直接指标（Lang, Potter, & Bolls, 1999）。比如，我们以心率作为注意力投入性的生理指标，考察了电视画面的镜头切换（cuts）和镜头角度变化（edits）对观众的认知、情绪和记忆力三个方面的影响（Lang et al.,

2000)。我们基于认知有限模式理论提出，当一条信息在观众的认知负荷（cognitive load）之内时，镜头切换引起的新信息将会提高注意力并将对应着记忆效果的提高；反之，当信息超出了观众的处理负荷，出现认知过载（cognitive overload）时，过量的注意力反应将伴随着记忆效果的降低。研究发现，镜头切换伴随着显著的心率降低，意味着认知资源向编码过程倾斜。随着镜头切换数量的增加，观众的记忆力呈现出明显的倒 U 形结构，即当镜头切换数量较少时，输入信息量尚在大脑认知负荷之内，注意力偏向提高了信息的记忆效果；然而，随着镜头切换数量超出认知负荷，认知资源向编码过程的倾斜反而导致了信息记忆效果的降低（Lang et al.，2000）。

我们对煽情新闻的研究也表明，同一条电视新闻如果包装花俏夸张（采用很多特技，镜头过渡等），观众的心率则显著降低，注意力显著提高，但他们的辨认记忆和自由回忆结果都没有增加，意味着观众的认知处于过载边缘，注意力占去了记忆的部分资源，因此注意力提高对记忆无补（Grabe，Zhou，Lang & Bolls，2000）。

相比于心率，脑电波在反映大脑认知方面的实时性和准确性上都具有较大优势，它也可以作为注意力的主要因变量单独加以测量。早期学者们往往将脑电波的变化情况与实验材料（文字、图片、音频、视频等）实时比照，确定控制变量与因变量之间的联系。大脑中的 α 波反映人体处于松弛状态，β 波反映人体处于紧张状态。20 世纪 80 年代中，Reeves 等学者实时观察实验对象在观看特定广告时脑电波的变化，发现广告中的活动影像或镜头切换都会引起 α 波的明显减少或消失，这意味着大脑分配于轻松状态的资源减少，即注意力的增加。这是 α 阻断现象在传播学中较早的应用（Reeves et al.，1985；Reeves，Lang，Thorson，& Rothschild，1989）。近年来，Simons 等学者承袭了这一研究传统。研究者将同样一组图片演示给受测者，结果表明，运动画面比静止画面引起更明显的 α 阻断现象，表明人们对运动信息投入更多的注意力（Simons, Detenber, Cuthbert, Schwartz, & Reiss, 2003）。Geske 和 Bellur（2008）发现，在进行一些艰涩的阅读时，人们往往发现在电脑上"看不下去"而需要将文字打印出来才能"看进去"。研究者为此设计了一组以脑电波为因变量的实验。受测对象分别通过印刷文字或者通过电脑屏幕阅读了同样一组材料。结果显示，阅读印刷文字时的 α 波阻断程度要明显大于阅读电脑屏幕上显示的文字。这表明，阅读印刷文字时大脑能够分配更多的资源用于编码过程，而当人们阅读电脑屏幕上的文字时，大脑却没有分配等量的认知资源。研究者认为，电脑屏幕本身的闪烁效应（flicker effect）可能影响了人们的信息处理过程。尽管电脑屏幕本身的闪烁可能不能为意识觉察，但依旧为眼睛所捕捉，并且占用了一部分资源加以处理。这可以在一定程度解释为什么人们觉得在电脑上看东西效率较低。

眼球运动也能够准确地反映认知活动。传播界学者通常从眼球移动出发，研究受测对象对特定阅读材料或影视资料的反应。例如，Oster 和 Stern（1980）通过检测高效率阅读者和低效率阅读者在阅读时的眼球运动，推测出他们在阅读时不同的信息处理过程。研究发现，当从一般信息转入到专门性、细节性的信息时，高效率的阅读者并没有改变扫视的频率，即他们从一个凝视点到下一个凝视点之间扫视的长度是不变的，但在每一个凝视点上所花费的阅读时间增长了；与此相反，低效率的阅读者在每一个凝视点上花费的时间并没有变化，而只是减少了扫视文字的间隔，提高了停顿的次数。

由于眼球运动直接受脑神经支配，人们还往往以此直接推断大脑的活动。通常认为，人们的左脑主管逻辑、理解、分析和记忆，是知识和记忆的储存区，而右脑主管空间、形象、美术和想象，是创造区。Bakan（1969）指出，眼球活动的方向和顺序能够反映大脑半球的激活顺序。在回答某个问题时，如果回答者的眼球先向右转动，表明左脑被首先激活，说明他正在从记忆中调取信息，因而其回答一般为真话，反之则可能是说谎。

值得一提的是，在传播学中应用颇广的一种相位注意力称为定向反应（orienting response），又名朝向反应，顾名思义，就是生物体朝向某个方向的一种反应。在溪边饮水的小动物听到某种异响，会警觉地抬头朝向声音来源的方向。这就是一种定向反应的体现形式。在生理上，定向反应是大脑的一种无意识的注意转移机制（Lang et al.，2009）。如前所述，大脑的信息处理资源的分配是控制性和自主性相结合的过程，包括强直性和相位性两种不同的分配方式。定向反应是相位性分配优先向编码过程倾斜的结果。换句话说，定向反应是一种瞬间的、不受意识控制的、选择性注意力反应，是大脑资源自主分配的结果。这是进化过程造就的生物性本能。它强制生物体对周围环境中任何可能性的潜在刺激加以关注，以确保大脑可以随时检测到危险的信号，并做出逃跑或战斗的准备（Lang，Bradley，& Cuthbert，1990）。

定向反应最主要的触发机制是刺激的新奇性（novelty）和不相关性（Irrelevancy）（Graham，1979；Graham & Clifton，1966）。前者的代表有电视剧中出现的新角色、剧情进行过程中出现的配乐（Potter，2000）、网页中跳出的动画（Lang，Borse，Wise，& David，2002；Diao & Sundar，2004）等；后者的代表有镜头的切换、电视中插播广告（Lang，1990）等。研究证明，不仅仅是这类强反差性的刺激，即使日常新闻播报中的镜头切换，比如说从静止镜头切换到移动镜头，或者从主持人陈述切播到现场画面，由于新出现的镜头的不相关性，人们的大脑都会做出定向反应（Lang，Zhou，Schwartz，Bolls，& Potter，2000）。

定向反应出现时，在生理上体现为心率的降低（Lang，1990；Lang et al.，1996）。人们常说的"心漏跳了一拍"大约可以通俗地描述这一生理改变；与此同时，大脑活动也会发生相应的变化，体现为脑电波频率和强度的瞬间改变。当定向反应出现时，伴随着 α 波振荡强度的减少和 β 波振荡强度的增强（Reeves et al.，1985），表明大脑进入紧张状态，等待信息处理的结果做出战斗、逃逸或者危险解除等进一步行动的反应。其他相关的生理指标包括如皮肤电导率上升，这意味着汗腺分泌增强，有助于生物体在战斗中抓牢对手，或者逃跑中抓紧地面（Lynn，1996）；皮肤表面温度升高，大脑血管舒张，四肢血管收缩（Graham，1979），这意味着身体做好战斗或逃逸前反应，保证大脑和心肺血管系统的供血，以加速运动和吸氧。这一系列生理反应是人类在环境中长期进化的结果，能够有效地帮助生命体迅速应对外界刺激，以保证生命的存活和物种的延续（Lang et al.，1990）。

2. 情绪

学者们对情绪的关注有着漫长的历史。然而，由于情绪的不稳定性和稍纵即逝性，它很难被可靠地测量，也难以建立系统化的体系，因此，在20世纪初叶之前，情绪并不是实验科学所青睐的对象。最早以情绪为专门研究对象的传播学理论是20世纪80年代Zillmann的兴奋迁移理论（excitation transfer theory），将人们对外界刺激物产生的兴奋情绪及其所造成的认知和行为影响作为研究对象（Zillmann，1983）。之后的研究便是20世纪90年代Lang等学者提出的有限模式理论，探讨信息处理时的情绪性反应（Lang，2009；Wilson & Wang，2007；Leshner, Bolls, & Thomas，2009）。

在研究情绪之前，首先要区分一组极易混淆的概念：感受（feeling）、情感（affection）、情绪（emotion）、心情（mood）这四个词在日常生活中常常不加以严格区分，学界研究的定义也有诸多分歧（Chaffee，1996；Frijda，2008）。但实际上，它们代表着截然不同的心理现象（Gray & Watson，2007）。首先，情绪（emotion）是这四个词中最基础的单位。它是人们对具体刺激物的一种迅速的、强烈的、直接的生理反应，并直接引发一系列生理变化。情绪主要受自主神经系统的控制，因而，包含了意识不能控制的成分。其次，感受是一种心理状态（mental state），包含由情绪状态所导致的身体表征（反应讯号从脑传递到身体所引起的变化）与认知处理过程（反应讯号在脑的不同部位之间传达所引起的变化）。它是意识的一种，包含了大脑对生理性情绪冲突的认知和评估。再次，心情（mood）则是更广泛的概念。同情绪相比，在时间方面，情绪是一种瞬时的反应，持续时间仅有数秒，心情的持续时间则要长久得多，可长达数小时乃至数周；在强度和频率方面，情绪的强度较为显著，但频率较低，心情强度缓和但频率较高；在触发对象方面，情绪需要具体的刺激物为激发点，心情的触发对象则更为泛化；就其结果而言，情绪往往立时导致行为或决策性结果，心情则主要造成认知层面的改变（Beedie, Terry, & Lane，2005；Davidson & Ekman，1994）。最后，情感是最广义的词汇，是对人认知活动之外的意识活动的一种泛化统称（陶振超，2011）。

心理生理学的研究对象是特定信息引起的生理层面的变化，即情绪，或者说情绪性反应（emotional response）。

目前，对情绪的研究有两种独立处理和定义方法：情绪分立（discrete emotion）和情绪构面（dimensional emotion）。情绪分立法将情绪分为不同的种类，如生气（anger）、厌恶（disgust）、悲伤（sadness）、欢愉（enjoyment）、羞耻（shame）、恐惧（fear）、满足（content）、惊讶（surprise）

等，认为不同的情绪有不同的身体表征、生理反应、触发机制和功能效用（Lzard，1977，1994；Ekman，1992）。情绪构面法则认为，表面上不同类型的情绪其实在本质上都是由三个高级维度（super-ordinate dimensions）——唤起（arousal）、效价（valence）和可控性（dominance）组成的（Barrett & Wager，2006；Bradley & Lang，2007；Lang，1995）。这两个方法好比对色彩的研究，分立法类似于将色彩视为赤、橙、红、绿、青、蓝、紫等不同类别加以研究，构面法则类似于将色彩视为物体对不同波长的光以不同比例反射的结果，将光源、物体反射程度和人眼的感受作为三个基本维度。心理生理学研究采用第二种方法，主张情绪反应在本质上是外界刺激所激发的生理反应在多重构面层次上不同程度的体现，从而试图描绘在林林总总的情绪分类之下的共同维度。

在具体研究中，大多数的研究者倾向于共同测量情感唤起程度与认知指标，如注意力、辨识、记忆等，以探究控制变量、情绪和认知之间的联系。例如，Angelini（2008）测试了人们在观摩体育赛事时对男女运动员的情绪唤起（以皮肤电导率为指标）、认知资源分配（以心率为指标）、自我评估以及记忆情况。结果表明，人们在观看赛事时，心率都显著减缓，表明大脑投入注意力观摩赛事；但对男性运动员引起的心率减缓更明显，说明人们更注意把认知资源投入于男性运动员的比赛中。但与注意力投入相比，人们对女性运动员的比赛记忆效果更佳，研究者认为这可能是由于女性运动比赛广播和转播得较少，使得这类较为新奇性的信息获得更好的记忆效果。皮肤电导率并没有出现显著的差异，但有趣的是，人们普遍认为，男性运动员的比赛让自己觉得更兴奋。作者援引性别模块理论（gender schema theory）认为，这体现了性别角色在社会认知中的巨大影响。尽管男女运动员的赛事在引起的生理性情绪唤起上并无差别，但人们已经被教会了一种思维定势，即男性赛事更引人入胜、更令人血脉贲张。

Carpentier 和 Potter（2007）的研究发现，信息的背景音乐能够导致皮肤电导率发生显著改变。同样一组旋律，快节奏比慢节奏更能增加唤起的程度。更重要的是，音乐类型与速度在情绪唤起方面呈现出一种交叉反应。对于古典音乐而言，节奏越快，情绪越高涨；而对于摇滚乐而言，节奏越快，人们的情绪反应反而减弱。Bradley 等学者发现，传达正面情绪和负面情绪的图片都能够引起显著的皮电反应。但是，负面图片对应的皮肤电导率变化更大，表明那些传递诸如悲伤、恶心、威胁、痛苦等信息的图片具有更高的情感唤起效果。研究者认为，这反映了人体生物性优先的基本法则。在由自主神经系统控制的情感反应中，人体给予负面的、具有威胁性的信息更敏感地反应，从而保证能够及时对周围变化加以应对，以保证生物体能够生存和繁衍（Bradley, Codispoti, Cuthbert, & Lang, 2001）。

一般来说，皮肤电导率和肌电波在实验中往往是成对出现的，以前者衡量情绪唤起程度，以后者标示情绪唤起方向。Bradley 等人的一组研究表明，人们在观看令人愉快的图片时，其颧大肌的活跃程度显著高于人们观看中性图片或令人不高兴的图片；同样地，传达负面信息的图片对应着皱眉肌更活跃的变化。在各类愉悦性图片中，关于家庭的图片引起的颧大肌和眼轮匝肌的活动最明显，其次是异性的色情图片和美食，两性色情图片引起的活动则最弱；在各类引起负面情绪的图片中，描绘肢体残缺的画面引发的皱眉肌的活动最明显，其次为重度污染的环境，如垃圾场、污秽遍地的河流等，描绘动物攻击，如恶狗、蟒蛇、凶兽等的图片引起的皱眉肌活动最弱。此外，研究者还发现，是图片的内容而非形式影响了人们的情绪反应。同样内容的彩色图片和黑白图片在心率、皮肤电导率、眨眼反射和肌电波等各项指标中均无明显差别（Bradley et al., 2001）。

瞳孔大小也能够反映认知和情绪的变化，但通常以其作为情绪的主要生理指标。Hess（1975）让他的研究助手观看了一组照片。这组几乎全部描绘了一般风景或事物的照片里掺杂了一张裸女图。结果，受测者的瞳孔在看到这张裸女图时出现了肉眼可见的、明显的扩张。瞳孔尺寸变化也一定程度上反映了人们的认知活动。例如，当人们处理某些自己所感兴趣的信息时，瞳孔会相应扩大。Lubow 和 Fein（1996）的一组研究表明，当学生们告知要进行模拟选举的活动时，那些知道模拟选举为何物的学生比那些茫然无知的学生呈现出更为强烈地瞳孔扩大反应。研究者进一步指出，仅从瞳孔大小变化就可以 100% 地确认那些对模拟选举这一活动毫不知情的对象。此外，认知过程中脑力资源的投入性与瞳孔大小呈现微小的正相关关系。与短句子相比，人们处理比较复杂的长句子时瞳孔会出现一定程度的扩张（Just & Carpenter, 1993）。当人们试图回忆复杂信息，如数字串时，瞳孔也会出现一定程度的扩张（Granholm, Asarnow, Sarkin, & Dykes, 1996）。当瞳孔直径变小，虹膜震颤频率增加时，往往表明大脑已经处于超负荷的信息处理疲劳状态（Sirevaag & Stern, 1999）。

五、视角的改变：从信息间效果到信息内效果

从上文的描述中，读者们可以看出心理生理学在传媒研究中颠覆了最少两种定义，一是媒体，二是信息。

第一，传统的媒体定义一度是以业界的标准和大众的认知来分类的。比如电视、电影、电台、报纸、杂志、互联网等。这种分类的好处是通俗易懂，一目了然，但从信息处理的角度来看毫不严谨，比如一篇登在报纸或杂志的文字稿本身并无区别，都是文字形式；一篇由声画组成的新闻可以放在电视上放，也可以上传到互联网上供人收看。心理生理学虽然对这种传统分类的媒体也感兴趣，也花很多精力研究各种信息在各种媒体呈现的效应，但因为它的主要研究对象是信息处理和信息处理的过程，更靠近基础研究，所以心理生理学在定义信息的载体时不一定沿用传统的分类，而采用更本质的，更基础的分类将信息分为声音类、画面类和文字类的信息，它的好处是打破传统媒体的

框框，还原信息的本质。

第二，传统的媒体信息分类也多是以业界标准界定，比如我们多将信息分为新闻、社论、电视剧、纪录片、爱情片、动作片等，这种分类法固然有意义，但传播学的心理生理研究更感兴趣的是贯穿这些"信息"的共同点，如这些信息的情感效价、唤起程度，这些信息的新旧信息比率，这些信息对处理能量的需求，因为一个人在电视剧中痛哭和在爱情片中痛哭没有本质的区别，其共同点是哭意味着负面情感和高唤起度。

当然，心理生理学的最大贡献在于它的科学基础。到目前为止，我们对于大脑的认知过程还是知之甚少，大多还处在探讨阶段，在心理生理这种客观测量手段出现之前，大多的传媒研究多采用自报和观察的手段测量传播效果，虽然在研究中可设置多种机制以防偏差，但毕竟有主观成分。生理数据的最大特点是客观的，不以人的意志而改变的。以自报的"注意力"和生理数据显示的"注意力"为例，实验中研究者可设置问卷要求参与者自报在观看新闻时注意力的程度，这种自报的准确首先取决于参与者意识到他们真的"注意"了，能准确地判断他们的注意力，并能回忆其注意力程度的高低，实际上这种自报的精确是有很大的疑问的。当实验要求参与者"注意"其注意力的高低时，参与者的注意力就已经有所分散了，而不能专心于媒体信息了。再者，就算是受过良好教育的参与者也未必能对信息的心理过程作出合理和准确的反省和判断。而生理数据则是在媒体消费者不受干扰的情况下取得的，而且一个人注意力高的时候，其心率必然减低，其α值必然受阻隔，也就是说生理数据是很难受主观意志左右的。人们看到一则广告，感到兴奋或趣味索然，他们的皮肤导电性则有变化，相应的脑电波也呈现波动，这些数据都是可以客观获取的。

与传统实验研究方法的不同之处在于：心理生理学关注的不是对信息的静态分类，而是信息的动态变化。传统的实验研究方法提前假定刺激内容的分类（category）和属性（attribution），请实验对象阅读或观看实验内容，并对其反应做出回忆性的自我汇报。心理生理学颠覆了这种静态分类的观点，而将信息抽象为一种持续性的、可被感知的信息流（Lang et al.，2009）。这个信息流涵盖众多与接受者的心理反应相关的要素，在被接收的过程中引发接受者一系列肌体生理反应。对这些可测度的生理反应的研究揭开了大脑信息处理的秘密。

这意味着媒介研究从信息间效果（inter-message effect）到信息内效果（intra-message effect）的转变。从更广泛的意义上讲，这种回归信息本位（Potter & Bolls，2011）的方法提供了新的研究视角，包括：研究信息的内容（content）和结构（structure）以及两者之间的交互影响（interaction），结构变化的速度（rate of structure change），信息变化的速度（rate of information change），情绪性信息的基调（emotional tone），唤起的内容（arousing content），等等，从而带来媒介信息研究范式的转变（Lang et al.，2009）。

当然，我们也要看到心理生理的有限性。多数的批评和顾虑都与研究的"外延性"有关。因为在现在的条件下，收集生理数据必然与实验室有关，我们要通过精确的仪器和感应设备测量人体的生理数据，而数据的收取多数要对单个个体进行。毫无疑问，当一个人头顶脑电波网，身带感应器，单独一人观看电视节目时，其反应和效果和在家中的自然环境中消费媒体是不一样的。在实验室中可能效果明显，但在自然环境中因为多种诱惑这些效果也许就会消失而不能重复实验的效果。好在我们关注的是因果关系和处理过程，当我们建立了一种基本关系时，我们其实已经为研究的"外延性"打下了一个基础。

此外，我们前面提到人体生理的最大作用是保持人体生存。大部分的生理数据与人体活动有关，"信息处理"的关系只是其中很少的一部分。一个人每分钟心跳72次主要是和这个人的体质、能量消费、所处环境有关。当他看到性感模特的广告时，心跳可能只慢一拍，变成每分钟71次，为了确定这一拍确实来自性感模特，研究者的实验必须十分严谨，控制的变量必须十分周到。就连实验的环境也必须严格加以控制。如实验室要保持恒温，要关闭所有的其他声源，如电话、过道的说话声音、电视机音量的锁定，等等。实验参与者不能有太多的身体动作，所有这些都有可能影响生理数据。

另外一个限制就是设备的问题，在大学里，要做这些实验首先需要实验空间。许多大学因为资金和空间的限制，要开辟这样的实验室是有困难的。再者就是仪器的购置，所有这些仪器都不便宜，需要所在的院系有足够的财政支持。在仪器的操作方面，每次收集数据都必须进行精确的调试，否则数据就不准确。

要掌握心理生理的理论、原理、解释和操作是一个长期而艰巨的任务，需要研究者极大的投入，足够的耐心和一丝不苟的精神。因为很多是基础研究，你的研究成果很可能不能立竿见影，也因此可能与时代的脉搏不在同一轨迹。关心媒体社会学的同事很可能受到各界邀请讨论热点问题，而你只能默默地在实验室分析数据，如果真的不小心，你也许会陷入"只见树木不见森林"的陷阱。所有这些都是心理生理学可能带来的负面影响。

心理生理学提供了更精确的测量手段，从而提高了既有传播学科的测量精度。新手段的引进提供了新的学术视角，能够推动学科的进一步深化，再百尺竿头更进一步。技术精度的进步对学科发展的推动是毫无争议的，也是不乏先例的。现代机械测量仪器的进步直接推动了20世纪上半叶物理学的井喷。心理生理学对人类生理反应的精确测量也因此有着亟可期待的前景。通过心理生理学手段来探索人类意识、行为与外界信息之间的关系，并通过测量手段的进步提高对这一关系的认知精度可产生新的发现，并反过来为中观和宏观层面的传播学研究提供启发。这是心理生理学方法对传播学科的意义所在。

传播学在学界的地位还没有像一些成熟的学科那样受到尊重当然有很多原因，其中一个是其职业性背景局限。但是更大的原因是因为传播学没有一套严谨的科学手段，心理生理学的引进有效地改变了这种现象，现代生活使人们生活在媒介信息爆炸的时代，人们对媒介信息的处理、其运行机制、其相应效果成为很多学科关注的对象，系统的、科学的研究方法对传播学成为成熟学科的推动有着举足轻重的影响。

◇ 参考文献 ◇

- Angelini, J. R. (2008). Television sports and athlete gender: The differences in watching male and female athletes. *Journal of Broadcasting and Electronic Media*, 52(1): 16-32.
- Bakan, P. (1969). Hynotizability, laterality of eye movement, and functional brain asymmetry. *Perceptual and Motor Skills*, 28: 927-932.
- Bandura, A. (2009). Social cognitive theory of mass communication. In J. Bryant & M. B. Oliver (eds.), *Media effects: Advances in theory and research*, 94-124. New York, NY: Routledge.
- Barrett, L. F., & Wager, T. D. (2006). The structure of emotion: Evidence from neuroimaging studies. *Current Directions in Psychological Science*, 15(2): 79-83.
- Beedie, C., Terry, P., & Lane, A. (2005). Distinctions between emotion and mood. *Cognition & Emotion*, 19(6): 847-878.
- Berntson, G. G., & Cacioppo, J. T. (2008). The neuroevolution of motivation. In J. Y. Shah & W. L. Gardner (eds.), *Handbook of motivation science*, 188-200. New York, NY: Guilford Press.
- Berntson, G. G., Cacioppo, J. T., & Quigley, K. S. (1991). Autonomic determinism: The modes of autonomic control, the doctrine of autonomic space, and the laws of autonomic constraint. *Psychological Review*, 98: 459-487.
- Bradley, M. M., Codispoti, M., Cuthbert, B. N., Lang, P. J. (2001). Emotion and motivation I: Defensive and appetitive reactions in picture processing. *Emotion*. 1: 276-298.
- Bradley, M. M., & Lang, P. J. (2007). Emotion and motivation. In J. T. Cacioppo, L. G. Tassinary, & G. G. Berntson, (eds.), *Handbook of Psychophysiology* (3rd edition): 581-607. New York, NY: Cambridge University Press.
- Cacioppo, J. T., & Gardner, W. L. (1999). Emotion. *Annual Review of Psychology*, 50: 191-214.
- Cacioppo, J. T., Larsen, J. T., Smith, N. K., & Berntson, G. G. (2004). The affect system: What lurks below the surface of feelings? In A. S. R. Manstead, N. H. Frijda, & A. H. Fischer (eds.): *Feelings and emotions: The Amsterdam conference*, 223-242. New York: Cambridge University Press.
- Cacioppo, J. T., Petty, R. E., Losh, M. E., & Kim, H. S., (1986). Electromyographic activity over facial muscle regions can differentiate the valence and intensity of affective reactions. *Journal of Personality and Social Psychology*, 50(2): 260-268.
- Caccioppo, J. T., Tassinary, L. G., & Berntson, G. G. (2000). Psychophysiological Science. In J. T. Caccioppo, L. G. Tassinary, & G. G. Berntson (eds.): *Handbook of Psychophysiology*, 3-26. Cambridge, UK: Cambridge University Press.
- Cantor, J. R., Bryant, J., & Zillmann, D. (1974). Enhancement of humor appreciation by transferred excitation. *Journal of Personality and Social Psychology*, 15: 470-480.
- Cantrill, H. (1940). *The invasion from mars*. Princeton, NJ: Princeton Univeristy Press.

- Carpentier, D. F. R., & Potter, R. F. (2007). Effects of music on physiological arousal: Explorations into tempo and genre. *Media Psychology*, 10(3): 339-363.
- Chaffee, S. H. (1980). Mass media effects: New research perspectives. In G. C. Wilhoit & H. de Bock (eds.), *Mass Communication Review Yearbook* (Vol. 1), 77-108. Beverly Hills, CA: Sage.
- Chaffee, S. H. (1996). Thinking about theory. In M. B. Salwen & D. W. Stacks (eds.), *An integrated approach to communication theory and research*, 15-32. Mahwah, New Jersey: Lawrence Erlbaum Associates.
- Damasio A. R. (1994). *Descartes' error: Emotion, reason and the human brain*, New York, NY: Grosset/Putnam.
- Darwin, C. (1897). *The expression of the emotions in man and animals*. New York: D. Appleton.
- Davidson, R. J., & Ekman, P. (1994). Afterword: How are emotions distinguished from moods, temperament, and other related affective constructs? In P. Ekman & R. J. Davidson (eds.), *The nature of emotion: Fundamental questions*, 94-96. New York: Oxford University Press.
- Diao, F., & Sundar, S. S. (2004). Orienting responses and memory for Web advertisements: Exploring effects of pop-up window and animation. *Communication Research*, 31(5): 537-567.
- Donnerstein, E., & Barrett, G. (1978). Effects of erotic stimuli on male aggression toward females. *Journal of Personality and Social Psychology*, 36: 180-188.
- Duffy, E. (1962). *Activation and Behavior*. New York: Wiley
- Dysinger, W. S., & Ruckmick. C. A. (1933). *The emotional response of children to the motion pictures situation*. New York, NY: Macmillan.
- Ekman, P. (1992). Facial expressions of emotion: New findings, new questions. *Psychological Science*, 3(1): 34-38.
- Frijda, N. H. (2008). The psychologists' point of view. In M. Lewis, J. M. Haviland-Jones & L. F. Barrett (eds.), *Handbook of emotions* (3rd ed.): 68-87. New York: The Guilford Press.
- Geske, J., & Bellur, S. (2008). Differences in brain information processing between print and computer screens: Bottom-up and top-down attention factors. *International Journal of Advertising*, 27(3): 399-423.
- Grabe, E., Zhou, S., Lang, A., & Bolls, P. (2000). Packaging television news: The effects of tabloid on information processing and evaluative responses. *Journal of Broadcasting & Electronic Media*, 44(4): 581-598.
- Graham, F. K. (1979). Distinguishing among orienting, defense, and startle reflexes. In H. D. Kimmel, E. H. Van Olst, & J. F. Orlebeke (eds.), *The orienting reflex in humans*, 137-168. Hillsdale, NJ: Erlbaum.
- Graham, F. K., & Clifton, R. K. (1966). Heart-rate change as a component of the orienting response. *Psychological Bulletin*, 65: 305-320
- Granholm, E., Asarnow, R., Sarkin, A., & Dykes, K. (1996). Popillary response index cognitive resources limitations. *Psychophysiology*, 33: 457-461.
- Gray, E. K., & Watson, D. (2007). Assessing positive and negative affect via self-report. In J. A. Coan & J. J. B. Allen (eds.), *Handbook of emotion elicitation and assessment*, 171-183. New York: Oxford University Press.
- Guyton, A. C., & Hall, J. E. (1996). *Textbook of medical physiology* (9th ed.). Philadelphia, PA: Saunders.
- Hess, U. (1975). *The tell-tale eye*. New York, NY: Holt, Rinehart & Winston.
- Hess, U. (2009). Facial EMG. In E. Harmon-Jones & J. S. Beer, (eds.), *Methods in Social*

Neuroscience, 70-91. New York: The Guilford Press.
- Hovland, C. I. (1957). *Order of Presentation*. New Haven: Yale University Press.
- Just, M., & Carpenter, P. (1993). The intensity dimension of thought: Pupillometric indices of sentence processing, *Canadian Journal of Experimental Psychology*, 47: 310-339.
- Kalat, J. W. (2007). *Introduction to psychology*. (9th ed.). Belmont, CA: Wadsworth.
- Lachman, R., Lachman, J. L., & Butterfield, E. C. (1979). *Cognitive psychology and information processing: An introduction*. Hillsdale, NJ: Lawrence Erlbaum Associates, Publishers.
- Lang, A. (1990). Involuntary attention and physiological arousal evoked by structural features and emotional content in TV commercials. *Communication Research*, 17: 275-299.
- Lang, A. (2006). Motivated cognition (LC4MP): The influence of appetitive and aversive activation on the processing of video games. In P. Messaris & L. Humphries (eds.), *Digital Media: Transformation in Human Communication*, 237-256. New York: Peter Lang Publishers.
- Lang, A. (2009). The limited capacity model of motivated mediated message processing. In R. L. Nabi, & M. B. Oliver (eds.), *The Sage Handbook of Media Processes and Effects*, 193-204. Thousand Oaks, CA: Sage Publications.
- Lang, A., Borse, J., Wise, K., & David, P. (2002). Captured by the World Wide Web: Orienting to structural and content features of computer-presented information. *Communication Research*, 29: 215-245.
- Lang, P. J. (1995). The emotion probe: Studies of motivation and attention. *American Psychologist*, 50: 372-385.
- Lang, P. J., Bradley, M. M., & Cuthbert, B. N. (2008). International affective picture system (IAPS): Affective ratings of pictures and instruction manual. *Technical Report A-8*. University of Florida, Gainesville, FL.
- Lang, A, Newhagen, J. E., & Reeves, B. (1996). Negative video as structure: Emotion, attention, capacity, and memory. *Journal of Broadcasting & Electronic Media*, 40(4): 460-477.
- Lang, A., Potter, R. F., & Bolls, P. D. (1999). Something for nothing: Is visual encoding automatic? *Media Psychology*, 1: 145-163.
- Lang, A., Potter, R. F., & Bolls, P. (2009). Where psychophysiology meets the media: Taking the effects out of mass media research. In J. Bryant & M. B. Oliver (eds.), *Media effects: Advances in theory and research* (3rd ed.), 185-2-6. New York, NY: Routledge.
- Lang, A., Shin, M., & Lee, S. (2005). Sensation-seeking, motivation, and substance use: A dual system approach. *Media Psychology*, 7: 1-29.
- Lang, A., Zhou, S., Schwartz, N., Bolls, P. D., & Potter, R. F. (2000). The effects of edits on arousal, attention, and memory for television messages. *Journal of Broadcasting & Electronic Media*, 44: 94-109.
- Lang, P. J. (1980). Behavioral treatment and bio-behavioral assessment: Computer applications. In J. B. Sidowski, J. H. Johnson & T. A. Williams (eds.), *Technology in Mental Health Care Delivery Systems*, 119-137. Norwood, NJ: Ablex Publishing.
- Lang, P. J., Bradley, M. M., & Cuthbert, B. N. (1990). Emotion, attention, and the startle reflex. *Psychological Review*, 97: 377-395.
- Larsen, J. T., Norris, C. J., & Cacioppo, J. T. (2003). Effects of positive and negative affect on electromyographic activity over zygomaticus major and corrugator supercilii. *Psychophysiology*, 40(5): 776-787.
- Lasswell, H. D. (1927). *Propaganda technique in World War I*. Cambridge, MA: MIT Press.
- LeDoux, J. E. (1995). Emotion: Clues from the brain. *Annual Review of Psychology*, 46: 209-235.

- Leshner, G. , Bolls, P. , & Thomas, E. (2009). Scare 'em or Disgust 'em: The Effects of Graphic Health Promotion Messages. *Health Communication*, 24: 447-458.
- Lubow, R. , & Fein, O. (1982). Pupillary size in response to a visual guilty knowledge test: New technique for the detection of deception. *Journal of Experimental Psychology: Applied*, 2: 164-177.
- Lynn, R. (1996). *Attention, arousal, and the orientation reaction*. Oxford: Pergamon.
- Oster, P. J. , & Stern, J. A. (1980). Electrooculography. In I. Martin and P. H. Venables (eds.), *Techniques in psychophysiology*. London: Wiley.
- Potter, R. F. (2000). The effects of voice changes on orienting and immediate cognitive overload in radio listeners. *Media Psychology*, 2: 147-178.
- Potter, R. F. , & Bolls, P. (2011). *Psychophysiological measurement and meaning: Cognitive and emotional processing of media*. New York, NY: Routledge.
- Reeves, B. , Lang, A. , Thorson, E. , & Rothschild, M. (1989). Emotional Television scenes and hemispheric specialization. *Human Communication Research*, 15(4): 493-508.
- Reeves, B. , Thorson, E. , Rothschild, M. , McDonald, D. , Hirsch, J. , & Goldstein, R. (1985). Attention to television: Intrastimulus effects of movement and scene changes on alpha variation over time. *International Journal of Neuroscience*, 25: 241-255.
- Samoilov, V. O. (2007). Ivan Petrovich Pavlov (1849-1936). *Journal of the History of the Neurosciences*, 16(1/2): 74-89.
- Schramm, W. (1971). The nature of communication between humans. In W. Schramm & D. F. Roberts (eds.), *The Process and Effects of Mass Communications*, 1-53. Urbana: University of Illinois Press.
- Shannon, C. E. , & Weaver, W. (1949). *The mathematical theory of communication*. Urbana, IL: University of Illinois.
- Simons, R. F. , Detenber, B. H. , Cuthbert, B. N. , Schwarts, D. D. , Reiss, J. E. (2003). Attention to Television: Alpha power and its relationship to image motion and emotional content. *Media Psychology*, 5: 283-301.
- Sirvaag, E. J. , Stern, J. A. (1999). The gaze control system. In W. Boucsein and R. W. Back (eds.). *Engineering psychophysiology. Issues and applications*. Mahwah, NJ: Erlbaum.
- Stern, R. M. , Ray, W. J. , & Quigley, K. S. (2001). *Psychophysiological Recording (2nd ed.)*. New York: Oxford University Press.
- Thelen, E. , Schoner, G. , Scheier, C. , & Smith, L. B. (2001) The Dynamics of embodiment: A field theory of infant perseverative reaching. *Behavioral and Brain Sciences*, 24: 1-86.
- Zillmann, D. (1971). Excitation transfer in communication-mediated aggressive behavior. *Journal of Experimental Social Psychology*, 7: 419-434.
- Zillmann, D. (1978). Attribution and Misattribution of Excitatory Reactions. In J. Harvey, W. J. Ickes & R. F. Kidd (eds.), *New Directions in Attribution Research*, 335-368. Englewood Cliffs: Erlbaum.
- Zillmann, D. (1982). Television and Arousal. In D. Pearl, L. Bouthilet & J. Lazar (eds.), *Television and Behavior: Ten years of scientific progress and implications for the eighties* (Vol. 2), 53-67. Washington DC: U. S. Department of Health and Human Services.
- Zillmann, D. (1983). Transfer of excitation in emotional behavior. In J. T. Cacioppo & R. E. Petty (eds.), *Social Psychophysiology: A sourcebook*, 215-240. New York: Guilford.
- Zillmann, D. , Mody, B. , & Cantor, J. R. (1974). Empathetic perception of emotional displays in films as a function of hedonic and excitatory state prior to exposure. *Journal of Research in Personality*, 8: 335-349.

伽利略定量研究系统的理论发展与应用

陈昊[①] 洪浚浩[②]

一、引言

传播学作为一门学科，最早的发展是从 20 世纪的美国开始的，虽然发展时间不长，但作为一门综合学科，它结合了社会科学与人文科学的学科观点，从最初专注于大众传播拓展到研究各种不同的人类交流与传播领域，其研究对象与包括社会学、心理学、人类学、生物学、政治学、经济学、公共政策、信息科学在内的众多学科交叉融合，展现了活跃的生命力。尤其是近年来网络媒体的崛起，使得人们的交流手段与能力进一步提高，如"高校经典教材译丛"之《传播学》中的总序里所述："宏观上，现实社会及经济形态中信息资源的地位越来越高，信息流动带来的价值和效益越来越大；微观上，在人们的日常生活中，信息及信息的传播媒介不仅不可或缺，而且愈发彰显出它的重要性"（辛格尔特里，2000），这在促进了社会发展的同时也激发了学术的进步。这些年来传播学的理论研究和应用研究均取得了长足发展，但与之相比，植根于社会科学与人文科学的研究方法仍旧沿袭几十年前的实践，并没有太大的进步，面对当今拥有极大丰富且容易获取的信息资源外加电子计算机的强大计算能力辅助的大好形势下，研究者的手脚未免被陈旧的研究方法所束缚。本文尝试介绍一种新的定量研究方法，阐述其理论与应用的发展，并将其与现行主流的定量研究方法放在一起比较各自的优劣。

二、定量研究的测量方法

总览

由于本文介绍的方法属于定量研究（quantitative research）的一种，故只与同类型的定量研究

[①] 陈昊，现任美国威斯康辛大学普莱特维尔分校（University of Wisconsin-Platteville）媒体研究系助理教授，2009 年获美国布法罗纽约州立大学（State University of New York at Buffalo）传播学博士，主要研究方向包括传播学研究方法、多维标量测量系统和创新扩散等。

[②] 洪浚浩现任美国布法罗纽约州立大学（State University of New York at Buffalo）传播系教授，哈佛大学费正清研究中心研究员，1995 年获美国奥斯汀德克萨斯大学（The University of Texas at Austin）传播学博士学位，主要研究方向包括国际传播、媒介与社会和信息与传播新技术的影响等。

做比较而不会涉及定性研究（quanlitative research）。定量研究指的是一种系统的实证主义研究范式，它将问题与现象数量化，进而使用统计和其他相关的数学计算方法来分析、考验和解释，最终尝试回答问题和解析现象。作为社会科学定量研究中的测量方法，Stevens（1951）总结出四种，分别是定类测量（nominal scale）、定序测量（ordinal scale）、定距测量（interval scale）、定比测量（ratio scale）。第一类的定类测量与"命名"有关，因此也与分类有关（Singletary，1993），适用于将样本细分为小组再进行跨组的统计分析，譬如将样本分为男性被访者和女性被访者。可以看出定类测量仅能用作分类用途，所转化的数值并不具有计算能力，如前例所示，假设男性被访者用数字 1 来指代而女性被访者用 2 来指代，这个 1 和 2 之间并不具有数值比较性，仅仅代表两个不同的群体。第二类的定序测量不仅将回答分类，还将他们以某种方式分级或排序（Singletary，1993），譬如让受访者对他们吃过的 7 种冰淇淋口味排序分类，用 1 代表最喜欢的口味和用 7 表示最不喜欢的口味。自然由于序列的引入，定序测量比定类测量能传达更多信息，但值得注意的是取得的数值只能用于分类而不能用作计算，并不能认为 1 和 2 之间的差距与 2 和 3 之间的差距是一样的，譬如赛马的结果能用定序测量排列出第一名、第二名、第三名，但不能说第一名和第二名相差的时间跟第二名和第三名相差的时间是一样的。第三类的定距测量不仅将变量排序，也测量等级间的差距（Singletary，1993）。能使用定距测量的前提是各测量单位之间的距离是相等的，譬如温度的测量，40 度与 20 度之间的差距与 60 度与 40 度之间的差距是相等的。因为这个性质，定距测量取得的数值可以进行加减运算。第四类的定比测量是最高层次的测量，它不仅拥有前三类的所有特质，还具有一个绝对意义的零点。譬如第三类里提到的温度测量，因为它没有绝对的零点，意思就是 0 度（无论是摄氏度还是华氏度）并不代表没有温度，而且也不能说 40 度比 20 度热一倍，所以它只是定距测量而不是定比测量。作为定比测量的例子有年龄、重量、高度等，因为具有绝对零点，所取得的数值不仅可以做加减运算，还可以进行乘除运算，为之后的统计分析提供最大的运算支持，所以是最高层次的测量。

以上阐述是社会科学里通用的测量方法，是学科里非常基础入门的部分，大多数学者和研究者都非常熟悉，但本文仍将它们罗列在此是因为它们在实践里的应用却出于种种原因而与理论上的界定有所出入。接下来本文就会挑选社会科学里作为最常见的测量工具的利克特量表（Likert Scale）来作深入分析，并与之后介绍的伽利略研究系统（Galileo System）放在一起比较。

利克特量表

简介

利克特量表是由美国心理学家 Rensis Likert（1932）在原有的加总量表基础上改进而成的，通常用于测量感性方面的变量，如感知、态度等。利克特量表包括一系列利克特选项（Likert items），每一条项目是一条陈述，然后受访者按照一个事先定义的等距量度给出答案。由于这种量表通常是由未经培训的观察者经过简短的问卷说明就马上应用，间距的总数通常较小，最普遍的是5～11个间距，也因此称为5点利克特量表或11点利克特量表。量度上的间距通常定义为受访者对陈述的认同程度，试举一个5点利克特选项例子（例子来源于Singletary，1993）：

陈述：高税收对支持美国人赞赏的社会规划来说是必要的。

量度：

非常不同意	不同意	无所谓(不确定)	同意	非常同意
1	2	3	4	5

优点

从上面的例子可以看到这个量表不仅是社会科学里研究者最常使用的测量工具，还广为一般人熟知，只要有过问卷受访的经验的人一般都见过它，就算少数没见过的人只要接受简短的说明马上就可以理解，这个是利克特量表极大的优点。它代表了一类实用性极强，非常容易被受访者理解的测量工具，语义差异量表（"Semantic Differential Scale"，Osgood et al.，1957）也是属于这一类的成员。

尽管社会科学界里有比它们更准确的测量量表存在，但因为利克特量表的实用性（基于利克特量表的问卷设计起来很方便、使用范围很广，即使操作者没有受过社会科学培训也能获取信度很高的数据，受访者不需要太多时间就能理解量表的意义和使用方法等），它仍是实际社会科学研究中制作问卷的首选方法。

缺点

界定不清

利克特量表的便利性来源于它的定距测量的定义，许多选用它的学者和研究者一般也缺省认可这个界定，也就是说，他们认为量表里每个选项之间的距离是相等的（"All items are assumed to be replications of each other or in other words items are considered to be parallel instruments"，van Alphen et al.，1994），而对于那些没有受过社会科学研究培训的人员来说，他们并不大清楚利克特量表究竟是定序测量或是定距测量还是定比测量。而笔者认为将利克特量表界定为定距测量其实并不太站得住脚，因为并没有令人信服的理论支持和证据表明"非常不同意"到"不同意"的距离等同于"同意"到"非常同意"的距离。因此，利克特量表应该界定为定序测量。如下所述，这将影响到利克特量表的应用，也侧面说明利克特量表并不是最佳的社会科学测量方法。

精度不高

利克特量表的选项一般选用5～11个间距（一般是5个或者7个），这大大限制了所能收集数据的精度。试套用信息论的公式来解释（Woelfel & Fink，1980）：

$$H = \log_2 x = \frac{\ln x}{\ln 2}$$

其中 H 代表信息的含量（单位为比特），x 代表该测量系统所能允许的所有不同数值的总和，那么 5 点到 11 点的利克特量表中每一个选项所能携带的信息量是 2.32 比特到 3.46 比特，这是一个很小的数值，与阿拉伯数字系统相比，5 位数字所能携带的信息量是 16.61 比特，如果是英文字母，5 个单词所能携带的信息量是 22.91 比特。这代表着作为社会科学定量研究的主流测量方法——利克特量表——的局限性非常大，实质上它的做法是将测量强制限定在有限的区间里，譬如如果有受访者要表示"非常非常非常不同意"的态度的话，这种回答最终也被视为和"非常不同意"相同。这也可能是造成一部分社会科学研究者转向定性研究的客观原因，虽然定性研究没有定量研究这么标准化，但定性研究中选用非量化的手段譬如自然语言来描述实验观测结果的做法能够获取比利克特量表多得多的数据（Woelfel & Fink，1980）。

中立选项易产生混淆

为了更便利地向受访者解释量表的使用方法，利克特量表选项在问卷里的表现形式通常是一条具有数个区间的线段，该线段的中值通常定义为中立选项（neutral），也就是代表介于"同意"与"不同意"之间。根据 Chimi & Russell 的文章指出，这个定义是不完整且不充足的。给出这个选项的时候，利克特量表是假定受访者熟悉并了解研究的主题，所以他们应该知道中立所代表的含义。这样的推断往往是过于乐观的，在实际操作环境里，至少有两种情况导致受访者选择了这个选项但不是为了表示中立的意思（Chimi & Russell，2009）：

一种情况是假设受访者对研究主题是有所了解的，也知道如何回答利克特量表式的问题，但受访者对待某一条陈述并不是持中立态度的，很有可能仅仅是认为该陈述是无关紧要的。但量表里唯一非同意也非不同意的选项就剩中立项了，最后受访者只好选择了中立，此时无关紧要就和中立态度混淆起来。

另一种情况是受访者对研究主题没有足够的认识，对某一条陈述不大理解，在这种情况下，受访者是不可能表现出中立的态度的，因为他连中立代表什么都不知道。

维度测量欠客观性

利克特量表是作为一种建立单维度（unindimensionality）的先期方法创立的（McIver and Carmines，1981）。通常利克特量表会建立一组陈述来测量一个概念的某个维度，譬如自我效能的测量。由于这组陈述是由研究者先行确立的（如能进行前测可提高一部分效度），并不能保证实验进行时正好覆盖一个维度的测量，即使陈述的数量足够大，也不能保证每个陈述的测量均准确地测量到该维度，而在利克特量表加总的时候，每条陈述的回答却被视为同等价值的，正确的测量会跟错误的测量相加起来，这会大大影响测量的准确性。另外，对于维度的确定也是缺乏客观性的，在真正进行测量前是如何知道该维度的存在的呢？该维度会不会因为性别、年龄、文化的差异而有所变化呢？那么还能重复使用相同的量表来测量不同群体里对该维度的认知吗？

加总的问题

联系上面所说的第一点，利克特量表在实际操作上是作为加总量表来使用的，先不说利克特量表是否具有定距测量的特性，将每条陈述收集到的答案简单加总的操作也是存在问题的。这个也与上面第四点有联系，利克特量表是使用一系列的陈述来测量某个维度，每一条陈述可视为一条一维的线段，但如前所述，它并不能保证每条陈述测量的是同一个维度，那么再在这个基础上进行加总就值得商榷了。试举一个极端的例子来说明这样加总所存在的问题，譬如说一个物理世界的对象，让它跟重量单位相比得出它的重量（假设为 x 公斤），让它跟长度单位相比得出它的长宽高（假设为 y 厘米），但我们不会将它的 x 公斤和 y 厘米做简单相加以得到一个对这个对象的描述。诚然这个例子是非常极端的，我们会说这两个是完全不同的维度，将它们相加是完全不可能的，但在感知和心理层面并没有像物理世界里这么容易确立且被大众视为标准的维度，在实验中难免存在设计中几个同组的陈述事实上在测量几个或更多的维度的情况，那么简单地将所得数值相加并宣称它们测量了某个事先规定的维度就会产生极大的误差，此举相当于将多个维度上的数值强制映射到某个主观界定的维度上并进行加总，然后将所得到的总数进行下一步分析。这样的做法很难检验到测量的效度，很难知道该组陈述是否准确地测量到想要测量的那个维度。

更佳的定量测量方法所要满足的条件

那么，更佳的定量测量方法需要满足什么条件呢？在介绍一个比利克特量表更好的定量测量系统前，让我们先来看看 Born（1965）提出的三大原则：1. 相对性原则。这条原则指出没有什么概念是具有绝对意义的，每一个概念的定义只能通过和另外一个特定的概念比较而得出。即使在自然科学里一些我们熟知的"客观"概念，如长度和时间也是通过跟特定概念（主观确定的）相比而得出的，如果这个做对比的概念改变了，那么其他与之做对比的概念都将会改变。2. 客观性原则。这条原则指出观测的方法应该尽可能地独立于单个观测者（"making observations as independent of the individual observer as possible"）。由上个原则得知测量的结果会因为参照系或比对方法的改变而改变，如果需要观测者对这个观测和比对过程达成共识，必须让观测的方法尽可能地独立于观测者。3. 实证验证原则。这条原则指明理论的建立应该包括对在科学界里达成共识的特定测量系统的选用与观测关系的叙述。但 Woelfel 与 Fink（1980）认为光有这三个原则不足以建立令人满意的测量方法，举一个反例来说明：如果我们选择一条特定的河的两岸宽度作为长度参照系，以及选择该河两次发洪水的间隔作为时间参照系，然后以此为基础发展出一门学科，这样的选择是符合以上描述的三大原则的，但毫无疑问，这样的科学会被大多数科学家（包括自然科学家和社会科学家）拒绝承认（因为测量所得的数据太不精确了）。这里值得深思的是这个例子的系统其实跟被大多数社会科学家采用的5点或7点的量表并没有太大不同。Woelfel与Fink（1980）建议增加两个原则以指导最佳测量方法的选择。4. 最大信息量原则。这条原则指出整个测量系统的选择应以是否能收集到最大程度的数据为准。5. 最小信息量原则。这条原则指出在确立新科学的测量组件时每个区间测量的信息量应是最小值。

伽利略定量研究系统

基于以上五大原则的确定，伽利略定量研究系统被研究出来以改进现行主流的社会科学研究方法。这是一套完备的研究系统，包括有对态度和信念的测量、对数据的分析、对实验结果的概念成像，还有对如何改变态度和信念提供策略上的建议。这个系统最初成形于20世纪70年代，经过数十年的应用和验证发展得很成熟，产生了众多的科技论文（详情请浏览伽利略文献数据库，http://www.galileoco.com/CEtestLit/literature.asp），也在各种商业应用诸如市场定位、产品推广上得到重视（在销售伽利略系统的伽利略公司官方网页上有完整的客户列表，http://galileoco.com/N_client.asp）。

这是怎样的一个系统呢？它的测量部件与前文讨论的利克特量表又有何不同呢？首先，伽利略系统运用一个连续的多维的黎曼空间（a continuous, multidimensional Riemannian space）来描述各种抽象的概念（态度、信念和想法等）在认知中的相对关系。根据Born的第一原则相对性原则，每一个概念的定义只能通过和另外一个特定的概念比较而得出，伽利略系统选用比较测定法来获取测量数据，受访者会首先被给予一个特定的测量比例作为一把测量的"尺子"，然后对一系列概念作配对比较（每次只比较一对概念直至遍历各种配对），如下面例子所示：

我们的调查想了解您对奶牛养殖的一些意见。您可以通过比较以下概念有多么不同来帮助我们完成调查。举例说明，我们会问您："奶牛养殖和谷物种植有多么不同？"您将会回答一个数字以代表它们间不同的程度。如果两者相差很大，您就写一个大点的数字，如果两者很相像，您就写一个小点的数字，如果两者没任何差别，您就写0。为了帮助您理解数字与差异间的联系，我们会说奶牛养殖和谷物种植的差异是100单位。请在以下的比较中记着这个标准。如果一对概念相差的程度比奶牛养殖和谷物种植相差得大，您就写一个比100大的数字。如果相差的程度是2倍的程度，您就写200。**您可以写任何大于等于0的数字。**请记住，这里的答案没有对错，有的只是您的观点（摘录并翻译自"How to Do a Galileo Study"，Woelfel et al., 1980）。

经过这个方法取得的均差矩阵可以通过Young与Householder（1938）和Togerson（1958）提供的运算过程得到一个具有双中心的数量积矩阵（a double-centered scalar products matrix），然后再运用Van de Geer（1971）根据Jacobi（1849）确立的理论实现的数学算法，就可以找出由全部概念组成的空间的各个主轴（也就是维度），每一条主轴就是一条特征向量（eigenvector），也可以理解为各个概念在这个维度上的映射。简单地说，经过一系列数学运算之后，就可以建立一个空间将各个概念定位，空间里的距离代表着各自的差异，可以很清楚地看到各个概念之间的关系，接下来可以进行进一步的统计分析或定性分析。这个空间还可以通过标图软件以图像的方式展现出来，如下图中 Saltiel（1988）做的关于一所美国高中的学生对 34 种职业的看法研究，可以看到，这样的可视化方式可以很直观地将研究结果呈现出来，这可以很高效地辅助研究者进行数据分析，也可以帮助非科研人员增加对该研究的理解。不过值得注意的是，这种可视化最多只能呈现出三个维度而大多数研究所描述的往往是一个高于三维的多维空间，研究者应该意识到这种可视方式仅仅是表现了前三维的数据而非全部的数据。

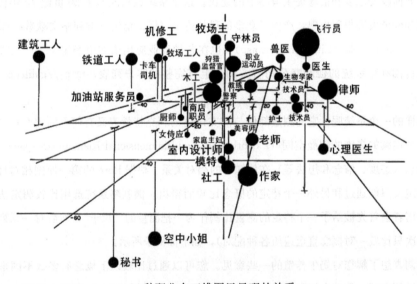

34 种职业在三维图里呈现的关系

伽利略系统的优势

　　伽利略系统选用的测量方法比起利克特量表有很多优点，它修正了前文叙述中利克特量表的 5 大缺点。1）伽利略系统里的测量是一条连续且区间相等的直线，也具有一个绝对意义的零点（当数值等于 0 时代表受访者认为两个概念的差异为零，也就是两个概念是对等的），是属于最高层次的测量——定比测量。由这种测量方法获取的数据可以进行加减乘除四则运算，可以极大增加对后续统计分析的支持。2）这条直线不但是连续的，而且是没有最高值的开放线段（但最小值是 0，因为负数的差异值并没有意义），如果受访者要表示两者"非常非常不同"的话可以回答一个很大的数值，相反如果要表示两者"非常非常相似但又不是完全对等"的话可以回答一个很趋近于零的数值。3）中立项不再是容易产生混淆的。如果整个测量中最大的差异值是 x，那么线段中 $\frac{x}{2}$ 处就是该线段两端概念的中立项。事实上很多应用伽利略测量系统的研究会加入一个自我（self）的概念，将其与其他概念相比就可以得到受访者对各个概念与自身关系的认知。4）不像利克特量表那样需要事先由研究者指定被测的维度，应用伽利略系统的研究维度是由数据本身产生的，并不会掺杂研究者的主观态度。测量中每个概念被视为空间里的一个点，数学意义上的点是没有任何维度的，也就是说，这个概念在仅有它自己的情况下是没有任何属性的，只有当它与另外的概念相比才会获得属性（如两点确立一维线性空间，不在同一直线上的三点确立二维平面空间），在一个拥有 n 个概念的空间里最终将获取 $n-1$ 个维度。由于这个维度的计算完全在原始数据处获得，所以维度的测量能够保证最大的客观性。5）由于测量是定比测量，能够进行全部四则运算，加总不再存在疑问，而且空间里测量的是两点间的绝对距离，比利克特量表的加总更加准确。

除了修正利克特量表的缺点外，伽利略系统还有很多优势，如定比测量允许进行纯计量的多维定标算法（fully metric multidimensional scaling algorithm），而且由于系统是纯计量的，所得结果并不像非计量多维定标算法的做法（这类算法认为高于三维的其他高维度数据是计算产生的误差而强制性去除，其结果是产生歪曲的空间），所以结果是符合客观现实的。另外伽利略系统的定比测量允许各个数据组之间进行比较。这些优势将在下文里详细阐述。

伽利略系统的缺点

伽利略系统也是有其不足的地方的。其一，伽利略式问卷要求遍历各概念间可能的配对情况，当要测量的概念的数量较多的时候，问题的总数就会大大增加。按公式 $\frac{n\times(n-1)}{2}$ 来计算问题总数的话，当有 20 个概念时，问卷就得问 190 个问题，对受访者来说这无疑是一副重担，对此改进的办法请参见文末讨论的伽利略系统未来发展方向。其二，相比利克特量表中一个一个的带有观点的陈述，伽利略式问卷问得都是两个概念之间的差异，回答都是数字，受访者在回答一系列的数字后，在问卷末段未免会觉得单调重复从而影响了问卷回答的信度；但即便如此，伽利略问卷仍然会比其他社会科学研究采用的量表更加可靠，Gillham & Woelfel（1977）的研究中发现伽利略问卷即使在信度仅有 50% 的情况下也比一套 10 点的语义差异量表准确 2.7 倍。另外，这未必全是坏事，在使用具有明确观点的陈述的量表中，受访者比较容易产生一种迎合问卷设计的态度（这种现象称为功能可见性，affordance），也就是说，大多数受访者比较倾向于给出符合问卷设计者初衷的回答而不是他们自己真实的想法；与之比较，伽利略问卷里问的都是两个概念间的差异，受访者并不能由所问的问题猜测出研究的目的，也就可以减少这种影响问卷信度的可能性。其三，运用伽利略系统需要研究者具有较高的数学修养和空间想象能力，这虽然提高了研究的门槛，但也影响了该系统的适用程度。

伽利略系统的适用范围

伽利略系统适用于测量信念、态度还有思维轨迹（信念还有态度等如何随时间变化而变化，如何随环境改变而改变），还可以用于设计可以影响这些信念与态度的有效策略并通过再次测量来进行验证（Woelfel et al., 1980）。典型的伽利略研究包括有测量选举活动中的民意变化（Barnett et al., 1976），高中生和大学生对各种职业的看法（Saltiel, 1988, 1990），设计关于保护环境的公共服务信息（Colfer et al., 2001; Allen, 2005），人类情感研究（Woelfel & Napoli, 1984），组织氛围研究（Fink & Chen, 1995），科技创新扩散研究（Vishwanath & Chen, 2006, 2008），跨文化传播研究（Yum, 1988），还有基础社会科学和理论研究等（Barnett & Woelfel, 1979; Gillham & Woelfel, 1977; Woelfel & Barnett, 1992; Woelfel & Danes, 1980; Woelfel & Saltiel, 1978）。

三、基于伽利略研究系统的实验设计与分析实例

下面将给出一个完整的从问卷设计到数据收集再到样本分析的基于伽利略研究系统的实验例子。

初步采访

开始伽利略实验的第一步是确定研究课题里所包含的核心概念。举例说明，如果研究的是市场如何对待一项新产品的态度的话，研究者需要找出潜在买家用来形容这项产品还有其他类似产品的关键词；如果研究的是选举中的民意调查，研究者需要确定对选民来说最为重要的议题。最直接地获取这些核心概念的方法是对目标人群进行抽样采访，采访的方式与其他社会研究中采用的采访方式并无不同。研究者在开始实验之前要决定好目标人群，如前面举的例子，如果是要研究一项新产品能否打开市场，目标人群应该是对这项产品会产生兴趣且有能力购买的人群，如果是要研究某位候选人能否赢得选举，目标人群则是有选举权的选民们。在确立目标人群后，研究者应该在其中挑选能代表最广泛的多样性的样本来进行采访。进行采访时，研究者要谨记采访的目的是获取核心概念，如样本是如何形容一项产品、一种服务或一位候选人的。研究者需要注意的是要保证采访者的角色是引导受访者自行形容制定的课题并如实记录作答，而要避免加入到讨论中把自己的观点施加到受访者身上。在限定的时间内（一般是15分钟到1小时之间）访问者应该鼓励受访者尽量用更多

的词汇和不同的方式来形容主题,如果在受访者的回答中没有再出现新的词汇或出现很多的重复词汇,那么代表本次访问达到目的了,就可以中止本次访问并感谢受访者的参与。采访结束后,研究者对记录下来的数据进行编码,这里可以采用社会科学里通用的内容分析方法,具体操作如下:研究者将数据中相似的词语和短句分配到一个分组里并记录下每个单词出现的次数还有每个分组被提到的次数。如果这个编码过程可以由多位研究者完成,那么分组的客观性会比单人编码来得高。每位研究者应该先单独对数据进行编码,然后和其他研究者得出的结果进行比对,最后协商出最佳的分组结果。这一步结束后,研究者就可以得出一份根据出现频数排列的核心词汇列表。

伽利略调查问卷设计

得到核心概念后就可以开始设计制作伽利略式的调查问卷。由于这种问卷的形式已经高度的标准化,运用电脑程序来自动生成是最简捷的方式,而且这样生成的问卷也可以跟接下来的操作,如数据录入、数据分析、报表生成等无缝链接。伽利略电脑系统里有众多的小程序帮助研究者完成每一步的操作。问卷设计使用的程序叫做电子问卷生成器(ELectronic Questionnaire Maker,ELQM)。正规的伽利略问卷包括四个部分:说明信、问卷填写指南、配对比较、人口统计。说明信的目的是向问卷回答者简明阐述研究的背景和问卷的目的,这一部分使用基本的文本处理软件(如 Microsoft Word 或 Apple Pages)即可。问卷填写指南主要是跟问卷回答者解释配对比较的问题应该如何回答,在这一部分,研究者应该在研究范围里各种配对中选出一对作为标准配对(criterion pair),以下将选用一个关于人类如何对待各种情感的研究作为例子阐述。该研究从第一步骤中得出人类最关心的几个核心情感概念,愤怒(Anger)、憎恶(Disgust)、喜悦(Joy)、恐惧(Fear)、悲伤(Sadness)、惊讶(Surprise),这里值得提出,对于大多数伽利略研究来说加上自我(Self)的概念能够更好地测量到问卷回答者对待这些概念和自我之间的关系。这样核心概念的总数是 7 个,可以计算出如果要遍历各种可能的配对,需要产生 21 对 $\frac{n \times (n-1)}{2}$,从中可以选出一对作为标准,譬如说将喜悦和悲伤的差异界定为 100 单位,之后问卷回答者将以此为尺度测量其余的配对,如果某个配对比标准的差异大一倍,回答者可以填 200,反之如果小一倍,可以填 50,如果两个概念完全相同,则可以填 0。此中的基本单位 100 为主观界定,也可以设为 10 或者任意其他数值,这个数值只会影响之后生成的映射图的尺寸而不会影响它的形状,换句话说,不会对描述各个概念之间的关系产生影响;但选择 100 为基准比较符合人们的习惯,因为很多货币系统里都经常以 100 为换算单位,如 1 美元＝100 美分,1 英镑＝100 便士,1 元＝100 分。除了配对比较的问题外,ELQM 也可以生成人口统计问题,这部分不但可以用来测量样本的人口特征,还可以用来对总体数据进行分组从而可以进一步进行统计分析。下面给出一个运用 ELQM 生成伽利略调查问卷的完整过程。

```
            ELQM    v2.00          04/01/xx      21:23:38

      Hello, I'm     ELQM
      Please enter '?' anytime you need help.
      ...or press 'ENTER' to continue.
      ([ctrl C] will send you back to Galileo Control.)

Do you have an input file?
====>n
Please type in Study Directory.
====>c:\test
 Please enter Name of Project Supervisor.
====>Hao Chen
 Please enter Title of Study.
====>Galileo Survey Sample
              Please enter type of study:
                  (1)   Galileo and Survey Questions
                  (2)      Survey Questions only
====>1
Please enter concept  1 (-2 to end)
====>Anger
Please enter concept  2 (-2 to end)
====>Disgust
Please enter concept  3 (-2 to end)
====>Joy
Please enter concept  4 (-2 to end)
====>Fear
Please enter concept  5 (-2 to end)
====>Sadness
Please enter concept  6 (-2 to end)
====>Surprise
Please enter concept  7 (-2 to end)
====>Self
Please enter concept  8 (-2 to end)
====>-2
What is your Criterion Pair?
====>Anger and Joy are 100 units apart.
Enter userp  1. -1 for end of question, -2 to end
====>Gender (1: Male, 2: Female)
====>-1
Enter type of question.
              (1) Open-Ended
              (2) Magnitude Estimation
              (3) Multiple Choice or Likert-Type
====>3
Its lower bound.
====>Your age
 Sorry. I can't help you. You're on your own!
Its lower bound.
====>-1
Its upper bound.
====>2
And its missing value.
====>9
Enter userp  2. -1 for end of question, -2 to end
====>Your age
====>-1
Enter type of question.
              (1) Open-Ended
              (2) Magnitude Estimation
              (3) Multiple Choice or Likert-Type
====>2
Its lower bound.
====>0
Its upper bound.
====>100
And its missing value.
====>999
Enter userp  3. -1 for end of question, -2 to end
====>-2
All done.  Information stored on file:
c:\test\study.dat
WHEWPF! Press "ENTER" to return to Galileo Control

C:\test>
```

伽利略系统的程序均运行在命令行环境下，例子的环境是在 Microsoft Windows XP 下运行的 Command Prompt 中。笔者先在 C 盘下生成一个名为 test 的空目录，然后在 Command Prompt 下键入 elqm 并回车，这样就进入到 ELQM 的问答界面里。由于这是一个全新的研究，所以我们并没有输入文件，第一个问题回答 n（代表 No）；下一个问题回答之前生成的目录的路径；第三个问题回答研究者的名字；第四个问题回答研究的题目；第五个问题是一个选择题，如果只需生成非伽利略式的问卷问题就选择 2，如果需生成伽利略式的配对比较问题则选择 1；之后将核心概念一个一个键入，键入完毕后输入－2 回到问答界面；下一个问题回答甄选出来的标准配对；接下来是输入人口统计问题，这一部分的格式是先键入完整的问题表述，然后输入－1 进入下一步，下一步选择问题的类型（1 代表开放式问题，2 代表量值估计，3 代表多项选择或者利克特量表），然后依次输入该问题允许的最低值、最高值和缺失值，重复进行这几步直到完成全部的人口统计问题，最后键入－2 完成调查问卷的设计。ELQM 生成的是电子版的调查问卷，问卷回答者可以直接在电脑上使用下一步介绍的程序作答。如果数据收集在室外或者不方便使用电脑的地方，可以使用另外一个程序自动问卷生成器（Automatic Questionnaire Maker，以下简称 AQM）来生成可供打印的文本问卷，AQM 的使用方法非常简单（AQM 有个好处——可以自动生成问卷填写指南），这里不再赘述，读者可以参考下图（其中目录下的 study.lbl 文件由 ELQM 生成）。

数据收集

数据收集可以直接在电脑上进行，也可以先由 AQM 生成的文本问卷收集再由数据录入员输入至电脑里。这一步使用的程序叫做（Simplified Program for Entering Data，以下简称 SPED）。其中配对比较部分默认是对称的，也就是说概念 A 到概念 B 的距离（这里距离指代差异）等于概念 B 到概念 A 的距离，最后生成的矩阵也是对称的。具体操作如下图所示。

```
        SPED     v2.00           04/01/**     22:38:42
        Hello, I'm      SPED
        Please enter '?' anytime you need help,
        ...or press 'ENTER' to continue.
        ([ctrl C] will send you back to Galileo Control.)


Please type in Study Directory.
====>c:\test
Type in ID (Ctrl-z when done)
====>001
0102    Anger              Disgust
====>22
0103    Anger              Joy
====>100
0104    Anger              Fear
====>18
0105    Anger              Sadness
====>50
0106    Anger              Surprise
====>90
0107    Anger              Self
====>20
0203    Disgust            Joy
====>125
0204    Disgust            Fear
====>33
0205    Disgust            Sadness
====>5
0206    Disgust            Surprise
====>120
0207    Disgust            Self
====>200
0304    Joy                Fear
====>100
0305    Joy                Sadness
====>100
0306    Joy                Surprise
====>10
0307    Joy                Self
====>100
0405    Fear               Sadness
====>18
0406    Fear               Surprise
====>60
0407    Fear               Self
====>80
0506    Sadness            Surprise
====>100
0507    Sadness            Self
====>30
0607    Surprise           Self
====>60

Galileo corrections (Y/N)? ====>n

 1) Gender (1: Male, 2: Female)

====>1

 2) Your age

====>35

Demographic corrections(Y/N)? ====>n
Type in ID (Ctrl-z when done)
====>^Z

 You have entered   1 cases.
C:\test>
```

SPED 运行非常简单，只需告诉程序研究所在的目录还有样本的号码就可以开始数据录入了。需要注意的是每对配对都有自己的编码，0102 代表第一个概念与第二个概念相比，0103 代表第一个概念与第三个概念相比，如此类推直到所有配对组合完毕，另外输入的数据须为非负整数。如有录入错误，可以在所有数字录入完成后键入配对的号码进行修改，之后人口统计数据也录入后就可以继续录入下一个样本的数据，当所有的样本数据都录入完毕后键入 Ctrl-z 退出程序。

此时，如下图所示，研究目录下会有三个文件，GALILEO.DAT 是 SPED 录入的数据，STUDY.DAT 是 ELQM 生成的电子问卷，STUDY.LBL 是 ELQM 生成的概念列表。

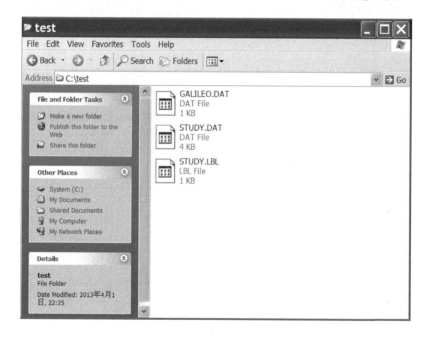

数据分析

伽利略系统是一套完整的多维定标计量和分析系统，它包括了几乎所有重要的多维定标计量分析程序。由于篇幅有限，本文将仅阐述最基本也是最常用的四个分析程序，它们分别用于生成伽利略空间坐标、比较数据组、自动生成能改变现状的策略，还有绘制坐标图。

a. 生成伽利略空间坐标

在这一步里，先把上一步收集到的数据生成一个均差矩阵（每个样本归总后求出每对概念间距离的平均值的矩阵），再根据 II.4 所述的算法得出一个多维坐标系，这个坐标系所描述的空间统称为伽利略空间（如果觉得描述过于抽象，读者可以想象制图师制作地图的过程，那也是通过测量地点与地点之间的距离然后通过数学运算将各地点映射到地图上的，这张地图也就是一张二维的平面）。

```
Microgal_PC        V2.0              04/01/**        22:32:01

    Hello, I'm Microgal

    Please enter '?' anytime you need help,

    ...or press 'ENTER' to continue,

    ([ctrl C] will send you back to Galileo Control.)

Please enter name of segment.
====>Galileo Analysis

Where are your labels?
====>study.lbl

Where are your data?
====>galileo.dat

Enter Maximum Value, s'il vous plait.
====>999

 Do you want a log transform?
====>n

What do you want to name the print file?
====>output.txt

...and where would you like the coordinate file?
====>result.crd

Reading data...

Do you want the scalar products?
====>y

Where would you like them?
====>scalar.txt

MAXITR REACHED ON ROOT 2TOLERANCE REDUCED TO    .010000000

MAXITR REACHED ON ROOT 4TOLERANCE REDUCED TO    .010000000

PAU.

Your coordinate file is on result.crd

Your print file is on output.txt

Press "ENTER" to return to Galileo Control. MAHALO!
```

在这个空间里，可以很直观很快捷地看见各个概念之间的关系，可以看见哪些相似的概念聚合成簇，哪些相异的概念彼此分离。这样的坐标系统不但可以在研究中启发研究者发现更多的分析数据的方法，也对向非科研人员展示并解释最终分析结果提供了方便。但值得注意的是这个坐标系并不是有且只有伽利略程序给出的这个解法，数学上，会有无限个坐标系符合这个要求，研究者需要了解到坐标系的意义不在于它本身，而在于它可以在一个空间里描述各个概念相互间的关系（在无限个解法下各个概念间的距离是不变的）；另外因为人眼只能感受最多三维的空间，而大多数伽利略空间都是高于三维的高维空间，研究者应该了解到向非科研人员展示的二维或三维坐标成图只是伽利略空间的部分而不是整体，如需准确地描述概念间的差异还须以均差矩阵的数据为准。伽利略系统选用这么一个坐标系来描述数据是为了给接下来的数学运算提供方便。下图将展示如果使用 MICROGAL（MICROGALileo）来生成伽利略空间坐标。

　　第一个问题输入研究的题目；第二个问题输入概念列表（由 ELQM 生成，默认名是 STUDY.LBL）；第三个问题输入研究数据（由 SPED 生成，默认名是 GALILEO.DAT）；第四个问题输入每对概念间所允许的最大值，可以用这个选项剔除掉一些不合常理的大数据；第五个问题选择需要对数（log）变换；第六个问题键入一个新文件名以储存计算分析结果；第七个问题键入另一个新文件名以储存伽利略空间坐标数据（需要用 CRD 作为文件后缀名）；第八个问题选择是否需要输出数量积矩阵（此为前文叙述过的具有双中心的数量积矩阵）以做数据验证或进行其他相关运算，在第九个问题里键入一个新文件名以储存这个矩阵的数据。

　　如下图所示，MICROGAL 运算完毕后就会生成各有用途的 RESULT.CRD、SCALAR.TXT 和 OUTPUT.TXT。

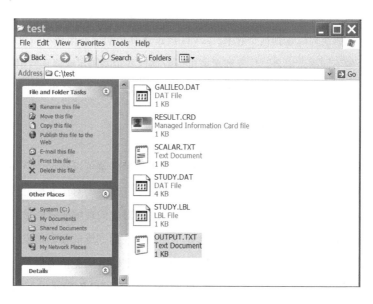

b. 比较数据组

伽利略空间是由定比测量获取的数据所生成的这个特性使得不同数据组之间的比较更为可信。假设每个数据组生成一个伽利略空间（如将总数据组分为男子组和女子组，又或根据时间将总数据分割为几个数据组，如一个实验的前测和后测），在比较相同概念在不同伽利略空间的异同时，伽利略系统会先通过一个称为"旋转匹配"（rotation procedure）的步骤再进行比较；换言之，两个或更多不同的伽利略空间在比较前会被置入一个共享的参照系以排除两个空间之间存在的差异，这样的比较才有意义。与之比较，大多采用利克特量表的社会科学研究忽略了这个不同数组在测量时存在环境差异的因素而对结果直接比较，这样的误差是很大的。社会科学研究不能像自然科学研究那样将实验体隔离在相对恒定的环境下观测，对社会科学研究来说，观测者常常和被观测者共处于相同的环境里（观测者也会在不知不觉中对被观测者施加影响），为了使不同数据组之间的比较相对可信，这个去除数据组差异性的步骤是非常必须的，但这样的数学变换也只有在采用了定比测量的条件下才可以实现，利克特量表较低的精度是达不到满足这个条件的要求的。

c. 自动生成能改变现状的策略

伽利略系统有一个很实用的程序（Automatic Message Generator，AMG）可以自动生成能改变现状的策略。举例说明，如果某个研究是为了推销一件新产品，在使用伽利略式问卷调查获取数据并根据数据生成伽利略空间（也就是消费者对待该产品的现有态度）后，接下来就可以运行 AMG 生成能有效改变现状的策略。在运行时，我们需要告诉 AMG 产品的名字和"自我"这对概念，又或是其他一些厂家和卖家想达到的效果，如："喜欢"、"买"、"好用"等。因为在伽利略空间里距离代表着差异，厂家和卖家是希望产品和消费者的"自我"靠得越近越好，AMG 的作用就是找出空间里剩下的概念哪个或哪组可以达到这个效果。AMG 经过运算会输出一组按有效性排列的最佳策略，会包含一个到四个的不同概念组合，厂家和卖家可以根据这些策略制定或修正营销策略。譬如 AMG 报告说"短"和"轻"两个概念将有效缩短产品和"自我"的距离，那么说明消费者喜欢这项产品短小轻便。

d. 绘制坐标图

既然伽利略系统可以生成空间坐标，那么使用坐标绘图软件就可以将这个空间描绘出来，尽管如前所述，这类软件只能最多同时显示出伽利略空间的其中三维，但对于非研究人员来说，这样可以在一个模拟的空间里很直观地看到各个概念之间的关系，对他们理解研究的目的和结果更有帮助一些。而对于研究者来说，一次性在一张图里见到全部概念在前三维的伽利略空间里，也有助于发现遗漏的信息和启发更多的研究角度。开发伽利略系统的伽利略公司免费提供了一款坐标绘图软件以帮助研究者预览伽利略空间，这款软件叫做 ThoughtView，可以免费从以下网址获得：http://

galileoco.com/N_thoughview.asp。

ThoughtView 的操作如下，运行程序后，在打开窗口里进入研究目录，找到带有 CRD 后缀的文件，双击文件名即可以看到空间图。

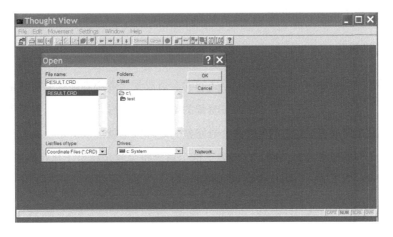

接下来，可以选择旋转、平移或缩放成图从不同角度观测该伽利略空间，也可在本文件里对数据直接进行对数变换。研究者在使用这个辅助程序的时候需要向非研究人员解释肉眼看到的成图并非是全部真相，只是这个多维空间的一部分，真正的差异还须以均差矩阵的数据为准。

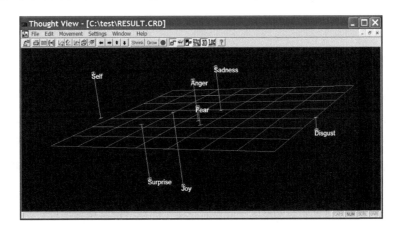

四、伽利略系统的现状与未来发展方向

虽然从诞生以来伽利略系统已经经过了 40 多年的发展，自身也已经发展得很成熟，且有众多选用该系统的应用和理论研究作为支持，但由于利克特量表在广泛的社会科学研究中相当于缺省默认

的地位，伽利略系统的知名度并没有很高。笔者希望这篇文章可以起到投石问路的作用，让读者了解到伽利略系统的优势和运用此系统对数据收集和数据分析带来的好处。

另外，伽利略系统的开发者并没有停下开发的脚步。为了将系统与当今越来越普及的网络环境融合，开发者做了以下的尝试和更新。

使问卷回答随机化

针对之前讨论的缺点之一（过长的伽利略式问卷会造成受访者心理烦躁而使测量的信度降低），在生成伽利略式问卷时，某个受访者不必回答全部的配对概念比较，而只需回答由程序自动随机生成的一个子集，最后将所有受访者的回答整合成完整的矩阵数据就可以满足生成伽利略空间的必要条件了。这在电子问卷里很容易办到，也代表了这个系统将会越来越电子化且网络化的一种趋势，跟接下来要说的另外几个方向也密切相关。

用户界面的探索

在当今电脑图形界面大行其道的大环境下，伽利略电子问卷的命令行界面对用户来说无疑是比较陌生和疏远的。为了让伽利略系统更适合用户的使用习惯，对电子问卷的形式进行改革很有必要。这一点伽利略开发者可以参考日趋成熟的用户体验研究尤其是 Web 服务的网页应用，用以增强电子问卷的友好度，从而也可以增加伽利略系统的影响。

制作动态概念图的可能

当伽利略电子问卷被运用到网络上，样本的大小将大大增加，这也使数据根据时间细化成一系列子数据组成为可能。换句话说，研究者可以观测到某项感知形成或某种态度变化的过程在时间轴下的展现。迄今为止，大多数社会科学研究只涉及到少数几个时间点的相互比较，譬如经典的在施与影响之前（前测）与施与影响之后（后测）的两个时间点的测量并比较；但伽利略系统提供了一个将各个时间段的观测并置于一个共同空间的可能，研究者可以制作出连续的关于感知或态度动态变化的过程。在每个受访者回答伽利略电子问卷时，每个问题（配对概念比较）的回复都被加以时间戳，在收集到全部受访者的数据后再根据这个时间戳来分割数据，所以数据组一并不是受访者甲一个人回答的数据，而是一组受访者在问卷开始后 N 时间单位回复的数据总和，如果问卷有涉及到施加影响，那么这个数据就是他们在接收到这个信息 N 时间单位后对各个概念的感观（譬如说受访者们在接收影响 1 秒钟之后的思想变化）。只要样本足够大，整个数据结果可以细分为很多个时间段里的子数据组，就好像对这些概念是如何被人脑感知地拍下一组组快照，而将足够多的快照串联起来就可以形成一部关于抽象概念是如何根据外部环境变化而变化的动画，这无疑将开拓一片全新的社会科学研究领域。

基于伽利略系统自身稳健的理论构建和稳定的实用研究支持，外加以上阐述的面向未来的持续发展方向，笔者有理由相信伽利略系统会给整个社会科学研究界带来崭新的变化。

◇ 参考文献 ◇

- 迈克尔·辛格尔特里（2000）.《大众传播研究：现代方法与应用》. 北京：华夏出版社.
- Allen, S. (2005). Using perceptual maps to communicate concepts of Sustainable Forest Management: Collaborative research with the Office of the Wet'suwet'en Nation in British Columbia. *The Forestry Chronicle*, 81(1): 381-386.
- Barnett, G. A., & Woelfel, J. (1979). On the dimensionality of psychological processes. *Quality and Quantity*, 13: 215-232.
- Born, M. (1965). *Einstein's theory of relativity*. New York: Dover.
- Chimi, C. J., & Russell, D. L. (2009). The Likert Scale: A proposal for improvement using quasi-continuous variables. *Proc ISECON*, 26: 1-10.
- Colfer, C. J., Woelfel, J., Wadley, R. L., & Harwell, E. (2001). Assessing people's perceptions of forests: Research in West Kalimantan, Indonesia. In C. J. P. Colfer & Y. Byron (eds.), *People managing forests: The links between human well-being and sustainability*, 135-154. Washington, D. C.: Resources for the Future.
- Fink, E. L., & Chen, S.-S. (1995). A Galileo analysis of organizational climate. *Human Communication Research*, 21: 494-521.
- Gillham, J., & Woelfel, J. (1977). The Galileo system of measurement. *Human Communication Research*, 3(3): 222-234.
- Likert, R. (1932). A technique for the measurement of attitudes. *Archives of Psychology*, 140: 1-55.
- McIver, J. P., & Carmines, E. G. (1981). *Unidimensional scaling*. SAGE Publications.
- Osgood, C., Tannenbaum, P., & Suci, G. (1957). *The measurement of meaning*. Urbana: University of Illinois Press.
- Saltiel, J. (1988). The Wisconsin Model of Status Attainment and the occupational choice process: Applying a continuous-choice model to a discrete-choice situation. *Work and Occupations*, 15(3): 334-355.
- Saltiel, J. (1990). Occupational prestige and sex typing in the collective conscience. *Quality & Quantity*, 24: 283-296.
- Singletary, M. W. (1993). *Mass communication research: Contemporary methods and applications*. Longman Pub Group.
- Stevens, S. S. (1951). Mathematics, measurement and psychophysics. In S. S. Stevens (ed.), *Handbook of experimental psychology*. New York: Wiley.
- Togerson, W. S. (1958). *Theory and method of scaling*. New York: Wiley.
- Van de Geer, J. P. (1971). *Introduction to multivariate analysis for the social sciences*. San Francisco: Freeman.

- van Alphen, A., Halfens, R., Hasman, A., & Imbos, T. (1994). Likert or Rasch? Nothing is more applicable than good theory. *Journal of Advanced Nursing*, 20: 196-201.
- Vishwanath, A., & Chen, H. (2006). Technology clusters: Using multidimensional scaling to evaluate and structure technology clusters. *Journal of the American Society for Information Science and Technology*, 57(11): 1451-1460.
- Vishwanath, A., & Chen, H. (2008). Personal communication technologies as an extension of the self: A cross-cultural comparison of people's associations with technology and their symbolic proximity with others. *Journal of the American Society for Information Science and Technology*, 59(11): 1761-1775.
- Woelfel, J., & Barnett, G. A. (1992). Procedures for controlling reference frame effects in the measurement of multidimensional processes. *Quality and Quantity*, 26: 367-381.
- Woelfel, J., & Danes, J. E. (1980). Multidimensional scaling model for communication research. In P. Monge & J. N. Capella (eds.), *Multivariate techniques in human communication research*, 333-364. New York: Academic Press.
- Woelfel, J., & Fink, E. L. (1980). *The measurement of communication processes: Galileo theory and method*. New York: Academic Press.
- Woelfel, J., Holmes, R. A., Kincaid, D. L., & Barnett, G. A. (1980). *How to do a Galileo study*. Troy, NY: Good Books.
- Woelfel, J., & Napoli, N. (1984). Measuring human emotion: Proposed standards. In W. B. Gudykunst & Y. Y. Kim (eds.) *Methods for intercultural communication research*, 117-127. Beverly Hills, CA: Sage Publications.
- Woelfel, J., & Saltiel, J. (1978). Cognitive processes as motions in a multi-dimensional space: A general linear model. In F. Casmir (ed.), *Intercultural and international communication*, 105-130. Washington, D. C.: University Press of America.
- Young, G., & Householder, A. (1938). Discussion of a set of points in terms of their mutual distances. *Psychometrika*, 3: 19-22.
- Yum, J. O. (1988). Multidimensional analysis of international images among college students in Japan, Hong Kong, and the United States. *Journal of Social Psychology*, 128(6): 765-777.

媒体框架分析法的变化趋向

陈怀林[①]

一、媒体框架分析的基本概念与争议

根据维基百科的解释，框架是"人们解释外在真实世界的心理基模，用来作为了解、指认以及界定行事经验的基础"。而新闻媒体则是"各种框架出现的场域，这些框架彼此竞争，争取各方的认同"。框架分析无疑是过去20多年来国际传播学界最受瞩目的"热点"之一。它被认为是"自21世纪初以来在一流传播学研究刊物上被引用最多的理论"（Bryant和Miron，2004），它是"传播学的核心关注点之一"（Pan，2010）。甚至，在传播学界已经有了所谓"无'框架'不成刊"的说法，主流新闻传播研究期刊大都每期都有框架分析的论文发表。正像 *Journalism & Mass Communication Quarterly* 中提到的那样，"在近年来新闻与传播的研究中，使用框架这一概念的研究无疑是最繁盛的领域之一"（Riffe，2004）。在新世纪里，框架分析同样也是中国新闻传播的学者笔下出现率极高的关键词。

笔者认为媒体框架研究20年来的"超常"发展与三个因素相关：传播技术发展便利了传媒内容的取得和分类，新的理论视角和理论概念提供了延展甚至替代旧的研究范式的可能性，兼容并蓄和相对宽松的操作规范降低了该研究的入门标准。首先，媒体框架分析（无论是作为理论或研究方法）通常是以有关某一新闻事件的跨时间、跨传媒或跨区域的大量新闻内容为其原始分析素材的。在20世纪90年代中期之前，上述的新闻内容一般只能以实物（纸张、录音带、录影带或缩微胶卷等）的形式，被收藏在少数主要图书馆和研究机构的高墙深院之中。分析所需的时间、人力和资金的成本所费不赀。而其后计算机的普及，互联网技术与信息搜索技术日新月异的进步，极大地便利了媒体内容的检索、获取、分类和储存，并将其操作成本降至大多数学者甚至研究生个人可以接受的范围。其次，媒体框架分析以一个跨领域的、耳目一新的和魅力十足的理论范式全面介入了传播研究的许多领域，不但传统新闻学研究中的"新闻客观性"和"新闻偏见"的研究主题从此升级换代，媒体

[①] 陈怀林现任澳门大学传播系副教授、硕士研究生项目主任，1994年获美国威斯康星大学麦迪逊分校（University of Wisconsin-Madison）传播学博士学位，主要教学与研究领域包括传播研究方法、政治传播和传媒效果等。

效果研究中的重要理论也得以老树发新枝（如"第二级议程设置"，Maxwell 和 McCombs 等，2001；Scheufele 和 Tewksbury，2007），公共关系研究和广告研究也欣然接过了"框架"这个新的推广策略的利器。最后，媒体框架分析在方法上的多元取向和非规范化的现状使其得以跨越了量化研究和质化研究门户之间的壁垒，同时受到实证研究学者和批判学派学者的青睐。研究规范和操作程序上的"低门槛"使得从教授到硕士生的一众研究者都可以在理论定义上各取所需，在操作方法上自行其是，最后的研究结果都统归于"框架研究"的大伞之下。

然而，也必须承认，框架分析又是传播研究领域中少见的争议最大、歧见最多和评价落差最显著的一个领域。从框架分析的属性（究竟是理论还是方法）到框架的具体定义都是众说纷纭，而框架研究操作过程更是受来自各方面的批评和质疑。在众多的评议之中，对于媒体框架研究的科学性的质疑最为突出。

框架的概念

传播学的奠基学者之一的 Lippmann 1922 年就在他的名著《公众舆论》中指出，读者在新闻中看到的所谓"社会真实"是大众媒体以主题的制作、消息的选择和新闻文本的铺陈等手段体现出来的，而这一过程受到媒体机构的立场、新闻专业主义理念和个人信仰等种种因素的制约。尽管未曾直接使用"框架"这个名词，Lippmann 的这个观点同现在关于媒体框架（或新闻框架）的表述相当接近。

心理学家为了考察人们的心理认知（认知呈现和信息处理）过程，从 20 世纪 60 年代以来，陆续提出、定义并使用了一些与框架有某种联系的概念，如"基模"、"脚本"和"刻板印象"等。同时，框架被作为名词和动词（架构）来使用。Kahneman 和 Tversky（1984）认为，在研究人们推理和决策的认知过程时，框架就是组织信息和引导思路，并最终影响人们决策的"模板"，而"架构"就是以特定的模板组织信息和分析问题的过程。

20 世纪 70 年代以后，"框架"这个概念从社会学和心理学被正式引入了媒体研究。框架理论的学术根由可以从两个方向探源。其一是社会学，Goffman 在 1974 年出版的《框架分析》一书中首次引入了"框架"一词。他将"框架"定义为人们在认知社会事务时用以作出快速判断的基模，一种诠释外在世界的心理基模，一个人们寻找、感知、辨识以及标签外在世界的基础。其二是认知心理学，Sherif 提出，个体的判断和认知是在一个参考框架下进行的，因而框架是一套控制感性认识、逻辑评价和社会行为的标准、信仰或预期。在随后的框架理论发展过程中，众多学者赋予框架不同的含义。在此基础上，Gamson（1989）把"框架"的定义分为两类：一类指界限（boundary），可引申为社会事务的规范；另一类则指人们用以诠释社会现象的"架构"（frame building），以此来解释外在世界。前者限定了选择的范围，后者为一种观察事物的世界观。

媒体研究中的框架

Gitlin（1980）将框架概念引入到媒体研究中，他认为框架是一个"不断选择、强调和排除的过程"，并将框架与新闻文本的生产联系在一起。无独有偶，Tankard（1991）和 Scheufele（2006）等人也将框架引入到对新闻产制过程的研究中，媒体框架被他称为"透过选择强调、排除与精致化的过程，提供阅听人新闻议题的情境脉络"。他认为框架具有包含性（inclusive）和排他性（exclusive），框架在纳入某些信息和事实的同时，也排除了另一些信息和事实。Tuchman（1978）提出"作为框架的新闻（news as a frame）"这一观点，认为新闻框架是新闻从业人员用来判断消息价值和制作新闻的准则。Entman（1993）认为，"选择"和"重组"这两项机制是框架运作时所呈现出的权力，并赋予框架四大功能：定义事件性质、判明责任归属、作出道德评判，以及提议解决方案。

Lawrence（2000）亦表示，新闻框架权力的表现，其实就是新闻呈现时赋予某些部分正当性（legitimacy），并使得另一些部分被边缘化（marginalizing），而媒体（新闻）框架还被认为"就是符号工作者长期组织言说的过程，在一定时间以后形成固定的认知、解释与呈现形态，以选择、强调及排除社会事件"（Pan & Kosicki, 1993）。

媒体框架的产生机制

英国社会学家 Thompson 认为大众媒介与占主导地位的经济和政治力量的联合为统治集团意识形态的传递提供了一个新的手段。新闻生产被视为一个制度化和组织化的社会过程，那么，新闻或媒体的框架的产生就不再局限于个体或者偶然的层面，而是群体、组织、制度和文化等复合作用的产物。在框架理论下研究新闻生产便不是孤立的文本产制过程，而是意识形态、权力关系与话语霸权的生成。

二、媒体框架研究中的争议

多元化与碎片化研究现状

在 2001 年出版的，被相关学者们奉为"框架分析圣经"的《Framing Public Life》一书中，有学者认为框架研究是其自身成功的牺牲品（victim of its own success）。还有的指出（如 Entman, 1993）其研究对象的专一性，加上理论和方法上的多元化，已经导致对一些基本观点，如什么是框架和框架是如何形成的理解呈现碎片化。

框架分析究竟是什么？即使面对这个最基本的问题，学者们也是各执一词。有人认为框架还只是概念或观点（Tewksbury 等，2000；Kuypers，2005；D'Angelo，2010）；有人觉得框架分析主要是一种分析技术（Endres，2004）或者是一种方法（Pan & Kosicki，1993）；还有的将框架视为一类媒体效果（Price & Tweksbury，1997）。不过，也有人认为框架已经可以被称为理论（Scheufele，1999），甚至是一类范式（Entman，1993），或是多元范式研究课题（D'Angelo，2002）。

笔者在此无意评价框架分析究竟是必要的多元还是碎片化，哪种理论或方法能够产生出最重要的发现或是洞见。框架概念的广泛性已经挑起了一场争论：它究竟是一个基础扎实、条理清晰的独立理论，还是更像一个被用来理解一系列主题的实用性的"好点子"（Druckman，2010）。如 D'Angelo（2002）所说，框架分析更像一个研究主题，而不是一个统一的研究范式。多种多样的理论观点——认知心理学、建构主义和批判学派——也许有助于使人们得以综合理解关于框架建构过程的各个面向。不过，Reese（2007）刻薄地直言框架研究是重要哲学观点大相径庭的人们之间的一场"同床异梦"。

国际框架研究的重要学者之一，美国威斯康星大学的潘忠党教授（2010）所著的，以中文发表在《传媒与社会》学刊上的"架构分析：一个亟须理论澄清的领域"一文是中国大陆学者比较熟悉的整体评析框架分析现状的论文。他将框架（原文为"架构"）分析称之为一个"极度混乱的研究领域"。这种混乱包括了"基本概念混乱"和"研究问题的杂乱"。他认为，虽然经过 20 多年的努力，传播学对"框架分析"的理论贡献甚微；引入"框架分析"也没有引发传播学内的理论突破。只是"为毫无理论意义的描述型内容分析披上了理论的迷彩服"。他还指出一些学者"停留在对'框架'或'架构分析'的引用"阶段，即便这种引用很多也是"断章取义或张冠李戴"。

Jorg Matthes 对框架研究的内容分析

当国际大师级的学者纷纷对框架分析是否配得上一个"真正的理论"而求全责备的时候，Matthes，一位来自瑞士苏黎世的年轻学者却独辟蹊径，他根据一般社会科学的理论建构和科学方法的原则来系统地检视过去 15 年来世界上有代表性的传播学刊上框架分析论文的科学性。

Matthes 并不企图弥合框架分析的学者们在框架的理论和操作层面彼此之间的巨大差异，也不打算厚此薄彼。尽管同样意识到各行其是地使用框架概念是个普遍现象，他的研究却试图超越简单观察和即兴评判，以实证数据深入分析主流英语传播学研究期刊的论文作者是如何具体进行媒体框架研究的。他企图精确地展示在文献中新闻框架分析是如何具体地进行概念化和操作化，从而深入地、批判性地反思究竟何谓框架，究竟何处存在"破裂"。

同只是以直觉印象或例举实例对框架分析研究进行评议臧否的大多数学者不同，Matthes 采用了严谨的量化实证方法对 1990 年至 2005 年这 16 年中发表在 15 本世界一流英语传播学期刊上的全部 100 多篇媒体框架论文进行了系统研究。研究的类目包括了框架定义及其操作化、框架的类型、理论化的程度，以及分析框架的方法。Matthes 认为，自己的这一尝试具有重要的理论意义，正像

Reese(2007)所提到的,框架研究论文的作者"常常在进行无论什么实质性的步骤之前,都不得不被强制性地从文献取得认同"。因而,该研究实证性地展示了被分析的是什么样的框架,在何种程度上它们与被引用的框架定义共享一致。此外,通过弄清学者们在内容分析中如何定义和编码框架,可以看到在信度和效度方面的优势与不足。他的论文为框架分析研究提供了一个批判性的反省基础。

Matthes(2009)在分析了1990年至2005年在世界一流传播学期刊上发表的媒体框架论文的相关数据之后曾经作出以下的论断。1)大多数研究的操作性定义不透明;2)在通用框架和事件框架之间存在差异,在研究框架建构和框架效应时,学者们应该共享一致的定义;3)大多数研究是描述性的,没有测试研究假设;4)视觉框架的研究付之阙如;5)缺失信度的相关数据。

三、实证梳理过往的媒体框架研究

在这一部分,笔者借鉴并充实了瑞士学者 Matthes 的分析体系,以多数传媒学者认可的,较为客观的衡量标准和较为科学的程序来对在主流英语传播学刊发表的框架分析研究作一个跨年代的、实证性地梳理。

15本有代表性的一流英语传播学学术期刊入选本研究。入选的刊物要符合三个原则:它们必须聚焦于传播研究;它们必须兼容不同的认识论观点;对于框架分析的研究应该具有国际视野。这些期刊可以分为5个类型,其中有7本被归类于美国主流传播研究学刊(《Journalism & Mass Communication Quarterly》、《Journal of Communication》、《Communication Research》、《Political Communication》、《Mass Communication and Society》、《Harvard International of Press/Politics》和《American Behavioral Scientist》);有3本来自主要批判学派的学刊(《Critical Studies in Media Communication》、《Journal of Communication Inquiry》和《Journalism: Theory, Practice & Criticism》);还有3本代表了欧洲的传播学研究期刊(《European Journal of Communication》、《International Communication Gazette》和《The European Communication Research》);最后2本是美国和欧洲以外地区的代表性学术期刊(《The European Communication Research》和《Asia Journal of Communication》)。研究取样的时间是从1990年至2013年6月。取样经过两轮筛选。首先,通过"框架"(Frame)或"架构"(Framing)这两个关键词,结合刊物的名称搜索相关的论文标题和出处,然后从网上或大学图书馆的数据库下载论文全文。再根据 Matthes 项目中确定的标准进行第二轮筛选,本研究的分析单位确定为上述刊物在认定时段内发表的,通过内容分析来确认、命名和提取媒体框架的所有论文。具体的做法是通过阅读关键词,摘要和部分内容以确认合格的文章。这样,那些综合分析框架研究的论文和只涉及框架隐喻的论文都被排除在外。最终样本包括有225篇论文,其中131篇为 Matthes 从1990年至2005年的期刊中选择的,另外94篇来自2006年至2013年的期刊。

入选的论文根据 5 个大类（每个包含若干细目）进行归纳。这 5 个类目分别为：基本信息、框架定义与操作化、框架的类型、理论化的程度和框架分析的方法。

1. 论文的基本信息

在基本信息的类目下，包括了论文所属的学刊，各期刊发表的论文数量，论文涉及的事件类型（分为国际事件、国内事件、选举和政治以及传媒与文化四个类别），被分析传媒的种类，以及样本的大小。框架的对比（分为跨媒体机构对比、跨媒体类型对比、跨时间对比、跨国家/地区对比等）这些基本信息在前期（1990—2005）与后期（2006—2013）的变化对比可以展示传播学界或各类期刊研究重点变迁的总体趋势。这部分将包括 1990 年至 2005 年和 2006 年至 2013 年这前后两个年代框架分析论文发表基本信息变化的比较，其中包括论文的数量和发表刊物，媒体内容的来源，分析样本的性质，以及跨越或竞争性框架的使用。

表 1 提供了 1990 年至 2005 年和 2006 年至 2013 年中期这两个前后年代不同类型的传播学刊发表的媒体框架分析的论文数量。在美国主流传播研究期刊中，前后对比，总体年平均发表数量变化不大，但是不同刊物的发表数量则各有进退。其中，《Journalism & Mass Communication Quarterly》和《Journal of Communication》的发表量持平，而《Political Communication》从框架热"退烧"，发表数量从前十六年的 23 篇剧降至后七年的区区 2 篇。三家批判学派的期刊中有一家（《Critical Studies in Media Communication》）急流勇退，另外两家的年均发表量略升。三家欧洲学刊的框架分析论文的年均发表量稳中有升。值得注意的是框架研究在美国和欧洲之外的所谓"国际或跨文化"传播研究领域似乎方兴未艾，《International Communication Gazette》和《Asia Journal of Communication》的论文发表量都有升幅。

表 1 主要英语传播学期刊框架分析论文发表篇数统计与比较

	期 刊 名 称	1990—2005*	2006—2013@
美国主流期刊	Journalism & Mass Communication Quarterly	20	14
	Journal of Communication	9	9
	Communication Research	4	4
	Political Communication	23	2
	Mass Communication and Society	7	4
	Harvard International of Press/Politics	10	4
	American Behavioral Scientist	4	6
合 计		77	43

续表

	期刊名称	1990—2005*	2006—2013@
批判学派期刊	Critical Studies in Media Communication	7	1
	Journal of Communication Inquiry	5	4
	Journalism: Theory, Practice & Criticism	6	8
合 计		18	13
欧洲期刊	European Journal of Communication	5	4
	International Communication Gazette	13	19
	The European Communication Research	3	4
合 计		21	27
加拿大/亚洲期刊	Canadian Journal of Communication	8	2
	Asia Journal of Communication	7	9
合 计		15	11
总 计		131	94

* 数据引自 Jorg Matthes（2009）的论文；@入选期刊论文的截止期为 2013 年 6 月末，下同。

过往 7 年多以来，媒体框架研究的题材多为在国际或国内有争议的，吸引传媒注意力的重大事件（见表2）。其中，同选举相关的事件无疑是最集中的单一主题（Birkland 和 Lawrance，2007；Schemer 等人，2012；Jarvis 和 Han，2011；Bichard，2011；Han 等人，2009；Porto，2007；Hanggli 和 Kriesi，2010；Slothuus，2010；Esse 和 D'Angelo，2006；Hahn 等人，2008；Kim，2012；Entman，2007，2008，2010，2012；Vreese，2004）。国际事件框架分析涉及发生在中东暴力冲突的事件，如伊拉克战争、阿富汗战争、以巴冲突和反恐等都是选题的热点（Kolmer 和 Semetko，2009；Coe，2013；Edy 和 Meirick，2007；Hamdy 和 Gomaa，2012；Carpenter，2007；Rill 和 Davis，2008；Alimi，2007；Ruigrok 和 van Atteveldt，2007；Deprez，2010；Christie，2006；Alozie，2006；Lee，2006；Melkote，2009；Greenwood，2010；Polson 和 Kahle，2010；Golan，2013；Elmasry，2013；Fahmy，2010；Garyantes，2010；Ibrahim，2010；Kara 和 Atabey，2013；Entman，1991）。各国国内媒体聚焦的重大争议性事件也往往成为相关国家媒体框架分析学者的研究主题，但由于国情不同，框架分析的事件也因"国"而异。如欧洲各国学者的框架常常聚焦于移民、环保和欧盟扩张等本国或本地区的热点问题（Grimm 和 Andsager，2011；Vliegenthart 和 Roggeband，2007；Schuck 和 De Vreese，2006；Roosvall 和 Tegelberg，2013；Vreese，2001，2002）。

表 2　媒体框架研究分析的事件类型（2006—2013）

	国内事件	国际事件	选举与政治	传媒与文化	共计
数量	41	30	12	11	94
百分比	43.5%	32.0%	12.8%	11.7%	100.0%

N=94

媒体内容的来源的比较

从表 3 可以清晰地看到，这两个时期的研究中媒体框架的来源惊人地相似。报纸稳占大半壁江山，电视的份额也超过 10%。而新世纪里风头正健，影响力蒸蒸日上的新媒体和社交媒体得到的框架研究学者的关注竟然没有增加。可能的解释是对纯网络媒体内容的收集，关键词搜索和框架编码的便利和成熟的程度还远不及传统纸媒。不过，传统媒体的框架分析论文发表可能已经门槛高筑，而网络媒体在一定程度上还是框架研究的处女地。

表 3　框架分析涉及的媒体类型

媒体框架的来源	1990—2005*	2006—2013	媒体框架的来源	1990—2005*	2006—2013
报纸	53%	56%	网络新闻	2%	2%
电视	10%	10%	通信社稿	1%	0%
报社和电视	8%	11%	其他	19%	18%
杂志	5%	3%	共计	100%	100%
报纸和杂志	2%	0%			

* 数据引自 Jorg Matthes（2009）的论文。

由于 Matthes（2009）所做的前期研究没有提供样本规模的具体分类信息，表 4 只是列出了后期的 94 篇论文的样本大小分类，其规模从个位数一直到十万以上。

表 4　分析样本的规模（2006—2013）

样本大小	数量	百分比	样本大小	数量	百分比
200 或以下	24	25.5%	1 001—150 000	21	22.3%
201—500	30	31.9%	共计	94	100.0%
501—1 000	19	20.2%			

媒体框架分析常常都会涉及框架之间的对比，有时还会出现竞争同一批读者注意力的竞争性框架（Contest Frame）。这里主要分出四对比较。跨越媒体机构的比较是指同属一类媒体的不同单位，如报纸甲与报纸乙的媒体框架比较。跨越媒体类型的比较是指报纸与电视，或传统媒体与网络媒体之间的比较。跨越时间的比较一般是对发生在不同时间的同类新闻事件的报道框架的对比。跨越国家/地区的对比则通常是比较不同地域（和传媒体制）的媒体对同一新闻事件的报道框架（Wu, 2006）。从表5可以看出最频繁的框架比较研究是跨机构的比较，其次是跨越时间。这两项的比率都超过了30%。而跨境的框架比较研究也近20%。

表5　框架的对比分析

对比类型	跨越媒体机构	跨越媒体类型	跨越时间	跨越国家/地区	其他对比
百分比	36%	14%	31%	19%	9%

2. 框架定义与操作化

框架定义和操作化的类目包含了引用框架的来源（依照主要的来源分列，每篇论文最多入选三个来源，以引用的先后为序），框架定义是否被应用于框架的实际操作化过程。

框架有两种基本式样的定义，其一为一般定义。只是形容"框架"一词，而没有关于操作化的清晰定义。如Gitlin将框架定义为一种"用于选择，强调和发布的原则……"。这类一般框架定义，尽管也有其用途，但难以避免研究者对概念操作化的理解自行其是。另一种定义，例如Entman的，设定了框架具体的功能，诸如"问题定义、责任归属、道德评判和解决方法"。这种定义有可能推导出精确的操作化指引，使得研究者能够区分框架与论点、主张和其他类似的次级理论概念之间的差异。不过，定义的操作化在实际执行中也是大相径庭，它们既可以被一直传导到测量框架的指标，也可以只是在框架分析的文献回顾中引用一下以启蒙读者，就此止步。由此可见，如何定义框架同框架的效度息息相关，好的操作化过程可以确保框架的效度，亦即研究者得以真正地检测他们心目中预想要检测的那个框架。

这部分包括了不同的框架定义在论文中被引用数量、框架的类型、框架分析单位，以及框架类型与分析单位的组合。

表6的数据显示，Entman的框架分析首席权威的地位历经20年依然稳固。在全部定义的引述总数中，Entman都高居第一，其百分率还从前期的29%上升到后期的33%。尽管后期有所下降，Gamson及其合作者定义的引用率还是站稳了次席。排位第三的Gitlin定义的引用比率也在下降。由于自20世纪90年代后期开始框架研究的人才辈出，佳作频传，除了刚才提到的三位权威，Iyengar、Goffman、Reese、Scheufele、Tankard和Pan等学者关于框架的定义在进入21世纪之后也被多次引用。

表 6　框架定义的引用出处

框架定义的来源	1990—2005* 引用次数(%)	2006—2013 引用次数(%)
Entman 1993，2004	52　(28.7)	54　(33.1)
Gamson & Modigliani 1987，1989；Gamson	36　(20.2)	23　(14.1)
Gitlin 1980	21　(11.8)	10　(6.1)
Iyengar 1991	11　(6.2)	9　(5.5)
Goffman 1974	8　(4.5)	6　(3.6)
其他	50　(28.1)	61　(37.4)
引用总数	178　(100.0)	163　(100.0)

＊ 数据引自 Jorg Matthes（2009）的论文。

3. 框架的类型和分析单位

框架的类型可分为通用框架或事件特定框架，而框架的分析单位则分为整篇报道和报道之中的命题。框架类型与分析单位可以两两构成四个组合。确认框架的类型不仅是对其本身的描述，其后它还可以作为自变量来预测框架研究中的其他变量。

媒体框架通过概念化（Conceptualization）的过程而达到不同的抽象程度，如具体事件的特定框架或是通用框架。事件特定框架指的是每个事件都可以有量身定制的框架。通用框架超越了某一个或某一类事件的限制，可以体现在不同的事件里。5 个广为人知的通用框架分别为冲突、趣味性、经济后果、道德和责任归属（Semetko 和 Valkenburg，2000）。学者们使用不同的方法和不同的话语单位（分析单位）来对媒体框架进行编码。在分析文字材料时，既可以将一则新闻或文章作为话语单位，又可以将新闻中的单个命题为单位来做分析。研究者可以根据需要从每个分析单位提取单个或多个框架。对每一条新闻报道，研究者首先要决定自己研究中的分析单位。如果允许一篇报道出现多个框架，就还要决定在多个框架中是否要区分何者为主导框架或从属框架，以及确立判定主导或从属的标准（Kerbet，Apee and Ross，2007）。视觉资料是另一类研究对象。对于包含视觉因素的内容，至少可以使用几种方式来处理。第一，只对文字编码，放弃图像；第二，对文字和图像都进行编码；第三，图像虽然不是重点，不过在解读结果时被适当地提及。

框架的类型其实就是在通用框架（Generic Frame）和特定事件框架（Issue-specific Frame）之间两者选一。表 7 显示了特定事件框架与通用框架此消彼长的大势。在 2005 年之前的媒体框架论文中，特定事件框架与通用框架之间比例是 3∶1。到了近几年，通用框架的使用比率跃升过半。这可能同一些大师级学者（如 Jack McLeod）的坚持倡导和身体力行有关。

表 7　框架的类型及其变化

	1990—2005*	2006—2013
通用框架	25.2%	54.3%
特定事件框架	74.8%	45.7%
共计	100%	100%

* 数据引自 Jorg Matthes（2009）的论文。

在对媒体内容作分析时，明确分析单位（Unit of Analysis）永远是首先要完成的任务。具体到媒体框架分析，这个任务就实际上简化成在一个语义单元中，如一则新闻或言论，到底是只能编码出一个框架，还是允许多个框架的存在。前者以语义单元为分析单位，而后者则以命题作为分析单位。从表8可以发现，以命题为分析单位的论文从早期的1/3强减少到27%，而以语义单元为分析单位的研究上升了10%到近2/3。

表 8　分析单位及其变化

分 析 单 位	1990—2005*	2006—2013
命题（一篇新闻可有多个命题）	34%	27%
语义单元（如一篇新闻）	53%	63%
不明确	13%	10%

* 数据引自 Jorg Matthes（2009）的论文。

在框架类型和分析单位的组合方面，表9的数据表明，同前期相比，后期的A类组合（通用框架＋命题分析单位）从4%剧增至19%，B类组合（通用框架＋语义单元分析单位）也大增16%。而另外C组合（事件框架＋命题分析单位）和D组合（事件框架＋语义单元分析单位）的比率都下降，其中D组合的更是下落了20%。这个组合分类将会用于作同研究方法的相关分析。

表 9　框架类型与分析单位的组合比较

类型	组　合	1990—2005*	2006—2013
A	通用框架＋命题分析单位	4.4%	18.5%
B	通用框架＋语义单元分析单位	20.4%	37.0%
C	事件框架＋命题分析单位	23.0%	14.1%
D	事件框架＋语义单元分析单位	52.2%	30.4%
共计		100%	100%

* 数据引自 Jorg Matthes（2009）的论文。

4. 理论化的程度

在理论化程度的类目中，包括了研究假设的使用（使用研究假设还是研究问题），是否探讨了媒体框架产生的前提（分为完全没有提及、提及但无数据支持、访问媒体从业人员、使用了与媒体相关的事实数据），是否讨论了媒体框架的效应（分为完全没有提及、提及但无数据支持、运用受众调查数据、运用实验数据）。

是否涉及理论的运用是评估内容分析类型的框架研究的核心指标之一。有学者认为"大多数传媒框架研究还是属于描述性的和非理论取向的（Roskos-Keoldsen, 2003）。这个评价也许并非妄言，不过若是没有更系统的来自实证分析的证据，这仍然只能被视为主观评断。在选用研究问题还是研究假设的问题上，一般认为，比起仅仅提出"研究问题"，提出"研究假设"是更有力地陈述理论的一项指标（Riffe 和 Freitag, 1997）。另一个必要的步骤是检视媒体内容（此处为新闻框架）同它的前因后果的联系（Shoemake 和 Reese, 1996）。实际上，框架研究的优势之一是它能够在几个不同的研究领域之间搭建桥梁，如传媒制作、内容以及新闻的效果。潘忠党（2010）引述的关于框架研究整合动态五个要素的论述也提供了对上述观点的支持。他指出框架分析是动态分析，行动者、行动、行动的场景、行动的方向和行动的后果五项要素缺一不可。尽管一项实证研究通常集中于其中某一要素，但如果将它从整体环节割裂，就难免就事论事。这种将某元素孤立的做法，是造成新闻框架研究领域理论贫乏的重要原因之一。在一些文献中可以找到框架同前因和后果的联系（Hertog 和 McLeod, 2001）。理想的研究设计不但有内容分析，还能够有来自实证研究的数据来论证框架的生成环节（如访谈新闻从业人员或其他内容生产者）和效果的测试，如民意调查或实验（Aday, 2006）。即使不涉及事实性数据，至少也可以稍费笔墨，讨论一下特定媒体的特征与其内容的关联，或者框架的传播可能产生的效果。

检视是否研究是由理论驱动的是本文的重点之一。对此的判断包含了三个指标：定义的操作化、框架产生的过程和框架的效应。表10显示在早期的论文中，只有20.5%的操作性定义是得到理论定义的直接支撑，其他的只是在导言中向读者交代一下。到了后期，框架定义能对指标体系作出完全指引的比率研究占到了论文的26.6%，还有将近一半的论文中定义对指标有部分指导作用。

表10 将定义转化到指标的比率

	1990—2005*	2006—2013		1990—2005*	2006—2013
定义对指标无指引	无信息	26.6%	定义对指标完全指引	20.5%	26.6%
定义对指标部份指引	无信息	48.4%			

* 数据引自 Jorg Matthes（2009）的论文。

对传媒框架前因后果的讨论是衡量框架分析论文理论化程度高低的重要标志。在 2005 年前发表的论文中（见表 11），有 79% 完全没有讨论媒体框架的形成过程（前提），余下的 21% 中仅有 8% 对影响框架产生的因素做了实质性地分析，另外 13% 只是提到但无数据支持。2006 年之后的论文只是略有好转，有 10% 的论文提供了实质性的分析，还有 16% 的论文提及这个因素。

表 11 论文探讨框架产生的前提的比率

	1990—2005*	2006—2013		1990—2005*	2006—2013
分析框架所属媒体的数据	2%	9%	一般地提及	13%	16%
分析通信社稿	2%	0%	共计	21%	26%
访问传媒人	4%	1%			

* 引自 Jorg Matthes (2009) 的论文。

从下面的表 12 可以一眼看到，前期的框架研究论文中高达 88% 完全不涉及框架效应。余下的 12% 中结合了受众调查和实验的有 8%。后期的论文还是有近 80% 的与框架的效果无缘。结合受众调查数据和实验结果的研究只有区区 11%。

表 12 是否涉及影响框架导致的效果

	1990—2005*	2006—2013		1990—2005*	2006—2013
受众调查	7%	5%	一般地提及	4%	10%
实验	1%	4%	共计	12%	21%
事实数据分析		2%			

* 引自 Jorg Matthes (2009) 的论文。

对比前一个时期，后期研究的三项指标都有进步，不过，研究论文由理论驱动的比率仍然偏低。

5. 框架分析的方法

在框架分析方法的类目中，包括了对论文分析方法的多项判定：抽样的性质（分为随机抽样、立意抽样等）、研究方法的属性（量化研究与质化研究）、论证的方法（归纳法和演绎法）、框架变量的简化以及统计分析的使用。此外，还有编码员的信度报告。

由于方法学的取向很难被系统化，Matthes 的研究对单个的方法步骤进行了区分。具体包括：a) 分析是基于文字还是数字（量化还是质化）；b) 框架决定的过程是归纳还是演绎；c) 编码是由人工进行还是由计算机辅助；d) 框架是通过数据简化（data reduction）程序而得出的，还是直接由编码生成。这些方法学的特征可能有内部的关联，因而导致不同的方法。最关键的测量指标是对编码员之间的信度报告。

有一批研究试图通过文字的，非量化的分析来确认框架。遵循质化研究的范式，这些研究使用相对较小的，但能够反映话语的样本，通常会使用详尽的引述，而非数字来对框架做细致地描绘。大多数此类研究以归纳法来提取框架，少数也会使用演绎方法。其他研究采用量化的内容分析，将框架作为一个变量来编码。在推理方面，归纳法和演绎法都使用。在归纳式的研究里，先作初步地探索分析从样本中提取框架，然后制订编码表，并且进行量化内容分析的编码（Simon 和 Adam 2000）。一个归纳式量化测量的例子是 Iyengar（1991）的主题和片段框架。另有一些研究者使用不同的方法，他们采用聚类（cluster）或因子分析（factor analysis）将几个变量精简成为框架（Miller 和 Riechert，2001）。

另有一批研究使用计算机辅助系统来分析框架。如 Miller 和他的同事们建议的所谓"框架勘测法"（frame mapping）。假设框架会经由某些词汇以凸显自己，作者借助聚类分析的软件（不使用人工）检视那些"扎堆"出现的词汇，从而识别出特定的框架。还有人采用了比词语分组更先进的技术。如 Shah 和他的同事创造了句法规则的软件，可以抓取整句话的意义。

表13反映出框架研究方法科学性（至少是按照实证研究的标准）的三个指标都不断大幅度推进。其中，使用演绎方法（Deductive）的从1990年至1999年的19%上升到2000年至2005年期间的37%，再进一步攀升至2006年之后的63%。在采用研究假设方面，第一阶段为14%，第二阶段突进至39%，第三阶段又再度提升了7%。采用统计分析的论文比率在前期、中期和后期分别是14%、38%和65%。

表13　框架研究方法关键指标的前后比较

	1990—1999*	2000—2005*	2006—2013
采用演绎法	19%	37%	63%
研究假设	14%	39%	46%
使用统计分析@	14%	38%	65%

* 引自 Jorg Matthes（2009）的论文。

前后两个时期框架分析论文的抽样类型呈现高度的相似性，立意抽样（purposive sampling）都几乎占到八成（见表14）。唯一可以略加点评的进步之处是，不提供有关抽样过程信息的论文比例从前期的12%下降到了后期的6%。这可以被视为框架研究在科学性方面的进步。

表15显示，量化研究与质化研究的比率在2005年之前基本平起平坐，而到了21世纪00年代中期之后，量化方法的论文占到将近3/4，而纯质化研究就退到了22%。

表 14　框架分析研究的样本类型

	1990—2005*	2006—2013		1990—2005*	2006—2013
立意抽样	79%	79%	其他	3%	7%
随机抽样	5%	6%	无抽样信息	12%	6%
组合星期	2%	2%	共计	100%	100%

* 数据引自 Jorg Matthes（2009）的论文。

表 15　研究方法（量化或质化）

	1990—2005*	2006—2013		1990—2005*	2006—2013
量化（基于数字）	54%	74%	量化与质化		3%
质化（基于文字）	46%	22%	共计	100%	100%

* 引自 Jorg Matthes（2009）的论文。

本文也仿效 Matthes 的研究，将研究按照推论方式与研究方法的组合归类分为归纳/质化型、演绎/量化型、演绎/量化—聚集型和归纳/量化—计算机辅助型研究四个类型（见表16）。在2005年之前归纳/质化型研究独占鳌头（56.8%），而演绎/量化型研究不足30%。而到了后期，时移世换，后者跃居70%，前者缩减为21%。

表 16　研究方法和推理方法的组合类型前后比较　　　　　　　　　　　　　　%

	归纳/质化型	演绎/量化型	演绎/量化—聚集型	归纳/量化—计算机辅助型	总计
1990—2005*	56.8	28.8	7.2	7.2	100
2006—2013	20.8	70.1	6.5	2.6	100

* 数据引自 Jorg Matthes（2009）的论文。

再来看上述类型组合与框架类型的关系（表17）。不论是在早期还是在后期，归纳/质化型研究倾向于分析特定事件框架，演绎/量化型研究倾向于使用语义单元（通常为一则新闻）作为分析单位。

传播学者们有着共识（如 Matthes 和 Kohring，2008），是否报告编码员信度可谓判别框架分析论文研究方法的严谨程度的试金石（见表18）。总体比较，1990年至2005年期间只有大约一半的研究报告了编码员信度。而在2005年至2013年期间，这个比率上升到72%。从具体的类目比较来看，在前后两个时期，通用框架论文中的信度报告比率从71%升到将近90%，而事件特定框架的同一比率也微升了6%，达到过半。演绎/量化型研究从76%升到89%，不过归纳/质化类研究的信度报告却下跌了7%至25%。从期刊类型来比较，美国主流期刊框架研究中对编码员信度信息的披露从六成增加到八成多，批判学派也从微不足道的6%一举过半，加拿大/亚洲的比率有轻微上调，而欧洲期刊论文的这个指标也从半数以下长到了70%。

表17 框架类型与抽象方法

		归纳/质化型	演绎/量化	演绎/量化—聚集型	归纳/量化—计算机辅助研究	总 计
1990—2005*	通用框架	4 (6.4%)	19 (59.4%)	5 (62.5%)	0 (0.0%)	28 (25.2%)
	事件框架	59 (93.6%)	13 (40.6%)	3 (37.5%)	8 (100.0%)	83 (74.8%)
	总计	63	32	8	8	111
2006—2013	通用框架	2 (12.5%)	39 (72.2%)	4 (80%)	0 (0.0%)	45 (58.4%)
	事件框架	14 (87.5%)	15 (27.8%)	1 (20%)	2 (100%)	32 (41.6%)
	总计	16	54	5	2	77

* 数据引自 Jorg Matthes (2009) 的论文。

表18 报告编码员信度   %

大 类	组 别	1990—2005*	2006—2013
总体比较		52	72
框架类型	通用框架	71	88
	事件特定框架	45	51
方法组合	归纳/质化	32	25
	演绎/量化	76	89
期刊类型	美国主流期刊	60	84
	批判学派	6	54
	加拿大/亚洲	48	55
	欧洲	48	70

* 数据引自 Jorg Matthes (2009) 的论文。

在涉及研究方法及其科学性方面，如果以实证研究的标准来衡量，方法的科学性有所提升，不过各个不同的学刊类型，不同的研究组合所达到的科学性水平的差距依然存在。

在具体分析媒体框架研究论文5个大类的数据和前后变化的基础上，可以再次回顾 Matthes (2009) 基于1990年至2005年媒体框架论文的研究所作出论断：1) 大多数研究的操作性定义不透明；2) 在通用框架和事件框架之间存在差异，在研究框架建构和框架效应时，学者们应该共享一致的定义；3) 大多数研究是描述性的，没有测试研究假设；4) 视觉框架的研究付之阙如；5) 缺失信度的相关数据。虽然在 7 年之后，绝大多数研究指标都呈现出明显的进步，上述结论在某种程度上仍然成立。

四、讨论与前瞻

本文以比较系统的、跨年度的和有高度代表性的实证数据梳理了 20 多年来媒体框架分析研究在多个维度上的状况与变化。互联网的普及和媒体内容搜索技术的提升，以及实证研究方式和研究规范在欧美以外的国家的普及，将媒体框架分析这一理论或方法推到了传播学研究前台的显著位置，研究者们趋之若鹜，发表的论文数量也颇为惊人。但是同类似的理论范式（如议程设置）或研究方法（如内容分析）相比，即使是在世界一流传播学刊发表的框架研究论文，其科学性、系统性和严谨性都同前两者有着不小的差距。

本文对近 1/4 世纪以来的媒体框架研究的外在特征作了详尽地梳理，相关的发现为学界的研究提供了选题和方法等方面的可借鉴之处，尤其是对欧美之外的国家和地区。在选题方面，本研究发现一流学刊的媒体框架研究近几年仍然是以重大的和有争议性的新闻事件为其选题的来源。其中，吸引国内舆论注意力的事件占主导地位，国际事件则集中在与中东地区有关的冲突，而选举和政治则是单一类别的事件之首。对传统媒体之间、传统媒体与新媒体之间，以及不同政经制度下的媒体之间报道同一事件的新闻框架的对比分析，或竞争性媒体框架传播效果的研究，日渐成为这个领域研究的主导趋势。对于单一或同质传媒就某一事件报道框架的描述性的认定已经很难得到学刊编辑的青睐。此外，本研究还发现，平面媒体的新闻框架已经得到了相当充分的学术关注，而视听媒体和新媒体的框架研究还有很大的发展空间（McLeod 和 Detenber, 1999）。

在媒体框架的研究方法或研究程序上，笔者在 Matthes 研究的基础上进行充实和拓展，提供了一套直观易行的查证指标体系，以供媒体框架分析的论文作者和审稿人来方便地检视和评析相关研究（特别是实证性研究）在科学性方面的缺陷和不足。查证指标的第一项是框架的概念定义与操作化定义的联系，其中最具潜力来指引框架概念操作化的是 Entman 基于框架四项功能的定义。而其中媒体框架定义事件或问题的功能更可以用于规限其他三项功能（判定责任归属、作出道义评判和建议解决方案）。

对媒体框架的前因后果的论证被证明为判别论文是否有理论导向的关键指标。在"前因"中，需要对于框架产生的情境因素（如意识形态/文化，社会/体制层面，机构层面和个人层面的因素）进行实质性的论证（如访问传媒从业人和引用传媒运作的相关文本或数据）。在"后果"中，理想的是结合受众调查或实验的结果。脱离前因后果，仅仅指认媒体框架的论文往往被归为非理论性的低层次研究。

分析的结果也建议采用某些研究步骤，并试图指明孰优孰劣。比如，采用演绎法可能优于归纳法；设立明确的研究假设可能优于仅仅提出研究问题；使用多变量测量框架并聚合成因子（factor）或聚集（cluster）的被认为优于单个变量。方法上最关键的查证指标是编码员信度的报告，理想的信度报告不仅要有总体的信度，还要有不同类别的框架变量编码的信度报告。是否提供编码员信度报告已经成为论文入选与否的最低门槛。

其他的查证指标还包括：框架类型（通用框架或特定事件框架）、分析单位和方法取向（量化或质化）等。这些指标还可以两两组合起来成为框架组合或方法组合的预测变量。如框架类型与分析单位就被证实与研究的论证方法（演绎或归纳）相关联。

Grandy（2001）曾经在《Frame Public Life》一书的后记中将当时正在崛起，但又众说纷纭的框架研究，同20世纪70年代后期"媒体效果"研究所处的混沌状况类比，他认为已故美国传播学大师Chaffee在1977年提出的细分"媒体效果"领域"十八格"分类方式对厘清媒体框架研究很有借鉴作用。D'Angelo（2010）也提到十年前框架研究曾被认为尚未能达到传播学研究的"核心"地位，而十年后至少可以认定框架研究在传播学研究中的地位已经不可小觑。诚如有的学者指出的，框架是"媒体研究中的一个类似桥梁的模式"（Reese，2001，2007），一个"多元范式"的研究项目（D'Angelo，2002），是新闻研究中的一个"概念的中心"。从研究的科学化来讲，今后框架分析的学者们要求同存异，在框架理论构建的原则上不断整合各方的努力，在研究方法上探索共同体认知的科学性标准。从研究的范畴来讲，在潘忠党（2010）提出的整合动态视野下的三大范畴中，只有话语（文本为其再现体系）得到了相对充分地研究，对话语的建构（框架建构行动及过程）和话语的接受（效果及其心理机制）的研究还停留在初始的阶段。所以，今后在确认媒体框架的研究（即话语）中要细化、摸索提取媒体框架的可靠而有效的方式，着重视听媒体和新媒体的框架研究。在框架形成（话语建构）方面，用扎实的个案研究深入地探索各个层面的因素是如何互动来型塑框架的。框架效果（话语接受）的研究，除了扩大受众调查和心理学的实验之外，有条件的话可以结合脑神经信息传导等医学研究的新方法和新成果。我们希望，再过10年或20年对框架研究的讨论和评析可以在一个更高的层面上展开。

在世界范围内，包括中国大陆和港澳台地区在内的大中华地区可以说是媒体框架的"多样化"地区。在框架分析理论起源的美国和多数西方国家，主流传媒多为资本主义制度下的私营企业，其运作体制和机制已趋成熟，新闻报道框架相对固定。影响媒体框架的政治、社会和经济制度也相对稳定。在此情势下，媒体框架之间的区别往往只是"茶杯里的风波"。在经过20年的研究后，西方传播学者的研究课题趋向精微甚至琐细。而处于深刻的社会转型期的大中华地区，在共同的中华文化的大背景下，不同社会制度、不同传统习俗和不同的价值观，借助传媒跨境相互渗透、碰撞与竞争。这就使得这个地区具备了世界上其他国家和地区难以匹敌的进行传媒框架分析研究的理想环境。中国大陆尤其是华南地区，不同政经体制下的传媒交互跨境传播，对该地区的受众群体多重覆盖并自由竞争的态势也造就了研究媒体框架效果得天独厚的理想环境。在同处中华文化圈的华南地区（广东省、中国香港、中国澳门和中国台湾），社会主义制度下作为政府喉舌的大陆媒体、高度商业化和市场化的中国香港媒体、极端政治化和两极分化的中国台湾媒体，以及政府间接主导的中国澳门媒体同时交叉覆盖了两岸四地的华人受众群体。对于同一个新闻事件，各类媒体的报道框架大相径庭，甚至完全对立。而在不同社会制度和环境熏陶下的四地受众如何选择性地接触、接受、排斥或整合不同的新闻框架，来解读各自或共同关注的重要新闻，是框架研究学者们梦寐以求的理想研究现象。无独有偶，处于政治、经济和社会转型时期的大中华地区能够提供比其他地区更具有新闻价值的新闻，其类型齐全，对比强烈，新闻框架对传播研究者更具吸引力。就是在中国大陆，作为政府喉舌的政府机关报和电视台、市场取向的都市报，以及在互联网传播中成为主流的非政府网站，其对热点事件报道的媒体框架往往也是大相径庭（陈怀林，2014）。

此外，大中华地区经济地位和政治影响力的迅速提升无疑使得发生在该地区的新闻更受世人关注。内部急剧的社会转型，以及大中华各地区之间的，同其他国家之间的互动都会催生有地区性或国际性轰动效应的大新闻。如高层官员的贪腐，民众维护权益的"群体性事件"，新回归地区与中国大陆的民众之间由于认知差异而激发的争议，以及外部世界对中国形象解读的变迁。

如果能够汲取世界一流传播学期刊框架研究的经验和学术规范，在媒体框架"多样性"丰富的大中华地区努力耕耘，中国学者无疑将对媒体框架分析研究作出独特的贡献。

◇ 参考文献 ◇

- 陈怀林(2014).《笔尖上的中国:重大事件和国家形象的新闻框架分析》.澳门大学出版社.
- 潘忠党.《架构分析:一个亟须理论澄清的领域》.传播与社会学刊,2006年第1期.
- Aday, S. (2006). The frame-setting effects of news: An experiment test of advocacy versus objectivist frames. *Journalism and Mass Communications Quarterly*, 83(4): 767-784.
- Bichard, S. L. (2006). Building blogs: A multi-dimensional analysis of the distribution of frames on the 2004 presidential candidate web sites. *Journalism & Mass Communication Quarterly*, 83(2): 329-345.
- Bryant J., & Miron D. (2004). Theory and Research in Mass Communication. *Journal of Communication*, 54(3): 662-704.

- Christie, T. B. (2006). Framing Rationale for the Iraq War The Interaction of Public Support with Mass Media and Public Policy Agendas. *International Communication Gazette*, 68(5-6): 519-532.
- Coe, K. (2012). Television News, Public Opinion, and the Iraq War: Do Wartime Rationales Matter? *Communication Research*.
- D'Angelo, D. P. (2012). Studying framing in political communication with an integrative approach. *American Behavioral Scientist*, 56: 353-364.
- D'Angelo, D. P. (2010). Conclusion: Arriving At the Horizons of News Framing Analysis, in D'Angelo & Kuypers (eds.) Doing News Framing Analysis: Empirical and Theoretical Perspectives, Routledge, 356-368.
- D'Angelo, D. P. (2002). News framing as a multiparadigmatic research program: a response to Entman. *Journal of Communication*, 12: 870-888.
- Deprez, A., & Raeymaeckers, K. (2010). Framing the first and second intifada: A longitudinal quantitative research design applied to the Flemish Press. *European Journal of Communication*, 25(1): 3-23.
- Edy, J. A., & Meirick, P. C. (2007). Wanted, dead or alive: Media frames, frame adoption, and support for the war in Afghanistan. *Journal of Communication*, 57(1): 119-141.
- Endres, K. L. (2004). "Help-Wanted Female": Editor & Publisher Frames a Civil Rights Issue. *Journalism & Mass Communication Quarterly*, 81(1): 7-21.
- Entman, R. M. (2012). *Scandal and Silence: Media Responses to Presidential Misconduct*. New York: Polity Press, 2012.
- Entman, R. M. (2010). Media framing biases and political power: Explaining slant in news of Campaign 2008. *Journalism*, 11(4): 389-408.
- Entman, R. M. (2008). Theorizing mediated public diplomacy: the U. S. case. *The International Journal of Press/Politics*, 13(2): 87-102.
- Entman, R. M. (2007). Framing bias: Media in the distribution of power. *Journal of Community*, 57: 163-173.
- Entman, R. M. (2004). *Projections of power: Framing news, public opinion, and U. S. foreign policy*. Chicago: University of Chicago press.
- Entman, R. M. (1993). Framing: Toward clarification of a fractured paradigm. *Journal of Communication*, 43(4): 51-58.
- Entman, R. M., & Rojecki, A. (1993). Freezing out the public: Elite and media framing of the U. S. anti-nuclear movement. *Political Communication*, 10(2): 155-173.
- Entman, R. M. (1991). Framing U. S. coverage of international news: Contrasts in narratives of the KAL and Iran Air incidents. *Journal of Communication*, 41(4): 6-27.
- Esser, F., & D'Angelo, P. (2006). Framing the press and publicity process in U. S., British, and German. *The Harvard International Journal of Press/Politics*, 11(3): 44-67.
- Fahmy, S. (2010). Contrasting visual frames of our times: A framing analysis of English and Arabic-language press coverage of war and terrorism. *International Communication Gazette*, 72(8): 695-717.
- Gamson, W. A. (1989). News as framing: Comments on Graber. *American Behavioral Scientist*, 33: 157-166.
- Gamson, W., & Modigliani, A. (1989). Media discourse and public opinion on nuclear power: A constructionist approach. *The American Journal of Sociology*, 95(1): 1-37.
- Gamson, W. A., & Modigliani, A. (1987). The changing culture of affirmative action. In Morris. A. D., & Mueller. C. M. (eds.), *Frontiers in Social Movement Theory*, 137-177.

- Greenwich, CT: JAI Press.
- Garyantes, D. M., & Murphy, P. J. (2010). Success or Chaos? Framing and ideology in news coverage of the Iraqi national elections. *International Communication Gazette*, 72(2): 151-170.
- Gitlin, T. (1980). *The whole world is watching: Mass media in the making & unmaking of the new left*. Berkeley: University of California Press.
- Goffman, E. (1986). *Frame analysis: An essay on the organization of experience*. Boston, MA: Northeastern University Press.
- Goffman, E. (1974). *Frame analysis: An essay on the organization of experience*. Cambridge: Harvard University Press.
- Golan, G. J. (2013). The gates of op-ed diplomacy Newspaper framing the 2011 Egyptian revolution. *International Communication Gazette*, 75(4): 359-373.
- Grandy, O., Epilogue-Framing at the Horizon: A Retrospective Assessment, in Reese, S., Gandy, O., & Grant, A. (2001). *Framing public life*. Mahwah, NJ: Erlbaum, 355-378.
- Greenwood, K. (2012). Picturing defiance Visions of democracy in Iran. *International Communication Gazette*, 74(7): 619-635.
- Grimm, J. & Andsager, J. (2011). Framing Immigration: Geo-Ethnic Context in California Newspapers. Journalism and Mass Communication Quarterly, Vol. 88, No. 4.
- Hahn, J., Mok, K., Roessler, P., Schmid, M., & Schwendemann, N. (2008). Mediated events in political communication: A case study on the German European Union Council Presidency 2007. *Communications*, 33(3): 331-350.
- Hamdy, N., & Gomaa, E. H. (2012). Framing the Egyptian uprising in Arabic language newspapers and social media. *Journal of Communication*, 62(2): 195-211.
- Han, G. (2007). Mainland China frames Taiwan: how China's news websites covered Taiwan's 2004 presidential election. *Asian Journal of Communication*, 17(1): 40-57.
- Hänggli, R., & Kriesi, H. (2012). Frame construction and frame promotion (strategic framing choices). *American Behavioral Scientist*, 56(3): 260-278.
- Hänggli, R., & Kriesi, H. (2010). Political framing strategies and their impact on media framing in a Swiss direct-democratic campaign. *Political Communication*, 27(2): 141-157.
- Hertog, J., & McLeod, D. (2001). A multiperspectival approach to framing analysis: A field guide. In S. D. Reese, O. H. Gandy, & A. E. Grant (eds.), *Framing public life: Perspectives on media and our understanding of the social world*, 139-161. Mahwah, NJ: Erlbaum.
- Hertog, J. K., & McLeod, D. M. (1995). Anarchists wreak havoc in downtown Minneapolis: multi-level study of media coverage of radical protest. *Journalism Monographs*, 151: 1-48.
- Ibrahim, D. (2010). The framing of Islam on network news following the September 11th attacks. *International Communication Gazette*, 72(1): 111-125.
- Iyengar, S. (1991). *Is anyone responsible? How television frames political issues*. Illinois: University of Chicago Press.
- Jarvis, S. E., & Han, S. H. (2011). The mobilized voter: Portrayals of electoral participation in print news coverage of campaign 2008. American Behavioral Scientist, 55: 419-436.
- Kahneman, D., & Tversky, A. (1984). Choices, Values, and Frames, American psychologist, Vol. 39(4): 341-350.
- Kara, N., & Atabey, M. (2013). Too close and too far Framing the Iraq and Lebanon wars in the media of North Cyprus. *International Communication Gazette*, 75(2): 174-187.
- Kolmer, C., & Semetko, A. H. (2009). Framing the Iraq War: perspectives from American, U. K., Czech, German, South African, and Al-Jazeera news. *American Behavioral Scientist*, 52: 643-

656.
- Kuypers, J. A., & Cooper, S. D. (2005). A comparative framing analysis of embedded and behind-the-lines reporting on the 2003 Iraq war. *Qualitative Research Reports in Communication*, 6: 1-10.
- Lawrence, Regina. (2006). Seeing the whole board: New institutional analysis of news content. *Political Communication*, 23: 225-230.
- Lee, G. (2010). Who let priming out? Analysis of first-and second-level agenda setting effects on priming. *International Communication Gazette*, 72(8): 759-776.
- Lee, S. T., Maslog, C. C., & Kim, H. S. (2006). Asian Conflicts and the Iraq War A Comparative Framing Analysis. *International Communication Gazette*, 68(5-6): 499-518.
- Lippman, W. (1922). *Public opinion*. New York: Free Press.
- Matthes, Jorg (2009). What is in a frame? A content analysis of media framing studies in the world's leading communication journals, 1990-2005. *J & MC Quarterly*. 86 (2): 349-367.
- Matthes, J., & Kohring, M. (2008). The content analysis of media frames: Toward improving reliability and validity. *Journal of Communication*, 58(2): 258-279.
- Maxwell E. McCombs & Salma I. Ghanem. (2001). The Convergence of Agenda Setting and Framing. In Stephen D. Reese, Oscar H. Gandy Jr. and August E. Grant (eds.), *Framing Public Life: Perspectives on Media and Our Understanding of the Social World*, 67-81. Mahwah, NJ: Lawrence Erlbaum Associates.
- McLeod, D. M., & Detenber, B. H. (1999). Framing effects of television news coverage of social protest. *Journal of Communication*, 49: 3-23.
- Melkote, S. R. (2009). News Framing During a Time of Impending War An Examination of Coverage in The New York Times prior to the 2003 Iraq War. *International Communication Gazette*, 71(7): 547-559.
- Miller, M. & Riechert, B. (2001). The Spiral of Opportunity and Frame Resonance: Mapping the Issue Cycle in News and Public Discourse, in Rees, R, Gandy, & Grand, A (eds.) Framing Public Life, 355-378, Routledge.
- Pan, Z., & Gerald, M. K. (2003). Framing as a strategic action in public deliberation. In Stephen D. Reese, Oscar H. Gandy, and August E. Grant. Mahwah (ed.), *Framing public life: perspectives on media and our understanding of the social world*. NJ: Lawrence Erlbaum.
- Pan, Z. (2000). Improvising reform activities: The changing reality of journalistic practice in China. In C. C. Lee (ed.). *Power, Money and Media*, 68-111. Northwestern University Press.
- Pan, Z., & Kosicki, G. M. (1993). Framing analysis: An approach to news discourse. *Political Communication*, 10: 55-79.
- Polson, E., & Kahle, S. (2010). Limits of National Discourse on a Transnational Phenomenon A Case Study of Immigration Framing in the BBC Online. *International Communication Gazette*, 72 (3): 251-268.
- Price, V., Tewksbury, D., & Powers, E. (1997). Switching trains of thought: The impact of news frames on readers' cognitive responses. *Communication Research*, 24: 481-506.
- Reese, S. (2007). The Framing project: a bridging model for media research revisited. *Journal of Communication*, 57: 148-154.
- Reese, S., Gandy, O., & Grant, A. (2001). *Framing public life*. Mahwah, NJ: Erlbaum.
- Reese, S. D. (2001). Framing public life: A bridging model for media research. In S. D. Reese, O. H. Gandy, & A. E. Grant (eds.), *Framing public life: Perspectives on media and our understanding of the social world*, 7-31. Mahwah, NJ: Erlbaum.

- Riffe, D. (2004). An Editorial Comment, *Journalism & Mass Communication Quarterly March 2004*. 81: 2-3.
- Riffe, D., & Freitag, A. A. (1997). A content analysis of content analyses: Twenty-five years of Journalism Quarterly. *Journalism & Mass Communication Quarterly*, 74(4): 873-882.
- Roosvall, A., & Tegelberg, M. (2013). Framing climate change and indigenous peoples Intermediaries of urgency, spirituality and denationalization. *International Communication Gazette*, 75(4): 392-409.
- Ruigrok, N., & Van Atteveldt, W. (2007). Global angling with a local angle: How US, British, and Dutch newspapers frame global and local terrorist attacks. *The Harvard international journal of press/politics*, 12(1): 68-90.
- Schemer, C., Wirth, W., & Matthes, J. (2012). Value resonance and value framing effects on voting intentions in direct-democratic campaigns. *American Behavioral Scientist*, 56(3): 334-352.
- Scheufele, D. A., & Tewksbury, D. (2007). Framing, Agenda Setting, and Priming: The Evolution of Three Media Effects Models. *Journal of Communication*, 57(1): 9-20.
- Scheufele, B. (2006). Frames, schemata, and news reporting. *Communications*, 31(1): 65-83.
- Scheufele, Dietram A. (1999). Framing as a theory of media effects. *Journal of Communication*. 49(1): 103-122.
- Schuck, A. R., & De Vreese, C. H. (2006). Between Risk and Opportunity: News Framing and its Effects on Public Support for EU Enlargement. *European Journal of Communication*, 21(1): 5-32.
- Semetko, H. A., & Valkenburg, P. M. (2000). Framing European politics: A content analysis of press and television news. *Journal of Communication*, 50(2): 93-109.
- Shoemaker, P. J., & Reese, S. D. (1996). *Mediating the message: Theories of influence on mass media content*. New York: Longman.
- Stromback, J., Snehata, A., & Dimitrova, Daniela V. (2008). Framing the Mohammad Cartoons issue: A cross-cultural comparison of Swedish and US press. *Global Media and Communication*. 4(2): 117-138.
- Tankard, J. W. (2001). The empirical approach to the study of media framing. In S. D. Reese, O. H. Gandy, & A. E. Grant (eds.), *Framing public life: perspectives on media and our understanding of the social world*. Mahwah, NJ: Lawrence Erlbaum Associates.
- Tankard, J., W., Hendrickson, L., Silberman, J., Bliss, K., & Ghanem, S. (1991). *Media Frames: Approaches to Conceptualization and Measurement*. Paper Presented at Communication Theory and Methodology Division, Association for Education in Journalism and Mass Communication Convention, Boston.
- Tewksbury, David, Jones Jennifer, Peske, Matthew W., Raymond, Ashlea & Vig, William (2000). The Interaction of news and advocate frames: Manipulating audience perceptions of a local public policy issue. *J & MC Quarterly*, 77(4): 804-829.
- Tuchman, G. (1978). *Making news: A study in the construction of reality*. New York: Free Press.
- Vliegenthart, R., & Roggeband, C. (2007). Framing immigration and integration Relationships between press and parliament in The Netherlands. *International Communication Gazette*, 69(3): 295-319.
- Vliegenthart, R., & van Zoonen, L. (2011). Power to the frame: Bringing sociology back to frame analysis. *European Journal of Communication*, 26(2): 101-115.
- Vreese, C. H. (2004). The effects of frames in political television news on audience perceptions of

routine political news. *Journalism and Mass Communication Quarterly*, 81: 36-52.
- Vreese, C. H. de (2002). *Framing Europe: Television news and European integration*. Amsterdam: Aksant Academic Publishers.
- Vreese, C. H. de., Peter, J., & Semetko, H. A. (2001). Framing politics at the launch of the Euro: A cross-national comparative study of frames in the news. *Political Communication*, 18: 107-122.
- Wettstein, M. (2012). Frame Adoption in Referendum Campaigns: The Effect of News Coverage on the Public Salience of Issue Interpretations. *American Behavioral Scientist*, 56(3): 318-333.
- Wise, D., & Brewer, P. R. (2010). Competing frames for a public health issue and their effects on public opinion. *Mass Communication and Society*, 13(4): 435-457.
- Wu, M. (2006). Framing AIDS in China: A comparative analysis of US and Chinese wire news coverage of HIV/AIDS in China. *Asian Journal of Communication*, 16(3): 251-272.

传播学定量研究的新议题

赵心树[①] 张小佳[②]

定量的描述和分析是科学研究的基本方法。社会科学的各个领域都有方法论专家,专注于定量方法的研究、改善、应用与推广。本文介绍三项有关传播研究的定量方法的进展,即可复度的计算、中介效应的分析,以及效果量的测量。其中前两项已有较完整的英文文献,本文只做简单介绍,而以主要篇幅介绍第三项。

一、观测员间可复度(Intercoder Reliability)

信度和效度是科学、医学和工程学研究的基础概念,却常引起困惑。一位网名 Nana(2008)的学者写道:"以前念大学时,常把信度和效度搞混,念了原文之后……,发现其实没有这么困难,是自己被饶舌的中文翻译给吓到了,两者的概念都非常容易。"这种感受在华人中司空见惯。问题是,中文翻译能否少点"饶舌"呢?

事实的观测是所有科学的基础。观测正确,分析和结论才可能正确。但正确性通常难以确认,于是科学家往往多人、多次或多种方法观测同样的对象,根据"可重复的才可能正确"的公理,用可复度来推测正确度(Riffe, Lacy, & Fico, 1998, 2005, 2014)。于是,科学方法论课本中常有这样的警句:"While the reliable is not necessarily valid, the unreliable cannot be valid"。

按照以"效度"译 validity,以"信度"译 reliability 的传统,此句译为"可信的未必有效,不可信的不可能有效"。问题是,这"信",指信任、信心,还是信誉?这"效",指效能、效力,还是效率?若"信"指信任,"效"指效能,为什么"可以信任的未必有效能?"难道我们可以信任没有效能的测量或研究吗?

[①] 赵心树,现任中国香港浸会大学传理学院讲座教授,复旦大学新闻学院长江学者讲座教授,美国北卡大学(University of North Carolina at Chapel Hill)荣休教授,1989 年获美国威斯康星大学麦迪逊分校(University of Wisconsin-Madison)新闻与传播学博士学位,教学和研究领域包括政治传播、选举制度和量化研究方法。

[②] 张小佳,现为中国香港浸会大学传理学院博士研究生,主要研究领域包括广告研究、政治传播与健康传播等。

拼音文字的字母没有意义，而汉字有意义，其中"效"的意义与 validity 相距遥远，"信"的意义更与 reliability 无关，于是就不存在既合两字字义，又合英文概念的解释。必须纠正中文翻译，根据它们的核心意义将 reliability 译为"可复度"，将 validity 译为"正确度"（赵心树，2004c）。于是以上警句译为："可复的未必正确，不可复的不可能正确。"多数大学生对此句一目了然，就如 Nana 所说（英文）"非常容易"。而公理本该一目了然。

另一个常见的误译是根据英汉词典把 coder 译成"编程员"或"编码员"。两者可能适用于电信、软件、军事领域的 coder，但不适于社科领域尤其是传播研究中的 coder。根据 coder 在社科领域的实际意义，应译为"观测员"，intercoder reliability 应译为"观测员间可复度"，简称"员间复度"。（我们所循的翻译原则，详见赵心树，2004a，b，c，d，2005，2006，2010b；赵心树、李聪，2006）。

自 1901 年以来，各个学科的统计学家和方法论专家发明了几十种"员间复度"的计算方法，其中最受尊敬也是最常用的依次为 Cohen's κ（1960），Scott's π（1955）和 Krippendorff's α（1970a&b）。由于 Krippendorff 教授长期任教于宾州大学传播学院，他写的《内容分析》教科书在传播学领域影响广大（Krippendorff，1980，2004a），加上他数十年孜孜不倦地宣讲教学，α 成为传播学领域最受推崇、最常用的员间复度指数（参见 Hayes & Krippendorff，2007；Krippendorff，2004b，2013）。

但复旦大学一位新闻学者和哈佛大学两位统计学家在美国《传播学年鉴》著文指出：过去 100 多年中各学科学者发明的 22 种"员间复度"指数（intercoder reliability index），包括 κ、π 和 α 这"三大指数"，都有严重的结构性误差（Zhao, Liu, & Deng, 2013）。

关键是如何估量和处理"随机同意"，也就是随机而非观测所产生的同意。简单的"百分比同意率"（%-agreement，常用 $α_0$ 代表）假设观测员的判断完全不受随机因素的影响，也就是随机同意等于零；这种"零随机"假设背离了观测员的实际行为，高估了真实的同意率，从而高估了可复度。

其他各种指数都抛弃了"零随机"假设，但都假定观测员最大化随机判断，只在"随机不一致"时才认真观测对象。这种"最大随机"假设可能比"零随机"假设更严重地背离观测员行为。其中三大指数 κ、π 和 α 假定，观测员依赖观测结果来最大化随机判断，观测结果越不平均（uneven，例如某网站 95% 的文章不配照片，5% 配有照片），随机判断越多，可复度计算中需要扣除的随机同意也越多。这个假设不符合实际情况，因为观测在先，观测结果在后，观测员不可能根据观察结果制造观察时的随机同意；而且，三大指数假定观测员"故意随机"，而在专业道德和管理监管的规范下，很少可能有大规模和经常性的"故意随机"。

这意味着，三大指数经常地、系统地、不合理地给报告不平均结果的研究低分，而给报告平均结果的研究高分。例如，如果所有观测员 100% 同意某网站 100% 的文章不配照片，常识常理告诉我们可复度极高，但三大指数却说可复度极低，低到没法算指数！

当我们用这些指数来衡量研究质量和决定资助、投稿或发表时，这些指数经常性地鼓励和帮助报告平均结果的研究，阻碍和打压报告不平均结果的研究，扭曲了学术界乃至人类眼中的世界，使世界显得比实际情况更扁平些。

有鉴于此，《传播学年鉴》的文章（Zhao，Liu，& Deng，2013）呼吁尽快开发新的、符合一般观测员实际行为的员复度指数。Zhao（2012）在学术会议报告了这样的一个指数，称为 a_i（agreement index，其计算方法和计算软件见 http://reliability.hkbu.edu.hk）。虽然该指数受到最新版本的内容分析教科书的推介（Riffe，Lacy，& Fico，2014），还是需要时间和实践的检验。

表1 观测员间可复度使用指南

	下：情景	A. 在左列情境下，以下指数倾向于低估可复度	B. 在左列情境下，以下指数倾向于高估可复度	C. 在左列情境下，尚无证据表明以下指数会高估或低估可复度[iv]
1.	很低的同意率		Percent Agreement α_o, Osgood's, Holsti's CR, Rogot and Goldberg's A_1	Gwet's AC_1, Perreault & Leigh's I_r, Bennett et al's S, Cohen's κ, Scott's π, Krippendorff's α
2.	每个观测员报告的分布很不平均	Benini's β[i], Goodman & Kruskal's λ_r, Scott's π, Cohen's κ[i], Rogot & Goldberg's A_2, Krippendorff's α, Byrt et al's BAK, Siegel and Castellan's Rev-K	Benini's β, Cohen's κ, Rogot & Goldberg's A_2, Gwet's AC_1	Percent Agreement α_o, Perreault & Leigh's I_r, Bennett et al's S
3.	观测员报告的平均分布很不平均	Benini's β, Goodman & Kruskal's λ_r, Scott's π, Byrt et al's BAK, Siegel and Castellan's Rev-K, Cohen's κ, Rogot & Goldberg's A_2, Krippendorff's α	Gwet's AC_1	Percent Agreement α_o, Perreault & Leigh's I_r, Bennett et al's S
4.	$\alpha_o \approx 0.5$[i]		Perreault & Leigh's I_r	Percent Agreement α_o, Gwet's AC_1, Bennett et al's S, Cohen's κ, Scott's π, Krippendorff's α
5.	$N<20$[ii]		Krippendorff's α	Percent Agreement α_o, Gwet's AC_1, Perreault & Leigh's I_r, Bennett et al's S, Cohen's κ, Scott's π

续表

下：情景	A. 在左列情境下，以下指数倾向于低估可复度	B. 在左列情境下，以下指数倾向于高估可复度	C. 在左列情境下，尚无证据表明以下指数会高估或低估可复度[iv]
6. $K \geqslant 3$[iii]		Guttman's ρ, Perreault & Leigh's I_r, Bennett et al.'s S, Guilford's G, Maxwell's RE, Jason & Vegelius's C, Brennan & Prediger's k_n, Byrt et al's $PABAK$, Potter & Levine-Donnerstein's redefined Pi, Gwet's AC_1	Percent Agreement a_o, Cohen's κ, Scott's π, Krippendorff's α

i a_o 指百分比同意率（%-agreement）
ii N 指被分析的单位的数量，例如两个观测员各自观测了一百条新闻，$N=100$。
iii K 指观测员使用的分析框架中选项数量，例如观测员可以从"有照片"和"无照片"两项中取一项，$K=2$。
iv 本列说明在什么情景下可以采用哪些指数。但使用者应当特别小心，例如某项研究同意率很低，按第1行C列，在此情况下 Krippendorff's α 没有明显问题，但若同一项分布不平均，按第2和第3行A列所示不能使用 α。在考虑某一研究的所有情况后，有可能在表1中找不到合用的指数，例如当同意率较低、结果分布不平均、分析框架中的选项（K）又很多时，在已发表的指数中就没有合用。所以本表只是临时救急的措施。长远的解决有待更好的新指数。

（译自 Zhao, Liu, & Deng, 2013, 表 19.13，又见 http://reliability.hkbu.edu.hk）

在学术界普遍接受新指数前，我们可能还需要使用弊病丛生的现有指数。为此，《传播学年鉴》文中的表 19.13 提供了指引，本文的表1列出了指引的主要内容，其中C列列出了在各种情境下建议使用的指数。但是，正如作者（Zhao, Liu, & Deng, 2013）所强调的，这个指引只能暂时救急，长远的解决还有待新的指数。

二、中介效应（Mediation）

"中介效应"指自变量（如饮食和锻炼）通过中介变量（如体重、血压、胆固醇）影响因变量（如寿命和生活质量）。中介效应是社会科学乃至自然科学中广泛存在、广受关注的因果关系（见图1）。美国心理学家 Baron 与 Kenny（1986）关于中介效应的理论与程序，被社会科学各领域广泛接受，成为检测和分析中介效应最权威、最常用的程序。

图1　三变量中介效应

但是，Zhao，Lynch 和 Chen（2010）提出，Baron 与 Kenny 对中介效应的理解过于简化，将一维的分类错误地套用在两维分布的中介关系上，从而造成系统性错误。建立在这个分类基础之上的 Baron 与 Kenny 分析程序有严重漏洞，导致研究者大量错漏和误判中介效应。其他作者几乎同时或稍后发表的两篇文章（Hayes，2009；Rucker, Preacher, Tormala, & Petty 2011）也指出了 Baron 与 Kenny（1986）的这一错误。针对这种错误，Zhao，Lynch 和 Chen（2010）提出了自己的理论框架、分类方法和分析程序。这个程序的要点见图 2。

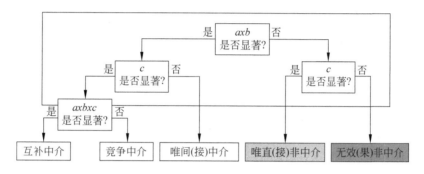

图 2　中介分析的判定程序

（译自 Zhao, Lynch and Chen，2010）

此文发表后迅速被市场学（Marketing）领域的学者广泛接受，随后波及心理、卫生等其他领域。新的程序已成为许多管理学院课程和工作坊的一部分，并有中文文章介绍（张莉等，2011），本文就不再重复详述。

三、传媒效果量（effect size）

测量和比较效果量（effect size）是各科学学科的重要任务，但媒介效果研究却普遍轻视甚至忽略效果量。投稿人、审稿者和编辑们通常满足于测量统计显著（statistical significance），其实统计显著只能回答"有没有效果"和"效果是正还是负"这两个"两分"的问题，而不能回答"效果有多大"、"哪种效果更大"和"大多少"等"定量"的问题。定量研究耗资不菲，往往数十倍甚至数百倍于定性的研究，但媒体效果的研究却是花费了定量的成本来回答定性的问题。

不重视或忽略效果量，原因之一是，变量单位无意义，使得非标准回归系数（unstandardized regression coefficient，常用 b 代表）意义不明，从而使效果量不好测量；原因之二是，变量单位不对等，使非标准回归系数不可比较，从而使效果量不易比较。我们将介绍解决这两个问题的简单办法，从而使 b 意义明晰和易于比较。

1. 回归系数、单位意义与效果量

非标准指数富含信息,因而越来越受到重视。极具权威的"美国心理学会任务组"(The American Psychological Association's Task Force)经深入调查后指出"如果变量的单位有清晰的意义(例如,以'天'为单位测量时间,以'支'为单位测量吸烟量,'天'和'支'的意义都很清晰),则非标准的指数(如非标准回归系数 b 或平均差)优于标准化指数(r 或 d)"(Wilkinson & Task Force on Statistical Inference,1999)。

只要因果关系可以确定,则非标准回归系数(b)代表着"一个单位的自变量增长所造成的因变量变化",也就是通常所说的"效果量"。例如,假定自变量 x 是妇女每天锻炼的小时数,y 是以公斤测量的妇女体重,则 $b = -0.5$ 意味着"妇女每天每小时锻炼造成平均半公斤的体重下降",这就是"效果量"概念。这个概念是否有意义,取决于 b 是否有意义;而 b 是否有意义,取决于自变量和因变量的单位是否有意义。本例的两个单位(小时和公斤)意义清晰,所以效果量的意义清晰。

但是,变量的单位没有意义,怎么办?

2. 量尺与单位

所谓测量,就是用一个参照系统比照测量对象。我们称这个参照系统为"量尺"(scale)。量尺由相互距离相等的"单位"(unit)组成。例如测长度或距离,需要竹尺、软尺、镭射尺等量尺和毫米、市尺、公里、英里、海里等单位;测重量需要杆秤、磅秤、电子秤等量尺和两、磅、公斤、市斤、公吨等单位;测时间需要钟表、沙漏、计时器等量尺和秒、分、小时、月、年等单位。

有的量尺单位有明确的意义。例如以上提到的所有单位都有清晰的意义。但也有量尺单位没有意义。最典型的是李克特量尺(Likert Scale),它给排序的选项(如"强烈支持、支持、中立、反对、强烈反对")编上数字(如1,2,3,4,5),让受访者选择一项(如"反对",计作4),然后基于"相邻等距"的规则,把这个突截(discrete)排序(ordinal)的变量当做渐续(continuous)的变量来分析(关于"相邻等距"和"突截"、"渐续"等概念,详见赵心树,2008,2010a)。我们知道,家中软尺上的"1"代表一米,浴室里电子秤上的"1"代表一公斤,但我们无法描述或解释李克特量尺上的"1"代表什么,因为这个单位没有意义。

当自变量或因变量的单位无意义时,回归系数 b 也无意义。于是,许多作者报告此类 b 但不解读。更常见的是报告标准化 β,也就是因变量和自变量的单位都转换成"标准方差"后的回归系数。但标准方差只有数学上的意义而没有理论或实践的意义,因此,β 亦没有理论或实践的意义,于是我们从未见到有研究者在理论或实践层面解读 β。更多研究者报告 p 值,也就是统计显著值。

3. 统计显著与效果量

统计显著检验可以追溯到 17 世纪，它在社科各学科的广泛应用始于 20 世纪 50 年代（Huberty & Pike, 1999；Thompson, 2007）。很早就有学者批评对显著检验的过度依赖（Boring, 1919；Berkson, 1938）。20 世纪 90 年代以来，这种批评倍增并延伸至生物学（Suter, 1996；Yoccuz, 1991）、经济学（Thompson, 2004；Ziliak & McCloskey, 2004）、教育学（Carver, 1978；Thompson, 1996）、心理学（Cohen, 1994；Schmidt, 1996）以及野生动物科学（Johnson, 1999）等许多学科（Anderson et al., 2000）。

施密特和亨特（Schmidt & Hunter, 1997）认为，"统计显著检验阻碍了科学知识的增长，并从未作出积极的贡献"。罗斯布指出："假设检验的显著检验绝对是有史以来最误导学生的程序化训练……这个统计方法可以饱受批评而一直延续，堪称社会科学的'奇迹'。"（Rozeboom, 1997）

美国心理学会（APA）科学事务理事会（Board of Scientific Affairs）任命了"研究方法任务组"（Task Force）来研究是否应当禁止在 APA 期刊上使用显著检验。该小组的研究报告没有建议禁止，但反复强调效果量的重要性（Wilkinson & Task Force on Statistical Inference, 1999），其中一段被广泛引用：

"要说明效果的大小及其理论和实践的意义。我们要强调，好的研究应把自己发现的效果量与以前的研究报告的效果量对照，以便让读者可以判断效果量在不同样本、不同设计、不同分析方法下的稳定性。报告效果的大小还有助于若干年后的统计检定力研究或综合分析研究。"

问题是用什么指数来检测和报告效果量。Kirk（1996）列出了 40 余种测量效果的指数。这个数量还在增加（Hess, Olejnik, & Huberty, 2001；Natesan & Thompson, 2007）。这些指数可大致分为标准系数，如 β，d，r 和 r^2，以及非标准指数，如非标准 b 和平均差。

上述任务组的报告明确主张非标准指数：

"应当汇报主要的效果量……当计量单位意义明晰时（如每天吸烟的数量），非标准指数（如非标准回归系数或平均差）优于标准指数（如 r 或 d）。"

研究小组报告所指的"（非标准）回归系数"和"平均差"，本文将使用"回归系数（b）"同时指代这两个指数，因为平均差相当于两分（dummy）自变量的回归系数。

但是，如上面提到的，计量单位往往没有意义。当因变量或自变量的单位无意义时，回归系数（b）也无意义。不同的指数测量不同的概念：b 测量效果量，r 测量相关性，r^2 测量预测能力，p 测量效果为零的概率也就是显著性，等等。当 b 无意义时，研究者就失去了测量效果的量尺，而 p 不能代替效果量的测量。这时怎么办？研究小组避开了这个问题，留下了一个巨大的空白。

4. 单位对等、单位意义与效果比较

如前述，非标准 b 的最基本功能是测量效果量。假定自变量 x 是男子每天锻炼的小时数，y 是以公斤测量的男子体重变化，则 $b=-1$ 意味着"男子每天每一个小时的锻炼造成平均一公斤的体重下降"。这个 $b=-1$ 和以上讨论的（女子的）$b=-0.5$ 可以直接比较，而得出"男子锻炼的效率相当于女子锻炼效率的两倍"的推论。这个推论的前提，是被比较的两个自变量的单位相互对等（妇女的一小时对等男子的一小时），两个因变量的单位也相互对等（妇女的一公斤对等男子的一公斤）。

但是，包括传播学在内的许多社科研究，往往有两个自变量单位互不对等，例如年龄的单位（年）与网络使用的单位（小时）不对等，或两个因变量单位互不对等，如态度的单位（1～5 量尺上的 1）与知识的单位（十道选择题中的一道）不对等，这就使得 b 不能用于跨变量、跨时间或跨研究的比较。

心理学、传播学、政治学、教育学和管理学等诸多学科大量使用李克特量尺或类似的量尺，其单位的意义不明，该单位是否与另一量尺的单位对等也就不明。这是 b 常常不能用于效果量比较的另一个原因。

单位无意义与单位不对等是社会科学中的两个常见现象。于是，在心理学会任务组的文章发表十多年后的今天，各个学科的研究者仍然不知道如何在这种情况下测量和比较效果量，包括媒介效果量。

5. 量尺意义、标尺化与效果量

以下引入一个简单的方法，可以低成本、高效率地解决以上两个难题。这项技术是基于一个认识论假设：所有变量的量尺（scale）中都包含意义，只是这些意义有时没有显现在变量的单位上。适当的量尺转换（scale transformation）可以把隐含的意义注入到变量的单位中。转换后的单位可以在一定意义上对等。"0～1 标尺化"（0～1 normalization）就是实现这一转换的技术，在此基础上计算的"百分比回归系数"（percentage coefficient，b_p），可以意义明晰地测量效果量，并允许跨时间、跨变量、跨研究的效果量比较，从而进一步"量化"效果研究，使"量化研究"名副其实。本文选取三项已发表的研究，修订这些研究，将其作为例子来说明和演示 0～1 量尺和百分比回归系数。

量尺（如"请您用 5 表示强烈支持，1 表示强烈反对……"）是研究者与受访者之间的沟通手段，它必须对研究者和受访对象都有意义，测量才可能实施，换言之，已经完成数据搜集的量尺不可能没有意义。有的量尺意义在于它的单位，例如"请问您几岁"是一个年龄量尺，这个量尺中隐含着"年"这个单位，而"年"的意义明晰。有的量尺单位没有意义，例如李克特量尺，但其各个选项，包括最大可能值（如"强烈支持"）和最小可能值（如"强烈反对"）的意义明晰。一个有效的量尺，或者有意义明晰的单位（小时、年、公斤等），或者有意义明晰的两极，或者两者兼有。

于是，当量尺单位无意义时，其两极必然有意义，于是就可以进行线性转换，形成一个最小值为 0、最大值为 100 的新量尺。新量尺的单位代表 1 个百分点，意义明晰。我们也可以让新量尺的最小值为 0，最大值为 1，这个量尺上的一个单位代表整个量尺的 100%，意义也明晰。稍后我们会解释 0～1 转换相对于 0～100 转换的优势。线性转换不改变变量的统计特性，因此不增加统计假设，同时也不影响显著性检验或相关系数的计算。以下我们用三个实例来介绍这一理论和技术的应用。

6. 当因变量单位没有意义时——以超级碗广告研究为例

我们以美国超级碗（Super Bowl）电视广告研究（Zhao，1997）为例，展示量尺转换如何为无意义的因变量单位注入意义，从而使效果量测量和比较成为可能。该研究的分析单位是广告品牌，因变量（DV）包括品牌记忆率（brand recall）、品牌认识率（brand recognition）和广告喜好度（ad liking）。该研究分三年搜集数据，三年中均用 0～100 量尺测量记忆率和认识率，其中 100 指 100%的受访者都记忆或认识一个品牌，0 表示 0%。这两个因变量单位是百分点。自变量（IV）频率（frequency）指该品牌在一场比赛中播出的总次数；其他广告（clutter）指自变量在该品牌广告播出的同一广告段里其他品牌广告的总数；前广告数（preceding ads）指这一广告段里该品牌广告前播出的广告数量，后广告数（succeeding ads）指该品牌广告后播出的广告数量。这四个自变量的单位都是"（一个）广告"。

这两个因变量和四个自变量的单位都有明确意义，所以相关回归系数 b 也有明确意义。如当自变量是频率，因变量是认识率（频率→认识率），$b=6.44$（$p<0.001$）意味着，每增播一个广告，该品牌的认识率增加 6.44 个百分点。b 也可互比，例如，把 $b=6.44$（频率→认识率）与 $b=3.41$（频率→记忆率）比较，可知，频率对认识率的效果相当于频率对记忆率的效果的近两倍（6.44/3.41）。

但是，另一个因变量，即"观众对广告的喜好度"（liking），用李克特量尺测量。李克特量尺的单位没有意义。此外，有一年的喜好度量尺为 1～9，而另外两年量尺为 1～7。因此，研究者需要解决以下四个困难：

（1）以喜好度（liking）为自变量或因变量的回归系数（b）没有意义。

（2）不同年份的喜好度因使用了不同的量尺，不能被整合为一个变量。例如，7 在两年里代表最喜好（1～7），但在另一年里只代表喜好（1～9）。（而记忆率和认识率在三年中都是用 0～100 的百分比量尺，所以可以整合。）

（3）因量尺不同，第二年的喜好度回归系数（b）难以与第一年和第三年的喜好度（b）做比较。

（4）因量尺不同，喜好度的回归系数（b）难以与记忆率或认识率的回归系数（b）做比较。

作者利用以下等式，线性转换了喜好度的量尺，从而解决了以上困难。等式中 l_p 和 l_o 分别指新喜好度和原始喜好度：

$$l_p = \frac{l_o - 1}{8} * 100 \quad \text{（原量尺 1～9, 第二年）} \tag{1}$$

$$l_p = \frac{l_o - 1}{6} * 100 \quad \text{（原量尺 1～7, 第一年和第三年）} \tag{2}$$

转换后，三年的喜好度量尺统一了，使之可以合理地跨年度整合，不同年份 b 系数现在可以互比。新量尺为 0～100，其中 100 代表最喜欢，0 代表最不喜欢。鉴于英语中 percent 表示 "一百分的一部分"（Free Dictionary，2012），我们称新量尺为"百分比量尺" percent scale，并用 l_p 代表新量尺上的喜好度。新单位代表喜好度量尺上的一个百分点。

于是，b 表示增播一个广告带来的品牌喜好度的百分点变化。如 $b=-0.7$（前广告数→喜好度，$p<0.05$）意味着，每在"某品牌"广告前增加一个其他广告，该"某品牌"广告的喜好度下降 0.7 个百分点。

由于新因变量都使用同一量尺（0～100），它们的 b 可以互比。如把 $b=-2.82$（后广告数→认识率，$p<0.001$）与 $b=-0.7$（后广告数→喜好度，$p<0.05$）比较，可知，后广告数对认识率和喜好度都有负面效果，但前者是后者的四倍多（2.82/0.7）。

Zhao，Lynch 与 Chen（2010）在重新分析上述第三年数据时，改进了上述等式（2）；以 s_p 代表新的百分比分数，以 s_o 代表原始分数：

$$s_p = \frac{s_o - 1}{6} \quad \text{（原量尺 1～7，第三年）} \tag{3}$$

于是喜好度的量尺就转换为 0～1，其中 1 指 100%。我们称这个量尺为百分量尺，其单位（1）代表整个喜好度量尺（100%），其 b 代表增播一个广告带来的喜好度的百分变化（将小数点右移两位）。依据 0～1 量尺上的因变量而计算的 b 系数，我们称之为"百分系数"或"百分 b"，记为 b_{pd}。

例如，$b_{pd}=-0.0208$（其他广告→喜好度，$p<0.001$）意味着每新增一个"其他广告"，导致喜好度下降 2.08 个百分点；$b_{pd}=0.057$（播放频率→喜好度，$p<0.01$）意味着每增播一个本品牌广告，将增加喜好度 5.7 个百分点。增播本品牌广告有正面效应，但新增的广告必然夹在其他广告中，而其他广告有负面效应，这个负面效应相当于正面效应的 1/3 强（0.0208/0.057）。超级碗比赛中，每个广告段中平均有 3 个其他广告，使正负效应大体抵消，使得电视广告对品牌喜好度的整体影响微弱（Zhao，Lynch，& Chen，2010）。

0～1 和 0～100 转换都可以使量尺有意义和可比较，但使用 0～1 量尺好处更多，下文将更详细阐述。

此例显示，当因变量单位无意义时，量尺上的最大可能值和最小可能值（"最不喜欢"和"最喜欢"）仍有意义。0～100 或 0～1 的线性转换使因变量单位有意义，从而使 b_{pd} 有意义。据此，我们概括等式（1）、（2）和（3）而得出通用等式（4）。s_p 为新的百分数，s_o 为原始值，s_h 为原最大值，s_l 为原最低值：

$$s_p = \frac{s_o - s_l}{s_h - s_l} \tag{4}$$

例如以上提到喜好度的原始量尺为 1～7，要用等式 4 将之转化为 0～1 量尺，SPSS 命令为 "Compute S_p =（So−1）/（7−1）"。

7. 当自变单位没有意义时——以选举赛马研究为例

只有当因变量和自变量的单位都有意义时，非标准回归系数 b 才有意义。本节以选举赛马报道的研究为例（Zhao & Bleske，1993，1996，1998），介绍如何转换无意义的自变量单位，使之有意义。

在大型竞选期间，为了迎合受众的兴趣，媒体大量报道民意调查的结果，报告哪些候选人领先，哪些候选人落后，俗称"选举赛马报道"。学者们批评这类报道（Graber，1989；Jamieson，1993；Patterson，1993），认为它们分散了选民对重要议题的注意，阻碍了对严肃政策问题的理解。但也有学者提出相反的假设（Bleske & Zhao，1995；Zhao & Bleske，1993，1996，1998），认为赛马报道吸引民众更关注选举和政策议题，促进对政策议题的了解。通过一次控制实验，一次在北卡全州的抽样调查，以及一次北卡州三角地区的固定样本调查，研究者发现了三个相关：1）看赛马报道与注意议题报道正相关，2）注意议题报道与议题知识正相关，以及 3）看赛马报道与议题知识正相关。这些证据显示赛马报道帮助民众了解政策议题。本文将利用标尺化转换，重新分析原研究中整个州的抽样数据。

知识（knowledge）由七道选择题测量（Zhao & Bleske，1996，1998），答对一题得一分，全对得 7 分。0~7 的量尺单位本来就有意义，但解读和比较不如百分量尺那么容易。可用等式 5，将其转换为 0~100 的量尺，其中 1 表示正确率 100%，0 表示 0%：

$$s_p = \frac{s_o - 0}{7 - 0} * 100 \quad （原量尺 0 \sim 7） \tag{5}$$

原研究中三个自变量的单位无意义：对选前民意调查的关注（民调），阅读有关政策议题的报纸报道（读报）；这两个自变量均用 1~4 量尺，4 代表"很多"，3 代表"一些"，2 代表"一点"或"很少"，1 代表"没有"。对有关政策议题的电视报道的关注（电视）是基于两个问题，原量尺 2~8，8 代表对两位候选人的立场都非常关注，2 代表对任一候选人都不关注。该量尺的单位无意义，于是 b 无意义。

于是，原文（Zhao & Bleske，1996，1998）仅按常规报告了 r^2，增量 r^2 和标准化 β，而没有进一步解读这些指数代表了什么，也没有报告媒介效果量，因为这些指数无一代表效果量（Bleske & Zhao，1995；Zhao & Bleske，1993，1996，1998）。如果当时应用了等式（6），将三个量尺转换为 0~1，会获取更多更明细的信息。

$$s_w = \frac{s_o - s_l}{s_h - s_l} * 100 \quad （原量尺 s_l \sim s_h） \tag{6}$$

等式 6 中 s_o 是原分值，s_h 是原最大可能值，s_l 是原最小可能值。0~1 量尺上的单位（1）代表着整个量尺，b 意味着自变量从最小值变为最大值引起的因变量的变化，也就是效果。我们称这一系数为"全量尺系数"或"全尺 b",记为 b_{pi},同时称 s_{pi} 为"全尺分数"。

等式(6)应用到自变量民调(poll)和读报(newspaper):

$$s_{pi} = \frac{s_o - 1}{4 - 1} \quad (\text{原量尺 } 1 \sim 4) \tag{7}$$

等式(6)应用到自变量电视(TV):

$$s_{pi} = \frac{s_o - 2}{8 - 2} \quad (\text{原量尺 } 2 \sim 8) \tag{8}$$

再转到因变量,用等式 4 把知识(knowledge)转换为 0~1:

$$s_{pd} = \frac{s_o - 0}{7 - 0} \quad (\text{原量尺 } 0 \sim 7) \tag{9}$$

"赛马报告"研究中还有一系列控制变量(control variables, Zhao and Bleske, 1996, 1998):投票的原量尺 1~4,1 代表绝对不会投票,4 代表肯定投票;教育的原量尺 1~5,1 代表低于九年级,5 代表大专毕业或以上;收入的原量尺 1~7,1 代表年收入少于 1 万美元,7 代表年收入超过 6 万美元。由于这些量尺的单位都无意义,我们重新分析时,用等式(6)使这些变量全部 0~1 标尺化。除了年龄,其他控制变量都转换为 0/1 量尺的两分(dummy)变量。

表 2 是转换量尺后的分析结果,包含了 121 项回归系数,其中 119 项在原量尺下无法解读,所以原文没有报告或解读这些系数(Zhao and Bleske, 1996, 1998)。知识和年龄的原单位有意义,与之相关的 b 也有意义,但年龄仅是控制变量,因此原文也未报告这两个有意义的 b。量尺转换后,全部 121 项 b 都有意义。

表 2 中有六个有关年龄的 b,它们代表年龄增加一年所引起的因变量的百分点变化(小数点右移两位后读出)。前文定义 b_{pd} 为百分点 b。$b_{pd} = 0.003$(年龄→读报)意味着,每长一岁,读报增 0.3 点(0.3%)。要比较 20 岁和 60 岁的人,可将 40 乘以 0.003,可知后者比前者的平均阅读量多 12 点(12%)。

表 2　民意调查、媒体使用和议题知识(1992 年北卡研究)

	Eq. 1.1	Eq. 1.2	Eq. 2.1	Eq. 2.2	Eq. 3.1	Eq. 3.2
横排:因变量 竖列:自变量	议题知识 (0~1)	议题知识 (0~1)	读报纸 (0~1)	读报纸 (0~1)	关注电视新闻(0~1)	关注电视新闻(0~1)
常量	0.206(0.051)***	0.202(0.052)***	0.109(0.071)	−0.052(0.071)	0.391(0.058)***	0.247(0.055)***
年龄(18~91)	−0.000(0.000)	−0.001(0.000)	0.003(0.001)***	0.003(0.001)***	0.001(0.001)	0.001(0.001)
教育(0~1)	0.231(0.029)***	0.178(0.030)***	0.163(0.041)***	0.138(0.040)***	0.045(0.033)	0.045(0.031)
收入(0~1)	0.079(0.028)**	0.053(0.027)	0.167(0.039)***	0.151(0.037)***	0.038(0.031)	0.002(0.029)
性别(女 0/1)	−0.098(0.015)***	−0.103(0.015)***	−0.005(0.022)	0.017(0.021)	−0.008(0.018)	−0.001(0.016)

续表

	Eq. 1.1	Eq. 1.2	Eq. 2.1	Eq. 2.2	Eq. 3.1	Eq. 3.2
种族（黑人0/1）	0.022(0.042)	0.035(0.041)	−0.030(0.060)	0.004(0.056)	−0.070(0.048)	−0.056(0.044)
种族（白人0/1）	0.057(0.039)	0.065(0.038)	−0.064(0.054)	−0.010(0.051)	−0.038(0.044)	−0.027(0.040)
居住地（市区0/1）	0.015(0.015)	0.019(0.015)	−0.009(0.021)	−0.006(0.020)	−0.013(0.017)	−0.006(0.016)
政党（民主0/1）	−0.031(0.020)	−0.021(0.020)	−0.021(0.028)	−0.028(0.027)	0.027(0.023)	−0.005(0.021)
政党（共和0/1）	0.021(0.020)	0.022(0.020)	−0.003(0.028)	−0.012(0.027)	0.004(0.023)	0.001(0.021)
投票意向（0~1）	0.090(0.029)**	0.048(0.029)	0.237(0.041)***	0.166(0.039)***	0.153(0.033)***	0.097(0.031)**
投给布什(0/1)	0.022(0.026)	0.021(0.025)	−0.016(0.036)	0.002(0.035)	−0.005(0.029)	−0.039(0.027)
投给克林顿(0/1)	0.075(0.026)**	0.079(0.025)**	−0.038(0.036)	−0.033(0.034)	−0.006(0.029)	0.020(0.027)
投给佩罗(0/1)	0.036(0.031)	0.031(0.030)	−0.006(0.043)	0.012(0.041)	0.005(0.035)	−0.001(0.032)
教育缺失值(0/1)	0.075(0.136)	0.086(0.132)	−0.157(0.190)	−0.097(0.181)	−0.229(0.155)	−0.283(0.140)*
年龄缺失值(0/1)	0.044(0.139)	0.028(0.135)	0.029(0.195)	0.006(0.184)	0.048(0.158)	0.013(0.143)
收入缺失值(0/1)	−0.060(0.027)*	−0.033(0.027)	−0.079(0.038)*	−0.080(0.037)*	−0.083(0.031)**	−0.060(0.029)*
读报（0~1）		0.073(0.026)**				0.120(0.027)***
关注新闻（0~1）		0.120(0.033)***		0.198(0.044)***		
关注广告（0~1）		−0.040(0.029)		−0.010(0.039)		0.308(0.029)***
读杂志(0/1)		0.025(0.017)		0.100(0.023)***		−0.009(0.018)
关注脱口秀（0~1）		0.072(0.021)***		0.041(0.028)		0.076(0.022)***
关注晚新闻（0~1）		−0.031(0.027)		0.184(0.036)***		−0.013(0.029)
关注 MTV（0~1）		−0.093(0.024)***		0.064(0.032)*		0.042(0.025)
关注民调（0~1）	0.074(0.022)***	0.035(0.025)	0.182(0.031)***	0.074(0.034)*	0.318(0.025)***	0.157(0.026)***

（改自 Zhao & Bleske，1996，1998）

其他 115 个 b 都基于 0~1 或 0/1 量尺，都代表自变量从量尺最小值到最大值的变化引起的因变量的百分点变化。如表2第1栏最后一排的 $b_{pi}=0.074$（民调→知识），意味着，当选民从"完全不关注"民意调查变为"极为关注"时，知识增加 7.4 个百分点。

当两个自变量都使用 0~1 量尺，且具有相同的因变量时，b_{pi} 或 b_{pn} 系数可直接互比。例如，$b_{pn}=0.074$（民调→知识），相较于 $b_{pn}=0.079$（收入→知识），表明民调和收入对知识都有正面效应，两种效果的大小不相上下。此外，$b_{pn}=0.231$（教育→知识）说明，教育的效果大约三倍于收入或民调

$(0.231/0.074=3.121 \ \& \ 0.231/0.079=2.924)$。

类似地，当两个因变量都为0~1量尺，并有相同的自变量时，他们的b_{pd}或b_{pn}也可直接互比。如$b_{pn}=0.074$（民调→知识），$b_{pn}=0.182$（民调→读报），$b_{pn}=0.318$（民调→电视），民调对电视的效果大于对读报的效果，前者是后者的1.7倍（$0.318/0.182=1.747$），民调对电视的效果大于对知识的效果，前者是后者的4.3倍（$0.318/0.074=4.297$）。

两分变量使用0/1两分量尺。如表2中，性别取值1（女）或0（男）；由于它以1为最大值，0为最小值，该量尺也是全量尺。当因变量的量尺为0~1（百分量尺）或0/1（两分量尺）时，其回归系数是全尺b（b_{pi}）或标尺化b（b_{pn}）。这意味着0~1的渐续或区间变量的b系数可以直接与0/1两分变量的b系数相互比较。例如，$b_{pn}=-0.098$（女性→知识），$b_{pn}=0.090$（投票→知识），显示女性比男性的知识低9.8%，确定会投票者比确定不会投票者的知识高9.0%，性别与投票意愿的效果量相当。

前文指出0~1和0~100的量尺转换都可以使原无意义的单位变得有意义；其实0~10的量尺也有同样的功能。但只有0~1的自变量允许其b系数与0/1的自变量的b系数直接互比。

一些变量既是自变量也是因变量，如表2中的读报和电视。这种双重属性的变量在结构方程模型、路径分析和中介分析中不可或缺。为简化分析，让研究者可以更专注于理论建构，要尽量采用0~1或0/1量尺。0~10或0~100的变量也要尽量转换为0~1量尺。

为测量调节作用（moderation），研究者通常将自变量（x_1），调节变量（x_2）和交互项（$m=x_1*x_2$）输入等式：

$$y = a_0 + b_1 x_1 + b_2 x_2 + b_3 m \tag{10}$$

调节变量x_2常编码为0/1两分。如果自变量x_1也是0/1或0~1，它们的乘积，即交互项，也必是0/1或0~1。这有利于解读调节作用的效果量，也利于与其他0/1或0~1自变量的效果的比较。

表2中的多数变量已转换为0/1或0~1；唯有年龄仍使用原量尺。虽然年龄的原单位（年）有意义，但这个变量有其他问题：1）有关年龄的六个回归系数b都近于零，难以解读；2）近于零的六个b值难以比较；3）年龄的量尺与其他变量的量尺不统一，难以相互比较。

年龄量尺的转换比较复杂。0~1标尺化依靠量尺的最小可能值（SL）和最大可能值（SH）。在表2列出的所有变量中，唯有年龄没有给公认的最大值，其最小值也不明确——虽然生物的人始于0岁，社会的人始于12岁而法律的人则始于18岁。我们将在下文中探讨如何解决这一问题。

8. 当自变量和因变量单位都无意义时——以北京研究为例

Zhao, Zhu, Li和Bleske（1994）研究媒体使用如何影响北京人的知识和态度。原文的三个自变量单位有意义：每周读报的天数（读报）、每周收听广播的天数（广播）和每周收看电视的天数（电视）。但13个因变量使用了1~5的李克特量尺（不同意、有点不同意、中立、有点同意、同意），这些变量的单位没有意义。因子分析把 13 个因变量项分为三个因子：对经济改革原因的态度（原因态度）、对改革开放政策的态度（政策态度）和对党的态度（党态度）。原文通过加权平均创建了三个复合变量。对于这些单位无意义的复合因变量，研究者一般仅会报告标准化 β 而不再做解读，而关注 p 值，r^2 值，等等。原文却用以下等式线性转换了三个因变量：

$$s_p = \frac{(s_o - 1)}{(5 - 1)} * 100 \quad （原量尺 1 \sim 5） \tag{11}$$

表 3 为转换后的分析结果。三个有关态度的变量都为 0~100 量尺，100 表示同意，75 表示有点同意，50 表示中立，25 表示有点不同意，0 表示不同意。因变量单位是 0~100 的态度量尺的一个百分点，意义明晰；由于自变量单位原本有意义，于是 b 有意义。例如 $b=1.018$（$p<0.01$）（读报→原因态度）意味着，每周多读一天报纸，使北京人更理解改革原因，变化幅度略高于一个百分点。又如，$b=0.78$（$p<0.05$）（广播→政策态度）意味着，每周多收听一天广播，会更支持改革开放政策，变化的幅度超过四分之三个百分点。

表 3　媒体对知识和态度的影响（80 年代北京研究）

	横排：因变量 竖列：自变量	知识 0~100	对改革原因的 态度 0~100	对改革政策的 态度 0~100	对党的态度 0~100
	常量	−10.504*	27.015***	64.427***	68.090***
控制变量	年龄（18~84）	0.032(0.014)	0.226(0.124)***	0.065(0.040)	0.075(0.042)
	男性(0/1)	−1.137(−0.021)	2.709(0.062)*	2.772(0.071)*	−0.605(−0.014)
	教育程度(1~5)	9.762(0.364)***	6.227(0.290)***	1.394(0.073)	−3.331(−0.160)***
	中共党员(0/1)	10.690(0.162)***	7.770(0.147)***	3.715(0.079)*	2.113(0.041)
	共青团员(0/1)	3.123(0.045)	4.491(0.081)*	1.897(0.038)	−3.223(−0.060)
	意见依赖度(1~7)	−0.063(−0.005)	1.595(0.093)**	1.015(0.066)*	3.137(0.190)***
	依赖度缺失(0/1)	−7.353(−0.091)***	−4.442(−0.069)*	−2.063(−0.036)	−2.455(−0.039)
媒体	读报（每周几日）	3.423(0.313)***	1.018(0.116)**	0.439(0.056)	−0.274(−0.032)
	听广播（每周几日）	0.508(0.047)	0.813(0.094)**	0.780(0.101)*	0.278(0.033)
	看电视（每周几日）	0.447(0.039)	−0.510(−0.055)	−0.045(−0.005)	0.245(0.027)

表格主体数字为非标准回归系数(标准误差) *：$p<0.05$；**：$p<0.01$；***：$p<0.001$；均是双尾检验。N=845.

（译自 Zhao, Zhu, Li & Bleske, 1994）

知识（表 3）由 13 道匹配题或选择题测量。原量尺 0~13，其单位也有意义，即"（答对）一道题"；于是 b 也有意义。但 b 不易解读，因为 1/13 的意义远没有 1/1，1/10 或 1/100 那么清晰。这些 b 也不能直接相互比较。假设 $b=2$（X→态度），$b=1$（X→知识），不能两相比较而得出 X 对态度的影响大于对知识的影响,因为态度是在 0～100 量尺上,而知识是在 0～13 量尺上。

原作者线性转换了知识至 0～100 量尺,100 表示 13 个问题答案全部正确,0 表示全部错误。四个因变量的量尺对等了,于是 b 就能相互比较。例如,$b=3.423$(读报→知识)与 $b=1.018$(读报→原因态度)比较,可知读报对知识的影响是对原因态度的影响的三倍多。

这项研究还测试了路径模型。假设了一个连锁效应,媒体使用→知识→原因态度→政策态度→党态度(见图 3)。媒体使用是读报,广播和电视的平均值。有些变量的原单位无意义。原文因无法处理这些无意义的单位,按惯例反报告了路径的标准化 β 和显著水平,没有解读 β。若将全部变量都转换为 0～1 量尺,所有变量的单位都变得有意义,标尺化系数 b_{pn} 代表着自变量从最小到最大的变化(称为"全尺变化")引起的因变量百分点变化。

如图 3 中,$b_{pn}=0.272$(政策态度→党态度,$p<0.001$)意味着,把"完全反对改革开放政策"的人与"完全支持改革开放政策"的人相比,后者对党的支持平均强 27.2 个百分点。

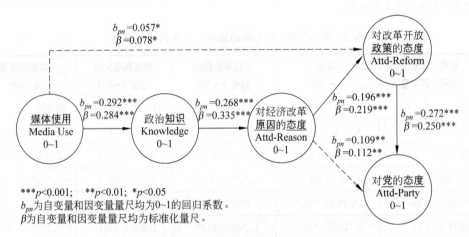

***$p<0.001$; **$p<0.01$; *$p<0.05$
b_{pn} 为自变量和因变量量尺均为 0～1 的回归系数。
β 为自变量和因变量量尺均为标准化量尺。

图 3 媒体使用对北京人知识和态度的影响
(改自 Zhao, Zhu, Li & Bleske, 1994)

因为全部变量都为 0～1 或 0/1 量尺,b_{pn} 可以相互比较,即使 b 取自不同的自变量和因变量。例如,$b_{pn}=0.292$(媒体使用→知识)意味着,从不使用媒体至每天使用媒体(全尺变化),知识增加 29.2%。同理,$b_{pn}=0.109$(改革态度→党态度)意味着,从完全反对经济改革原因变为完全支持(全尺的变化),对党的支持将增加 10.9%。比较两个 b_{pn},可知媒体使用对知识的效果大约是原因态度对党态度效果的两倍半(0.292/0.109=2.68)。

此例再次说明,0～1 转换能让原本无意义的自变量单位(如原因态度和政策态度)获得意义,并使原本有意义的自变量单位(如媒体使用与知识)更易解读和比较。

0～1 转换是一种线性转换,线性转换不改变 p、r 和 r^2 等标准指数。但 0～1 转化简化了效果的解读和比较，尤其有助于类别变量（categorical variable）的解读比较和调节作用的分析。

在回归分析中，类别变量往往是一个或多个基于0/1量尺的两分变量。例如，性别通常编码为男性1，否则0，以女性为参考，于是b表示因变量性别间的差异。在中国，政治面貌可取两个两分变量，党员（党员为1，否则0），团员（团员为1，否则0），以非党非团为参考。当党员和团员同时输入回归方程，一个b表示党员与非党员（包括团员）的区别，另一b表示团员与非团员的（包括党员）的区别。当其他自变量使用0～1渐续量尺时，渐续量尺（0～1）的b_{pi}可以与两分量尺（0/1）的b_{pi}比较。

表4中有许多这样的例子。当因变量和自变量都基于0～1量尺，我们称这个回归系数"全量尺百分点系数"，"标尺化系数"或"标尺化b"，记为b_{pn}。观察$b_{pn}=0.054$（广播→政策态度 $p<0.001$）与$b_{pn}=0.037$（党员→政策态度，$p<0.05$），可知每天收听广播的人比从不收听者更支持改革，党员比非党员更支持改革；听广播的效果比党员身份的效果大46%〔(0.054-0.037)/0.037=0.46〕。

表4 媒体对知识和态度的影响（80年代北京研究）

	横排：因变量 竖列：自变量	知识 0～1	对改革原因的 态度 0～1	对改革政策的 态度 0～1	对党的态度 0～1
	常量	0.008(0.036)	0.348(0.036)***	0.668(0.036)***	0.679(0.039)***
控制变量	年龄(18～84)	0.000(0.001)	0.002(0.001)***	0.001(0.001)	0.001(0.001)
	男性(0/1)	-0.011(0.014)	0.027(0.013)*	0.027(0.014)*	-0.006(0.015)
	教育程度(0～1)	0.390(0.032)***	0.249(0.031)***	0.056(0.031)	-0.133(0.033)***
	中共党员(0/1)	0.107(0.019)***	0.078(0.018)***	0.037(0.018)*	0.021(0.019)
	共青团员(0/1)	0.031(0.020)	0.045(0.019)*	0.020(0.019)	-0.032(0.020)
	意见依赖度(0～1)	-0.006(0.032)	0.096(0.030)**	0.061(0.031)*	0.191(0.033)***
	依赖度缺失值(0/1)	-0.074(0.021)***	-0.044(0.020)*	-0.021(0.020)	-0.025(0.022)
媒体	读报(0～1)	0.240(0.024)***	0.071(0.023)**	0.030(0.023)	-0.019(0.025)
	听广播(0～1)	0.036(0.022)	0.057(0.021)**	0.054(0.021)*	0.019(0.023)
	看电视(0～1)	0.031(0.021)	-0.036(0.020)	-0.003(0.021)	0.017(0.022)

表格主体数字为非标准回归系数(标准误差)*：$p<0.05$；**：$p<0.01$；***：$p<0.001$；均是双尾检验。N=845.

（改自 Zhao, Zhu, Li & Bleske, 1994）

与此对照，基于原始量尺的表3就很难做类似地比较；乍一看，$b=0.780$（广播→政策态度），似乎比$b=3.715$（党员→政策态度）小得多，其实这个差别不代表效果大小，而是因为广播使用了0～7量尺而党员使用了0/1的量尺。

还有两个自变量的单位无意义，但有最大值和最小值：教育使用了 1~5 量尺（文盲、小学、初中、高中和大学），意见依赖使用了 1~7 量尺，其中 7 表示极度依赖媒体，1 表示极度独立。有受访者对有些问题没有给予有效回答，形成数据缺失。原作者创建了代表数据缺失的两分变量（无有效答案为 1，否则为 0）。

由于单位无意义，b 很难解读或比较。例如表 3 中 $b=-3.331$（教育→党态度）意味着教育对党态度有负面效果。但"3.331"的值意味着什么不清楚，因为两个关键变量的单位没有意义。比较这个 $b=-3.331$ 与 $b=-3.223$（团员→党态度），看似数值大小相当，却并不表示效果接近，因为两个自变量的单位不对等。类似地，$b=3.137$（意见依赖→党态度）表示不善独立思考的人更支持政府，但该 3.137 的值却难以解读；虽然 $b=-3.331$ 和 $b=3.137$ 绝对值接近，但并不代表教育抵消了意见依赖的效果，因为两个自变量的单位不对等。

表 4 中，除年龄外的变量都转换为 0~1 量尺，回归系数的解读就变得简单。关于教育的 b_{pn} 显示，把受教育最多的群体（大学毕业生）与受教育者最少的群体（文盲）相比较，前者的知识多出近 40 个百分点（$b_{pn}=0.390$，$p<0.001$），原因态度高出近 25 个百分点（$b_{pn}=0.249$，$p<0.001$），但党态度低了 13 个百分点（$b_{pn}=0.133$，$p<0.001$）。同理，意见依赖的 b_{pn} 显示，相较于最独立者，最依赖者的改革原因高出近 10 个百分点（$b_{pn}=0.096$，$p<0.01$），政策态度高出 6 个百分点（$b_{pn}=0.061$，$p<0.05$），同时党态度高出近 20 百分点（$b_{pn}=0.191$，$p<0.001$）。虽然以上两个自变量对改革原因都有正面效果，但教育的效果是意见依赖的效果的近 160%〔(0.249−0.096)/0.096=1.59375〕。这两个自变量对党态度的效果一正一负，但意见依赖（$b_{pn}=0.191$，$p<0.001$）比教育（$b_{pn}=-0.133$，$p<0.001$）的效果大 44%〔(0.191−0.133)/0.133=0.44〕。

以上仅是对表 4 中一部分信息的简单解读。熟悉那个时代的人，可以对表中其他数字做全面解读，以此为基础塑造一个生动、真实而有趣的画面，展示当时的媒体、党团员、群众和改革开放政策之间的精彩互动。1994 年发表的原文未能完整展现这一画面，因为当时还没有全量尺系数（b_{pn}）这一工具。

年龄没有公认的最大可能值，最小可能值也费思量。所以表 4 中年龄使用了原量尺，它是该表中唯一没有使用 0~1 量尺的。年龄的原单位（年）有明晰的意义，其 b_{pd} 也可解读，但却无法与其他 b 直接比较。四个方程中，年龄的 b 绝对值最小，介于 0.000 和 0.002 之间，而表中其他 b 绝对值在 0.006 和 0.679 之间。这不是因为年龄的效果小，而是因为年龄的 b_{pd} 测量年龄增长一年的效果，而其他的 b_{pn} 测量自变量全尺变化的效果，也就是最大化的效果。要与其他变量作比较，年龄必需要改用一个接近对等的量尺。

表 5 将年龄的原始变量除以 100，将之转换为 0~1 量尺：

$$s_w = \frac{(s_o - 0)}{(100 - 0)} \quad \text{（用于年龄）} \tag{12}$$

这是假定 0 为最低年龄，100 为最高年龄。或有主张以 18 或 12 岁为年龄最小值，更有人活过 100 岁。我们选择 0 和 100，是因为这个基础上的 b_{pn} 更易解读和转换。例如 $b_{pn}=0.226$（$p<0.001$）表示年龄全尺变化，即增 100 年，导致原因态度增 22.6%；要知道年龄增 10 年的效果，只需把小数点左移一位，得 2.26%。在此基础上，我们来看 0~1（0，100）标尺化（也就是以 0 与 100 为原量尺两极进行标尺化）的好处。

第一，系数之间大小分明，于是信息量大增。表 4 中，4 个年龄的 b_{pi} 值都在 0.001 到 0.002 之间，相互区别被淹没在太多的零后。表 5 中，0~1（1，100）标尺化使这四个 b_{pn} 增为原值一百倍，差异明显，易于解读。例如，年龄的 b_{pn} 所展示的最大效果（0.226）比最小效果（0.032）大 7 倍。若比较年龄与其他变量的回归系数，能获取更多信息，这些系数的绝对值范围为 0.003（电视→改革态度）至 0.390（教育→知识）。

表 5 媒体对知识和态度的影响（80 年代北京研究）

	横排：因变量 竖列：自变量	知识 0~1	对改革原因的 态度 0~1	对改革政策的 态度 0~1	对党的态度 0~1
	常量	0.008 (0.036)	0.348 (0.036)***	0.668 (0.036)***	0.679 (0.039)***
控制变量	年龄(18~84→0~1; 0, 100)	0.032 (0.069)	0.226 (0.065)***	0.065 (0.066)	0.075 (0.071)
	男性(0/1)	−0.011 (0.014)	0.027 (0.013)*	0.027 (0.014)*	−0.006 (0.015)
	教育程度（0~1）	0.390 (0.032)***	0.249 (0.031)***	0.056 (0.031)	−0.133 (0.033)***
	中共党员（0/1）	0.107 (0.019)***	0.078 (0.018)***	0.037 (0.018)*	0.021 (0.019)
	共青团员（0/1）	0.031 (0.020)	0.045 (0.019)*	0.020 (0.019)	−0.032 (0.020)
	意见依赖度（0~1）	−0.006 (0.032)	0.096 (0.030)**	0.061 (0.031)	0.191 (0.033)***
	依赖度缺失值(0/1)	−0.074 (0.021)***	−0.044 (0.020)*	−0.021 (0.020)	−0.025 (0.022)
媒体	读报（0~1）	0.240 (0.024)***	0.071 (0.023)**	0.030 (0.023)	−0.019 (0.025)
	听广播（0~1）	0.036 (0.022)	0.057 (0.021)**	0.054 (0.021)*	0.019 (0.025)
	看电视（0~1）	0.031 (0.021)	−0.036 (0.020)	−0.003 (0.021)	0.017 (0.022)

表格主体数字为非标准回归系数(标准误差)*：$p<0.05$；**：$p<0.01$；***：$p<0.001$；均是双尾检验。N=845.

（改自 Zhao, Zhu, Li & Bleske, 1994）

第二，很容易将 0~1（0，100）量尺转化为其他量尺。如上文提到把 $b_{pn}=0.226$ 的小数点左移一位得到年龄增加 10 岁对原因态度的效果。若要知道年龄增加 1 岁的效果，只需将小数点再左移一位，得到"原因态度增长 0.226 个百分点"的结论。若要知道其他年数的效果，只需要将年数乘以 0.226%。例如，大学毕业生（22 岁）和退休人员（65 岁）的态度差别是：(65−22) * 0.226% = 9.718%。

此例说明 0~1 标尺化的几个重要原则：

1. 封闭变量（close ended）一般应用等式 4 转换为 0~1 变量。这儿"封闭"指公认的最小可能值（s_l）和最大可能值（s_h）。例如，"上周有几天你读了报纸？"是封闭的，因为它有公认的最小可能值（0）和最大可能值（7）。与此相对的是"开放变量"（open ended），它没有公认的最大可能值或最小可能值，或两者皆无。

2. 开放的量尺也可以转换为 0~1，但须选取合适的下锚点和上锚点代替最小可能值（s_l）和最大可能值（s_h），其步骤如下：

2.1 选择十进制量尺，如人民币、美元、千克或米，要避免其他进制，如英镑、英尺或十六进制的斤两。如原量尺不是十进制，可先转换为十进制，如从英制转为公制。

2.2 把 0 定为下锚点 s_l。

2.3 从 10 的倍数中，如 0.01，0.1，1，10，或 100 等中，选取一项为上锚点 s_h。选取的标准可以是"回归误差（standard error）最接近同一分析中对应变量的回归误差"。例如，若抽样调查的受访者年龄 12 岁至 102 岁，可暂以 0 为下锚点，100 为上锚点，然后用公式 4 将包括年龄在内的所有变量转换到 0~1 或 0/1 量尺变量，并观察和比较回归标准误差（standard error）。如果年龄的误差与其他变量的误差区别不太大，则转换完成。如果区别极大，则可尝试其他 10 倍数为年龄的上锚点，例如 10 或 1 000 等，目标是减小年龄与其他变量之间回归误差的区别。以北京研究为例，表 4 用年龄的原量尺，这实际上是把 0 定为下锚点（s_l=0），把 1 定为上锚点（s_h=1）。这样年龄的标准误差（表中括弧中的数字）显得太小，大约是其他自变量的标准误差的 1/100。表 5 将 s_h 乘以 10^2（x=2），得到 s_h=100，使得年龄的标准误差更近于其他自变量的标准误差，也使年龄的效果易于解读和易于比较。

本例再次说明，（1）当变量单位没有意义时，量尺的最大可能值和最小可能值一定有意义，0~1 或 0~100 的线性转换可以把这些意义注入变量单位，从而使 b 有意义；（2）0~1 转换比 0~100 转换更有利于效果的解读和比较，包括类别自变量（categorical variable）和交互项（moderating variable）的比较。

9. 结论：标尺化量尺和百分点系数

表 6 排列了单位意义与效果量测量之间的关系，其中包括：

a. 百分系数 b_{pd} 是百分因变量（因变量最小可能值 0，最大可能值 1）的回归系数。b_{pd} 代表着自变量一个单位变化引起的以百分点计量的因变量变化。例如 b_{pd}=0.5 表示自变量一个单位的变化引起因变量 50 百分点的变化。当因变量具有合理的最大可能值和最小可能值，且自变量单位有意义时，百分系数有意义。

表6 变量单位的意义与回归系数的意义

		因变量单位			
		无意义		有意义	
		非标准方差	标准方差	非0~1	0~1
自变量单位	无意义 非标准方差	回归系数b无意义	回归系数b无意义	回归系数b无意义	百分b_{pd}无意义
	无意义 标准方差	回归系数b无意义	标准β无意义	回归系数b无意义	百分b_{pd}无意义
	有意义 非0~1	回归系数b无意义	回归系数b无意义	非标准b有意义	百分b_{pd}有意义
	有意义 0~1	全尺b_{pi}无意义	全尺b_{pi}无意义	全尺b_{pi}有意义	标尺化b_{pm}有意义

b. 全量尺系数b_{pi}是百分自变量（自变量最小可能值0，最大可能值1）的回归系数。b_{pi}代表自变量全量尺（从最小可能值到最大可能值）变化引起的因变量变化。例如$b_{pi}=0.5$表示自变量从最小可能值到最大可能值的变化引起了因变量半个单位的变化。当自变量有合理的最小可能值和最大可能值，且因变量单位有意义时，全尺系数有意义。

c. 标尺系数b_{pm}是百分因变量和百分自变量（因变量和自变量的最小可能值都是0，最大可能值都是1）的回归系数，表示变量全尺变化引起的以百分点计量的因变量变化。例如，$b_{pm}=0.5$代表着自变量从最小值到最大值变化引起因变量50个百分点的变化。当因变量和自变量都有合理的最大可能值与最小可能值时，b_{pm}有意义。

百分系数（b_{pd}）与原回归系数（b）相比具有以下优点：

只要自变量单位有意义，b_{pd}必有意义，而同样条件下b未必有意义。

全尺系数（b_{pi}）与原回归系数（b）相比具有以下优点：

a. 只要因变量单位有意义，b_{pi}必有意义，而同样条件下b未必有意义。

b. 同一个回归公式中，两个不同的渐续自变量的b_{pi}可以相互比较，而同样条件下的两个b则未必可比。例如，以教育（单位：年）和收入（单位：人民币每年）为自变量，以政治倾向为因变量；由于自变量单位互不对等，两个b不能直接比较。但若把自变量转换为0~1量尺，那么一个b_{pi}代表教育的最大效果，另一个代表收入的最大效果，相互可比。

c. 渐续自变量和两分自变量的b_{pi}可以相互比较，而同样条件下的两个原始b则未必可比。例如，以渐续的教育（单位：年）和两分的种族（1为白种人，0为其他）为自变量，以政治倾向为因变量；由于自变量单位互不对等，两个b不能直接比较。但若把教育转换成0~1量尺，那么b_{pi}代表教育的最大效果（完全未受教育者与受过最高教育者的区别），与另一个代表种族的效果（白人与其他族群的区别）相互可比。

d. 用b_{pi}测试、分析、解读、比较和图形展示调节效果（moderation），比较使用原b更为方便简单。典型的回归分析需要将调节变量（moderating variable）编码为 0/1，把 0/1 调节变量乘以渐续或两分的自变量而生成交互项（interaction term）；与此同时 b_{pi} 要求 0~1 自变量量尺；由于 0/1 或 0~1 变量互乘得到的仍然是 0/1 或 0~1 变量，于是交互项回归系数和其他回归系数都成为 b_{pi}，而变得一目了然。

b_{pi} 是基于 0~1 自变量量尺，b_{pd} 是基于 0~1 因变量量尺，而 b_{pm} 是基于 0~1 自变量和 0~1 因变量量尺，因此 b_{pm} 兼具前两者的优点——

① b_{pm} 代表自变量从最小值到最大值变化引起的以百分点计量的因变量变化，意义明晰。这一点可以从上述 1.1 和 2.1 推导出来。由于 b_{pm} 同时满足了 1.1 和 2.1 所列的先决条件，b_{pm} 可解读、可比较的范围是 b_{pd} 和 b_{pi} 可解读、可比较的范围的叠加。

② 不同的渐续自变量的 b_{pm} 可以相互比较。这一点可以从上述 2.2 推导出来。

③ 渐续自变量和两分自变量的 b_{pm} 可以相互比较。这一点可以从上述 2.3 推导出来。

④ 用 b_{pm} 测试、分析、解读、比较和图形展示调节效果，比较使用原 b 更为方便简单。这一点可以从上述 2.4 推导出来。

⑤ 中介分析和其他路径分析及结构方程模型的一个重要特点是：许多变量同时兼作因变量和自变量，这就更需要 0~1 量尺和 b_{pm}。用 b_{pm} 系数做中介分析或其他路径分析及结构方程模型的测试、解读、解释、展示和作图，比使用原始 b 更加方便快捷。在这些模型中，研究人员经常要比较不同路径的强度，这需要所有被比较的自变量具有统一的量尺和意义明晰的指数，同时所有被比较的因变量具有统一的量尺和意义明晰的指数，而若所有的变量都具有统一的量尺和意义明晰的量尺，则更为理想。

虽然标准化 β 是基于统一的量尺，但它不具备理论和实践的意义，因为它的单位（标准方差）没有理论和实践的意义。许多原始量尺的单位有意义，于是原始 b 有意义，但它们不具备统一的量尺。唯有标尺 b_{pm}，既具有明晰的意义，又是基于统一的 0~1（含 0/1）量尺。是最能满足上述要求的效果量指数。

◇ 参考文献 ◇

- Anderson, D. R., Burnham, K. P., and Thompson, W. L. (2000). Null hypothesis testing: Problems, prevalence, and an alternative. *Journal of Wildlife Management*, 64: 912-923.

- Baron, Reuben M., and David A. Kenny (1986), Moderator-Mediator Variables Distinction in Social Psychological Research: Conceptual, Strategic, and Statistical Considerations. *Journal of Personality and Social Psychology*, 51 (6): 1173-1182.
- Berenson, Mark L., David M. Levine, and Matthew Goldstein (1983). *Intermediate Statistical Methods and Applications: A Computer Package Approach*. Eaglewood Cliffs, New Jersey: Prentice-Hall.
- Berkson, J. (1938). Some difficulties of interpretation encountered in the application of the Chisquare test. *Journal of the American Statistical Association*, 33: 526-536.
- Bleske, Glen and Xinshu Zhao (1995). *Polls, Horse-Race Reporting and Their Effect on Issue Knowledge*. Albuquerque, New Mexico: International Communication Association.
- Boring, E. G. (1919). Mathematical vs. scientific significance. *Psychological Bulletin*, 16: 335-338.
- Carver, R. (1978). The case against statistical significance testing. *Harvard Educational Review*, 48: 378-399.
- Chaffee, Steven, Xinshu Zhao, and Glenn Leshner (1994). Political knowledge and the campaign media of 1992. *Communication Research*, 21(3): 305-324.
- Cohen, J. (1960). A coefficient of agreement for nominal scales. *Educational and Psychological Measurement*, 20: 37-46.
- Cohen, J. (1994). The earth is round ($p<0.05$). *American Psychologist*, 49: 997-1003.
- Dervin, Brenda (1994). Whose Effects Are They, Anyway? Or How Can You Locate Effects in All This Fog? In Cees J. Hamelink and Olga Linne (eds.), *Mass Communication Research on Problems and Policies*, 121-129. Norwood, New Jersey: Ablex Publishing Corporation.
- Graber, Doris A. (1989). *Mass Media and American Politics* (3rd ed.). Washington, D.C.: CQ Press.
- Hayes, A. F. (2009). Beyond Baron and Kenny: Statistical mediation analysis in the new millennium. *Communication Monographs*, 76(4): 408-420.
- Hayes, A. F., & Krippendorff, K. (2007). Answering the call for a standard reliability measure for coding data. *Communication Methods and Measures*, 1: 77-89.
- Hess, B., Olejnik, S., and Huberty, C. J. (2001). The efficacy of two improvement-over-chance effect sizes for two-group univariate comparisons under variance heterogeneity and nonnormality. *Educational and Psychological Measurement*, 61: 909-936.
- Hollander, Barry (1995). The new news and the 1992 presidential campaign: Perceived versus actual political knowledge. *Journalism and Mass Communication Quarterly*, 72(4): 786-98.
- Huberty, C. J., and Pike, C. J. (1999). On some history regarding statistical testing. In B. Thompson (ed.), *Advances in social science methodology* (Vol. 5), 1-23. Stamford, CT: JAI Press.
- Jamieson, Kathleen Hall. (1993). The subversive effects of a focus on strategy in news coverage in presidential campaigns. In *1-800-President* (Report of the Twentieth Century Fund Task Force on Television and the Campaign of 1992), 35-61. New York: Twentieth Century Fund.
- Johnson, D. H. (1999). The insignificance of statistical significance testing. *Journal of Wildlife Management*, 63: 763-772.
- Kirk, R. E. (1996). Practical significance: A concept whose time has come. *Educational and Psychological Measurement*, 56: 746-759.
- Klapper, Joseph T. (1957-1958). What we know about the effects of mass communication: The brink of hope. *The Public Opinion Quarterly*, 21: 453-474.
- Krippendorff, K. (1970a). Bivariate agreement coefficients for reliability of data. *Sociological Methodology*, 2: 139-150.

- Krippendorff, K. (1970b). Estimating the reliability, systematic error and random error of interval data. *Educational and Psychological Measurement*, 30: 61-70.
- Krippendorff, K. (1980). *Content Analysis: An Introduction to its Methodology*. Newbury Park, CA: Sage Publications.
- Krippendorff, K. (2004a). *Content Analysis: An Introduction to its Methodology* (2nd ed.). Thousand Oaks, CA: Sage Publications.
- Krippendorff, K. (2004b). Reliability in content analysis: Some common misconceptions and recommendations. *Human Communication Research*, 30: 411-433.
- Krippendorff, K. (2013). A dissenting view on so-called paradoxes of reliability coefficients. *Communication Yearbook* 36: 481-499.
- Lowery, Shearon A., and Melvin L. De Fleur (1988). *Milestones in Mass Communication Research: Media Effects*. New York: Longman Publishers.
- McQuail, Denis. (1994). *Mass Communication Theory*. London: Sage.
- Nana (2008).《Nana 游美记——社工全记录》2008 年 11 月 19 日,http://n91074.pixnet.net/blog/post/22021810,赵心树 2013 年 11 月 26 日下载。
- Natesan, P., and Thompson, B. (2007). Extending improvement-over-chance I-index effect size simulation studies to cover some small-sample cases. *Educational and Psychological Measurement*, 67: 59-72.
- Noelle-Neumann, Elisabeth (1994). Are we asking the right questions? Developing measurement from theory: The influence of the spiral of silence on media effects research. In Cees J. Hamelink and Olga Linne (ed.), *Mass Communication Research on Problems and Policies*. Norwood, New Jersey: Ablex Publishing Corporation.
- Patterson, Thomas E. (1993). *Out of Order*. New York: Knopf, 97-120.
- Rogers, Everett M. (1986). *Communication Technology*. New York: Free Press.
- Rozeboom, W. W. (1997). Good science is abductive, not hypothetico-deductive. In L. L. Harlow, S. A. Mulaik, and J. H. Steiger (eds.), *What if there were no significance tests?* 335-392. Mahwah, NJ: Erlbaum.
- Riffe D., Lacy, S., & Fico, F. G. (2014), *Analyzing Media Messages: Using Quantitative Content Analysis in Research* (3rd ed.). New York: Routledge.
- Riffe, D., Lacy, S., & Fico, F. G. (2005). *Analyzing media messages: Using quantitative content analysis in research* (2nd ed.). Mahwah, NJ: Lawrence Erlbaum Associates.
- Riffe, D., Lacy, S., & Fico, F. G. (1998). *Analyzing media messages: Using quantitative content analysis in research*. Mahwah, NJ: Lawrence Erlbaum Associates.
- Rucker, D. D., Preacher, K. J., Tormala, Z. L., and Petty, R. E. (2011). Mediation analysis in social psychology: Current practices and new recommendations. *Social and Personality Psychology Compass*, 5(6): 359-371.
- Schmidt, F. L., and J. E. Hunter (1997). Eight common but false objections to the discontinuation of significance testing in the analysis of research data. In L. L. Harlow, S. A. Mulaik, and J. H. Steiger (eds.) *What if there were no significance tests?* 37-64. Mahwah, NJ: Lawrence Erlbaum Associates.
- Schmidt, F. L. (1996). Statistical significance testing and cumulative knowledge in psychology: Implications for training of researchers. *Psychological Methods*, 1: 115-129.
- Scott, W. A. (1955). Reliability of content analysis: The case of nominal scale coding. *Public Opinion Quarterly*, 19: 321-325.
- Suter, G. W., II (1996). Abuse of hypothesis testing statistics in ecological risk assessment. *Human Ecological Risk Assessment*, 2: 331-347.
- The Free Dictionary by Farlex (2012). http://www.thefreedictionary.com. Accessed Feb

20, 2012.
- Thompson, Bruce (2007). Effect sizes, confidence intervals, and confidence intervals for effect sizes. *Psychology in the Schools*, 44 (5): 423-432.
- Thompson, B. (1996). AERA editorial policies regarding statistical significance testing: Three suggested reforms. *Educational Researcher*, 25: 26-30.
- Thompson, B. (2004). The "significance" crisis in psychology and education. *Journal of Socio-Economics*, 33: 607-613.
- Wilkinson, Leland and Task Force on Statistical Inference, APA Board of Scientific Affairs (1999). Statistical Methods in Psychology Journals: Guidelines and Explanations. *American Psychologist*, 54(8): 594-604. [Available at http://www.apa.org/journals/amp/amp548594.html]
- Yoccuz, N. G. (1991). Commentary: Use, overuse, and misuse of significance tests in evolutionary biology and ecology. *Bulletin of the Ecology Society of America*, 72: 106-111.
- Zhao, Xinshu, (2012, August). A Reliability index (a_i) that assumes honest coders and variable randomness. Paper presented at the annual conference of Association for Education in Journalism and Mass Communication, Chicago, USA.
- Zhao, Xinshu, and Glen Bleske (1996). *The Effects of Poll Information on Audience's Issue Learning*. International Communication Association: Chicago, Illinois.
- Zhao, Xinshu, and Glen L Bleske (1998). Horse-race polls and audience issue learning. *The Harvard International Journal of Press/Politics*, 3(4): 13-34.
- Zhao, Xinshu, and Glen L Bleske (1993). Pre-election polls and their positive roles in the construction of electoral meaning. *American Statistical Association* 1993 *Proceedings of the Section on Survey Research Methods*, 2: 1231-1235.
- Zhao, Xinshu, and Steven Chaffee (1995). Campaign advertisements vs. television news as sources of political issue information. *Public Opinion Quarterly*, 59(1): 41-65.
- Zhao, Xinshu, Jian-hua Zhu, Hairong Li, and Glen Bleske (1994). Media effects under a monopoly: the case of Beijing in economic reform. *International Journal of Public Opinion Research*, 6 (2): 95-117.
- Zhao, Xinshu, John G. Lynch Jr., and Qimei Chen (2010). Reconsidering Baron and Kenny: myths and truths about mediation analysis. *Journal of Consumer Research*, 37 (2): 197-206. Electronically published February 15.
- Zhao, Xinshu, Jun S. Liu and Ke Deng (2013). Assumptions behind intercoder reliability indices. In Charles T. Salmon (ed.), *Communication Yearbook* 36: 418-480. New York: Routledge. ISBN: 978-0-415-52548-0 (hbk) and 978-0-203-11365-3 (ebk).
- Zhao, Xinshu (1997). Clutter and serial order redefined and retested. *Journal of Advertising Research*, 37(5): 57-74.
- Ziliak, S. T., and McCloskey, D. N. (2004). Size matters: The standard error of regressions in the American Economic Review. *Journal of Socio-Economics*, 33: 527-546.
- 张莉, Fang, W., 林与川, & Qiu, P. (2011). 实验研究中的调节变量和中介变量. 管理科学,24(1): 108-116.
- 赵心树(2004). 中国共产党的政治定位、外语冠名与未来发展. 取自 http://www.politicalchina.org/printnews.asp?newsid=81148.
- 赵心树(2004a). "合法"与"合法"的困惑及其他. 见中国人民大学国际关系学院政治学系编. 政治文明与中国政治现代化国际研讨会论文汇编.(2). 制度理论与改革实践.
- 赵心树(2004b). 国际传播中的信息翻译与词字翻译——以"中国共产党"的英译为例. 国际新闻界,4(126): 12-17.
- 赵心树(2004c). 从超霸杯橄榄球赛看广告传播效果. 现代广告·学刊,(102): 125-128.
- 赵心树(2004d). 细释冠名的十加一原则. 中国传媒报告,11(5): 113-118.

- 赵心树(2005). 细释冠名的十加一原则. 新闻与传播评论 (2004)：49-56.
- 赵心树(2010a). 选举的困境—民主制度及宪政改革批判,电子版. 取自中国选举与治理网.
- 赵心树(2010b). "中国共产党"的英译应当改—与李贵升教授商榷. 国际新闻界,11(32)：118-126.
- 赵心树(2008). 选举的困境—民选制度及宪政改革批判(增订版). 成都：四川人民出版社.
- 赵心树、李聪(2006). 应用符号学在英译"人民"时的应用. 新闻与传播评论,(2005)：83-89.
- 赵心树、杜英(2005). 论美国大学广告教育发展的学科背景. 现代广告,(115)：56-58.